仮名貞観政要梵舜本の翻刻と研究

加藤浩司　編著

和泉書院

自序

平成九〔一九九七〕年、前任校である大阪の帝塚山学院大学に赴任した年、研究室が隣だった漢文学研究者の神鷹徳治先生は私の前任者である乾善彦先生（その後大阪女子大を経て関西大に移られた）が設置されたマイクロリーダーを使うために時に私の研究室に入り込んでおられた。そんな日々のいつであったか、私がたまたま琳楼閣書店の古書目録に掲載されていた「仮名貞観政要」という版本につき神鷹先生に購入すべきかご意見を伺ったところ、「これは珍しい本だから買ったらよいのではないか」とお勧めになられた。そのお言葉に背中を押され、少々高価だったその版本を思い切って購入した。それが私と仮名貞観政要との出会いである。

送られてきた版本を読み、まずはその内容に惹かれつつ、次第にその国語資料としての特異性に気づかされた。まず、原典にはない仮名本独自の「増補部分」の存在に気づいた。神鷹先生曰く、「ここは抄物のようだ」と。

私とこの資料を引き合わせた神鷹先生は翌年東京の明治大学へと移ってしまわれた。残された私は「独学」で勉強を始めた。原田種成氏の新釈漢文大系本『貞観政要上・下』から大著『貞観政要の研究』へと、それまで知らなかった世界を手探りで進んで行った。「梵舜本」をはじめいくつかの写本の紙焼写真を入手し、研究用のテキストとして梵舜本を翻刻し、ある程度準備ができた所で学生との演習で採り上げて一緒に読み進めたこともあった。遅々とした研究ではあったが最終的に六本ほどの研究論文も公にした。出会ってから十二年ほど経っていた。

その後勤務先の学科改組・学部改組もあって専門的な授業が持てなくなり、視覚障害学生受け入れ委員として点訳室の立ち上げや運営に携わったりもして、「趣味」の研究が十分にできない時期が続いた。彼女を無事送り出しほっとした矢先、日本語学会の編集委員を委嘱され、優秀な若手研究者をはじめ、最先端の意欲的な研究論文の査読や編集に当たることになり、長らく怠惰であった私も少しずつ「研究」の世界に連れ戻されて行った。たまたま応募した都留文科大学国文学科国語学古代語分野の公募で幸運にも採用されるに至り、五年前から再び仮名貞観政要を専門的な演習の場で学生たちと読み進めることができるようになった。

取り出した研究用の翻刻テキストは注意深く作成したものではあったが、改めて読み進めて行くと単純な誤りや未熟さゆえの判断ミスも所々で目に付いた。それらを手直ししながら、国語国文学界では未だにほとんど知る者のない本資料を、より完全な形で翻刻し、国語資料として紹介することが必要ではないかと思い始めた。いわゆる国語資料としての価値は少ないかもしれないが、漢文原典を直訳的な訓み下しではなく、比較的自由に意訳・抄訳した仮名書き資料というものは珍しい。近年野沢勝夫氏が「仮名書き法華経」の中にそうした資料が存在したことを指摘されているが、残念ながら現存するのは「法華経切れ」という断簡のみとのことである。対して本仮名貞観政要は、最も古いもので室町末期の書写本ではあるものの、完本として現存しているのである。

私の「独学」は入門的な段階から、こうした類例のない資料の研究方法の模索へといきなり「応用」段階に展開した。拙い試みの集成ではあるが、おそらくこちらも類例の少ないものとなっていると考え、今回、研究編として書き直して付載することとした。ただし本書の主たる価値はあくまで本資料自体、つまり「翻刻」部分にある。本書を手にした方々がこれに同意してくださることを願う。

本資料の翻刻に際し、古くは梵舜本および「平仮名本」の紙焼写真を頒布いただき、今回また梵舜本の翻刻と図版掲載をご許可いただいた宮内庁書陵部の関係各位に記して感謝申し上げる。また研究編において度々対校資料として使用した「斯道文庫本」の紙焼写真を頒布いただき、今回は図版掲載をご許可いただいた慶応大学斯道文庫の関係各位にも合わせて感謝申し上げたい。

加藤浩司

目次

自序……i

翻刻編

凡例……三
上表・巻第一……七
巻第二……四二
巻第三……九七
巻第四……一二〇
巻第五……一四六
巻第六……一八一

巻第七……二一三
巻第八……二三七
巻第九……二六一
巻第十……二九一

研究編

第一章　仮名貞観政要概説と梵舜本書誌……三二五
第二章　仮名貞観政要梵舜本と斯道文庫本の関係……三三五
第三章　仮名貞観政要における増補部分……三四九
第四章　仮名貞観政要梵舜本における文選読み……三七九
第五章　仮名貞観政要における再読文字の和訳状況―他の仮名書き資料と比較して―……三九五
第六章　仮名貞観政要の和訳方法に見るコミュニケーション・サポート……四二一
第七章　引用・故事・典拠句の取捨から見た仮名貞観政要の和訳態度……四三四
あとがき……四六三
研究編要語索引……左開一

翻刻編

凡例

本編は宮内庁書陵部蔵「仮名貞観政要梵舜本（仮称）」十巻五冊（伝菅原為長訳、文禄四〔一五九五〕年釈梵舜写）の墨付部分を、加藤が以下の方法に従って翻刻したものである。

一、翻刻は宮内庁書陵部蔵の原本ではなく、加藤に頒布された紙焼写真に拠る。

二、各冊の墨付部分ごとに丁付けを行ない、各丁の本文の前に一丁表側を「〔一オ〕」、一丁裏側を「〔一ウ〕」などと示した。

三、「仮名貞観政要梵舜本」の本文は漢字交じりの片仮名文で、一面十二行書き、一行につき二十字から三十字程度の字詰めで書写してある。翻刻に際して行詰めや字詰めは原写真の通りとした。また各行の頭に行番号を「①」から「⑫」まで付した。

四、漢字にはしばしば右傍に読仮名が小片仮名で付してあり、稀には左右両側にこういった読仮名のある場合もある。本文は九ポイントの活字で、右傍の読仮名はルビとして翻刻したが、左傍の読仮名は別に下欄に当該の行番号とともに脚注として注記した。

（例）⑦…秦《シム》ノ二《シ》世兄《セイキヤウタイ》」弟ヲコロシテ…　⑦兄」弟（左音「ケイテイ」）　（巻第一の二オ⑦）

五、また、本文の左右に漢字漢文で注が書き加えられている場合がある。これについても右傍の場合はやや大きめの活字でルビとして示したが、左傍の場合は下欄に当該の行番号とともに脚注として示した。なお、極稀に本文上部にも漢字漢文注があったが、その場合も下欄に行番号とともに脚注として示した。

（例）③…陛《ヘイ》下《カ》ノ聖《セイ》明《メイ》ナルヲモテ…　　（巻第一の一オ③）

③陛下（左漢文注「中宗也」）聖（去）明（上）

（例）⑨タメニ・ソノ國ノ《又云サカイヲコヘテタツネモトムアマネク》・土産《トサン》・アルイハ…　　（「／」は改行部分の印、巻第八の三十二オ⑨）

⑨（行頭に「詞ノ前／後只同」とあり）、土産（左漢文注「土貢也」）

六、漢字はできるだけ原写真と同字体とするようにしたが、やむを得ず通行の字体に改めたものがある。原本の紙焼写真の画像は公開されている（「研究編第一章」にて詳述、ただし白黒写真）ため、不審に思われた際は直接画像にて確認されたい。なお、片仮名については原則として通行の字体に改めたが、合字の「ヿ（コト）」「〆（シテ）」は改めずにそのまま翻刻した。

七、踊り字符号（ゝ、ゞ、〱）についてはそのまま翻刻したが、漢字の踊り字符号については全て「々」とした。

八、文字を訂正している場合、元の文字がわかる形式で訂正しているもの（いわゆる「見せ消ち」）については元の文字を翻刻したうえで中線を加えて取り消し、正しい文字を右横に大きめのルビとして付した。元の文字の上から重ね書きで訂正してあり元の文字がわからないものは、後から書き加えられた文字のみを翻刻した。

（例）⑫…・摂《シッ》政《セイ》以下・タ、・上ノコトハリヲ・受《ウク》ルハカリナク《リ》…　　（巻第一の十二オ⑫）

九、原写真には固有名詞の下に横棒線、漢字熟語の間の左側（一部の巻では中央）に縦棒線、意味の切れ目ごとに句点（現代の句読点に当たり、さらには文節の切れ目をも表わす場合がある）といった文字以外の記号が朱墨で記入（朱引）されている。それぞれ順番に「一」「｜」「・」という記号に置き換えて翻刻した。

（例）⑦梁《リヤウ》ノ武《フ》｜帝・又・朱《シユ》｜異《ヰ》一ヒトリヲ・信シテ…　⑦朱（平）｜異（去）　（巻第一の四ウ⑦）

十、原写真では漢字の四隅（一部の巻では漢字の左横にも）に、また稀に片仮名文字の左上下に、「。」および「。」が二つ横に並べて付してあることがある。漢字音の四声（平・上・去・入、一部の巻では六声か）および清濁、片仮名についてはアクセントと清濁を示すものだと考えられる。いずれの場合も下欄に当該の行番号とともに脚注で示した（直前の例参照）。

十一、原写真のままでは意味が通らず、何らかの誤写だと推定される場合、加藤が正しいと推定した本文を右傍の（　）内にやや大きめのルビで示した。

（例）⑫ナクシテ・出《イタ》シテ・ソシル・後《ウシロコト》｜言アイ（リ）…　（巻第一の八ウ⑫）

以上

〔一オ〕

①貞観政要上表　　　史臣呉兢撰

②臣・呉《コ》兢《キヤウ》マウス・朝《テウ》野《ヤ》モロ〱ノ人・國《コツ》家《カ》ノ政《マツリコト》ヲ論《ロン》スル

③者《モノ》・コト〱クニ申《マウ》サク・陛《ヘイ》下《カ》ノ聖《セイ》明《メイ》ナルヲモテ・太宗ノ・故《フルキ》

④政《マツリコト》ニシタカハヽ・上《シヤウ》古《コ》ノ術《シユツ》ヲ・モトメスシテ・太平ヲ致《イタ》シテム・故《カルカユヘ》

⑤ニ知《シム》ヌ・天下ノ蒼《サウ》生《セイ》ノ・陛下ヲ望《ノソム》コト・誠《マコト》ニ厚《アツ》シ・易《エキ》ニ曰《イヘラ》ク・

⑥聖《セイ》人ハ・人《ヒト》ノ心ヲ感《カム》セシメテ・天下和《クワ》平《ヘイ》也トイヘリ・今聖《イマセイ》

⑦徳《トク》ノ感セシムル所・深《トコロフカ》シトイツヘシ・竊《ヒソカ》ニ惟《ヲモムミレ》ハ・太宗・文《フン》武

⑧皇《クワウテイ》帝ノ・政《セイ》化《クワ》・古《イニシヘ》ヨリイマタ・カクノコトク・盛《サカン》ナルコトアラス・

⑨尭《ケウ》・舜《シユンウ》・禹・湯《タウ》・周《シウ》ノ・文《フム》武《フ》・漢《カム》ノ・文景《フムケイ》ト・イフトモ・ヲヨハサ

⑩ル所《トコロ》ナリ・賢《ケム》ヲ用《モチ》ヒ・諌《イサメ》ヲ納《イル》ル美《ヒ》・代ニ垂《タレ》・教《ヲシヘ》ヲ立《タツ》ル規《ノリ》・

⑪以《モツ》テ大猷《タイユウ》ヲ弘《ヒロ》メ・至《シ》道《タウ》ヲ闡《ヒライ》ツヘシ・國ノ籍《ノリ》ニ煥《アキラカ》ニシテ・

⑫來葉《スヱノヨ》ノ鑒《カヽミ》タルヘシ・臣《シム》・史《シ》職《シヨク》ニ・居《ヲル》トイフヲモテ・誦《シヨウ》ヲ成《ナス》コト・

〔一ウ〕

①心ニ在《ヲイテ》ス・質《ミ》ヲ委《ヰ》シ・名《ナ》ヲ策《シルシ》・功《コウ》ヲ立テ・徳ヲ樹《タテ》テ・詞《コトハ》

②ヲ正《タヽシキ》・議ヲ鯁《コハク》シテ・志《コヽロサシ》　君ヲ匡《タヽス》ニアリ・事ニ随《シタカウ》テ・載録《ノセシルシ》

③シテテ（衍）・用《モ》テ勧《スヽ》メ・誡《イマシム》ルニ備《ソナ》フ・撰《エラム》テ十巻《クエン》ヲ成《ナシ》シ合《アハセテ》

④四十篇《ヘン》也貞観政要ト名《ナ》ツク表《ヘウ》ニ随《シタカツテタテマツル》　進・望《ノソム》ラクハ・天

〔一オ〕

②呉（平濁）兢、朝（平）野（去）

③陛下（左漢文注「中宗也」）聖（去）明（上）

④術（入濁）、太平（平）

⑤蒼（平）生（平濁）

⑥感（上）セシメテ

⑦文（平）武（上）

⑧皇（平）帝（去）

⑨尭（平濁）、禹（上）、湯（平）、周（平）、文（平）武（上）、漢（去）ノ

⑩美（上濁）

〔一ウ〕

⑤鑑《カム》ヲメクラシテ・善《セム》ヲヱラムテ・行《ヲコナヒ》タマヘ・伏願《フシテネガハク》ハ・コレヲ行《ヲコナウ》テ・
⑥恒有《ツネニイウシ》・コレヲ思テ・倦《ウム》コトナクハ・貞観ノマツリコト・得《エ》テ致《イタシ(ツ)》シ
⑦ヘシ・昔《ムカシ》・殷湯《インノタウ》ノ尭舜ニオヨハサイシ・伊《イ》尹《イム》コレヲ耻《ハチ》タリ・
⑧陛下タマ〳〵太宗ニヲヨハスハ・微《ヒ》臣又コレヲ耻トセム・毛詩ニ
⑨イハク・先祖《センソ》ヲオモフコト・無《ナカ》ランヤ・厥《ソノ》徳・修《ヲサメ》ヨトイヘリ・コレ・先祖
⑩ニ・欽奉《ツヽシミツカウ》ル義《キ》也・陛下・コレヲ念《ヲモハ》ハ・万《ハム》方幸甚《ハウサイハイハナハタシト》セム・懇誠《コンセイ》
⑪ノ至《イタリ》リニ・タヱス・謹《ツヽム》テ・明《メイ》福《フク》門《モム》ニ詣《マウテ》テ・謹言《テマウス》
⑫此表《コノヘウ》ハ・呉《コ》兢《キヤウ》貞観政要ヲ・ツクリテ・唐・中《ノチウ》宗皇帝《ソウクワウテイ》ニ・

〔二オ〕

①タテマツル時ノ表《ヘウ》也・呉兢ハ・汴《ヘイ》州《シウ》ノ浚儀《タクキ》ノ人《ヒト》也・才《サイ》学《カク》
②論《ロン》談《タン》ニ堪《タヘ》タルニヨリテ・則《ソク》天皇后《クワウコウ》ノ御時・帝《テイ》道《タウ》ヲ・タス
③ケムタメニ・ツネニ・諫《イサメ》ヲタテマツル・仍《ヨテ》・太宗ノ貞観卅三年
④ノ間《アヒタ》ノ政ヲ・記《シル》シテ・十巻《クワム》ヲナセリ・コレヲ・貞観政要ト
⑤ナツク・呉兢神龍年《シムレウネム》中ニ・右《イウ》補《ホ》ノ闕《ケツ》ニウツル時ニ・賊《ソク》
⑥臣等《ラ》・安《アム》国《コク》ノ相《シヤウ》王ヲ讒《サム》シテ・極法《キヨクハウ》ニアテムトス・呉兢イ
⑦サメヲ・イレテ・申サク・秦《シム》ノ二《シ》世兄弟《セイキヤウタイ》ヲコロシテ・ソノ身・
⑧ツイニホロヒタリ・相王ハ・帝《テイ》ノ骨肉《コツニク》也・極《キヨク》法ヲオコナフ
⑨ヘカラスト・申ス・同《シ》御時・景《ケイ》龍《レウ》年中ニ・史《シ》官ニ任《シン》ス・

〔二オ〕

①汴（去）州、浚（入）儀（平濁）
④十巻（左音「ケム」）
⑥讒（平濁）シテ
⑦兄弟（左音「ケイテイ」）
⑧骨肉（左音「シク」）

⑩睿《エイ》宗《ソウ》皇帝ノ御時・諫《カム》議《キ》大夫《フ》トシテ・脩《シウ》史《シ》ヲカネ
⑪タリ・玄《クエン》宗皇帝・開元《カイケム》十三年ニ・太《タイ》山ニ・封禅《ホウセン》ノマツリ
⑫ヲ遂《トケ》ラル・道《ミチ》ノ中《ウチ》ニ・馬《ムマ》ヲハセテ・弓《ユミ》ヲヒキ・獣《ケモノ》ヲオウテ・

⑩諫（去）議（去濁）
⑪開元（平濁）

〔二ウ〕

①タノシミヲナス・呉兢コレヲ・イサメタテマツル・同御時《シ》・
②天寶《ホウ》ノ初《ハシメ》ニ・恒《コウ》王ノ傅《フ》タリ・呉兢ハ・四代ノ朝《テウ》ニ・ツカエ
③タル人也・四代ト申ハ・則《ソク》天皇后・中宗皇帝・睿《エイ》宗
④皇帝・玄宗皇帝也・中宗ハ・高《カウ》宗ノ御子《ミコ》
⑤ナリ・高宗ハ・太宗ノ御子也

（「上表」は以上）

〔二ウ〕

〔三オ〕

①貞観政要第一　　史臣呉兢撰
②君道篇第一
③政體篇第二
④
⑤
⑥君道篇第一
⑦貞観ノ初《ハシメ》・太宗・侍臣ニカタリテノタマハク・君タル道《ミチ》・先《マツ》・百姓《ヲ》

〔三オ〕

⑧ユタカニスヘシ・百‐姓ヲ損《ソム》シテ・我《ワカ》身ヲ・利《リ》セムコトハ・脛《ハキ》ヲ割《サイ》
⑨テ・腹ニクラハムニ《シムルニ》・腹ニ・飽《アク》トイフトモ・身ハ・艷《クウシ》（タヲレ）シメムカコトシ・天
⑩下ヲ・オサメムトヲモハヽ・先《ツ》我身ヲ正《タヽ》シクスヘシ・イマタ・身 \傷《ヤフル》モノハ
⑪正シクシテ・形曲《カケマカリ》リ・上理《ヲサマ》テ・下ミタル、コトハアラシ・身ヲホ
⑫ロホスコトハ・外《ホカ》ノ物ニシモ・アラス・心ノ嗜慾《シヨク》ノ・ワサワイヲ・ナスニ

〔三ウ〕

①ヨテ也・滋味《コキアチハイ》ヲ好《コノ》ミ・ヨキ聲《コエ》ヨキ色《イロ》ヲ・モテアソヒテ・政ニ
②サマタケアリ・人‐民《ミム》ヲソコナフ・一言《ケム》ノ理《ヲサメ》ニアラサルヲ・出《イタ》ストキハ・
③萬《ハム》‐姓ノタミ・身ヲヤフリ・ウラミヲ作《ナシ》テ・謀《ム》‐反興《ホンヲコ》ル・朕コレヲ
④オモフニヨリ・ホシキマ、ナラスト・諫《カン》‐議《キ》大‐夫《フ》魏徴‐・コタエテ
⑤申サク・楚《ソ》‐王昔詹《ワウムカシセン》‐何《カ》‐ヲ聘《ヘイシ》テ・國ヲオサムル要《エウ》ヲ問・詹‐
⑥何‐身ヲオサムル術《シュツ》ヲ・コタウ・楚王又・國ヲオサムル事・イカ
⑦ムト問《トウ》・詹何‐カイハク・イマタ・身ヲサマリテ・國ミタル事ヲ・
⑧キカスト・イウ・イマ・陛下ノ・明《アキラカ》ナル心・マコトニ・古ノ義《キ》ニヲナシト
⑨申ス・魏徴カ申サク・心ハ・上ノコノム所《トコロ》ニ・下カナラス従《シタカフ》・帝‐
⑩王・身ヲオサメハ・天下ノ人・身ヲオサムヘシ・申《ト》也・隋煬《スイノヤウ》‐帝《タイ》・
⑪舟ヲコノミシカハ・天下キソウテ・舟ヲカサリ・唐玄《ノ》‐宗・身ヲ
⑫愛《アイ》セシカハ・九《キウ》‐重《テウ》ノ人・袖《ソテ》ヲヒルカヘシキ・呉《コ》‐王・ツルキヲ・モチア

⑪形（左漢字注「影\」）

〔三ウ〕

⑫九‐重ノ人（左漢文注「霓裳羽衣也」）、呉（平濁）‐王

〔四オ〕

①ソヒシカハ・國擧《コソリ》テ・ツルキヲヨコタユ・齊景《セイノケイ》公・馬《ムマ》ヲト、ノ
②ヘシカハ・境内《サカイノウチ》ニ・馬アツマリキ・シカレハスナハチ・帝王ノ身ヲオ
③サメタマウト申ハ・帝王色・色《イロ》ヲコノマス・コヱヲコノマサルトキハ・
④天下・キヲイテ・コノマス・帝王・宮《ミヤ》ヲタカウセス・池《イケ》ヲフカウセ
⑤サルトキハ・天下費《ツエ（ツイエ）》ヲ・コノマス・帝王身ヲオサメ給フトキハ・國
⑥カナラス・ヲサマルト申ハ・コノ心ナリ・詹何カ・楚王ヲイサメタル
⑦心・コレ同シ・ヨリテ・カレヲヒキ申ナリ
⑧貞観二年ニ太宗・ト・ウテノタマハク・イカナルヲカ・明《メイ》君《クム》・暗《アム》君
⑨トイフ・魏徵コタヘテ・マウサク・明君ト申ハ・人ノ申コトヲ・アマネ
⑩クキコシメス・故《ユヘ》ナリ・暗君ト申ハ・アマタノ・人ノ申コトヲ・キカスシテ・
⑪ヒトリカ・申コトヲ信《シム》スル故ナリ・毛詩《モウシ》ニイハク・先《セン》人言《シンイヘル》コトアリ・
⑫詢《トフラウテ》ヲ・蒭蕘《スウケウ》ノイヤシキニモ・キクヘシトイヘリ・昔・尭舜・四《ヨツ》ノ門

〔四ウ〕

①ヲヒラヰテ・人ヲ・アマネクシ・四《ヨ》人《タリ》ノ・臣下ヲ・我目《ワカメ》トシテ・四方
②ノ國々ヲ・ミセシメ・四人ノ・臣下ヲ・我耳トシテ・四方ノ國々ノ
③コトヲ・キカシム・コノユヘニ・共《ケウ》工《コウ》幷《ナラヒ》ニ鯀《コン》カトモカラ・ソムカムト・セ
④シカトモ・スナハチ・キコヱテ・ホロホサレタリ・秦《シムノ》二世皇帝ハ・

〔四オ〕

⑫詢（平）ヲ、蒭（平）蕘（平濁）

〔四ウ〕

③共（平）工（平）

⑤深《フカ》キ宮《ミヤ》ニコモリイテ・人ニミヱス・趙《テウ》-高《カウ》ヒトリヲ・信シテ・天下
⑥ノコトヲ・マカセシカハ・國々・ソムキテ・ミヤコニ・セメイルコトヲ・シラス・
⑦梁《リヤウ》ノ武《フ》-帝・又・朱《シユ》-異《キ》ヒトリヲ・信シテ・アマネク・臣下ノ申スコ
⑧トヲ・キカサリシカハ・侯《コウ》-景《ケイ》カ・ツハモノ・アケテ・宮《ミヤ》ニムカウシヲ・シ
⑨ラス・隋《スイ》ノ煬《ヤウ》-帝・又《マタ》・虞《ク》-世基《セイキ》ハカリヲ信シテ・アマネク・キ、ミル
⑩コトヲ・ヘタテタリシカハ・諸《シヨ》-将《シヤウ》ノ・城《ミヤコ》ニ・セメ入シヲ・シラサリキ・故ニ・
⑪人-君・イヤシキモノ、言《コト》ヲモ・入テ・キ、・ヲサメシムルトキハ・下《シモ》ノ心・
⑫上《カミ》ニ通《トウ》ス・下ノ心・上ニ通スルトキハ・大-人・貴《キ》-臣モ・君ノ心ヲ・フサキ

〔五オ〕

①ヲコナフ事・アタハサル也・ト申・太宗・甚《ハナハタ》・ソノコトハヲ・ヨシトス
②貞観十年ニ・太宗ノタマハク・帝王ノ業《ケウ》・イクサヲオコシテ・天下
③ヲウチシタカヘテ・草《サウ》-創《サウ》ノ・ヨヲハシムルヲヤ・カタシトスル・又・ウチ
④トリテ・ノチ・文《フン》ヲ守《マモ》リテ・太平ヲイタスヲヤ・カタシトスル・左僕《サホク》-射《ヤ》
⑤房《ハウ》-玄齢《ケムレイ》・コタヘテマウサク・天地ミタレタル時ニ・モロ〳〵ノ良-将《リヤウシヤウ》・キ
⑥ヲヒヲコル・コト〳〵ク・セメヤフリテ・勝《カツ》コトヲ・トル・コレニヨテ・イヘハ・草-
⑦創ノ功《コウ》・カタカルヘシト申・魏徴カ申サク・悪《アク》-王・國ヲホロホシテ・
⑧世・ミタレヌルトキ・天下・コト〳〵ク・義《キ》-兵ヲアケテ・帝-業《ケウ》ヲ・オコ
⑨サム人ヲ・ネカウ・コ、ニ・イクサヲオコストキハ・天サツケヤスク・人クミ

⑦朱（平）-異（去）
⑧侯（平）-景（上）
⑨虞（平）-世（去）基（平）

〔五オ〕

④左僕（入濁）-射（上）
⑤房-玄齢（平）
⑧義（去濁）-兵

⑩シヤスシ・ヨテ天下ヲトルコトハ・カタカラス・已《ステニ》・天｣下ヲエテ・ノチ
⑪ニ・民シツカナラムト・スレトモ・徭《ヨ》｣役《エキ》ノ・ヲホヤケコト・シケウシテ・
⑫驕《ケウ》｣政《セイ》・ミタレヌレハ・國タチトコロニ・ヤフレヌヘシ・シカレハ・守《シウ》｣文《フン》ノ

〔五ウ〕

①マツコト《(マツリコト)》・カタカルヘシト・申・太宗ノタマハク・房《ハウ》｣玄齢｜ハ・我ニシタ
②カウテ・天下ヲトリシトキ・ヨロツタヒ・死《シセ》ル・タルナミ《(タシナミ)》ヲ・マヌカ
③レテ・一タヒ・生《イケ》ル・世ニアヘリ・コノユヘニ・草｣創ノ功《コウ》ノ・カタキコ
④トヲミタリ・魏徴｜ハ・天下ヲシツメテ・ノチニ・我ニシタカエリ・
⑤政ノ・ミタレヌヘキコトヲ・オモムハカリ・志《コヽロサシ》　ノ驕《ヲコレ》ルコトヲ・イサメ
⑥カタシ・コノユヘニ・守文ノ・カタキコトヲ・ミル・ヲノ〳〵・申トコロ・アタレル
⑦トコロナリ・但《タヽシ》　草｣創ノカタキコトハ・ステニスキヌ・守文ノカタ
⑧キコトハ・公《コウ》｣等《ラ》ト・ツヽ・シムヘキナリ
⑨貞観十一年ニ魏徴｜上《シャウ》｣疏《ソ》シテ・マウサク・古ヘヨリ・圖《ト》ヲウ
⑩ケテ・運《ウン》ニアタルキミ・徳ヲ・天｣地ニ配《ハイ》シ・明《メイ》ヲ・日｣月ニヒトシ
⑪ウシテ・民ヲ・百｣世《セイ》ニツキ・祚《ソヲ》ヲ・無《フ》｣窮《キウ》ニツタヘムトス・シカレト
⑫モ・ヲハリヲ・ヨクスルコトノ・スクナキハ・ソノ道《ミチ》ヲ・ウシナフユヘナリ・

〔六オ〕

①隋｣帝・天下ヲ統《スヘ》タルコト・卌余《ヨ》年・風《フウ》・万｣里《リ》ニ・ヲコナハレ・

⑫驕（平）｣政（去）

〔五ウ〕

⑩運（去）ニ

〔六オ〕

②威《キ》・異《イ》國《コク》ニヲヨフ・一旦《タム》ニ・クツレテ・他《タ》人《ニン》ニ・タモタレタリ・彼《カノ》
③煬帝・ナムソ・天下ノヲサマレルヲ・ニクマムヤ・サ。ハ《イ》イノ・ヒサシ
④カラムコトヲ・イハムヤ・イツクムソ・マタ・ソノ・コハキコトヲ・タノム
⑤テ・ノチノ・ワサハイヲ・ハカラムヤ・タ、・天下ヲ駈《カリ》テ・ヲノレカ・慾《ヨク》
⑥ニシタカヘ・万物ヲツクシテ・ヲノレニ入レ・域《ヰキ》中《チウ》ノ・女《ニヨ》人ヲアツメ・
⑦遠《エン》方《ハウ》ノ・タカラヲシトメ・宮《キウ》苑《エン》ヲカサ・臺《（カサリ）タイ》榭《シヤ》ヲ髙《タカウ》ス・徭《ヨウ》
⑧役《エキ》ノヲホヤケコト・ヤムコトナク・干戈《カンクワ》ノタ、カヒ・シツマラス・
⑨讒《サム》邪《シヤ》ノ者ハ・福《サイハイ》ヲカウフリ・忠《チウ》正《セイ》ノ者ハ・シリソケラル・民
⑩ミタレ・ホロヒテ・國土《ト》分《ワカ》レ・クツレタリ・ツイニ・タトキハ・位《クライ》ヲモテ・
⑪疋《ヒッ》夫《フ》ノ手ニ・コロサレタリ・子《シ》孫《ソン》ナカク・タエテ・天下ノタメニ・
⑫ワラハレタリ・シカルヲ・聖《セイ》哲《テツ》・カタフケル・八柱《ハッチウ》ヲ・又・正《タヽ》シ・絶《タエ》

〔六ウ〕

①タル・四維《キ》ヲ・サラニ・張《ハル》・ムサホレルニ・勝《カツ》テ・殺《コロ》スコトヲヤメ・遠《トヲ》
②キ者・ツ、シミ・近キ者・ヤスシ・彼《カノ》隋ノホロヒタル・ユヱヲ・カ、ミ・
③我・エタルユヱヲ・オモフテ・ヤスシトイフトモ・ヤスシトスルコト・ナ
④カレ・殷《イム》ノ紂《チウ》王ノ鹿《ロク》臺《タイ》ノ・タカキ倉ニ・天下ノ寶《タカラ》ヲ・ム
⑤サホリヲサメテ・ホロヒニシコトヲ・イマシメ・秦《シム》ノ二世ノ・阿《イ（ア）》房《ハウ》
⑥ノ・百丈《チヤウ》ノミヤヲツクリシ・コトヲソシリ・シコトヲソシリ・危《アヤフ》

⑨讒（平濁）邪（平濁）

〔六ウ〕

⑦キコトヲ・高家《タカキイエ》ノ棟《ムネ》ニヲチ・安ク居《ヲラ》ムコトヲ・卑《ヒキ》キ宮ニ
⑧ヲモハ、・スナハチ・神ノ化《マツリコト》・ヒソカニ通《トウ》シテ・無《フ》為《ヰ》ニシテ・治《ヲサマ》
⑨ラム・コレ徳ノ上ナリ・又・茅《ハウ》茨《シ》ノカヤヲ・桂《カツラ》ノ棟《ムネ》ニ・マシユ（エ）・玉ノ
⑩砌《ミキリ》ヲ・土《ツチ》ノ階《ハシ》ニ・マシヱテ・心ヲ・ヨロコハシメテ・人ヲ・ツカヒ・ソノ
⑪チカラヲ・ツクサ、ラシメヨ・コレ・ヲツクル民ハクルシク・コレニ居《ヲ》
⑫ル・人ハヤスシト・ツネニオホシメスヘシ・億《ヲク》兆《テウ》ノ民《タミ》・子《コ》ノコトクニ

〔七オ〕

①来《キタ》リ・群《クム》生《セイ》ノトモカラ・ミナ・性《セイ》ヲ遂《トク》ヘシ・コレ・徳ノ次《ツキ》ナリ・ソレ・
②ケツラサル・椽《タルキノ》・イヤ〳〵シキコトヲ・ワスレテ・チリハメタル・墻《カキ》ノ・
③靡《ヒ》麗《レイ》ヲ・イトナム時ハ・スナハチ・人ノウラミ・神イカル・人
④ウラミ・神イカナル（イカル）トキハ・灾《サイ》害《カイ》・カナラス成ル・灾害ナル時・
⑤ハ・禍《クワ》乱《ラム》ヲコル・禍乱ヲコル時ハ・身ヲホロホシ・名ヲウシナウ・
⑥ヲモハサル・ヘケムヤ・同月魏徴《シ》又・上疏《ソ》シテ申サク・木《キ》
⑦ノ・タカカラムコトヲ・オモフ人ハ・ソノ根《ネ》ヲカタウス・流《ナカレ》ノ・トヲカ
⑧ラムコトヲ・ネカウ人ハ・ソノミナモトヲ・フカウス・國《ヲ》・ヤスウセム
⑨ト・ヲモフ人ハ・カナラス・ソノ・徳ヲ積《ツム》ナリ・根《ネ》カタウセスシテ・木《キ》ノ・
⑩高《タカ》カ、ラム事ヲ・モトメ・源《ミナモト》・フカウセスシテ・流《ナカレ》ノ・トヲカラム事
⑪ヲ・ノソミ・徳ヲ・アツウセスシテ・國ノ・ヲサマラムコトヲ・オモハムコト・

⑨茅（平濁）茨（平）

〔七オ〕

⑶靡（平濁）麗（平）
⑷灾（平）害（去）

⑫マサニ・カナウ・ヘカラス・ソレ・人君トシテ・徳アツクセス・欲《ヨク》ヲ

〔七ウ〕

①イマシメス・安《ヤスキ》ニ居《ヰ》テ・アヤウキコトヲ・ワスレ・奢《ヲコリ》ヲホシイマ、ニ
②シテ・倹《ケム》約《ヤク》ナラスハ・スナハチ・根《ネ》ヲキリテ・木ノサカヘムコトヲ・
③マチ・源ヲフサキテ・流ノ・遠《トヲ》カラムコトヲ・期《コ》セムカコトシ・又・ハ
④シメヲ・克《ヨク》スル者ハ・マコトニシケシ・イユ《ト（エ）》トモ・終《ヲハリ》ヲ・善《ヨク》スル人ハ・
⑤テ《（ケ）》タシ・スクナシ・ナムソ・、レ・天下ヲ・トルコト・ヤスクシテ・天下ヲ・
⑥タモツコトノ・カタカラムヤ・タ、・トル時ハ・心慇《イム》懃《キム》ニシテ・誠《マコト》ヲツ
⑦クシ・タモツ時心ハ・志《コヽロサシ》　ホシイマ、ニシテ・物ニ奢《ヲコ》ル・ユヘナリ・誠ヲ
⑧ツクス時ハ・胡越《エツ》ノトヲキ・サカイモ・一ツ躰《テイ》トナル・物ニ奢《ヲコ》ル
⑨時ハ・骨《コツ》肉《ニク》ノ・シタシキ人モ・ヨソノ人トナリヌ・カラキ・法《ハウ》ヲ・モ
⑩テ・イマシムトイヘトモ・イカレル・威《ヰ》ヲモテ・ヲトストイヘトモ・カ
⑪タチハ・シタカウカコトク・シテ・心ハ・ソムクヲモヒアリ・舟《フネ》ヲウ
⑫カヘ・舟ヲクツカヘスハ・水ナリ・君ヲ立《タテ》・君ヲホロホスハ・臣ナリ・

〔八オ〕

①心ヲ・ネムコロニシテ・イヤシキ人ノ・言《コトハ》ヲモ・カナラス・キ、・ミソナ
②ウヘシ・身ヲタ、・シクシ・悪《アク》ヲシリソケテ・讒《サム》ヲタ、・サルヘシ・心
③イカル時ト・イフトモ・罪《ツミ》ナキヒトニ・刑《トカ》ヲアツヘカラス・心ヨロコフ

〔七ウ〕

③期（平濁）セム

〔八オ〕

④時トイフトモ・功《コウ》ナキ人ニ・禄《ロク》ヲホトコスヘカラス・九《コヽノツ》ノ徳ヲ・カネ・
⑤十《ト》ヲノ思ヲ・惣《スヘ》テ・能《ノウ》ヲ・エラムテ・任・善《ニンシセム》ヲ・エラムテ・シタカ
⑥ハ、・智《チ》アル人ハ・ハカリコトヲ・ツクシ・イサメルヒトハ・力《チカラ》ヲツクシ・
⑦仁《シム》アル人ハ・恵《メクミ》ヲホトコシ・信《シム》アル人ハ・忠ヲ致《イタ》サム・文武アヒシタ
⑧カヰテ・君ニヲイテ・事《コト》ナカラム・帝王・ミツカラノ・耳《シ》目《ホク》ヲ・
⑨ウナカサスシテ・松《セウ》喬《ケウ》カ壽《シュ》ヲ・タモツヘシト申・太宗・手《テツカラ》・
⑩詔《セウ》シテ・コタエテノタマハク・頻《シキリ》ノ・表《ヘウ》ヲ省《ミ》テ・忠《チウ》款《クワン》ノ・マコト
⑪ヲシメリヌ《（シリヌ）》・ヒラキミルニ・倦《ウム》コトヲワスレテ・夜フクルマテ《ニ》・
⑫ヲヨフ・公カ志《コヽロサシ》　ノ・カク・義《キ》ノヲモキニ・アラスハ・タレカ・ヨク・

〔八ウ〕

①良《リヤウ》圖ヲ・シテ・ヲヨハサルコトヲ・匡《タヽ》サムヤ・朕キク・晉《シムノ》武帝・
②呉《コ》ヲ・タイラケテヨリ・志奢《シヲコリ》テ・政ニ・心ヲトメス・何《カ》曽《ソウ》ソ
③ノ子・何劭《シヨウ》ニ・カタテイハク・君《キミ》奢リ・タマヘリ・我又・トヲキ
④ハカリコトヲ・奏シカタシ・晉ノ代・ヒサシカラシ・汝《ナムチ》カ世マテハ・ミタ
⑤レヌトイフトモ・モロ〳〵ノ・孫《ムマコラ》　等・カナラス・乱《ラム》ニアフテ・死《ス》ヘシト・イ
⑥ウ・孫《ムマコ》・何綏《スイ》ニヲヨムテ・誅《チウ》セラレヌ・ノチノ・史官等《ラ》・コトク《〳〵ク・》
⑦コレヲホメテ・何曽先《セン》見《ケン》・明《アキラカ》　ナリトイフ・朕ヲモムミルニ・何
⑧曽不《フ》忠《チウ》也・ソノ罪《ツミ》・甚《ハナハタ》　大《ヲホヒ》ナリ・ソレ・人臣タルモノハアヤマチヲ・

⑧耳（去濁）目（去濁）

〔八ウ〕

⑨匡《タヽ》シテ・ソノアクヲ・ノソキ・美《ヨキ》コトヲ・スヽメテ・オサマルコトヲ・
⑩致《イタス》也・何_曽_位《クライ》・大_臣ヲキハメ・名ヲホキニ・器《ウツハモノ》・ヲモシ・詞《コトハ》ヲ
⑪正《タヽ》シ・諫《イサメ》ヲ正《タヽ》シ・道《ミチ》ヲ論《ロン》シ・時ヲタスクヘシ・入テ・アラソフ忠《チウ》
⑫ナクシテ・出《イタ》シテ・ソシル・後_言《ウシロコト》アイ《(リ)》・史_官等《ラ》・コレヲモテ・明_智《メイチ》

〔九オ〕

①アリト稱《セウ》ス・又・アヤマレルニアラスヤ・クツカヘレルヲモ・タスケス・相《シヤウ》
②ト・スルニタラムヤ・イマ・魏_徴カ・諫《イサメ》申スヲ・キイテ・コト〳〵ク・我・ア
③ヤマチヲ・シリヌ・マサニ・几《キ》_案《アム》ノ・フツクエニ・ヲキテ・弦_韋《クエンヰ》ニ・ヒトシ
④ウスヘシ・桑_楡《サウユ》ノ・モロキ身ヲタスケ・歳《トシ》ノスヱマテニ・コレヲ・
⑤マホルヘシ・君ト臣ト・魚《ウヲ》ノコトシ・水ノコトシ・ツネニ・嘉《ヨキ》・謀《ハカリコト》ヲ致《イタ》サム
⑥コトヲ・マツ・犯《ヲカ》シテ・隠《カクス》コトナカレ・朕・襟《ヲモイ》ヲ・ムナシクシ・志《シ》ヲ・シツ
⑦カニシテ・敬《ツヽシ》ムテ・徳_音《イム》ヲ・マタム
⑧貞観十五年ニ・太宗・侍臣ニカタテノタマハク・天下ヲ守《マホ》ルコ
⑨ト・カタシヤ・ヤスシヤ・魏_徴コタヘテ。《申ク》・ハナハタ・カタシ・太宗ノ、タマハク・
⑩賢《ケム》_佐《サ》ニ任《シム》シ諫《イサメ》アラソウヲ・受《ウク》ル時・即《スナハチ》・全《マツ(夕脱)》シ・ナムソ・カタシト
⑪申ヤ・魏_徴カ・申サク・ムカシヨリ・帝王・アヤウキ時ハ・賢《ケム》ニ
⑫任《シム》シ・諫《イサム》ヲ・受《ウク》トイヘトモ・タノシキニ・至《イタル》時ハ・ヲコリヲ・懐《イタ》ク・ユタ

〔九ウ〕

⑩ヲモ（左漢文注「重也」）シ

〔九オ〕

③弦_韋（左漢文注「書也」）

④桑_楡（左漢文注「日也」）

⑥マツ（左漢文注「待也」）

〔九ウ〕

①カナル《(二脱)》付《ツキ》テ・諫ヲ・イトフ・トキハ・コトヲ奏スル人・ヲソレヲノ、ク・
②日々ニ・スタレ・月々ニ・カサツテ・カタフキ・ヤフル、コトヲキサス・コノ
③ユヘニ・聖｣人ハ・ヤスケレトモ・アヤウキコトヲオソル・ナムソ・天下
④ヲ・守《マホ》ルコト・ヤスカラムヤ
⑤　政體篇第二
⑥貞観ノ初ニ・太宗蕭《セウ》｣瑀《ウ》｣ニカタリテノタマハク・朕少《ワカウ》ヨリ・ユミヤ
⑦ヲ・コノム・ヨク・妙《ヘウ》ヲツクセリト・ヲモヒキ・チカコロ・ヨキユミ・数《ス》｣十
⑧ヲ・マウケテ・弓ツクル・タクミ・示《シメ》スニ・ヨキ木ニアラス・木ノ心・正《タヽ》
⑨シカラサルトキハ・脉《ハク》｣理《リ》ノ・木メ・ミタレタリ・弓ツヨク・コハシトイヘト
⑩モ・箭《ヤ》ヲヤルコト・ナヲカラスト・申・朕・ユミヤヲモテ・天下ヲサタメ
⑪タリ・弓ヲ用《モチイ》ルコト・ヲホシトイヘトモ・弓ノ・ヨキアシキ・イマタ・シラ
⑫サリツ・イハムヤ・天下ヲタモツ・日・アサシ・政ヲナス道《ミチ》ハ・ユミヲ・シ
〔十オ〕
①レルホトニ・ヲヨフヘカラス・シカルヲ・ユミヲシレルコト・ナヲヒカコト・
②ヲホシ・政《(ノ)》ヲミチ・イカテカ・アヤマリ・スクナカラムヤ・今《ケ》｣日《フ》ヨ
③リ・五｣品《ヒム》・以上人《ノ》ヲ・中《チウ》｣書《ショ》ノ内《タイ》｣省《シャウ》ニ・宿《シュク》セシメテ・近《キム》｣國《コク》ヨリ・遠《エン》｣国
④ノコトニイタルマテ・アマネク・カタラシメテ・政ノ得《トク》｣失《シツ》ヲシリ・民ノ利《リ》｣
⑤害《カイ》ヲキクヘシ・蕭《セウ》｣瑀《ウ》｣ト申人ハ・隋煬《ノ》｣帝ノ時ノ・臣｣下ナ《リ》・

⑦妙(去濁)ヲ
⑨脉(入濁)｣理(上)
〔十オ〕
③五｣品(左音「ホム」)、内(去)｣省(上)

⑥賢《ケム》直《チヨク》ノ・人タルニヨテ・唐太《ノ》宗ノ御時・ヌキイテ、・太子ノ太傅《フ》ニ・
⑦任《シム》セラレタリ・歐陽《ヲウヤウ》脩カ唐《タウ》書《シヨ》ニイハク・隋煬《ノ》帝・驕《ヲコ》リ矜《ホコリ》テ・
⑧尭舜トイフトモ我ニヲヨフヘカラスト思テ・ヲシヘイサムル・臣ヲ・
⑨ホロホシキ・言《コトハ》ヲ出《イタ》テ・イハク・我ヲイサメム・モノヲ・當時《タウシ》ハ・コロサシ・
⑩後《ノチ》ニカナラス・コロサムトイヒキ・コレニヨリテ・イサメヲイル、・臣ナシ・
⑪コ、ニ・大臣蕪《ソ》威《ヰ》・諫《イサメ》ヲイレムト欲《ホッス》ルニ・一言《ケム》ヲ・ヒラク・タヨリ
⑫ナシ・五月五日ニ・古文尚書ヲ・タテマツル・煬帝オモヘラク・尚書

〔十ウ〕

①ニハ・賢《ケム》王聖《セイ》主《シュ》ノ・政ヲトケリ・コレヲ・タテマツルコト・心ニ・ワレヲ・ソ
②シルニアリト思テ・ソノ身ヲ・シリソケ・官爵《クワンシャク》ヲ・ノソキヲハリヌ・
③次《ツキニ》蕭瑀ハ遼《レウ》ヲ・ウタムコトヲイサメタリ・コレニヨリテ・ミヤコヲ
④イタサレテ・河西郡《カセイキン》ノ・守《シウ》ニ・ウツサレタリ・蕭瑀ソノ、チ・太宗
⑤ノ御父《チ、》・唐ノ高《カウ》祖《ソ》神《シン》尭《ケウ》皇帝ニツカエタリ・神尭皇帝・
⑥隋《スイ》ノ代《ヨ》ヲウチ・唐ノ代ヲハシメ給フ時・太宗十八ニシテ・コトニ・
⑦義《キ》兵《ヘイ》ヲオコシテ・其《ソノ》ノ・功高《コウタカ》シ・シカルヲ・神尭帝・武《フ》徳《トク》六年
⑧ノ後・太宗ヲハ・タ、・秦《シン》國《コク》ノ王トシテ・建《ケム》成《セイ》太子ニ・帝位ヲハ
⑨ユツリ・タマハムトスル・心アリキ・コ、ニ・蕭瑀申テイハク・キミノ・
⑩四海ヲサタメ・ヲハシマス事・ヒトヘニ・秦《シム》王世《セイ》民《ミム》ノ・チカラナク《リ》・ソノ

⑦歐（平）陽（平）脩

〔十ウ〕

③遼ヲ（左漢文注「国名也」）

⑧建（去）成（平濁）

⑪功《コウ》・ステカタカラムト申・コレニヨテ・神尭皇帝・帝《テイ》位《ヰ》ヲ・太宗
⑫ニユツリタマヘリ・世民ト申ハ・太宗ノ御名《ナ》ナリ・太宗ノ御時・蕭

〔十一オ〕

〔十一オ〕

①瑀ヲ太子ノ太《タイ》保《ホウ》・ニナサセタマフトキ・房《ハウ》玄齢ニ・カタテノタマ
②ハク・霜下《シモクタリ》テ・勁《ケイ》草《サウ》アラハレ・世ミタレテ・賢《ケン》人アラハル・我《レ》・功高《コウタカウ》
③シテ・兄《ケイ》弟《テイ》ニ・イレラレスタヽ・蕭《セウ》瑀《ウ》カ一言《ケム》ニヨリテ・東《トウ》闈《ヰ》ニ入コ
④トヲ・エタリト・カタリ給ヘリ
⑤貞観元年ニ・王《ワウ》珪《ケイ》ニカタ。《リ》テ・上ノ、タマハク・ヲノ〱・公《ク》事《シ》トシ
⑥テ・意《イ》見《ケム》ヲタテマツル・中《ウチ》ニ・得《トク》失《シツ》・タカヒニアリテ・是《セ》非《ニ(ヒ)》アヒマシハ
⑦レリ・中書省《ショシャウ》ノ人・コノ意」見ノ・真偽《シムキ》ヲ・エラムテ・奏スヘシト・
⑧イヘトモ・コレヲ・正《タヽ》シアキラメスシテ・勅宣《チヨクセム》ニカキノセテ・諸國《ニ》ク
⑨タサル、ニ・モシ・ヨコサマナル・意見ニツイテ・宣《セム》下セラル、時ハ・國ノツ
⑩イエ・ハナハタヲホシ・中書ノ官《クワム》・コレヲアキラメ・サルコトハ・意見タ
⑪テマツルヒトニ・ウラミラレムト・思フユヘナリ・一《ツ》官《クワン》ノ小情《セイ》・ニハ、
⑫カリテ・万人ノツイエヲ・ナスヘシ・人ミナ・コノ理《コトハリ》ヲ思コトナ

〔十一ウ〕

〔十一ウ〕

①シ・ワサハイノ・身ニ・オヨハサルホトハ・國ノツエ(ツイエ)ヲ・ウレヘス・大乱《ラン》ヲ
②コテ・家《イエ》ノホロフルニ・イタリテ・ワツカニ・イノチヲ存《ソム》ストイヘ

③トモ・時《シ》論《ロム》ノタメニ・シリソケラル・卿等《ケイラ》・スヘカラク・公《キミ》ヲサキニ
④シ・私《ワタクシ》ヲノチニシ・カタク・直道《スナヲナルミチ》ヲ・マホリ・モロ〳〵ヲ・申入ヘシ
⑤貞観三年ニ・上・侍臣ニカタリテノタマハク・中書ハ・最《サイ》要《ヨウ》ノ
⑥ツカサナリ・才《サイ》賢《ケム》ヲエラムテ・コレニ任《シム》ス・シカルヲ・タヽ・旨《ムネ》ニヲモ
⑦ネリ・心ニシタカウコトヲ・ノミ・サトリテ・一言《ケム》ノ・イサメアラソフ・コトナシ・
⑧豈《アニ》コレ・道《タウ》理《リ》ナラムヤ・勅宣《チヨクセム》ノ・出《イツル》タヒコトニ・サラニ執《シツ》論《ロン》ノ詞《コトハ》ナ
⑨シ・タヽ・文《フン》書《シヨ》ヲトリ・ツタエ・署《シヨ》判《ハム》ヲ・クハフル・ノミナラハ・イツレ
⑩ノ・人カ・セサラムヤ・ワツラハシク・人ヲヱラムテ・ソノ詮《セム》ナシ・イマヨ
⑪リハ・穏《ヲム》便《ヒン》ナラサルコト・アラハ・スヘカラク・トリ申ヘシ・ミタリニ・ヲソレ
⑫テ・モタスルコトナカレト・房玄齢等《ラ》・感《カム》シ・ヨロコヒカウヘヲ・叩《タヽイ》テ・血《チ》ヲ

〔十二オ〕

①出サムトス
②貞観四年ニ・太宗蕭《セウ》瑀ニトウテ・ノタマハク・隋《ノ》文帝ハ・
③イカナル主《シュ》ソ・コタエテ申サク・身ヲセメ・礼《レイ》ヲ存《ソム》シテ・ヨモスカラ・
④ヒネモス・政ヲ・ツトメタマヒキ・アシタ・鸞《ラム》臺《タイ》ニ・イテヽ・日ノ・カタ
⑤フクニ・ヲヨフ・宿衛《シユクエイ》ノ隋兵・退《ヒヤウシリソキイツル》出ニ・イトマアラスシテ・飡《サム》ヲ・
⑥ハコムテ・クラフ・性《セイ》ニ・仁《シム》徳ヲウケストイヘトモ・心ヲ・ハケマセル・キミ・
⑦ナリト申・上ノタマハク・公《コウ》ハ・ソノ一《ヒトツ》ヲ・シリテ・ソノ二《フタ》ヲ・シラス・

〔十二オ〕
⑤隋（去）兵、飡ヲ（左訓「クイモノ」）
⑥仁（平濁）徳

⑧カノ人性《セイ》サトシトイヘトモ・心アキラカナラス・群臣等《ラ》・事《コト》ヲン（ヲ）
⑨コナウ・コトニ・心ニ我ヲ信セスシテ・政ニ・不《フ》忠《チウ》ヲ致《イタ》サムコトヲ・ウ
⑩タカウ・コノユヘニ・身ヲクルシメ・神《シム》ヲツカラカシテ・モロ〳〵ノコトヲ・
⑪ミナミツカラ決《ケツ》断《タム》ス・朝《テウ》臣《シン》ソノ心ヲシリテ・アヘテイサメ
⑫ス・摂《シツ》政《セイ》以下・タ丶・上ノコトハリヲ・受《ウク》ルハカリナタ《リ》・天下・イタテヒ

〔十二ウ〕

①ロシ・政・万《ハム》端《タム》也・宰《サイ》相《シヤウ》ノハカリコト・群《クム》臣《シム》ノ奉《フ》行《キヤウ》ニ・マカスヘ
②シ・ナムソ・一日ノ・万《ハム》機《キ》ヲ・一身慮《ヲモムハカリ》　ニサタメムヤ・シカレハ・一日ニ
③十ノコトヲ・コトハルニ・五ハ・成《セイ》敗《ハイ》アリテ・五ハ略《リヤク》セラレヌ・成敗
④アルコトハ・ヨシトイヘトモ・成敗・ヲヨハサルコトハ・コト〳〵ク・ヤフレヌ・十
⑤ノ事・ナヲ・シカリイハムヤ・万機ノ・アヒタヲヤ・タ丶・賢《ケム》良《リヤウ》
⑥ノ・臣等《ラ》ニ・マカセテ・深《フカ》ク居《ヰ》テ・高《タカ》クキクヘキナリ・ミツカラ・
⑦コトハテスト・イフトモ・法《ハウ》令《レイ》・ケハシクハ・タレカ・ヒカコトヲ・サタメム
⑧ヤ・モロ〳〵ノ・ツカサヲ・シテ・勅宣ヲ・アカテ・クタサムニ・穏《ヲム》便《ヒム》
⑨ナラサル事・アラハ・ヲノ〳〵・奏スヘシ・シカラハ・タレカ・旨《ムネ》ニヲモネ
⑩リテ・施《シ》行《キヤウ》セムヤ・臣下コト〳〵ク・心ヲ・ツクスヘキナリ
⑪貞観五年・太宗・侍臣ニカタリテノタマハク・國ヲオサムル
⑫コト・ヤマヒヲ・ツクロウニ・ヲナシ・ヤマイハ・イヘタリトイヘトモ・イヨ〳〵・

⑨コト（左漢文注「毎也」）ニ

〔十二ウ〕

⑦法令（左音「ホウリヤウ」）

〔十三オ〕

①タスケマホルヘシ・イエテノチニ・觸犯《フレヲカ》スコトアレハ・カナラス・命《メイ》ヲ
②ウシナフニ・イタル・國ヲオサムルコト・マタ・シカナリ・ヤスシトイフトモ・
③ツ、シミ・ヲモフヘシ・驕《ヲコ》リホシイマ、ナル時ハ・カナラス・ホロフ・今《イマ》・
④天下ノ安危《アムキ》・コレヲ・朕カ身ニカケタリ・故ニ・日々ニ一日ヲ
⑤ツ、シムテ・ヤスシトイヘトモ・ヤスムコトナシ・ナムチカトモカラ・耳《シ》
⑥目《ホク》・股肱《ココウ》トシテ・義《キ》・ヒトツ・身也スヘカラク・チカラヲ・ト、ノヘ・
⑦心ヲヒトツニシテ・タ、シ・カラサラム・コトアラハ・極言《キヨクケム》シテ・カ。《ク》スコト
⑧ナカレ・君ト・臣ト・アヒウタカウテ・心ヲヘタツルコト・小アラハ・國
⑨ヲ・オサムルコト・アタハシ
⑩貞観六年ニ・上・侍臣ニカタリテノタマハク・古《イニシヘ》ノ帝王モ・
⑪サナ(カ)リナルコトアテ・ヲトロホルコトアリ・スナハチ・忠《チウ》正《セイ》ノ臣ハ・シ
⑫リソケラレテ・マツリコトノ得失ヲ・申コトアタハス・ヘツラヒ

〔十三ウ〕

①ユカメル臣ハ・ス、ミサカヘテ・君ノ・耳目ヲカクシテ・時ノ過《クワ》
②失《シツ》ヲ・シラシメサルユヱナリ・朕九重《キウテウ》ノ・フカキニ・居《キ》テ・コト〱
③クニ・天下ノ事ヲ・ミス・カル。《カ》ユヱニ・コレヲ・卿等《ケイラ》ニマカセテ・朕
④カ耳《シ》目《ホク》トス・天下ヲサマリ・四海ヤスカラムコトヲ・存《ソムス》ヘシ・尚《シヤウ》

〔十三オ〕

⑦極言(平)

〔十三ウ〕

⑤書《ショ》ニイハク・愛《(ア)イヒ》スヘキ・ハキミ也・ヲソルヘキハ・人ナリ・君道《キミミチ》ア
⑥ル時ハ・人コソテ・主《シュ》トス・道ナキ時ハ・人ステヽ・モチイス・マコトニ・
⑦ヲソルヘキナリ・魏徴コタエテ申サク・イニシエヨリ・國ヲ・
⑧ウシナウ主《シュ》ハ・ヤスキニイテ・アヤウキコトヲ・ワスレ・ヲサマルニ・
⑨ホコリテ・ミタレム事ヲ・ワスル、・ユヱナリ・イマ・陛《ヘイ》下《カ》・シツカナ
⑩リトイヘトモ・心ヲ・マツリコトニ・ツクシ・タマヘリ・ツネニ・フカキ
⑪ニ・ノソムテ・ウスキヲ・フムカコトキナ。《リ》・國家《カ》ノ・暦《レキ》数《ス》・霊《レイ》
⑫長ナルヘシ・古《コ》語《キヨ》ニイハク・君ハ舟《フネ》ノコトシ・人ハ・水ノコトシ水・ヨ

〔十四オ〕

①ノコトシ水ヨク(見せ消ちママ)舟ヲ・ノストイヘトモ・水又・舟ヲクツカヘス・陛下・
②ヲソルヘシト・ヲモイタマヘリ・マコトニ・聖《セイ》旨《シ》ノコトシ
③貞観六年ニ・太宗侍臣ニ・カタリテノタマハク・アヤウキ。《ヲ》・タス
④ケ・クツカヘルヲヒカヘスハ・ナムソ・相《シャフ》タル・臣ナラム・カナラス・忠《チウ》ヲ
⑤ツクシテ・匡シ・スクフヘキナリ・朕書《ショ》ヲ・ヨムテ・夏《カノ》桀《ケツ》カ時・
⑥闕龍《クワンレウ》逢《ハウ》カ・忠アテコロサレ・漢《カム》景《ケイ》ノ時・晁《テウ》錯《サク》カ・トカナク
⑦シテ・誅《チウ》セラレシヲ・ミルコトニ・書ヲステヽ・ナケカスハアラス・
⑧公《コウ》等《ラ》・諫《イサメ》ヲ・タヽシウシテ・政ヲタスケヨ・朕コノコロ・決《ケツ》断《タム》スル
⑨事・律《リツ》令《リヤウ》ニソムケル事アリ・公《コウ》等・小《セウ》事《シ》ナリト思テ・コ

〔十四オ〕

⑩レトリ申サス・大事ハ・小事ヨリ・ヲコル・ナムソ・カネテ・スク
⑪ハサラムヤ・隋帝・政カレテ・疋夫《ヒッフ》ノ手ニ死《シヽ》タリ・天下ノ
⑫民・イタムコトナシ・公等・隋帝ノ・ホロヒタルコトヲ・オモフテ・

〔十四ウ〕

①アヤマリヲ・正《タヽ》シ・マコトヲツクシテ・朕ヲタスクヘシ・朕又・龍《レウ》逢《ハウ》
②晁《テウ》錯《サク》カ・忠アリテ・ホロヒニシコトヲ・思テ・公等カ・タメニ・アハレミ
③ヲクワフヘシ・君臣トモニ・マタカラムコト・ナムソ・ヨカラサラムヤ
④貞観七年・太宗魏徴ニカタテノタマハク・政ノ得《トク》失《シツ》ハ・當《タウ》
⑤時《シ》ノ躰《テイ》ニヨル・國大《ヲオキ》ニ乱《ミタレ》タル・後ハ・ニハカニ・治《チ》平《ヘイ》ヲ・イタシカ
⑥タカラムカ・魏徴コタエテ申サク・全《マタク》シカラス・人アヤウキ時ハ・
⑦死《シセ》ムコトヲウレウ・シナムコトヲウレウル時ハ・世ノ・ヲサマラム
⑧事ヲ・ネカウ・世ノヲサマラムコトヲ・ネカウトキハ・上ノヲシヘニ・シ
⑨タカイヤスシ・シカレハスナハチ・大乱ノ、チハ・サタメヤスキコト
⑩飢《ウヘ》タル人ノ・饗應《キヤウヲウ》シヤスキカコトシ・太宗ノ、タマハク・善《セン》
⑪人《シン》・那《クニ》ヲオサムルコト・百年ノ後ニ・逆《ケキ》臣《シム》ノ、コレルヲ・誅《チウ》シ
⑫ツクシテ・太平ヲ致《イタ》ストイヘリ・ナムソ・ニハカニ・ヲサマルコトア

〔十五オ〕

①ラムヤ・魏徴申サク・コレハ・ツネノ人ニ・ヨセテ申コトナリ・ソレ・

〔十四ウ〕
〔十五オ〕

②聖《セイ》哲《テツ》ノ化《クワ》ヲ・ホトコストキハ・上下心ヲ・ヲナシクスルコト・ヒ、キノ・
③應《ヲウ》スルカコトシ・朞《キ》月《ケツ》ニシテ・化《クワ》シツヘシ・三年ニ・功《コウ》ヲナサムコト・
④ヲソシトイツヘシ・太宗コレヲキコシメシテ・シカナリト・ヲモイ
⑤タマヘリ・封徳《ホウトク》彝《イ》等《ラ》・コ、ニ・魏徴カ申トコロヲ・難《ナム》シテ
⑥申サク・夏《カ》・殷《イム》・周《シウ》・三代ヨリコノカタノ・人ノ心・ト、ノヘカタシ・コ
⑦ノユヘニ・秦《シム》ノヨニハ・法《ハウ》ニマカセテ・人ヲシタカヘ・漢《カム》ノ代ニハ・覇《ハ》
⑧王《ワウ》ノ道《ミチ》ヲ・マシヘテ・國ヲシツメ・タリ・秦《シム》漢《カム》ナムソ・太平ヲ・イ
⑨タサムコトヲ・思ハサラムヤ・ヲサメムトスレトモ・アタハサリシ・モ
⑩ノナリ・モシ・魏徴カ申コトヲ・信《シム》セラレハ・ヲソラクハ・國ヲヤ
⑪フリ・ミタラム事ヲ・ト申セリ・魏徴・陳《チム》シテ申サク・黄帝《クワウテイ》・
⑫七十餘《ヨ》タヒタ、カイテ・蚩《シ》尤《ユウ》ヲコロセリ・民ミタレ・國ヤフ

〔十五ウ〕

①（レ脱）タリトイヘトモ・黄帝・徳ヲホトコシ、カハ・スナハチ・太平ヲ
②イタセリ・顓《セン》頊《キヨク》帝ノ時《トキ》・九《キウ》梨《レイ》國ヲミタリシカハ・顓頊コレニ
③尅《カツ》テ・ノチ・治《チ》平ヲ・致《イタ》セリ・夏桀《カノケツ》ノ時・國ホロヒ・民ミタレタ
④リ・殷《イン》ノ湯《タウ》王・コレヲ伐《ウチ》テノチ・スナハチ・太平ヲ致セリ・殷《イム》
⑤ノ紂《チウ》・無《フ》道ナリ・周《シウ》ノ武王・コレヲ伐《ウツ》・武王ノ子《コ》・成《セイ》王ノ代《ヨ》ニ・
⑥太平ヲ致セリ・スナハチ・シムヌ・悪《アク》王ノ時ハ・民ミタレ・賢《ケン》王ノ

〔十五ウ〕

②九梨國（左漢文注「人名也」）

⑦時ハ・民ヲサマルコトヲ・アレタル民ヲ・カヘスシテ・スナホナル・民ト
⑧ナスナリ・帝《テイ》道《タウ》ヲ・オコナウ時ハ・帝徳アリ・王《ワウ》道《タウ》ヲ、コナ
⑨フ時ハ・王道ソナハル・若人《モシヒト》・澆《ケウ》訛《クワ》シテ・純撲《シユンハク》ニカヘリ・カタシト申
⑩サハ・悪王ノ代《ヨ》々・ミタレタリシ・民・賢王ノ代《ヨ》々ヲ、サメラレスハ・民・
⑪コト〳〵ク・鬼《キ》魅《ヒ》トナリテ・ト、ノヘカタカラマシ・ナムソ・世スヱニ・ヲ
⑫ヨヘリト・イハムヤ・徳ヲオコナテ・民ヲト、ノフ・ヘキナリト申

〔十六オ〕

①ス・封《ホウ》徳彝《イ》等《ラ》心ニ・シカラスト・思ヘトモ・クチニ・コタフル詞《コトハ》ナシ・
②ソノ後《ノチニ》・太宗群臣ニ・カタテノタマハク・貞観ノハシメ・帝道・
③王道ヲ・オコナヒカタシト・封《ホウ》徳彝《ヰ》等《ラ》・論《ロム》シ申シ、カトモ・
④魏徴ヒトリ・我ヲス、メテ・徳ヲ・、コナハシメタリ・数《ス》年ヲ
⑤スキスシテ・天下安《アム》寧《ネイ》ナリ・トヲキエヒス・キタリシタカヒテ・
⑥刀ヲ帯《ハキ》テ・宿衛《シユクエイ》ヲツ・トメ・衣《イ》冠《クワム》ヲ・タ、シウシテ・祗《シ》候《コウ》ス・コ
⑦レミナ・魏徴カチカラナリ・玉《タマ》ノ・石ノアヒタニアル時ハ・ヒカリナシ・
⑧ヨキタクミ・コレヲミカケル時・万代ノタカラタリ・朕ウルハシキ・
⑨質《ミ》・ナシトイヘトモ・魏徴カ・タメニ・ミカ、レタリ・魏徴・ヨキ
⑩タクミト・スルニタレリ
⑪貞観九年ニ太宗・侍臣ニカタリテノタマハク・隋ノ代

⑨澆（平濁）訛
⑪鬼魅（去濁）
〔十六オ〕

⑫ヲ・ウテ・ミヤコヲタイラケシ時・宮《キウ》中院《チウイム》内《ナイ》ニ・美《ヒ》人寳《シムホウ》物《モツ》・

〔十六ウ〕

①ミチミタストイフコトナシ・、カルヲ・煬帝・ナヲ・タラストシテ・
②タツネモトムルコト・ヤムコトナシ・カネテ。《ハ》・西《ニシ》ノエヒスヲ・ウチ・東《ヒカシ》ノ
③エヒスヲ・セメムトシ・サカリナルモノハ・タ、カヒニ・クルシミ・ヨハキモ
④ノハ・粮《カテ》ヲハコフニツカレヌ・百姓タエスシテ・ツイニ・滅《メツ》亡《ハウ》ヲ致《イタ》セ
⑤リ・コレマノアタリ・朕カ目《メ》ニ・ミタルトコロナリ・カルカユヘニ・朕夙《シユク》
⑥夜《ヤ》ニ・孜々《シ〱》トツ、シムテ・傜《ヨウ》役《エキ》ノオホヤケコトヲ・ウスクシ・
⑦年《ネム》穀《コク》ノタクハエヲ・ユタカニシテ・天下コトナク・百姓・安《アム》楽《ラク》ナ
⑧ラムコトヲ・オモフ・ソレ・國ヲオサムルコトハ・樹《キ》ヲウフルカコトシ・ソ
⑨ノ根《ネ》・ウコカサル時ハ・枝《エタ》葉《ハ》サカリナリ・君ヨク・キヨクシツカナ
⑩ラハ・百姓ナムソ・タノシマサル・コトアラムヤ
⑪貞観八年ニ太宗・房《ハウ》玄齢ニカタリテノタマハク・我《ワカ》・居《キヨ（キル）》ト
⑫コロノ・殿《テム》ハ・隋ノ文帝ノ・ツクルトコロナリ・承《セウ》乾《ケン》殿《テム》ハ・又煬帝

〔十七オ〕

①ノ・ツクレルトコロナリ・年《ネム》月《ケツ》チカシトイヘトモ・破《ハ》壊《エ》セル所《トコロ》・カ
②タ〱ヲホシ・イマアラタメツクラムト・思ニ・ヲソラクハ・コノイヘニ・。《ニ》タ
③ラムコトヲ・魏徴コタヘテ申サク・ムカシ・魏文《キノフン》侯《コウ》ノ時・年貢《コウ》

〔十六ウ〕

〔十七オ〕

④年コトニマサル・人アテ・コレヲヨロコヒ申・文侯ノイハク・
⑤ソレ・民ノカス・ソフコトナクシテ・祖《ソ》」税《セイ》ノソナヘ・モノ・トシコトニ
⑥マサレリ・セメヲ・ヽサムルコトノ・キヒ・シキニヨレリ・タトヘハ・皮《カハ》
⑦ヲハルカコトシ・ヒロカラシムル時・スナハチウスシ・セハカラシム
⑧ル時ハ・スナハチアツシ・ウスキ時ハ・ヤフレヤスク・アツキ時ハ・
⑨コレ全《マタ》シ・民ヲオサムルコト・マタ・カクノコトシ・魏文《ノフン》」侯《コウ》・カクノコト
⑩キノ・仁《シム》」徳ヲ・オコナハレシカハ・魏ノ國・オホキニ・ヲサマリ・今《イマ》・百
⑪ノヱヒス・キタリシタカヒテ・天下ステニヤスシ・スヘカラク・今日ノ・
⑫理《リ》」道《タウ》ヲマホリテ・コレヲ・アツキニ歸《キ》スヘシ・民ヲシテ・ワツラハ

〔十七ウ〕

①スコトナクハ・コレスナハチ・足ナム
②貞観八年・太宗・群」臣ニカタテノタマハク・政ヲオサムルコ
③トヲナス・要《エウ》・ソノ本《モト》ヲ・マタクスルニアリ・モシ・中《チウ》」國シツカナラスハ・
④トヲキヱヒス・キタリシタカフトモ・ナムノ益《エキ》カアラム・今・中《チウ》」夏《カ》
⑤ノ・ミヤコ・シツカニヤスクシテ・四」方・國シタカヒ・ツヽシメリ・コレ・
⑥公」等カ・忠ヲツクシ・績《セキ》ヲ致《イタ》スニヨリテナリ・隋ノ煬」帝・ハシ
⑦メニハ・サカリナリトイヘトモ・タチマチニ・ホロヒクツカヘルコトヲナセ
⑧リ・朕コノユヘニ・ヤスキヲ・ヨロコフトイヘトモ・アヤウキヲ・ワスレ

⑤祖（平）」税（去濁）

〔十七ウ〕

⑨ス・頡《ケツ》」利《リ》ノクニ・コノコロサカリニコハウシテ・志《コヽロサシ》　驕《ヲコ》リ・國ミタル・
⑩ワサハヒ生テ・本《ホム》」業《ケウ》ヲウシナテ・朕カ臣下トナレリ・葉《セウ》」
⑪護《コ》可《カ》」汗《カン》ノ・クニ〳〵・マタ・ハナハタ・コハシ・ヲナシク・冨《トミ》ユタカナルニ
⑫奢《ヲコリ》テ・トモニ・ヤフレヲ・致《イタ》ス・ソノ・長《チヤウ》・死《シ》テ・ノチノ子・大」業《ケウ》ヲ・

〔十八オ〕

①嗣《ツク》トイヘトモ・シタシキモ・ウトミ・トヲキモ・ソムイテ・ステニ・基《モトイ》ヲ
②クツカヘセリ・朕・コノトモカラヲ・ミルニ・イカテカ・心ニツヽシマサラ
③ムヤ・公等・朕ヲタスケ・功績《コウセキ》ステニナレリ・ヲノ〳〵・ツヽシムテ・
④コレヲマホリテ・世《セイ》」祚《ソ》ヲ・長《ナカウ》スヘシ・若《モシ》・アタラサルコトアラハ・カナラ
⑤ス・アキラカニ・申ヘシ・君」臣・心ヲオナシクセハ・ナムソ・オサマラ
⑥サラムヤ・魏徴」コタエテ申サク・陛」下・天下ヲヤスクシテ・イタリ
⑦テ・オサマレル・運《ウン》ヲ・ヒラケリ・ムカシニモ・コヱタル・ヨロコヒノ・アルコ
⑧トニ・イヨ〳〵・アヤウキヲ・オソル、心・ネムコロナリ・ツヽシム心ノ・
⑨イタテフカキコト・イニシヘノ帝」王モ・イカテカ・コレニスキム
⑩ヤ・上ノ好《コノム》　所ニ・下カナラスシタカウ・明《アキラカ》　ナル詔《セウ》・ツネニクタリテ・
⑪ス、メハケマス・儒《ツタナキマスラヲ》　夫　トイフトモ・イカテカ・節《セツ》」義《キ》ヲ立《タテ》サ
⑫ラムヤ・太」宗・又・侍」臣ニカタリテノタマハク・西《セイ》」胡《コ》ノ戎《エヒス》・珠《タマ》ヲ

〔十八ウ〕

⑪葉」／護（去濁）可」汗

〔十八オ〕

⑪ハケ（上濁）マス

〔十八ウ〕

①愛《アイ》ス・モシ・ヨキタマヲエツレハ・ヲノレカ・身ヲヤフリテ・コレヲ・
②イレ・ヲサム・侍臣・コト〳〵ク・コタヘテ申サク・タカラヲ・ムサホテ・ヲ
③ノレカ・身ヲヤフル・マコトニ・ワラウツヘシト申・太宗ノタマハク・
④西胡ヲ・ワラフコトナカレ・イマノ官人《クワンニン》モ・タカラヲムサホリテ・身
⑤ノ損《ソム》セムコトヲ・カヘリミス・身《ミ》死《シ、》テノ・ヽチ・恥《ハチ》ヲ・子《シ》孫《ソム》ニヲヨホス・西
⑥胡ハ・ステニ・タカラヲエテ・ノチ身ヲヤフル・官人ハ・アルイハ・イマタ
⑦エサルヲ・モトメテ・身ヲ損《ソム》ス・ナムソ・西胡ヲワラハムヤ・帝王
⑧モマタ・シカナリ・隋煬帝・ミツカラ・賢《ケム》ナリトシテ・ホシキマヽ
⑨ニ・奢《ヲコリ》テ・疋《ヒツ》夫《フ》ノ手《テ》ニ・死《シ、》タリ・慾《ヨク》ヲ・タクマシクシテ・志《コヽロサシ》ヲ・ホシ
⑩イマヽ・ニシ・タノシミヲ・好《コノム》コトナクシテ・ツヽシムコト・ナキユヘナリ・コレ
⑪マタ・ワラウヘキニ・タルモノナリ・魏徴コタエテ・申サク・ムカシ・魯哀《ロノアイ》公《コウ》
⑫孔《コウ》子《シ》ニカタテ・イハク・ヨク・モノワスレスル人アリ・屋《ヤ》ワタリスル時ニ

〔十九オ〕

〔十九オ〕

①シテ・ソノ妻《メ》ヲ・ワスレタリ・孔子・コタヘテノタマハク・モノワスレスル
②コト・コレヨリハナハタシキモノアリ・夏桀《カノケツ》殷紂《イムノチウ》ヲナシク・奢《ヲコリ》
③侈《ホコリ》テ・ソノ身ヲ・ワスレタリ・太宗ノタマハク・朕ト・公等ト・ステ
④ニ・人ヲ・ワラフコトヲ・シムヌ・イマトモニ・アヒ・タヽシタスケテ・ネカ
⑤ハクハ・人ニ・ワラハルヽコトヲ・マヌカレム

⑥貞観九年ニ・太宗侍臣ニカタリテノタマハク・帝王タルモノ・
⑦ハカナラス・コノムトコロヲ・ツヽシムヘシ・朕モシアルイハ・馬鞍《ムマクラ》・犬鷹《イヌタカ》
⑧ヲ・コノミ・アルイハ・色《イロ》ヲコノミ・聲《コヘ》ヲコノミ・滋味《コキアチハヒ》ヲコノマハ・スナ
⑨ハチ・コノミニシタカウテ・致《イタ》シツヘシ・ヽカレトモ・カクノコトキラノ・
⑩イロハ・人ノ・正ヲヤフルモノナリ・又・邪《シヤ》佞《ネイ》ノ・ヘツラヘル・臣・忠直《チヨク》
⑪ノスナホナル臣・時ノ君ノコノム所ニ・シタカヒテ・アルイハ・ス、ミ・
⑫アルイハ・シリソク・モノ・任《シム》スルニ・賢《ケム》ヲエスハナムソホロヒサルコト

〔十九ウ〕

①ナカラムヤ・魏徴・コタエテ申サク・斉《セイ》ノ威《イ》王《ワウ》・ムカシ・淳于《シユムウ》
②髡ニ・トウテイハク・イニシヘノ帝王ノ・コノムトコロト・我コノ
③ムトコロト・ヲナシヤ。《イナヤ》・淳于髡コタヘテ・イハク・イニシヘノ帝王
④ノ・コノムトコロ四アリ・色《イロ》ヲコノミ・馬《ムマ》ヲコノミ・味《アチハイ》ヲコノミ・賢《ケム》
⑤人ヲコノミキ・イマ君ノ・コノムトコロ・三《ミツ》アリ・色《イロ》ヲコノミ・馬
⑥ヲコノミ・味ヲコノムト・イヘトモ・賢人ヲコノマストイフ・威《キ》王ノ
⑦タマハク・古《イニシヘ》ノ賢人ニ・ヲヨヘル・賢人ナシ・カルカユヘニ・コノマス・淳于
⑧髡カ・イハク・イニシヘノ・スクレタル色ハ・西《セイ》施《シ》・毛《ホウ》嬙《シヤウ》ノカホヨキ・タ
⑨クヒナリ・イマハ・コレニヲヨヘル・色ナシトイヘトモ・王強《シイ》テ・求《モトメ》・コレヲ
⑩愛ス・イニシヘノ・滋《コキ》味ハ・龍《レウ》ノ肝《キモ》・豹《ヘウ》ノハラコモリノタクヒナリ・

⑫任（去濁）スルニ

〔十九ウ〕

⑧毛（平濁）嬙（平）

⑪イマハ・コレニヲヨヘル・味ナシトイヘトモ・王・タシナミモトメテ・コレヲ
⑫愛ス・イニシヘノ・ヨキ馬ハ・飛《ヒ》兎《ト》緑《リヨクシ》耳ノタクヒナリ・イマハ・コ

〔二十オ〕

①レニヲヨヘル・馬ナシトイヘトモ・アルシ（二脱）タカヒテ・コレヲコノム・コノ三《ミツ》ノ
②物《モノ》・イタリテ・イニシヘニ・ヲヨハストイヘトモ・随《スイ》分《フン》ニ・コレヲコノム・ナムソ・
③賢ヲコノムヘキニ・イタリテ・イニシヘニ・ヲヨフヘカラスト・イフテ・
④コノミ・モチヰサルヤ・イニシヘノ賢人・當世ニ・ノコルヘカラス・時
⑤ノ輩《トモカラ》ノ・中《ナカ》ニ・モトメ・任《シム》スヘキナリト・イフ・太宗フカク・コノ語《コ》ヲ・
⑥シカナリトス
⑦貞観十年ニ・太宗侍臣ニカタリテノタマハク・秦《シム》ノ世《ヨ》・漢《カム》
⑧ノ世ヨリ・コノカタ・賢《ケム》帝《テイ》・ミナ・月令義《クワチリヤウキ》ニツイテ・天下ヲ・
⑨オコナフトイヘトモ・ムカシ・三皇《クワウ》五帝《テイ》・シカシナカラ・聖《セイ》主《シュ》ナリ・
⑩ナムソ・月令ノ義《キ》ヲモチイサル・魏徴コタヘテ申サク・尚書《シヤウシヨ》
⑪ニイハク・ツ、シムテ・民ニ時ヲサツクト・イヘリ・シカレハ・上古《シヤウコ》ヨリ・
⑫月令ノ義ヲ・モチイル事・ミヘタリ・タ、シ・秦ノ時ノ・呂不《リヨフ》韋《ヰ》

〔二十ウ〕

①古《コ》来《ライ》ノ月令ヲ・アツメタリ・コレヲ・戴《タイ》聖《シヤウ》エラフトコロノ・礼記
②ニ入タリ・コレニヨリテ・秦漢《シムカム》ヨリコノカタ・サカリニ・月令ヲモチ

〔二十オ〕

⑫飛（平）兎（去）、緑（上）耳（上）

⑤コノ語（上濁）ヲ

⑫呂（上）不（上）韋（平）

〔二十ウ〕

①戴（去）聖

③イルト・ミエタリ・太宗《ソウ》・又・ノタマハク・朕コノコロ・書籍ノ道《タウ》
④理《リ》ニ付《ツイ》テ・事ヲオコナフ・書籍ニ・キラフ所ノアシキコト
⑤ヲ・シリソケテ・天下コト〳〵ク・シツマリヌ・書籍ニ・ホムルトコロノ・
⑥ヨキコトヲ・オコナフテ・海《(カ)タイ》内《タイ》コト〳〵クニ・タノシ・書籍ノ・ヲシヘ
⑦ニ・イタテハ・フツト・ウタカウ・トコロナシ・タヽシ・當世ノ人ヲ・エラフニ・
⑧ヲイテハ・朕コト〳〵クニ・マトヘリ・人ヲシルコト・キハメテ・カタシト
⑨ス・朕コノコ、ロ(衍)・公等・数《ス》輩《ハイ》ヲモチイテ・天下ヲ・オサムルニ・政《セイ》
⑩理ナヲ・漢《カムノ》 文漢《カムノケイ》 景ニ・ヲヨハス・ソノユヘイカムソヤ・魏徴─コタ
⑪ヘテ・申サク・君ノ・臣ヲウタカウ時ハ・臣ハ、カリヲナシテ・マツリ
⑫コトヲ・ツフサニセス・マツリコトツフサナラサル時ハ・政理立《タテ》カタシ・

〔二十一オ〕

①コノユヘニ・賢主ハ・アマタノ・良《リヤウ》臣ヲエラムテ・カタ〳〵・万機《キ》ヲワ
②カチ・ヲコナハシムルナリ・イハユル・黄《クワウ》帝ハ・四《シ》聡《ソウ》・四目《ホク》ノ臣ニ・マカセ・尭
③舜ハ・九《キウ》男《ナン》ニマカセテ・ウタカハス・舜帝ハ・八元《ケム》八愷《カイ》ニ・委《ヰ》シ・周《シウ》
④ノ武《フ》ハ・十《シウ》人《シン》ニ委シテ・ウタカハ・ス・イマ陛下ノ・臣等ニ委《ヰ》任《シム》シテ・
⑤ウタカハサルコト・イニシヘノ・聖主ノ・良《リヤウ》臣ヲ・ウタカハサリシ
⑥ニモ・コヱ給ヘリ・タヽシ・臣等カ・オノ・ミシカキニヨテ・陛下・委《ヰ》寄《キ》
⑦ニ・カナハサルコト・アルカ・シカレトモ・四ノエヒス・ナヒキ来《キタリ》・アメカウチ・

〔二十一オ〕
④委(平)任(去濁)

⑧事ナキコトニ・ヲイテハ・ムカシモ・イマモ・今日《ケウ》ノコトキ・ナルコト・
⑨アラス・イハムヤ・漢ノ文帝・ヲナシキ景帝ニ・イタテハ・君ノ
⑩聖《セイ》徳《トク》ニ・ナラフニタラス・魏徵・又・申サク・人君・ハシメテ・世ヲ、コス
⑪時ハ・サカリナルコトヲ・尭舜ニ比《ナラ》ハムトス・、才《テ》ニ・ヤスク・タノシムニ
⑫イタリテハ・スナハチ・ソノ・ヨキコトヲ・ウルコト・アタハス・人臣モ・又・

〔二十一ウ〕

①ハシメテ・モチイラル、時ハ・心ヲ・ハケマシ・チカラヲ・ツクシテ・績《セキ》ヲ・
②伊《イ》尹《キム》周公《シウコウ》ニ・ナラヘムトス・ソノ・貴《タト》ク・冨《トメ》ルニ・ヲヨムテ・爵禄《シヤクロク》ヲ・全《マタウ》セ
③ムタメニ・ヘツラヘル・心ヲサシハサム・モシ・君臣・トモニ・ミタレヲコラスハ・海《カイ》
④内《タイ》ナムソ・ト、ノホリ・タノシカラサラムヤ・太宗ノタマハク・聖化ノ
⑤イタレル・コトハリ・タ、・公《コウ》カ・コノ・コトハニアリ
⑥貞観十六年・太宗侍臣ニ・カタリテノタマハク・アルイハ・君・上《カミニ》・
⑦ミタレタレトモ・臣・下《シモ》ニ・ヲサム・アルイハ・臣・シモニ・ミタレタレトモ・君・上《カミ》
⑧ニ・オサム・コノ・二《フタツ》ノ・カタ、カヒナルコト・イツレヲカ・ハナハタシトスルヤ・魏
⑨徵コタヘテ申サク・君・上《カミ》ニ・賢《ケム》ナル時ハ・スナハチ・昭《セウ》然《セム》ト・テラシテ・
⑩下ノ・ヒカコトヲ・ミル・ヒトリヲ・ホロホシテ・百《モ、》ヲ・ス、メムニ・威《キ》ニヲ
⑪チテ・コト〳〵ク・忠ヲツクスヘシ・君・上《カミ》ニ・ミタレテ・イサメニ・シタカハサル
⑫時ハ・賢《ケム》正《セイ》ノ臣・アリトイフトモ・下ヨリ・ヲサメカタシ・、カレハスナ

〔二十一ウ〕

⑨昭（平）然（平濁）

〔二十二オ〕

①ハチ・虞《ク》ノ君・上《カミ》ニ・ミタレテ・百《ハク》里《リ》奚《ケイ》カ・イサメニ・シタカハサリシ
②カハ・虞《ク》ノ國・ツイニ・秦《シム》ノ国ニ・ホロホサレタリ・呉王・奢《ヲコリ》テ・伍《コ》子《シ》
③胥《シヨ》カ・イサメヲ・イレサ・シ《レイ》シカハ・呉《コ》ノクニ・又・越《エツ》ノ国ニウタレタリ・
④上・ミタレテ・イサメニ・シタカハス。《ハ》・ソノワサハイヲ・ヌ《（ス）》クイカタシ・太宗ノ
⑤タマハク・魏徴カ・申ムネ・ミナモテ・シカナリ・タヽシ・斉《セイノ》 文宣《セム》帝・
⑥暴乱《アレミタレ》タリ・楊《ヤウ》導 彦《シユンケム》タヽシキ・道《ミチ》ヲモテ・ヲサムルコトヲ・エタルコ
⑦ト・イカムソ・魏徴コタエテ申サク・楊導彦《シユンケン》・ワツカニ・クラキ
⑧君ヲ・オキヌイ・蒼《サウ》生《セイ》ノ民ヲ・スクフト・イヘトモ・タヽ・難《ナム》ヲマヌ
⑨カレタル・ハカリナリ・クルシミ・アヤフメル・コト・ハナハタシ・ナムソ・上アキ
⑩ラカニ・下恐《ヲソリ》テ・直言正《チヨクケンセイ》諫《カム》シテ・世ヲオサメムニ・ヲナシカラムヤ
⑪貞観十九年・太宗侍臣ニカタリテ・ノタマハク・イニシヘヨリノ・
⑫帝王ヲ・ミルニ・驕《ヲコリ》テ・ヤフル、モノ・アケテ・カソフヘカラス・トヲク・

〔二十二ウ〕

①ムカシヲ・カソフルニオヨハス・晉《シム》ノ武《フ》帝・呉《コ》ノクニヲ・タイラケテ・
②ノチ・日々ニ・イヨ〳〵奢《ヲコ》レリ・隋ノ文帝陳《チム》ヲ・ウチテヨリコノ
③カタ・功《コウ》ニホコリテ・益《マス〳〵》 大《オホイ》ナリ・臣下・コノ時ニ・直言《チヨクケム》ヲ致《イタ》シ・カタシ・政
④道・コレニヨテ・ミタレテ・国主《コクシユ》・ツイニホロヒタリ・朕高麗《カウライ》ヲ・ヤフリ・

〔二十二オ〕

①虞（平濁）ノ君
②伍（上濁）子
③胥（平濁）カ
⑥楊（平）導彦（去）

〔二十二ウ〕

⑤鐵《テツ》勒《ロク》ヲ・シタカヘタリ・アハセテ・モテ・州《シウ》縣《ケム》トス・四《ヨモ》ノエヒス・トヲキ
⑥ヨリ・シタカヒ・聲《セイ》教《カウ》ノ威《ヰ》・マス〳〵ヒロシ・、カレトモ・朕・奢《ヲコル》心ノ・キサ
⑦サムコトヲ・フセイテ・ツネニ・ミツカラ・ヲサエ・クシク・アカ月・ヲキ
⑧ヰテ・アシタヲ・マツ・アサマツリコト・終《ヲエ》テ・日タケテ・膳《セム》ヲス、ム・
⑨臣下・直言《チヨクケム》シテ・政《セイ》教《ケウ》ヲ・アヒタスケテ・時ヤスク・道タイラ
⑩カナラムコトヲ・コヒネカウト・ノタマエリ・ソレ・太宗・位《クラヰ》ニツキタマ
⑪ヘリシ・ハシメ・春ノ旱《ヒテリ》・夏《ナツ》ノ霜《シモ》・カタ〳〵・灾《サイ》ヲナシテ・米粟《ヘイシヨク》・ト・
⑫モシ・突厥《トツケツ》ノエヒス・サカヒヲ・オカシテ・州《シウ》縣《ケム》・サワカシ・ミヤコヨリ・河《カ》南《ナム》

〔二十三オ〕

①道《タウ》・隴《レウ》右《イウ》道《タウ》ノ・國々ニ・ヲヨフマテ・飢《キ》饉《キム》ノウレヘ・モトモ・ハナハタシ・
②一《ツ》疋《ヒキ》ノ絹《キヌ》ニ・ワツカニ・三斗《ト》ノ米《ヨネ》ヲ・カウ・コ、ニ・太宗・志《コヽロサシ》・人ヲアハレムニ
③アテ・精《セイ》ヲ・クワシウシテ・政ヲ・ツフサニ・倹《スケム》約《ヤク》ヲ・アカメ・ヲコナウテ・
④丈（大）ニ・恩《ヲン》徳ヲ布《シク》・アルイハ・御《キヨ》府《フ》ヲ・ヒライテ・老《ラウ》弱《ニヤク》ノ・タクヒニ・
⑤タマモノヲホトコシ・アルイハ・民《タミ》ノ・ウレル子ヲ・アカヒカヘシテ・ソ
⑥ノヲヤ〳〵ニ・カヘシアタエ・タマヒキ
⑦貞観三年ノ春ヨリ・イニシヘノ・籍《セキ》田《テン》ノ礼《レイ》ヲ・オコナヒテ・
⑧太宗・ミツカラ・畝《ウネ》ニヲリタテ・畔《クロ》ニツラナル業《ケウ》ヲ・オコシタテ、・農《ノウ》
⑨桑《サウ》ヲ・天下ニス、メタマヒキ・コレニヨリ・貞観三年ノ・秋ヨリ・

⑤鐵勒（左漢文注「所名也」）
⑦クシク（左漢文注「折也」）
⑪夏ノ霜（平濁）
⑫突厥（左漢文注「戎名也」）
〔二十三オ〕

⑩天下ユタカナリ・太宗イサメニシタカフコト・流《ナカレ》ノコトシ・モトヨリ・
⑪儒《シュ》学《カク》ヲヨミシ・孜孜《シヽ》トシテ・賢人ヲモトム・ツ。《ト》メ・官ヲエラフニ・
⑫アテ・フルキ・ツイエヲ・アラタメ・カウ・一《ヒトツ》ノ事ヲ・オコナウニ・付《ツイ》テ・

〔二十三ウ〕

①類《ルイ》ニフレテ・ヨキコトヲナス・海陵《カイレウ》ニカクレテ・太宗ヲ・害《カイ》セムト・ハカ
②リシモノ・心ヲアラタメテ・数《ス》百千人・左右《サイウ》ノ・スエニ・ツラナル・チカ
③クハ・ヘリテ・宿衛《シュクエイ》ストイヘトモ太宗・ノ心《シム》術　豁然《シュツクワツセン》ト・ホカラカニシ
④テ・ウタカヒ・ヘタツルコトアラス・時ノ輩《トモカラ》・論《ロン》シテ・ミナヲモヘラク・ヨ
⑤ク・大事《タイシ》ヲ・決断《ケツタム》シテ・帝王ノ躰《ティ》ヲ・エタマヘリト・ヲモヘリ・フ
⑥カク・官人《クワンニン》ノ・ムサホリ・ニコレルコトヲ・ニクム・法《ハウ》ヲ・枉《マケ》テ・タカラヲ・
⑦ウケタルコト・アルモノヲハ・カナラス・ツミシ・ユルスコトナシ・アルイ
⑧ハ・在京《サイキヤウ》ノモノ・アルイハ・流外《ルイクワイ》ノタクヒノ・贓《クラ》ヲヌスメル・コト・アルモノ
⑨ヲハ・ミナ・奏聞《ソウモム》セシメテ・ヲカセル・状《カタチ》ニシタカヒテ・アツルニ・重《ヲモ》キ・法《ハウ》ヲ
⑩モテス・コレニヨテ・親王《シムワウ》・三公《サンコウ》・貴妃《キヒ》・公主《コウシュ》ノ・貴《タット》キ・家《イエ》・京官・國《キヤウクワンコク》
⑪吏《リ》ノ・大姓《タイセイ》・豪猾《カウクワツ》ノ・トメル・タクヒ・ミナ・威《イ》ニ・ヲチキ・ヨク・ツヽシムテ・
⑫アヘテ・ヨハキ・トモカラヲ・オカシ・アナツルコト・ナシ・商旅《シヤウリヨ》ノ・アキ人・野《ヤ》

〔二十四オ〕

①次《シ》ニ・ヤトルトイヘトモ・ウカヽヒ・ヲカス人ナシ・囹圄《レイキヨ》ノヒトヤ・ツネニムナ

⑫アテ（左漢文注「有也」）

〔二十三ウ〕

①類（左訓「タクヒ」）ニ

〔二十四オ〕

②シウシテ・牛馬《ウシムマ》ノ・ケモノ・野《ノ》ニミテリ・イヱノトサシ・数《ス》」月《ケツ》マテニ・
③トチス・路《ミチ》ノヲチ物・数《ス》」日《シツ》マテニ・ヒロウコトナシ・年《トシ》ヲ遂《ヲツ》テ・イヨ
④〵ユタカニシテ・三」四銭《セム》ヲモテ・一」斗《ト》ノ米《ヨネ》ニ・カウ・ミヤコヨリ・嶺《レイ》」
⑤表《ヘウ》ノクニ〵ニ・イタルマテ・山《サム》」東《トウ》ヨリ・滄《サウ》」海《カイ》ノカキリニ・ヲヨフマテ・
⑥行《カウ》」客《カク》ノタヒ人・粮《カテ》ヲタクハヱス・供《ク》」給《キウ》ヲ・ミチノホトリノ・人ニ・ウク・
⑦コノ徳」化・イニシヘモ・イマタ・アラサルモノナリ・
⑧貞観三年・上《シヤウ》・房」玄齢《レイ》」ニ・カタリテ・ノタマハク・ヨク・國ヲ・オサム
⑨ル人・カナラス・マツ・ソノ身ヲ・ヲサム・ソノ身ヲ・オサムトイフハ・ソノ・
⑩ナムチカ・ツクトコロヲ・ツヽシムナリ・コノユヘニ・朕・朝《テウ》ニノソムテ・事
⑪ヲミル時モ・苑《ソノ》ノアヒタニ・遊《ユウ》」賞《シヤウ》スル時モ・魏」徴虞」世南」ヲメシテ・
⑫シタカヒ・ハカラシム・政《セイ》」道《タウ》ノ事ヲ・ハカラシメ・書《シヨ》」籍《シヤク》ノ義《キ》ヲ・論《ロム》

〔二十四ウ〕

①セシム・ツネニ・啓《ケイ》」沃《ヲク》ヲ・キイテ・カタ〵・身ニ益《エキ》アリ・タヽ・身ニ益《エキ》
②アルノミニ・アラス・社《シヤ》」稷《シヨク》ニ・ヲイテ・ヒサシク・ヤスキ・道《ミチ》ヲキク
③
④
⑤貞観政要巻第一
⑥

③ヲチ（左漢文注「落也」）物

〔二十四ウ〕

⑦

⑧

⑨　以　禁裏御本書之　一日一夜急書写畢

⑨「以禁裏御本」以下は小字

文禄四乙未歳正月廿四日　梵舜（花押）

（「巻第一」は以上）

〔二十五オ〕

①貞観《チヤウクワン》政要《セイエウ》巻第二　史《シ》臣《シム》呉《コ》兢《キヨウ》撰《カセム》

②賢人《ケンシム》ヲモチヰル篇《ヘン》第三

③人ノイサメム事ヲ求篇第四

④イサメヲモチヰル篇第五

⑤

⑥賢人ヲモチヰル篇第三

⑦房玄齢《ハウケムレイ》　杜如晦《トシヨクワイ》　魏徴《クヰテウ》　王珪《ワウケイ》

⑧李靖《リセイ》　虞世南《クセイナム》　李勣《リセキ》　馬周《ハシウ》

⑨房玄齢《ハウケンレイ》ハ・斉州《セイシウ》ノ・臨淄《リムシ》人也・ハシメ・隋煬帝《スイヤウテイ》ニ・ツカエテ・

⑩人ノトカヲ・ヽカセルニ・ヒカレテ・官《クワム》ヲ・ノソカレテ・上郡《シヤウクヰム》ニ・ウツサレ

⑪タリ・太宗《タイソウ》・天下《テンカ》ヲ・トラム。《ト》シテ・渭北《イホク》ニ・ウチヰラセ・給エリシ

⑫時《トキ》・房玄齢・ハカリコトニ・ヨテ・メサレテ軍門《クムモム》ニシテ・マミヘ

〔二十五ウ〕

①タテマツル・太宗・ヒトタヒ見《ミ》テ・フルキ・シリ人ノ・コトクニ・思ヘリ・

②渭北道《イホクタウ》ヲ・ツカサトラシメテ・官《クワン》ヲ・記室參軍《キシツサムクム》ト・稱《シヨウ》ス・

③ヲノレカ材器《サイキ》ヲ・シレルニ・アヘルコトヲ・ヨロコムテ・房玄齢心力《シムリヨク》

④ヲ・ツクシ・ヰツクス・コノ時・太宗ノ・隋《スイ》ノ逆臣《ケキシム》・ウチ平《タヒラク》ル・タヒコ

〔二十五オ〕

①貞（平濁）観（平濁）政（去）要（平）、史（平）臣（平）呉（平濁）兢（平）撰（平）

⑦房（平）玄（平濁）齢（平）、杜（去）如（平）晦（去）、魏（去濁）徴（平）、王（平）珪（平）

⑧李（上）靖（上）、虞（平濁）世南（平）、李（上）勣（入）、馬（上）周（平）

⑨臨（平）淄（平）、隋（平濁）煬（去）帝

⑪渭（去）北

〔二十五ウ〕

②記（去）室（入）參（平）軍（平）

④隋（平濁）、逆（入濁）臣（平）

⑤トニ・人々ミナ・金《キム》寶《ホウ》ノ・タカラヲ・アナクリモトム・房玄齢ヒト
⑥リ・タカラヲ・トル・心ナクシテ・アルイハ・ニケサル・武士ヲ・トラヱ・アルイ
⑦ハ・降人《カウニン》トシテ・マイル・ツハモノヲ・守護《シユコ》シテ・太宗ノ・幕府《ハクフ》ノ
⑧陣《チム》ニ・ツラネ致《イタ》ス・猛 将《タケキシヤウ》・ハカリコトアル・人ニハ・房玄齢・コト〳〵ク・
⑨告《ツケ》モヨヲシテ・イキテカエラムト・思心ナカレ・力《チカラ》ヲ・ト、ノヘテ・
⑩寇《アタ》ヲヤフルヘシト・シメス・秦王府《シムワウフ》ノ・記室《シノ》（ツ）ヲ・ツカサトテ・陝東《セムトウ》
⑪道《タウ》ノ・郎中《ラウチウ》ヲ・カネタリ・隋《スイ》ノヨヲ・ホロホシテ・太宗ノ・チ、・神《シム》
⑫尭皇 帝《ケウクワウテイ》・天下ヲ・サタムル時・太宗・マツ・秦國王《シムコクワウ》トナテ・秦《シム》

〔二十六オ〕

①府《フ》ニ・ヲハシマイシ時・房玄齢・秦府《シムフ》ニハヘル事・十餘《ヨ》年也・
②太宗・隋《スイ》ノイクサヲ・ヤフテ・勳功《クムコウ》ノ・日々ニ・サカリナルヲ・ミテ・
③太宗ノ・コノカミ・建成《ケムセイ》太子《タイシ》・ネタム心・イヨ〳〵シキリナリ・太宗
④ノ・親礼《シムレイ》スルトコロノ・房。《玄》齢・杜《ト》如《シヨ》晦《クワイ》・神《シム》尭《ケウ》皇 帝《クワウテイ》ニ・讒ス・コレ
⑤ニヨテ・コノ両 人《リヤウニム》・カリシリソケ・ラレテ・ノチ・隠太子《イムタイシ》・イクサヲ・、コ
⑥シテ・太宗ヲ・ウタムト・ハカル・太宗・コノ事ヲ・キ、テ・ハカリコトヲ・
⑦メクラサムタメニ・ヒソカニ・房玄齢杜如晦ヲ・ヨヒイタシ・ヲホ
⑧セアハセラル・人ニシラシメ・サラムタメニ・仙人《センニン》ノ・コロモヲ・キセシメテ・
⑨イテイラシム・ツイニ・太宗東宮《トウクウ》ニ・イラセ給ニ・ヲヨムテ・房玄

⑦守（平）護（平濁）、幕（入濁）府
⑧陣（去）ニ
⑩秦王府（上）
⑪隋（平濁）ノヨ
⑫神／尭（平濁）皇帝、秦（平）／府
ニ

〔二十六オ〕

①十（入）餘年
④親（平）礼（上）、神（平）尭（平濁）皇（平）帝（去）
⑧仙（平）人（去）
⑨東（去）宮（上濁）

⑩齢・太子ノ右庶子《イウシヨシ》ニ・拝《ハイ》セラル・貞観元年《チヤウクワンクワンネン》ニ・太宗・クラヒニ・ツ
⑪カセ給ニヲヨムテ・中書令《チウシヨレイ》ニ・ウツル・三年ニ・左僕射《サホクヤ》ニ・拝《ハイ》シ
⑫テ・百司《ハクシ》ヲ惣《スヘ》タリ・夙夜《シクヤ》ニ・心ヲツクシテ・一事《シ》ヲモ・ヲコ

〔二十六ウ〕

①タル事・アラシトス・人ノヨキコト・アルヲ・キ、テハ・タ、・ヲノレカ・ヨ
②キ事・アルカコトクニ・ヨロコフ・アキラカニ・文書《モムシヨ》ノ事ニ・達《タツ》シ
③テ・ツハヒラカニ・法令《ホウリヤウ》ヲ・サタム・心・寛平《クワムヘイ》ト・ヒロクタヒラカニシテ・
④人ノトカヲ・ツフサニ・トハス・ヲノレカ・長《チヤウ》セルヲモテ・人ヲエラフニ・
⑤アナカチニ・短ヲ・タ、サス・能《ノウ》ニシタカテ・マシハリヲ・ムスムテ・イヤシ
⑥キヲ・ヘタツル事ナシ・論者《ロムシヤ》ミナ・良相《リヤウシヤウ》ト稱《シヨウ》ス・梁國公《リヤウコク》・封《ニホウ》
⑦セラル・十三年ニ・太子ノ少師《セウシ》ニ・クハ、ル・十五年ニ・シキリニ・表《ヘウ》
⑧ヲ上テ・クラヒヲ辞《シ》ス・太宗・ミツカラ・詔《セウ》シテ・辞《シ》スルコトヲ・
⑨ユルサス・十六年ニ・司空《シコウ》ニ・拝《ハイ》ス・トシ・ヲイタリト・イウヲモテ・致《チ》
⑩仕《シ》ヲ・コウ・太宗ノ・、タマハク・一朝《テウ》ニ良相《リヤウシヤウ》・ナクハ・フタツノ・手《テ》ヲ・
⑪ウシナハムカ・コトシ・公《コウ》・筋力《キンリヨク》ヲトロヱスハ・コノユツリヲ・ワツラハシ
⑫ウ・スル事・ナカレ・房｣玄｣齢｜・辞《シ》スル事ヲ・ヤメタリ・太宗威鳳《ヰホウ》ノ

〔二十七オ〕

①賦《フ》ヲツクテ房｣玄｣齢｜ニ・タマウ・王業《ワウケウ》・艱難《カムナム》也・臣下《シムカ》ノ・タスケ・

⑪左僕（入濁）射（上）
⑫一事（平濁）

〔二十六ウ〕

⑥論（平）者（上）、梁（平）國（入）公
⑦表（上）＼ヲ
⑧詔（平濁）シテ、辞（平濁）スル

〔二十七オ〕

②タ、スヘキ・コトヲ・シメシ給ヘリ・心ニ・カナウテ・タノマル、コト・カクノ
③コトシ・コノ房玄齡ノ段《タム》ノウチニ・隠《イム》太子・建《ケン》成《セイ》ト申ハ・太宗ノ
④コノカミニシテ・高祖《カウソ》・神尭皇 帝《シムケウクワウテイ》ノ・御子《ヲムコ》也・高祖《カウソ》ノ・王《ワウ》
⑤子《シ》・卄二人アリ・建成太子・第《ハ》一ノ子《コ》也・母《ハヽ》ヲ・竇《トウ》太后《タイコウ》ト
⑥イウ・竇《トウ》太《タイ》后《コウ》ノ・一腹《フク》ノ御子《ヲムコ》・四人アリ・建《ケム》成《セイ》太子・太宗
⑦皇帝・衛《エイ》王玄覇《ワウクエムハ》・斉王元吉《セイワウクエンキツ》也・高《カウ》祖《ソ》ノ・天下ヲ・
⑧サタメテ・帝位ニ・ノホレリシ・ハシメ・建《ケム》成《セイ》ヲ・太子トシテ・
⑨東宮《トウキウ》ニ・イレ・太宗ヲ・秦國《シムコク》・一國《コク》ノ・王《ワウ》トシテ・秦王《シムワウ》ト・稱《セウ》
⑩ス・時ニ建《ケン》成《セイ》太子・夜《ヨル》・秦王《シムワウ》ヲ・ヨムテ・アソフ・毒《トク》ノ酒《サケ》ヲ・
⑪カマヱテ・秦王《シムワウ》ニ・ス、ム・秦王・コレヲ・ノムテ・ニハカニ・ヤマヒシテ・
⑫血《チ》ヲハクコト・數《ス》升《セウ》・淮安《クワイアン》王神《ワウシム》通《トウ》・秦王ヲ・タスケテ・

〔二十七ウ〕

①宮《キウ》ニカエル・高祖《カウソ》・キイテ建《ケン》成《セイ》ニ勅《チヨク》シテ・ノ給ク・秦《シム》王ハ・酒《サケ》ニタ
②ヱス・夜《ヨル》アツマルコト・ナカレ・又秦《シン》王ニ・カタテ・ノ給ク・ワ。（レ・晋陽《シムヤウ》ヨリ・
③起《ヲコリ》テ・天下《テムカ》ヲタイラケタリ・ミナナムチカ・力《チカラ》也・ヨテ・ナムチ
④ヲモテ・東宮《トウクウ》ニサタメムトセシカトモ・ナムチ・スミヤカニ・コノカミ
⑤ニユツレリ・コトサラニ・ナムチカ・志《コヽロサシ》ヲ・ヨミスルトコロナリ・建成《ケムセイ》・太
⑥子トシテ・多《タ》年《ネム》也・コノコトニヨテ・コレヲコレヲ（衍）ウハ、ハ・兄弟《キヤウタイ》ア

⑦玄（平）覇（去）

〔二十七ウ〕

⑦ヒミタレナム・シカシ・ナムチ・ミヤコヲイテ、・洛陽《ラクヤウ》ノ行臺ニ・イ
⑧テ・陝道《セムタウ》ヨリ・ヒカシヲハ・ナムチコト〳〵ク・コレヲ・ツカサトレ・ナムチ・
⑨天子ノハタヲタテムコト・梁 孝王《リヤウカウ》ノフルキアトノ・コトクセヨ・秦
⑩王・ナイテ・マウサク・キミノヒサノシタヲ・トヲクスヘカラスト・高
⑪祖ノタマハク・東西両 宮《トウセイリヤウキウ》ヲタテ、・天下ヲカ《ワ》カタム事・ナムソ・
⑫ナムチ・カ・ナシムトコロナラムヤト・ヨテ秦王・ステニユカムトス・建

〔二十八オ〕

①成太子・ヒソカニハカテイハク・秦《シム》王・國ヲ・ヒロクタモタハ・ツハモ
②ノ・ヲ、クツケテ・カナラス・ノチノウレヘヲ・ナサム・コレヲ・ミヤコニ・
③ト、メハ・ヒトリノ・イヤシキ・疋夫ナラムトテ・建成讒《サム》ヲカマエ
④テ・帝《ティ》ニ奏《ソウ》シテ・秦王ヲヤラス・シハラクアテ・突厥《トッケツ》ノエヒ
⑤ス・サカリニミタレリ・コ、ニ・建成太子・ソノヲト、・斉《サイ》王元吉《クエンキツ》
⑥ト・アヒハカテ・突厥《トッケツ》ヲ・ウタムト・スルマネニシテ・ツハモノヲ挙《キヨ》
⑦シテ・秦王ヲウタムト・ハカル・コレヲキイテ・房玄齢杜如晦長孫《チャウソン》
⑧無《フ》忌《キ》尉《ヰ》遅《チ》敬《ケイ》徳侯《トクコウ》君《クム》集《シウ》等《ラ》秦王ヲ・ス、メテ・先・ハカル・
⑨秦王・ヒソカニ・帝《ティ》ニ奏《ソウ》シテ申サク・臣《シム》・兄弟《ケイティ》ニ・ソムクコト
⑩ナシトイヘトモ・太子・イマ・臣ヲ・ウタムトスト・帝・オホキニ・ヲト
⑪ロイテ・ノタマハク・明旦《(メ)タイタム》・キハメタ、スヘシ・ナムチ・ハヤク・マイ

⑩ナイテ（左漢文注「啼也」）

〔二十八オ〕

⑤ヲト、（左漢文注「弟也」）

⑫レト・コレヲキ、テ張《チヤウ》婕《セウ》婦《フ》イソイテ・太子ニ告《ツ》ク・太子・スナハ

〔二十八ウ〕

①チ・斉《セイ》王ト・馬《ムマ》ニノテ・玄《ケン》武《フ》門《モン》ニ・イタル・秦王・サキタテ・玄武門
②ニ・入テ・勇士《ヨウシ》九人ヲ・ヒキヰテ・ミツカラマホル・帝《テイ》又・群臣《クムシムラ》等
③ヲ・メシテ・宮中ニ・ヲカシム・コ、ニ・建成太子・斉王元《クエン》吉《キツ》・臨湖《リムコ》
④殿《テム》ニ・ウチ入ヌ・斉王元吉・弓《ユミ》ヲヒイテ・秦王ヲイル事・三《ミ》タ
⑤ヒ・ソノヤ・ミナアタル事・アタハス・秦王マタ・建《ケム》成《セイ》太子ヲ・イル・
⑥矢《ヤ》ニツケテ・建成死《シ》ヌ・秦王又・斉王ヲイル・斉王・矢《ヤ》ニアタ
⑦テ・ナヒク・尉《ヰ》遅《チ》敬《ケイ》徳《トク》ウテ・斉王ヲ・コロシツ・シハラクアテ・
⑧太子ノ臣《シム》・馮《フ》立《リウ》斉王ノ臣・謝《シヤ》叔《シク》方《ハウ》等《ラ》・ツハモノヲ・ヒ
⑨キイテ・玄武門ヲ・セム・タ、カウコト・ヒサシトイヘトモ・馮《フ》立
⑩等《ラ》・イクサ・アラケテ・シリソキヌ・ソ、（ノ脱）チ・秦王太子トナテ・
⑪東宮《トウキウ》ニイリヌ・コレスナハチ・武《フ》徳《トク》九年也・ソノ冬《フユ》・高祖・位《クラヰ》ヲ・
⑫秦王ニ・ユツリタマヘリ・イマ・唐《タウノ》太宗ト稱《シヨウ》スル・コレナリ・明年《メイネン》

〔二十九オ〕

①ニ・元ヲ・アラタメテ・貞《チヤウ》観《クワン》元《クワン》年《ネン》トス・馮《フ》立《リウ》謝《シヤ》叔《シク》方《ハウ》等・太宗
②ヲ・イタテマツルト・イヘトモ・トモニ・メシチカツケテ・大官ヲ・タマエ
③リ・主君《シユクン》ノ・アタヲ・報《ホウ》セムタメニ・玄《ケン》武門ヲ・セメタリシ・ユエ

〔二十八ウ〕

①玄（平濁）武（去濁）門ニイタル

⑦尉（去）遅（平）敬（去）徳（入）

⑧馮（平）立（去）

⑪武（去濁）徳（去）

〔二十九オ〕

④ナリ・唐《タウ》ノ宗《ソウ》室傳ニ・ミエタリ・杜-如-晦-ハ京兆《ケイテウ》ノ・万年《ハムネン》
⑤人《ヒト》也・太宗・秦《シム》國ノ・王トシテ・秦府《シムフ》ニ・ヲハシマイシトキ・秦
⑥府ノ・兵曹參軍《ヘイサウシムクム》タリ・隠太《イムタイ》子ノ・讒《サム》ニ・ヨリテ・太宗ニ・親《シム》
⑦付《フ》スルトコロノ・英俊《エイシュン》ノ臣等《シムラ》・神《シン》-尭《ケウ》皇帝カリソ《（シ）》リソケ
⑧給キ・太宗シキリニ・コレヲ・ウレウ・房玄齢カ・申ク・シリソケ
⑨ラル、モノオホシト・イヘトモ・ヲシムニ・タラス・四方《シハウ》ヲ・イトナミ・トラ
⑩ムト・恩《思》ハ、・杜-如-晦-ニ・アラスハ・イカ、セムト・申ス・太宗ナヲ・神-尭
⑪帝《ティ》ニ・奏《ソウ》シテ・秦府《シムフ》ニ・ツケテ・ツカサヲ・天策 府《テムシャクフ》ノ・中郎《チウラウ》ト・
⑫稱《セウ》シテ・文学舘《フムカククワム》ノ・学士《カクシ》ヲ・兼《ケン》セシム・太宗ノ・隠太子ヲ・ウツ

〔二十九ウ〕

①時ニ・杜-如-晦-カ・功《コウ》・房-玄-齢-ト・ヒトシ・太宗・秦府ヨリ・東宮ニ・
②ウツラセ給シ時・太子ノ・左庶子《サショシ》ニ・拝《ハイ》セラル・蔡《サイ》國公《コウ》ニ・封《ホウ》シテ・
③一千三百戸《コ》ヲ・給ハル・貞観六年《（ママ）》ニ・侍中《シチウ》ニ拝《ハイ》シ・三年ニ・
④左僕射《サホクヤ》ニウツル房-玄-齢-ト・、モニ・朝《テウ》ノ・マツリコトヲ・ツカ
⑤サトル・時ノ人・コノ二人ヲ・房-杜《ハウト》-ト稱《セウ》ス・魏-徴《キテウ》-ハ・鉅鹿人《キヨロクヒト》
⑥ナリ・武徳《フトク》ノ・スヱニ・隠《イン》太子ニ・ツイテ・太子ノ・洗馬《センハ》トナル・太宗・
⑦ステニ・隠太子ヲ・ウツニ・ヲヨテ・魏-徴-ヲ・メシテ・セメテ・ノタ
⑧マハク・ナムチ・我兄弟《ワカケイテイ》ノ中ヲ・ヘタテ・ヒマアラシメタルコト・イカ

④宗（平）室（入）傳（平濁）
⑥讒（平濁）
⑦英（平）俊（去）
⑫文（平濁）学（入）舘

〔二十九ウ〕

④左（上）僕（入濁）射（去）
⑤鉅（去）鹿（去）人

⑨ムソ・魏徴イロヲ・タ、シウシ・コトハヲ・スナヲニシテ・申サク・
⑩建成太子・臣カ・コトハニ・シタカハマシカハ・今日《ケウ》ノ・ワサハイ・
⑪ナカラマシト・太宗・コレカタメニ・カタチヲ・オサメテ・礼《レイ》ヲ・クハウ・
⑫ヌキムテ、・諫議《カムキ》大夫《タイフ》トス・ツネニ・寝 所《イヌルトコロ》ニ・ヒキイレテ・マツ

〔三十オ〕

①リコトノ術《シユツ》ヲ・談議《タムキ》ス・モトヨリ・國ヲ・オサムル才アリテ・性《セイ》
②タ、シウシテ・タハムコトナシ・太宗ノタマハク・ナムチカ・イサメタ、
③セル事・三百餘《ヨ》ノ條々《ヲチ〳〵》・ミナ・朕カ心ニカナヘリ・貞観三年
④ニ・マツリコト《ニ》。・アツカリ・ツカサトル・フカクハカリ・トヲク・カソヘテ・ヒ
⑤ロメ・マストコロ・ヲホシ・太宗ムカシ・魏徴ニ・ノタマハク・ナムチカ・
⑥罪《ツミ》ハ・管 仲《クワムチウ》カ・斉《セイ》ノ桓公《クワムコウ》カ・帯《ヲヒ》ノ鉤《コウ》ヲ・射《イ》タリシ・ツミヨリモ・
⑦ヲモシ・朕カ・ナムチヲ・任《シム》スル事・斉《セイ》ノ桓公ノ・管仲《クワム》ヲ・礼《レイ》セシ
⑧ヨリモ・厚《アツ》シ・近代《コノコロ》ノ君臣ノ・アフニ・アエルコト・イカテカ・朕カ・ナム
⑨チヲ・オモムスルカ・コトキナルコト・アラムヤ・帯《ヲヒ》ノ鉤《コウ》ヲ・射《イル》ト申
⑩スハ・斉《セイ》ノ公子《コウシ》糾《キウ》ト・小白《セウハク》トハ・アニヲト、ナリ・斉《セイ》ノ國ヲ・アラソウ
⑪テ・タ、カウ時・管《クムワ》仲ハ・公子《コウシ》糾《キウ》カ・客《カク》タリ・小白ヲ馬《ムマ》ヨリ・射《イ》
⑫ヲトセリ・ソノ矢《ヤ》・帯《ヲヒ》ノ鉤《コウ》ニ・アタリテ・フカク・トヲラスシテ・小白・

〔三十ウ〕

⑫諫議（去濁）大夫

〔三十オ〕

①術（入濁）ヲ、談（上濁）議（平濁）

⑦任（去濁）スル

〔三十ウ〕

①シナサルコトヲ・エタリ・小白タ、カイニ・カチテ・公子糾《キウ》ヲ・コロシ
②テ・クライニツケリ・コレヲ・斉《セイ》ノ桓公ト申ナリ・コ、ニ濕《シウ》朋《ホウ》鮑《ハウ》
③叔《シク》牙等・申テイハク・君《キミ》・斉《セイ》ノ國ハカリニ・王タルヘクハ・臣《シム》
④等《ラ》・タムヌヘシ・若《モシ》・天下ノ・覇《ハ》王《ワウ》ト・ナラムト・ヲモハ、・管《クワム》仲カ・
⑤鉤《コウ》ヲイタル・ツミヲユルシテ・天下ノコトヲ・ハカルヘシト・イウ・
⑥コレニヨテ・ハカリコトヲ・管仲ニ・マカセテ・桓《クワン》公天下ノ・覇《ハ》
⑦王タルコトヲヱタリ・イマ又・隠《イム》太子ト・。《太宗ト》ハ・アニヲト、ナリ・太宗
⑧ノ・隠《イム》太子ヲ・誅《チウ》スル時・魏徵隠太子ノ・臣トシテ・ハカリ
⑨コトヲ・セリ・シカレトモ・ソノトカヲ・ユルシテ・イマ・四海ノ成《セイ》
⑩敗《ハイ》ヲ・マカセタリ・シカレハ・魏徵カ・ツミハ・ヲヒノ・鉤《コウ》ヲ・イタリ
⑪シヨリモ・ヲモケレトモ・ナムチヲ・我任《ワレシム》スルコト・桓公《クワムコウ》ノ・管仲《クワンチウ》
⑫ヲ・タノミタリシヨリモ・ナヲアツシト・ヲホセラレタルナリ・鉤《コウ》ヲ

〔三十一オ〕
①射《イル》事・史記《シキ》ニミヱタリ
②太宗・近臣《キムシム》ヲアツメテ・宴會《エンクワイ》セシムル時・長孫無《チヤウソンフ》忌《キ》申サク・
③王《ワウ》珪《ケイ》ト魏徵トハ・サキニ・隠太子ニ・ツカエキ・ヨテ・臣等《シムラ》・コレ
④ヲ・ミシ事・カタキタリキ・ヲモハサリキ・イマ・コノ宴《エン》ニ・座《サ》ヲ
⑤オナシウセムトハ・太宗・ノタマハク・魏徵マコトニ・サキニハ・我アタ

③叔（入）牙（平）等

〔三十一オ〕

⑥タリキ・タ、シ・イマハ・心ヲツクシテ・ツカウルトコロ・ヨミスルニ・タレリ・
⑦ヌキムテ、・モチヰルコト・ナムソ・古列《コレツ》ニハチムヤ・シカモ・顔《カホ》
⑧ヲオカシテ・我《ワレ》ヲタ、シ・ヒカコトヲ・スルコトヲ・ユルサス・我・コノユヱニ・
⑨ヲモウス・七年ニ・鄭國公《ティコクコウ》ニ封《ホウ》ス・ヤマヒニヨテ・職ヲ辞《シ》ス・
⑩太宗・ノ・タマハク・金《コカネハ》　・タカラタリトイヘトモ・工《タクミ》・ミカ、サレハ・ヒカリ
⑪ナシ・我ハ・コカネノコトシ・ナムチハ・タクミノコトシ・ナムチ・病《ヤマイ》
⑫アリトイヘトモ・イマタ・ヲイヲトロヘス・ナムソ・職《ショク》ヲ解《トク》コト

〔三十一ウ〕

①ヲ・コウヤ・ヨテ・辞スルコト・ト、マル・帝・ノタマハク・貞観ノ
②サキニ・天下ヲ・オサメ・タイラケタルコトハ・房玄齢カ・功《コウ》・スクレ
③タルトコロナリ・貞観ノ、チ・心ヲツクシ・忠ヲイタシ・國ヲヤスウ
④シ・人ヲ利《リ》シテ・天下ノタメニ・稱《セウ》セラル、ハ・タ、・魏徴ノミ也・
⑤イニシヘノ・名臣《メイシム》モ・イツクムカ・コレニ・マサラムヤ・ミツカラ・ハカセ
⑥給フ・刀《タチ》ヲ・解《トイ》テ・二人ニ・タマウ・魏徴ヤマイス・サキニハ・ソ
⑦ノ宅《イエ》ニ・正堂《シャウタウ》ナシ・太宗小殿《セウテム》ヲ・ツクラムト・セサセ給シ・材木《サイモク》
⑧ニテ・魏徴カ家《イヘ》ヲ・ツクラシメ給フ・五日ニ・ツクレリ・ツカヒ
⑨ヲシテ・布《ヌノ》ノフスマ・素《ソ》褥《ニク》ノシトネヲ・タマヱリ・ソノ・ネカ
⑩ウトコロヲ・遂《トケ》シメムタメナリ・ソノ後《ノチ》・数《ス》日《シツ》アテ・魏徴薨《コウ》

⑦ハチ（左漢字注「耻」）ムヤ

〔三十一ウ〕

①コウ（左漢字注「請」）ヤ

⑦正堂（平）

⑪シヌ・太宗・魏徴カ・イヱニ・臨幸《リムカウ》シテ・ナキカナシミ給・太宗・
⑫ミツカラ・碑《ヒ》ノ文《モム》ヲ・ツクテ・石《イシ》ヲタテ、・カ《カ、》セ給ヘリ・太宗

〔三十二オ〕

①ノタマハク・アカ、ネヲモテ・カ、ミトスルハ・衣冠《イクワン》ヲ・タ、シツ
②ヘシ・古《イニシヘ》ヲモテ・カ、ミトスルハ・与《ヨ》替《タイ》ヲ・シンヌヘシ・人ヲモテ・
③カ、ミトスルハ・得失《トクシツ》ノ・コトハリヲ・知《シム》ヌヘシ・魏徴ナカク・
④ユイテ・一《ツ》ノ・カ、ミヲ・ウシナヘリト・オホセラレテ・涙《ナンタ》クタル
⑤コト・ヒサシ・魏徴ウセニシヨリ・ワカアヤマリヲ・アラハス・人ナ
⑥シ・ナムソ・ムカシノミ・アヤマリアテ・コノコロ・アヤマリ・ナカラム
⑦ヤ・コレ・庶僚《シヨレウ》ノ・龍鱗《レウリム》ニ・フレムコトヲ・、ソレテ・イサメヲ・
⑧イレヌユヘナリ・ヲノ〳〵・マコトヲ・ツクシテ・是非《セヒ》ヲ・直言《チヨクケン》
⑨シテ・カクスコト・ナカレ・コノ・魏徴カ・段《タム》ノ中《ウチ》ニ・長孫无《チヤウソムフ》忌《キ》
⑩ト申人ハ・河南洛陽人《カナムラクヤウヒト》ナリ・太宗ノ后《キサキ》・文《フム》徳《トク》皇后《クワウコウ》ノ・
⑪兄《コノカミ》ナリ・文徳皇后ハ・高宗《カウソウ》皇帝ノ・御母《ハヽ》ナリ・太宗・ク
⑫ラヰニ・ツクニ・ヲヨムテ・長孫无忌吏《リ》部尚書《ホウシヤウショ》ニ・ウツリ・

〔三十二ウ〕

①シキリニ・右僕射《イウホクシヤ》ニ・拝《ハイ》ス・功《コウ》・第《タイ》一タルニヨリテ・斉國公《セイコクコウ》
②ニ・封《ホウ》セラル・文徳皇后ノ・コノカミタルヲ・モテ・太宗・コトニ・親《シム》

〔三十二オ〕

⑩文（平濁）徳（去）―皇后

〔三十二ウ〕

①右僕射（左音「ヤ」）

③礼《レイ》スルコト・ハナハタ・厚・郊内《アツシカウタイ》ニ出入《シユツシユウシ》テ・腹心《フクシン》ヲ・得《エ》タルコト・コト
④ナリシ人ナリ・宋《ソウ》祁《キ》カ・撰《セム》スルトコロノ・列傳《レツテン》ニ・見《ミヘ》タリ・
⑤王《ワウ》珪《ケイ》ハ瑯琊《ラウヤ》臨沂《リムキ》人《ヒト》ナリ・ハシメ・隠《イム》太子ニ・ツイテ・ハナハ
⑥タ・ヲモウセラル・ノチニ・人ノトカニ・ヒカレテ・巂州《スイシウ》ニ・ナカサレ
⑦タリ・隠太子ヲ・誅《チウ》セシノチ・太宗・メシテ・諫議《カンキ》大夫ト
⑧ス・ヨテ・マコトヲ・イタシ・節《セツ》ヲ・ツクシテ・封事《ホウシ》ヲ・タテマツ
⑨リテ・イサメヲ・イル・太宗・ノタマハク・人君《シムクム》トシテ・ナカク・ヤスカラ
⑩ム事ヲ・オモハサラムヤ・シカレトモ・シカラサル・コトハ・ヲノレカ・アヤ
⑪マチヲ・キカス・キケトモ・アラタメサル・ユヱナリ・朕・アヤマツ・トコロ・
⑫アラハ・卿等《ケイラ》・ヨク・直《タヽチ》ニ言《マウ》セ・アヤマチヲ・キカハ・カナラス・アラ

〔三十三オ〕

①タメム・イカテカ・社稷《シヤシヨク》ノ・ヤスカラサラムコトヲ・ウレヘサラム・王《ワウ》珪《ケイ》
②等《ラ》・諫官《カムクワム》ニ・イテ・イサメハ・朕・ナカク・過《アヤマチ》・ナカラムト・貞観元年・
③マツリコトニ・マシハリ・アツカテ・太子ノ・右庶子《イウシヨシ》ヲ・カヌ・時ニ・房
④玄齢魏徴李《リ》靖《セイ》温《ヲン》彦《ケム》博《ハク》戴《タイ》冑《チウ》王珪等・ヲナシク・宴《エン》
⑤ニ・ハ。《ヘ》リ・太宗・王珪ニ・ノタマハク・ナムチ・モノヲシリ・カヽミテ・キヨ
⑥ク・通《トウ》シテ・論談《ロンタン》ニ・ヨシ・イマ・ハムヘル・臣等《シムラ》・トリ〳〵ニ・長《チヤウ》セル・材《サイ》
⑦アリ・ナムチ・アキラカニ・サシ・アキラカニ・申ヘシ・王珪・コタヘテ・申

⑧封（平）事（平濁）

〔三十三オ〕

④温（平）彦（去）博（入）、戴（去）冑（去）

⑥論（平）談（平濁）

⑧サク・ツネニ・イサメ・アラソウ・コ、ロヲ・サキトシテ・君ノ・尭舜《ケウシュン》ニ・
⑨ヲヨヒ給ハサルコトヲ・ハチトスルコトハ・臣ハ・魏徵ニハヲヨハシ・又
⑩君ニ・ツカマツルコト・孜《シ》々トシテ・ヲコタルコトナク・益《エキ》アルコト
⑪ヲ・知《シリ》テ・セストイウ事ナキハ・臣・房玄齢ニハ・ヲヨハス・又・材《サイ》・文《フン》
⑫武《フ》ヲカネテ・出《イテ》テハ将軍タリ・入テハ摂政タルコトハ・臣・李《リ》

〔三十三ウ〕

①靖《セイ》ニハヲヨハシ・マタ・アキラカニ・コトヲ奏《ソウ》シテ・イレイタスニ・マ
②コトアルコトハ・臣ハ・温《ヲン》彦《ケン》博《ハク》ニハ・ヲヨハス・又・イソカシキニ・イテ・
③シケイコトヲ・オサメ・モロ〳〵ノツトメ・カナラス・トクルコトハ・臣・戴《タイ》冑《チウ》
④ニハ・ヲヨハシ・タ、シ・ニコレルヲ去《サケ》・スメルヲ揚《アケ》・アシキヲ・ニクミ・ヨキ
⑤ヲ・愛《アイ》スルコト・臣ハ・コノ中《ナカ》ニヲイテ・一日《ツシツ》ノ長《チヤウ》アリ・太宗・フカク・
⑥ソノコトハヲ・ヨミス・群公《クムコウラ》等・各《ヲノ〳〵》・ヲノレカ・ヲモウトコロヲ・ツクセ
⑦リトヲモヘリ・コレヲ・確《クワク》 論《ロン》トイフ・コノ・王珪カ段《タン》ノ中ニ・温《ヲム》彦《ケン》
⑧博《ハク》ト申人ハ・才人《サイシン》ナリ・大臨《タイリン》トイウ・貞観四年ニ・中書令《チウシヨレイ》
⑨ニ・歴《ヘ》ウツテ・シキリニ・虞《ク》國公《コクコウ》ニ・封セラル・十年ニ・右僕射《イウホクヤ》
⑩ニ・拝《ハイ》シテ・明年・卒《シユツ》シヌ・年六十三・コノ人・ハシメニハ・隋《スイ》ノ
⑪文帝《フンテイ》ニツカエテ・開皇《カイクワウ》ノ年スヱニ・文林郎《フンリン》ニ拝《ハイ》ス・
⑫隋《スイ》ノミタル、時・幽州《イウシウ》ノ惣官《ソウクワン》・羅藝《ラケイ》カ・州《クニ》ヲモテ・太宗（ニ脱）

〔三十三ウ〕

④タ、（左漢文注「但也」）シ

⑫羅藝（去濁）

〔三十四オ〕

①シタカウ日《ヒ》・温《ヲム》彦《ケン》博《ハク》又・幽州《イウシウ》ノ司馬《シハ》トシテ・羅藝ト・、モニ・
②太宗ニ・マミヱタテマツル・温彦博大才アルニヨテ・メシモチヰラ
③レテ・ツイニ・大官ニイタレリ・宋《ソウ》祁《キ》カ撰《セム》スルトコロノ・列傳ニ見タリ・
④又戴《タイ》冑《チウ》ト申人ハ・相州《シヤウシウ》ノ安陽《アムヤウ》人也・性《セイ》タ、シク・カタクシ
⑤テ・ソノ才秀《サイヒイテ》タリ・ソノカミ・蕭《セウ》瑀《ウ》左《サ》僕射《ホクヤ》ヲ・辞《シ》シ・右《イウ》
⑥僕射報《ホウ》徳《トク》彝《イ》卒《シュツシ》タリシ時・太宗カタリテ・ノタマハク・戴《タイ》
⑦冑《チウ》朕《チン》カ身《ミ》ニヲイテ・キモ・心ノコトシ・ヲモムハカリヲオコシテ・ワレ
⑧ヲタスケタルコト・ヲホシ・左《サ》右《イウ》ノ僕射《ホクヤ》カケタリ・ナムチ・力《チカラ》ヲ、
⑨コシ・ワレヲタ、セ・ヨテ・コトニ・マツシキ事ヲ・アハレムテ・銭《セム》十
⑩万貫《クワン》ヲ・タマウ・貞観四年ニ・吏《リ》部《ホウ》尚書ニ・ヘウツリテ・
⑪朝《テウ》ノマツリコトニ・マシハリ・アツカル・同《ヲナシキ》　七年ニイタテ・ハヤク
⑫卒《シュツ》シヌ・太宗タメニ・カナシミヲアケテ・右僕射ヲ・オクリ・

〔三十四ウ〕

①道國公《タウコクコウ》ニ封《ホウ》ス・コノ段《タム》ノウチニ・隠太子ノ事・アリトイエ
②トモ・サキノ段《タム》ニ・シルシ申セリ・李《リ》靖《セイ》カ事・アリトイエトモ・
③ツキノ段《タム》ニ・ノセラレタルユエニ・シルシ申ニヲヨハス・李《リ》靖《セイ》ハ京《ケイ》
④兆《テウ》ノ三原《クエン》　人《ヒト》也・隋ノ煬帝《ヤウテイ》ノ時・大業《ケウ》ノスエ・馬《ハ》邑郡《イウキム》

〔三十四オ〕

〔三十四ウ〕

④隋（平濁）、大業（入濁）

⑤ノ丞《セウ》タリ・唐《ノ》高祖イマタ・帝《テイ》タラスシテ・大原《タイケム》ノ留守《リウシウ》タリ
⑥シ時・天下挑《イトム》志《コヽロサシ》・アリトミテ・大原《タイケム》ノ李《リ》淵《エン》謀《ム》反《ホム》ノハシアリ
⑦ト・書《フミ》ヲカイテ・李《リ》靖《セイ》ミヤコニ申ツ・ヤカテ・長安《チヤウアン》ノミヤコヱ・
⑧マイラムトスルニ・道《ミチ》フサカリテ・通《トウ》セス・唐《ノ》高祖・ステニ・イクサ
⑨ヲ、コシテ・ミヤコヲ・ウチシタカエテ・李《リ》靖《セイ》ヲ・トラヱテ・キラム
⑩トス・李《リ》靖《セイ》ヲホキニ・ヨハ、リテ・イハク・キミ・義兵《キヘイ》ヲオコシテ・
⑪大事《タイシ》ヲ遂《トケム》トス・ナムソ・ワタクシノ・ウラミヲモテ・壮士《サウシ》ヲ・
⑫キラムヤト・申セリ・ヨテ・高祖ステヽ・キラス・。高祖クラヰニツイテ・

〔三十五オ〕

①武徳年中ニ・李《リ》靖《セイ》輔《フ》功祐《コウイウ》功《コウ》ヲヒライテ・蕭《セウ》銑《セム》ヲ・ウチタ
②イラケタルヲモテ・楊州《ヤウシウ》ノ大都督《タイトクトク》ニ・ウツル・太宗ノ世ニ・ヲ
③ヨムテ・貞観二年ニ・中書《チウシヨ》ノ令《レイ》タリ・ス、ムテ・突厥《トツケツ》ヲウテ・
④襄　城《シヤウセイ》ヲサタム・突利《トツリ》可《カ》汗《カム》。⌒キタリシタカウ・頡利可汗《ケツリカカン》ヲホキニ・権ス・アルイハ・突厥《トツケツ》ノ・
⑤モロ〳〵ノ・クニ〳〵・李靖ニヤフラレテ・磧北《セキホク》ニ・ニケカクル・副《ソヒ》ノ将軍・
⑥張公《チヤウコウ》瑾《キム》ヲ・ヒキイテ・陰山《イムサン》ニセメイタテ・千餘《セムヨ》帳《チヤウ》ノ輩《トモカラ》・コ
⑦ト〳〵クニトラエタリ・虜衆潰《リヨシウツイエ》アラクル時・又十餘《ヨ》万《ハム》ノ・男《ナム》
⑧女《ニヨ》ヲ・トラエ・サカイヲ・ウチシタカエタル事・陰山《イムサム》ヨリ・大漠《タイハク》ニイ
⑨タル・ツイニ・頡利可汗ノ・クニ〳〵ヲ・エタリ・ソノホカノ衆《シウ》・コ

⑥ハシ（左漢字注「端」）アリ

〔三十五オ〕

④権（左音「ケム」）ス

⑦十（入濁）餘万

⑨頡（入）利（去）可（去）汗

⑩ト〳〵クニ・クタリキタル・太宗・ノタマハク・國家《コクカ》ヲタヒラケ・サ
⑪タメラレシ時・突厥《トツケツ》ノ・クニ〳〵・サカリニコハカリキ・コノユヱニ・高
⑫祖《ソ》太上《タイシヤウクワウ》　皇・コレヲ・ウタムトスレハ・ツイエタル・百姓《セイシヤウ》・ヤスメカタシ・ウタ

〔三十五ウ〕

①サラムトスレハ・勝《カツ》ニノリテ・ミヤコヲ・セメツヘシ・コ、ヲモテ・コトハ
②ヲ通《トウ》スルコトニ・カノクニヲ・アカメ・我身《ワカミ》ヲクタシテ・高祖《ソ》ミツカラ・
③名《ナ》ヲ臣《シム》ト稱《セウ》シ給キ・コノ事ヲ思テ・朕《チム》ムカシヨリ・首《カシラ》ナ
④ヤミ・心イタマスト・イウコトナシ・アチハヒヲ・アマウセス・シキイヲ・
⑤ヤスウセスシテ・志《コ、ロサシ》　匈奴《ケウト》ヲ・ホロホサムトスルニ・切也《セツ》・シカルヲ・イマシ
⑥ハラク・カタツカタノ・イクサヲ・ウコカシテ・ウチカタスト・イウコト
⑦ナシ・匈奴《ケウト》ノ王《ワウ》・單《タム》｜于《ウ》｜・カウヘヲ・カタフケテ・シタカイクシケタ
⑧リ・朕《チム》カ耻《ハチ》・ヲ・キヨムルコトヲヱタリ・群臣《クムシム》・ヲノ〳〵・コヱヲオ
⑨ナシウシテ・万歳《ハムセイ》ヲ稱《セウ》セリ・スナハチ・李《リ》｜靖《セイ》｜ヲ・左僕射《サホクヤ》
⑩ニ拝《ハイ》ス・李｜靖｜又・西《ニシ》ノカタ・吐谷渾《トコクコム》ヲ・ウチ・ヲホキニ・ソノクニ
⑪〳〵ヲ・ヤフツ・李｜靖｜ヲ・衛國公《エイコクコウ》ニ封セラル・李《リ》｜靖｜妻《セイカメ》ノ死《シヌル》ニ・
⑫ヲヨムテ・宣旨《セムシ》アテ・山《ヤマ》・ツカヲ・ツカシメテ・制度《セイト》ヲタクマシ

〔三十六オ〕

①クセリ・漢《カムノエイ》衛｜霍《クワク》｜カ・フルキアトニヨテ・李｜靖｜ヲ・礼セラル、事・

〔三十五ウ〕

④シキ（左漢字注「鬩」）イ
⑤匈（平）奴（平濁）
⑥ウチ（左漢文注「討也」）カタス
⑫ツカ（左漢文注「塚也」）ヲ

〔三十六オ〕

②厚《アツ》シ・コノ・李靖カ段《タム》ノウチニ・将軍張《チヤウ》公《コウ》瑾《キム》ト申ハ・魏州《クヰシウ》ノ
③繁水人《ハムスイヒト》也・太《タイ》子建《ケム》成《セイ》斉王元《セイワウケム》吉《キツ》死《シ》ヌル日・馮《フ》立《リウ》謝《シヤ》叔《シク》
④方《ハウ》等《ラ》・ツハモノヲヒイテ・玄武《ケムフ》門ヲセムル時・太宗ノ御方《ミカタ》
⑤トシテ・張《チヤウ》公《コウ》瑾《キム》勲功《クムコウ》・ハナハタ厚《アツ》シ・ヨテ・左《サ》武《フ》候《コウノ》将《シヤウ》軍《クン》ニ拝《ハイ》
⑥シテ・定遠郡《テイエムキム》ノ・公《コウ》ニ封《ホウ》セラル・ソノ、チ・シキリニ・鄒國公《スウコクコウ》ニ封
⑦セラレテ・襄《シヤウ》州《シウ》ノ都《ト》督《トク》ヲ・カネタリ・コノ・人・タ、武功《コウ》ノ・スクレ
⑧タルノミニアラス・仁ヒロク政タ、シウシテ・ツカサトルトコロノ・クニ〳〵・
⑨ヲサマリ・ユタカナリ・貞観七年ニ・襄《シヤウ》州《シウ》ニシテ・卒《シユツ》シヌ・
⑩虞《ク》世《セイ》南《ナン》ハ・會《クワイ》稽《ケイ》ノ餘《ヨ》妖人《ヨウヒトナリ》也・貞観七年ニ・秘《ヒ》書監《シヨカム》ニ拝《ハイ》
⑪ス・太宗万機《ハムキ》ノ・ヒマニハ・メシテ・經史《ケイシ》ノフミヲ・談議《タムキ》ス・虞《ク》世《セイ》
⑫南《ナン》・カタチ・ヨハ〳〵シキニ・、テ・衣《コロモ》ノヲモキニ・タエサルカ・コトキ

〔三十六ウ〕

①也ト・イヘトモ・志《コヽロサシ》　杭烈《カウレツ》ト・スクヨカニシテ・マツリコトノ・得失《トクシツ》ヲ・論《ロン》
②ス・太宗・ノタマハク・朕《チム》ツネニ・虞《ク》世《セイ》南《ナム》ト・ムカシイマヲ・商《シヤウ》略《リヤク》ス・朕
③一言《ケム》ノ・ヨキ事アル時ハ・虞《ク》世《セイ》南《ナン》・昔《ムカシ》ヨリ・ヨロコハスハアラス・一
④言《ケム》ノ・トカアル時ハ・虞世南昔ヨリ・イタミナケカスハアラス・
⑤朕《チム》コノコロ・タハフレニ・一ノ風《フ》月《クエツ》ノ詩《シ》ヲツク。リ《レ》・虞《ク》世《セイ》南《ナム》表《ヘウ》
⑥ヲアケテ・イサメテ申サク・上ノコノムトコロニ・下カナラスシタカウ・

⑪万（去濁）機、虞（平濁）世╲
南

〔三十六ウ〕

③一言（平濁）

⑦コノ文《フン》・タクミナリトイヘトモ・シカシナカラ・ウケル詞《コトハ》也・タマハテ・
⑧和《ワ》ヲタテマツラサル事・ヲソレリト・イエトモ・ヒトヘニ・軽薄《ケイハク》ノ・
⑨俗《ソク》ニシテ・タミヲオサムル・利《リ》ニアラス・イマヨリノチ・又コノ文ア
⑩ラハ・死《シ》罪《サイ》セラルト・イウトモ・アエテ・ムネヲ・ウケタマハラシト・申・
⑪ソノネムコロナル・忠誠《チウセイ》・イタテ・カクノコトシ・群臣《クムシム》ミナ・虞《ク》世《セイ》南《ナム》
⑫カ・コトクナラハ・天下ナムソ・ヲサマラサラムヤ・ヨテ・帛《ハク》ノキヌ一百

〔三十七オ〕

①五十段《タン》・タマウ・太宗・ノタマハク・世南カ・スクレタル事・五アリ・
②一ニハ事ニヲイテ徳《トク》アリ・二ニハ忠《チウ》アテ・スナヲナリ・三ニハヒロキ
③才学《サイカク》アリ・四ニハ・詞《コトハ》タヽ、シク文藻《フンサウ》ウルハシ・五ニハ・筆《フテ》ヲモテ《モノ》。カク
④コト・スクレタリ・卒《シユツ》スル時ニ・ヲヨムテ・イミナヲ文懿《フンイ》ト・タマハル・
⑤太宗テツカラ・魏《キ》王《ワウ》泰《タイ》ニ勅《チヨク》シテ・ノ給ハク・虞《ク》世《セイ》南《ナム》ハ・我ニヲ
⑥イテ・一躰《タイ》ノコトシ・ヲチタルヲ・ヒロイ・カケタルヲ・オキヌウ・コト・
⑦日トシテ・シハラクモ・ヲコタル事ナシ・マコトニ当代《タウタイ》ノ・名臣人倫《メイシムシムリン》
⑧ノ准的《シユンテキ》也・イサヽカモ・ヨキ事アルコトヲハ・カナラス・ヲコナテ・コレ
⑨ヲナス・イサヽカモ・アシキコトアルヲハ・カタチヲヽカシテ・ツネニ・コレヲ・
⑩イサム・卒シテ後・又・人ナキカコトシ・イタミヲモヒ・ヲシムコト・豈
⑪イフヘケムヤ

⑩ムネ（左漢字注「旨」）ヲ・ウケ（左漢字注「承」）タマハラシト

〔三十七オ〕

④文（平濁）懿（去）
⑤魏（去濁）王泰
⑥一躰（左訓「ヒトツミ」）
⑦人（平濁）倫（平）

⑫ コノ虞《ク》世南《セイナン》カ・段《タム》ノ中《ウチ》ニ・魏《キ》王《ワウ》泰《タイ》ト申ハ・太宗第四《ノ》皇子也・

〔三十七ウ〕

① ソノ母《ハヽ》・文《フム》徳《トク》皇后《クワウコウ》也・太宗ノ皇子《ワシ》・スヘテ十四人也・ソノ

② 中ニ・文徳皇后ノ・一腹《フク》ノ皇子・三人也・太《タイ》子承《セウ》乾《ケン》ハ太宗

③ ノ第《タイ》一ノ子也・魏《キ》王泰《タイ》ハ・第《タイ》四ノ子也・晋《シム》王稚《チ》奴《ト》ハ・第《タイ》九

④ ノ子也・コレミナ・文徳皇后ノ・一腹《フク》ノ皇子也・魏王泰才

⑤ 人ニシテ・良臣《リヤウシン》ヲコノムコノユヘニ・太子承《セウ》乾《ケン》カ・俳兒《ハイシ》ヲ・

⑥ 愛《アイ》シ・立部伎《リウホウキ》ヲ・コノムシユヱニ・太宗コレヲ・ステタマイシ

⑦ 時・魏《キ》王泰《タイ》ヲモテ・太子ニタテラレキ・シカレトモ・長孫《チヤウソン》无《フ》忌《キ》

⑧ カ・ハカラヒニヨテ・魏王泰ヲ・アラタメテ・晋王稚《シンワウチ》奴《ト》ヲ・モテ・

⑨ 太子ニタテラレキ・長孫无忌ハ・文徳皇后ノ・コノカミナ

⑩ リ・コノ・三人ノ皇子《ワウシ》ニ・ヲイテ・御ヲチタリ・ソノハカラヒニ・ヨ

⑪ テ・晋王ヲ・太子ニタテラレタリ・太子ツイニ・位《クラヰ》ニツキヌ・コレ

⑫ ヲ・唐高宗《ノカウソウ》皇帝ト申・イマコノ・虞世南カ段《タム》ニ・虞世

〔三十八オ〕

① 南カ・ヒイテタルコトヲ・太宗・ミツカラ・詔《セウ》シテ・魏王泰ニ・シメ

② シオホセラレタル也・魏王泰太子ヲ・ヽロサレタリトイヘトモ・

③ 才藝優長《サイケイイウチヤ（ウ）ヲ》ノ・ユヱニ・太宗ノ寵愛《テウアイ》ハ・ツイニ・アラタマラ

〔三十七ウ〕

③稚（去）奴（平濁）

⑤俳（平）兒（平濁）

〔三十八オ〕

①ヒイテ（左漢文注「秀也」）タル

③才（平）藝（去濁）優（平）長（上）

④　サリシ也
⑤李《リ》勣《セキ》ハ・曹州《サウシウ》ノ離孤《リコ》人也・ハシメ・李《リ》密《ヒツ》魏公《キコウ》ニ・ツカエテ・右武《イウフ》
⑥候《コウ》大将軍タリ・魏公《キコウ》出《イテ》テ・王《ワウ》世《セイ》充《シウ》ト・タ、カウ・イクサヤフレテ・
⑦國《クニ》ニカエリヌ・李勣魏《キ》國《コク》ノ内《ウチ》ノ・十郡《クム》ノ主《ヌシ》タリ・李勣武《フ》
⑧徳《トク》二年ニ・郭恪《クワクカク》ニカタテイハク・魏公《キコウ》ステニ唐《ノ》高祖ニシタカヒ
⑨ツキヌ・魏《キ》ノ國ハ・サタメテ・魏公《キコウ》カ・タモタムトコロナルヘシ・タ、シ・我《ワカ》
⑩タモツトコロノ・十郡《キム》ノ地《チ》ヲ・我《ワレ》・上表《シヤウヘウ》シテ・唐ノ高祖ニ・コレヲヨ
⑪セハ・スナハチ・魏公《クキコウ》ノ・ヤフル、時《トキ》ノ・ヲリヲエテ・魏《キ》ノサカイノ・ウチヲ・
⑫高祖ニ・イレテ・富貴《フキ》ヲ・モトムルニ、タリ・ワカハカツヘキ・トコロナリ・

〔三十八ウ〕

①タ、・魏《キ》公・州縣《シウケン》・ナラヒニ・民《タミ》ニ・員數《イムシユ》ヲ・シルシテ・唐ノ高祖ニ・
②タテマツルヘシト・イウ・魏公《クイコウ》・スナハチ・李《リ》勣《セキ》カ・申ムネヲシルシテ・
③唐ノ高祖ニ・申ス・高祖ヨロコムテ・ノタマハク・李《リ》勣《セキ》・徳ニ感《カム》
④シテ・功《コウ》ヲ・ユツ《レ》。リ・マコトニ・純臣《シユンシム》也・ナムチカ・モトノ名《ナハ》・徐《シヨ》勣《セキ》也・
⑤我《ワカ》・性《シヤウ》ヲ・タマウテ・李《リ》勣《セキ》ト・イウヘシ・我《ワカ》・親類《シムルイ》ニ・擬《キ》セム・タメ也・
⑥スナハチ・李《リ》勣《セキ》ヲ・黎州《レイシウ》ノ惣官《ソウクワン》ニ拝《ハイ》シ・ソノ父徐《チヽシヨ》蓋《カイ》ヲ・
⑦済陰王《セイイムワウ》ニ・封《ホウ》ス・徐《シヨ》蓋《カイ》カタク・王《ワウ》ノ爵《シヤク》ヲ・辞《シ》シテ・舒國公《シヨコクコウ》
⑧ニ・封《ホウ》セラル・ソノ、チ・魏公《クキコウ》・謀反《ムホン》ヲ、コシテ・唐ノ高祖《ソ》ニ・ウタレ

⑤李密（入濁）魏（去濁）公
⑨魏（去濁）ノ國
⑩十（入濁）郡（平）
⑪魏（去濁）公
⑫ハカツ（左漢文注「謀也」）ヘキ

〔三十八ウ〕

④純（平）臣（平）

⑨ヌ・コ、ニ・李《リ》勣《セキ》表《ヘウ》ヲアケテ申テマウサク・臣《シム》サキニ・魏公李《クヰコウリ》密《ヒツ》
⑩ニ・ツカヱタリ・ネカハクハ・臣《シム》・カノ服《フタ(ク)》ヲキ・喪《モ》ヲ・、コシテ・君臣《クムシム》ノ
⑪礼《レイ》ヲ・ソナヘムト・高祖・ソノ志《コヽロサシ》　ヲ・ユルシテ・李《リ》勣《セキ》ニ・李《リ》密《ヒツ》カ・、ハ
⑫ネヲ・タマウ・ヨテ・李《リ》勣《セキ》・三軍素縞《サムクンソカウ》ノ礼ヲ・ト、ノヘテ・黎《レイ》

〔三十九オ〕

①湯《タウ》山ニ・ハウフル・朝野《テウヤ》ノ時ノ大人《ヒト》・李《リ》勣《セキ》ヲ・義《キ》アリトス・
②ソノ、チ・太宗ニ・ツキタテマツテ・王世充竇《トウ》建《ケン》徳《トク》ヲ・
③ウテ・タイラケタリ・貞観元年・太宗・北《キタ》ノカタノ・サカイヲ・
④シツメ・シメムタメニ・李《リ》勣《セキ》幷州《ヘイシウ》ノ・都督《トトク》ニ・拝《ハイ》ス・ソレヨリコ
⑤ノカタ・突厥《トッケッ》ノ・クニ〳〵・ヲチハ、カル・太宗・ノタマハク・隋《スイ》ノ
⑥煬《ヤウ》帝《タイ》・北《キタ》ノカタ・数《ス》千里《リ》ノ・長城《チヤウセイ》ヲ・ツクトイヘトモ・良《リヤウ》
⑦将《シヤウ》ヲ・オカサリシカハ・突厥《トッケッ》・ツネニ・ミタレ・ヲカシキ・朕《チム》・イマ・李《リ》
⑧勣《セキ》ヲ・幷州《ヘイシウ》ニ・任《シム》シテ・突厥《トッケッ》ノ・クニ〳〵・コト〳〵ク・威《イ》ニヲチ・
⑨塞垣《サイクワム》ノ・クニ〳〵・ナカク・ミタレサルコトヲ・エタリ・隋《スイ》ノ・長城《チヤウセイ》ニ・マサ
⑩ラスヤ・李《リ》勣《セキ》・幷州《ヘイシウ》ニアル事・十六年・カサネテ・英國公《エイコクコウ》
⑪ニ・封《ホウ》セラル・メサレテ・兵部尚書《ヘイホウシヤウショ》ニ・拝シテ・兼行《ケムキヤウ》ス・時ニ・李《リ》
⑫勣《セキ》・ニハカニ・ヤマヒニアヘリ・クスシ・方《ホウ》ヲ・験《ケム》シテ・イハク・龍《レウ》

〔三十九ウ〕

⑨李密（入濁）
⑫黎（平）／湯山

〔三十九オ〕

②竇建（去）徳（入）
④幷（平）州（平）
⑤隋（平濁）ノ

〔三十九ウ〕

①ノ・ヒケ・ヲヤイテ・カノハイヲ・モテ・療《レウ》セハ・イヱヌヘシト・イウ・
②太宗・ノタマハク・龍《レウ》ハクモニ・ノリテ・天《テム》ニカケル・カノヒケヲ・エ
③カタシ・ワレ・龍鳳《レウホウ》ノ・祥《シヤウ》アテ・ウマレタリ・ワカヒケ・コレ・龍《レウ》ノ・ヒ
④ケタルヘシト・スナハチ・ミツカラ・ヒケヲキリテ・クスリニ和《ハ》シ・タ
⑤マヘリ・李《リ》勣《セキ》・頓首《トムシユ》シテ・嗚咽《ナキムセ》フ・血《チ》ノ涙《ナミタ》ヲ・ナカシテ・モテ・
⑥陳謝《チムシヤ》ス・太宗・ノタマハク・ワレ・ワタクシノ・愛《アイ》ニヨテ・公《コウ》ヲ、シム
⑦ニ・アラス・タ、・天下ノ・タメニ・公《コウ》ヲ・オシムナリ・フカク・謝《シヤ》スルコトヲ・
⑧ワツラハシウ《ク》・スルコトナカレ・公《コウ》サキニ・李《リ》密《ヒツ》ヲ・ワスレサリキ・イマ
⑨ナムソ・ワレニ・ヲロソカナラムヤ
⑩コノ・李《リ》勣《セキ》カ・段《タム》ノウチニ・魏《クヰ》公李《コウリ》密《ヒツ》ト・申ハ・代々魏《クヰ》ノ・クニ
⑪ノ・英豪《エイカウ》也・李《リ》密《ヒツ》・字《アサナ》ヲ法《ホウ》主《シユ》ト・イフ・ソノ父《チヽ》・李《リ》寛《クワン》ハ・
⑫隋帝《スイテイ》ニ・ツカエテ・上柱國《シヤウチウコク》タリ・蒲《ホ》山郡《サムクヰム》ノ・公《コウ》ニ封セ

〔四十オ〕

①ラル・李《リ》寛《クワン》カチ、・李曜《ヨウ》ハ邢國公《ケイコクコウ》タリ・李《リ》曜《ヨウ》カチ、
②李《リ》弼《ヒツ》ハ・後《コ》周《シウ》ニ・ツカヱテ・魏國公《クヰコクコウ》ニ・封《ホウ》セラル・イマノ・魏《クヰ》
③公《コウ》・李《リ》密《ヒツ》・隋ノスヱ・ミタル、時・モロ〳〵ノ・英雄《エイイウ》・ヲコリ・ヲ
④コルニ・ヲヨムテ・王《ワ》世《セイ》充《シウ》ト・タ、カイ・ヤフラレタリ・ヨテ・
⑤唐ノ高祖ニ・シタカテ・全《マタ》キ・コトヲエタリ・ノチニ・謀反《ムホン》・

⑤頓首（上）
⑥ワレ（左漢字注「我」）・ワタ（左漢字注「私」）クシ
⑧李密（入濁）
⑩魏（去濁）公李密（入濁）
⑫上（去）柱（去）國（入）

〔四十オ〕

③李密（入濁）
④王（平）世（去）充（平）

⑥ヲコセルニヨテ・唐ノ・高祖ニ・ウタレタリ・コノ段《タム》ノ・王《ワウ》世《セイ》充《シウ》
⑦竇建徳等カ・事ホ、・ナハカリヲ・ツラネタリト・イヘトモ・
⑧第七ノマキニ・ソノコト・ツハヒラカナリ・ヨテ・コ、ニシルシ
⑨申ニニ（衍）・アタハス
⑩馬《ハ》周《シウ》ハ・博州《ハクシウ》ノ・荘平人《シムヘイヒト》也・貞観五年ニ・ミヤコニ・イタ
⑪テ・中郎将《チウラウシヤウ》・常何《シヤウカ》・カ・イヱニ・ヤトレリ・時ニ太宗・ヲホセニ・百官《クワン》
⑫コト〱ク・上書《シヤウシヨ》シテ・マツリコトノ・得失ヲ申ヘシト・常何《シヤウカ》ス

〔四十ウ〕

①ナハチ・上書《シヤウシヨ》スヘキ・人ノウチニイレリ・馬《ハ》周《シウ》コ、ニ・常何《シヤウカ》ニ・カ
②ハリテ・廾余《ヨ》條《テウ》ノ・意見《イケン》ヲ奏ス・ミナモテ・理ニカナヘリ・太宗・
③アヤシムテ・常何《シヤウカ》ニ・トウ・常《シヤウ》何・コタヱテ・マウサク・コレ・實《シチ》ニハ・臣《シム》
④カ・ヲモムハカリヲ・オコセルトコロニ・アラス・臣カ・イヱノ・客《カク》・馬《ハ》周《シウ》ト・イ
⑤フモノアリ・臣《シム》カタメニ・上書《シヤウシヨ》セリト申・太宗・ヲホキニ・ヨロコムテ・
⑥スナハチノ日・馬周ヲ・メス・シハラクノ・アヒタニ・四度《ヨタヒ》・ツカイヲ・
⑦ツカハサル・メシミルニ・ヲヨムテ・トモニ・語《カタリ》テ・ヨロコフ・馬《ハ》周《シウ》・詞《コトハ》アキラカ
⑧ニ・理非《リヒ》分明《フンミヤウ》ニシテ・フカク・事ノハシヲ・サトテ・奏達《ソウタツ》ニ・ツハ
⑨ヒラカナリ・上《カミ》ニ申・下《シモ》ニツタフルニ・アキラカナラスト・イフコト
⑩ナシ・太宗・ノタマハク・ワレ・シハラクモ・馬《ハ》周《シウ》ヲ・ミサレハ・コレヲ思・

⑦ホ、（左漢字注「粗」）
⑩荘（上濁）平人也
⑪中郎（平）将、常（平）何（平）・カ

〔四十ウ〕

⑥メス（左漢字注「召」）・シハラ（左漢字注「少時」）クノ

⑪テ・心イフカシト・貞観十八年ニ・中書令《チウシヨレイ》ニ・ヘウツテ太子
⑫ノ左《サ》庶子《シヨシ》ヲ・カネタリ・職両官《シヨクリヤウクワム》ヲ・カネテ・事ヲ・コトハルニ・
〔四十一オ〕
①ミナアタレリ・又吏《リ》部尚書《ホウシヤウシヨ》ヲ・カネテ・時ノホマレヲ・エタリ・太
②宗・ノタマハク・馬《ハ》周《シウ》性《セイ》・ハナハタ・貞正《テイセイ》ト・タシカニシテ・事ヲ・サト
③レルコト・ヽクスミヤカナリ・理《リ》ヲ・タヽシ・道《ミチ》ヲ・ウルハ（シ脱）ウシテ・コトヲ・
④トリ申コト・朕《チム》カ心ニ・カナヘリ・政《マツリコト》ヲ・タヽシウセル事・マコトニ・
⑤コノ人ニヨル
⑥　人ノ・イサメム事ヲ・モトムル・篇第四
⑦貞観ノ・ハシメ・太宗・公卿《コウケイ》ニ・カタテ・ノタマハク・人・カタチヲ・ツク
⑧ロハムト・ヲモフ時ハ・カナラス・アキラカナル・カヽミヲ・モチヰル・
⑨君・ヲノレカ・アヤマチヲ・シラムト・思フ時ハ・カナラス・イサメヲ・
⑩イルヽ・臣ヲ・モチヰル時（脱文アルカ）ハ・カタフキ・ヤフレ・サラムコトヲ・思ト・
⑪イウトモ・ナムソ・全《マタキ》コトヲ・ウヘケムヤ・ソレ・キミ・ソノクニヲ・ウシナウ
⑫時ハ・臣《シム》ヲノ〳〵・ソノイエヲ・マタクシカタシ・カルカユヘニ・臣《シム》ソノ
〔四十一ウ〕
①ワタクシヲ・マタウセムト・ヲモハヽ・キミノアヤマチヲ・タヽシ・タスケ
②テ・アマネク・ソノクニヲ・ヤフルヘカラス・隋《スイ》ノ煬帝《ヤウテイ》ノ・マツリコト・

〔四十一オ〕
⑫左（上）庶（去）子（上）

〔四十一ウ〕

③アレタリシ時・クニヲ・、サメシ・虞《ク》｣世《セイ》｣基《キ》｣等《ラ》・口《クチ》ヲ掛《ツクウ》テ・サラニ・
④キミノトカヲ・イサメス・カツハ・誅セラレン事ヲ・オチ・カツハ・禄《ロク》ヲ・
⑤ヘカレム事ヲ・オシムユヱナリ・煬帝《ヤウテイ》・ホロヒニシカハ・虞｣世｣基｣等・
⑥ヲナシク・ホロヒニキ・サキノ事・トヲカラス・公等《コウラ》コト〳〵ク・ワレ
⑦ヲ・タ、スヘシ・我モシ・人ノタメニ・利《リ》アラサル事ヲ・オコナハ、・
⑧公等《コウラ》カナラス・直言《チヨクケン》規《キ》諫《カム》シテ・イサメヲ・イルヘシト・ソレ・太宗
⑨ノ御カタチ・威容《イヨウ》・ケハシウシテ・ス、ミ・マミヘ・タテマツルモノ・
⑩ミナ・イロヲウシナイ・詞《コトハ》ヲノ、イテ・足ヲアケ・手ヲオカ
⑪ム・トコロヲ・シラス・太宗・ソノ・カクノコトキナルヲ・察《サツ》シテ・人
⑫ノ事ヲ・奏《ソウ》スル・コトニ・顔色《カムショク》ノ・カタチヲ・ナツカシクシ・厳旨《ケムシ》

〔四十二オ〕

①ノ・コトハヲ・ヤハラケテ・ツネニ・イサメヲ・イル、事ヲ・ネカヘリ・コレ・
②マツリコトノ・得失《トクシツ》ヲ・シラムタメナリ
③貞観元年ニ・太宗侍臣《シシム》ニ・カタテ・ノタマハク・君・タ、シト・イヘト
④モ・ヨコサマナル・臣《シン》ヲ・モチヰル時《トキ》ハ・スナハチ・太平《タイヘイ》ヲ致《イタ》スコト・ア
⑤タハス・臣《シム》・タ、シトイヘトモ・ヨコサマナル・君《キミ》ニツカウル時ハ・又太平《タイヘシ(イ)》
⑥ヲイタスコト・アタハス・タ、・君《キミ》ト臣《シム》ト・アフニアフテ・海内《カイタイ》ヤスカル
⑦ヘシ・朕《チン》アキラカナラスト・イヘトモ・公等《コウ》・サイワイニ・タ、シ・スクウ・

③虞｣(平濁)世(去)｣基(平)｣等

⑧直言(平濁)規諫

⑫顔(平濁)色、厳(平濁)旨(上)

〔四十二オ〕

⑥海(上)内(去)

⑧ネカハクハ・直言鯁議《チヨクケンカウキ》ヲ・ツクシテ・天下ヲ・太平ニ・イタサシメ
⑨ヨ・諫議《カンキ》大夫《タイフ》王珪《ワウケイ》カ・申サク・ソレ木・マカレリト・イヱトモ・ナハノ
⑩スミニ・シタカテ・ケツル時《トキ》ハ・スナハチ・スナヲニナリヌ・君《キミ》・アキラカ
⑪ナラスト・イヱトモ・タヽシキ・臣ノイサメニ・シタカウ時ハ・スナハチ・
⑫聖主《セイシユ》トナリヌ・カルカユヘニ・上古《シヤウコ》ニハ・イサメアラソウ・臣七人ヲ・

〔四十二ウ〕

①ヲカレキイサメテ・死罪《シサイ》ニ・アタルト・イヘトモ・マツリコト・ヨコサマアル
②時ハ・カナラス・イサメヲ・イレキ・今陛《イマヘイ》下・カタシケナク・聖慮《セイリヨ》
③ヲ・ヒライテ・蒭蕘《スウケウ》ノ・イヤシキ・コトハヲ・イレタマウ・臣等《シムラ》・サ
④イハイニ・コトハヲ・不《サル》レ諱《イマ》・朝ニイテ・イカテカ・狂瞽《キヤウコ》ノ・ヲロカナル・
⑤イサメヲ・イレサラムヤ・太宗・ソノコトハヲ・善《ヨシ》ト稱《セウ》ス・コレヨリ
⑥シテ・詔令《セウレイ》ノ・イツルコトニ・摂籙《セツロク》ノ臣《シム》・内ニマイリテ・クニノ事
⑦ヲ・ハカライ・諫ヲイル・官人等《クワンニンラ》・シタカイ入テ・アツカリ説《トク》・コト
⑧ヲ歴《ヘ》テ・宣下《セムケ》セラル
⑨貞観二年ニ・太宗・侍臣《シシム》ニカタテ・ノタマハク・アキラカナル君《キミ》
⑩ハ・ヲノレカ・短《タム》ヲアラタメテ・イヨ〱・賢《ケム》也・クラキ君《キミ》ハ・ヲノレカ・
⑪短《タム》ヲ・アラタメスシテ・ナカク・ヲロカナリ・隋煬帝《スイヤウテイ》・ヲノレカ・
⑫短ヲ・アラタメスシテ・イサメコトヲ・フセキ・ミツカラ・賢《ケム》ナリト・

⑧直言（平濁）鯁議（去濁）

〔四十二ウ〕

①死罪（平濁）

③蒭（平）蕘（平濁）

〔四十三オ〕

①思テ・ヲコリホコレリ・虞《ク》世《セイ》基《キ》等《ラ》・アヱテ・タ、チニ・申コト
②ヲ・エス・ツミヲフカウセム事ヲ・オツルニ・ヨテ・マコトニ・ヲカシ・イ
③サメカタシ・煬帝《ヤウテイ》・コロサル、ニ・ヲヨムテ・虞《ク》世《セイ》基《キ》トモニ・コロサルへ
④シヤ・イナヤ・杜《ト》如《シヨ》晦《クワイ》コタヱテ申サク・孔《コウ》子《シ》ノ・、タマハク・子《シ》魚《キヨ》・タ、
⑤シキカナ・國《クニ》・ヲサマレル時モ・スナヲナル事・矢《ヤ》ノコトシ・國・ミタレ
⑥タル時モ・スナヲナル事・矢《ヤ》ノコトシト・煬《ヤウ》帝ノ時・クニミタレタ
⑦リ・虞《ク》世《セイ》基《キ》ナヲ・心《コヽロ》ヲ・ヤノコトクニ・スヘシ・マカレル・マツリコト・ア
⑧レトモ・口ヲ・フサイテイサメス・イサメカタクハ・職《シヨク》ヲ辞《シ》スヘシ
⑨ト・イヘトモ・ムサホテ・ヲモキクライニヲリ・煬帝ノ・ホロフルニ・
⑩ヨテ・イツハリ狂《キヤウ》シテ・ニケタリ・後《ノチ》ニ・ツイニ・宇《ウ》文《フン》化《クワ》及《キウ》カ・タメニ・
⑪コロサレタリ・ムカシ・殷《イン》ノ紂《チウ》王《ワウ》・ミタレアレテ・イサメヲ・モチヰサ
⑫リシカハ・微《ヒ》子《シ》イツハリ狂《タワフレ》テ・職《シヨク》ヲステ、・サレリ・孔子・コレヲ

〔四十三ウ〕

①仁者《シムシヤ》也ト・ホメタリ・微《ヒ》子《シ》ハ・ワサハヒ・ヲコラサルサキニ・、ケテ・
②身《ミ》ヲマタウセリ・虞《ク》世《セイ》基《キ》ハ・ワサハヒ・ヲコテノチニ・、ケテ・ツ
③イニ・コロサレタリ・ソノ事理《シリ》・ナムソ・ヲナシカラムヤ・又晋惠《シムノクヱイ》
④帝《テイ》ノ・后《キサキ》賈《カ》后《コウ》ソノ姓《セイ》・イカリハケシ・諱《イミナ》ヲ・南《ナム》風《フウ》トイフ・心

〔四十三オ〕

④孔子（左音「クシ」）

⑩狂シ（左訓「タワフル」）テ、宇（去）文（平濁）化（去）及（入濁）

〔四十三ウ〕

①仁（平濁）者（上）

⑤ニマカセテ・制稱《セイシヨウ》シテ・太子ヲ・ステムトス・張華《チヤウクワ》摂籙ノ・臣
⑥トシテ・ヲモネリ・シタカテ・后《キサキ》ヲ・イサメス・趙王倫《テウワウリン》・ツハモノヲ・挙《キヨ》
⑦シテ・コロスニ・ヲヨムテ・張華《チヤウクワ》ヲ・トラヱシム・張華《チヤウクワ》ヲ・セメテ・
⑧イハク・后《キサキ》アレテ・太子ヲステシ時・ナムソ・イサメヲクワヘサルヤ・
⑨張華《チヤウクワ》コタヱテイハク・太子ヲ・ステラレシ日《ヒ》・一言《ケン》ヲ・致《イタ》ス
⑩トイヘトモ・モチヰラレサリト・イウ・マタセメテ・イハク・公・クラヰ
⑪三公《コウ》タリ・太子ツミナクシテ・ステラル・イサムルニ・モチヰラレス
⑫ハ・ナムソ・官《クワム》ヲ辞《シ》シテ・シリソカサルト・張華《チヤウクワ》コタフルニ・コトハナシ・

〔四十四オ〕

①ヨテ・ツイニ・キラレタリ・虞《ク》世基《セイキ》摂籙《セウロク》ニ・アタテ・コトハヲ・イタ
②スヘキ・地《チ》ニ居《ヲ》リ・ツイニ・一言《ケン》ノイサメナシ・マコトニ・コロサルヘシト申・
③太宗・ノタマハク・公《コウ》カ・コトハ・マコトト《ニ》・アタレリ・人君《シムクン》ハ・忠良《チウリヤウ》ノ・臣《シム》ヲ・
④モチヰテ・ヲサマルコトヲ・ウヘシ・煬帝《ヤウテイ》ハ・忠良ノ臣・ナクシテ・
⑤身《ミ》ノアヤマチヲ・キカス・滅亡《メツハウ》ノ・モトヰ・タヽソノヨシニアリ・モシ
⑥人君《シムクム》ノ・ヲコナウトコロ・アタラサル時ニ・臣下《シンカ》・ヲモネリ・シタカテ・
⑦ヨシト稱《セウ》スル時ハ・君《キミ》クラク・臣《シム》ヘツラウテ・ヤフルヽ事・トヲカラ
⑧ス・公等《コウラ》・ヲノ〱・忠讜《チウタウ》ヲ・ツトメテ・朕《チム》カ不可《フカ》ヲ・タヽシスクエ・朕《チム》
⑨カ心ニ・タカウト・イウトモ・直言《チヨクケム》タラハ・カナラス・イレム・切瑳《セツサ》ノ・イサメ

⑫辞（平濁）シテ

〔四十四オ〕

⑤滅亡（平濁）

⑧忠（平）讜（上）

⑩ヲ・キイテ・イサ、カモ・セメイカルヘカラス

⑪貞観五年ニ・太宗・房《ハウ》‐玄《ケン》‐齢《レイ》等《ラ》ニ・カタテ・ノタマハク・帝王《テイワウ》・

⑫イニシヘヨリ・ヨロコフコトアル時ハ・功《コウ》ナキ者《モノ》ニ・賞《シヤウ》ヲ、コナイ

〔四十四ウ〕

①イカル事アル時ハ・ツミナキモノヲ・ミタリニコロス・天下ノ・ホロヒ・ミタ

②ル、コト・コレニヨラスト・イウコトナシ・公等《コウラ》・心ヲツクシテ・イサメヲ・キハ

③ムヘシ・公等《コウラ》・又ヲノ〳〵・人ノイサメヲ・ウクヘシ・スヘカラク・人ノイサメヲ・ウ

④ケテ・コト〳〵ク・公等《コウラ》カ・短《タム》ヲ・アラハスヘシ・ナムソ・朕ヲイサムルコト

⑤ヲ・上《カミ》ニツトメテ・人ノイサメヲ・下《シモ》ニウケサラムヤ・イサメ事ヲ・朕

⑥ニイレムト・ヲモハ、・公《コウ》等モ・人ノ諫《イサメ》ニ・シタカフヘシ

⑦貞観八年ニ・上・侍《シヤウシ》臣《シム》ニ・カタテ・ノタマハク・朕《チム》ツネニ・ヲソラク

⑧ハ・上《カミ》天ノ心ニカナハス・下百姓《シモハクセイ》ノタメニ・ウラミラレムコトヲ・タ、

⑨朕《チム》カ・耳《シ》目《ホク》ヲ・ホカニ通《トウ》セシメテ・タミノタシナミ・ト、コホルコト・

⑩ナカラシメムト・思・ヲノ〳〵・トヲク・チカキ・事ヲ・シルシ・奏《ソウ》シテ・

⑪朕カ・マツリコトヲ・タ、シイサムヘシ・コノコロ・コトヲ・奏スルモノヲ・

⑫ミルニ・ソノヨソヲヒ・ヲチヲノ、イテ・言語《コンコ》ノ・コトハ・次《シ》第《タイ》ヲ・

〔四十五オ〕

①ウシナウ・ヨノツネニ・事ヲ奏《ソウ》スルモノ・ナヲモテ・カクノコトシ・

⑪房（平濁）‐玄（平濁）‐齢（平）‐等

〔四十四ウ〕

⑧百姓（左音「ヒヤクシヤウ」）

⑨耳目（入濁）

〔四十五オ〕

②イハムヤ・イサメコトヲ・朕《チム》ニイレムト・ヲモハムモノ・カナラス・逆《ケキ》
③鱗《リム》ニ・フレム事ヲ・ヲソルヘシ・コノユヘニ・イサメヲイル、・モノ・ア
④ルコトニ・タトヒ・朕カ心ニ・カナハスト・イエトモ・旨《ムネ》ヲ・クシク・事
⑤ナシ・イハムヤ・ナムソ・セメイカラムヤ・モシ人ノ心・ヲソレヲ（衍）・ヲノ
⑥ノク事アラハ・直　言《チヨクケム》ノモノ・ナカルヘキユヱナリ
⑦貞観十五年・太宗・魏徴ニ・トウテ・ノタマハク・コノコロ・朝臣《テウシム》ナ
⑧ムソ・イサメヲ・イル、・モノ・ナキヤ・魏《キ》徴《テウ》カ・申ク・古《イニシヘノヒト》　人ノイハク・臣《シム》
⑨下《カ》・信《シム》セラレスシテ・君《キミ》ヲイサムル時ハ・スナハチ・キミ・ワレヲソシ
⑩ルトヲモヘリ・又信《シム》セラレテ・イサメサル時ハ・スナハチ・コレヲ・禄《ロク》
⑪ヲケカスモノト・イウ・タ、シ・人ノ器《キ》量《リヤウ》・ヲノ〳〵・ヲナシカラス・アル
⑫イハ・忠直《チウチヨク》ヲイタケリト・。《イ》ヱトモ・心ヨハ〳〵シウシテ・申サル者《モノ》アリ・ア

〔四十五ウ〕

①ルイハ・申サムト・欲《ホツ》スレトモ・身《ミ》ウト〳〵シウシテ・申サ、ルモノア
②リ・又禄《ロク》ヲイタケル人ハ・タヨリナキ事ヲ・、モムハカリテ・俛仰《ヘムキヤウ》
③シテ・日ヲスク・太宗・ノタマハク・マコトニ・卿《ケキ》カ申カコトシ・ソレ人臣《シムシム》
④ノ・キミヲ・イサメムトスル・先《マツ》・死《シ》亡《ハウ》・ワサハヒヲ・オツ・鼎鑊《テイクワク》ノ・ワ
⑤ケルカナヘニ・ヲモムカムカコトシ・白刃《ハクシム》ノ・トキヤキハニ・觸《フレ》ムニ、タ
⑥リ・マコトニ・忠貞《チウテイ》ノ臣ノ・イタテ君《キミ》ヲ・オモウニアラスハ・イカテカ・

③逆／鱗（平濁）
④クシク（左漢文注「折也」）

〔四十五ウ〕

②俛仰（左訓「フシアフヒテ」）
④死亡（平濁）
⑤白刃（上濁）

⑦身《ミ》ヲステ、・ヲカシイサメムヤ・夏禹《カノウ》|ノ・皐陶《カウエウ》|カ・イサメコトヲ・
⑧拝《ハイ》セシ・スナハチ・コノユヱニアラスヤ・イマワレ・フトコロヲ・ヒライテ・
⑨イサメヲ・イル・卿等《ケイラ》・ハ、カル事ナクシテ・極言《キヨクケム》ヲ致《イタ》スヘシ
⑩貞観十六年ニ・太宗房《ハウ》|玄《ケム》|齢《レイ》|等ニ・カタテノ給《タマ》ハク・ミツカ
⑪ラ・身《ミ》ヲシルハ・明《メイ》也・ハナハタ・コレヲ・カタシトス・アルイハ・文士《フンシ》・アルイ
⑫ハ・細工《サイク》等《ラ》・ミナ・ミツカラ・長《チヤウ》セリ・他人《タニン》ハ・ヲヨハスト・ヲモヘリ・タ、

〔四十六オ〕

①シ・文《フム》ノ先達《センタツ》・タクミノ長者《チヤウシヤ》・コレヲ・アキラメ・タ、ス時《トキ》・タミタル
②詞《コトハ》・ツタナキアト・コト〱ク・アラハレヌ・コノユヱニ・人君ミツカラ・賢
③ナリト・思フトモ・良臣《リヤウシム》ノ・糺《タヽシ》・アキラメムコトヲ・待《マツ》ヘシ・一日ノ中《ウチ》・
④万機《キ》ノ・政《マツリコト》アリ・人君・ヒトリ・キイテ・獨《ヒトリ》コトハリカタシ・心ツイ
⑤エ・身労《ミラウ》スト・イウトモ・イツクムソ・コト〱ク・善《セム》ヲツクサムヤ・イ
⑥マ・魏|徴|コトニシタカテ・諫《イサメ》ヲ納《イレ》テ・オホク・朕カアヤマリヲ・タス
⑦ケタリ・アタカモ・カ、ミノ・イタテ・明《アキラカ》ニシテ・カタチノ・善悪《セムアク》ヲ・
⑧カクサ、ルカコトシ・ヨテ・サカツキヲ・挙《アケ》テ・房《ハウ》|玄《ケン》|齢《レイ》|等ニ・タマ
⑨ウモテ・魏徴|等《ラ》数人《スシム》・ツ、シミ・ツトメシム
⑩同年・太宗・褚《チヨ》|遂《スイ》|良《リヤウ》|ニカタテ・ノタマハク・昔《ムカシ》舜《シユム》帝《テイ》・漆《ウルシ》ヌリノ・
⑪器《ウツハモノ》ヲ・ツクリ・夏禹《カノウ》|エリ・チリハメタル・マナイタヲ・モチイル・マサニ・帝《テイ》

⑨極言（平濁）
⑪文（平濁）士（去）
⑫他人（上）

〔四十六オ〕

①文（平濁）ノ、タミ（左漢字注「迂」）タル
⑦アタ（左漢字注「恰」）カモ

⑫禹《ウ》ヲ・イサメタルモノ・十余《ヨ》人アリ・食器《ショクキ》ノ・イサ、カナル・ウツハモ

〔四十六ウ〕

①ノナリ・ナムソ・ネムコロニ・イサムヘケムヤ・褚《チヨ》「遂《スイ》」良《リヤウ》」カ・申サク・雕《テウ》
②琢《タク》ノ・カサレル・ウツハモノハ・農業《ノウケウ》ヲ・ヤフルモトヰナリ・纂組《サムソ》ノ・
③イタツカハシキ・ワサハ・女工《チヨコウ》ヲ・ヤフル・労《ラウ》也・クニヲ・カタフクル・事ノ
④ハシメ・タルカユヱニ・カネテ・モテ・フセキモ｜イサムル也・ウルシヌリ・ヤ
⑤メラレスハ・銅《アカヽネ》ヲモチヰルヘシ・アカ、ネ・ヤメラレスハ・銀《シロカネ》ヲ・モチヰル
⑥ヘシ・奢淫《シヤイム》・法《ハウ》ニスキテ・金玉《キムキヨク》ニイタルヘシ・コノユヱニ・過差美麗《クワサヒレイ》・
⑦ミタサル・サキニ・カネテ・事ノ興《ヲコリ》ヲ・イサムルナリト・太宗・ノタマハク・
⑧卿《ケイ》カコトハ・マコト。《ニ》・アタレリ・朕カスルトコロ・アルイハ・事ノハシ
⑨メニ・アリト・イウトモ・アルイハ・事ノスヱニ・ノソメリトイウトモ・モ
⑩シアタラサル事アラハ・カナラス・ス、メイサムヘシ
⑪褚《チヨ》「遂《スイ》」良《リヤウ》」ト申ハ・才幹博達《サイカムハクタツ》ノ人也・隋散騎常侍《スイノサムキシヤウシ》・褚《チヨ》」
⑫「亮《リヤウ》」カ子《コ》也・太宗・ノタマハク・虞《ク》」世《セイ》」南《ナム》」死《シヽ》テ・ノチ・文道《フムタウ》ヲ

〔四十七オ〕

①論談《ロンタム》スルニ・人ナシ・コレヲセムニ・イカムト・魏」徴」カ・申サク・褚《チヨ》」
②「遂《スイ》」良《リヤウ》」・奇才《キサイ》アリ・事ヲ談《タム》スルニ・タレリト・ヨテ・万機《ハムキ》
③ノ・ヒマニ・ツネニ・メシイレテ・談話《タムワ》ス・諫議《カムキ》大夫ニ・ウツテ・起《キ》

〔四十六ウ〕
②農業（入濁）
③女（上濁）工

〔四十七オ〕
②談（上濁）スルニ

④　居郎《キョラウ》ヲ・カネタリ・起《キ》居郎《キョラウ》ノ事ハ・第《タイ》七巻ニ・見《ミ》へ

⑤　タリ・ヨテ・コ、ニ・シルサス・諫議《カムキ》大夫ト申ハ・イサメコトヲ・イル、

⑥　官《クワン》也・カルカユヱニ・褚《チヨ》遂《スイ》良イサメヲ・イル、ヲ・モテ・忠《チウ》トス・シキ

⑦　リニ中書令《チウショレイ》ニ・ウツル・太宗コレヲ・ヨミシ・礼《レイ》シ給《タマウ》事・ハナハタ

⑧　厚《アツ》シ・高宗《カウソウ》ノ御時《トキ》ニ・イタテ・右僕射《イウホクヤ》ニ・拝《ハイ》ス・唐《タウ》ノ列《レツ》

⑨　傳《テム》ニミエタリ

⑩　イサメ事ヲ・モチヰル篇《ヘン》・第五

⑪貞観《チヤウクワン》ノハシメニ・太宗・王《ワウ》珪《ケイ》ト・宴語《エンキヨ》ス・時ニ美《ヒ》人《シム》アテ・上《シヤウ》ノ

⑫カタハラニ・ハムヘリ・太宗・王《ワウ》珪《ケイ》ニムカテ・コノ美《ヒ》人《シム》ヲ・サシ、メシテ・

〔四十七ウ〕

①ノタマハク・コレハ・モト・盧《ロ》江《カウ》王瑗《ワウエム》カ姫《キサキ》也・盧《ロ》江《カウ》王・ヤフレシ時

②ニ・宮中《キウチウ》ニイレリ・盧《ロ》江《カウ》王・无道《フタウ》ニシテ・ソノ・夫《ヲト》ヲ・コロシテ・コ

③ノ美《ヒ》人《シム》ヲトレリ・暴虐《ホウキヤク》ハナハタシ・ホロヒタル・宜《ウヘ》ナルカナ王《ワウ》珪《ケイ》・

④席《ムシロ》ヲ・サテ・ヒサマツイテ・申サク・陛下《ヘイカ》・イマ・盧《ロ》江《カウ》王・ホロヒ

⑤テノチ・コノ美《ヒ》人《シン》ヲ・トレリ・ヨシトヤセム・アシトヤセム・太宗・

⑥ノタマハク・卿是《ケイセ》非《ヒ》ヲトウコト・イカム・王《ワウ》珪《ケイ》申サク・臣《シム》キク・

⑦管子《クワンシ》ニイハク・斉桓公《セイノクワムコウ》・郭《クワク》ノキミヲ・ウテ・郭《クワク》ノクニ、・ユ

⑧ク・ソノ父《フ》老等《ラウラ》ニ・トウテ・イハク・郭《クワク》ノクニ・ナムソ・ホロヒタルヤ

⑪美（去濁）人（平濁）

〔四十七ウ〕

⑥是（平濁）非

⑨ト・父老等《フラウラ》カ・イハク・ソノ・ヨキヲ・ヨシトシ・アシキヲ・アシトセシ・ユ（ヱ脱）
⑩ニ・ホロヒタリト・桓公《クワンコウ》・又イハク・ソレ・ヨキヲヨシトシ・アシキヲ・アシト
⑪セハ・賢君也《ケムクムナリ》・ナムソ・ホロフルニ・イタレルヤト・父老等《フラウラ》カ・イハク・シ
⑫カハアラス・郭《クワク》ノキミ・ヨキヲヨシト・シルト・イエトモ・モチイル

〔四十八オ〕

①コト・アタハス・アシキヲ・アシト・シルトイエトモ・スツルコト・アタハス・
②コノユエニ・ホロヒタリト・イウトイヘリ・陛下《ヘイカ》・イマ・廬江王《ロカウワウ》カ・ソノ
③夫《ヲット》ヲコロシ・妻《メ》ヲトレルコトヲ・ソシリタマヘリ・シカラハ・陛下《ヘイカ》ナムソ・
④廬《ロ》江《カウ》王《ワウ》・ホロヒテノチ・コノ婦人《フシム》ヲ・トラムヤ・婦人《フシム》イマ・帝《テイ》ノ
⑤カタハラニアリ・スナハチコレ・アシキヲアシト・シルトイエトモ・ステ
⑥サルニ・アラスヤ・太宗・ヲホキニ・ヨロコムテ・マコトノ・至言《シケン》也ト稱《シヨウ》ス・ア
⑦ハテ、・美人《ヒシム》ヲ・イタシテ・親族《シムソク》ニカエサシム
⑧廬《ロ》江《カウ》王《ワウ》ト申ハ・太宗ノ・親類《シムルイ》也・太宗ノ父《チ、》ハ・高祖《カウソ》也・高
⑨祖ノチ、ハ・世祖《セイソ》也・世祖《セイソ》ノチ、ハ・太祖《タイソ》也・太祖《タイソ》ノ子ニ・蔡列《サイレツ》
⑩王《ワウ》・李《リ》蔚《ウツ》ト申人アリ・李蔚《リウツ》ノ子《ニ》・済南王李《サイナンワウリ》哲《テツ》ト・
⑪申人アリ・廬《ロ》江《カウ》王《ワウ》李瑗《エン》ハ・カノ李《リ》哲《テツ》ノ子也・廬《ロ》江王《カウワウ》・
⑫幽州《イウシウ》ノ都督《トトク》ヲ・カネタリ・タ、シ・廬《ロ》江王《カウワウ》・ソノ心《コ、ロ》・ヲロカ

〔四十八ウ〕

〔四十八オ〕
④婦人（平濁）
⑥至（上）言（平濁）
⑨太祖（上）
⑩王（平）・李（上）蔚（入）

〔四十八ウ〕

①ナルユヱニ・神《シム》堯帝《ケウテイ》ノ・御ハカラヒトシテ・領軍将軍君《レイクムシャウクムクム》
コレヨリ下テ書也
②郭《クワク》ヲ・アヒソヘテ盧《ロ》江王《カウワウ》ノ・政《マツリコト》ヲタスケシム・盧《ロ》江王《カウワウ》・コト
③ニ・建《ケム》成《セイ》太子《タイシ》ト・中《ナカ》ヨカリキ・太宗太子ヲ・ウチテノチニ・
④崔《サイ》敦《トム》礼《レイ》御使《ツカイ》トシテ・盧《ロ》江《カウ》王《ワウ》ヲ・メス・君《クム》廓《クワク》カ・イハク太子・
⑤ナラヒニ・斉王《セイワウ》・趙王《テウワウ》・ミナ・ホロホサレタリ・盧《ロ》江王《カウワウ》又《マタ》全カラムヤ・
⑥イマ盧《ロ》江王《カウワウ》兵《ツハモノ》・十万人ヲ・シタカエタリ・ナムソ・ヒトリノ・勅使《チヨクシ》
⑦ニ・シタカテ・クニヲ・サラムヤト・イウ・盧《ロ》江王《カウワウ》ヨテ・勅使《チヨクシ》崔《サイ》
⑧敦《トン》礼《レイ》ヲ・トラヘテ・北燕州《ホエンシウ》ノ・刺史《シシ》・王誅《ワウシム》ヲ・ヨムテ・キ
⑨タノカタ・突厥《トツケツ》ノ・エヒスヲ・カタラハシメテ・謀反《ムホム》ヲ・ヽコサム
⑩トス・時ニ盧《ロ》江王《カウワウ》カ・臣《シム》・利《リ》渉《セウ》ハカテ・イハク・盧《ロ》江王《カウ》ハ・
⑪王《ワウ》誅《シム》ト・君《クム》廓《クワク》トヲ・タノメリ・シカルニ・君《クム》廓《クワク》ハ・心變《コヽロヘン》
⑫々也・王誅《シム》ハ・ソノ性《セイ》・タヽシ・ヒトスチニ・王誅《シム》ヲ・タノムヘシ

〔四十九オ〕

①ト・イフ・君廓ヒソカニ・コノコトヲ・キイテ・ユイテ王誅《シム》
②カ・首ヲキテ・数《ス》万ノ・イクサニ・ツケ・ヨハヽテ・イハク・盧《ロ》江《カウ》
③王ト王誅《シム》ト・勅使《チヨクシ》ヲ・トラヱテ・乱《ラム》ヲ・オコサムトス・王誅《シム》ヲハ・
④我《ワレ》ステニ・ウテリ・イマ・盧《ロ》江《カウ》王ハカリナリ・諸《モロ》〳〵ノ・君等《キミラ》・ツフサニ
⑤キケ・盧《ロ》江王《カウ》ニ・シタカハムモノハ・コト〳〵ク・三族《サムソク》セラルヘシ・ワ

①神堯(平濁)帝

⑥十(入濁)万(平)人

〔四十九オ〕

⑥レニシタカハム・モノハ・富貴《フッキ》ナルヘシト・イウ・時《トキ》ニ・士卒等《シソツラ》・コト
⑦〳〵ク・盧江王ヲ・ソムイテ・君《クム》郭《クワク》ニ・ツキヌ・コヽニ・盧《ロ》江《カウ》
⑧王カ・禁獄《キムコク》スルトコロノ・勅使《チョクシ》・崔敦礼《サイトンレイ》ヲ・イタシ・盧《ロ》江《カウ》王
⑨ヲ・トラヱ・キリテ・首《カウヘ》ヲ・ミヤコヱ・ツタウ・シカレハ・太宗・ミツカラ・
⑩盧《ロ》江《カウ》王ヲ・ウチ給《タマ》ヘルニ・アラスト・イヘトモ・カノ美人《ヒシム》ノ・
⑪宮中《キウチウ》ニ・ハムヘルコトヲ・王《ワウ》珪《ケイ》カ・イサメ申ニヨテ・スナハチ・
⑫美《ヒ》人ヲ・親族《シムソク》ニ・カエシタマウ・唐《タウ》ノ宗室傳《ソウシツテム》ニ・ミヱタリ

〔四十九ウ〕

①貞観三年ニ・太宗・司空裴《シコウハイ》寂《セキ》ニ・カタテ・ノタマハク・コノコ
②ロ・上書《シヤウショ》シテ・コトヲ・申スモノ・アルコトニ・カノ書《ショ》ヲ・屋《ヤ》ノカヘニ・
③ネヤシツケテ・イテイリニ・コレヲ・ミルコト・モノウシトセス・臣《シム》
④下《カ》ノ・心ヲツクシテ・コトヲ・申サシメム・タメナリ・四海《カイ》ノ・マツリ
⑤コトヲ・オモウコトニ・夜中《ヨナカ》マテニ・イネス・公《コウ》カ・トモカラノ・モ
⑥ノウカラスシテ・朕《チム》カヲモヒニ・カナハムコトヲ・ノソム
⑦裴《ハイ》寂《セキ》ト申人ハ・蒲州《ホシウ》ノ・桑泉人《サウセンヒト》也・唐ノ高祖・
⑧幷《ナラヒニ》　太宗《ソウ》（ノ）ハ御時・ヲモキ・臣《シム》タリキ・コノ人・イトケナカ
⑨リシ時ニ・親《ヲヤ》ヲ喪《モ》セリ・ミナシ子《コ》トシテ・コノカミニ・ヤシナ
⑩ハレタリ・隋《スイ》ノ・文帝《フムテイ》ノ時ニ・年《トシ》十四ニシテ・クニノ・主簿《シュホ》

⑧崔（平）敦（平）礼（上）
⑩美（去濁）人（平濁）
⑫宗室傳（平濁）
〔四十九ウ〕
⑦桑（平）泉（平）人
⑩隋（平濁）、文（平濁）帝（去）

⑪ ニ・ナサル・長成《チャウセイ》シテ・容皃《ヨウハウ》カタチ・ウルハシク・モロ〳〵ノ・書籍《ショシャク》
⑫ ニ・通《トウ》セリ・イエ・マツシクシテ・カチヨリ・ミヤコニ・ヲモムク・華《クワ》

〔五十オ〕
① 山《サン》ノ・祠《ヤシロ》ノ・カタハラニ・ヤトリテ・夜《ヨル》・夢《ユメ》ミラク・一《ヒトリ》ノ・老人《ラウシム》・キタ
② リテ・ナムチ・四十ノ、チ・富貴ナルヘシト・イウト・ミル・ソノ時・
③ 唐ノ太宗ノ・御父《ヲムチ、》・唐《タウ》公李《コウリ》淵《エン》ハ隋文《スイノフム》帝《テイ》ノ・キサキ・
④ 獨孤《トクコ》皇后《クワウコウ》ノ・甥《ヲイ》也・唐《タウ》公《コウ》・ソノユヱヲ・モテ・隋《スイ》帝《テイ》ノ・時
⑤ ニ・ヲモウセラル・裴《ハイ》寂《セキ》隋《スイ》ノ・宮人《キウシン》トシテ・唐《タウ》公《コウ》ニ・コヒテ・
⑥ ムツフ・唐《タウ》公ノ・御子《ヲムコ》・唐《ノ》太宗ト・コトニ・アヒヨシ・隋ノ世ノ・
⑦ 政《マツリコト》 ・アレテ・兆民《テウミム》・コト〳〵ク・ミタレ・タシナメルヲ・ミナ(テ)・唐ノ・太宗・
⑧ 年十八ニシテ・天下ヲ・ウチタイラケテ・クニヲシツメ・民《タミ》
⑨ ヲ・タスケムト・ヲ。《モ》ヱリ・タ、シ御父《ヲムチ、》・唐公《タウコウ》ノ・ユルサ、ラム・
⑩ コトヲ・、ソレテ・コノ・裴《ハイ》寂《セキ》ヲシテ・ネムコロニ・ソノヲモムキ
⑪ ヲ・唐《タウ》公ニ・トカシム・唐公《タウコウ》モ・ヲナシク・隋《スイ》ノ代《ヨ》ノ・クツカヱラ
⑫ ム・事ヲ・サエキリ・ミテ・ツイニ・ユルシツ・ヨテ・太宗・義《キ》兵《ヘイ》

〔五十ウ〕
① ヲ・オコシテ・隋《スイ》ノ・逆臣等《ケキシムラ》ヲ・ウチテ・天下《カ》ヲ・サタメタマヘリ・
② 唐《タウ》公李《リ》淵《エン》クラヒニ・ツイテ・神尭帝ト・稱スルニ・ヲヨムテ・

〔五十オ〕
⑫義（去濁）兵（平）

〔五十ウ〕
②神尭（平濁）帝（去）

③裴寂《ハイセキ》ニ・カタテ・ノタマハク・公カ・ス、メニヨテ・天下ヲ・サタ
④ムル事ヲ・エタリ・シカシナカラ・裴公《ハイコウ》カ功也ト・イフテ・田千《タセム》
⑤頃《ケイ》・幷《ナラヒニ》　甲弟物《カウテイモツ》・四万段《タン》ヲ・タマウ・ス、メテ・魏國《キコク》公
⑥ニ・封《ホウ》シテ・右僕射ニ・拝ス・武徳九年ニ・司空《シコウ》ニ・ノホル・貴《タツトキ》コ
⑦ト・當世《タウセイ》ニ・ホトコシテ・時々《トキ〳〵》・帝座《テイサ》ヲ・ヒトシウス・ソノ、チ・
⑧太宗ノ・御世ニ・イタリテ・貴重《キテウ》・アラタマラス・太宗・野《ヤ》ニ・
⑨イテ、・効《カウ》ヲ・マツル時・祭《マツリ》ノ・礼《レイ》ニ・ヨリ・金　輅《コカネノクルマ》ニ・ノリ給《タマウ》　時・
⑩長孫无《チヤウソンフ》忌《キ》裴《ハイ》司空《シコウ》・コノ二人ヲ・金　輅《コカネノクルマ》ニ・ノセラル・裴寂《ハイセキ》・
⑪カタク・辞《シ》ス・帝・ノタマハク・長孫无《チヤウソンフ》忌《キ》ハ・チカラヲ・王室《ワウシツ》ニ・ツ
⑫クセリ・裴公《ハイコウ》ハ・義兵《キヘイ》ヲ・、コイシ・ムカシ・命《メイ》ヲ・タスケタル・

〔五十一オ〕

①勲《クム》アリ・コノ二人ニ・アラスハ・タレヲカ・金輅《キムロ》ノ・クルマニ・メシイル
②ヘキヤ・ツイニ・ヲナシク・ノリテ・カヘリ給ヘリ・裴寂《ハイセキ》ノチニ・
③死罪《シサイ》セラルヘキ事・四ケ條《カテウ》アリ・シカ、（衍）トモ・奉公《ホウコウ》ヲ・ア
④ハレムテ・太宗・ユルシ給ヘリ・唐《タウ》ノ列傳《レツテン》ニ・見《ミヘ》タリ
⑤貞観四年ニ・詔《セウ》アテ・人《ニム》勢ヲ・オコシテ・東都《トウト》洛陽《ラクヤウ》ノ・乾《ケン》
⑥元殿《ケンテム》ヲ・ツクロヒテ・御アリキノ・時ノ・タメニ・セムトス・給事《キウシ》中《チウ》・
⑦張玄《チヤウケム》素《ソ》上書《シヤウショ》シテ・申サク・秦始《シムノシ》皇帝《クワウテイ》位ヲ・、コシテ・万世《ハムセイ》

⑫義（去濁）兵

〔五十一オ〕

③死罪（平濁）、四ケ條（平濁）
⑤詔（平濁）、人勢（平濁）、東（平）都（平）洛（入）陽（平）、乾（平）／元殿
⑥乾／元（平濁）殿（去）、給事中（平）
⑦秦（平）始（去）皇（平）一、帝（去）位

⑧マテニ・ツタエムト・セシカトモ・ソノ子《コ》・二世《シセイ》カ・ヨニ・ホロヒタリ・嗜《タシナミ》ヲ・
⑨タクマシウシ・慾《ヨク》ヲ・ハシラシメテ・天ニ・逆《サカ》ヘ・人ヲ・害《カイ》セシユヱナ
⑩リ・コ、ニ・シムヌ・天下ハ・力《チカラ》ヲモテ・タモツヘカラス・神明《シムメイ》ハ・シタシ
⑪ト・イウヲモテ・タノムヘカラス・タ、・撿約《ケンヤク》ヲ・オコナヒ・賦斂《フレン》ヲ・
⑫ウスクシ・ヲハリヲ・ツ、シム事・ハシメノコトクスル時ハ・ナカク・

〔五十一ウ〕

①全《マタ》シ・今陛下《ヘイカ》・東都《トウト》ニ・ノソミ給事・サラニ・ソノ期《コ》ナシ・
②シカルヲ・ヒキツクロハシム・諸王《ショワウ》又・ヲノ〳〵・邸《テイ》ノ屋《ヤ》ヲ・
③ツクルヘシ・隋《スイ》ノ・ツイヱ・ヲトロヘタル・世《ヨ》ノ・スヱニ・アタレリ・豈《アニ》・ツ
④カレキハマル・人ノ・、ソム・トコロナラムヤ・ソノ・不可《フカ》・一《ヒトツ》・陛下《ヘイカ》ノ・
⑤ハシメニハ・東都《トウト》ノ・カサナレル・樓《ロウ》・ヒロキ・殿《テム》・コレラヲ・ミナ・
⑥シリソケ・コホタシメテ・天下ノ心ヲ・ヒトツニシテ・ヨロコヒ・ア
⑦フキヌ・ハシメニハ・ソノ・ヲコリ・ヲコレル・事ヲ・ニクムテ・イマ・
⑧ナムソ・美麗《ヒレイ》ヲ・アヒツク・心アラムヤ・ソノ・不可《フカ》・二《フタツ》・又・イソ
⑨クヘカラサル・コトヲ・イトナムテ・ムナシキ・ツイヱヲノ・労《ラウ》ヲ
⑩ナス・國ニ年《トシ》々・兼《カネタ》ル・タクハヘナシ・ナムソ・東都《トウト》・西都《セイト》ノ・二《フタツ》
⑪ノ・ミヤコヲ・モチヰム・労役《ラウエキ》・法《ハウ》ニスキハ・ウラミ・ソシリ・共《トモ》ニ・ヲ
⑫コルヘシ・ウラミ・ソシリ・ヲコラハ・禍乱《クワラム》・タチマチ・ナルヘシ・ソノ・

⑨ハシラ（左漢文注「奔也」）シメテ

⑪賦（上）斂（去）

〔五十一ウ〕

①期（平濁）ナシ

③隋（平濁）ノ

④不（上）可（上）

⑤樓（平）

⑧美（去濁）麗

〔五十二オ〕

①不可《フカ》・三《ミツ》・百 姓《ヒヤクシヤウ》・隋《スイ》ノ乱《ラム》ニ・ツイヱテ・陛下《ヘイカ》ノ・恩《ヲム》ニイコヘリ・
②飢《キ》寒《カム》・コト・ナヲ・切《セツ》ニシテ・生計《セイケイ》・メクラシ・カタシ・五六年ノ・
③アヒタハ・フルキニ・復《フク》シカタシ・ナムソ・ツカレタル・人ノ・チカラヲ・
④ウハ、ムヤ・ソノ・不可《フカ》・四《ヨツ》・ムカシ・漢《カム》ノ・高祖《カウソ》・東都《トウト》ノ・洛陽《ラクヤウ》ニ・
⑤ミヤコ・セムト・セシカハ・婁敬《ロウケイ》・イサメテ・関 内《クワムタイ》ノ西都《セイト》ニ・ウツ
⑥ラシメタリ・イマ・陛下《ヘイカ》・ナムソ・東 《ヒムカシ》ニ・幸《カウ》スヘキヤ・ソノ・不可《フカ》・
⑦五《イツ》、隋帝《スイテイ》・ハシメテ・コノ・乾元殿《ケンケムテム》ヲ・ツクリシ時・楹棟《エイトウ》・大《タイ》
⑧木《ホク》・ミナ・チカキ・ヤマニ・アルコトナシ・豫《ヨ》章《シヤウ》ヨリ・トリキタ・レ
⑨リ・二千人ヲシテ・一《ヒトツ》ノハシラヲ・ヒカシム・チカラクルマノ・轂《コクカ》ヲ・
⑩ホトコスニ・ミナ・クロカネヲ・モテス・モシ・木輪《キノワ》ヲ・モチヰル・時
⑪ハ・火《ヒ》スナハチ・イツルユヱナリ・一ノ・ハシラヲ・ハカルニ・數《ス》十万ノ・
⑫功《コウ》ヲナス・余《ヨ》ノ・ツイエ・又コレニ・過倍《クワハイ》セリ・臣《シム》キク・阿《ア》房宮《ハウキウ》・

〔五十二ウ〕

①ナサレシ時ニ・秦 代《シムノヨ》・カタフケリ・章 華殿《シヤウクワテム》・ツクリシ時ニ・楚《ソ》
②國《コク》・ホロヒタリ・乾陽殿《ケンヤウテン》・タテラレシ時・隋 世《スイノヨ》・ヤフレタリ・陛下《ヘイカ》・
③イマ・百王《ハクワウ》ノ・スヱニ・ツケテ・億万《ヲクマム》ノ功《コウ》ヲ・ツイヤサムトス・ヲソ
④ラクハ・煬帝《ヤウテイ》ヨリモ・ハナハタシカム（ラ脱）・コトヲ・由余《ユウヨ》カ・タメニ・ハラハ

〔五十二オ〕

①百姓（左音「ハクセイ」）

⑤関（平）内（去濁）

⑧大＼木（入濁）

⑨轂（左訓「コシキ」）ヲ

⑫過（去濁）倍（平濁）、阿（平）房（平）宮（平）

〔五十二ウ〕

①章（平）華（平）殿（去）

④由余（平）

⑤ル、事・ナクハ・天下《テムカ》・幸《サイハイハナハタシ》甚　カラムト・イフ・太宗・張・玄索《チヤウケムソ》素ニ・
⑥カタテ・ノ給ハク・卿《ケイ》・ワレヲモウニ・隋《スイノヤウテイ》煬帝カ・悪《アク》ヨリ
⑦ハ・、ナハタシト・イフ・夏桀《カノケツ》・殷《イム》ノ紂《チウ》ニ・ナラヘムニ・イカム・張《チヤウケム》玄
⑧素《ソ》コタヱテ・申サク・若《モシ》・コノ・乾元殿《ケムケンテン》・ニハカニ・ヲコラハ・夏桀《カノケツ》・
⑨殷《イン》ノ紂《チウ》カ・乱《ラム》・帰《クヰ》セムニ・ヲナシカラム・太宗・ナケイテ・ノタマハ
⑩ク・ワレヲモヒハカラスシテ・コノ・アヤマチヲ・、コセリ・ヨテ・房《ハウ》
⑪玄《ケム》齢《レイ》ニ・カタテ・ノタマハク・イマ・張《チヤウケン》玄《》素《ソ》カ・上《シヤウヘウ》表ヲ・エタリ・洛陽《ラクヤウ》
⑫ノ・修造《シユサウ》・コト〳〵ク・ト、ムヘシ・ソレ・下《シモ》ノ・イヤシキヲ・モテ・上《カミ》ノ・タ

〔五十三オ〕

①トキヲ・オカシ・イサムル事・イニシヱヨリ・タヤスカラス・ソノ・
②至忠《シチウ》・至直《シ》・臣《シム》ニ・アラスハ・イツクムソ・ヨク・カクノコトクナラム・
③感激《カムケキ》・ハナハタ・フカウシテ・張玄素《チヤウケムソ》ニ・絹《キヌ》五百疋《ヒキ》ヲ・タマウ・
④魏徴・感《カム》シテ・申《マウ》サク・張玄素《チヤウケムソ》天ヲ・メクラス・チカラ・ア
⑤リト・イウヘシ・仁《シム》者ノ・コトハ・ソノ利《リ》・ヒロキカナ
⑥張玄素《チヤウケムソ》ハ・蒲州《ホシウ》ノ・虞卿人《クケイヒト》也・ハシメハ・隋帝《スイテイ》ニ・ツカ
⑦ヱタル事・ヒサシ・太宗・クラヰニ・ツクニ・ヲヨムテ・メシテ・政《マツリコト》
⑧ノ・得失《トクシツ》ヲ・トウ・コタフルニ・隋《スイ》ノ・ホロヒタル・ヨシヲ・モラス・ソレ・
⑨隋帝《スイテイ》・人ヲ・ウタカフニ・ヨテ・万機《ハムキ》ヲ・ミツカラス・万

⑤天下（去）

⑫修（上）造（上濁）

〔五十三オ〕

⑤仁（平濁）者（上）、利（平）

⑥虞（平濁）卿（平）人

⑩　機・事シケシ・ヒトリ・イカテカ・コト〳〵クセム・ヤ・ヨテ・
⑪　コトハリニ・モル、・トモカラ・ヲホウシテ・ウラミヲ・ヲコス・
⑫　人・アヒツモル・コノユエニ・クニ〳〵ノ・豪傑《カウケツ》・アヒミタレ

〔五十三ウ〕

①　テ・天下・タチマチニ・クツカヘレリ・尭《ケウ》ノ九男《キウナン》ニ・マカセ・
②　舜《シユン》ノ・十六人ヲ・モチヰテ・アマネク・四海《カイ》ノ・成敗《セイハイ》ヲ・ツ、
③　シミ・ツトメシメシ・コトハ・コノユヱナリト・申《マウセリ》・太宗・ヲホキニ・
④　ヨミシテ・コレヲ・侍御史《シキヨシ》ニ・拝《ハイ》ス・長《チヤウ》玄《ケム》素《ソ》シキリニ・
⑤　封事《ホウシ》ヲ・タテマツリ・シハ〳〵・帝《テイ》ヲ・セメイサム・ソノ・功《コウ》
⑥　績《セキ》ノ・タ、シキ事ヲ・タノムテ・承《セウ》乾《ケム》太子ノ・右庶子《イウシヨ》
⑦　ニ・拝《ハイ》ス・承乾《セウケム》太子・アレ・アソヒ・カリ・スナトリヲ・業《ケウ》トス・
⑧　張《チヤウ》玄《ケム》素《ソ》上書《シヤウシヨ》シテ・イサムト・イヘトモ・太子・モチヰス・
⑨　上書《シヤウシヨ》スト・イヘトモ・ナヲ・イレラレス・太宗・シハ〳〵・張《チヤウ》玄《ケム》素《ソ》
⑩　カ・太子ヲ・イサムル功《コウ》ヲ・優《イウ》シテ・ヌキムテ、・銀青光《キムセイクワウ》
⑪　禄大夫《ロクタイフ》ニ・拝ス・承乾《セウケム》太子・イヨ〳〵・美人《ヒシム》・妓女《キチヨ》等ニ・ミ
⑫　タレ・シツミテ・重臣《テウシン》・親王《シムワウ》等・参《サン》スト・イヱトモ・アヱテ・

〔五十四オ〕

①　マミエス・宮中《キウチウ》ニ・フカク・タノシムテ・立部《リウホウ》ノ・トモカラヲ・

⑫豪（平濁）傑（入）

〔五十三ウ〕

①尭（平濁）ノ

②成（平）敗（去濁）

⑤封事（上濁）

⑪美（去濁）人（平濁）

〔五十四オ〕

②アツメテ・ツ、ミ・ウチ・マイ・ヲトラシ・ムコ、ニ・張玄素《チヤウケムソ》イサ
③ムト・イヱトモ・、チキラレス・ヨテ・張玄素《チヤウケムソ》ツ、ミヲ・キリ・ヤ
④フレリ・承乾《セウケム》太子イカリテ人ヲシテヒソカニウカ、ハ
⑤シメテ・張玄素《チヤウケムソ》ヲ・コロサムトス・コノ時・太子ノ・積悪《セキアク》・コト
⑥〱クニ・キコヱタリ・ヨテ・太宗・コノ・承乾《セウケム》太子ヲ・黔州《キムシウ》ニ・
⑦ナカシテ・魏《キ》王泰ヲ・太子トシテ・東宮《トウクウ》ニ・イレタリ・シカル・
⑧アヒタ・張玄素《チヤウケムソ》コロサレサル・コトヲ・エタリ・シカリト・イヘトモ・
⑨承乾《セウケム》太子ノ・ナカサル、時ニ・ソノツミニ・連坐《レンサ》シテ張《チヤウ》
⑩玄素《ケムソ》官爵《クワンシヤク》ヲ・ノソカレ・ミヤコヲ・イタサレテ・民《タミ》ト・ナサ
⑪ル・ソノ、チ・潮州《テウシウ》ノ・カミニ・ナサルト・イヱトモ・ナヲ・ミヤコ
⑫ニ・イレラレサル事・年《トシ》ヒサシ・太宗ノ・御時《ヲムトキ》ハ・ツイニ・

〔五十四ウ〕

①メシカヱサレス・太宗ノ・御子《コ》・高宗ノ・御時ニ・イタテ・
②メシカヱサレテ・老《ヲイ》・ヲトロフルマテニ・ツカエタリ・ソレ・張玄素
③カ・太子ノ・右庶子《イウシヨシ》ニ・拝セラル、事・イタマシキカナ・太子ハ・イ
④サメヲ・イレス・ツ、ミヲ・ヤフリシ・ユヱニ・コロサムトシキ・太宗ハ・太
⑤子ノ・悪《アク》ヲ・イサメ・ト、メサルコトヲ・イカリテ・ステ、・民《タミ》トセリ・
⑥クニノ・カミニ・ナサルト・イヘトモ・メシカヱサレス・自然《シセン》ノ・不幸《フカウ》

⑩官爵（入濁）

〔五十四ウ〕

⑥自然（平濁）

⑦　ナルカナ・宗《ソウ》祁《キ》カヱラメル・列傳《レッテム》ニ・見エタリ
⑧貞観六年ニ・太宗・ノタマハク・韋《イ》提《タイ 挺テイ》杜《ト》正《セイ》倫《リム》虞《ク》世《セイ》南《ナム》姚《エウ》
⑨思《シ》廉《レン》等《ラ》・意《イ》見《ケン》・封事《ホウシ》ヲ・タテマツル・コトニ・皆旨《(シ)ミナムネ》ニ・カナヘリ・
⑩朕・アマネク・イニシヱヨリ・忠《チウ》ヲ・タツル・人臣《ムシン》ヲ・ミルニ・明主《メイシュ》ニ・ア
⑪フ時ハ・マコトヲ・ツクシテ・イサメヲ・イル、コトヲ・ヱタリ・龍《レウ》逢《ハウ》
⑫夏ノ桀《ケツ》ヲ・イサメテ・コロサレ・比干カ・殷ノ紂《チウ》ヲ・イサメテ・

〔五十五オ〕

①コロサレタルカ・コトキニ・イタテハ・君《キミ》タル事・タヤスカラス・臣《シム》タル
②事・キハメテ・カタシ・ソレ・龍《レウ》ヲハ・ナツケテ・ナレヌヘシ・シカレトモ・
③喉《ノント》ノ・シタニ・逆鱗《ケキリン》アリ・コレニ・フル、・モノハ・スナハチ・シヌ・人主《シンシュ》モ・
④マタ・ツカヱテ・ナレヌヘシ・ソノ・イカレルニ・アヘル時ハ・スナハチ・コロサレヌ・ソノ・
⑤イカリテ・コロサレム・コトヲ・辞《シ》セス・シテ・逆鱗《ケキリム》ニ・フレヲカシテ・イサメ
⑥ヲイル、・事・マコトニ・至忠《シチウ》タルヘシ・ヲノ〳〵・封事《ホウシ》ヲ・タテマツルコト・
⑦ツネニ・ヨク・カクノコトク・ナラハ・朕・ナムソカタ・フキ・ヤフル、・事ヲ・イタ
⑧サムヤ・カルカユヱニ・イマ・宴《エン》・ヲ・マウケテ・會《クワイ》シテ・タノシム事ヲ・ナス・ヨ
⑨テ・帛《ハク》ヲ・タマウ事・ヲノ〳〵・シナアリ
⑩　コノ段《タム》ニ・太宗ノ御時ノ・臣下《シムカ》・四人・ノセラレタリ・韋《イ》挺《テイ》
⑪杜《ト》正《セイ》倫《リム》虞《ク》世《セイ》南《ナン》姚《エウ》思《シ》廉《レム》等《ラ》也・虞《ク》世《セイ》南《ナム》カ事ハ・

⑦列傳（平濁）
⑨コト（左漢文注「毎也」）ニ
⑩人（平濁）臣（平）

〔五十五オ〕

③逆（入濁）鱗、人（平濁）主（上）
⑤辞（平濁）セス

⑫　サキノ・篇等《ヘンラ》ニ・見《ミ》ヘタリ・韋《イ》挺《テイ》カ事ハ・次《ツキ》ノ段《タム》ニ・アキ

〔五十五ウ〕

①　ラカナルヘシ・姚《エウ》思《シ》廉《レム》カ事ハ・第《タイ》五ノ巻《マキ》ニ・ツハヒラカナル

②　ヘシ・杜《ト》正《セイ》倫《リム》ハ・杠州《カウシウ》ノ・洹　水人也《クワンスイヒト》・コトナル・才人《サイシム》也・隋《スイ》ニ・ツカ

③　エテ・秀才《シウサイ》タリ・ソノカミ・ヨリ・唐《タウ》ノ太宗ニ・名《ナ》ヲシラレタ

④　リ・ヨテ・貞観《クワン》元　年ニ・兵部員外　郎《ヘイホウイムクワイラウ》ニ・拝《ハイ》ス・魏徴挙《キヨシ》

⑤　申《マウ》スニ・ヨテ・中書侍郎《チウシヨシラウ》ニ・拝ス（衍）シテ・崇賢館《スウケムクワン》ノ・学士《カクシ》ヲ・

⑥　カネタリ・太宗・ノタマハク・ワレ・賢人《ケムシン》ヲ・挙《キヨ》スル事・朕ヒトリ

⑦　カ・タメニアラス・アマネク・天下ノ・タミノ・タメナリ・親類《シムルイ》・貴《キ》戚《セキ》

⑧　ニ・ヨラス・タヽシキ・人・コレヲ・エラフ・杜正倫ヲ・擧《キヨ》シテ・

⑨　ソノ・詮オホシ・又・ノタマハク・我朝《ワカテウ》ニ・坐《イ》テ・モノイウ事・

⑩　オホカラス・一言《ケム》ト・イフトモ・民《タミ》ノタメニ・ワツラヒ・アラム事ヲ・

⑪　ハカルユヱナリ・杜《ト》正《セイ》倫《リム》カ・申サク・臣《シム》・史《シ》官《クワン》トシテ・君《キミ》ノ

⑫　御詞《ヲムコトハ》・コト〳〵ク・コレヲシルス・一言《ケム》モ・アヤマル事・アラハ・

〔五十六オ〕

①　タヽ・百姓《ハクセイ》ノ・ツイヱヲ・イタスノミニ・アラシ・千載《センサイ》ノ・ヽチ

②　マテモ・君《キミ》ノ・徳《トク》ノ・キスタルヘシ・太《ト》宗・時ニ・上ノ・御心ヲ・ハケマシ・

③　申事ヲ・ヨロコムテ・綵絹《サイケム》・三百段《タム》ヲ・タマウ・ノチニ・承《セウ》乾《ケン》太子

〔五十五ウ〕
②才人（平濁）
④兵部員外（去濁）郎（平）
⑤学（入濁）士（平濁）
⑧タヽシ（左漢字注「直」）キ
〔五十六オ〕

④ノ・左庶子《サショシ》ニ・拝《ハイ》シテ・両宮《リヤウキウ》ニ・兼參《ケムサン》シテ・政《マツリコト》ニ・マシハル・時ニ
⑤承《セウ》乾《ケン》太子・法《ハウ》ソムキ・道《ミチ》ヲヤフル・杜《ト》正《セイ》倫《リム》・シキリニ・規諫《キカム》
⑥スト・イヘトモ・サラニ・モチヰス・ツイニ・太子《タイシ》ノ・黔州《キムシウ》ニ・ナカサル、
⑦時ニ・ソノツミニ・ヒカレテ・杜《ト》正《セイ》倫《リン》・又・驩州《クワムシウ》ニ・ナカサレタリ・
⑧ノチニ・太宗・フルキ・労《ラウ》ヲ・アハレムテ・郢州石州《エイシウセキシウ》・二ケ《カ》
⑨國《コク》ノ・カミニ・ナサルト・イヘトモ・ツイニ・メシカエサル、・コトヲ・ヱス・
⑩太宗ノ・御ノチ・高宗《カウソウ》ノ・御時・メシカエサレテ・黄門《クワウモン》
⑪侍郎《シラウ》ニ・拝《ハイ》シテ・中書令《チウシヨレイ》ニ・ウツレリ・承《セウ》乾《ケム》太子ノ・ユヱ
⑫ニ・配流《ハイル》・セラレタル事・杜《ト》正《セイ》倫《リム》・又張玄素《チヤウケムソ》ニ・ヲナシ・コレ・

〔五十六ウ〕

①　杜《ト》正《セイ》倫《リン》カ・列傳《レツテン》ニ・見ヘタリ
②貞観中ニ・太《タイ》宗・大常卿《タイシヤウケイキ》韋挺《テイ》ニ・書《シヨ》ヲ・タマウテ・ノタマ
③ハク・ナムチ・意見《イケン》ヲ・タテマツテ・政《マツリコト》ノ・得失《トクシツ》ヲ・ノフル事・道《タウ》
④理・カタ〳〵・カナフテ・ヲサマル事ヲ・ナスヘシ・ムカシ・斉境《セイケイ》ノ・難《ナム》
⑤ニ・公《コウ》子《シ》糺《キウ》ト・小《セウ》白《ハク》ト・タ、カウシ時・公《コウ》子《シ》糺《キウ》カ・客トシテ・管夷《クワンイ》
⑥吾《コ》・スナハチ・小《セウ》白帯《ハクカヲヒ》ノ鉤《コウ》ヲ・イタリ・小白斉《セイ》ノ國ノ・王ト
⑦ナテ・斉桓公《セイノクワンコウ》ト・号《カウ》スルニ・ヲヨムテ・鉤《コウ》ヲ・イタリシカトモ・ユルシ
⑧テ・管夷《クワンイ》吾《コ》ヲ・モチヰテ・仲父《チウフ》トセリ・管夷《クワムイ》吾《コ》・サキ

〔五十六ウ〕

⑨ノ主《シユ》・公《コウ》｣子《シ》｣糺《キウ》｜ニ・ツカエシ時・フタ心・ナカリシヲ・賞《シヤウ》スルユヱ也・又・
⑩蒲《ホ》城《シヤウ》ノ・役《エキ》ニ・教《ホツ》｣鞮《テイ》｜・晉《シム》ノ・獻《ケム》｣公《コウ》｜ノ・使《ツカヒ》トシテ・獻｣公｜ノ子《コ》重《テウ》｣
⑪耳｜ヲ・ウチシ時・重｣耳｜墻ヲ・コヱテ・ニク・教《ホツ》｣鞮《テイ》｜・ツ、ク事ヲ・
⑫エスシテ・ワツカニ・キノ・ウヱニ・ヒルカヘル・重《テウ》｣耳《シ》｜カ・タモトヲ・キレリ・

〔五十七オ〕

①重《テウ》｣耳《シ》｜晉《シン》｣王《ワウ》トナテ・晉文《フン》｣公《コウ》｜ト・稱《セウ》スルニ・イタテ・タモトヲ・キレ
②ルヲ・ウラミスシテ・教《ホツ》｣鞮《テイ》｜ヲ・賞《シヤウ》スル事・アツカリキ・コレ又・サキ
③ノ主《シユ》ニ・ツカヱテ・フタ心・ナカリシヲ・モテ也・犬ハ・カナラス・ヌシニ・ア
④ラサル人ヲ・ホユ・タ、・志《コヽロサシ》ノ・フタ心ナキ也・イマ・ナムチカ・フカキ・マ
⑤コトコノ・意《イ》見等《ケンラ》ニ・ミヱタリ・ツネニ・ツトメ・ハケマシテ・コレヲ・、エハ・
⑥ノリヲ・将来《シヤウライ》ニ・タルヘシ・マサニ・ノチノ・人ノ・イマヲ・ミムモノヲ・シテ・
⑦イマノ・ヒトノ・イニシヱヲ・ミルカ・コトク・ナラシムヘシ・朕コノコロ・アヤマ
⑧チノ・致《イタ》サ、ルハ・ナムチラカ・忠《チウ》ヲ・ツクシ・嘉言《カケン》ヲ・タテマツル・ユヱナリ
⑨韋《ヰ》｣挺《テイ》｜ト・中人ハ・隋《スイ》ノ・民部尚書韋《ミムホウシヤウシヨイ》｣中《チウ》｜カ・子《コ》也・京兆《ケイテウ》・
⑩万年人《ハムネンヒト》也・ハシメ・隠《イム》太子ノ。左《サ》衛《エイ》驃騎《ヘウキ》ニ・拝セリ・太子・コトニ・コレヲ。・ウタル、時ニ・ヲヨヒテ・越嶲《エツスイ》
⑪ニ・ナカサレ《ヲモクス隠太子・》タリ・イクハクノ・ホト・ナクシテ・メサレテ・主爵郎《シユシヤクラウ》
⑫中ニ・拝ス・貞観ノハシメニ・黄門侍《クワウモンシ》郎《ラウ》ニ・ウツテ・御史《キヨシ》

〔五十七ウ〕

〔五十七オ〕

⑩越（入）嶲（平）
⑪ニ・ナカサレタ（右傍の「ヲモクス陰太子・」は前行の脱文補入「左衛驃騎ニ～コレヲ」の続きと思われる）、主（上）爵（入）郎（平）

〔五十七ウ〕

①大夫ニ・拝ス・太宗・ノタマハク・韋《イ》挺《テイ》カ・大夫《タイフ》タル事・ヒト
②リ・朕カ・心ニカナヘリ左右《サイウノ》 臣等《シムラ》・卿《ケイ》カ・列《レツ》ニ・ヲヨヘル・
③モノナシ・感恪《カムコ》悟・フカウシテ・ミツカラ・貂《テウ》ノ・カハコロモヲ・
④トイテ・コレヲ・タヒ・シキリニ・御《ミ》マヤノ・御馬《ムマ》ヲ・タマウ
⑤貞観中ニ・李《リ》大《タイ》亮《リヤウ》涼 州《リヤウシウ》都督《ノトク》タリ・鸞臺《ランタイ》ノ・使《ツカイ》・涼 州《リヤウシウ》
⑥ニ・イタル事アリ・涼 州《リヤウシウ》ニ・ヨキ・鷹《タカ》アルヲ・ミテ・ツカイ・李《リ》大《タイ》
⑦亮《リヤウ》ヲ・ス、メシメテ・コノ・タカヲ・ミヤコヱ・獻《ケム》セシム・・李《リ》大《タイ》亮《リヤウ》心ニ・
⑧アヤシムテ・ヒソカニ・表《ヘウ》ヲ・タテマツテ・申サク・陛下《ヘイカ》・ヒサシ
⑨ク・タカ、リヲ・ステタマヱリ・シカルヲ・コノ・使者《シシャ》・タカヲ・モトム・
⑩モシコレ・陛下《ヘイカ》ノ・心ノ・フカク・ムカシニ・ソムケルカ・モシ又・コノ・ツカイ・
⑪ミツカラ・ホシイマ、ニ・セハ・、ナハタ・ウルハシキ・人ニ・アラスト・
⑫申・太宗・書《ショ》ヲ・下《クタ》シテ・ノタマハク・使《ツカイ》・タカヲ・獻《ケム》セシムル事・

〔五十八オ〕

①タ、シカラス・ナムチ・トヲク・スナヲナル・コトハヲ・獻シテ・懇至《コムシ》
②ヲ・ヒラキ・アラハス・ナラハ・、ナハタ・ヨロコフヘシ・臣下《シムカ》モ・ミナ・カク
③ノコトク・ナラハ・朕・ナニ事ヲカ・ウレヘム・ナカク・コノ・マコトヲ・マホテ・
④ハシメ・ヲハリヲ・ヒトツニ・スヘシ・ヨテ・金壺《キンコ》・瓶《ヘイ》・椀《ワン》・等《ラ》ヲ・タマウ・
⑤カネテ・荀説《シュンエツ》悦カ漢《イカム》紀《キ》・一部《フ》ヲ・タマウテ・コノ書《ショ》ハ・政《マツリコト》 ヲスル・

③感（上）恪（上濁）
④トイテ（左漢文注「解也」）

〔五十八オ〕

⑥躰《テイ》ヲ・キハメ・君臣《クムシム》ノ・礼義《レイキ》ヲ・シルセリ・ツネニ・シツカニ・ミテ・モハ
⑦ラ・簡要《カムヨウ》ヲ・シルヘシ
⑧李《リ》大《タイ》亮《リヤウ》ト・申人ハ・京兆《ケイテウ》ノ・涇陽人《ケイヤウヒト》也・文武《フムフ》ノ藝《ケイ》・カ
⑨ネテ・才略《サイリヤク》・カタ〳〵・ソナヘタリ・隋《スイ》ノ・代《ヨ》ノ・スヱニ・魏《キ》公李《コウリ》密《ヒツ》乱《ラン》
⑩ヲ・ヽコセリ・李《リ》大《タイ》亮《リヤウ》コレヲ・フセイテ・イクサ・ヤフレテ・トラ
⑪ヱラレタリ・李《リ》密《ヒツ》人ヲ・トラヘテ・百余人《ヨニン》ヲ・キリヲハヌ・李《リ》
⑫大《タイ》亮《リヤウ》ヲ・キラムト・スルトコロニ・魏《キ》公李《コウリ》密《ヒツカ》・将《シヤウ》張《チヤウ》弼《ヒツ》ツラ〳〵・

〔五十八ウ〕

①李《リ》大《タイ》亮《リヤウ》ヲ・ミテ・タヽ人ニ・アラサル事・ヲ・シリテ・コウテ・
②イケタリ・李《リ》大《タイ》亮《リヤウ》後ニ・ツイニ・唐高祖《ノ》ニ・ツキヌ・太宗
③ノ・御時ニ・至《イタ》テ・大府卿《タイフケイ》ニ・拝《ハイ》シテ・涼州《リヤウシウ（ノ）》ト・都督《トトク》
④ヲ・カネタリ
⑤貞観八年ニ・皇甫《クワウホ》徳《トク》参《シム》・意見《イケン》ノ・書《シヨ》ヲ・タテマツル・
⑥太宗・ノタマハク・フカク・ワレヲ・ソシレリ・魏徴奏《ソウ》シテ・申
⑦サク・ムカシ・漢文《カムノフム》帝《テイ》ノ時《トキ》・賈《カ》誼《キ》書《シヨ》ヲ・タテマツル・ソノ心・激《ケキ》
⑧切《セツ》・ヲホシ・激切《ケキセツ》ハ・セメ・ハケマス・心也・モシ・セメ・ハケマサヽル時ハ・上《カミ》ノ
⑨心・アラタメ・ヲコシ・カタシ・ヽカレハ・スナハチ・セメ・ハケマス事ハ・恰《アタカモ》・ソ
⑩シルカ・コトシ・陛下《ヘイカ》・ツハヒラカニ・察《サツ》セヨト・太宗・ノタマハク・魏公《キコウ》ニ・

⑧文（平濁）武ノ藝（去濁）
⑨李 密（入濁）

〔五十八ウ〕

⑪アラスハ・タレカ・ヨク・コレヲ・イウモノアラム・スナハチ・令シテ・皇甫《クワウホ》
⑫徳參《トクシム》ニ・物《モノ》・一百三十段《タム》ヲ・タマウ

〔五十九オ〕

①貞観中ニ・太宗・使ヲ・西域ニ・イタラシメテ・葉護《セウコ》可《カ》汗《カム》ヲ・
②クニノ・長《チヤウ》ニ・タテムトス・カノ・ツカイ・イマタ・カヱラサルニ・又・人ヲシテ・
③オホク・金帛《キムハク》ヲ・モタラシメテ・諸國《シヨコク》ニ・ヘテ・馬《ムマ》ヲ・買《カハ》シメムト
④ス・魏徴・イサメテ申サク・ツカイヲ・發《ハツ》シテ・可《カ》汗《カム》ヲ・タテムト・ス
⑤ルヲ・名《ナ》トス・シカルニ・可《カ》汗《カム》イマタ・タテサタメサルニ・又・人ヲ・ツカハシテ・
⑥サキノ・ツカイヲ・タヨリトシテ・馬《ムマ》ヲ・買《カハ》シム・シカレハ・可《カ》汗《カム》ヲ・
⑦タテムトスル・心ナシト・イヱトモ・馬ヲ・カハシメム・タメニ・使《ツカイ》ヲ・發《ハツ》セ
⑧ラレタルニ・ヽタリ可《カ》汗《カム》ナムソ・思ノ・フカキ事ヲ・ヽモハムヤ・諸
⑨國ノ・ヱヒス・又・ミヤコヲ・ヽモクセシ・西域《セイイキ》ノ・クニ〳〵ヲ・シツメ・ヤス
⑩カラシメハ・諸國ノ・馬《ムマ》モ・タツネ・サラムニ・ヲノツカラ・イタリナム・ムカ
⑪シ・漢《カム》ノ文帝《フンテイ》・千里《リ》ノ馬ヲ・タテマツル・モノアリ・文帝《フンテイ》ノ・
⑫ノタマハク・ワレ・ヨノツネノ・アルキニハ・日ニユク事・卅里ニ・スキス・

〔五十九ウ〕

①モシ・ニハカナル事アテ・アルカム時《トキ》・日ニ・五十里《リ》ニ・スクヘカラス・
②鑾輿《ランヨ》ノ・コシ・マヱニ・ツラナリ・屬車《シヨクシヤ》ノ・クルマ・シリヱニ・ヲホシ・

〔五十九オ〕

③オホク（左漢文注「多也」）

⑪漢ノ文（平濁）帝

⑫ワレ（左漢文注「予也」）

〔五十九ウ〕

③千里《リ》ノ馬《ムマ》アリト・イウトモ・ワレ・ヒトリ・ノリテ・イツクムカ・ユカ
④ムヤ・スナハチ・ソノ・イテマイレル・ミチノ・ツイヱヲ・ツクノイテ・
⑤コレヲ・カヱス・又・後漢《コカンノ》・光《クワウ》 武《フ》皇 帝《クワウティ》ノ時・千里《リ》ノ馬ト・寳劍《ホウケム》
⑥ヲ・タテマツル・モノアリ・帝《テイ》コレヲ・、サメテ・馬《ムマ》ニハ・ツ、ミノ・クルマヲ
⑦カケ・ツルキヲハ・騎士《キシ》ノ・イヤシキ・人ニ・タマヘリ・イマ・陛下《ヘイカ》ノ・ホトコ
⑧シ・ヲコナウトコロ・ミナ・夏《カ》ノ禹《ウ》・殷《イン》ノ湯《タウ》・周《シウ》ノ文《フン》ノ・上《カミ》タリ・ナムソ・
⑨馬ヲ・モトムル事ニ・イタテ・漢《ノ》文帝・後漢《コカンノ》 光《クワウ》 武《フ》帝《テイ》ノ・下《シモ》タ
⑩ラムヤ・マタ・魏文帝《キノフンテイ》ノ時・西域《セイイキ》・大珠《タイシユ》ヲ・モトメ・カウ・臣下《シンカ》・蘊《ソ》
⑪則《ソク》・イサメテ・申サク・徳《トク》四海《カイ》ニ・ヲヨハ、・スナハチ・珠《タマ》・モトメサラ
⑫ムニ・イタリナム・モトメテ・コレヲ・ヱハ・アキ人ノ・術《シユツ》ニ・、タルヘシ・ナムソ・

〔六十オ〕

①貴《タツトシ》 トスルニ・タラムヤト・イフ・陛下《ヘイカ》・タトヒ・漢 文帝《カンノフンテイ》ノ・タカキ行《カウ》
②ヲ・シノハストモ・蘊則《ソソク》カ・正 言《タ、シキコトハヲ》・ハチヲソレ・サラムヤト・太宗・アハテ・
③サハイテ・馬ヲ・買《カフ》・ツカヒヲ・ト、メシム
④貞観十七年ニ・太子・右庶子《イウシヨ》・高《カウ》季《キ》輔《ホ》・上 書《シヤウシヨ》シテ・マツリコトノ・
⑤得失《トクシツ》ヲ・陳《チム》ス・太宗・コトニ・感歎《カムタム》シテ・鍾 乳《シヨウシウ》一臍《サイ》ヲ・タマウテ・
⑥ノタマハク・ナムチ・我ニ・薬石《ヤクセキ》ノ・クスリノ・コトハヲ・タテマツル・カル
⑦カユヘニ・我薬石鍾 乳《ヤクセキシヨウシウ》ヲ・モテ・アヒムクユ・ワカ・アタフル・トコロハ・

〔六十オ〕

⑧ヤマヒヲ・イヤス・クスリナリ・卿《ケイ》カ・獻《ケム》スル・トコロハ・マツリコトヲ・

⑨治《チ》スル・クスリ也

⑩高《カウ》季《キ》輔《ホ》ハ・徳州人《トクシウヒト》也・母《ハヽ》ヲ・喪《モ》シテノチ・孝養《ケウヤウ》ノ・名《ナ》

⑪ヲ・モテ・キコヱタリ・コノカミ・高《カウ》元《ケン》道《タウ》隋帝《スイテイ》ニ・ツカエテ・

⑫伋縣《キウケン》ノ・令《レイ》タリ・隋《スイ》ノ・スヱニ・天下・ミタル、時・伋縣《キウケム》ノ・中

〔六十ウ〕

①ノ・賊徒《ソクト》・數千人・アヒアツマテ・乱《ラン》ヲ・、コシテ・縣《ケン》ノカミ・高《カウ》

②元《ケン》道《タウ》ヲ・コロシツ・高《カウ》季《キ》輔《ホ》・コノカミヲ・コロサレテ・郎従《ラウシュウ》

③ヲ・ヒキイテ・賊徒等《トラ》ニ・ヲモムイテ・タ、カウ・賊徒ヲ・ウ

④ツコトニ・首《カウヘ》ヲ・キテ・コノカミ・ニ・マツル・コ、ニ・賊徒等・コト

⑤〳〵ク・畏《ヲソレ》フシテ・數千《ス》人《ニン》・アヒコソテ・高《カウ》季《キ》輔《ホ》ニ・シタカフ・

⑥時・唐ノ高祖・天下ヲ・イトム・コロヲヒ・高季輔・コノ・人《シム》

⑦徒《ト》ヲ・ヒキイテ・高祖ニ・附《ツキ》ヌ・高祖・業《ケウ》ヲ・遂《トケ》テ・コ、ロサ

⑧シヲ・オコナフ・時・陟州《チョクシウ》ノ・惣官參軍《ソウクワンサンクム》ヲ・サツケラル・

⑨太宗ノ・御時ニ・イタテ・高《カウ》季《キ》輔《ホ》・監察御史《カムサツキヨシ》ニ・拝《ハイ》シ

⑩テ・タ、シ・オコナフ事・権貴《ケンキ》ノ・人ニ・(ハ、カラ)ハカラス・上書《シヤウショ》シテ・五

⑪箇條《カテウ》ノ・意見《イケン》ヲ・タテマツル・太宗・オホキニ・ヨロコムテ・太

⑫子ノ・右庶子《イウショシ》ニ・拝ス・シハラクアテ・中書令《チウショレイ》ニ・ウツテ・吏部《リホウ》

⑫伋（去）縣（去）、伋（去）縣（去）

〔六十ウ〕

①賊（入濁）徒（平）

②郎従（去濁）

④ウ／ツコトニ（左漢文注「毎也」）

⑥人（平濁）／徒ヲ

⑦人／徒（平）ヲ

⑨監察（入）御（去濁）史

⑪五／箇條（平濁）、オホキ（左漢文注「大也」）ニ

〔六十一オ〕

①　尚書ヲ・カネタリ・ツネニ・意見《イケン》ヲ・タテマツテ・シキリニ・

②　勅感《チヨクカム》ニ・アツカル・アルイハ・金背ノ・鏡ヲ・タマフテ・シメシテ・

③　ノタマハク・ナムチカ・心・キヨク・性・アキラカナル事・シハ〳〵・

④　カスアリ・高宗《カウソウ》ノ・御時ニ・イタテ・永徽《エイキ》年中ニ・太子

⑤　ノ・小保《セウホウ》ニ・イタル・年《トシ》五十八ニシテ・卒《シユツ》シヌ・又・儀《キ》同三司《トウサムシ》

⑥　ヲ・、クラル

⑦貞観ノ・スヱニ・太宗・イカリテ・西苑《セイエン》ノ・監穆裕《カンホクイウ》ヲ・キラ

⑧ムトス・時ニ・太子・アハテ、・ス、ミ・イサム・太宗・心《コヽロ》トケテ・スナハチ・

⑨ユルシツ・長｜孫无｜忌《チヤウソンフキ》｜申サク・イニシエヨリ・太子ノ・帝《テイ》ヲ・イ

⑩サメ・タテマツル事・或《アルヒ》ハ・従容《セウヨウ》ヲ・ウカ、テ・ヒマニ・ウケテ・申ス・

⑪シカルヲ・陛下《ヘイカ》・イマ・天威《テムイ》ノ・イカリヲ・、コス・太子・カタチヲ・、

⑫カサス・イサメヲ・申給フ・マコトニ・古今《コキン》ニ・イマタ・アラス・太宗・

〔六十一ウ〕

①ノタマハク・ソレ・魏｜徴｜カ・イマタ・死《シセ》サリシ・アヒタハ・ツネニ・ワレヲ・

②イサメキ・魏｜徴｜ステニ・ウセテ・ノチハ・劉《リウ》｜洎《キ》｜岑《シム》｜文《フン》本《ホム》｜馬《ハ》｜周《シウ》｜

③褚《チヨ》｜遂《スイ》｜良《リヤウラ》｜等・魏｜徴｜ニ継《ツイ》テ・ワレヲ・イサム・太子・イトケ・ナカリ

④シヨリ・朕カ・ヒサノ・マヱニ・アリ・人・アヒ・ナル、・モノニ・ソミナラウ・朕カ・

〔六十一オ〕

⑤儀(平濁)同(平)三(平)司(平)、
儀同(左漢文注「大臣也」)

⑦イカリ(左漢文注「怒也」)テ、監
(去)穆(入濁)裕(上)

〔六十一ウ〕

⑤イサメヲ・イル、・モノヲ・ヨロコフヲ・モテ・太子・自然《シセン》・性《セイ》ヲ・、コシ
⑥テ・今日《ケウ》ノ・イサメヲ・イレタリ
⑦コノ段《タン》ニ・太宗ノ・太子・ナラヒニ・ヲナシ・御時ノ・臣下《シムカ》・アマタ・
⑧ヒキノセラレタリ・長|孫无|忌|魏|徴|劉|泊|岑《シム》|文《フン》|本《ホム》|馬《ハ》|
⑨|周《シウ》|褚《チヨ》|遂《スイ》|良《リヤウ》|穆《ホク》|裕《イウ》|等《ラ》也・長《チヤウ》|孫《ソン》无《フ》|忌《キ》|魏《クヰ》|徴《テウ》|馬《ハ》|周《シウ》|褚《チヨ》
⑩遂《スイ》|良《リヤウ》|等《ラ》カ・事ハ・サキノ・段《タン》々ニ・シルス・劉《リウ》|泊《キ》|岑《キム》|文《フン》|本《ホム》|
⑪等《ラ》カ・コトハ・スヱノ巻《マキ》ニ・ツフサナルヘシ・イマ・太子ト・ノセラレタル
⑫ハ・高宗皇帝ノ・イマタ・帝位《テイイ》ニ・ノホラスシテ・太子タリ

〔六十二オ〕

①シ・時ノ事也・ハシメハ・晉《シム》ノ・國《クニ》ノ王ニ・封《ホウ》セラレテ・晉《シム》王ト・
②稱《セウ》シキ・アサナヲ・雉奴《チヌ》トイフ・母《ハヽ》ハ・文徳《フムトク》皇后《コウ》也・コ、ニ・
③太宗ノ・第一ノ・皇子・承《セウ》|乾《ケン》太子・無道《フタウ》ナリシ・ユヱニ・東宮《トウクウ》
④ヲ・イタサレテ・黔州《キムシウ》ニ・ナカサレテ・ノチ・劉《リウ》|泊《キ》|岑《シム》|文《フン》|本《ホム》|カ・
⑤ス、メ申ニ・ヨテ・第四皇子《タイシノワウシ》・魏《キ》|王|泰《タイ》|ヲ・シテ・太子ニ・タテタ
⑥マヘリ・魏《キ》|王|泰《タイ》|才賢《サイケン》ノ器《キ》・タリト・イヘトモ・社稷《シヤショク》ノ・道ニ・カナ
⑦ハサル・事アリ・ヨテ・晉王・雉|奴|ヲ・太子ニ・タテラルヘキ・ヨ
⑧シ・長|孫无|忌|サタメ申・ソノウヱ・大原《タイケム》ニ・石アリ・自然《シセン》ニ・治・
⑨万吉ナルヘシト・イフ・文字アリ・シカルニ・晉王・雉奴カ・諱《イミナ》ヲ・

⑨魏（去濁）|徴|馬（上濁）|周|

〔六十二オ〕

②雉奴（平濁）
③無（平濁）道
⑦雉|奴（平濁）|
⑧大（去）原（平濁）、自然（平濁）
⑨雉奴（平濁）

⑩治《チ》トイフ・石《イシ》ノ・面《ヲモテ》ニ・萬吉《ハムキチ》ノ・瑞祥《スイシヤウ》アリ・晉王《シムワウ》雉奴《チト》ヲ・
⑪立《タテ》テ・万吉《ハムキチ》・ナルヘキカト・イフテ・太宗・ツイニ・晉王《シムワウ》雉奴《チト》ヲ・
⑫タテ、・太子トス・コレハ・太子（宗）ノ・第九ノ・御子《コ》也・コノ・太子ノ・クラ

〔六十二ウ〕

①ヰニ・ツキタマヘルヲ・高祖《カウソ》（宗）皇帝《クワウテイ》ト・申也・
②
③
④貞観政要第二
⑤
⑥
⑦
⑧于時文禄四乙未年二月廿四日書畢　梵舜（花押）
⑨廿二日筆立廿四日終也一日二夜書

（「巻第二」は以上）

〔六十二ウ〕

⑨左側の行は小字

〔一オ〕

①貞観政要第三　　史臣呉兢撰

②君臣ノ鑒《カ》誡《カイ》ノ篇《ヘン》第六

③官《クワン》ヲエラフ事ヲ論《ロンスルヘン》　篇第七

④封《ホウ》シテシタシキ《親》人ヲ諸王《シヨワウ》ニ建《タツルヘン》　篇第八

⑤

⑥君臣《クンシン》ノ鑒《カン》-誡《カイ》ノ篇《ヘン》第六

⑦貞観六年ニ・太宗・侍《シ》-臣《シン》ニ・カタテノタマハク・朕《チン》キク・周《シウ》ノ世《ヨ》モ・

⑧秦《シン》ノ世《ヨ》モ・ハシメテ天下ヲエシ事・コトナラス・シカレトモ・周《シウ》ノ文王—・ナラヒニ

⑨武王《フワウ》—・善《セン》ヲ、コナヒ・徳《トク》ヲカサネテ・世《ヨ》ヲ、コセリ・コノユヘニ・帝王卅七人・

⑩年序《ネンシヨ》七百餘《ヨ》-年《ネン》ヲ・タモテリ・秦《シン》ノ始皇《シクワウ》ハ・ホシイマ、ニ・ヲコリヲキ

⑪ハメ・コノムテ・刑《ケイ》ヲ・カラウ・ヲコ《コ》ナヒシカハ・秦《シン》ノ世《ヨ》・タ、・二世《シセイ》ニスキスシテ・ホロ

⑫ヒタリ・善《セン》ヲナス・人ノ・福祚《フクソ》ノナカク・悪《アク》ヲナスモノ、・降《カウ》-年《ネン》ナカ

〔一ウ〕

①カラサル事・マコトニ・アキラケシ・又キク・夏桀《カノケツ》—・殷紂《インノチウ》—・帝王《テイワウ》ナリ・

②シカレトモ・イヤシキ・民《タミ》ヲモテ・コレニクラフ・顔回《カンクハイ》—・閔子騫《ヒンシケン》—・ハ・イヤシキ人

③也《ナリ》・シカレトモ・帝王ヲモテ・コレニクラフ・シカレトモ・スナハチ・顔回《カンクハイ》—ハ・疋《ヒツ》-夫

④タレトモ・徳《トク》タカク・桀《ケツ》—・紂《チウ》—ハ・帝王《テイワウ》タレトモ・ハチフカシ・朕《チン》ツネニ・コノ事ヲ

〔一オ〕

②鑒（去）誡、篇（平）

④封（平）シテ

⑥君（平）臣（平）、鑒（去）誡（去）、篇（平）

⑦周（平）

⑧秦（平）

⑩年（平）序（去濁）七百餘（平）-年（平）、秦（平）ノ始皇（平）

⑪秦（平）

⑫降（平）-年（平）

〔一ウ〕

①夏桀（入）、殷（平）紂（去）、帝（去）王

②顔（平濁）回（平）、閔（上）子（上）騫（平）

③顔（平濁）回（平）、疋（入）-夫（平）

⑤モテ・鑒誡《カンカキ（イ）》トス・ツネニヲソラクハ・コ、ロ・ヲヨハスシテ人ノタメニワラハレン
⑥事ヲ・魏徴《キテウ》マウサク・魯《ロ》ノ哀公《アイコウ》・ムカシ・孔子《コウシ》ニカタテ・イハク・人ノナカニ・
⑦ヨク・モノワスレスルモノアリ・イヱヲアラタメテ・ウツルトキニ・ソノ妻《メ》ヲ・
⑧ワスレ・タリ・孔子《コウシ》ノ・、タマハク・夏桀《カノケツ》・殷紂《インノチウ》ハ・悪ヲオコナフテ・ヲノカ身《ミ》
⑨ヲ・ワスレタリ・ヲノカ身《ミ》ヲ・ワスル、事・妻《メ》ヲ・ワスル、ニハ・スキタルヘシ・ネ
⑩カハクハ・陛下《ヘイカ》・カクノコトクノ・ヲモンハカリヲ・ナシテ・ノチノ人ニ・ワラハル、
⑪コトヲ・マヌカレタへ、（マ）へ
⑫貞観十四年ニ・太宗高昌《カウシヤウ》國《コク》ヲ・ウチタヒラケテ・房玄齢《ハウケンレイ》

〔二オ〕

①ニカタテノタマハク・高昌《カウシヤウコ（虫損）》　國・我《ワレ》ニヲイテ・臣下《シンカ》ノ礼《レイ》ヲ・。《セ》マシカハ・
②ホロヒサラマシ・朕《チン》・コノ國《クニ》ヲ・タヒラケ・マス〳〵・ヨヲオソルヲコ
③レルヲコレル（衍）コ、ロヲイマシメ忠言《チウケン》ヲイレ佞《ネイ》ヲシリソケ・賢《ケン》
④ヲモチヰ・小人ノ・讒《サン》ヲモテ・君子《クンシ》ヲ・ウトウセスハ・ナカクヤス
⑤イ事ヲ・ウヘシ・魏徴《キテウ》・ス、ムテマウサク・イニシヘヨリノ・帝《テイ》
⑥王《ワウ》ヲミルニ・世《ヨ》ヲオコス時ハ・ハカリコトヲ・芻蕘《スウキヨウ》ノ・イヤシキ物
⑦マテニ・キイテ・忠讜《チウタウ》ノ・コトハニシタカフ・世《ヨ》シツマリヌル時ハ・心ヲ
⑧ホシイマ、ニシテ・ヘツラフコトハヲ・ウケ・タ、シキ・イサメヲ・フセク・
⑨張良《チヤウリヨウ》ハ・ハカリコトノ臣《シン》ナリ・漢《カン》ノ高祖《カウソ》ノ・心ヲホシイマ、

⑥魯（上）、孔（平）子

〔二オ〕

③忠（平）言（平）、佞（旁の上部分にも横線にて訂正の跡あり、左下に向け斜線を引き「賢」の左下に「佞」を示す）
④讒（平）、君（平）子（上）
⑥芻（平）蕘（平濁）
⑦忠（平）讜（上）

⑩ニシテ・嫡子《チヤウシ》恵《クエイ》太子ヲステ、・庶子如意ヲ・東《トウ》宮《クウ》ニタテン
⑪トセシ時・呂太后《セウタイコウ》ナケイテ・張良《チヤウリヨウ》コノ事ヲ・申《マウシ》ト、メヨト・
⑫アリシカハ・コノ事・コトハヲモテ・申《マウシ》ト、メカタシ・アヘテ説《トク》

〔二ウ〕

①ヘカラスト申キ・イハンヤ・陛下《ヘイカ》ノ・徳《トク》ノサカリナル事・漢ノ高《カウ》
②祖《ソ》ハ・ナスラフルニタラス・位《クラヰ》ニツイテ・十五年・イマニヲコリタマ
③ヘル・色《イロ》ナシ・高昌《カウシヤウ》ヲ・ウチトルト・イヘトモ・ナヲ・安危《アンキ》ヲ・心ニカ
④ケテ・忠良《チウリヤウ》ヲ・モチヰ・直言《チヨクケン》ヲ・キカントス・天下ノ・サイハイ・
⑤ハナハタシキカナ・齊《セイ》ノ・桓公《クハンコウ》・管仲《クハンチウ》・甯戚《ネイセキ》・鮑《ハウ》叔《シク》牙《カ》・
⑥四人アイトモニ・サケヲノム・桓公《クハンコウ》ノイハク・鮑叔《ハウシク》牙《カ》ナンソ・我《ワレ》
⑦ニサケヲス、ムル・礼《レイ》ヲセサルヤト・鮑叔牙《ハウシクカ》・サカツキヲ・サ、ケテ・
⑧タテ・マウサク・ネカハクハ・キミ・ニケ《逃也》テ・莒《キヨ》ニアリシ事ヲ・ワスル、コ
⑨トナカレ・管仲《クハンチウ》・又《マタ》シハ《縛》ラレテ・魯ヨリ・ツタヘラレシ事ヲ・ワス
⑩ル、事ナカレ・甯《ネイ》戚《セキ》・又《マタ》イヤシウシテ・車《クルマ》ノモトニ・イテ・ウシ《牛也》カウ
⑪シ事ヲ・ワスル、事ナカレ・ト・イフ・桓公《クハンコウ》・コレヲキイテ・シキヰヨリ・ヲ
⑫リテ・再《サ》拝《ハイ》シテ・イハク・我・ナラヒニ・管仲《クワンチウ》・甯戚《ネイセキ》等《ラ》・夫《フウ》子《シ》

〔三オ〕

①カ・イマノ・コトハヲ・ワスルヘカラス・ワスレスハ・スナハチ・社稷《シヤショク》アヤウカ

⑩嫡（入）子（上）恵（去）太子、東（平）宮（平）
⑪呂（上）太（去）后（去）

〔二ウ〕

③安（平）危（平）
④忠（平）良（平）、直（入）言（平）
⑤齊（平）ノ桓（平）公（平）、管仲（去）、甯（去）戚、鮑叔（入）牙（平濁）

⑫夫（平）子

〔三オ〕

②ラシト・イヘリ・太宗魏徴―ニ・カタテノタマハク・朕《チン》モ・アヘテ・ム
③カシノ・イヤシカリシ時ヲ・ワスレシ・公等モ・鮑叔牙《ハウシクカ》―カヲシヘヲ・
④ワスル、事ナカレ
⑤貞観十五年ニ・太宗・魏徴《キテウ》―ニ・カタテノタマハク・我身《ワカミ》ヲ・
⑥セメ・マツリコトヲ・ツトメテ・仰《アフィ》テイニシヘノ・帝王《テイワウ》ニ列《レツ》セント・ヲモフ・
⑦徳《トク》ヲツミ・仁《シン》ヲカサネ・功《コウ》ヲユタカニシ・利《リ》ヲアツウスル・コノ・四ノコトハ・
⑧朕《チン》ミナ・ヲコナヘリ・コノ四ノ中《ナカ》ニ・イツレカ・マサリ・イツレカ・ヲトレルヤ・
⑨魏徴―コタヘテ・申《マウ》サク・夫《ソレ》ミタレタルヲ・オサメテ・タ、シキニ・
⑩カヘシ・ヨク・戎狄《シウテキ》ノ・ヱヒスヲ・シタカヘタルハ・陛下《ヘイカ》ノ功也《(コ)ヨウナリ》・天下
⑪ヲヤスンシ・黎民《レイミン》ヲノ〳〵・トメルハ・陛下《ヘイカ》ノ・利《リ》ヲアツクスル也・
⑫コレニヨテ・コレヲイヘリ・功《コウ》ト利《リ》トハ・カタ〳〵オホキ也・仁《シン》ト徳《トク》トハ・

〔三ウ〕

①陛下《ヘイ》ツトメテ・致《イタ》シツヘシ
②貞観十七年ニ・太宗・侍臣《シシン》ニ・カタテノタマハク・イニシヘヨリ・世
③ヲオコス・帝《テイ》ハ・ワツカニ・子孫《シソン》ノ・世《ヨ》ニイタテ・ミタル、コト・イカン
④ソヤ・房玄齢―・コタヘテマウサク・コレ・イトケナキ君《キミ》・富《フッ》‐貴《キ》ニ
⑤井《居也》テ・フカキミヤニ・成長《セイチヤウ》シテ・國《クニ》ノ安危《アンキ》ヲ・シラサルユヘニ・マツ
⑥リコト・ミタル、ニ・ヨテナリ・太宗ノ・、タマハク・公《カウ》カ心・アヤマリヲ・上

⑦仁(平)、功(平)

⑩戎(平濁)狄(入)、功(平)

⑪黎(平)民(平)

〔三ウ〕

③子(上)孫(平)

⑤成(平)長(去濁)、安(平)危(平)

⑥公(平)

⑦ニユツラントス・朕《チン》又・ツミヲ・臣下《シンカ》ニ・ヲホセントヲモフ・夫《ソレ》・大臣《タイシン》ノ・アルイハ
⑧子・アルイハ・弟《ヲト、》・ヲヤノアトニ・ウケテ・大官《タイクハン》ニヲリ・徳《トク》義《キ》ヲ・オ
⑨サメスシテ・ホシイマ、ナル事ヲ・コノム・上《カミ》イトケナク・ヲロカニシテ・
⑩臣又《シンマタ》・才藝《サイケイ》ナシ・クツカヘレトモ・タスケス・ナンソ・、レ・ミタレサラ
⑪ン・隋《スイ》ノ煬《ヤウ》帝《テイ》・宇《ウ》文述《フンシユツ》カ・功《コウ》ヲ・、モフシテ・宇《ウ》文化及《フンクハキウ》ヲ・髙《カウ》
⑫位《ヰ》ニヲケリ・ソノ恩《ヲン》ヲ・オモハスシテ・カヘテ・隋帝《スイテイ》ヲ・ホロホセリ・コレ

〔四オ〕

①臣下《シンカ》ノトカニアラスヤ・朕《チン》・イマ・コノコトハヲ・オコス事ハ・公等《コウラ》カ・
②子孫ヲ・イマシメテ・國家《コツカ》ヲ・オカス事・ナカラシメンタメナリ・
③太宗・又・侍臣《シシン》ニ・トウテノタマハク・宇《ウ》文化及《フンクハキウ》ト・揚玄感《ヤウケンカン》ト・、
④モニ・煬帝《ヤウテイ》ヲ・ステ、・堕タリ・大臣ノ子《コ》・孫《マコ》・ミナ・反《ハン》スル心アルユヘ・イカン
⑤ソヤ岑文本《シンフンホン》コタヘテ・マウサク・賢良《ケンリヤウノヒト》　人ハ・徳《トク》ヲ・ワスレス・小《セウ》人《シン》ハ・
⑥恩《ヲン》ヲ・報《ホフ》スル事・アタハス・イニシヘノ・人・コノユヘニ・君子《クンシ》ヲ・タトヒテ・小人《セウシン》
⑦ヲ・イヤシウス・揚玄感《ヤウケンカン》・宇《ウ》文化及《フンクハキウ》等・ミナモテ・小人也・太宗
⑧ノ・、タマハク・汝《ナンチ》カコトハ・マコトニシカナリ
⑨　官《クハン》ヲエラフ事ヲ論《ロン》スル篇第七
⑩貞観元年ニ・太宗・房玄齢《ハウケンレイ》等ニ・カタテノタマハク・理《リ》ヲ致《イタ》ス・
⑪モトイ・才学《サイカク》ヲ・ハカテ・職《シヨク》ヲ・サツクルニアリ・書《シヨ》ニイハク・官《クハン》ヲ任《シン》

⑪宇（去）文（平濁）述（入）、髙（平）
⑫位（去）、恩（平）

〔四オ〕

①公（平）等
②國家（平）
③揚（平）玄（平濁）感（上）
④子（左音「シ」）・孫（左音「ソン」）
⑤岑（平）文（平濁）本（上）
⑥君（平）子（上）
⑪書（平）、官（平）、任（平濁）

⑫スル事・タ、賢才《ケンサイ》ノ人《ヒト》ヲ・スヘシ・官《クハン》・カナラスシモ・ソナハラサレトモ・タ、ソ

〔四ウ〕

①ノ人ヲ・スヘシトイヘリ・モシ・ヨキ人ヲ・エツル時ハ・スクナシトイヘトモ・タンヌ
②ヘシ・ソノ・ヨカラサルモノハ・オホ（ママ）　シトイヘトモ・ナニカセン・ソノオ《サイ》ナキ
③モノハ・土《ツチ》ヲモチテ・モチヰヲ・ツクレルカ・コトシトイヘリ・卿《ケイ》コノ理《リ》ヲ・
④オモフテ・庶《シヨ》官《クハン》ヲ・サタムヘシ・房玄齢《ハウケンレイ》等《ラ》・コレニヨテ・六百四
⑤十三ノ・文武《フンフ》ノ官《クハン》ヲ・、クトコロナリ・太宗・房玄齢ニ・ノタマハ
⑥ク・楽《カク》工《コウラ》等・雑類《サウルイ》・術 藝《シユツケイ》・ヒテ《秀也》タリト・イヘトモ・コトニ・銭帛《センハク》
⑦ヲ・アカチ・タフテ・ソノ能《ノウ》ヲ・賞《シヤウ》スヘシ・超《コエ》テ・官 爵《クハンシヤク》ヲ・サツクヘ
⑧カラス・朝《テウ》家《カ》ハ・賢《ケン》オ《サイ》ト・肩《カタ》ヲナラヘテ・タチ《立也》・座ヲ・オナシウシ
⑨テ・ヲラハ・朝儀《テウキ》ノ・衣冠《イクハン》・ハチワツラフヘキ故《ユヘ》ナリ
⑩貞観二年ニ・太宗・侍臣ニ・カタテノタマハク・朕《チン》・夜《ヨ》コトニ・百姓《ヒヤクシヤウ》ノ・アヒタ
⑪ノ・事ヲ・思《ヲモフ》テ・ヨナカマテニ・イネス都督《トトク》・刺《シ》史《シ》ノ・百 姓《ヒヤクシヤウ》ヲ・ヤシナフニ・タユ
⑫ルカ・タエサルカノ・事ヲ・オモフ故《ユヘ》・屏風ノ上ニ・都督刺《シ》史《シ》ノ・姓 名《シヤウミヤウ》

〔五オ〕

①ヲ・シルシテ・ヲキテモ・フシテモ・ツネニ・コレヲミル・ヨキ事アル時ハ・ソノ名《ナ》
②ノ下《シタ》ニ・シルス・朕《チン》・フカキミヤノ中《ウチ》ニ・ヰテ・ミキク事・トヲキニ・ヲヨフ
③事・アタハス・委《マカ》スルトコロハ・タ、・都督《トトク》・刺《シ》史《シ》・也《ナリ》・コノ・トモカラ・マコトニ・

〔四ウ〕

③卿（平）
④庶（去）官
⑥楽（入濁）工（平）、雑（去濁）類（平）、術（入）藝、銭（平）帛（入）
⑦能（平）、賞（上）
⑧朝（平）家（平）、肩（平）
⑨朝（平）儀（平濁）、衣（平）冠（平）

〔五オ〕

⑪都（平）督（入）・刺（去）史（上）
⑫姓（左音「セイ」）名（左音「メイ」）

④理乱《リラン》ノ・カ、ル・トコロナリ・モトモ・スヘカラク・ソノ人ヲ・エラフヘシ
⑤貞観二年ニ・上・封徳彝《ホウトクイ》｜ニ・カタテノタマハク・ヤスキヲイタス・本《モト》
⑥タ、・人ヲ得《ウル》ニアリ・コノコロナンチヲシテ・賢《ケン》ヲ・舉《キヨ》セシムルニ・賢《ケン》
⑦者《シヤ》ヲ・舉《キヨ》シ申《マウ》サス・天下ノ事・シケシ・ナンチラ・人ヲ・・挙《キヨ》シ申サス
⑧ハ・朕《チン》・イカンシテカ・ヨス《寄》ヘキヤ・コタヘテ申サク・臣《シ》・イカテカ・心ヲ・ツ
⑨クサ、ランヤ・タ、シ・今アルトコロノ者等《モノラ》・奇才《キサイ》・異能《イノウ》ノ・器《キ》ニア
⑩ラス・上《シヤウ》・ノタマハク・ムカシノ・明《メイ》｜王《ワウ》・人ヲエラフ事・異《イ》｜代《タイ》ニアラス・士《ヒト》ヲ當《タウ》
⑪時《シ》ニ・トル・ナンソ傅説《フエツ》｜ヲ・ユメニミ・呂望《リヨハウ》｜ニアフコトヲ・エテ・シカウシ
⑫テ・ノチニ・マツリ事ヲ・センヤ・イツレノ・世《ヨ》ニカ・賢者《ケンシヤ》ナカラン・タ、シラス

〔五ウ〕

①シテ・モチヰサル也《ナリ》ト・封徳彝《ホウトクイ》｜カヲ、・アカメテ・シリソキヌ
②貞観二年ニ・太宗・房玄齢｜・杜如晦《トシヨクハイ》｜・等ニ・カタテノタマハ
③ク・ナンチラ・僕射《ホクヤ》トシテ・マサニ・朕《チン》カ・ウレヘヲタスケ・ヒロク・耳《シ》
④目《ホク》ヲヒライテ・賢《ケン》｜哲《テツ》ノ人ヲ・モトムヘシ・コノコロ・ナンチラ・人ノ・ウ
⑤タヘヲミルコト・日々《ヒヽ》ニ數百《スヒヤク》アリ・スナハチ・ウレヘノ・符牒《フテウ》ヲ・ヨムニ・イ
⑥トマアラス・イツクンソ・ヨク・朕《チン》ヲ・タスケテ・賢者《ケンシヤ》ヲ・モトメサラ
⑦ンヤ・ヨテ・尚　書省《シヤウシヨシヤウ》ニ・勅《チヨク》シテ・コマカナル・マツリコトヲハ・左右丞《サウセウ》ニ・付《ツク》ヘシ・
⑧タ、・寃滞《エンタイ》セルコトノ・奏《ソウ》｜聞《モン》スヘキ・事ヲノミ・僕射《ホクヤ》ニ・アツケテ・ツカ

④理（上）乱（去）
⑤封（平）徳（入）彝（平）
⑨異能（平）、器（左訓「ウツハモノ」）
⑪呂（去）望（去）

〔五ウ〕

⑦尚（平）書（平）省、左右丞（平）
⑧寃（平）滞（去）、僕射（去）

⑨サトラシムヘシ
⑩貞観三年ニ・太宗・吏部尚　書《リホウシヤウショ》・杜如晦《トショクハイ》ニカタテノタマハク・コノ
⑪コロ・吏部《リホウ》ノ人ヲ・エラフ事・タ、・口弁刀筆《コウヘンタウヒツ》ノ藝《ケイ》ヲ・ノミ・トテ《取也》心ト
⑫シハサトヲ・ツマヒラカニセス・數年《スネン》ヲヘテノチ・悪跡《アクセキ》アラハレテ・刑戮《ケイリク》

【六オ】

①セラルト・イヘトモ・ホロホサレヌル・民《タミ》・ソノツイヘ・カヘルコトナシ・イカンシ
②テカ・ヨキ人ヲウヘキヤ・杜如晦《トショクハイ》コタヘテ申サク・兩漢《リヤウカン》ノ世《ヨ》ニ・人
③ヲエラハレシ事・心操景《シンサウケイ》行《カウ》・ミナ・郷《サト》・チマタニ・アラハレテ・シカウシテ・
④ノチニ・イレ・モチイラレキ・今《イマ》・トシコトニ・數《ス》千人《シン》ヲ・エラハルトイヘトモ・
⑤コトハヲカサリ・カタチヲ・アツクシテ・コト〱クニ・シリカタシ・コノユヘニ・
⑥才人《サイシン》ヲ・ウルコト・アタハス・上《シヤウ》・スナハチ・漢家《カンカ》ノ法《ハウ》ニ・ヨテ・ソノ人ヲエ
⑦ラフコト・才能《サイノフ》ト心操《シンサウ》ト・ツマヒラカニ・タツネアキラメテ・モチヰルヘシ
⑧貞観六年ニ・上・魏徴ニ・カタテノタマハク・イニシヘノ・帝王《テイワウ》ハ・官《クハン》ノタ
⑨メニ・人ヲエラフ・ニハカニ・モチヰルコトナシ・朕《チン》・イマ・一事《イチシ》ヲ・オコナフニ・天
⑩下コレヲミル・一言《イチケン》ヲ出《イタ》スニ・天下ミナキク・ソノ勞《ラウ》アルモノニ・賞ヲ、
⑪コナフトキハ・功《コウ》ナキモノ・ミナシリソク・罪《ツミ》ニヨテ・罰《ハツ》ヲクハウルトキハ・
⑫悪《アク》ヲナセルモノ・ヲチオノヽク・カルカユヘニ・賞　罰《シヤウハツ》・ミタリニ・ヲコナ

【六ウ】

⑩吏(去)部(去)尚(平)書(平濁)、杜(去)如(平濁)晦

【六オ】

⑩一言(平)、勞(平)
⑪功(平)

【六ウ】

①フヘカラス・人ヲ・モチヰルコト・ツ、シミエラフヘシ・魏徴コタヘテ・申
②サク・人ヲシルコト・イニシヘヨリカタシトス・カルカユヘニ・ソノシハサヲ・
③カンカヘテ・イレイタス《入出也》・ソノヨキコトヲ・カンカヘテモチヰル時ハ・コノ
④人ヨキコトヲキハメスト・イヘトモ・事ノホカノ・悪事《アクシ》ヲスルコトナシ・
⑤アヤマチ・悪《アク》人ヲ・オモイ《思也》、ツルトキハ・才幹《サイカン》・ハケシトイヘトモ・ウレ
⑥ヘヲナス事・キハメテ・ヲホシ・タ、シ・ミタレタルヨニハ・タ、ソノ才藝《サイケイ》
⑦ヲ・モトメテ・ソノフルマイヲ・タツネス・太平ノ時ニハ・カナラス・才能《サイノウ》ト・
⑧心《シン》操《サウ》トヲ・タツネキハメテ・モチヰルヘシ
⑨貞観十一年ニ・馬《ハ》周《シウ》上書《シヤウシヨ》シテ・申サク・天下ヲ・、サムル人ハ・人ヲ
⑩モテ・本《モト》トス・民《タミ》ヲシテ・タノシメントヲモハ、・州守《シウシユ》・縣《ケン》ノ令《レイ》ヲ・エラ
⑪フヘシ・州《クニ》コトニ・良刺《リヤウシ》史《シ》ヲエハ《得也》・スナハチ・サカイコソリテ・タノシムヘシ・
⑫シカラハ・陛下《ヘイカ》嚴廊《ケンラウ》ノ・上《ウヘ》ニ・手《テ》ヲ拱《タンタ》イテ・ヤスク百姓《ヒヤクシヤウ》又《マタ》・タク

〔七オ〕
①ハヘナキ・コトヲウレヘシ《不憂也》・コレニヨテ・郡守・縣ノ令・イニシヘヨリ・賢徳《ケントク》
②ヲ・エラフモノナリ・柯籙《カロク》ノ臣ヲ・エラフ事モ・又民《マタタミ》ニノソム徳《トク》ヲ・カ
③ンカヘテ・ウツシ《移也》・ヌキテ《抽也》・サタメヲク・モノナリ・コレニヨテ・二千《シセン》石《セキ》ヨリ・
④丞《セウ》相《シヤウ》司徒《シイト》ニ・ウツリノホルモノ・ヲホシ・、カレハ・カナラスシモ・宮《キウ》中《チウ》
⑤内《ナイ》官《クハン》ヲノミ・ヲモフセス・郡《キン》ノ守《シウ》・縣《ケン》ノ令《レイ》・ヨク〱・才《サイ》行《カウ》ノ人ヲ・エラフ

⑤才(平)幹(去)
⑥才(平)藝(去濁)
⑦才(平)能(平)
⑧心(平)操(去濁)
⑨馬(上濁)周(平)、上書(平)
⑩州(左訓「クニ」)守(読仮名「シユ」は「シウ」の「ウ」に「ユ」を上書き)
⑫嚴(平)廊(平)、拱(左訓「コマヌク」)イテ
〔七オ〕
①ウレヘシ(平濁)
②柯(平)籙(入)

⑥ヘシ・太宗《ソウ》・侍臣《シシン》ニ・カタテノタマハク・州《クニ》ノカミヲハ・朕《チン》・ミツカラ・エラ
⑦フヘシ・縣《ケン》ノ令《レイ》ヲハ・京　官《キヤウクハン》・五品巳《コホンイ》上《シヤウ》ノ人ニ・詔《セウ》シテ・ヲノ〳〵縣令一《ケンレイヒ》
⑧人《トリ》ヲ・挙《キヨ》セシムヘシ・侍御史《シキヨシ》・劉泊《リウキ》・上書《シヤウシヨ》シテ・申サク・尚書《シヤウシヨ》ノ・
⑨万機《ハンキ》・マコトニ・マツリコトノ本《モト》タリ・ソウシテ・コノ・エラヒヲタツヌル
⑩ニ・サツクヘキ人・マコトニ・アリカタシ・コノコロ・尚書省《シヤウシヨシヤウ》ノ・陵遅《レウチ》
⑪ヲミルニ・詔勅《セウチヨク》・ト、コヲリ・文《フン》案《アン》・ヲコタレリ・ソレ・貞観ノ・ハシメニハ・
⑫省　務《シヤウム》ノマツリ事・イマヨリモ・シケカリキ・シカルヲ・尚書《シヤウシヨ》ノ・左丞《サシヨウ》・

〔七ウ〕

①戴冑《タイチウ》・尚　書《シヤウシヨ》ノ右丞《イウセウ》・魏徴《キテウ》一・吏方《リハウ》ニ・アキラカニ・平直《ヘイチヨク》ノ性《セイ》ア
②リ・イツクシミヲモテ・人ヲ・ツ、シマシメ・弾《タン》挙《キヨ》セルトコロナシ・百僚《ハクレウ》・
③ヲコタラサル事・コノ二《ニ》丞《セウ》ノ・ト、ノフルニ・ヨテナリ・シカルヲ・コノコロ・
④綱維《カウイ》・アイミタレテ・功《コウ》勢《セイ》・カタフケリ・アルイハ・奏《ソウ》聞《モン》ニハハカリ・
⑤決《ケツ》断《タン》ニ・ト、コホレリ・天ノ・ツカサニ・人代《ヒトカハル》・イツクンソ・ミタリニ・クハウヘ
⑥キ・キミノ親《シン》戚《セキ》トシテ・民《タミ》ニ・タカ、ラン人ヲハ・タ、・ソノ礼《レイ》ヲ・マスヘシ・
⑦勲《クン》・タカクトモ・ヨハイ《齢也》カタフキテ・ヤマイツモリ・智《チ》クラカランヲハ・
⑧イソカハシキ官《クハン》ヲ・ノソキ・閑《カン》逸《イツ》ノ心ヲ・ホシイマ、ニ・セシムヘシ・トシ
⑨ヲトロフルマテ・官《クハン》ヲ帯《タイ》シテ・賢《ケン》者《シヤ》ノ・ス、ムヘキ路《ミチ》ヲ・オサヘ・サ
⑩マタクル事・尤《モトモ》不可《フカ》也《ナリ》・コノツイヘヲ・スクハント・ヲモハ、・尚書《シヤウシヨ》ノ

⑧侍（去）御（去）史（上）、劉（平）泊（去濁、「泊」字見せ消ち、左側に斜線を付して行末左下に「泊」字あり）、尚（平）書（平濁）
⑨万（去濁）機（平）
⑩陵（平）遅（平）
⑪詔（平濁）勅（入）、文（平）案（去）
⑫左丞（平）

〔七ウ〕

②弾（平）挙、百僚（平）
④功（平）勢（去）
⑤決（入）断（平濁）
⑥礼（上）
⑧閑（平）逸（入）
⑨帯（平）シテ

⑪左《サ》右《イフ》丞ヲ・エラフヘシ・コノ・上書奏《シヤウショソウ》達《タツ》ノトコロニ・劉洎《リウキ》ヲシテ・
⑫尚書《シヤウショ》ノ右《イウ》丞《セウ》ニ・拝セラル

〔八オ〕

①貞観十三年ニ・太宗・侍臣《シシン》ニ・カタテノタマハク・賢才《ケンサイノ》 人ニ委《マカ》スル
②時《トキ》ハ・天下コト〱ク・タノシム・公等《コウラ》・賢者《ケンシヤ》ヲシル事・アタハス・朕《チン》・又《マタ》・アマネ
③ク・シリカタシ・日々《ヒヽ》ニ・賢《ケン》者《シヤ》ヲ・モトムト《求也》・イヘトモ・サラニモテ・挙《キヨ》シ申人
④ナシ・イマヨリ・ワカミ《我身也》賢《ケン》ナリ・トヲモハシモノ・ミナヲノ〱・マイリテ・
⑤ミツカラ・身挙《ミヲキヨ》シ申ヘシ・コノ条《テウ》・カクノコトクセシメハ・事ニヲ
⑥イテイカン・魏徴《キテウ》コタヘテ申サク・人ノ心ヲシルハ・智也《チナリ》・ミツカラ
⑦カ心ヲシルハ・明也《メイナリ》・人ヲシルコト・ハナハタ・カタシ・ミツカラヲシルコト・
⑧又《マタ》ヤスカラス・ヲロカニ・クラキ人ハ・能《ノウ》ニホコリ・善《ヨキ》ニヲイテ・我身《ワカミ》・
⑨ミナ・賢也《ケンナリ》・ヲソラクハ・澆《ケウ》競《ケイ》ノ風ヲ・マサン事ヲ・ミツカラ身《ミ》ヲ・挙《キヨ》
⑩シ申コト・タヨリアラサルモノナリ
⑪貞観十四年ニ・魏徴一・上書《シヤウショ》シテ申サク・臣《シン》ヲシルコトハ・君《キミ》ニシクハナ
⑫シ・子《コ》ヲシルコトハ・父《チヽ》ニシクハナシ・ソノ子《コ》ヲシル事・アタハサルトキハ・家《イヱ》ヲ

〔八ウ〕

①ヲサムルコト・カタシ・君《キミ》・ソノ臣《シン》ヲ・シルコト・アタハサル時《トキ》ハ・万國《ハンコク》ヲト、
②ノフルコトナシ・万《ハン》國《コク》・ヤスキ時ハ・一《イチ》人慶《シンヨロコヒ》 アリ・賢良《ケンリヤウ》・マツリコト

⑪劉洎（去濁）
⑫尚（平）書（平濁）、右丞（平）

〔八オ〕

〔八ウ〕

③カフ《ヲ・タ》スケ・俊《シユン》艾《ケイ》・官ニアルユヘ也《ナリ》・カルカユヘニ・帝堯《テウキヤウ》・帝舜《テウシユン》・文王《フンワウ》・
④武王《フワウ》・令徳《レイトク》・イニシヘニ・稱《セウ》セラレテ・榮名《エイメイ》・イマニ・ツタハレリ・八《ハツ》元《ケン》・
⑤八《ハツ》凱《カイ》・功《コウ》ヲタスケ・周公・邵公《セウコウ》・マツリコトヲ・タ、ス・四《シ》岳《カク》・九《キウ》官《クワン》
⑥ノ・トモカラ・五《コ》臣《シン》・十乱《シウラン》ノ・タクヒ・ナンソ・タ、・ムカシノ世《ヨ》ニノミ・ムマレ
⑦テ・イマノ世《ヨ》ニ・アル事・ナカランヤ・コレ・モトムルト・モトメサルト・コノムト・
⑧コノマサルト・ナリ・ソレ・美《ヒ》玉《キヨク》 明《メイ》珠《シユ》ノ・タマ・孔翠《コウスイ》・犀象《セイサウ》ノ・
⑨ヤカラ・大《タイ》宛《エン》ノ・ムマ・西旅《セイリヨ》ノ・イヌ・八荒《クハウ》ノホカニ・ムマレテ・万《ハン》里《リ》ノ・
⑩路《ミチ》トヲシトイヘトモ・譯《ヲサ》ヲ・カサネテ・キタルコトハ・ミヤコニ・コノム
⑪ユヘナリ・心ナキ・イキ物《モノ》・足《アシ》ナキ・タカラ物キタリイタル事・
⑫カクノコトシ・イハンヤ・シタカイ・ヲソル、人ハ・君《キミ》ノ・恩《ヲン》ヲマチ・君《キミ》ノ

〔九オ〕

①禄《ロク》ヲ・食《ハム》・君《キミ》・タツネ・メサハ・イツクニ・ユクトシテカ・キタラサランヤ・
②タトヒ・コノヨト・イヘトモ・龍《レウ》逢《ハウ》・比《ヒ》干《カン》ニ・ヒトシキ・忠臣《チウシン》モ・アルヘシ・曽《ソウ》
③參《シン》・子《シ》騫《ケン》ニ・ヲナシキ・孝《カウ》子《シ》モ・アルヘシ・尾《ヒ》生《セイ》・展禽《テンキン》ニ・マサル・信《シン》士《シ》
④モ・アルヘシ・伯夷《ハクイ》・叔齊《シクセイ》・ニコエタル・廉者《(レ)シンシャ》モ・アルヘシ・、カレトモ・賢《ケン》者《シャ》
⑤ノ・アラハレサル事ハ・モトムルコトノ・切《セツ》ナラス・ハケマス・事ノ・クハシカラサル・
⑥ユヘナリ・ソレ・クラヰ・タカキ人ノ・心ヲハ・スナヲニシテ・マツシキトモ　位
⑦カラヲ・アハレミテ・寶《タカラ》ヲ・アタフルヲ・モテ・ミルヘシ・家《イヘ》ニヲル時ハ・ソ

③俊(去)艾(去濁)
④令(平)德、八(平声点を見せ消ちにし入声点あり)元(平濁)
⑤八(平)凱、功(平)、周(平)公(平)、四(去)岳(入濁)、九(上)官(平)
⑧美(去濁)玉、明(平)珠(平)、孔(上)翠(去)、犀(平)象(上濁)
⑨大(去)宛(平)、八荒(平)

〔九オ〕

②龍(平)逢、比(去)干(平)、忠臣(平)
③曽／參(平)、子(上)騫(平)、尾(去濁)生(平)、展(上)禽(平)、信士(去濁)
④伯夷(平)、叔(入)齊、廉(平)者

⑧ノコノムトコロヲ・ミルヘシ・才学《サイカク》ノ人ヲハ・談《タン》スル・ヲモムキヲ・テ《モ》・ミルヘシ・
⑨マツシキ人ヲハ・人ノ物ヲ・ムサホラサルヲ・モテ・ミルヘシ・イヤシキ
⑩モノヲハ・人ニ・ヘツラハサルヲ・モテ・ミルヘシ・説苑《セチエン》ノ文《モン》ニ・イハク・臣下《シンカ》ノ・
⑪アイタニ・六《リク》正《セイ》。邪《シヤ》ノ・行《カウ》アリ・六《リク》正《セイ》ハ・ムツノタ、シキ〻也《ナリ》・一ッニイハク・
⑫ヨキ事・アシキコト・イマタ・キサシ・アラハレサル・サキニ・カネテ・存《ソン》亡《ハウ》

〔九ウ〕

①ノ・兆《テウ》ヲ・シリテ・顯《ケン》榮《エイ》ノ・コトハリヲ・アラハスハ・聖《セイ》臣也《シンナリ》・二ッニ・心ヲ・イ
②サキヨウシテ・善《セン》ヲス、メ・君《キミ》ニ礼義《レイキ》・フ《深》カキ・ハカリコトヲ・イレテ・悪《アク》
③ヲスクヒ・美《ヒ》ニシタカフ《ヲス、ムルイ》ハ・良《リヤウシン》臣也・三ニハ・ヤ《ハ》クヲキ・ヲソクネテ・賢《ケン》
④ヲス、メ・君《キミ》ヲ・ハケマスハ・忠臣也《チウシンナリ》・四ッニ・ワサハヒヲ・ヒルカヘシテ・サイハイ
⑤トナシ・成《セイ》敗《ハイ》ヲ・察《アキラカ》ニシテ・君《キミ》ヲシテ・ウレヘナカラシムルハ・智《チ》臣《シン》ナリ・
⑥五ッニ・文《フン》ヲマホリ・法《ハウ》ヲオチ《畏也》・官《クハン》ニ任《シン》シ・事ヲツカサトリ・タマモノヲ・辞《シ》
⑦シ・衣食《イシヨク》ヲ・ウスウスルハ・貞臣也《テイシンナリ》・六ッニ・天下クラク・ミタル、時《トキハ》・人ニ
⑧ヘツラハス・君《キミ》ノカタチノ・ケハシキニ・ヲソレス・タ、チニ・君《キミ》ノアヤマチヲ・
⑨申ハ・直 臣也《チヨクシンナリ》・マタ・六《リク》邪《シヤ》ト申ハ・ムツノ・アシキ事也・一ッニ・イハク・官《クハン》ヲ
⑩ヌスミ・禄《ロク》ヲムサホテ・公事ヲ・、コタリ・左右《サイウ》ヲ・ノソミ、テ・世《ヨ》ニシタ
⑪カテ・シツミウカフハ・具臣也《クシンナ(リ)》・二ッニ・君《キミ》ノ・イフトコロヲハ・ミナアタレ
⑫リトイヒ・君《キミ》ノ・スルトコロヲハ・ミナヨシトイフ・隠《カク》シテ・君ノ・コノムモノ

⑧才(平)学、談(平)スル
⑪六正。(。から左に横線を引いて漢字「六」あり)邪(平)ノ
⑫存(平)亡(平濁)

〔九ウ〕

①顯(上)榮(平)
③良(平)臣(平)、賢(平)
④忠臣(平)
⑥辞(平濁)／シ
⑦衣(平)食、貞(平)臣

〔十オ〕

①ヲ・モトメテ・君ト・タノシミヲナシテ・ノチノ・ワサハヒヲ・カヘリミルハ・
②諛臣也《ヘツラユルシンナリ》・三ッニ・イロヲ・ヨクシ・コトハヲ・タクミニシテ・外《ホカ》ノ・カタチヲ・ツ
③ツシミ・内《ウチ》ノ・心ハ・、ケシクシテ・賢ヲ・ソネミ・善ヲネタミ・ス《進也》、メムト・ヲ
④モフモノヲハ・ヨキ事ヲ・アラハシ・アシキ事ヲ・カクシ・シリソケント・
⑤ヲモフモノヲハ・アヤマチヲ・アラハシ・ヨキ事ヲ・カクシ・君ヲシテ・賞
⑥罰・アキラカナラサラシムルハ・スナハチ・奸臣也《カンシンナリ》・四ッニマカレル智《チ》アテ・
⑦ヒカコトヲカサリ・カタマシキ・サキ《吻也》ラアテ・トカヲ・陳《チン》スルニ・タレリ《足也》・内《ウチ》
⑧ニハ・シタシキ人ノ・ナカヲ・サマタケ・外《ホカ》ニハ・乱逆《ランケキ》ヲ・ミヤコニ・カマフ・コレハ
⑨スナハチ・讒臣也《サンシンナ（リ）》・五ッニ・ワタクシノ・カト《門也》ニ・アシキ・タウヲナシテ・家《イヱ》
⑩ヲタノシクシ・権《ケン》」勢《セイ》ヲカ、ヤカシテ・事ヲカロクシ・事ヲ・、モクス・
⑪君ノ命《メイ》ニ・事ヨセテ・ホシイマ、ニ・タトキ事《由イ》ヲ・アラハス・カクノコトキ
⑫ノモノハ・賊臣也《ソクシンナリ》・六ッニ・君ニヘツラフニ・佞《ネイ》」邪《シヤ》ヲモテシテ・君ヲ不」

〔十ウ〕

①義《キ》ニ・ヲチラシム・黒白《コクヒヤクセ》・是」非《ヒ》ヲ・ワカツ事ナク・ヲノレカ・黨《タウ》・ア
②マネク・ナラヒメクテ・君ノ目《メ》ヲ・オホフ・君ノ悪名《アクミヤウ》ヲ・天下ニ・フルハシム・
③コレハ・コレ・亡《ハウ》」國《コク》ノ臣也《シンナリ》・賢臣《ケンシン》ハ・六ッノ・タ、シキ道《ミチ》ニ・イテ・六ッノ・アシキ術《シュツ》
④ヲ・オコナハス・カルカユヘニ・カミ・ヤスクシテ・下《シモ》ヲサマル・礼《レイ》」記《キ》ニイハク・

〔十オ〕

⑥奸（左訓「カタマシキ」）臣

⑩権（平）」勢

⑫賊（入濁）臣（平）、佞（去）」邪（平）

〔十ウ〕

①不」／義（去濁）、黒白（入）、是」非（平濁）

⑤権衡《ケンカウ》ノ・ハカリノヲモシ・カ、レリ・アサムイテ・カルキ・ヲモキヲ・ミタル
⑥ヘカラス・縄墨《ショウホク》ノ・スミナハ・アキラカナリ・スナヲナルト・マカレルト・カクル《隠也》
⑦ヘカラス・シカレハ・スナハチ・明君《メイクン》・タ、シキ・礼《レイ》ヲ・、コナフ時・奸臣《カンシン》ノヨコ
⑧サマナル・術《シユツ》・タチトコロニ・ホロヒヌルモノナリ・モシ・勧賞《シヤウ》 疎遠《ソエン》ノ・モノ
⑨ヲ・ノコサス・刑罰《ケイハツ》・シタシク・タカキヲ・ヨケスシテ・公平《クヒヤウ》ノ・マツリコト
⑩ヲ・モテ・ハカリノ・ヲモシトシ・仁義《シンキ》ノ・コトハリヲ・モテ・縄墨《ショウホク》ノ・スミ
⑪ナワトセハ・真偽《シンキ》・カクルル事ナク・善悪《センアク》・ワカチヤスカラン・アヒス《愛也》
⑫ルトキハ・ソノアシキコトヲ・ワスレ・ニクム時ハ・ソノヨキ事ヲワスル・色《イロ》

〔十一オ〕

①ヲ・ウルハシウシ・コトハヲ・カサルトイヘトモ・邪佞《シヤネイ》ノ人ヲ・チカツクル事
②ナカレ・ワタクシノ心ニ・カナハスト・イヘトモ・公ノ・ミチニ・益《エキ》アラハ・忠良《チウリヤウ》ノ臣《シン》
③ヲ・遠《サクル》 事ナカレ・シカラスハ・スナハチ・タマシヒヲ・労《ラウ》シ・ヲモヒヲ・クルシウシ
④テ・太平《タイ》ヲ・モトムトモ・ウヘカラス・太宗・ハナハタ・コレヲ・ヨミシイル
⑤貞観廿一年ニ・太宗・翠微宮《スイヒキウ》ニ・幸《カウ》シテ・司農卿李《シノウケイリ》
⑥緯《イ》ニ・戸《ニ(コ)》部尚書《ホウシヤウシヨ》ヲ・サツク・房玄齢《ハウケンレイ》コノトキ・ミヤコ。《ニ》ト、マリテ・
⑦留守《ルス》タリ・時ニ・ミヤコヨリ・翠微宮《スイヒキウ》ニ・マイレルモノアリ・太宗・
⑧トウテノタマハク・李緯《リイ》ヲ・戸《コ》部尚書《ホフシヤウシヨ》ニ・拝セル事・房玄齢《ハウケンレイ》
⑨ハ・キケリヤ・イカン・コタヘテ申サク・房玄齢《ハウケンレイ》ステニ・キイテ・李緯《リイ》

⑤権（平）衡（平）

⑦奸（平）臣（平）

⑨刑（平）罰（入濁）

⑪真（平）偽（平濁）

〔十一オ〕

⑤翠微（平濁）宮、司（平）農（平）
卿（平）

⑥戸（上）部（去）尚（上）書（平）

⑩・ハナハタ・鬢《ヒン》・ヒケハ・ウルハシキ人也ト・申テ・サラニ・他ノコトハナシト・申・
⑪コレニヨテ・ニハカニ・戸《コ》-部尚 書《ホウシヤウシヨ》ヲ・メシカヘシテ・李《リ》-緯《イ》—ニ・洛《ラク》-州《シウ》ノ刺史《シシ》
⑫ヲ・サツケラル

〔十一ウ〕

① 封建《ホウケン》ヲ論《ロン》スル篇《ヘン》第八　封建《ホウケン》トハ國々ニ諸王《シヨワウ》ヲ／タツルヲ申也
②貞観元年ニ・房玄齢《ハウケンレイ》—ヲ・封シテ・邢國公《ケイコクコウ》トス・杜《ト》-如《シヨ》-晦《クハイ》—ヲ・封シテ・
③蔡國《サイコク》公トス・長-孫無《チヤウソンフ》-忌《キ》—ヲ・封《ホウ》シテ・齊-國公《コクコウ》トス・並《ナラヒニ》 第《タイ》-一ッ等《トウ》
④ヲシテ・三-千三-百戸《コヲ》・食《ハマ》シム・皇《クハウ》ノ・從《シウ》-父《フ》淮 安《クハイアン》-王《ワウ》・神-通《トウ》—カ・申サ
⑤ク・キミ義《キ》-兵《ヘイ》ヲ・オコシテ・天下《テンカ》ヲサタメシ時《トキ》・臣《シン》ツハモノヲ・ヒキイ
⑥テ・マツ《先也》マイレリ・シカルヲ・イマ・房玄齢《ハウケンレイ》—・杜《ト》-如《シヨ》-晦《クハイ》—等《ラ》・筆《フテ》ヲトル・
⑦臣ニシテ・功第《コウタイ》一ッニヲレリ・臣《シン》・ヒソカニ・アタラストヲモヘリ・太宗・ノタマハ
⑧ク・國《コッ》-家《カ》ノ・ヲモキ事ハ・賞《シヤウ》ト・罰《ハッ》トナリ・イマ・勲《クン》-功《コウ》ヲ・カスヘテ・勸《ケン》
⑨賞《シヤウ》ヲ・、コナフ・房《ハウ》-玄《ケン》-齢《レイ》—等《ラ》・ハカリ事ヲ・帷《イ》幄《アク》ノ中《ウチ》ニメクラシテ・社《シヤ》-稷《シヨク》
⑩ヲ・サタメタル功《コウ》アリ・コノユヘニ・漢《カン》ノ蕭 何《シヨウカ》—・馬《ムマ》ニ・アセアヤス・勞《ラウ》ナシトイ
⑪ヘトモ・功第《コウタイ》一ッニ・ヲルコトヲエタリ・イマ・淮 安王《クハイアンワウ》ハ・朕《チン》カ叔父《シクフ》タリト
⑫イヘトモ・私《ワタクシ》ノ愛《アイ》ヲ・モテ・ミタレカハシク・勲功 臣《クンコウノシン》・賞《トシヤウ》ヲ・オナシウ

〔十二オ〕

①スヘカラス・コレニヨテ・モロ〱ノ功《コウ》臣等《ラ》・ヲノ〱・アヒカタテ・イハク・陛下《ヘイカ》・

⑩鬢(去濁)
⑪李(上)-緯(上)、洛-州(平)、刺(上)史(上)

〔十一ウ〕

①封(平)建(去)ヲ、論(平)スル
④皇(平)、淮安(平)-王(平)
⑧賞(上)、罰(入)、勲(平)-功(平)、勸(去)／賞
⑨勸／賞(上)
⑩蕭(平)何(平)
⑪叔(入)父(上)
⑫私(平)、勲(平)功臣

〔十二オ〕

②賞《シヤウ》ヲ・、コナフ事・イタテ・ワタクシ・ナシハシメ・高祖《カウソ》神尭帝《シンキヤウテイ》・ソノ・弟《ヲト、》・
③ソノ・姪《ヲイ》・三位孩《ヰノカイ》童巳《トウイ》上《シヤウ》ヲ・諸王《シヨワウ》ニ封《ホフ》スル事・數《ス》十人ナリ・ソノトキ・
④太宗・群臣《クンシン》ニ・カタテノタマハク・兩漢《リヤウカン》・ヨリ・コノカタ・タ、・ソノ・子・ヲヨ
⑤ヒ・兄弟《キヤウタイ》ヲ・諸王《シヨワウ》ニ・封《ホウ》ス・疎遠《ソエン》ノ親戚《シンセキ》ニ・イタテハ・大功《タイカウ》アルニアラサ
⑥レハ・諸王《シヨワウ》ニ・封《ホウ》スル事ナシ・ナンソ・万姓《ハンセイ》ノ民《タミ》・苦勞《クラウ》セシメテ・タ、・ワカ・親戚《シンセキ》
⑦ノミ・ヤシナハンヤ・ヨテ・功《コウ》ナキモノヲハ・ミナ・降シテ・縣《ケン》ノ公《コウ》トス
⑧貞観十一年ニ・太宗・ヲモハク・周武王《シウノフワウ》・ソノ子《コ》・ソノ弟《ヲト、》ヲ・諸王《シヨワウ》ニ・封《ホウ》
⑨シテ・ミヤコヲ・マホラシメシカハ・子孫《コマコ》・カタフカス・八百余年《ヨネン》ヲ・タモテリ・
⑩秦《シン》ノ始皇《クハウ》・ソノ・子《コ》・ソノ弟《ヲト、》ヲ・諸王《シヨワウ》ニ・封《ホウ》セスシテ・錐《キリ》タツル地《チ》ヲモ・アタヘ
⑪サリシカハ・帝王《テイワウ》ノ・枝葉《シヨウ》・ヨハウ《弱也》シテ・二世《セイ》ニシテ・ホロヒタリ・漢《カン》ノ高祖《カウソ》ハ・
⑫劉氏《リウシ》也《ナリ》・高祖ノ・、チ・呂太后《リヨタイ》・劉氏《リウシ》ノスヱヲ・アヤフメント・セシカトモ・

〔十二ウ〕

①高祖《カウソ》ノ・子《コ》・弟《ヲト、》・親戚《シンセキ》ヲ・諸王《シヨワウ》ニ・ホウシヲケリシカハ・呂后《リヨカウ》・コレヲ・シエ
②タケ・カタウシテ・呂氏《リヨシ》・カヘテ・ホロホサレタリ・シカレハ・スナハチ・親戚《シンセキ》ヲ・
③アマタ・、テヲク事・子孫《シソン》・長久《チヤウキウ》ノ・ハカリ事ナルヘシ・スナハチ・荊州《ケイシウノ》・都督《トトク》・
④荊王《ケイワウ》・元景《ケンケイ》・安州《アンシウ》・ノ都督《トトク》・呉王恪《コワウカク》等《ラ》・スヘテ・子弟《シテイ》・親戚《シンセキ》・卄一人ヲ・
⑤封《ホウ》シテ・諸王《シヨワウ》トシ・又趙州《マタテウシウ》・ノ刺史《シシ》・司空《シコウ》・長孫無忌《チヤウソンフキ》・宗《ソウ》州・ノ刺史《シシ》・左
⑥僕射《ホクヤ》・房玄齢《ハウケンレイ》等《ラ》・スヘ才《テ》・功臣《コウシン》・十四人ヲモテ・世々《ヨ、》刺史《シシ》ニ・襲《ヲク》コト

③孩(平濁)童(平)
⑨八百余(平)年(平)
⑫劉(平)氏(去)、劉(平)氏(去)

〔十二ウ〕

③荊(平)州(平)、都督(入)
④荊(平)王(平)、元(平)景、安(平)州(平)、都(平)督(入)、呉(平濁)王(平)恪(入)、子弟(去)
⑤司(平)空(平)、宗州(平)

⑦ヲセシム
⑧貞観十一年ニ・礼部侍《レイホウシ》郎《ラウ》・李《リ》伯《ハク》薬・世《ヨ》ヲ駁《ハカル》 封《ホウ》事ヲ・タテマツ
⑨テ申サク・國《クニ》ヲオサメ・民《タミ》ヲタスクルハ・王《ワウ》者《シヤ》ノ・ツネノ・ヽリナリ・君《キミ》ヲ・タト《尊也》
⑩ヒ・臣《シン》ヲ・ヤスウル《(ヤスウスル)》ハ・人ノ心ノ・ヲホキナル・ミチナリ・百《モヽノ》ヲモハカリ・ヲモムキ・ヲナ
⑪シク・万古《ハンコ》ニ・カハラサル・旨也《ムネナリ》・シカレトモ・代《ヨ》ナカク・ミシカキ事アリ・國《クニ》ヲサマ
⑫リ・ミタル・ヽ・トキアリ・周《シウ》ノ武王《フワウ》ハ・夏殷《カイン》ノ・ナカキ・ハカリ事ヲ・ウツシ

【十三オ】

①テ・親戚《シンセキ》ヲ・諸王《シヨワウ》ニ・封《ホウ》セシカハ・本《モト》カタク・根《ネ》フカクシテ・王綱《ワウカウ》・ヲロソカナリ
②トモ《トイヘトモ》 枝《シ》幹《カン》・アヒタスク・コノユヘニ・逆《ケキ》乱《ラン》・マヽニ・アリトイヘトモ・宗祀《ソウシ》ノ・マツリ・タ
③ユル事ナシ・秦《シン》ノ始皇《シクハウ》ハ・スナハチ・師詁《シコ》ノ・ヲシヘヲ・ソムキ・先王《センワウ》ノ・ミチヲ・
④ステ、・山《ヤマ》ヲ・キリタテ、・サカシキコトヲ・タノミ・諸《シヨ》王《ワウ》ヲ・ソムキステ、・イヤシキ
⑤モノヲ・モテ・國《クニ》々ヲ・マホラシム・子弟《シテイ》ノ・シタシキ・ヤカラ・尺《セキ》土《ト》ノ・領《リヤウ》ナク・兆《テウ》
⑥庶《シヨ》ノ・民《タミ》・ミナ・安《アン》堵《ト》ノ・ヲモヒナシ・カルカユヘニ・陳渉《チンセウ》・ヒトリ・コヱヲ・アケシカハ・
⑦天下ノ諸《シヨ》将《シヤウ》・コト〱クニ・起《ヲコ》レリ・秦室《シンシツ》ノ七廟《ツヘウ》・タチマチニ・クツレタリ・
⑧真《シン》人《シン》・覇《ハ》上《シヤウ》ニカケリ・ミタレテ・マタ《又也》・サタマレリ・四表ヲ・ヽサメタル・
⑨帝尭《テイキヤウ》ト・イフトモ・七政《セイ》ヲ・ト、ノヘタル・帝舜《テイシユン》ト・イヘトモ・ヲノレニ入レテ・
⑩人ニユツル・心ナクハ・運《ウン》ヲタモツコト・マタカルヘカラス・尭舜《キヤウシユン》ノ・聖徳《セイトク》・
⑪アリシ・ナヲ・ソノ位《クラヰ》ヲ・子《コ》ニ・ツタヘタル事・ナシ・コヽニ・シンヌ・祚《ソ》暦《レキ》ノ・長《チヤウ》

⑧礼(上)部侍(去)郎(平)、李(上)伯(入)薬
⑫周(平)ノ武(去)王(平)、夏殷(平)

【十三オ】

①親(平)戚(去)、王綱(平)
②逆(入)乱(去)、宗(平)祀(平)
③秦(平)、師(平)詁(上)、先(平)王(平)
④諸(平)王(平)
⑤子(上)弟(去)、尺(入)土(去・入)
⑥安(平)堵(平濁)、陳(平)渉(入)
⑦秦(平)室(入)、七(入)廟
⑧真(平)人(平濁)
⑨帝(去)尭(平)、七政(去)、帝(去)舜(去)
⑩尭舜(去)、聖(去)徳(入)
⑪祚(去)暦、長(平)／短

⑫短《タン》ハ・カナラス・天ノ・サツケニアルヘシ・得失成敗《トクシツセイハイ》・ヲノ〱・ヨシ《由也》アルモノナリ・

〔十三ウ〕

①フシテヲモンミレハ・陛下《ヘイカ》・紀《キ》ヲトリ・天ヲ・オサメテ・期《コ》ニアタリ・聖《セイ》ヲヒ
②ラキ・億《ヲク》兆《テウ》ノ民ノ・焚溺《ハンテキ》ト・ヲホレタルヲ・スクヒ・氛《フン》侵《シン》ノ・ワサハヒノ・寰逾《クハンユ》
③ニ・ミテルヲ・ハラフ《掃也》・業《ケウ》ヲ・ハシメ・統《トウ》ヲタレテ・二《シ》儀《キ》ニ配《ハイ》シテ・徳《トク》ヲタテ・號《カウ》
④ヲ・、コシ・令《レイ》ヲホトコシテ・万物ヲ・タヘニシテ・イウ《優也》事ヲ・ナシヒトリ五等《コトウ》
⑤ヲタテ、・フルキ・制《セイ》ヲ・オコシ・万國《ハンコク》ヲ・シタシウシテ・諸王《シヨワウ》ニ・タテタリ・ヒソカニ・ヲ
⑥モンミレハ・漢《カン》ノ世《ヨ》・魏《キ》ノ世《ヨ》ヨリ・コノカタ・餘《ヨ》風《フウ》ノ・ツイヘ・イマタ・ナヲラス・
⑦イハンヤ・晉《シン》ノ世《ヨ》・馭《キヨ》ヲ・ウシナテ・諸王《シヨワウ》ヲ・タテサリシカハ・郡守《キンシウ》・縣《ケン》ノ令《レイ》・ニハ
⑧カニ・クツレハナレタリ・後魏《コキ》ノ時《トキ》・エヒス・ミヤコニ・マシハリヲリ・カタムルニ・関河《クハンカ》・
⑨ワカレ・ヘタ《隔》、リ・呉《コ》・楚《ソ》・ハルカニ・ヘタ、レルヲ・モテス・文《フン》ヲ・ナラフモノハ・長短《チャウタン》・縦《シウ》
⑩横《ワウ》ノ・術《シユツ》ヲ・マナヒ・武《フ》ヲ・ナラフモノハ・干戈ノ・タ、カヒ・アラソウ・心ヲ・ツクス・
⑪コト〱クニ・イツハリアリテ・ナサケナキ・陸《シナ》ヲ・成《ナス》・モトヲステ・スヱヲトル・俗《ソク》
⑫ヲ・イトナフ《営也》・隋　文帝《スイノフンテイ》ノ・開《カイ》皇　年《クハウノトシ》ノ・コロハ・雄倩《イウセイ》ノ・數《カス》ニマカセテ・ヨク

〔十四オ〕

①サタマレル功《コウ》ナシ・年《トシ》廿ヲ・コエタルマテ・ソノ徳《トク》ヲ・ミス・ヲナシキ・煬帝《ヤウテイ》
②ノスヱ・大《タ》業《ケウ》ノ・暦《レキ》ニ・ヲヨンテ・一人《シン》一物《モツ》・地《チ》ヲハラウテ・マサニ・ツキナントス・天
③ノユルセル・神武《シンフ》人《ヒト》・アテ冠《アタ》ヲ・ケツリ・タヒラクト・イヘトモ・ツハモノ、・労

⑫得(入)失(入)成(平)敗(去濁)

〔十三ウ〕

①紀(上)、期(平濁)
②焚(平)溺(入)、氛侵(平)
③統(去)、二(去濁)儀(平濁)、號(去)
④令(去)、ヒ(上)ト(上)リ(平)
⑤制(去)、諸(平)王
⑥魏(去濁)、餘(平)風(平)
⑦郡(平)守、縣(平)ノ
⑧後(上濁)魏
⑨呉(平濁)、楚(去)、長(平)短(上)、縦(平)／横
⑩縦／横(平)、術(入濁)
⑫開(平)皇(平)、雄(平)倩(平)

〔十四オ〕

③神(平)武(去濁)人、冠(入)

④スル事・ツイニ・ト、マラス・シカルヲ・陛下《ヘイカ》ノ・ツ、シンテ・聖徳《セイトク》ニ・シタカヒ・嗣《ツイテ》
⑤寳《ホウ》暦《レキ》ニ・アタリシヨリ・心・治世《チセイ》ニ・フカクシテ・先王ヲ・統《スヘ》・アキラカニス・至
⑥道《タウ》ノイタリ・名ツクヘキ・カタナク・言象《ケンシヤウヨ》・世ニ・タエタルトコロナリ・人
⑦ヲ愛《アイ》シ・人ヲウヤマウ事・丞《シヨウ》〳〵トシテ・モノウカラサルコト・舜帝《シユンテイ》
⑧ノ・孝《カウ》ノコトキ也《ナリ》・内ニ・ツカフル人ヲ・ヤスウセシ・メ・外《ホカニ》・マツシキモノヲ・ミツ
⑨カラ・コ、ロミテ・人ニ・食《シヨク》ヲアタフル事・周文王《シウノフンワウ》ノ・徳《トク》ノコトシ・憲司《ケンシ》
⑩ノ・タ、シキ人ヲ・モテ・ツミヲ・コトハリ・尚書《シヤウシヨ》ノ・ツカサ人ノ・ウタヘヲ・
⑪奏《ソウ》スルコトニ・大小《タイセウ》・カナラス・アキラカニ・察《サツ》シ・枉直《ワウチヨク》・シカシナカラ・
⑫コト〳〵ク・ニコトハル・謀《ム》反《ホン》ノ・ホカノ・ツミハ・大辟ノ・トカアリト・イヘ

〔十四ウ〕

①トモ・イタミ・アハレミテ・死罪《シサイ》ヲ・流罪《ルサイ》ニ・カヘタルコト・ヒトヘニ・夏大《カノタイ》
②禹《ウ》ノ・ツミアル人ヲ・ミテ・ミツカラ・マツ《先也》・ナキシニ・ヲナシ・蒭《スウ》蕘《ケウ》ノ・イヤシ
③キ・ヲシヘト・イヘトモ・鄙《ヒ》訥《トツ》ノ・ト、コホレル・コトハト・イヘトモ・イロヲ・タ、シウ
④シ・心ヲ・ムナシウシテ・コレヲ・ウケ・イル、コト・タ、・帝尭《テイケウ》ノ・イサメヲ・モ
⑤トメシニ・ヲナシ・文武《フンフ》ノ・六ノ藝《ケイ》ヲ・ス、メ・ヒロメテ・人ノ名《ナ》ヲ・タテシメ・
⑥フミニ・アキラカナル・人ヲ・青紫《セイシ》ノ・クラヒニ・ヌキ《抽也》イテ・アキラカナル・
⑦儒《シユ》ヲ・公《コウ》卿《ケイ》・大《タイ》臣《シン》ニ・ノホラシム・宮《キウ》闕《ケツ》・暑《シヨ》濕《シウ》ノ・地《チ》ニ・アリテ・ナツノ・ス
⑧ミカニ・アタハサルコトヲ・奏《ソウ》シテ・臣下・ヲノ〳〵・ヒトツノ・小殿《セウテン》ヲ・

⑥名ツ（平濁）クヘキ、言象（去）
⑦丞（平）々
⑨憲（去）司（平）
⑩尚（平）書（平）
⑫謀（平）反（去）

〔十四ウ〕

①夏（去）大（去）／禹
②大／禹（上）、蒭（平）蕘（平）
③鄙（去）訥
④帝（去）尭（平濁）
⑤文（平）武（去濁）、藝（去濁）
⑥青（平）紫
⑦儒（平濁）、公（平）卿（平）、宮（平）闕

⑨イトナマン・トセシカトモ・ツイヘヲ・、シミテ・コレヲ・ツクラサラシム・貞
⑩観ノハシメニ・夏《ナツ》ノ霜《シモ》・シキリニ・クタリ・天下ウヘタリ・御府《キヨフ》ノ・ミ
⑪クラ・ムナシトイヘトモ・マツシキ・民《タミ》ヲ・アハレミテ・賑《シン》-給《キウ》ノ・仁ヲ・ホトコ
⑫サレシカハ・ミチノホトリニ・流離《リウリ》スルモノ・一人モナカリキ・シカレトモ・

〔十五オ〕

①藜・藿《アカサアフヒ》ノ・葉ヲ・ミツカラ・モハラ・メシシカハ・カタチ・ハナハタ・ヤセタマヘリ・
②貞観三年ヨリ・籍《セキ》-田《テン》ノ礼《レイ》ヲ・オコシテ・天下農《ノウ》-桑《サウ》ヲ・イトナ
③ミシカハ・クニ・ユタカニ・マツリコト・ヤハラカニシテ・異《イ》國外《コククハイ》 朝《テウ》ノ・諸《シヨ》
④王《ワウ》・シタカヒ・マイリキ・周公《シウコウ》-旦《タン》(コ脱)ハ・大聖 人也《タイセイノヒトナリ》・ヨモノ・エヒスノ・譯《ヲサ》ヲ・カサ
⑤ネテ・キタリアツマルヲ・ヨロヒキシカルヲ・陛下《ヘイカ》ハ・ヨロコハス・四ノ夷・仁《エヒスシン》
⑥ニ・ナツイテ・万《ハン》-里《リ》ヨリ・キタルヲ・ミルコトニ・中國《チウコク》ノ・ミヤコノ・ツイエアラン
⑦コトヲ・イタミタマウ・ユヘ也《ナリ》・陛《ヘイ》-下《カ》・一《チ》時《シ》ノ・茂實《ホシツ》ヲ・ミルニ・先聖万《センセイハン》
⑧古《コ》ノ・英聲《エイセイ》ニモ・コエ・スクレタルモノナリ・心ニ・人ノ・イタミヲ・ウレヘ・道《ミチ》ニ・ア
⑨ルキ・アソフヰ《コ》トナシ・朝《アシタ》コトニ・マツリコトヲ・コトハリ・ウケキクコト・モ
⑩ノウカラス・マツリコトノ・、チ・智臣《チシン》ヲ・メシイレテ・コトノ・是非《セヒ》ヲ・
⑪討論《タウロン》ス・才学《サイカク》ノ人ニ・命《メイ》シテ・ヒマコトニ・書《シヨ》-籍《セキ》ノ・義《キ》ヲ・談《タン》ス・コノ・ヨツ
⑫ノ・ミチ・ヒトリ・上《シヤウ》-古《コ》ニ・コヘタマヘリ・生民《セイミン》ヨリ・コノカタ・タ、・君ヒトリ

〔十五ウ〕

⑩御府(平)
⑪賑(平)-給(入)、仁(平濁)
⑫流(平)離(平)

〔十五オ〕

①藜(平)
②籍-田(平)、農(平)-桑(平)
③異(去)國(入)外朝(平)、諸(平)
④諸╱王(平)、周(平)公(平)-旦(平)
⑤夷(平)、仁(平濁)
⑥中(平)國
⑦茂(去濁)實、先聖(去)
⑧英聲(平)
⑪談(平)ス
⑫生(平)民(平)

〔十五ウ〕

①ノミナリ
②貞観十一年ニ・中書《チウシヨ》ノ舎人《シヤシン》・馬周《ハシウ》」・上書《シヨ》シテ申サク・フシテ・
③君《キミ》ノ・マツリコトヲ・ミルニ・勲功《クンコウ》ノ賢者《ケンシヤ》ヲシテ・四《シ》」方《ハウ》ノクニノ・カミニ・任《シン》セ
④シメテ・ミヤコヲ・カコヘルカキノ・コトクニシテ・中國《チウコク》ヲ・マホラシム・ソノ子《シ》
⑤孫《ソン》ヲシテ・ソノアトヲ・ツカシム・ヲホキナル・ユヘアルニ・アラサレハ・コレヲ・
⑥シリソケ・アラタムルコト・ナカラントス・スナハチ・父ヲ・、モウシテ・ソノ
⑦子《コ》ヲ・モチヰルコト・ヲソラクハ・柱《コトチ》ニ膠《ニカハ》スル・アヤマリアラン・事ヲ・
⑧ソレ唐《タウ》」堯《キウ》」・虞舜《クシユン》」ハ・カシコキ・父《チ、》タレトモ・丹朱《タンシユ》」・商均《シヤウキン》」・ハ・ヲロカナ
⑨ル・子《コ》タリ・モシ・アトヲ・ツク・コ・ヲロカナラハ・民《タミ》・ワサハヒヲウ・ケ・國《クニ》ヤフ
⑩レヲ・致《イタ》サレナン・ソノ・ヒトリノ・臣下《シン》ノ・ホロヒタル・アトヲ・アハレンテ・現《ケン》
⑪」存《ソン》ノ民《タミ》ノ・カキリナク・ヲホカルヲ・ホロホサンヤ・材行《サイカウ》ヲ・コ、ロミテ・
⑫戸邑《コイウ》ヲ・ハカリアツヘシ・ムカシ・後漢《コカン》・光武《クハウフ》」帝《テイ》・功臣《コウシン》ノ子孫《シソン》・材《サイ》

〔十六オ〕

①行《カウ》アルモノニ・父《チ、》ノアトヲ・ツカシメシカハ・ソノ子《コ》ミナ・父《チ、》ノ術《シユツ》ヲ・マナ
②ヒエテ・ミナ・ツクコトヲ・エタリ・ネカハクハ・陛下《ヘイカ》・ソノ義《キ》ニ・ツイ
③テ・功臣《コウシン》ノ・子孫《シソン》ヲ・ハケマシテ・福《フク》」禄《ロク》ヲ・ツタフル事ヲ・エシメ
④タマヘ・太宗・コノ・上」表ヲ・ヨコ（口脱）ヒイレテ・帝《テイ》」流《リウ》ノ親戚《シンセキ》・並《ナラヒ》ニ・大功《タイカウ》
⑤ノ臣《シン》」等《ラ》・カナラスシモ・父子《チ、コ》・アヒツタヘテ・州《クニ》ニ刺《シ》」史《シ》タルコトヲ・

②中（平）書（平）
③勲（平）功（平）
⑧唐（平）」堯（平）、虞（平濁）舜、
丹（平）朱（平）、商（平）均（平）
⑩現（平濁）／存
⑪現／存（平）、材（平）行（去）
⑫光（平）武（去濁）帝、功（平）臣
（平）、子（上）孫（平）

〔十六オ〕

③功（平）臣（平）
④帝」流（平）

⑥ヤメシム
⑦
⑧貞観政要巻第三

（「巻第三」は以上）

〔十七オ〕

①貞観政要巻第四　　　　史臣呉兢撰

②　政ヲタスケタ、ス篇第九

③　直ニ申テ諫アラソウ篇第十

④　善コトヲ興悪コトヲスツル篇第十一

⑤　媚ヲモトムルヲ誡ル篇第十二

⑥

⑦　政ヲタスケタ、ス篇第九

⑧貞観ノ初・太宗・文學館《フンカククワン》ヲツクリテ・人ヲアツメ・文ヲ

⑨ナラハシム・虞世南《クセイナン》ヲ上客《シヤウカク》トシテ・文学ノ長者《チヤ（ウ）シヤ》ト・ス・房

⑩玄齢ト・文翰《フンカン》ノ事ヲツカサトラシム・昔列子《ムカシレツシ》傳《テン》ニ・ツラナレ

⑪ルトコロノ・賢女等《ケンチヨラ》ヲカムカヘテ・命《メイ》シテ屛風《ヒヤウフ》ノ繪《エ》ニカキ

⑫ヨソウニ・ソノ證本《セウホム》ナシ・虞世南《クセイナン》ソラニコレヲカケリ・一字《シ》

〔十七ウ〕

①モタカウトコロナシ・太宗虞。世南博達《ハクタツ》ナル事ヲ・オモウシテ・

②ツネニヒキ入テ・書籍《シヨシヤク》ヲ談《タム》シ・古《イニシヘ》ノ・帝王《テイワウ》ノ得失《トクシツ》ヲ論

③ス・唐《タウ》ノ高祖《カウソ》ノ崩シテ・晏駕《アンカ》ノヲモヒニ依《ヨリ》テ・太宗カナシ

④ミヲ含《フクム》テ喪《モ》ヲトル事・礼《レイ》ニスキ法度《ハウト》ニコヘタリ・哀容《アイヨウ》ノ

〔十七オ〕

⑨虞（平濁）世南、上客（「上」より左に線を引き「虫クイ此字上」とあり）

〔十七ウ〕

④法度（左音「ハツト」）

⑤カタチ・顦《セウ》顇《スイ》トヤセカシケテ・ヒサシク万機《ハンキ》ノマツリコト
⑥ヲワスル・百《ハク》僚《レウ》文武ノ臣・敢《アヘ》テハカリコトヲ出《イタ》ス者ナ
⑦シ・只虞世南ヒトリ・安危《アンキ》禍福《クワフク》コトハリヲノヘテ・哀傷《アイシヤウ》
⑧ノ心ヲナクサメコシラウ・太宗ハナハタヨミシテ・始《ハシメテ》政《マツリコト》ヲノ
⑨ソムコ、ロアリ・虞世南卒《シユツ》シテ後・太宗ハ・カレヲオシミ悲《カナシミ》テ・
⑩哭《コク》スル事・甚《ハナハタ》シ・太宗イニシヘノ治乱《チラン》ノ道《ミチ》ヲ思テ・詩一篇《ヘン》ヲ
⑪ツクレリ・歎《ナケイ》テノタマハク・詩《シ》篇《ヘンタレ》誰ニカ・イマハミセン・鐘《シヨウシ》子期《キ》死《シイ》セ
⑫シカハ・伯牙《ハクカ》琴《キン》ノタチキト・ヨテ・起《キ》居郎褚遂良《キヨラウチヨスイリヤウ》ヲシテ・

〔十八オ〕

①虞世南カ廟《ヘウ》ノ・霊帳《レイチヤウ》ニイタラシメテ・此詩《コノシ》ヲヨマシム・後ニヤカ
②シメタリ・其ヲモクセラル、事カクノコトシ
③貞観四年ニ・太宗カタリテ・隋ノ煬帝ノ・カラキ法《ハウ》ヲ・ソ（ヲ）コナ
④ウシコトヲ・談《タン》ス魏徴申サク・臣サキニ隋《スイ》朝《テウ》ニツカヘテ・粗キ、
⑤キ・盗人《ヌスヒト》アラハル、トコロニ・士《シ》澄《テウ》ニ令《レイ》シテトラヘシム・ウタカハシキ
⑥事アルモノ・コトニ・ネムコロニ・コレヲセメトウ・フカク・拷掠《カウリヤウ》ヲ
⑦キハメ加《クワウ》ル・亻又ヲシテ・盗人ニマケナセルモノ二千餘《ヨ》人・一日
⑧ノウチニヲナシク死罪《シサイ》ニヲコナハルヘ（キ脱）ヨシ・決《ケツ》セラレヌ・大理丞《リセウ》
⑨張元濟《チヤウケンセイ》アヤシムテ・ソノ事ヲ・キハメタツヌルニ・トラハル、モ

⑫伯牙（平濁）

〔十八オ〕

⑦マケ（左漢文注「曲也」）ナセル

⑩ノ・二千餘人ノウチニ・真《マコト》ニヲカセル盗人・九人也・ナヲ逗《トウ》
⑪留《リウ》シテ・アキラカナラス・官《クワンニン》人ヲノ〳〵糺《タ、シタツヌ》尋ルニ・九人ノウチ
⑫ニ・アヤマリナキモノ・ナヲ四人ナリ・大理《リ》丞《セウ》張元濟以《イ》下《ケ》ノ

〔十八ウ〕

①有司等《イウシラ》・ミナ實犯《シチホン》五人ノホカハ・アヤマチナキ事ヲ・シルト
②イヘトモ・煬帝ノミツカラ・ステニ・斬《サム》罪《サイ》ニ決《ケツ》セルヲモテ・ハヽカリ
③テ・執《シツ》奏《ソウ》スルモノナキニヨリテ・罪《ツミ》ナキ二千人ミナ・ヲナシ
④クキラレヌヘシ・太宗ノタマハク・煬帝無《フ》道《タウ》ナルウヘ・臣下
⑤又心ヲツクサヽルコト・正直ニアラス・タトヒ・我身誅謬《チウリク》セラ
⑥ルヘシトイウトモ・何上《ナムソカミ》ノアヤマリヲタヽサヽランヤ・タヽヘツラウ
⑦テ・君ノ心ヲヨロコハシメム事ヲノミ・求《モトメ》テ・カクノコトキナラハ・
⑧上《カミ》モ・下《シモ》モ・争《イカテ》カ・ヤフレサランヤ・朕公等《コウラ》カ・アイタスケ・アヒタ
⑨タスニヨリテ・囹《レイ》圄《キヨ》ノヒトヤニ・獄《コク》囚《シウ》ナクシテ・ムナシキコトヲ
⑩エタリ・公等ネカハクハ・ヲハリマテ諫《イサメ》ヲ善《ヨク》シテ・ナカク・今《ケノ(フ)》
⑪日ノコトクナラシメヨ
⑫貞観五年ニ・鄭《テイ》仁《シム》基《キ》カムスメ・年十七・容色《ヨウシヨク》ノカタチ

〔十九オ〕

①殊麗《シユレイ》ト・ウルハシウシテ・當世ニスクレタリ・文《フン》徳皇《トククワウ》后《コウ》コレヲ

〔十八ウ〕

②斬（上）罪（平濁）
⑨囹（平）圄（平）、獄（入濁）囚
（左音「シユ」）
⑫鄭（平）仁（平濁）基（平）

〔十九オ〕

②モトメテ・嬪《ヒン》御《キヨ》ニソナヘタリ・太宗ニチカツケムトス・太宗スナハチ・
③娉《ヘイ》シテ・文元《クワン》華《クワ》ニイレムトス・詔勅《セウチヨク》ステニ出《イテ》テ・策《シヤク》ノツカヒ・マ
④サニヲモムカントス・魏徴ス、ムテ申サク・父《チ、》ソノムスメヲ
⑤ユルシテ・陸氏《リクシ》ニトツカムコトヲ約《ヤク》セリ・トキク・陛下民《タミ》ノ
⑥父母《フホ》トシテ・萬《ハン》姓《セイ》ノ民ヲ・子ノコトクニス・コノユヘニ・君臺《タイ》
⑦榭《シヤ》ノヨキミヤツクル時ハ・タミミナ・棟《トウ》宇ノイヱ〳〵ノ・ヤスキ
⑧コトアラン事ヲ・オモヒ・君膏粱《カウリヤウ》ノ・ヨキアチハヒヲ・クラウ
⑨時ハ・民ノ・ウヱタル・ウレヘナカラン・事ヲオモヒ・君嬪御《ヒンキヨ》ノ
⑩女《ヲンナ》ヲ・モトメ・イレムトキハ・民ノ妻《サイ》室《シツ》ノ・メニソナヘムコトヲ・
⑪オモウ・コレ人主ノキミノツネノ道《ミチ》也・シカルヲ・イマ・鄭仁基
⑫カ女《ムスメ》・ステニ・人ニユルセリ・陛下・コレヲ・トリテ・カヘリミ・トウトコ

〔十九ウ〕

①ロナシ・コノ事ヲ・四海ニアラハサハ・ナムソ・民ノチ、ハ、タル道
②タラムヤ・ヲソラクハ・サカリナル徳ヲ虧《カキ》・ケカサム事ヲ・心
③ニヲモフトコロ・アヘテカクサシ・陛下ネカハクハ・叡《エイ》慮《リヨ》メクラシ
④給へ・太宗ヲホキニ・ヲトロキ給テ・テツカラ・詔《セウ》旨《シヲ》カキテ・コ
⑤タヘ給・フカク・ミツカラヲセメテ・即《スナハチ》ヲモムク使《ツカイ》ヲ・ト、メテ・
⑥カノムスメヲ・ユルセル夫《ヲト》ニ・トツカシムヘシト云・コ、ニ房玄齡温《ヲム》

③元（平濁）華、詔（平濁）勅
⑥父母（左訓「チ、ハ、」）

〔十九ウ〕

⑤フカク（左漢文注「深也」）

⑦彦博《ケンハク》-王珪《ワウケイ》-等《ラ》韋挺《ヰテイ》-ソノホカノ内外《ナイケ》ノ朝臣《テウシン》・コト〳〵ク・申
⑧サク・カノムスメ・陸氏《リクシ》ニユルセリトイウコト・顕《ケン》-然《セン》ノカタチナ
⑨シ・イマ・大礼《タイレイ》ステニヲコナハレテ・ナカコロ・ト、マルヘカラスト・陸氏
⑩マタ・表《ヘウ》ヲアケテ・婚《コン》-姻《イン》ノヨシミヲ約《ヤク》スルコトナシト申・太宗
⑪コ、ニ・ウタカヒヲナシテ・魏徴ニトウテノタマハク・臣-下等《ラ》
⑫カノムスメ・イマタ人ニユルサ、ルヨシ・各《ヲノ〳〵》　申セリ・又・陸-氏約《ヤク》セスト

〔二十オ〕

①表《ヘウ》ヲアクルトコロナリ・群《クム》-臣等《シンラ》・ハナハタ・ムネニ・ヲモネルト云《イフ》ト
②モ・陸氏何《ナムソ》・理《コトハリ》　ニスキテ・分《フム》-疎《ソ》ナラムト・魏徴コタヘテ申サク・
③ヲモミルニ・陛-下ヲモテ・ヲノ〳〵高祖《カウソ》太-上皇《クワウ》ニ・ヲナシウ
④セムト・スト・ヲモヘリ・太宗ノタマハク・太上皇ニヲナシウセント申
⑤ハ・イカナルコトソヤ魏徴コタヘテ申サク・太上皇・原《ケン》-城《セイ》ヲタ
⑥ヒラケテ・辛處儉《シムシヨケン》-カ・婦《メ》ヲトテ・愛寵《アヒテウ》シキ・辛《シム》處儉-襲《ツイ》
⑦テ・建成太子ノ舎人タリキ・太上皇・コレヲキイテ・ヨロコヒス
⑧シテ・辛處儉-ヲ・東宮《トウクウ》ヨリ出《イタシ》テ・萬縣縣《ハンケンケン》ノ令《レイ》トシテ・ツカ
⑨ハサレキ・陛下・モシコレヲ遂ハ・太上皇ノ・アトヲ遂ナルヘシ・コ、
⑩ヲモテ・夫陸《ヲトリク》-爽《サウ》-反《ハン》-覆《フク》シテ・約セサルヨシ表ヲアケタリ・アヤシ
⑪ムニタラスト・太宗即《スナハチ》　咲《ワラウ》テ・勅《チヨク》ヲ出《イタ》シテ・ノタマハク・鄭仁基-

⑦温-／彦博（去）
⑩婚（平）-姻（平）

〔二十オ〕

②分（平）-疎（平）
⑤原（平）-城（平）
⑥辛處儉（平）、　襲（左漢文注「即也」）

⑫カ女・サキニ人ノ礼娉《レイヘイ》ヲウケタリ・シカルヲ・文書ヲ出日《イタスヒ》。ツハヒ綺《コト》也

〔二十ウ〕

①ラカナラス・コレニヨテ・朕モサトリ・カタシ・有司《イウシ》等《ラ》モ・アヤマレリ・
②元華《クエンクワ》ニ入ル事・ヨロシク・ト、ムヘシ・コレヲ人・ミナ聖《セイ》朝明《メイ》ノ
③君ナリト・称《セウ》セスト・云《イフ》コトナシ
④貞観十年ニ・太宗侍《シ》臣《シン》ニノタマハク・太子ノ太保《タイホウ》・イニシヘモ・
⑤ソノ人ヲエラミカタシ・周《シウ》ノ成王《セイワウ》・イトケナカリシカトモ・周《シウ》公《コウ》召《セウ》公《コウ》
⑥ヲモテ・太傅《フ》太保トシ・又左《サ》右近習《イウキンシウ》ミナ賢《ケン》ナリ・コレニヨリテ・
⑦仁《シン》理《リ》ヲナシ太平ヲ致《イタ》シテ・聖《セイ》主《シユ》ト称《セウ》スルコトヲヱタリ・秦《シム》ノ
⑧二世《シセイ》胡《コ》亥《カイ》ヲハ・始《シ》皇コレヲ愛《アイ》シテ・趙高《テウカウ》ヲモテ・太傅ト
⑨シテ・ツケタリ・趙高ソノカミヨリ・胡《コ》亥《カイ》ニヲシフルニ・法家《ホツケ》
⑩刑辟《ケイヘキ》ヲモテス・胡亥纂《ツイテ》テ二世皇帝トナルニ及《ヲヨム》テ・律《リツ》
⑪令《リヤウ》ヲタ、シ・刑《ケイ》法《ハウ》ヲコノム・親《シム》戚《セキ》ヲコロシ・功臣《コウシム》ヲ誅《チウ》シテ・酷《コク》烈《レツ》
⑫ヤマスシテ・踵《クヒス》ヲメクラス・アヒタニ・ホロヒタリ・コレヲモテ・コレヲ

〔二十一オ〕

①イヘハ・人ノ善悪《センアク》カナラス・近習《キンシウ》ニアルヘシ・シカルヲ・朕弱冠《シヤツクワン》ノ
②ムカシ・マシハリ・アソフトコロ・只柴紹《サイセウ》竇誕《トクタム》等《ラ》ナリ・カレ（ラ）ヲ
③ヒト、ナリ・三益《エキ》ノタクヒニ・アラス・シカレトモ・朕・天下ヲサタ

〔二十ウ〕

⑩纂（左漢文注「継也」）テ

〔二十一オ〕

②柴紹（去濁）

④メテ・寶《ホウ》位《イ》ニ・キルニヲヨムテ・帝堯帝禹《ウ》ノ明《メイ》ニ・ヲヨハ
⑤ストイヘトモ・孫《ソン》皓《カウ》高《カウ》縟《ショク》カ・アレタリシ・列《レツ》ニハアラス・コレヲモテ・
⑥コレヲイヘハ・又近習《キンシュ》ニハ・ソミ・ヨラサルカ・イカム・魏徴コタヘテ申
⑦サク・中《チウ》分《フン》ノ人ハ・ソミ・ナル、・人ニシタカイテ・善《セン》ヲナシ・悪《アク》ヲナス
⑧トイヘトモ・上智《シヤウチ》ノ人ハ・心イサキヨウシテ・チカツク・トコロニ・ソミ・ケ
⑨カル、・事ナシ・陛下命《メイ》ヲ・天ニウケテ・アタヲ・タイラケ・民《タミ》ヲ
⑩スクヘリ・理《リ》ヲ致《イタ》ス事升《セウ》平《ヘイ》ナリ・柴《サイ》紹《セウ》竇誕《トクタン》カトモカラ・
⑪ナソ・聖《セイ》徳《トク》ヲ・ハツラハサムヤ・タ、シ・傳《テン》ニイハク・鄭《テイ》聲《セイ》ヲシリソ
⑫ケ・佞《ネイ》人ヲサケテ・近習ノアヒタニ・尤《モトモ》エラヒ・ツ、シムヘシト・太宗

〔二十一ウ〕

①コノコトハヲ・ヨシト・稱《セウ》ス
②　直《タ、チ》ニ申諫アラソウ篇第十
③貞観三年・八月九日勅宣《チヨクセン》アテ・令《レイ》スラク・關中《クワンチウ》ニ二年ノ・
④所當《ショタウ》ヲ・免《ユル》スヘシ・關外諸《クワンクワイショ》国《コク》ニハ・一年ノ租調《ソテウ》ヲユルスヘシ
⑤ト・其後又勅《チヨク》アテ・宣《セム》スラク・ステニ・役《エキ》シ・ステニ・ワキマヱテ・出《イタ》
⑥シヲサメ・ヲハムナハ・明年《ミヤウ》ユルスヘシト・魏徴上書《シヨ》シテ申サク・
⑦コトシ・濟《セイ》物《モツ》ヲユルサレテ・老《ヲイ》タルモ・イトケナキモ・ヨロコムテ・舞《マイ》
⑧ウタウ・シカルヲ・サキノ詞《コトハ》ヲアラタメテ・明年《ミヤウ》免《ユル》スヘシト・ア

⑤孫（平）皓、高（平）縟（入）
⑥ソミ（左漢文注「染也」）

⑩升（平）平（平）

〔二十一ウ〕

⑨ヒ喜《ヨロコフ》人・ミナ・ノソムトコロヲ・ウシナヘリ・今フタツノ言《コトハ》ノ相《アヒ》
⑩カハレルヲ・万国《ハンコク》ウタカウコ、ロヲ・キサスヘシト・ソノ、チ・右僕《イウホク》
⑪射封徳彝《シャホウトクヰ》民ノ中《ウチ》・男《ヲノコ》ノ十八已《イ》上《シヤウ》ナルヲ・ヱラムテ・イク
⑫サニ・ムカヘムトス・太宗ノタマハク・中《チウ》男《ナン》已上・イマタ・十八ニヲヨハ

〔二十二オ〕

①ストモ身躰《シンタイ》サカリニ・オホキナラハ・イクサニ・ヲモムクヘシ・コ、ニ
②魏徴・サ、ヘテ・勅宣ニシタカハス・太宗イロヲオコシテ・魏徴
③王珪《ケイ》等ヲ・セメテノタマハク・イマ・式《シキ》ニヨリテ・點《テム》シトル・理《リ》ニ
④ヲイテ・ナムソ・タカハム・シカルヲ・君アヤマレル固執《コシウ》ヲナセリ・
⑤公《コウ》カ心ヲ・サトラス・魏徴イロヲ・タ、シウシテ・申サク・ナカレヲ・
⑥ツクシ・スナトルトキハ・ヲオク・魚《ウヲ》ヲ得ト・イヘトモ・魚《ウヲ》ツキテ・明《ミヤウ》年
⑦ニ・ウヲナシ・林《ハヤシ》ヲヤイテ・カリスルトキハ・オホク・獣《ケタモノ》ヲ・ウトイヘトモ・ケ
⑧タモノツキテ・明年ケタモノナシ・モシ次《シ》男《ナン》已下ヲ・コト〳〵ク
⑨點《テン》メ・イクサニイレハ・租《ソ》賦《フ》雜《サウ》徭《エウ》・イツレノトモカラカ・コレヲツトメ
⑩ム・點《テン》シトルトコロ・タトヒ・スクナシトイウトモ・クハシク・壮健《サウケン》ノスク
⑪ヨカナルヲ・エランテ・コレヲ礼シテ・厚《コウ》遇《ク》セハ・ソノタ、カヒ・コ、ロヲ・
⑫百《モヽ》ニセム・只・タ、カヒノ・カツコト・何《ナムソ》・人ノ・ヲ、カルニ依《ヨラ》ムヤ・太宗ノタマハク・

〔二十二ウ〕

⑪右僕／射（左音「ヤ」）、民ノ中（左音「チウ」）・男（左音「ナン」）ノ

〔二十二オ〕

⑪厚（平）遇（平）

〔二十二ウ〕

①君カ固《カタク》・アヤマリノ・ヤマサルヲミテ・忘《如本》カツイヱヲ・コノコトニ・ウ
②タカウ・シカレトモ・天下ノ理《リ》ヲ・イタスヘキ事ヲ・キイツ・スヘカラ
③ク・中《チウ》」男《ナン》ヲトル事ヲヤムヘシ・魏徴」ニ・金《コカネ》ノモタヒ一ヲ給《タマフ》フ・王珪」
④ニ・キヌ五十」疋《ヒキ》タマウ
⑤貞観三年ニ・太宗侍臣ニ・カタテ・ノタマハク・法ヲハケシク・
⑥ヲコナハムトスレハ・スコシキナル・トカニヨリテ・ヨキ人ヲ・ウシナウ
⑦ツヘシ・法ヲユルク・ヲコナハント・スレハ・又カタマシキ・タクヒ・アヘテ
⑧ツ、シマス・イカニシテカ・是《コレ》ヲ・折《セウ》」中《チウ》セン。个《ヤ》・魏徴コタヘテ申
⑨サク・教《ヲシヘ》ヲウケテ・理《リ》ヲナス事・トキニシタカテ・サタムヘシ・若《モシ》
⑩人ノ心・スミヤカナラム時ハ・コレヲスクウニ・ユルクユタカナル法ヲ
⑪モテスヘシ・モシ人ノ心・ユルナラン時ハ・コレヲネ《タ》、スニ・ハケシキ・
⑫法ヲモテスヘシ・時ノ風《フウ》ツネナラス・法令《ハウレイ》・トキニシタカウテ・ヲコナウヘシ

〔二十三オ〕

①貞観三年・太宗ノタマハク・イニシヘヨリ天下ヲタモツ人・
②子《シ》」孫萬《ソンハム》」世《セイ》ニヲヨホシテ・理《リ》」道《タウ》尭舜ニマサラン事ヲ・ヲモヘ
③トモ・秦ノ始《シ》皇カコトキハ・英雄《エイイウ》ノ主《シユ》ニシテ・国ヲタヒラケ
④テ・ノチ・ワツカニ・ソノ身・ワサハイニマヌカレタリトイヘトモ・ソノ
⑤子ニイタリテ・ホロヒタリ・夏《カノ》」桀《ケツ》」殷」紂《イムノチウ》」幽王《イウワウ》」厲王《レイワウ》」又ミナ・

①忘（「忘」字は「君」字の誤りか）カツイヱ

〔二十三オ〕

⑥同クウセタリ・朕カ善」悪ヲキク・シカレハスナハチ・朕イカテ
⑦カ・思量《シリヤウ》セサラムヤ・魏徴」奏《ソウ》シテ申サク・人君《シムクン》・コトハヲ出《イタ》スタ
⑧ヒコトニ・善悪・コヱニシタカテナル・若《モシ》・人」君《クン》コトハヲ出《イタ》シテ・我（右側虫損）ト
⑨カヲ・キカムトスレハ・スナハチ・ソノ國サカユ・モシ・人」君《クン》コトハヲ出
⑩シテ・我コ、ロサシニ・人ヲシタカヘムトスレハ・又・ソノ國ホロヒヌ・
⑪古《コ》」人《シン》ノイヘラク・一」言《ツケン》ヲモテ国ヲオコシ・一」言ヲモテ・国ヲ
⑫ホロホストイヘリ・天下ノ人ミナ・ヲノレカスル事ヲ・陛下ニ

〔二十三ウ〕

①ス、メテ・ヲノレカ・功ヲタテ（ム脱）トス・正キ人ハ・正道ヲ君ニ
②ス、メテ・ミツカラ・ス、マムトス手キ、・心タクミナルモノハ・アヤシ
③キウツハモノヲス、メ・犬鷹《イヌタカ》ヲ好《コノム》モノハ・田《テン》」遊《イウ》ノカリヲス、
④ム・ミナ國ノタメニ・益《エキ》ナキコトヲカヘリミス・只ヲノレカタメ・タ
⑤ヨリアラム事ヲ申ス、ム・若《モシ》・陛」下正《タヽシキミチ》」道ヲマホラハ・カタマ
⑥シキ人・ス、ミカタカラム・太宗ノタマハク・此事《コノ》マコトニ・汝《ナンチ》申
⑦ストコロノコトシ
⑧貞観五年権《ケン》」萬紀《マンキ》」并《ナラヒニ》・季《リ》」仁發《シンハツ》」人ヲ讒《サムシ》・ウタウルヲ
⑨以《モテ》・群臣數《クンシンス》」家《カ》ヲシヱタケタリ・外内《ホカウチ》ソノ不可《フカ》ヲシルトイヘト
⑩モ・ヲチテ・ヨクアラソフモノナシ・魏徴イロヲタ、シウシ・奏《シ》テ

〔二十三ウ〕
⑧季」仁（平濁）發
⑨外内（左に「内外《ウチト》」とあり）

⑪申サク・権萬紀季仁發讒《サム》毀《キ》ヲ以《モ》テ・忠《チウ》トシ・ソシリ訴《ウタウ》
⑫ルヲ以《モテ》・直《チヨク》ナリトス・房玄齢ヲ・誣《シイ》・譖《シコ》・張亮《チヤウリヤウ》ヲ・ソシリ・シリ

〔二十四オ〕

①ソク・人ヲハケマシ・ス、ムルトコロナク・イタツラニ・君ノ聖明《セイメイ》
②ヲケカス・カノ謀《ホウ》慮《リヨ》ノ・カキヲモテ・棟梁《トウリヤウ》ノ仁《シム》ヲオサムルニタラム・
③房玄齢張亮《チヤウリヤウ》カトモカラ・ナヲコレヲソシリ・譖《シコツ》・イハムヤ・ソノソ（衍）
④ノアマリノウトク・イヤシキモノ・イカテカ・ソノ讒口《サムコウ》ヲフサカム
⑤ヤ・フシテネカハクハ・陛下・コ、ロヲト、メテ・フタ、ヒ・コレヲ・オモヘ・
⑥此両人《コノリヤウニン》・ツカヘテヨリコノカタ・イマタ一事ノ益《エキ》アラス・陛下
⑦タトヒ・ヨキ人ヲ挙シテ・徳ヲホトコス事・カタクトモ・ナムソ・カ
⑧タマシキモノヲ・モチイテ・ミツカラノ徳ヲソコナハムヤ・太宗
⑨欣《キン》然《セン》トヨロコムテ・キヌ・五百疋ヲタマフ・カレ（ラ）ヲカ・悪《アク》跡《セキ》・カタ〳〵・
⑩アラハル・李仁發爵禄ヲ解・宮中ヲ・シリソケラレヌ・権萬
⑪紀司《シイ》馬《ハ》ニ貶《ヲトシ》ウツサレヌ・朝《テウ》廷《テイ》・コト〳〵ク相《アヒ》ヨロコフ
⑫貞観六年・人アリテ・魏徴ヲ讒シテ申サク・魏徴等ホ

〔二十四ウ〕

①シイマ、ニ・帝ノ親《シム》戚《セキ》ヲ阿《ア》黨《タウ》スト申ス・太宗ソノ事ヲ・
②温《ヲン》彦博《ケンハク》ヲ以・タ、シ・アキラメシムルニ・讒スルモノ、・ヒカコトヲ

⑫直（左訓「スナヲ」）ナリト

〔二十四オ〕

②仁（平濁）

⑥両人（左訓「フタリ」）

⑨欣然（平濁）

⑪貶ウ（左漢文注「減也」）ツサレヌ

〔二十四ウ〕

③奏セルニナリヌ・温彦博—申テイハク・魏徴—コトヲ奏スル
④コトニ・言 多《コトハオホク》・モナシトイヘトモ・心ニ刑《ケイ》迹《シャク》ヲ存《ソム》セサル故《ユヘ》ニ・人ウ
⑤タヘラルヘキ事アリト・太宗温彦博—ヲ以・魏徴—ニ（虫損）《（ヲホ）》セ
⑥ラレテイハク・汝《ナンチ》・朕ヲイサメ・タスケタルコト・數百 條《スヒャクテウ》ナリ・
⑦ナムソ・小事《セウ》ヲモテ・アマタノコトヲ忘《ワスレ》ムヤ・シカレトモ・汝・大小《タイセウ》
⑧ヲノコサス・善悪ヲタ、シ申サス・トカアリテ・シリソケラル、
⑨モノコトニ・汝ヲウタカヒウラム・今ヨリノチハ・刑迹《ケイシャク》ヲ存スヘシ・
⑩魏徴—ヨテ事ヲ奏セサルコト數日《スシチ》也・太宗トウテノタマ
⑪ハク・魏徴コノコロ・ホカニアケ《（テ）》マツリコトノ・アタ《（衍）》、ラサルコト・アルコ
⑫トヲ《（キ脱）》ケリヤ・魏徴イロヲタ、シウシテ・申サク・サキノ日人ノ

【二十五オ】

①恨《ウラミ》ヲ負《ヲウ》ヘカラサルムネ・温彦博—勅《チョク》ヲ人臣ニツタヘタリ・コノ
②事オホキニアタラス・君臣威儀《イキ》カナウトキハ・義《キ》一躰《ツタイ》
③ノコトシ・何・刑《ナンソケイ》迹《シャク》ヲ存セム・言《コトハ》ヲ君《キミ》ノ道《ミチ》ニヲシマムヤ・上下《シャウカ》・
④コ、ロヲヘタテハ・那《クニ》ノ興《ヲコリ》・ホロヒム事・陛下イカテカキカム・太宗
⑤カタチヲアラタメテ・ノタマヘリ・サキノ言・イマハ・即コレヲクユ・
⑥マコトニ・オホキナルアヤマリナリ・公《コウ》・敢《アヘテ》・コトヲ奏スルコト・避《サル》ヘカ
⑦ラス・魏徴—スナハチ・再拝《サイハイ》シテ申サク・臣《シム》・道《ミチ》ヲタ、シウシテ・

〔二十五オ〕

⑧ソムクトコロアルヘカラス・只ネカハクハ・臣・良臣《リヤウシン》タラン事ヲ・忠臣《チウシン》
⑨ニ至《イタリ》テハ・ネカハサルトコロナリ・太宗ノタマハク・忠臣《チウシン》ト・良臣《リヤウシン》トハ・
⑩コトナルカ・イカム・魏徴コタヘテ申サク・良臣ハ・稷《ショク》契《ケイ》咎繇《キウヨウ》等《トウ》
⑪コレナリ・忠臣ハ龍逢《レウハウ》比干《ヒカン》等《トウ》コレナリ・良臣ハ・君ヲシ
⑫テ・ヨキナ《名》ヲアケシメ・身ヲシテ・タ、シカラシメテ・福《フク》禄《ロク》・

〔二十五ウ〕

①子孫《シソン》ニ・ヲヨホスナリ・忠臣ハ・君ノ大悪《アク》ニヲチイルトキ・トモニ・
②命《メイ》ヲオナシウシ・國家《コツカ》・ホロフトイヘトモ・ヨキ名《ナ》ヲノコスナ
③リ・太宗ノタマハク・君タ、コノ言《コトハ》ニタカウコトナカレ・ワレ又・社《シヤ》
④稷《ショク》ノハカリコトヲワスレシ・スナハチ絹《キヌ》三百疋《ヒキ》タマウ
⑤貞観七年・楊《ヤウ》誉《ヨ》禁《キン》省《シヤウ》ノ内《ウチ》ニシテ・婢女《ヒチヨ》ニ競通《ケイツウ》ス・コ、
⑥ニ・都官《トクワン》・薩《サツ》仁方《シムハウ》楊《ヤウ》誉カ身ヲトラヘト、メテ・タ、シ・カムカウ・
⑦楊誉カ子《コ》楊子牛《ヤウシコ》庭《テイ》中《チウ》ニシテ・陳《チム》シ・ウレヘテ申サク・
⑧五品已《ヒンイ》上《シヤウ》ノモノ・謀《ム》反《ホン》ノ罪《ツミ》ニアラサルハ・ソノ身ノトムルコトナ
⑨シ・イマ楊誉蜀王《ショクワウ》ノ妃《キサキ》ノ父トシテ・国親戚《シンセキ》タルヲモテノ
⑩ユヘニ・コトサラニ・節《セツ》目《ホク》ヲナシテ・身ヲト、メテ・年《トシ》ヲワタルト
⑪申セリ・太宗大《オオキ》ニイカテ・ワカ親戚タルヲシテ・コトサラニ・此艱《コノカン》
⑫難《ナム》ヲナセリトイツテ・薩仁方ニ杖罪《チヤウサイ》ヲアツルコト・一百任《シム》ス

〔二十五ウ〕

④ワスレシ（平濁）

⑥薩仁（平濁）方

⑫任（去濁）ス＼ル

〔二十六オ〕

①ルトコロノ官爵《クワンシャク》ヲ解《トク》・魏徴｜ス、ムテ申サク・髙祖《カウソ》ノ時・禁｜
②省ニシテ・アルヒハ・女ヲ姦《カム》スル事ホシキマ、ニストイヘトモ・陛
③下登極《トウキヨク》ヨリコノカタ・ハシメテ是ヲイマシム・薩｜仁方｜今都《ト》官《クワン》
④トシテ・国ノタメニ法ヲマホレリ・城《セイ》ノクツネ・社《ヤシロ》ノネスミ・皆《ミナ》
⑤ヨリ・タノムトコロアリ・ナソ薩｜仁方｜ニ・ハケシキ罰《ハツ》ヲクハヘテ・
⑥楊誉｜ニ外戚《クワイセキ》ノ私《ワタクシ》ノアイヲ・イタサムヤ・水《ミツ》ノヨコサマナル
⑦ナカレヲト、メスシテ・隄防《テイハウ》ノツ、ミヲ・ヤフルヘカラス・太宗ノ
⑧タマハク・マコトニ・公《コウ》カ言《コト》ノコトシ・薩｜仁方｜ヲ・ユルシツ
⑨貞観八年・左僕射《サホクヤ》房玄齢｜右僕射《イウホクヤ》高士廉《カウシレン》｜ミチニ
⑩シテ・小府《セウフ》｜監竇《カントク》｜徳素《トクソ》｜ニアフテ・トウテイハク・コノコロ・北《ホク》｜門《モン》ニ
⑪イカナル造《サウ》｜作《サク》カアルト・竇｜徳素｜房玄齢｜カトウトコロノ言《コトハ》ヲ・
⑫帝《テイ》ニ奏《ソウス》・太宗スナハチ又房玄齢｜等ニカタテノタマハク・君《キミ》

〔二十六ウ〕

①只《タヽ》・南殿《ナムテン》ノマツリコトヲシレリ・北門・スコシキナル造榮《サウエイ》ナムソ・
②君カ事ニアツカラム・房玄齢｜等アヤマレリト知《シリ》テ・恐《ヲソリ》テ
③拝《ハイ》｜謝《シャ》ス・魏徴ス、ムテ申サク・房玄齢｜等造《サウ》｜営《エイ》ノ事ヲ・
④竇｜徳素｜ニトヘリ・シカルヲ・陛下・コレヲ責《セム》・ソノコ、ロヲシラス・両《リヤウ》

〔二十六オ〕

④城（左音「シヤウ」）ノクツネ

⑥私ノアイ（左漢文注「愛也」）ヲ

〔二十六ウ〕

①造榮（左漢文注「營止（正？）」）

⑤人《ニン》ハスナハチ・陛下ノ股《コ》肱《コウ》・耳《シ》目《ホク》ナリ・造営・モシ・アタレル事ナ
⑥ラハ・陛下ヲタスケテナサシムヘシ・造営・モシ・アタラスハ・ステニ・
⑦ヲヱタリトイウトモ・奏シテ・ト、ムヘシヨテ・房玄齢等カタ
⑧ツネトヘル事・ステニ・ソノツミナシ・シカルヲ・陛下コレヲ責ル
⑨事アタラス・房玄齢等陳スルコトハ・ワスレテヲソレテ・拝謝《ハイシヤス》・
⑩ソノ心マタク・シリカタシ・太宗フカク・コレヲ・ハツ
⑪貞観八年ニ・桂州《ケイシウ》ノ都《ト》督李《トクリ》弘節《コウセツ》死《シイ》テノチニ・ソノ
⑫イヘニ・珠《タマ》ヲウル・太宗キイテ・ノタマハク・コノ人・其心キヨキ事

〔二十七オ〕

①ヲキ、キ・シカルヲ・イマ・ソノ家《イヘ》ニ・珠ヲウルナンソ・キヨク・アタ
②ラン人ノ・アトナラムヤ・シカレハカノ人ヲ・挙《キヨ》シ申シタリシ・人
③ソノトカ・ナカラムヤ・魏徴コタエテ申サク・國ノタメニ・忠ヲ
④ツクシテ・キヨキ心ヲアラタメサリシハ・屈《クツ》突《トツ》通《トウ》張《チヤウ》通《トウ》源《ケム》等《ラ》
⑤ノ師《シ》也・シカルヲ・カレラ・死《シ》シテ後・ソノ子《コ》トモ・ミツカラ・存《ソム》ス
⑥ル事アタハストイヘトモ・イマタ・陛下ノ一言ノヲヨフヲミス・イ
⑦マ・季《リ》弘《コウ》節《セツ》國ノタメニ・功《コウ》ヲタテ、・温《ヲム》職《シヨク》ニ居《ヲ》ル事ヒサシ
⑧カリキ・国ノ恩《ヲン》コレアツキウヘ・賞賚《シヤウライ》ノタマモノ・コレヲホシ・妻《サイ》
⑨子《シ》・カレヲタクハヘ・ツタヱ・賣《ウリ》テ・身タスケム事・罪《ツミ》アルヘカラス・

⑩ハツ（左漢文注「辱也」）

〔二十七オ〕

⑩既《ステ》ニ・屈突通等《ラ》カ浄《キヨ》キ事ヲシルトイヘトモ・存間《ソンケン》ノ一言《ケン》
⑪ナシ・季弘節ヲ・ニコレリトウタカテ・カレヲ・挙《キヨ》セル人ヲ・
⑫責《セム》・陛下アシキヲニクム・コ、ロ・フカシトイヘトモ・ヨキヲ・アハレ

〔二十七ウ〕

①ム・心厚《アツ》カラス・フシテネカハクハ・コ、ロヲトメテ・クハシクヲモヘ・
②太宗タナコ、ロヲウチテ・ノタマハク・朕・ニハカニヲモヒアヘスシ
③テ・コノコトヲイタセリ・タヤスク・モノイフヘカラス・。《カ》サネテ・
④問事ナカレト・則《スナハチ》屈突通張通源等カ子《コ》共《トモニ》・ヲノ〳〵爵《シヤク》
⑤ヲ賜《タマ》ヘリ
⑥貞観九年ニ・太宗侍臣ニノタマハク・仁《シム》義《キ》ヲオコナウテ・
⑦賢《ケン》良《リヤウ》ニ・任《マカス》ル時ハ・ヲサマル・驕《ヲコリ》アレテ・小人《ショウシン》ニ・任《マカ》スルトキハ・スナハ
⑧チヤフル・突《トツ》厥《ケツ》・頡《キツ》利《リ》ノア《(ヱ)》ヒスラ・信《シム》スルトコロノモノハミナ・忠《チウ》
⑨正《セイ》ノナキモノ等ナリ・コ、ロノヲヨフトコロヲ・ホシイマ、ニ
⑩ニ《(衍)》シテ・百姓ヲ・アハレマス・ナムソ・カレラ・ヒサシク・タモツヘキヤ・
⑪魏徴コタヘテ申サク・昔《ムカシ》・魏文《キノフン》侯《コウ》里《リ》克《コク》ニトウテイハク・諸《シヨ》
⑫王《ワウ》ノナカニ・イツレカ・マツホロヒン・里克カイハク・呉《コ》・マツホロヒ

〔二十八オ〕

①ナン・文《フン》侯《コウ》ノイハク・呉《コ》ハ・属《シハ〳〵》タ、カウテ・シハ〳〵・カツ・ホロヒンヤ・里克

〔二十七ウ〕

⑥仁（平濁）義

⑪文（平）侯（平）

⑫呉（平濁）

〔二十八オ〕

②カイハク・シキリニタ、カフ時ハ・民《タミ》ツカレヌ・シキリニカツ時ハ・ソ
③ノ王驕《ワウヲコル》・王《ワウ》ヲコリテ・ツカレタル・民《タミ》ヲ仕ニ・ナムソホロヒサラム
④ヤト・イヒキ・今《イマ》頡利｣ノエヒス・隋《スイ》ノミタレタル世ニアフテ・ソ
⑤ノ勢《イキヲイ》ノヲオキヲ・タノムテ・驕《ヲコル》心イマニヤマス・コレ必・ホロフヘキ道
⑥也
⑦貞観十年・皇《ワウ》｣子《シ》越《エツ》｣王《ワウ》ノ申サク・三｣品《ホン》巳｣上ノ臣《シム》・親《シム》｣王ヲナ
⑧イ。《カ》シロニスト・太宗齊政殿《サイセイテン》ニシテ・イロヲ、コシテノタマハク・昔ノ
⑨天｣子ハ今《イマ》ノ天子ナリ・今ノ天子ノ子ハ《コハ》・昔ノ天｣子ノ子ニコトナ
⑩リヤ・我隋《ワレスイ》ノ親《シン》｣王《ワウ》ミルニ・官《クワン》ヲタツルコト一｣品《ホム》巳｣下ナリ・我《ワカ》
⑪児《シ》｣子《シ》モ・若《モシ》ホシイマ、ナラハ・ナムソ・公等《コウラ》ヲ躓《ツマツカシタヲ》｣（サ脱）頓サラム
⑫ヤ・房玄齢｣等ヲソレヲノ、ヒテ・立《タツテ》皆拝《ミナハイ》｣謝《シャ》ス・魏徴イロヲ

〔二十八ウ〕

①タ、シウシテ申サク・イマ・臣《シム》下ト子《コ》トヲ・一｣列《ツレツ》ニ礼セリ・陛
②下ノクワウルトコロノ礼敬《レイキヤウ》ナリ・群臣《クンシン》ナムソ・越王《エツワウ》ヲカロ〱
③シクセム・越王・ナムソ・又・ヤスク・群｣臣ヲ折《セツ》｣辱《ショク》セム・国家《コッカ》ノ
④綱《カウ》｣紀《キ》・スタレナムニヲイテハ・群臣シカルヘカラサルモノナリ・隋《スイ》ノ高
⑤祖礼《レイ》｣美《ヒ》ヲシラス・諸王《ショワウ》ヲタテ、・無礼《フレイ》ヲオコナヘルコト・ナムソ・イ
⑥フニタラムヤ・太宗ノタマハク・朕カイフトコロハ・私ノ愛《アイ》也・魏徴カ

⑤ヲオ（左漢文注「多也｣」）キヲ

〔二十八ウ〕

③折（入濁）｣辱（入濁）

⑦申コトハ、・国家ノ通《ツウ》」例《レイ》ナリ・魏徴カ存《ソム》スルトコロヲキイテ・
⑧ハシメテ・朕カアヤマテルコトヲサトリヌ・人」君《クン》トシテ・言出《コトハイタス》 事ヲ
⑨ヤスカルヘカラス・房玄齢」等是非《セヒ》ヲ申サス・立《タツ》テ・拝《ハイ》」謝《シヤ》スル事
⑩ハ・ハナハタ・アタラス・魏徴ニ絹《キヌ》一千」疋タマヘリ
⑪貞観十一年・太宗懐《クワイ》 州《シウ》ニユク時・意見《イケン》ヲタテマツルモノ
⑫アリ・申サク・隋ノ時・懐洛ヨリ東ノ人・ミナホロヒタリ・カリ

〔二十九オ〕

①スナトリノ命《メイ》ニタヘス・イマタ・（、脱）懐州ニイテ・カリス・ヲソラク
②ハ・マタ洛陽《ラクヤウ》ニカヘルコトヲエサラムコトヲトイヘリ・ソレ・四」季《キ》
③ノカリハ・帝王ノ礼ナリ・シカレトモ・今懐州ヲ優《イウ》シテ・秋《シウ》」毫《カウ》
④モ民ヲオカサス・惣《スヘ》テ・上」書ノイサメハ・臣ハコト《言》。ヲ出《イタス》 事ヲタ
⑤トヒ・君ハアヤマリヲ・アラタムルヲタツトフ・イマノ諫《イサメ》ノ言《コト》ハソシ
⑥リテ・又咒《シユ》」詛《ソ》セリ・イカム・魏徴申サク・君直」言《チヨクケン》ノ道ヲ
⑦ヒラクニヨリテ・封《ホウ》」事《シ》ヲ・タテマツル者《モノ》・多《ヲホ》シ・漢 元」帝《カンノクエンテイ》ツネ
⑧ニ・廟ヲマツリテ・カヘル時・便《ヘン》」門《モン》ヨリ・出テ・カナラス・舩ニノル・廣《クワウ》
⑨徳《トク》」頓《トム》」首《シユ》シテ申サク・ソレ舩ハ・アヤウク・橋《ハシ》ハ・全《マタ》シ・陛下ナヲ樓舩《ロウセン》
⑩ニノラハ・臣ミツカラ・頸ヲ刎《ハネ》テ・血《チ》ヲソヽイテ・車ヲケカサム・元」
⑪帝ヨロコハサルイロアリ・張 猛《チヤウマウ》」ス、ムテ申サク・君聖《キミセイ》ナル時

〔二十九オ〕

④コト。（「。」の左側に「ハ」とあり）ヲ
⑥咒（平）」詛（平）
⑧廣（平）／徳
⑨頓（去）」首（上）

⑫ハ・臣直《チヨク》ナリ・聖《セイ》主《シユ》ハ・アヤウキニノラス・廣徳《クワウトク》カ・イサメ・スナヲ

〔二十九ウ〕

①ナルカナ・元帝スナハチ・橋ニシタカヘリ・コレヲモテコレヲ
②イヘハ・張猛ヨク君ヲイサメタリトイツヘシ
③貞観十一年・太宗侍臣ニカタリテノタマハク・マツリコトノ
④得失《トクシツ》・ムカシト・今トイカニ・魏徴コタヘテ申サク・威《イ》風《フウ》・トヲク
⑤扇《アヲイ》テ・コ（ヨ）モノヱヒス来貢《ライコウ》スル事ハ・イマハ貞観ノハシメニコヱタ
⑥リ・徳《トク》義《キ》ヒソカニ通《トウ》シ・民ノコヽロ・ヨロコヒ・ナツケルコトハ・イマハ
⑦貞観ノハシメニヲヨハシ・昔四《シ》方《ハウ》イマタ定《サタマ》ラサリシ時ハ・ツネ
⑧ニ・徳義ヲ以上《モテシヤウノ》心トシテ・今ハ海内《カイタイ》ヤスキニ驕《ヲコリ》テ・ヤウヤク
⑨ホシイマヽナリ・コノユヘニ・功《コウ》業《ケウ》サカリナリトイヘトモ・仁《シム》徳《トク》・イマシ
⑩ウスシ・貞観五年ノコロマテハ・人ノ諫ヲ・モトメテ・悦《ヨロコン》テ・コ
⑪レニシタカウ・ソレヨリコノカタ・外《ホカ》ニハ・イサメヲ・ウクトイヘトモ・
⑫内《ウチ》ニウタカウ心アリ・太宗ノタマハク・イツレノ事カ・シカノコトク

〔三十オ〕

①ナル・魏徴申サク・位《クライ》ニ即《ツケ》ルハシメ・元《クエン》律師《リツシ》ヲ死《シ》罪《サイ》ニコトハル
②孫《ソム》伏伽《フクカ》カ・諫ニヨテ・酷罰《コクハツ》ヲアラタメテ・スナハチ・蘭《ラン》陵《レウ》公《コウ》主《シユ》
③ヲタマヘリ・一人ノ善悪ステニシカリ・陛下ミツカラ思《シ》量《リヤウ》

〔二十九ウ〕

〔三十オ〕

②孫（平）伏（入）伽（平）、蘭（平）陵（平）公（平）主

④セサラムヤ・古《イニシヘ》ノコノカタ・人君ヲカタシトス・言《コトハ》ヲ出シテ・ヲノレカ
⑤アヤマチヲキク時ハ・スナハチ・ソノ国治《ヲサマ》ル・言《コトハ》ヲ出テヲノレカコ、
⑥ロサシヲ・ホシイマ、ニセムトスル時ハ・即《スナハチソノクニ》　其國ホロフ・陛下
⑦ツネニ正《シヤウタウ》　道ヲマホラハ・カタマシキ人ミツカラ・ス、ムヘカラス・
⑧太宗ノタマハク・マコトニ・卿《ケイ》カ申ストコロノコトシ
⑨貞観九年・太宗・侍臣ニノタマハク・古《イニシヘ》ヨリコノカタ・天下・
⑩ミタルトイヘトモ・隋《スイ》ノ世ノ・クツカヘレルニシカス・シカルヲ・朕ミナ
⑪コレヲタヒ（ラ脱）ケタリ・功《コウ》業古《ケウイニシヘノ》　人ニクラヘムニ・イカム・魏徴申サ
⑫ク・往代《ワウタイ》ノミタレハ・州《クニ》ノ守《カミ》・絶《タヘ》テ・年ヲワタルコトナシ・隋

〔三十ウ〕

①ノスヱニ・致《イタリ》テハ・天下カナヘノコトク・沸《ワキ》・百姓・炭《アラスミ》ニマミレテ・
②十餘年ヲ・ヘタリ・シカルヲ・陛下フタ、ヒ・天地ヲツクリ・
③カサネテ・區《ク》夏《カ》ヲタテタリ・コノ・大功《コウ》・昔ヨリ・イマタ・アラ
④サルトコロナリ・隋ノ煬《ヤウ》帝・天下ヲ・タモチ・威厳《イケン》アリト
⑤イヘトモ・官人《クワンニン》モ・百姓モ・ツミヲナス事カタ〱。《オ》ホシ・シカルヲ・
⑥陛下・天下ヲヤシナウテ・万姓《ハンセイ》・ヤスシ・臣等《シンラ》ヲロカナリトイ
⑦ヘトモ・イカテカ・恩造《ヲムサウ》ヲ・シラサラム・太宗ノタマハク・人ノ身・ヤ
⑧マイナシトイヘトモ・何《ナンソ》ソスコシキナル・アシキ事ナカラムヤ・

〔三十ウ〕

⑨魏徴コタヘテ申サク・尭舜ノ時モ・アシキコトノ・スヘテ・
⑩ナキニハ・アラス・只ヨキ事ノ・オホカリシ也・桀《ケツ》紂《チウ》カ・世ニモ・ヨ
⑪キ事ノ・ナキニハアラス・悪《アシキ》コトノ・オホカリシ也・百《ヒヤクチヤウ》丈ノ木《キ》中《ナカ》
⑫ニ・ナムソ・一《ツ》ノ節《フシ》ナカラムヤ・只罪ヲ侵《ヲカス》スモノスクナキヲ・治《ヲサマ》

〔三十一オ〕

①レル世ト云・イマノ代トイフトモ・争《イカテ》カ・非《ヒカ》コトヲナスモノナカ
②ラムヤ・シカレトモ・大《タイ》躰《テイ》ヲアケテ・太《タイ》平《ヘイ》ノ代ト申ナリ
③　善《ヨキ》事ヲ興《ヲコシ》悪《アシキ》事ヲスツル篇第十一
④貞観九年・太宗侍臣ニノタマハク・隋帝俊《シユン》才明《サイアキラカ》ニメ・
⑤人ヲホク・又・博《ハク》才《サイ》アリ・尭舜ノ風《フウ》ヲヨロコヒ・桀《ケツ》紂カ行《カウ》
⑥ヲニクメリ・シカレトモ・言《コトハ》ト・事ト・アヒソムケル事イカムソ
⑦ヤ・魏徴申サク・古《イニシヘ》ノ帝《テイ》ハ・人ノ能《ノウ》ヲ・ハカリテ・官《クワン》ヲサツク・
⑧コノ故《ユヘ》ニ・智《チ》者《シヤ》・ハカリコトヲメクラシテ・政《マツリコト》ヲ治《ヲサム》・勇《ヨウ》者《シヤ》・タヽ
⑨カイヲツカサトリテ・國ヲシツム・是皆《コレミナ》・帝ノ・定《サタムル》トコロナリ・
⑩シカレトモ・耳《ミヽ》ニ黈《トウ》纊《クワウ》ヲフサイテ・遠《トヲキ》ヲキカサルコトシ・目ニハ・
⑪冕《ヘン》旒《リウ》ヲ垂テ・モノヲ見サルコトクス・是聰《ソウ》明聖《メイセイ》哲《テツ》ヲ
⑫カクシテ・ヲロカナル事ヲ・アラハニシメスユヘナリ・シカルヲ・隋《スイ》

〔三十一ウ〕

⑤博（入濁）才

〔三十一オ〕

⑩黈（去）纊
⑪冕（上濁）旒（平）

〔三十一ウ〕

①主豪《シユカウ》才《サイ》アリトイヘトモ・君ノ量《リヤウ》ナシ・才能《サイノウ》ヲ・タノムテ・
②モノニ・驕《ヲコル》カルカユヘニ・滅《ホロヒ》タリ・太宗ノタマハク・誠ニシカナリ・昔
③漢《カンフ》武《テイ》帝・遠《トヲキクニ》國ヲシタシメントシテ・タ、カイ・ヤマサリシカハ・
④天下・戸《コ》口《コウ》ナカハ・減《ケム》セリ・シカレトモ・チカコロ・アヤマリヲ・改《アラタメ》
⑤テ・善《セン》ヲオコナウシカハ・ヒサシク・運祚《ウンソ》ヲツタヘタリ・隋帝・
⑥アヤマリヲサトリテ・アラタメマシカハ・亡《ホロヒ》ニタチマチハ・イタ
⑦ラサラマシ・朕天下ノミタレヲ・タイラケテ・海内《カイタイ》ノ民ヲ・安《アン》
⑧堵《ト》セシム・我イマ・化《クワ》ノハシメヲ興《ヲコ》シテ・アシキ事ヲ・萌《キササ》シメス・
⑨イマ・民ニ徳ヲホトコサスハ・後ニシミタレムカ・コレヲモテ・コレ
⑩ヲイヘハ・ノチノ法《ハウ》ノ・不《フ》法《ハウ》ナラムモ・ソノトカ・我ニアルヘシ・魏徴
⑪申サク・陛下乱《ラン》ヲ。《シ》ツメ・国ヲユタカニシテ・功百姓ニ及
⑫コト・百王ヨリモタカシ・開闢ヨリコノカタ・イマタ・陛下ニ

〔三十二オ〕

①ヲヨヘル・君アルコトナシ・君ノ化ヲ・、コスヨリ・万代《ハンタイ》ノ法《ハウ》ヲ・
②ウツスヘシ・豈《アニ》・只《タヽ》・子《シ》孫《ソン》ノミナランヤ
③貞観九年・太宗西ノ方ノエヒス・イツレノ時カ・キタリシ・ス
④キタル事・イクハクハカリソヤ・魏徴コタヘテ申サク・夏禹《カノウ》西《ニシ》
⑤ノ方流《カタリウ》沙《サ》ニイタル・西《セイ》戎《シウ》ノエヒスキタリツケリ・但サカヒノ及《ヲヨフ》

〔三十二オ〕

⑥トコロ・アキラカニセス・又漢《カン》武帝ノ時・西ノカタ・燉煌 郡《トンクワウキン》ヲ
⑦ヒラキ・張 掖郡等《チヤウエキキンラ》ヲオケリ・ソレヨリコノカタ・漸《ヤヽ》・西域《セイイキ》ヲ
⑧通セリ・太宗ノタマハク・朕・キク・漢武帝ノ時・人ヲシテ・西-
⑨域《イキ》ニ通《トウ》セシムルユヘニ・中《チウ》-國《コク》ノ百姓《ハクセイ》・死スルモノ・相半《アイナカハ》ナリ・
⑩コノ事書《シヨ》-籍《セキ》ニアラハレタリ・ツフサニ・イウニアタハス・又隋
⑪ノ後《コウ》-主《シユ》・素嶺《ソウレイ》ヨリ・西ノ方《カタ》ヲ・ヒラカムトシテ・當《タウ》-時《シ》ニ死《シイ》ルモ
⑫ノ・路ノホトリニ・ヒマナシ・沙州《サシウ》ヨリ・西ニ・隋《スイ》ノ時ノ・ヤフレタル・

〔三十二ウ〕

①車ノ輪・ミタレタル・白《ハツ》-骨《コツ》・狼《ラウ》-藉《セキ》タリトイヘリ・隋ノ時・北ノ方・
②長-城《チヤウセイ》ヲツイテタ、カイ・東ノ方・遼水《レウスイ》ヲ・ワタリテ・戦《タヽカフ》・天下
③ウラミ・ソムイテ・集《アツマリ》 テ・ミ（タ脱）レヲナス・隋帝コレヲイタマス・案《アム》-然《セン》
④トシテ・欲ヲキハメ・コ、ロヲ・ホシイマ、ニス・ミツカラ・其過《ソノアヤマリ》 ヲキ
⑤カス・ツイニ・滅《ホロヒ》ヌルニヲヨヘリ・朕コレヲモテ・ナカキイマシメトス・朕
⑥モトヨリ・才学《サイカク》ナウシテ・マツリコトノ道《ミチ》ニクラシ・一-日ノ万機《ハンキ》・
⑦ヒトリ・アキラカナラス・コノ故《ユヘ》ニ・公《コウ》-等《ラ》ヲモテ・今《イマ》・政《マツリコト》 ヲ・タスケ
⑧シム・ハカリコト・穏便ニシテ・兆民《テウミン》ヲ・豊《ユタカ》ナラシメハ・ナカク富《フツ》
⑨貴《キ》ヲタモテ・蔭子《ヲムシ》-孫《ソン》ニヲヨハム・若《モシ》・禄《ロク》ヲムサホリ・栄《エイ》ヲ・
⑩オシムテ・官《クワン》ヲ・ムナシウシテ・諂《ヘツラハ》 ハ・朕シリソケ・ハチシメテ・ナカ

〔三十二ウ〕

⑪ク・イレモチイシ・朕マサカニ・漢武帝・隋ノ後-主ノ・欲《ヨク》ヲキ
⑫ハメム・アトヲカ、ミテ・イマシメトセン・公-等・ツネニ・ソノコトヲ・

〔三十三オ〕

①以《モテ》トモニ・諫《イサメ》タ、セ・魏徴ス、ムテ申サク・陛下ツネニ・恩《ヲン》-理《リ》ヲ
②クタシテ・郡《クム》-下《カ》ヲ砥《ト》ノコトクス・臣等《ラ》イカテカ・股肱ノチカラ
③ヲ・ツクサ、ラムヤ・但ヲソラクハ・アサク・ヲロカニシテ・万《ハム》カ一《ツ》ノ・益《エキ》
④ナカラムコトヲ・漢武帝ノ時・倉《サウ》-庫《コ》ノクラ・ミチ〳〵テ・天下
⑤シツカナリ・シカルヲ・ソノ欲《ヨク》ヲ馳《ハセ》テ・ヨモノヱヒスヲ・仕《ツカ》ハムコトヲ・
⑥思フ・ヨキ馬《ムマ》ヲムサホテ・人ヲ大宛《タイエン》ニ通《トウ》セシム・北方《キタノカタ》・匈《ケウ》-奴《ト》ヲ
⑦セメ・南方・百越《ハクエツ》ヲウツ・老弱《ラウシヤク》ノヨハキモノハ・タカヒニ・タ、カイ
⑧ノ・カテヲ・ハコフニツカレ・丁《チヤウ》-状《サウ》ノ・サカリナルモノハ・軍《クン》-旅《リヨ》ノ・イクサ
⑨ニ死ス・海-内沸《ワキ》・サハイテ・天下ノ人ナカハ・減《ケン》セリ・コノ故《ユヘ》ニ・
⑩倉《サウ》-廩《リン》ノクラ・ムナシク・ナリテ・國家《コツカ》ノ用・サ、ヘカタシ・シカル
⑪間《アヒタ》・クロカネヲ・ホリ・シホヲヤク・アキ人ニ・所《シヨ》-當《タウ》ヲアテ・闘ニ・
⑫セキテヲトリ・市《イチ》ニ・ツレウヲ・ナサシム・百姓《ハクセイ》ヲ侵・漁《ヲカシスナトリハム》　万-端《タム》トモニ

〔三十三ウ〕

①ヲコル・ワツカニ・壽《イノチ》ヲモテヲヱタリトイヘトモ・ホト〳〵・大乱《タイラン》ヲ・致《イタ》
②セリ・隋ノ煬-帝・マタ・ソノコハク・サカリナルヲ・タノムテ・漢-武帝

⑪モチイシ（平濁）

〔三十三オ〕

④倉（平）-庫（平）
⑥匈（平）-奴（平濁）
⑧丁（左音「テイ」）状（平、左漢文注「壮人夫等也」）、軍-旅（上）
⑩倉（平）-廩（平）
⑪シホ（左漢文注「塩也」）ヲ

〔三十三ウ〕

③ニ追従《ヲイシタカイ》ト・ヲモイキ・輿車《コシクルマ》シキリニウコイテ・民ヤスキヒマ
④ナシ・遂《ツイニ》・十餘《ヨ》年ノ際《アヒタ》ニ・国・乱《ミタレ》・身・戮《リク》セラレタリ・陛下・
⑤彼兩人《カノフタリ》ノ帝ヲモテ・悪《アシキ》タメシトス・陛下・モシ・チタヒ・ヲモム
⑥ハカレル中《ウチ》ニ・ヲノツカラ・一《ツ》ノアヤマリ・アラスト云《イフ》コトナカム（ラ脱）・臣等
⑦必《カナラス》・龍《レウ》顔《カン》ヲオカシイサメテ・心ヲカクスコトナカラム
⑧　上《カミ》ニ媚《コフ》ルコトヲ求《モトムル》ヲ誡《イマシム》ル篇第十二
⑨貞観七年ニ・太宗蒲《ホ》州《シウ》ニ臨幸《リンカウ》セリ・蒲州ノ刺史《シシ》
⑩趙元揩《テウケンカイ》クニノ父老《フラウ》ニ課《ヲホセ》テ・黄紗《クワウシヤ》ノヒラヱ絹《キヌ》ヲ・キセシ
⑪メテ・道ノ左ニマイリムカヘテ・拝迎《ハイカウ》セシム・サカリニ・国《コク》廳《チヤウ》
⑫ノ厨宇《ツウ》ヲカサリ・樓雉《ロウチ》ヲ修營《シユエイ》シテ・上《シヤウ》ノ媚《コヒ》ヲ・モトメム

〔三十四オ〕

①トス・又ヒソカニ・百餘《ヨ》ノ・羊《ヒツシ》ヲ飼《カウ》テ・ヲクリ・千數《ス》ノイケル
②魚《ウヲ》ヲソナヘテ・マサニ・帝ノ親戚《シムセキ》ニ・ヲクラムトス・太宗知《シリ》テ・
③蒲州ノ刺史《シシ》ヲセメテ・ノタマハク・朕河洛《カラク》ヲメクリミテ・
④アマネク・數州《スシウ》ヲ歴《ヘ》メクル・モチヰルトコロノ・クニ〳〵ノツイ
⑤ヱヲハ・シカシナカラ・官物《クワンモツ》ニツノル・シカルヲ・汝・ナムソ・羊《ヒツシ》
⑥ヲ飼《カヒ》・魚《ウヲ》ヲヤシナウテ・院宇《イムウ》ヲカサリ・チリハメタリ・コ
⑦レスナハチ・隋ノ世ノホロヒシ俗ニアラスヤ・更ニヲコナウヘ

⑩趙（去）元（平）揩
⑫厨（左音「カウ」）宇、修營（平）

〔三十四オ〕

⑧カラス・マサニ・朕カ心ヲ知テ・汝カ・フルキ心ヲアラタムヘシ・
⑨汝ムカシ・隋《スイ》朝《テウ》ニツカヘテ・ヒサシク・邪《シヤ》佞《ネイ》ノ風《フウ》ニナレタリ・
⑩ナカク・彼法《カノハウ》ヲステヨ・當今《タウキン》ノ化《クワ》ヲ。《ケ》カスコトナカレ・太宗
⑪コトサラ・コノ言《コトハ》ヲ發《ヲコシ》テ・ネムコロニ・コレヲイマシム・刺史趙
⑫元揩・耻《ハチ》ヲソレテ・數《ス》日《シツ》・モノクハスシテ・死《シイ》シヌ

〔三十四ウ〕

①
②
③貞観政要巻第四
④
⑤
⑥
⑦　　　文禄四年九月七日筆立其日書畢
⑧　　　　　　　　　　梵舜（花押）

〔三十四ウ〕

（巻第四は以上）

〔一オ〕

①貞観政要巻第五　史臣呉兢撰

②仁義《シンキ》ヲ論《ロン》スル篇《ヘン》第十三

③忠義《チウキ》ヲ論スル篇第十四

④孝友《カウイウ》ヲ論スル篇第十五

⑤公《ク》平《ヒヤウ》ヲ論スル篇第十六

⑥誠信《セイシン》ヲ論スル篇第十七

⑦

⑧

⑨

⑩仁義ノアハレミヲホトコス篇第十三

⑪貞観元年ニ・太宗ノ・、タマハク・仁義ヲ・ホトコシテ・國ヲ

⑫オサムル人ハ・運祚《ウンソ》ナカク・法ニ・マカセテ・人ヲ・オサムルモノハ・一《ツ》

〔一オ〕

〔一ウ〕

①旦《タン》ノ・ツ。《イ》エヲ・スクト・(フ脱)イヘトモ・ヤフル、・コト・スミヤカナリ・古《コ》

②来《ライ》ノ・帝王ヲミルニ・亀《キ》鏡《ケイ》トスルニタレリ・仁義ノアハレ

③ミヲ・ホトコシ・誠《セイ》信《シン》ノ・マコトアルヲ・、コナフテ・近《チカ》代《コロ》ノ澆《ケウ》薄《ハク》

④ヲ・アラタメント・ヲモフ・王《ワウ》珪《ケイ》コタヘテ・申サク・天下・シホミ・ヤ

〔一ウ〕

⑤フレテ・ヒサシ・陛《ヘイ》下《カ》・ソノ・ツイエニ・ウケテ・風ヲ・ウツシ・ミチ
⑥ヲ・ヒロメ給ヘリ・四方ノ・ミタレ・シツマリ万《ハン》代《タイ》ノ・サイハヒ・ヲ
⑦コレリ・タ、・人ヲエラフニ・アルヘシ・賢《ケン》ニアラスハ・理スヘカラス・
⑧太宗ノ・、タマワク・朕・賢《ケム》ヲ・モトムル・コ、ロ・ネテモ・サメテモ・
⑨豈《アニ》・ヲコタラムヤ・杜《ト》正倫《セイリン》ス、ンテ申サク・世ニ・カナラス・
⑩才《セ。サ》賢《イケン》アリ・時ニ・シタカテ・モチヰルヘシ・ナムソ・傅《フ》説《エツ》ヲ
⑪ユメニミ・呂《リヨ》望《ハウ》ニアフコトヲ・マチテ・治《チ》化《クワ》ヲ・ナサムヤ・太宗・
⑫フカク・ソノコトハヲ・イレタマヘリ

〔二オ〕

①貞観ノハシメニ・太宗・侍臣ニ・カタテ・ノタマハク・周《シウ》ノ武王
②ハ・殷《イム》ノ紂《チウ》カ・乱《ラム》ヲ・タイラケテ・天下ヲエタリ・秦《シン》ノ始《シ》皇《クワウ》
③ハ・周ノ世ノ・ヲトロフルニ・乗《シヨウ》シテ・六《リッ》國《コク》ヲ・アハセテ天下ヲ
④エタリ・世ヲ・オコスコト・コトナラス・ナムソ・周《シウ》ノ運ハ・ナカク・
⑤秦ノ世ハ・ミシカキ・コト・ハルカニ・アヒ・カハルヤ・左《サ》僕《ホク》射《ヤ》蕭瑀《シヨウウ》
⑥ス、ムテ・申サク・殷ノ紂《チウ》・無《フ》道《タウ》ニシテ・天下クルシミキ・カルカユ
⑦ヘニ・八百ノ諸侯王《シヨコウワウ》・期《コ》セサルニ・来 會《キタリクワイ》シテ・周ノ武王ヲ・
⑧ス、メテ・殷 紂《インノチウ》ヲ・ウタシメテ・周《シウ》ノ世ヲ・オコセリ・周ハ・天下
⑨ノ・、ソミニテ・ヲコレリ・カルカユヘニ・周ノ運《ウム》ハ・ナカシ・秦 始《シムノシ》皇《クワハ(ウ)》ハ・

〔二オ〕

⑩周《シウ》-室《シツ》ノ・微《ヒ》ナルヲ・ホロホシ・六國《リツ》ノ・ツミナキヲ・呑《ノミ》アハセテ・
⑪蚕《カイコ》ノコトクニ・諸《シヨ》-侯《コウ》ヲ食《クラフ》テ・天下ヲ・エタリ・人ヲ・シエタケ・國ヲ・
⑫ウスクセルユヘニ秦《シム》ノ・祚《ソ》ハミシカシ・カルカユヘニ・平定《ヘイテイ》ノ功《コウ》ハ・

〔二ウ〕

①ヲナシトイヘトモ・治《チ》世《セイ》ノ長《チヤウ》短《タン》・コトナリ・太宗ノ・、タマハク・
②蕭瑀《セウウ》—カ申旨《ムネ》・シカラス・周ノ武王・天下ヲエテ・ノチニ・仁-
③義ヲオコナフ・秦《シム》始《ノシ》-皇《クワウ》ハ・コ、ロサシヲ・エテノチニ・仁-義ニ・
④ソムケリ・タ、・天下ヲ・トルコトノ・コトナルニハ・アラス・天下ヲ
⑤マホルコトノ・ヲナシカラサルニ・ヨテ・治《チ》天《テム》ノ・運《ウン》-祚《ソ》ハ・長-短コ
⑥トナルコトアリ
⑦貞観二年ニ・太宗・侍-臣ニ・カタテ・ノタマハク・天下・ミタレテ・
⑧ノチ・朕・ハシメテ・クライニ・ツケリ・ツイエタル・風俗《フウソク》・タチ
⑨マチニ・シツメカタシ・シカルヲ・コノコロ・百-姓ヲ・ミルニ・コト〱
⑩ク・廉譲《レムシヤウ》ノ・ユツリヲシリ・官-人《ノ》・法《ハウ》・タ、シウシテヌス
⑪人・ヤウヤクニ・マレナリ・カルカユヘニ・シンヌ・人ハ・ウマレツケル・
⑫コ、ロナシ・タ、・マツリコトノ・ミタレ・ヲサマルニヨテ・アヒ・

〔三オ〕

①カハル・モノナリ・國ヲ・オサムル・ミチ・カナラス・仁義ヲ・オコ

〔二ウ〕
〔三オ〕

②ナフヘシ・威《イ》ヲ立《タテ》・信《シム》ヲ・シメサハ・異《イ》端《タム》・ナクシテ・自《シ》然《セン》ニ・
③シツカナラン・公等・トモニ・ヨロシク・コノコトヲオコナフヘシ
④貞観四年ニ・房《ハウ》玄齢奏シテ・武《フ》庫《コ》ノ・ミクラニ・甲《カツ》
⑤冑《チウ》・兵仗《ヒヤウチヤウ》ノ・ヲホカルコトヲ・申ス・太宗ノ・、タマハク・朕・タ、
⑥卿《ケイ》等《ラ》カ・仁義ヲ・オコナヒ・百姓ノ・タノシム・コ、ロヲ・モテ
⑦朕カ・兵具ノ・ソナヘトセン・隋《スイ》ノ煬帝・豈《アニ》・兵仗《(ヒ)シヤウ》タラスシテ・
⑧ホロヒタルニイタラムヤ・仁義ヲ・、コナハサルユヘニ・群《クム》下《カ》ノ・ソ
⑨ムクニヨテ・タチマチニ・ホロヒタリ・ヨロシク・卿《ケイ》等《ラ》コノコトヲ・
⑩サトテ・ツネニ・仁徳ヲ・、コナテ・ワレヲ・タスケマホルヘシ
⑪貞観五年ニ・太宗・侍臣ニ・カタテノタマハク・啓大《ケイタイ》人《シン》・カタ
⑫キニ・ホロホサレテ・ニケテ・隋文《スイノ》帝ニ来《キタ》ル・文帝・オホクノ

〔三ウ〕

①武《フ》士《シ》ヲ・アタエテ・本《ホン》土《ト》ニ・存《ソン》立《リウ》セシメタリ・シカルヲ・隋文帝
②崩シテ・煬帝・クライニツキヌ・啓《ケイ》大人・死《シ》シテ・ソノ子《コ》・頡利《キツリ》
③ノ長《チヤウ》トナリ・又隋文帝ノ・徳ヲ報《ホウ》センコトヲ・オモハス・吉利・
④カヘテ・煬帝ヲ・鴈門《カンモンニ》・カ・コメリ・頡利・今マタ兄弟ノ・タメ
⑤ニ・ホロホサレタリ・コレ恩《ホム》ヲ・ソムキ・仁義ヲ・ワスレタル・ユヘニ・
⑥アラスヤ・群《クム》臣《シン》コト〳〵クニ・申サク・マコトニ・聖《セイ》宣《セン》ノ・旨《ムネ》ノコトシ

⑤甲／冑(去)、兵(去)仗

〔三ウ〕

⑦貞観十二年ニ・太宗・侍臣ニ・カタテ・ノタマハク・ハヤシ・フカキ
⑧時ハ・スナハチ・トリスム・フチ・ヒロキトキハ・スナハチ・ウヲアソ
⑨フ・仁義・ヲコナフ時ハ・スナハチ・生アル・タクヒ・歸《キ》ス・ソレ・化《仁》義・
⑩コ、ロニアルトキハ・スナハチ・サカユ・シハラクモ・ヲ中《コ》タルトキハ・
⑪德カケヌ・タトヘハ・ナヲ・飲食《インショク》ノ・ハラニ・アケル時ハ・スナハチ・ソ
⑫ノ身・コエ・ツキヌル時ハ・性《セイ》命《メイ》・アヤウキカ・コトシ

〔四オ〕

① 忠義ヲ論スル篇第十四
②武德年中ニ・馮立《フリウ》隠太《インタイ》子《シ》ニ・ツカヘテ・東宮ノ・卆《スイ》タリ・隠《イン》太
③子・臨湖《リンコ》殿《テン》ニシテ・ウタル、トキ・左右《サイウ》ノ人・ミナ・ノカレ散《アラクル》ニ・
④ヲコ《（ヨ）》テ・馮《フ》立ヒトリ・ツハモノヲ・ヒキイテ・玄《ケム》武《フ》門《ニ》・ウチ
⑤イリテ・ヲカシ・タ、カフ・太宗ノ・屯營《トムエイ》ノ将《シャウ》・敬《ケイ》君《クン》弘《コウ》ヲ・コロ
⑥シテ・建成《ケムセイ》太子ノ・恩《ヲム》・スコシキハ・報《ホウス》トイツテ・ツハモノヲ・ヒイ
⑦テ・野ニ・ノカル・ノチニ・キタリテ・ツミヲ・ウケムトコフ・太
⑧宗ノタマハク・汝《ナムチ》・タ、カイテ・ワカツハモノヲ・コロセリ・
⑨ナンチ・ナンソ・死《シ》スルコトヲ・ノカレムヤ・馮立申テ・申サ
⑩ク・君《キミ》ニ・ツカフマツル・ミチ・命《メイ》ヲ・ヒトシウセム・コトヲ・期ス・タ
⑪タカヒニ・アタル日・ナムソ・カヘリミ・ハ、カルトコロ・アラムヤ・ヨ

〔四オ〕

⑫テ・ナキムセムテ・ミツカラ・コタウルニ・タヘス・太宗・ナクサメ・

〔四ウ〕

①ナタメテ・左《サ》屯衛中《トンエイチウ》郎《ラウ》将《シャウ》ヲ・サツク・馮《フ》立シタシキ・トモ

②カラニ・カタテ・云《イハク》・莫大《ハクタイ》ノ恩《ヲム》ニ・浴《ヨク》シテ・今《イマ》・存《ソン》（スル脱）コトヲ・エタリ・マ

③サニ・死《シス》ル忠《チウ》ヲ・モテ・イマノ・思《ヲモイ》ヲ・報《ホウ》スヘシ・時《ニ》・イクホトナク

④シテ・突《トツ》厥《ケツ》ノ・エヒス・數《ス》万騎《キ》ヲ・ヒキイテ・便《ヘン》橋《ケツ》（ウ）ニ・ミタ

⑤レイル・馮立ワツカニ・數百騎ヲ・ヒキイテ・咸《カム》陽《ヤウ》ノ・ミヤ

⑥コニ・タ、カフ・馮《フ》立カ・ムカウトコロ・コト〳〵クニ・ヒラケ・ナヒク・コロ

⑦シ・エタル・トコロ・ハナハタ・ヲホシ・太宗・キイテ・ホメテ・ノタマハク・

⑧生《セイ》死《シ》ノ・アヒタニ・ヲイテ・馮立ハナハタ・衆《シウ》義《キ》ヲ・ソ・ナヘ

⑨タリ・人ミナ・ヲヘ（モ脱）ラク・タレカ・コレニ・ヲヨハムヤト・ヲモヘリ

⑩武徳年中ニ・齊《セイ》王・元《ケム》吉《キツ》ノ臣《シム》・謝《シャ》叔《シク》方《ハウ》ト・イウモノアリ・

⑪建《ケン》成《セイ》太《タイ》子《シ》・ナラヒニ・齋王元吉ヲナシク・臨《リ》湖《コ》殿ニシテ・ウ

⑫タル、時・太子ノ臣・馮《フ》立齋《斎イ》王ノ臣・謝《シャ》叔方ツハモノヲ・ヒ

〔五オ〕

①キテ・武《フ》徳殿《トクテム》ヲ・オカシテ・タ、カフトキ・太宗ノ臣・敬君弘《ケイクムコウ》

②ナラヒニ・中郎将・呂衛《チウラウシャウリヨエイ》等《ラ》ヲ・コロセリ・太宗ノ・イクサ・ス、ムコトヲ・

③エサルトコロニ・太宗ノ臣・尉《イ》廷敬《テイケイ》徳《トク》齋《斎イ》王ノ・カウヘヲ・サ、ケテ・

⑫ナキ（左漢文注「泣也」）ムセ（左漢文注「咽也」）ムテ

〔四ウ〕

①中郎（平）将（平）

④突厥（左漢文注「戎名也」）

〔五オ〕

①敬君（左傍に「君」とあり）弘

③尉廷（左傍に「遅ィ」とあり）敬徳（この「 」は見せ消ちにて消す）齋《斎イ》王ノ

④謝叔方｜ニシメス・謝｜叔｜方｜馬《ムマ》ヨリ・ヲリテ哭《コクシ》ナイテ・拝《ハイ》
⑤謝《シャ》シテ・ノカレヌ・明《メイ》｜日《シツ》ニ・謝《シャ》｜叔｜方｜イテ、・カウヘヲ・キラムコトヲ・
⑥コフ・太宗ノ・、タマハク・マコトノ忠《チウ》｜義《キ》ノ臣也・命《メイ》シテ・ユルシツ・左《サ》｜翊《ヨク》
⑦衛《エイ》ノ郎将《ラウシャ(ウ脱)》ヲ・サツク
⑧隋ノ大｜業《(ケ)チウ》ノ年ノスヘニ・姚《テウ》｜思《シ》｜廉《レム》｜隋《スイ》ノ・煬帝ノ皇《ワウ》｜子《シ》・代《タイ》｜王
⑨侑《ハイ》｜カ・侍《シ》讀《トク》タリ・唐《トウ》ノ高《カウ》｜祖《ソ》ノ・イクサ・ミヤコヲ・セムルニ・ヲヨ
⑩ムテ・ツハモノ・代王ノ・府《フ》ニ・ミタレイル・府《フ》寮《レウ》・ミナ・散《アラケ》サルタ、・
⑪姚《テイ》｜思｜廉｜ノミ・代王ノ・カタハラニ・侍《ハヘリ》テ・オトロカス・ツハモノ・コ
⑫ト〳〵ク・殿《テム》ニノホラムトス・姚《テウ》｜思｜廉｜コヘヰ《ヲ》・ハケシウシテ・云《イハク》

〔五ウ〕

①唐《タウ》｜公《コウ》ノ・義《キ》｜兵《ヘイ》ヲ・オコスコトハ・本《モト》・王《ワウ》｜室《シツ》ヲ・タスケムトナリ・
②ナムチラ・ナムソ・代王ニ・レイナカラムヤト・将《シャウ》師《スイ》・ミナ・ソノ言《コトハ》ヲ・
③サカリナリトシテ・コト〳〵ク・陛下ニ・布《フ》｜列《レツ》ス・シハラクアテ・
④唐ノ・高｜祖・イタテ・コレヲキイテ・義《キ》士《シ》也トス・ソノ・代王ヲ・
⑤タスケタル・コ、ロサシヲ・優《イウ》ス・姚《テウ》｜思｜廉｜順《シユン》陽閤《ヤウカク》ノモトニ・イ
⑥タテ・ナク〳〵・拝《ハイ》｜謝《シャ》シテ・サムヌ・ミル物・ミナ忠列《チウレツ》ノ士也ト・ホ
⑦メスト・イフコトナシ・仁《シン》｜者《シャ》ハ・カナラス・武勇《フヨウ》アリト・云コト・
⑧コノユヘ歟

⑧姚｜思｜廉｜（この「｜」は見せ消ちにて消す）隋ノ、代｜王（平）
⑨侑（上）

〔五ウ〕

③布（上）｜列

⑨貞観二年ニ・太宗・慨《カイ》然《セム》トシテ・ノタマハク・姚《テウ》思廉カ・ヤキ
⑩ハノ・ツハモノニ・ヲチスシテ・忠《チウ》節《セチ》ヲ・アキラカニセリ・古人《コシム》ニ・
⑪モトムトモ・タレカ・コレニマサラムヤ。《時ニ》・姚《テウ》思廉洛陽《ラクヤウ》ニアリ・織《ヲリ》
⑫モノ・三百端《タム》ヲ・、クリテ・ソレニ・書《シヨ》ヲ・ヨセテ・ノタマハク・汝《ナムチ》カ・

〔六オ〕

①忠《チウ》節《セツ》ノ風ヲ・、モフ・カルカユヘニ・コノ・ヲクリモノアリ
②貞観二年ニ・建成《ケムセイ》太子齋《セイ》《斎イ》王元吉《ケムキツ》ヲ・ハ。《フ》ラムトス・魏徴
③王珪《ワウケイ》等《ラ》ハ・本《モト》・建成太子ノ・臣《シム》タリ・カルカユヘニ・喪《モ》ヲ・オクル
④ニ・シタカハム・コトヲ・コフ表《ヘウ》ヲ・アケテ・申サク・臣等・高祖・太《タイ》
⑤上皇《シヤウクハウ》ノ・命《メイ》ニヨツテ・東宮《トウキウ》ノ・龍樓《レウロウ》ニ・出入シキ・トモニ・夷戮《イリク》
⑥セラレムコトヲ・ネカフト・イヘトモ・死《シ》ニ・ホロフルコト・アタハス・
⑦イタツラニ・生涯《シヤウカイ》・ツキナハ・ナニヲモテカ・報謝《ホウシヤ》ヲ・タテマ
⑧ツラム・陛下・徳・四海ニミチ・恵《メクミ》・百《ハク》王ニカウフラシメタリ・追《ツイ》
⑨棠《タウ》ノ・カウハシキ・エタヲ・ナツカシウシ・ナヲ骨《コツ》肉《ニク》ノ・シタシ
⑩キ・恩《ヲム》ヲハスレタマハス・臣等・ソノムカシヲ・カヘリミルニカ
⑪タシケナク・フルキ臣タリ・君《キミ》ヲ・ウシナフトイヘトモ・君アリ・
⑫君ニ・ツカウマツル・礼ヲ・ノフトイヘトモ・ユクヲ・オクル・カナシ

〔六ウ〕

⑨ヤキ（左漢文注「刃也」）／ハノ
⑩ヲチ（左漢文注「怯也」）スシテ

〔六オ〕

②ハ。《フ》ラ（左漢文注「葬也」）ムトス

⑫ユク（左漢字注「往」）ヲ・オ（左漢文注「送也」）クル

〔六ウ〕

①ミヲ・ノヘ《ヘ》テ・廟《ヘイ》ノ・クサ・マサニ・カリ《苅》・タイラケムト・ヲモフ・九《キウ》
②原《ケム》ヲ・ノソム・心サシ・フカシ・ネカハクハ・ヲクリテ・ツカノ・ホトリ
③ニ・イタラムコトヲ・太宗・表ヲ・ミテ・義アリトシテ・コレヲ・
④ユルス・コ、ニ・東《トウ》宮《キウ》齋《セイ》府《フ》ノ・フルキ・臣等・コト〱クニ・喪《モ》ヲオ
⑤クル・礼《レイ》ニ・シタカヘリ
⑥貞観五年ニ・太宗・侍臣ニ・カタリテ・ノタマハク・イツレノ・ヨニカ・
⑦忠臣ナカラムヤ・隋《スイ》朝《テウ》ノ・屈《クツ》突通《トツトウ》マコトニ・忠《チウ》義《キ》ノ臣也・
⑧コ《(ワ)》レ・義《キ》兵《ヘイ》ヲ・オコシテ・隋ヲ・ウツトキ・屈突通隋《スイ》ノ将《シヤウ》
⑨トシテ・潼《トウ》關《クワン》ニ・タ、カフ・隋ノ・ミヤコ・ホロヒ・ヲチヌ・トキニ・イ
⑩タムテ・屈突通ツハモノヲ・ヒイテ・東《ヒンカシ》ニ・ハシル・ワカツハモノヲ・
⑪ヒイテ・桃《タウ》林《リム》ニ・ムカフ・屈突通カ・賢《ケム》ナルコトヲ・キイテ・
⑫メセトモ・マイラス・仍《ヨテ》・カレカ・イエノ・ヤツコヲ・ツカハシ。・コ《テ》シラヘ・

〔七オ〕

①。―マネク・時ニ・屈突通ヲノレカ・ヤツコヲ・コロシツ・ナヲ又・カレ
②カ・子《コ》ヲツカハシテ・ナクサメヨハシム・屈《クツ》突通《トツトウ》カ云ク・ワレ・隋
③家ニ・ツカヘテ・年ヒサシ・ナムソ・又・フタリノ・帝ニ・ツカヘムヤ・イマノ
④時ハ・タ、・ワカ死《シヌ》ヘキ・期《コ》也・ナムチハ・本《モト》・小《ワ》レニヲイテ・子ナリ・イ
⑤マハ・スナハチ・ワレニヲイテ・カタキタリト云テ・ソノコヲ・イル・ソノ

①クサ（左漢文注「草也」）、カリ（左傍に「刈」と見せ消ちの漢字あり）

⑦屈（入）突（去）通

⑨トキ（左漢文注「時也」）ニ

〔七オ〕

④期（平濁）也

⑥子・ニケサリヌ・シタカフ・トコロノ・士卒《シソツ》・コト〳〵ク・潰散《ツイヘアラク》・屈
⑦突通ヒトリ・東《トウ》南《ナム》ニ・ムカウテ・イタミ・哭《コク》シテ・云ク・マコトニ・
⑧ツクサ、ルニハ・アラス・智《チ》力《リヨク》・トモニ・ツキテ・コノ・ヤフレヲ・イタセリ
⑨ト・義《キ》兵《ヘイ》・コレヲ・トラエテ・唐ノ・太上皇ニ・イタセリ・太上皇・コレ
⑩ヲ・ユルシテ・官爵《クワムシヤク》ヲ・サツクルニ・サツクルコトニ・ヤマイヲ稱《セウ》
⑪シテ・ツイニカタク辞《シ》ス・コノ人ノ忠義・モトモ・ヨミスヘキニ・
⑫タレリ・ヨテ・太宗・所《シヨ》司《シ》ニ・勅《チヨク》シテ・ノタマハク・隋ノ世ニ・賢者

〔七ウ〕

①ヲ、シ・隋帝ヲ・イサメテ・誅《チウ》セラレタル・モノ、・子《シ》孫《ソン》アラハ・
②奏聞シテ・擧《キヨ》シ申ヘシトナリ
③貞観六年《ニ》・太宗・陳《チム》叔《シク》達《タツ》ニ礼部尚書《レイホウシヤウシヨ》ヲ・サツク・ヨテカ
④タテ・ノタマハク・武徳ノコロ・公《コウ》・イサメコトヲ・唐《タウノ》太上皇ニ・タテ
⑤マツリテ・朕・カ・ヨク・大功《コウ》・アルニ・ヨリテシリソケカタキヲ・アキラ
⑥カニセリ・ヨテカノ・直言《チヨクケム》ノ・忠《チウ》ヲ・賞《シヤウ》シテ・イマノ・サツケアリ・
⑦陳《チム》叔《シク》達《タツ》コタヘテ申サク・隋帝ハ・父子・イサメヲ・イル、モノ
⑧ヲ・誅《チウ》戮《リク》シキ・コノユヘニ・直言《チヨクケム》ノ・臣《シム》ナクシテ・隋主ホロヒタリ・臣・
⑨カルカユヘニ・身ヲ・カヘリミス・イサメヲ・ス、メキ・太宗ノ・、タマハク・
⑩公《コウ》カ・太上皇ヲ・イサメタリシハ・タ、・朕ヒトリカ・タメニ・アラス・ア

⑥士（左傍に「士」とあり）卒

〔七ウ〕

⑪マネク・天下ノ・社《シヤ》稷《シヨク》ヲ・オサメンカタメナリ

⑫貞観七年ニ・十六道ノ・黜陟使《チユツチヨクシ》ヲ・ツカハサムトス・右《イウ》僕《ホク》

〔八オ〕

〔八オ〕

①射李《リ》靖《セイ》カ・申サク・畿《キ》内道《ナイタウ》ハ・コト・イタリテ・シケシ魏徴ニ・ア

②ラスハ・オサメカタシ・太宗・ノタマハク・朕・アリクコトニ・魏徴《ニ》・ハナ

③レス・朕・是《シ》非《ヒ》ヲ・ミテ・カクストコロナク・申スユヘナリ・朕・九《キウ》成《セイ》宮《キウ》

④ニ・ムカハムトス・モシ・事ニ・得失アラハ・公等《コウラ》・朕ヲ・タ、スヘシヤ。《イナヤ》・イマ・サ

⑤タメ申トコロ・オホキニ・道《タウ》理《リ》ニ・アラスス・ナハチ・李《リ》靖《セイ》ヲ・シテ・使

⑥ニ・アテシム

⑦貞観八年ニ・太宗・侍臣ニ・カタテ・ノタマハク・隋ノ時ニ・百姓・タ

⑧カラアレトモ・タモツコトヲエス・朕カ・天下ヲ・サタメシヨリ・民《タミ》ヲ・ナ

⑨テヤシナフ・コ、ロトシテ・物コトニ・過《クワ》差《サ》スル・トコロナシ・人コトニ・

⑩生《セイ》計《ケイ》ヲ・イトナムテ・ソノ・資《シ》財《サイ》ヲ・タモツコトヲ・エタリ・コレス

⑪ナハチ・朕カ・タフ・トコロニアラスヤ・シキリニ・タマモノヲ・タフト・

⑫イフトモ・科喚《クワクハン》ノ・ヲホヤケコト・ヤマスハ・タ、・タマ物ヲ・エサ

〔八ウ〕

〔八ウ〕

①ラムニハ。・魏徴《シカシト》コタヘテ・申サク・尭舜・カミニ・アテ・シツカナリ・徭《ヨウ》

②役《エキ》・イトナマス・賦《フ》斂ヲ・ウスクセリ・兆《テウ》民《ミン》・シモニ・アテ・ヤスシ・田《タ》

③ヲカヘシテ・クラヒ・イヲ・ホリテ・飲《ノミ》・哺《ホ》ヲ・フクミ・ハラ《腹也》・ツ、ミ《鼓也》・ウツ・帝・
④ナニヲカ・ツトメント・イヘリ・イマ・陛下ノ・民ヲ・ヤシナヘル・又・カク
⑤ノ・コトキナリ・ムカシ・晉・文《シムノフン》公《コウ》・イテ、・カリス・ケモノヲ・追《ヲウ》テ・大《タイ》
⑥澤《タク》ニイリヌ・ミチヲ・マトハシテ・出《イテ》カタヲ・シラス・ソ。《ノ》・ウチニ・スナ
⑦トリスル・モノアリ・文公・云《イツ》テイハク・ワレハ・君《キミ》ナリ・道ヲ・シメシ
⑧テ・ワレヲ・イタサシメヨ・ワレ・ナンチニ・アツク・タマモノセム・漁者云《キヨシヤイハク》・
⑨臣《シム》・ネカハクハ・タテマツラムト・思コトアリ・文公ノ・云《イハク》・大澤《タク》ヲ・イ
⑩テ、・ウケム・漁《キヨ》者《シヤ》・送《ヲクリ》テ・澤《サハ》ヲイタシ才《ツ》・文公ノ・イハク・タテ
⑪マツラムト・イフモノヲ・ウケム・漁者《キヨシヤ》カ・云ク・鴻《コウ》鵠《コウ》ノ・カリ・
⑫河海《カカイ》ノ・ウチニ・コモレリ・サハノ・ホトリニ・ウツリ・アソフ。熘《ソウ》丸《クワ》ノ・

〔九オ〕

①。《ウレヘアリ・》黿鼉《ケムタ》ノカメハ・フカキ・フチニ・コモレリ・アサキ・ナキサニ・ユイ
②テ・釣射《テウシヤノ》ノウレヘアリ・君《キミ》イマ・ケモノヲ・オフテ・コ、ニ・イタル・イタ
③ルトコロノ・何・ハナハタ・トヲキ・文公ノ・イハク・ヨイカナ・漁者《父》カ・
④イマノヲシエ・漁《キヨ》者《シヤ》ノ・名《ナ》ヲ・シルシ・ト、メム・漁者カ・イハク・イフト
⑤コロ・ミチニ・カナハ、・イヤシト・イフトモ・ソノ・コトハヲ・イルヘシ・君・
⑥ナムソ・名ヲ・モテ・コト、セム・文公・アツク・漁者ニ・タマ物ヲ・
⑦。《セントス・》漁者カ・イハク・君・天ヲ・タトヒ・地ニ・ツカエ人ヲ・アイシ・税《セイ》ヲウス

⑫アソフ。（「。」の左に「時」とあり）、熘丸（左訓「アミツフテ」）

〔九オ〕

⑧クセハ・タマモノ・ナクトモ・臣・ナカク与《クミ》セム・四海ヲ・カタメスハ・諸《シヨ》侯《コウ》ヲ・
⑨礼《レイ》セス・人ノ心ヲ・クルシメ・晋《シム》ノクニ・ホロヒハ・タマモノ・アリトイフ
⑩トモ・臣・タモツコト・アタハシト・イフテ・ツイニ・辞シテ・ウケス・
⑪太宗・ノタマハク魏徴カ・モノカタリ・ハナハタ是《シ》ナリ
⑫貞観十一年ニ・太宗・ミツカラ・漢《カン》ノ世ノ・楊《ヤウ》震《シム》カ・ツカニ・臨《リン》幸《カウ》

〔九ウ〕

①シテ・楊震カ・忠ヲ・アツクシ・イノチヲ・ウスクセシコトヲ・ア
②ハレムテ・ミツカラ・祭《サイ》文《モム》ヲ・カイテ・コレヲマツリ給ヘリ・房玄齢
③ス、ムテ・申サク・イマ・數百年ノ・、チニ・聖明《セイメイ》ノ君・楊伯《ヤウハク》起《キ》
④カ・廉《レン》潔《ケツ》ヲ・アハレムテ・ヨロコヒヲ・九《キウ》泉《セム》ノ・ソコニ・ヲクリタマ
⑤ヘリ・輿《コシ》ヲ・ト、メキメ・蹕《ヒツメ》ヲ・ト、メテ・カタシケナク・神位《シムイ》ヲ・ク
⑥タシタマヘリ・フシテ・天作《サク》ノ祭《サイ》文《モム》ヲ・ヨムテ・カツハ感シ・カツハ・
⑦ナクサム・モロ〳〵ノ・君子・名節ヲ・ハケミ・ツトムヘシ・ヲノ〳〵・善《セン》ヲ・
⑧ナス・人ノシルシアルヲ・ミスヤ
⑨貞観十一年ニ・上・侍臣ニ・カタテ・ノタマハク・昔《ムカシ》・戎狄《シウテキ》ノ・エヒス・衛《エイ》
⑩國《コク》ノ君《キミ》・懿《イ》公《コウ》ヲコロシテ・アツマテ・ソノ・シ、ムラヲ・クラヘリタ
⑪タシ・ソノ・キモヲ・クライ・ノコシテ・ミチノ・ホトリニ・ステタリ・
⑫懿《イ》公《コウ》カ・臣・弘《コウ》演《エム》天ニ・サケムテ・ヲホキニ・哭《コク》シテ・ミツカラカ・ハラ

〔九ウ〕

②祭（平）文（平）

〔十オ〕

①ヲ・サキ・ヲノレカ・キモヲ・イタシテ・懿｜公｜カキモヲ・ワカ・ハラノ・
②ナカニ・イレタリ・イマ・カクノコトキノ・忠臣ヲ・モトメムニ・イカテカ・
③コレヲウヘキヤ・魏徴｜コタヘテ・申サク・君・愛恵《アイケイ》ヲ・ホトコシテ・
④人ヲ・マタハ・忠臣・カナラス・アルヘキ也・ムカシ・趙襄《テウスイ》｜子｜ヲテ・智伯《チハク》｜
⑤ヲ・コロセリ・智伯｜カ臣・ミナ・趙｜襄子｜ニツキヌ・ソノナカニ・豫《ヨ》｜譲《シヤウ》｜
⑥ヒトリ・ツカ忄ス・ツルキヲ・ワキハサムテ・趙｜襄子｜カハヤノ・ウ
⑦チニ・タテリ・トラヘテ・コレヲエタリ・コロサムコトヲ・ネカフトイヘ
⑧トモ・義人《キシム》ナリト・云《イヒ》テ・ユルシテ・イタシツ・炭《スミ》ヲクラヒ・身ニ・ウ
⑨ルシヲヌリテ・趙｜襄子｜カ・ヽヨウ・橋《ハシ》ノシタニ・ツルキヲ・ヨコタヘテ・
⑩タテリ・趙｜襄子｜ミチノスエノ・ハシ《橋》ノシタニ・豫｜譲｜カ・マツラムコ
⑪トヲ・ウタカイテ・人ヲシテ・ミセシムルニ・ハタシテコレアリ・趙
⑫襄子｜コレヲ・ヨヒイタシテ・云・汝《ナムチ》ハ・范｜中《チウ》｜行《カウ》｜カ・フルキ臣ナリ・

〔十ウ〕

①智伯｜ムカシ・范｜中｜行｜ヲ・コロサル時・范｜中｜行｜カ・フルキ・客《カク》・幷《ナラヒニ》 汝《ナムチ》
②モ・ミナ・智《チ》｜伯《ハク》｜ニ・ツケリ・ナムチ・サラニ・范中行｜カ・アタヲ・報《ホウセム》。ト云・心
③ナカリキ・イマワレ・智｜伯｜ヲ・コロサル時｜智｜伯｜カ・フルキ・客《カク》ミ
④ナ・ワレニ・キタリ・ツケリ・アマタ、ヒ・汝ヲ・ヨフトイヘトモ・キタ

〔十オ〕

④マタハ（左漢文注「待也」）、趙襄（左音「シヤウ」）｜子、ヲテ（左漢文注「追也」）
⑥カハヤ（左漢文注「厠也」）

〔十ウ〕

③時｜・智｜伯（「時｜・智」の「｜」は見せ消ち）

⑤ラスシテ・智伯カアタヲ・報《ホウ》セムタメニ・ワレヲ・ウカ、ウコト・
⑥イカムソヤ・豫讓コタエテ・云《イハク》・ムカシ・范中行ハ・衆《シウ》人《シム》ノ・礼ヲ
⑦モテ・遇《ク》セシカハ・ワレ・衆人ノ礼ヲ報《ホウ》シキ・イマ・智伯ハ・國《コク》
⑧士《シ》ノ礼ヲモテ・ワレヲ・遇《ク》セシカハ・ワレ・國士《コクシ》ノ・礼ヲ報《ホウス》。ト・云テ・
⑨ツルキニ・タフレ・フシテ・死《シ》ヌ・シカレハ・スナハチ・君《キミ》ノ・礼《レイ》スルニ・ヨテ・人
⑩カナラス・忠ヲイタス・君《キミ》ノ・礼ナカラムニ・ヲイテハ・賢者
⑪ト・イフ。モ《ト》・忠ヲ・存《ソム》スヘカラサル・モノナリ
⑫貞観十二年ニ・太宗・蒲《ホ》州《シウ》ニ・臨《リム》幸《カウ》シテ・詔《セウ》シテ・ノタマハク・

〔十一オ〕

①隋ノ時・郎将《ラウシヤウ》・堯君素《ケウクムソ》カタク・忠《チウ》義《キ》ヲ・マホテ・ヨク・臣ノ
②節《セツ》ヲ・オヘタリ・隋ノ・臣トシテ・朕ヲ・射《キシ》コト・マコトニ・コトハリナリ
③夏桀《カノケツ》カイヌノ・帝堯ヲ・ホヘタル・コトクナリ・殷《イムノ》 紂《チウ》カ・臣ノ・ホコ
④ヲ・サカサマニセシ・コ、ロサシニ・コトナリ・勁《ケイ》草《サウ》ノ・シモノ・、チニ
⑤アラハレ・賢人ハ・クニノ・ミタル、ニ・ミユ・カノ子孫ヲ・タツネ・ト
⑥フラフテ・コト〳〵ク・奏聞スヘシ
⑦貞観十三年ニ・太宗ノ・、タマハク・梁《リヤウ》世《セイ》・陳《チム》世《セイ》ノ・名臣《メイシム》ノ・子《シ》
⑧孫《ソム》ノ・ナカニ・マネキタツネツ・ヘキモノアリヤ・岑《シム》文《フン》本《ホム》コタヘテ・
⑨申サク・ムカシ隋《スイ》ノイクサ・陳《チム》ノミヤコニ・ミタレイリテ・陳ノ世ヲ・

〔十一オ〕

③イヌ（左漢文注「犬也」）ノ
④シモ（左漢文注「霜也」）ノ
⑦梁世（左訓「ヨ」）・陳世（左訓「ノヨ」）

⑩ウハフテ・隋ノ世ヲ・オコヒシ時《トキ》・陳ノツハモノ・ミナ・ニケアラケ
⑪タリ・僕射《ホクヤ》袁《エム》憲《ケン》ノミ・ヲトロカスシテ・ヒトリ陳王ノ・カタ
⑫ハラヲ・ハナレス・袁憲カ賢ナルコト・世モテ・コレヲシレリ・

〔十一ウ〕

①ソノ、チ・王《ワウ》世《セイ》充《シウ》威《ヰ》ヲ・カ、ヤカシテ・隋帝ノ・クラヒヲ・
②ユツラムコトヲ・ノソム・群《クム》臣《シム》・千僚《レウ》・表《ヘウ》ヲアケテ・ミナ・ユツ
③ルヘキコトヲ・奏ス・隋帝又・ステニ・ユツラムトス・コ、ニ國《コク》子《シ》
④司《シ》業《ケウ》・袁《エム》承家《シヨウカ》ヒトリ・群臣ノ・表《ヘウ》ニ・連《レン》署《シヨ》セス・コノ・袁《エム》
⑤承家《シヨウカ》ハ陳王ニ・ハナレサリシ・袁憲《エムケム》カ子也・父子・トモニモツテ・
⑥忠烈《チウレツ》ノ・臣トスルニ・タレリ・カノ・袁《エム》承家カ・弟《ヲトヽ》ニ・袁承序《シヨ》
⑦トイフモノアリ・ソノ・コ、ロ・キヨク・ヤワラカニシテ・父《フ》兄《ケイ》ノ・風ヲ・
⑧ツタヘタリト・太宗・メシテ・弘文官《コウフンクワン》ノ・学《カク》士《シ》ヲ・サツケテ・晉《シム》王
⑨ノ・侍《シ》読《トク》タラシム
⑩　孝《カウ》友《イウ》ヲ論スル篇第十五
⑪司《シイ》空房《コウハウ》玄齢ツ、シミ・イヤ〳〵シウシテ・ソノ・マ、ハ、ニ・ツカフ・
⑫コト〳〵ク・イロヲ・ト、ノヘテ・コレヲ・ヤシナフ・ソノハ、・ヤマイスル時・

〔十二オ〕

①醫《イ》師《シ》ヲ・ムカウル・コトニ・門《カトニ》・ヲクリムカフテ・カナラス・拝シテ・

〔十一ウ〕
⑪マ、ハ、（左漢文注「継母也」）

〔十二オ〕
①醫（平）師（平）、コト（左漢文注「毎也」）ニ

②ナミタヲ・タル・ハ、ノ・死ニヲヨムテ・緦《シ》麻《ハ》ノ・コロモ・コトニ・ヲロソカニ・
③スカタ・ハナハタ・ヤセヤツレタリ・太宗・キ、・ヲト。ヒ《ロ》テ・散騎《サムキ》常《シヤウ》
④侍《シ》劉洎《リウキ》ニ命《メイ》シテ・塩菜《エムサイ》ノ珍《チム》ヲ、クリ・夜《ヨル》ノユカヲ・トフラシ（八脱）
⑤ム・虞《ク》世《セイ》南《ナム》カ・コノカミ・虞《ク》世基隋《スイ》ニ・ツカヘ・内侍郎《タイシラウ》タリ・
⑥宇《ウ》文化《フン》及《キウ》・隋ノ世ヲ・ミタテ・虞《ク》世基ヲ・コロサムトスル時・ヲ・
⑦ト、・虞世南コノカミヲ・イタキ持・サケ。シ《ヒ》・ナイテ・ワカ身ヲ・モ
⑧テ・コノカミニ・カハラント・コヒキ・宇文及キカスシテ・ツイニ・
⑨虞世基ヲ・コロセリ・虞世南コレヨリ・カナシミニ・スカタ・ヤツ
⑩レテ・ホネイヨタテ・數年也・時人《ノ》・虞《ク》世南ヲ・稱《セウ》シテ・孝《カウ》友《イウ》
⑪ノ・コ、ロサシ・フカシトイフ
⑫貞観七年・呉王《コワウ》・嘉《カ》州《シウ》ノ刺《シ》史《シ》タリ・高《カウ》祖《ソ》ノ・崩《ホウ》スルニ及《ヲヨン》テ・

〔十二ウ〕

①職《シヨク》ヲステ・、・ヤセヲトロヘタルコト・礼ニスキタリ・ノチマテニ・ツネニ・布《ヌノ》ノ・
②コロモヲキテ・身ワ（ウ）レヘアルコトヲ・シメス・太宗ノ・、タマハク・朕カ・子・
③ヲト、ノナカニ・イツレカ・賢ナル・魏徴コタヘテ・申サク・臣・性《セイ》ヲロ
④カニ・智《チ》・クラクシテ・コト〱クニ・シリカタシ・タ、シ・臣呉《コ》王ト・モノイ
⑤フコトニ・ムカシヨリ・臣カ・アヤマリヲ・タ、サレスト・イフコトナシ・上
⑥ノ・、タマハク・ナムチ・前代《セムタイ》・親王ノ・ナカニ・イツレニカ・ナラヘム・魏徴カ・

②緦（上）麻（平）

⑦ナイ（左漢文注「泣也」）テ

〔十二ウ〕

⑦申サク・文《フン》学《カク》ノ・才《サイニ》イタテハ・漢《カン》ノ河《カ》間王《カムワウ》東《トウ》平《ヘイ》王《ワウ》ニ・似《ニ》タリ・孝《ケウ》
⑧養ノ才《サイ》。⌒行ニイタテハ・イニシヘノ・曽《ソウ》參《シム》閔《ヒン》子騫《シケム》カコトシ・コレニヨテ・
⑨木《太》宗・マス〳〵寵《テウ》遇《ク》シテ・妻《メ》アハスルニ・魏徴カ・ムスメヲ・モテス
⑩貞観中ニ・突《トツ》厥《ケツ》ノ・エヒス・玄《ケム》武《フ》門《モン》ニ・マイリ直《チヨク》ス・ソノナカニ・史《シ》
⑪行《カウ》昌《シヤウ》トイフ・エヒスアリ・食《シキ》座《サ》ニ列《レツ》シテ・モノクフ時・シ、ムラヲ・
⑫ノコシテ・クハス・人アリテ・ソノユヘヲトフ・史行昌答《コタヘテイハク》　云・モテ・母ニヲ

〔十三オ〕

①クラムトイフ・太宗・コレヲキイテ・ホメテ・ノタマハク・孝《ケウ》養《ヤウ》ノ性《セイ》・ナムソ・
②エヒストイフトモ・ミヤコニ・カハラム・史《シ》行《カウ》昌《シヤウ》ニ馬《ムマ》一疋《ヒキ》ヲタマフ・カ
③ネテ・ソノハ、ニ・肉《シク》菜《サイ》ノ料《レウ》ヲ・オクル
④　公《ク》平《ヒヤウ》ヲ論スル篇第十六
⑤貞観ノハシメニ・房玄齢奏《ソウ》シテ申サク・秦《シム》府《フ》ノ舊《キウ》臣《シム》等《ラ》・
⑥ウラミヲナスコトアリ・君イマタ・東《トウ》宮《キウ》ニイラスシテ・秦《シム》一國《コク》ノ王《ワウ》
⑦タリシヨリ・舊《キウ》臣《シム》等《ラ》・功《コウ》ヲイタセリト・イヘトモ・イマタ・官《クワン》爵《シヤク》ヲ・タ
⑧マハラス・シカルヲ・君・クラヒニツケリ《ル》・イマ・サ《サ》キノ・東《トウ》宮《キウ》・隠《イン》太《タイ》子《シ》ノ・舊《キウ》
⑨臣《シン》・サキノ・齊《セイ》王ノ・フルキ・臣《シン》等《ラ》ヲ・モチイテ・秦《シム》府《フ》ノ舊《キウ》臣《シム》ニ・サキ
⑩タリ《テ》・官《クワン》爵《シヤク》ヲ・タフコト・君《キヨ（ミ）》・フルキヲ・ワスル、・コ、ロアリト・申ナリト・奏《ソウ》
⑪ス・太宗ノ・、タマハク・諸《シヨ》葛《カツ》孔《コウ》明《メイ》ハ・小《セウ》國《コク》ノ相《シヤウ》也《ナリ》・カレナヲ・コトハヲ・

⑧才《サイ》。⌒行（「才」の字の中央に「。」あり、その左に「術」と見せ消ちの文字あり）
⑩直ス（左漢文注「宿直也」）
⑫モテ（左漢文注「以也」）

〔十三オ〕

②カ（左漢文注「相兼也」）／ネテ

⑫タ、シウシテ云・ワカ心ハ・、カリノ・コトシ・ヲモク・カルキコト・人ニ・ヨラ

〔十三ウ〕
〔十三ウ〕

①ストイヘリ・イハムヤ・朕《チム》・天下ヲ・理《リ》スル身也・ナムソ・ワタクシアラム
②ヤ・ソレ・朕モ・卿等《ケイラ》モ・衣《イ》食《シヨク》シカシナカラ・百姓ノ・功ヨリ・イテタリ・
③人ノ・チカラ・ステニ・上ニ・ツクストイヘトモ・上ノ恩《ヲム》・イマタ・シモニカウヲ《フ》
④ラシメス・コノユエニ・才《サイ》賢《ケム》ノ・ヒトヲエラムテ・國《クニ》ヲユタカニシ・民ヲ
⑤ヤスウセシメテ・上ノ恩《ヲム》ヲ・◦《ク》タシテ・下《シモ》ノ忠ニ・ムクハムト思《ヲモフ》・タ、シ・
⑥人ヲ・エラフ・ミチ・アタラシキ・人フルキ・人ヲ・トフコト・ナシ・タ、・賢ナリヤ・
⑦愚《ク》ナリヤヲ・タツネ・タ、・器《キ》量《リヤウ》ヲ・サキトシテ・人ヲ・モチイル・ユヘナリ・
⑧フルキ人ト・イフトモ・仁《シム》ニアタラスハ・ナムソ・モチイム・◦ソノ能《ノウ》否《フ》ヲ・オモム・ハ
⑨カラスシテ・ウラミ・ナケカムハ・公《ク》平《ヒヤウ》ノ・ミチニ・アラシ・丹《タム》朱《シユ》ハ帝堯《テイケウ》ノ
⑩子《コ》也《ナリ》・天下ヲ・サツクルニ・タラサレハ・コレヲステタリ・商均《シヤウキム》又・帝《テイ》舜《シユン》ノ・
⑪子《コ》ナリ・ヲナシク・ツイニ・コレヲステツ・管叔《クワンシク》蔡《サイ》叔《シク》ハ・ヲト、也・周《シウ》公旦《コウタン》コト〳〵
⑫ク・コレヲ誅《チウ》セリ・ヲヨソ・人ニ君《キミ》タル・ミチ・天ノ心ヲモテ・心トス・子《コ》ト

〔十四オ〕
〔十四オ〕

①イヘトモ・ヲト、トイヘトモ・愛《アヒ》ヲ・ワタクシニ・スルコトナシ・イハムヤ・臣下ニ・
②ヲイテ・ナムソ・公《ク》平《ヒヤウ》ヲソムカムヤ
③貞観元年ニ・長孫无《チヤウソムフ》忌《キ》メサレテ・内《ウチ》ニ・マイル時・タチヲ・ハキナ

④カラ・マイレリ・イテ、・ノチ・監《カム》門《モム》ノ・校《カウ》尉《ヰ》・ハシメテ・サトル・封《ホウ》徳《トク》彝《イ》ツ
⑤ミヲ・議《キ》シテ・申サク・校《カウ》尉《ヰ》・コレヲ・サトラスシテ・イタリ（レ脱）・死《シ》罪《サイ》ニアタレ
⑥リ・長孫无《チヤウソンフ》忌《キ》アヤマリニ・タチヲハケリ・徒罪《サイ》二年・罰《ハツ》銅《トウ》・二十斤
⑦ト申・太宗・コノ義ニシタカフ・大《タイ》理《リ》・少《セウ》卿《ケイ》・戴《タイ》冑《チウ》奏《ソウ》シテ申サク・長
⑧孫无忌カ・アヤマリニ・タチヲハイテ・イレルモ・校《カウ》尉《ヰ》カ・サトラスシテ・イ
⑨レタルモ・トモニ・モチテ・アヤマリ也・ナムソ・ヒトリヲ・イケ・ヒトリヲ・コロ
⑩サムヤ・太宗・スナハチ・校尉カ・死《シ》罪《サイ》ヲユルス
⑪貞観元年ニ・詐《サ》偽《キ》ノ・イツハリセル・モノアリ・太宗ノ・、タマハク・
⑫自《シ》首《シユ》・セサルモノヲハ・死《シ》罪《サイ》ニ・アツヘシト・シハラクアテ・詐《サ》偽《キ》ノモノ・

〔十四ウ〕

①事・ヲノツカラ・モレヌ・大理《リ》少《セウ》卿戴《ケイタイ》冑《チウ》法《ハウ》ニヨテ・ツミヲコトハルニ・流《ル》
②罪ニアタレリト申・太宗ノ・、タマハク・サキニ・死罪ニ・サタメツ・又流《ル》罪《サイ》
③ニ・コトハラハ・信アラサルコトヲ・天下ニ・シメスヘシ・戴冑カ申サク・陛《ヘイ》下《カ》・
④タ、チニ・コレヲ・コロサハ・臣《シム》カ・ヲヨフトコロニアラシ・イマ・法《ハウ》律《リツ》ニツイテ・
⑤罪條《サイテウ》ヲ・カムカヘシム・ナムソ律《リツ》令《リヤウ》ニ・ソムカムヤ・太宗ノ・、タマハク・汝《ナンムチ》・
⑥ヒトヘニ・律《リツ》令《リヤウ》ヲ・マホツテ・ナムソ・朕カ・不《フ》信《シン》ヲ・アラハサムトスルヤ・
⑦戴《タイ》冑《チウ》カ・申サク・ソレ・法《ホウ》令《リヤウ》ハ・國家ノ・ヲホキナルヲ・信《シム》也・イマ死《シ》
⑧罪ニ・サタメラル、コトハ・イサ、カ・イカレル時《トキ》ノ・一言《ケン》也・豈・ワツカナル・

〔十四ウ〕

⑨言ノ・スエヲ・トケントシテ・天下ニ・シケル・律條《リツテウ》ノ・ヲホキナル・信《シム》ヲ・ヤフ
⑩ラムヤ・ヤヲ《フ（ム脱）》ラコトヲ・、シムハ・タ、・陛下《ヘイカ》ノタメナリト申ス・太宗ノ・、
⑪タマハク・朕・モシ・アヤマルトコロアラハ・ナムチ・ヨク・タ、スヘシ・朕・ナムソ・ヲ
⑫ソレムヤ

〔十五オ〕

①貞觀二年ニ・太宗房玄齡ニカタテノタマハク・朕《チム》・隋《スイ》ノ世《ヨ》ノ
②高《カウ》頴《エイ》カ本《ホン》傳《テン》ヲミルニ・マコトニ・公《ク》平《ヒヤウ》ノ臣《シン》ニシテ・治《チ》化《クワ》ノ躰《テイ》ヲシレ《リ》・
③高頴没《ホツ》シテノチ・隋《スイ》室《シツ》ヤフレタルコト・ウヘナルカナ・朕ナムソ・ムカ
④シ・ソノ人ヲ・ミムコトヲオモハサリケム・書《シヨ》ヲステ、・欽《キム》歎《タム》セスト・イ
⑤フコトナシ・又漢魏《カムキ》ノ世《ヨ》ヨリコノカタ・諸葛亮《シヨカツリヤウ》ハナハタ・廉《レム》直《チヨク》ノ承《セウ》
⑥相《シヤウ》タリ・表《ヘウ》ヲアケテ廖《キウ》立《リウ》ト李《リ》厳《ケム》トヲ・南中ニナカセリ・廖《キウ》立《リウ》
⑦南中ニシテ・諸葛亮卒《シユツシ》ヌト・キイテ・ナミタヲナカシテ・ワレ・左《サ》
⑧袛《シム》ヲウシナヘリトナキケリ・李《リ》厳《ケム》又諸葛亮卒《シユツ》シヌトキイ
⑨テ・ヲシミシノフニ・タエスシテ死《シ》ヌ・諸葛亮カ申シヲコナフニヨテ・
⑩ナカシステラル、トイヘトモ・廖立《キウリウ》李《リ》厳等《ケムラ》カ・。諸葛亮《リヤウ》カ死《シ》ヲ、シミ・カナシム
⑪コトカクノコトシ・諸葛亮カ・マツリコトヲ布《シク》コト・公道《コウタウ》ニ・益《エキ》アル
⑫モノヲハ・カタキナリトイヘトモ・コレヲ・賞《シヤウ》シ・上ニ・忠ナキモノ。《ヲ》ハ・

〔十五ウ〕

〔十五オ〕

⑦左（上）／袛

⑧左／袛（上濁）

〔十五ウ〕

①親《シタシ》トイヘトモ・カナラス・罰《ハツ》ス・失《トカ》ヲアキラカニシテ・ツミヲオコナフ
②シカハ・ツミセラレタルモノモ・ウラミス・忠《チウ》ヲアキラカニシテ・賞《シヤウ》ヲ、
③コナフシカハ・賞《シヤウ》セラレタルモノモ・ワタクシニヨロコフコトナシ・卿等《ケイラ》ナムソ・
④諸葛亮|ヲネカハサラムヤ・朕・ツネニ・前《セン》|代帝王《タイテイハウ》ノヨキアトヲ・ネ
⑤カフモノナリ・房《ハウ》玄齢|コタヘテ申サク・孔子《コウシ》ノ、タマハク・ナヲシキヲ
⑥モチイ・マカレルヲスツル時ハ・人・コト〳〵ク・ト、ノホルトイヘリ・太宗ノ、
⑦タマハク・コレマコトニ・朕カヲモフトコロナリ・タ、シ・言《コトハ》ニ・イフハカリヲ
⑧モテ・遂《トケ》ヲコナハスハ・シラサルニヒトシカルヘシト・ノタマヘリ
⑨貞観中ニ・太宗・コトニ・長《チヤウラクコウ》|樂公|主《シユ》ヲ・鍾《シヨ》|愛《アイ》ス・長|樂公|主ハ・文
⑩|徳皇 后《トククワウコウ》ノウメルトコロ也・太宗・コトニ・所《シヨ》|司《シ》ニ勅《チヨク》シテ・長|公主《チヤウコウシユ》ヨ
⑪リハ・ヒキマシテ・資送《シソウ》ノ・ヲクリモノヲ・長樂公主ニアツクセムト
⑫ス・魏《キ》徴《テウ》|奏《ソウ》シテ申サク・ソレ長公主ト・ナツクルハ・陛下《ヘイカ》ノ・姉《シ》|妹《マイ》ニシテ・

〔十六オ〕

①先帝ノムスメナリ・又公主《シユ》ト・ナツクルハ・當《タウ》|今主《キンシユ》|上《シヤウ》ノ・ムスメ也・長《チヤウ》ノ
②字《シ》ヲ・クワヘタリ・公《コウ》|主《シユ》ヨリモ・尊《タトム》ヘキコト・アキラカナリ・心ニ・コトナル・
③礼法《レイハウ》・アリトイフトモ・ミタリカハシク・越《コヘ》ヘカラス・モシ・公主《コウシ（ユ脱）》ノ・礼《レイ》ヲ
④シテ・長公主ニ・スクルコトアラハ・理《リ》・ヲソラクハ・不《フ》|可《カ》ナラムコトヲ・
⑤ムカシ・漢 明帝《カムノメイテイ》・皇子《ワウシ》ヲタテ、・諸王《シヨワウ》ニ・封《ホウ》セムトス・明帝《メイテイ》ノ・、タマ

⑨長（平）|樂（上）公（平）|主（上）ヲ

〔十六オ〕

⑥ハク・朕《チム》カ子《コ》・イカテカ・先帝《センテイ》ノ・子《コ》ニ・ヲナシウセムヤ・仍《ヨツテ》先帝《センテイ》ノ子《コ》・

⑦淮《クワイ》陽王《ヤウワウ》ノ・ナカハニ・准《クワ》シテ・明帝ノ・皇子《シ》ノ・爵《シヤク》ヲ・封セリ・前史《セムシ》ニ・

⑧記《キ》スルト。ロ《コ》・明帝ノ・ソノ・ヲト、ヲ・大《ヲホイ》ニシ・ソノ・子ヲ・スコシキニ・セルコト・

⑨美《ヒ》談《タン》セスト・イフ・コトナシ・ネカハクハ・陛下・ツラ〳〵・コレヲ、・モヘト・

⑩太宗・ヨシト・稱《セウ》シテ・文徳皇后ニ・カタル・ホメテ・ノタマハク・魏徴

⑪カ・奏スル・ト。ロ《コ》・ハナハタ・公《ク》平《ヒヤウ》也・義《キ》ヲモテ・君《キミ》ヲ・タ、ス心・マコトニ・社《シヤ》

⑫稷《シヨク》ノ臣《シム》也・妾《セウ》・陛下《ヘイカ》ト・カミヲアケテ・ヒサシク夫《フ》妻《サイ》タリ・マケテ・

〔十六ウ〕

①礼敬《レイケイ》ヲ・カフルトイヘトモ・情義《セイキ》・フカク・オモシ・申コト・アラムト・スル

②コトニ・カナラス・カタチノ・イロヲ・ウカ、フ・アヘテ・カロ〳〵シク・威厳《イケム》ヲ・

③犯《ヲカ》スコト・カタシ・イハムヤ・臣下《シンカ》ノ身ニヲイテ・心ヲトク・礼ヘタ、リ・豈《アニ》申ニ・

④ハ、カラサラムヤ・仍・中使ヲ・ツカハシテ・帛《キヌ》五百疋《ヒキ》ヲ・ヲ《モ》タシメテ・

⑤魏徴カイエニ・イタラシメテ・コレヲタマフ

⑥貞観二年ニ・刑《ケイ》部尚書張亮謀《ホウシヤウシヨチヤウリヤウム》反《ホン》ノ人ニ・クハ、レリトイフ・

⑦コトヲモテ・獄《コク》ニクタサル・百官ニ命シテ・コレヲ議セルニ・オノ〳〵・死罪《シサイ》

⑧ニアタレリト申セハ・タ、・李《リ》道裕《タウユウ》ノミ・謀反ノ・カタチ・イマタ・ツフ

⑨サナラス・キラルヘカラスト申・太宗・ステニ・コレヲ・キラシメツ・ソノ、チ・

⑩刑部侍郎《ケイホウシラウ》・カケタルコトアリ・臣下ヲノ〳〵・仁ヲ・エラフニ・。人《サラニ》ナシ・太宗

⑦淮（上、読仮名「クワ」に見せ消ちあり、左音「シユン」）シテ、前（平）史（上）

⑧記（上）スル

〔十六ウ〕

②コト（左漢文注「毎也」）ニ

③心ヲトク（左漢文注「遂也」）

⑩カケ（左漢文注「闕也」）タルコト

⑪ノ・、タマハク朕ステニ・刑部侍郎ニ・拝スヘキ・人ヲエタリ・サキニ・李
⑫道裕｜ヒトリ・張亮｜カツミヲ・議シテ・謀反ノ・カタチ・ツフサナラ
〔十七オ〕
①スト申キ・公平也ト・イツヘシ・ソノ・時ソノ言ヲ・モチイスト・イヘトモ・
②イマニイタテ・追《ヲツ》テコレヲ悔《クイ》・ツイニ・李道裕｜ニ・刑部侍郎ヲ
③サック
④　誠信ノマコトヲ論スル篇第十七
⑤貞観ノハシメニ・上書《シヤウショ》シテ・佞《ネイ》｣臣《シム》ヲ・ステシリソケムト・コフモノアリ・
⑥太宗コタヘテ・ノタマハク・チンカ・エラヒ任《シム》スルトコロノ・官人《クワンニン》・ミナ賢《ケム》ナリ
⑦ト・ヲモヘリ・シカルヲ・汝《ナムチ》・佞《ネイ》者ヲシレリ・タレヲ・サスソヤ・上書セ
⑧ル・人コタヘテ・申サク・臣・ヒサシク・草澤《サウタク》ニ・イテ・アキラカニ・佞者
⑨ヲ・シラス・請《コフ》・キミ・イツハリ・イカテ・モテ・群臣《クンシン》ヲ・コ、ロミヨ・雷《ライ》｣霆《テイ》
⑩ニ・ヲソレスシテ・直｣言《チヨクケム》シテ・ス、メイサメムモノハ・スナハチ・タ、シキ
⑪人ナルヘシ・旨ニ・ヲモネレ（リ）・心ニ・シカ（タ脱）ハム・モノハ・スナハチ・佞人ナラム・陛
⑫下・コレヲミテ・シリソクヘシト申セリ・太宗・コタヘス・ソノ、チ・太宗・
〔十七ウ〕
①封《ホウ》｣徳彝《トクイ》｜ニ・カタテ・ノタマハク・ソレ・流《リウ》｣水《スイ》ハ・ミナモト・キヨケレハ・
②ソノスエ・キヨシ・ミナモト・ニコレハ・ソノスヘ・ニコル・君ハ・マツリコトノ・ミナ

〔十七オ〕
⑤佞（去）｣臣（平）
⑨モテ（左漢文注「以也」）
⑩タ、（左漢字注「正」）シキ
〔十七ウ〕

③モトナリ・臣《シム》ハ・水《ミツ》ノスエナリ・君・ミツカラ・イツワリヲナシテ・臣《シム》
④下ノ・タ、シカラムコトヲ・ネカハ、・スナハチ・ミナモト・ニコリテ・ナカレ
⑤ノ・キヨキコトヲ・ノソムカコトシ・理《リ》・ソレ・エカタカルヘシ・朕・ツネニ・魏《キ》ノ
⑥武《フ》帝《テイ》ノ・フカク・人ヲシタカヘムカタメニ・ヲホク・イツハリヲカマヘシコト
⑦ヲ・ソシル・帝者《テイシヤ》ハ・國《クニ》ノモトナリ・ナムソ・イツハリヲカマヘテ・人ヲ
⑧オシヘム・太宗上 書《シヤウシヨ》セル人ニ・カタツテノタマハク・朕誠信《チムセイシン》ノマコト
⑨ヲ・天下ニシカシム・イツハリノ・ミチヲ・オコスヘカラス・汝《ナムチ》カシメス
⑩ムネ・イワレナシ・朕カコノマサル・トコロナリ・
⑪貞観ノハシメ・上書《シヤウシヨ》シテ・コトヲ・奏《ソウ》スルモノヲホシ・ソノナカニ・アル人・
⑫上書シテ申サク・ツハモノヲ・カ、ヤスコト（カ脱）ヲ・ヤメス・武《フ》ヲ振《フルフ》コト・

〔十八オ〕

①ト、メスシテ・ヨモノエヒス・懾《ヲトシ》フセテ・チカラヲシテ・天下ヲタ
②モツヘシト・太宗・シタカハス・。・太宗 長孫《チヤウソムフ》无忌《キ》ニ・カタテノタマハク・朕・
③天下ヲ・トテノチ・文ヲモテ・世ヲオサメテ・ミタレカハシク・ツハモノ
④ヲオコサス・徳《トク》ヲ。布《シク》・惠《クエイ》ヲホトコシテ・中國・ステニヤスク・トヲキ
⑤エヒス・ヲノツカラ・シタカヘリ・異《イ》國《コク》ノ・君《クム》長《チヤウ》・ミナ・貢《コウ》物《モツ》ヲソナヘ
⑥キタリ・四方《シハウ》ノ・蠻《ハム》夷《イ》・譯《ヲサ》ヲカサネテ・ミチニツラナル・コレミナ・魏
⑦徴カ言《コトハ》ニシタカテ・天下・ヲホキニヤスシ・朕《チン》カ任用《シムヨウ》・人《ヒト》ヲエタル

〔十八オ〕

①懾（左訓「ヘタテ」）

④惠（左訓「メクミ」）

⑧ニアラスヤ・魏徴」拝《ハイ》謝《シヤ》シテ・申サク・コレ・聖徳《セイトク》ノ・天ヨリ・シカラ
⑨シメテ・ミツカラ・政《セイ》」術《シユツ》ニ達《タツ》シ給ヘリ・臣・ミシカク・ヲロカナル性《セイ》
⑩ヲ・モテ・豈《アニ》・聖《セイ》」朝《テウ》ニ・益《エキ》アルコトアラムヤト・申セリ
⑪貞観十一年・魏徴」ス、ムテ申サク・國ヲ、サムルミチ・ヨキヲ・
⑫ヨシトシ・アシキヲアシトシテ・賢者《ケムシヤ》ヲ・チカツケ・佞人《ネイシム》ヲ遠《サクル》

〔十八ウ〕

①ニアリ・ヨキヲ・ヨシトスルコトノ・アキラカナルトキハ・賢者《ケムシヤ》ス、
②ム・アシキヲ・アシトスルコトノ・アキラカナル時ハ・佞人《ネイシム》シリソ
③ク・賢者ヲ・チカツクルトキハ・スナハチ・ミタリナルマツリコトナ
④シ・佞人ヲ・サクルトキハ・ヨコサマニ・人ヲマトハスコトナシ・佞人
⑤スコシキナル・ヨキコト・ナキニアラス・賢者モ・スコシキナル・トカナ
⑥キニアラス・シカレトモ・一ノヨキコトヲモテ・モロ〱ノ・アシキコトヲ・掩《ヲホフ》
⑦ニタラス・ワツカナル・キスヲモテ・ヲホキニ・スクレタルコトヲ・サマタク
⑧ルニ・タラス・屈原《クツケム》」カ・湘 南《シヤウナン》ノ江《エ》ニシツミシハ・蘭蒿《ラムカウ》ノ香《カ》ヲ・シ
⑨ラレサリシユヘ也・卞和《ヘンクワ》」カ・荊岫《ケイシウ》ノ・フモトニ・ナケシハ・玉」石《キヨクセキ》ノ・イロヲ・
⑩ワカサリシ・ユエナリ・ヨキヲ・ヨシト・シリナカラ・モチイサルハ・石《イシ》ニマシハ
⑪ル・玉《タマ》ヲ・トラサルカコトシアシキヲ・アシト・シリナカラ・トヲサケ
⑫サルハ・蘭《ラム》ニ・マサル・蒿《エモキ》ヲ・シリソケサルカコトシ・コノユヘニ・郭」氏《クワクシ》カ

〔十八ウ〕

〔十九オ〕

①ナシミヲ成《ナシ》・史《シ》｣魚《キヨ》｣ウラミヲ・ノコセルモノ也・シカルヲ・陛下《ヘイカ》ヨキ人ヲ・コ
②ノミナカラ・ナヲ・ヨキ人ヲステタリ・アシキ人ヲ・ニクミナカラ・イマタ・
③アシキ人ヲ・シリソケス・人ノヨキヲキイテハ・ウタカテ・信《シム》セス・人ノ
④アシキヲキイテハ・カナラス・シカナリト。《ヲ》モエリ・仁《シム》｣者ハ・人ノヨキヲ・
⑤アラハシ・小｣人ハ・ヒトノヨキヲ・ネタメリ・アシキコトヲ・讒《サム》シテ・カナラ
⑥ス・信《シム》セラル、カユエニ・小人ノミチ・ス、ミヌヘシ・ヨキヲ擧《キヨ》シテ・カ
⑦ナラス・ウタカハル、カユヘニ・仁者ノミチ・キエヌヘシ・人ニ君タル
⑧ミチ・賢者ヲス、メ・小人ヲ・シリソクルコトヲ・スミヤカニスヘシ・
⑨イマ・賢者ノミチキエ・小人ノミチ・サカリナラハ・スナハチ・上下・
⑩ミタレヘタ、リテ・ナムソ・、レ・ヲサマラムヤ・魏徴｣又申サク・孔子
⑪ノタマハク・イニシエノ帝ノ・ミツカラ・禁｣獄ノコトヲ・キ、シハ・人ヲ・
⑫生ムユヘヲ・モトメ《ム》タメ也・イマノ帝ノ・ミツカラ・禁獄ノコトヲ・

〔十九ウ〕

①キケルハ・人ヲコロサム・ユヘヲモトメムユヘ也・左《サ》｣道《タウ》ヲモテ・マツリコト
②ヲミタルユヘ也・ソノ賞《シヤウ》ハ・ウタカハシクトモ・ヲモキニ・シタカフヘシ・罰《ハチ》
③ハ・ウタカハシクトモ・ソノ・カロキニ・シタカフヘシ・法｣令《リヤウ》ハ・國《クニ》ノ権《ケン》｣衡《カウ》・
④時ノ准縄《スユンシヨウ》也・権衡ハ・カロキ・ヲモキヲ・サタメ・准縄ハ・曲直《キヨクチヨク》ヲ・

〔十九オ〕

①史｣魚(平)

〔十九ウ〕

②賞(上)ハ

⑤タ、ス・イマ・法律《ハウリツ》ヲ談《タン》スル時ハ・ユルクナタムル旨《ムネ》ヲ・稱《セウ》ストイヘ
⑥トモ・人ヲツミスル時ハ・カラクケハシキ・刑ヲモテス・ヨロコフコ
⑦トアル時ハ・ソノツミヲナタメイカルコトアル時ハ・ソノ法ヲ・キヒ
⑧シウス・ヨロ。《コ》ヒ・イカルニ・ヨテ・律《リツ》ヲ・ホシイマ、ニシ・ニクミ・ヨミスルモノニ・
⑨シタカテ・軽重《キヤウチウ》・心ニマカセタリ・權衡《ケムカウ》ノ・ハカリノ・ヲモシヲ・ステ、・
⑩ヲモクカロキヲ・サタメ・准縄《シュンセウ》ノ・ナハヲステ、・曲直《キヨク》ヲ・タ、スモノ
⑪ナリ・豈・マトヘルニアラスヤ・ヲヨソ・ツネニ・ミタル、國ナシ・民ツネ
⑫ニ・ミタル、コトナシ・君ノ・善悪《センアク》ニヨテ・クニ・ヲサマリミタル・上ノ

〔二十オ〕

①弛張《ユルヘハル》ニ・シタカフテ・民アツク・ウスシ・カルカユヘニ・夏《カ》ノ桀《ケツ》カ・時《トキ》・民《タミ》
②ミタレ・クニホロヒタリトイヘトモ・殷湯《イムノタウ》王《ワウ》・コレヲ・ウレヘテ・スナハチ・國
③ヲサマリ。・殷紂《イムノチウ》カ時・國ヤフレ・民マトヘリトイヘトモ・周武王・コレ
④ヲトリテ・國ヲ・、コシ・民ヲタノシウセリ・コ、ヲモテ・明王ハ・ヲサメ
⑤ムコトヲ・オノレニモトメテ・ミタレタルコトヲ・下ニセメス・モロ〳〵ノ・
⑥アシキコトヲ・ワカトカナリトシテ・サラニ・人ヲトカムルコトナ
⑦シ・カルカユヘニ・尭舜禹《キヨウシユンウ》湯《タウ》ハ・ヲノレヲ・ツミシテ・ソノクニ興《ヲコ》レリ・
⑧桀《ケツ》紂《チウ》幽《イウ》厲《レイ》ハ人ニ・ツ、シミテ《（ツミシテ）》・ソノ身ホロヒタリ・イマ・人ニツミス
⑨ル心・ヤンコトナクシテ・ヲノレヲ・ツミスルコト・ワスレタルカコトシ・

〔二十オ〕
③ヲサマリ。（「。」から左上に斜線を引き、続けて「民ユタカナリ・」とあり）

⑩ステニ・姦《カム》邪《シャ》ノカタマシキ・ミチヲヒラキ・惻隠《ソクイン》ノ・イタミアハレム・
⑪心ナシ・温《ヲム》舒《ショ》ムカシ・コレヲウラミタリ・微臣イマ又・コレヲウラ
⑫ム・帝堯・イサメヲイル、・ツ、ミヲカケ・帝舜・ソシリヲ

〔二十ウ〕

①キク・木《キ》ヲタテタリ・湯王アヤマリヲ・タ、ス・史ヲ、キ・武
②王・ミテルヲイマシムル・銘《メイ》ヲツクレリ・コレミナ・ワカトカノ・イマ
③タ・キサ、サルヲ・キカムト也・ヲノレカ・アヤマリノ・イマタ・アラワ
④レサルヲ・ミムトスルモノナリ・魏《キ》ノ文《フム》帝《ティ》ノ・、タマハク・忠
⑤臣ヲ・シタシウシ・イサムル人ヲ・チカツケ・讒《サム》者《シャ》ヲシリソケ・
⑥佞人ヲ遠《サクル》事ハ・身ヲマタウシ・國ヲタモチ・トヲク・ワサワイ
⑦ヲサラムタメ也・木ハ・ナハニ・シタカテ・スナハチタ、シク・君ハ・イ
⑧サメニシタカテ・スナハチ・聖也・コノユヘニ・ミ、ニ・サカサマナルイサメ
⑨ヲ・納《イレ》・顔《カホ》ヲ、カス・アラソイヲ・キカムコトヲ・ネカフ・コノユヘニ・
⑩聖《セイ》哲《テツ》ノキミ・コトニシテ・功《コウ》サタマル・陛下・貞観ノハシメニハ・身ヲ
⑪ソハタテ・行《カウ》ヲハケマシテ・善《セム》ヲキイテ・カナラスヲコナフ・ス
⑫コシキナル・トカアレトモ・忠アル人ヲ・引進《ヒキス、メ》・直 言《チヨクケム》ヲ・キクコト

〔二十一オ〕

①ニ・ヨロコフコト・顔《カホ》ノイロニアラワレキ・忠烈《烈レツ》ノ臣・心言ヲツクサ

⑫ツ、ミ（左漢文注「鼓也」）

〔二十ウ〕

⑧ミ、（左漢文注「耳也」）ニ

〔二十一オ〕

②スト・イフコトナシ・コノコロ・海《カイ》内《タイ》ノ・ヤスキニ驕《ヲコリ》テ・心サシソノハシメニ・コト
③ナリ・談議《タムキ》ノウチニ・ヨコサマナル・説ヲ・ニクムトイヘトモ・旨ニヲモ
④ネル・言ヲキクコトヲ・ヨロコフ・諂言《タウケム》ヲ・コノムトイヘトモ・耳《ミヽ》ニサカ
⑤サマナル・イサメヲ・キカムコトヲ・ネカハス・ワタクシノミチ・ヤウヤク
⑥興《ヲコ》リ・ヲホヤケノミチ・フサカリナムトス・行《カウ》路《ロ》往来《ワウライ》ノ人・コト
⑦〳〵クニ・シレルト。口《コ》也・カルカユヘニ・輪《ワ》ヲウツミ・䟽《マト》ヲ壊《コホイ》シ・トモカラ・
⑧コエヲノムテ・言《コトハ》ヲイタサス・モスソヲヒキ・檻《ヲハシマ》ヲ折《ヲリ》シタクヒ・
⑨口《クチ》ヲ相《ツクウ》テ・モノイハサルハ・ミナコレ・コノユヘナリ・陛下・天《テン》居《キヨ》ノスミ
⑩カ・タカクシテ・龍《レウ》鱗《リム》ヲオカス・イサメ・達《タツ》シカタシ・アルイハニ・ハ
⑪カニ敌《イタセ》トモ・コトハヲツクシカタシ・又・拝《ハイ》謁《エツ》タヤスカラサレハ・
⑫カサネテ・ヨスルコトマレナリ・タマ〳〵申トコロ・理ニアタレ

〔二十一ウ〕

①トモ・カナラスシモ・ホマレヲクワヘス・奏スルトコロ・モシ・義ニソ
②ムカハ・マサニ・サタメテ・恥《ハチ》ニヲヨフヘシ・隋ノ臣下ノ・ヨク・節ヲツ
③クスコト・ナイ事・マコトニ・コノヨシニヨレリ・ムカシ・齊ノ桓公・コノ
④ムテ・ムラサキヲキシカハ・境《サカイ》コソテ・異《コト》ナルイロヲモチイス・
⑤楚襄《ソノシヤウワウ》王・腰《コシ》ホソキモノヲ・コノムシカハ后宮ニ・ウエ死《シヌル》モノヲホシ・
⑥ソレ・耳目ノ・モテアソヒモノ・人ミナ・身ニカエテ・上《カミ》ノコノムトコロニ・シタカフ・

⑧ノム（左漢字注「呑」）テ
⑪敌《イタセ》（左に「致」あり）トモ
〔二十一ウ〕

⑦イハムヤ・聖《セイ》-明《メイ》ノ君・マコトヲ致《イタ》シテ・忠《チウ》-正《セイ》ノ人ヲ・モトメハ・キタリツカ
⑧エムコト・千里ヲトヲシト・セシ・イタツラニ・言ノミアテ・心ノウチニ・マ
⑨コトナクハ・ワレキタリツカヘムコトウヘカラス・太宗テツカラ・詔
⑩ヲカキテ・コタヘテノタマハク・前後《センコ》ノ諷諭《フウユ》ノ旨《ムネ》ヲ・ミルニ・イタテ・
⑪ノソムトコロノ言《コトハ》也・朕ムカシ・衡門《カウモン》ノイヤシキ・カトニアテ・師《シ》-保《ホウ》
⑫ノヲシヘニ・ウルホハス・隋氏ホロヒ・萬邦《ハムハウ》ノクツル、ニアフテ・慄《リツ》ス

〔二十二オ〕

①タル・黔《キム》-黎《レイ》ノタミ・身ヲカクスニトコロナシ・朕十八ノ年ヨリ・溺《ヲホレタル》ヲ
②タスクル思アリ・ソテヲフルヒ・イキトヲリヲ、コシテ・干《カム》-戈《クワ》ノ
③タテホコヲ・コト、ス・霜《シモ》ツユヲ・シノキヲカシテ・東《トウ》-西《サイ》ニヲモムキ・タ
④タカフ・蒼《サウ》-梧《コ》ノ霊《レイ》・タスケヲクハヘ・廟堂《ヘウタウ》ノ略《リヤク》・サツクルコト
⑤アテ・義《キ》-旗《キ》ノムカフトコロ・サスニマカセテ・ヒラケ・タイラク・
⑥流沙《リウサ》・弱水《シヤクスイ》ノ境《サカイ》ヲ・コエテ・輶《イウ》-軒《ケム》ノツカヒヲ・通《トウ》シ・被《ヒ》-髪左《ハツサ》
⑦祇ノクニ〳〵ヲ・シタカヘテ・衣冠域トナセリ・正《セイ》-朔《サ》ニ礼ヲト、ノヘテ・
⑧トヲシトシテ・キタラストイフモノナシ・朕寶暦《ホウレキ》ヲウケテ・
⑨ツ、シムテ・帝《テイ》-圖《ト》ヲサツケラル・上《カミ》-下無《シモフ》-為《ヰ》ニシテ・シツカナ
⑩ルコト・十年・ケタシコレ・熊羆《イウヒ》・タ、カヒノ勲《クキム》ヲツクシ・股肱《ココウ》・ハ
⑪カリコトヲス、ムルチカラナリ・武《フ》ノ功《コウ》・文《フン》ノ徳《トク》・ナカク・鐘《シヨウ》

〔二十二オ〕

④蒼-梧（「蒼」字より左下に斜線を引き、続けて「所名也」とあり）、廟堂（平）
⑥輶-軒（「輶」字より左下に斜線を引き、続けて「所名也」とあり）

⑫石《セキ》ニ銘《メイ》スヘシ・淳風《シュンフウ》ヲサマレル世《ヨ》・竹素《チクソ》ノフミニ・ツタフヘシ・

〔二十二ウ〕

①シカレトモ・朕ウスク・ムナシキ身ヲモチテ・比《ナラヘ》テムカシノ
②世ヲ耻《ハチ》・タスケタ、ス・公等《コウラ》ニ・ヨラスハ・イカ・テカ・ミタレヤスキ・
③萬國ヲ、サメムヤ・魏徴ニ絹《キヌ》三百疋ヲ・タマフ
④貞観十年ニ・魏徴上書シテ申サク・國ヲオサムル・モ
⑤トヰ・タ、・誠信《セイシン》ノ・マコトヲ存《ソム》スルニアリ・言《コトハ》ノ・マコトヲ・誠《セイ》ト
⑥イフ・心ノ・マコトヲ・信《シム》トイフ・上ニ・誠信アル時ハ・下・フタ・心ナ
⑦シ・君・徳礼《トクレイ》ヲホトコス時ハ・トヲキ國《クニ》・コト〳〵クニ・シタカフ・父
⑧子ノナカニモ・君《クム》臣ノアヒタニモ・シハラクモ・ワスルヘカラサルハ・
⑨誠《セイ》信也・孔子ノ・、タマハク・イニシヘヨリ・ミナ・死ルコトアリ・
⑩人トシテ・信《シン》ナクハ・アルヘカラス・上《カミ》トシテ・信《シン》ナキ時ハ・徳ヲ
⑪ヤフル・下《シモ》トシテ・信《シム》ナキ時ハ・身ヲソコナフ・ニハカニ・マロヒ・クツカヘ
⑫ル時ト・イフトモ・心ノ信・言ノマコトヲ・ワスルヘカラス・シカルヲ

〔二十三オ〕

①道徳《タウトク》・厚《アツキ》コトヲ・マサス・仁義《シムキ》・ヒロイコトヲ・マサ、ルコトハ・ケタ
②シコレ・賢ヲ・待・心・ナヲ・誠信ヲ・ツクサス・ヲハリヲ・ヨクス。《ル》心・誠
③信ヲ・ツクサシムルユヘ也・斉ノ桓公ムカシ・管仲ニ・トフテ云・

〔二十二ウ〕
〔二十三オ〕

④ワレ・酒《サケ》ヲモテ・サカツキヲ・腐《クタ》シ・、シムラヲモテ・マナイタヲ・
⑤クタサムト・ヲモフ・コレ・覇王《ハワウ》ノ徳ヲ・ソコナハムヤ・イナヤ・管
⑥仲｜コタヘテ・云・コレ・キハメテ悪《アシ、》トイヘトモ・覇王ノ・ミチヲ・
⑦ヤフルコトナケム・桓公ノ・云・ナニコトカ・覇王ノ・ミチヲ・ソコ
⑧ナフヤ・管｜仲云・人ノ賢愚《ケンク》ヲ・シラサル時ハ・覇王ノ・ミチヲ・
⑨ヤフル・モチヰナカラ・任《シムスル》コト・アタハサレハ・又・ヤフル・任《シム》ストイ
⑩ヘトモ・信《シムスル》コト・アタハサレハ・又・ヤフル・信ストイヘトモ・佞人ヲ・マシ
⑪ヘテ・モチヰル時ハ・又・ヤフル・晉《シン》ノキミ・中《チウ》｜行穆《カウホク》伯｜ヲ・モテ・
⑫鼓《コ》トイフ・國ヲセム・年ヲフルマテ・下《クタス》コトヲエス・間倫《カンリン》｜カ云・

〔二十三ウ〕

①鼓《コ》ノ嗇父《ショクフ》ヲハ・間倫｜シレリ・武士ヲ・ツカラカスコト・ナクシテ・
②鼓《コ》ヲハ・取ヘシト・穆伯｜コタヘス・穆伯｜カ臣等《シムラ》・云・一《ヒトツ》ノ・ホコヲモ・
③ヲラス・一《ヒトリ》ノ・人ヲモ・ヤフラスシテ・カノクニヲ・エムコト・ノソム所
④ナリ・キミ・ナムソ・キカサルヤ・穆伯｜カ云・間倫｜ハ佞人也・モシ・間《カン》
⑤倫《リン》｜ヲシテ・カノ國ヲ・エツルナラハ・カナラス・間倫｜ヲ・賞《シャウ》ス
⑥ヘシ・モシ・コレヲ・賞《シャウ》セハ・佞人ヲ・賞スルナルヘシ・佞人・賞《シャウ》ヲエハ・
⑦人ミナ・仁恵《シムケイ》ヲ・ステ、・コト〳〵ク・佞人トナラム・人ミナ・佞人ト
⑧ナラハ・カノ國ヲ・エタリトイフトモ・ナニカセムトイヘリ・穆伯｜ハ・

⑨任（去濁）コト

〔二十三ウ〕

③ヲラ（左漢文注「折也」）ス

⑨一國《コク》ノ大夫也・管仲｜ハ・小國ノ摂政也・ナヲヨク・誠信《セイシン》ヲ・
⑩存シテ・カネテ・佞人ヲ・フセケリ・イハムヤ・千年ノ・聖運《セイウン》ニ
⑪アタテ・四海ノ・大君タリ・ヨキヲ・ヨシトシテ・コレヲ・待ニ・誠
⑫信ヲ・モテシ・コレヲナツクルニ・徳義《トクキ》ヲ・モテセヨ・アシキヲ・

〔二十四オ〕

①アシトシテ・コレヲ・シリソクルニ・トカヲ・アキラカニシ・コレヲ・タ、
②スニ・法ヲモテ・セヨ、キヲ・ヨシトシリテ・擧スルコト・アタハスアシキ
③ヲ・アシトシリテシリ・ソクルコト・アタハサレハ・賞罰《シヤウハツ》・アキラカナ
④ラスシテ・クラヰヲ・ウシナヒ・國ヲクツカヘス・太宗上書ヲ・
⑤ミテ・ノタマハク・モシ・汝ニ・アラスハ・タレカ・コノ説《セツ》ヲ・キカシメム
⑥貞観十七年ニ・太宗・侍臣ニ・カタテノタマハク・傳《テム》ニ・イヘラク・
⑦タトヒ・食物《シヨクフツ》ヲ・スツトイフトモ・心ノ信ヲ・スツヘカラスト孔子
⑧ノ・、タマハク・心ニ・信ナキ人ハ・ソノ身ヲ・立《タツ》ルコトナシトムカ
⑨シ楚《ソ》ノ項羽《カウウ》｜ステニ・始皇《シクワウ》ノスエヲ・ホロホシ・咸陽ノ・ミヤ
⑩コニ入テ・ホシイマ、ニ・諸王ヲシタカヘ・天下ヲオコナヘリ・ヨク
⑪約束《ヤクソク》ヲタカヘス・誠《セイ》｜信《シン》ノ心ヲ・アラタメサラマシカハ・諸《シヨ》｜侯《コウ》ナ
⑫ムソ・コレヲソムカンヤ・漢《カン》｜祖《ソ》・イカテカ・コレヲ・ウハ、ンヤ・房《ハウ》｜

〔二十四ウ〕

〔二十四オ〕

〔二十四ウ〕

①玄齢コタヘテ申サク・仁義《シンキ》礼智《レイチ》信《シン》・コレヲ・五《コ》常《シヤウ》トイ

②フ・コレヲ、コナヘハ・運《ウム》ヲヒラク・コレヲスツレハ・不《フ》可《カ》也・殷

③紂・五常《シヤウ》ヲ・ミタリシカハ・周武《シウフ》ニ・ウタレタリ・項羽仁《シン》信《シン》ヲ・

④アラタメシカハ・漢《カン》祖《ソ》ニ・ホロホサレタリ・マコトニ・イマノ聖勅《セイチヨク》

⑤ノ・旨《ムネ》ノコトシ

⑥

⑦

⑧貞観政要巻第五

（巻第五は以上）

〔二十五オ〕

①貞観政要巻第六　　史臣呉兢撰

②儉約《ケンヤク》ヲ論《ロム》スル篇第十八

③謙譲《ケンシヤウ》ノユツリヲ論スル篇第十九

④仁惻《シンソク》ノアハレミヲホトコス篇第廿

⑤コノムトコロヲツヽシム篇第廿一

⑥言語《ケンキヨ》ノコトハヲツヽシム篇第廿二

⑦讒邪《シヤ》ノクチヲフサク篇第廿三

⑧アヤマチヲクユル篇第廿四

⑨奢従《シヤシヨウ》ノヲコリヲイマシムル篇第廿六（ママ）

⑩ムサホリイヤシキコトヲシリソクル篇第廿六

⑪儉約《ケンヤク》ヲ論スル篇第十八

⑫

〔二十五ウ〕

①貞観元年ニ・太宗・侍臣《シシム》ニ・カタテ・ノタマハク・イニシヘヨリ・明王《メイワウ》・

②ミナ・民《タミ》ノ・ヽソムトコロニ・シタカヘリ・ムカシ・夏《カ》ノ・大禹《タイウ》・九《コヽノツ》ノ山《ヤマ》ヲホリ・九ノ・

③河《カハ》ヲ・サクリ・九ノ・澤《サハ》ヲ・ツヽミ・九ノ・江《エ》ヲ・通《トウ》シテ・人ノ・チカラヲ・

④モチイタル事。（キハメテ・ヒロシ・シカレトモ・ソシリ・ウラムル・モノヽ・ナキ事）ハ・モロ〱ノ・ヒトヽ・トモニ・タモツ・トコロノ・ユヘナリ・

〔二十五オ〕

④仁（平濁）惻（入）

⑥言（東濁）語（上）

⑦讒（平濁）邪（平）

⑨奢（平）従（平）

⑪儉（去、「儉」より左側に斜線を引きその先に。印あり。次の行に移すとの指示か）約（入）、論（平）

〔二十五ウ〕

①明（平）王（平）

③サク（左漢文注「決也」）リ

⑤秦《シム》ノ・始《シ》皇《クワウ》カ・七百《ヒヤクヨ》 余ノ・宮室《クウシツ》ヲ・ツクリ・一百丈《チヤウ》ノ・阿房《アハウ》ヲ・ツク
⑥リシニ・天下・コレヲ・イタミ・ソシリシ・コトハ・ヒトリ・ソノ・コ、ロサシヲ・ホシ
⑦イ・マ、ニシテ・モロ〳〵ノ・人ノ・タメニ・アラサリシ・ユヘナリ・朕《チム》・今・一
⑧ノ・殿ヲ・ツクラムト・シテ・材木《サイモク》・ステニ・ミナ・ソナハレリ・シカレトモ・秦《シム》ノ・
⑨始《シ》皇《クワウ》カ・事ヲ・思テ・ツイニ・ツクルコトヲ・ヤメタリ・ソレ・ヱリ・チリハメ
⑩タル・ウツハモノ・珠《タマ》・金《コカネ》ノ・モテアソヒモノ・驕《ヲコリ》ヲ・キハメ・慾《ヨク》ヲ・ホシイマ、ニ
⑪スル・時《トキ》ハ傾亡《ケイハウ》ノ・アヤフミ・タチトコロニ・イタリヤスシ・諸王《シヨワウ》｣公《コウ》・ヨリ
⑫シモツカタ・弟《テイ》｣宅《タク》ノ・トコロ・車《キヨ》｣服《フク》ノ・身《ミ》ノカサリ・婚《コム》｣姻《イム》ヲ・ムスフ・

〔二十六オ〕

①礼・ヲハリヲ・、クル・喪《サウ》｣儀《キ》・過《クワ》｣差《サ》ヲ・モチイル事・一｣切《セツ》ニ・禁《キン》｣断《タン》スヘシ・
②コレニヨテ・廾二年ノ・アヒタ・風《フウ》｣俗《ソク》・ヲロソカニ・政《セイ》｣化《クワ》・スナヲニシテ・ウ
③ツハモノ・金《キン》｣玉《キヨク》・ナク・コロモニ・錦《キン》｣繡《セウ》ノ・ヌモノ・ナクシテ・人《ヒト》・布帛《ヌノキヌ》ヲ・タ
④クハヘ・國《クニ》・米《ヨネ》・穀《コメ》ヲ・ユタカニシテ・民《タミ》ノ・ヤツコニ・イタルマテ・飢《キ》｣寒《カン》
⑤ノウレヘナシ
⑥貞観二年・六月ノ・スヱ・公卿《コウケイ》・奏《ソウ》シテ・申サク・秋《アキ》ノ・霧《キリ》・ヤウ
⑦ヤク・ハシマル・宮室《キウシツ》・卑《ヒキク》シテ・城地《セイチ》・下《クタリ》ウルホヘリ・請《コウ》・一閣《ツカク》ノ・タカ
⑧キヲ・イトナムテ・イタマハム・コトヲ・上《シヤウ》ノ・云《ノタマハク》 ・朕《チム》・氣《キ》病《ヘイ》アリ・ク
⑨タリ・ウルホヘル・所《トコロ》ニ・イルヘカラス・シカレトモ・ヲノ〳〵・來請《ライセイ》ノ・ムネヲ・

⑤阿（平）房（平）

⑩珠（平）・金（平）ノ
⑪傾（平）亡（平）、諸（平）王（平）｣公（平）
⑫車（平）｣服（入）、婚（平）｣姻（平）

〔二十六オ〕

①喪｣儀（平濁）、過（去）｣差（平）、禁（平）｣断（平濁）
④飢（平、左訓「ウヱ」）｣寒（平、左訓「サムキ」）
⑧イタ（左漢文注「居也」）マハム
⑨來（平）請（平）

⑩トケハ・ツイヱ・マコトニ・オホカラム・昔・漢《カン》ノ・文帝《フムテイ》・一《ッ》ノ・露《ロ》臺《タイ》ヲ・タ
⑪テムトス・匠《タクミ》ノ・申サク・ソノ・用途《ヨウト》・コカネ・百兩《リヤウ》ニ・アタレリ・文帝《フムテイ》
⑫ノ・丶タマハク・コカネ・百兩《リヤウ》ハ・中人《チウシン》・十家《カ》ノ・タクハエナリ・ナ。ソ《ム》ム・十家《カ》

〔二十六ウ〕

①ヲ・ツイヤシテ・一ノ・臺《ウテナ》ヲ・タテムヤト・ツイニ・ト丶マリヌ・朕《チム》・徳義《トクキ》・
②漢《カン》ノ・文帝《フムテイ》ニ・ヲヨハスシテ・ツイヤス・トコロ・コト〳〵ク・カノ・時《トキ》ニ・スキタ
③リ・豈《アニ》・人《ヒト》ノ・チ丶・ハ丶タル・ミチニ・カナハムヤト・ツイニ・ツクルコトヲ・ユル
④サス
⑤貞観四年ニ・上・侍臣《シシム》ニ・カタテ・ノタマハク・タカク・宮室《キウシツ》ヲ・タテ・
⑥池臺《チタイ》ヲ・ホリ・カサルコトハ・帝王《テイワウ》ノ・タノシム・トコロ・百 姓《ヒヤクシヤウ》ノ・ツイユル・
⑦トコロ也・凡《ヲヨソ》・帝王《テイワウ》ノ・ネカウ・トコロハ・放逸《ハウイツ》ノ・タノシミ・百 姓《ヒヤクシヤウ》ノ・ナケク・ト
⑧コロハ・ワツライ・ツイヱナリ・孔子《コウシ》ノ・丶タマハク・一言《ツケム》ノ・身《ミ》ヲ・タモ
⑨ツヘキ・コトアリ・イハユル・ソレ・恕《シヨ》也・ソレ・恕《シヨ》ハ・我《ワカ》・ネカウ・トコロ・タリ
⑩ト・イヘトモ・人ノ・ワツラハシキ・ユヘヲ・察《サツ》シテ・ト丶ムル也・コレヲ・恕《シヨト》
⑪ストイフ・シカレハ・コト〳〵・心ニ・マカセテ・驕《ヲコリ》・ホシヰマ丶ナルヘシト・
⑫イヘトモ・百 姓《ヒヤクシヤウ》ノ・ワツラウコトヲ・察《サツ》シテ・ト丶ムル也・魏《キ》徵《テウ》｜コタヘ

〔二十七オ〕

①テ・申《マウ》サク・陛下《ヘイカ》・ヲ・ホキニ・万姓《ハムセイ》ヲ・アハレムテ・身《ミ》ヲ・節《セツ》シテ・

⑩露臺（平）
⑪用（上）途（平濁）
⑫十家（左音「ケ」）ノ

〔二十六ウ〕

⑥池（平）臺（平）
⑨恕（去濁）也

〔二十七オ〕

②人ノ・ヲモヒニ・シタカウ・ワレ《(ソレ)》・心ヲ・節《セツ》シテ・人ニ・シタカウ・モノハ・サカヘ・
③人ヲ・ツイヤシテ・ヲノレヲ・タノシウスル・モノハ・ホロフ・隋《スイ》煬《ノヤウ》帝《ティ》・心サ
④シ・アクコト・ナキニ・ヨリテ・タ丶・驕《ヲコリ》・コレヲ・コノム・宮《キウ》室《シツ》ヲ・カサル・アヒタ・
⑤イサ丶カモ・心ニ・カナハサレハ・サカシキ・罰《ハツ》・ケハシキ・罪《ツミ》ヲ・アツ・上《カミ》ノ・
⑥コノム・トコロ・下《シモ》・カナラス・シタカフ・臣下《シムカ》・コト〳〵ク・ソノ・風《フウ》ヲ・ウ
⑦ケタリ・ヨテ・天下・ツイニ・ワキ・クツカヘレリ・コレ・陛下《ヘイカ》ノ・マノア
⑧タリ・シレル・トコロナリ・カルカユヘニ・天《テム》・陛下《ヘイカ》ニ・命《メイ》シテ・コレヲ・ウタ
⑨シメタリ・隋帝《スイテイ》ノ・心ノ・慾《ヨク》アクトコロ・ナクシテ・天下ノ・済物《セイモツ》・
⑩ハナハタ・丶ラスト・思ヘリ・アクコトナキ・心ヲ・マスニ《マス》・万倍《マムハイ》ヲ・クハウ
⑪ト・イヘトモ・猶《ナヲ》・タラシ・太宗《タイソウ》ノ・丶タマハク・卿《ケイ》カ・コタフル・トコロ・マコトニ・
⑫ヨシ・卿《ケイ》ニ・アラスハ・朕《チム》・イツクソ・コノ事ヲ・キカム・貞観十六年・

〔二十七ウ〕

①太宗・侍臣《シシム》ニ・カタテ・ノタマハク・朕《チム》・コノコロ・劉《リウ》聡《ソウ》傳《テム》ヲ・ヨムニ・カフ《(ノ)》
②傳ニ・イハク・劉《リウ》聡《ソウ》キサキ・劉《リウ》后《コウ》カ・タメニ・鵰《クワウキ》儀殿《テム》ヲ・タテムトス・
③廷尉《テイイ》・陳《チム》元達《ケムタツ》イサメ・ト丶メムトス・劉《リウ》聡《ソウ》オホキニ・イカテ・命《メイ》
④シテ・陳《チム》元《ケム》達《タツ》ヲ・キラシメツ・キサキ・劉《リウ》后《コウ》テツカラ・上書《シヤウショ》シ
⑤テ・鵰《クワウキ》儀殿《テム》ヲ・辞《シ》スル・心《コ丶ロ》・ハナハタ切《セツ》也・劉《リウ》聡《ソウ》イカリ・スナハチ・トケ
⑥テ・オホキニ・コレヲ・ハツ・人・昔書《ムカシシヨ》ヲヨム・コトハ・ヒロク・キ丶・モテ・ヨキ

⑦ワキ（左漢文注「湧也」）

⑩マ《マ》ス《ス》（左漢文注「益也」）ニ

〔二十七ウ〕

①劉（平）聡（平）殿（平）

②傳（平）ニ、劉（平）聡（平）、鵰（平）儀（平濁）殿（去）

⑤切（入）也

⑥ハツ（左漢文注「恥也」）、書（平）

⑦コトヲ・マシ・アシキコトヲ・イマシメム・タメ也・朕《チム》・コノ・鵠《クワウキ》儀殿《テン》ノ・コト
⑧ヲ・ミルニ・フカキ・イマシメトスヘシ・此コロ・一ノ・小殿《テム》ヲ・ツクラムトス・監《ケム》
⑨田縣《テンケン》ニ・令シテ・材《サイ》ヲ・トルコト・ステニ・ソナハレリ・トヲク・劉《リウ》聡《ソウ》カ・コト
⑩ヲ・思ヤリテ・コノ・造《サウ》作《サク》・ツイニ・ヤミヌ
⑪　謙譲《ケムシヤウ》ノユツリヲ論《ロン》スル篇《ヘン》第十九
⑫貞観二年ニ・太宗・侍臣《シシム》ニ・カタテ・ノタマハク・ソレ・帝王《テイワウ》・ミツ

〔二十八オ〕

①カラ・タトウ《尊也》シテ・ヲソル丶・トコロナシ・丶カレトモ・朕《チム》・ミツカラ・イヤ〳〵
②シウシテ・ツネニ・ヲソレヲ・イタク・ムカシ・帝舜《テイシユンカ》・夏ノ禹《ウ》ヲ・イマシ
③メテ・ノタマハク・汝《ナンチ》・コレ・ホコラサレ・天下《テムカ》ニ・汝《ナムチ》ト・能ヲ・アラソフ・モノ
④ナシ・汝・コレ・ヲコラサレ・天下ニ・汝ト・功《コウ》ヲ・アラソフ・モノ・ナシ・周易《シユウエキ》
⑤ニ・イハク・サカヘ・身ニ・ミテ丶・ユツルコト・ナキコトヲ・ニクム・サカヘ・ミタ
⑥サルニ・ユツルコト・アルヲ・ヨミスト・帝王《テイワウ》トシテ・ミツカラ・タカク・タト
⑦クシテ・智臣《チシム》ヲ・タトマス・ミツカラ・イヤ〳〵シカラサレハ・身ニ・アヤマチ・
⑧アレトモ・人・カヘリテ・イサメス・朕《チム》・一《ツ》言《ケン》ヲ・イタシ・一事《シ》ヲ・丶コナフ・
⑨コトニ・上《カミ》ハ・皇天《クワウテン》ヲ・丶ソレ・下《シモ》ハ・群臣《クムシム》ヲ・オツ・天・タカケレトモ・卑《ヒキ、》
⑩コトヲ・キク・ナムソ・丶レ・ヲソレサラム・群公《クンコウ》・ミナ・。《朕ヲ》アフキ・ミル・ナムソ・
⑪ソレ・ヲチサラムヤ・タ丶シ・ツネニ・ヲ《ソ》。レ・ツネニ・ハ丶カルト・イヘトモ・猶《ナヲ》・ヲソ

ヲ、キ、（左漢文注「聞也」）・モテ
⑧監（平）」／田縣

〔二十八オ〕

⑤ミテ（左漢文注「盈也」）、
⑧イタ（左漢文注「出也」）シ

⑫ラクハ・天《テン》ノ・心《コヽロ》ニ・カナハシ・万《ハン》」姓《セイ》ノ・心ニ・タカハンコトヲ・魏徴《キテウ》一・コタヘテ・

〔二十八ウ〕

①申サク・古《コ》」人《シム》ノ・イハク・ハシムル・コト・アリトイヘトモ・ヨク・ヲフル
②コト・アリカタシ・ネカハクハ・陛下《ヘイカ》・ツネニ・ヲソレ・ツネニ・ハ、カル・ミチヲ・
③マホテ・日《ヒ》ニ・一日《ツシツ》ヲ・ツ、シマハ・スナハチ・天下・ナカク・カタフキ・ヤフル
④ルコト・ナカラム・堯舜《ケウシユム》ノ・オホキニ・タイラカナル・ユヘ・ヰ《ハ》・マコトニ・
⑤コノミチヲ・モチイル・ユヘナリ・貞観三年ニ・太宗ノ・、タマ
⑥ハク・論《ロン》」語《コ》ニ・イハク・ミツカラ・能《ノウ》アレトモ・人ノ・能《ノウ》ナキニ・トウ
⑦ヘシ・ミツカラ・シルトコロ・オホクトモ・シルトコロ・スクナキ・人ニ・トフ
⑧ヘシ・アリトモ・ナキカ・コトクニ・セヨ・。《ミテリトモ・ムナシキカ・コトクニ・セヨト》・ト・イヘリ・イカナル・コトハソ・孔《ク》
⑨顥達《ヤウタツ》。タヘテ・申サク・聖人《セイシン》ノ・ヒトヲ・化《クワ》スルコト・ヲノレ・能《ノウ》ア
⑩リト・イヘトモ・ホコリ・オホヰナリトセス・能《ノウ》ナキ・人ニ・ツイテ・
⑪能《ノウ》ノ・コトヲ・モトメ・トウ・ヲノレ・才藝《サイケイ》・オホシト・イヘトモ・ナヲ
⑫モテ・スクナシトス・仍《ヨテ》・藝《ケイ》スクナキ・人ニ・ツイテ・サラニ・マサン

〔二十九オ〕

①トコロヲ・モトム・ヲノレ・ユタカナリト・イウトモ・ソノカタチ・トモ
②シキカ・コトクニセヨ・ヲノレ・ミテタリト・イフトモ・ソノカタチ・ムナシ
③キカ・コトクニセヨ・コレ・タ、・匹夫《ヒツフ》・庶人《ソシム》ノ・イヤシキ・人・ノミニ・アラス・

〔二十八ウ〕

⑧。・ト《ミテリトモ》（補入部分「ミテリトモ」以下の最後「セヨト」の「ト」は見せ消ち）
⑨顥達。（「。」の左側に「コ」とあり）タヘテ
⑪才（平）藝（去）

〔二十九オ〕

③匹（入）夫（平）

④帝王《テイワウ》ノ・徳《トク》モ・又《マタ》・カクノ・コトキナルヘシ・内《ウチ》ニ・神《ン》明ヲ・ツヽシムテ・
⑤外・ヲヽロカナルカ・コトクニシテ・人ヲ・チカツクル・時ハ・スナハチ・
⑥直者《ナヲキモノ》・イサメ《ミ也》ヲ・ナシ・智臣《チシム》・ハカリコトヲ・ツクス・又《マタ》・聡明《ソウメイ》ヲ・
⑦カヽヤカシテ・才《サイ》ヲ・モテ・人ヲ・シノキ・言《コトハ》ヲ・カサリテ・イサメ
⑧ヲ・フセク時ハ・スナハチ・イサメ・イレカタクシテ・上下ノ心・ヘタ
⑨タリ・勤《ツト》メ・達《タツ》シカタクシテ・君臣ノミチ・ソムキヌ・イニシヘヨリ・
⑩ホロヒヲ・ナスコト・コレニ・ヨラスト・イフコトナシ・太宗ノ・ヽタマハク・
⑪周易《シユウエキ》ニ・イハク・身《ミ》ニ・労《ラウ》セシメテ・ユツリヲ・コノム・君子《クムシ》・カナ
⑫ラス・タモチ・ソノ身ヲ・ヨクストイヘリ・マコトニ・卿《ケイ》カ・解・コヽロ

〔二十九ウ〕

①ノ・コトシ・詔《セウ》シテ・ヲリ物《モノ》・二百端《タム》ヲ・タマウ
②貞観中ニ・河《カ》間王《カムワウ》・孝《カウ》」恭《ケフ》｜武《フ》」功《コウ》ヲモテ・ハナハタ・ヲモムセラ
③ル・武《フ》」徳年《トクネム》ノ・ハシメ・超《テウ》」群王《クンワウ》トシテ・左《サ》僕射《ホクヤ》ヲ・サツケラル・
④蕭《セウ》」銑輔《セムフ》・公《コウ》」祐《ユウ》ヲ・ウチタイラケ・淮江《クワイカウ》ヲ・ナヒカシ・嶺南《レイナン》
⑤道《タウ》ヲ・シタカヘ・モハラ・八方ヲ・セイシテ・左《サ》僕射《ホクヤ》ヲサツケラル
⑥蕭銑輔《セウセムフ》公祐《コウユウ》ヲウチタイラケ淮江《クワイカウ》ヲ威名《イメイ》・サカリ也・シカ
⑦レトモ・ヽトヨリ・イヤ〳〵シウシテ・謙譲《ケンシヤウ》ノ・ユツリヲ・コノミ・ヨソヲ
⑧ヒ・スナホ《ホ》ニ・イロ・タヽシクシテ・ホコリ・ヲコレル・氣《キ》ナシ・太宗・ハナハタ・

⑥聡(平)明(平)
⑦才(平)ヲ

〔二十九ウ〕

②河(平)間(平)王(平)、孝(入)」恭(平)
③超(上)」群(東)王(平)
④蕭(平)」銑(平)輔(平)、公(平)」祐(上)、淮(平)江(平)、嶺(上)南(平)／道
⑤嶺南／道(去)
⑥淮(平)江(平)、威(平)名(平)
⑧スナホ《ホ》ニ(「ホ《ホ》」の本行「ヲ」に上から「ホ」を書き加えた後、再度右側に「ホ」と訂正したものか？)

⑨コレヲ・、モクス・時《トキ》ニ・江《カウ》夏《カ》王道《ワウタウ》宗《ソウ》ト・イフ人アリ・武功《フコウ》・モハラ・
⑩タカクシテ・将略《シヤウリヤク》・世《ヨ》ニ・ヒテタリ・カネテ・文学《フンカク》ヲ・コノムテ・ツ、
⑪シムテ・賢者《ケンシヤ》ヲ・ネカウ・イニシヘヲ・カンカヘ・イマヲ・カ、ミテ・礼譲《レイシヤウ》
⑫ノ・ユツリヲ・コノム・當今《タウキン》・親戚《シムセキ》ノ親王《シムワウ》ノ・ナカニ・コノ・兩人《リヤウニン》・一代《ツタイ》ノ・

〔三十オ〕

①宗英《ソウエイ》タリ・太宗・ヲナシク・親礼《シムレイ》ヲ・クワウ
② 仁惻《シロソク（ム）》ノアハレミヲ論《ロム》スル篇《ヘム》第廾
③貞観ノ・ハシメ・上・侍臣《シムシム》ニ・カタテ・ノタマハク・禁中《キンチウ》ノ・婦人《フシム》・フカキ・
④ミヤニ・トチラレテ・マコトニ・カスカナルヘシ・隋《スイ》ノヨニ・アマネク・モトメテ・
⑤ヱラヒ・イル、コト・ヤムコトナシ・離《リ》宮《キウ》・山《サン》庄《サウ》・等ノ・臨《リン》幸《カウ》ナ《キ》・前々《サキ》
⑥ニモ・旁《カタ〳〵》。宮《キウ》人《シム》ヲ・アツメ・美人《ヒシム》ヲ・ミテヲク・日餐《シツサン》ノ・マウケ・衣裳《イシヤウ》ノ・
⑦ツイヱ・天下《テムカ》ノ・財力《サイリヨク》ヲ・ツクサスト・イフコトナシ・朕・ハナハタ・イタム・ト
⑧コロ也・タ、・露ヲ・ソ、キ・チリヲ・ハラウ・タクヒノホカ・ナムソ・サラニ・
⑨コメ・ヲカムヤ・マサニ・コレヲ・イタシテ・心ノマ、ニ・伉優《カウイウ》ヲ・モトメシムヘシ・
⑩國《クニ》ノ・ツイヱヲ・ヤスメ・人ノ・ワツライヲ・ハフク・ノミニアラシ・カスカ
⑪ニ・コモレル・心《コヽロ》ヲ・シテ・ソノオモヒヲ・ヒラカシムヘシ・コ、ニ・後宮《コウキウ》・ヲヨヒ・
⑫掖廷《エキテイ》・離《リ》宮《キウ》ヨリ・出《イタ》ストコロノ・婦女《フチヨ》・三千余《ヨ》人《ニム》ナリ

〔三十ウ〕

⑨江（平）夏（平）王（平）道（去）宗（平）
⑩文学（入濁）
⑪賢（平）者（平）
⑫當（平）今（平）、親（平）戚、親（平）王（平）、一代（上濁）

〔三十オ〕

①宗（平）英（平）、親（平）礼（上）
③禁（上）中（東）、婦（東）人（東濁）、フ（左漢字注「深」）カキ
④ミヤ（左漢字注「宮」）ニ
⑤離（東）宮（東）、山（平）庄（上）、臨（上）幸（去）
⑥旁（東）、宮（平）人、衣（平）裳（東）
⑨伉優（平）
⑫掖廷（平）、離（平）宮（平）

〔三十ウ〕

①貞観二年ニ・關中《クワンチウ》・ヒテリシテ・民《タミ》・オホキニ・ウヱタリ・太
②宗・侍臣《シシム》ニ・カタテ・ノタマハク・水旱《スイカム》・ト、ノホラ・スシテ・人・ウヱ・
③國《クニ》・カタフク・コトハ・人君《シムクム》ノ・徳《トク》ヲ・ウシナウ・ユヘナリ・朕カ・徳《トク》・オ
④サマラサルヲ・モテ・天・イマ・朕ヲ・セムル・ナルヘシ・百姓・ナニノ・ツミアツ
⑤テカ・キハマリ・タシナムコト・アラムヤ・ソレ・オホク・男女《ナムニヨ》ノ・コトモ
⑥ヲ・賣《ウル》モノアリト・キク・朕・ハナハタ・カナシム・トコロ也・スナハチ・御《キヨ》
⑦史大《シタイ》夫《フ》・杜《ト》淹《エン》ニ命《メイ》シテ・クニ〳〵ニ・メクテ・コヲ・ウルモノヲ・カムカヘ
⑧テ・御《キヨ》府《フ》ノ・金寳《キンホウ》ヲ・アカチテ・出《イタ》シテ・ウラレタル・子トモ・ア
⑨カヒカヘシテ・ソノヲヤ〳〵ニ・カヘシアタフ
⑩貞観十四年・張《チヤウ》公《コウ》瑾《キン》卒ヌ・上《シヤウ》・コレヲ・キイテ・カナシミヲ・
⑪ヲコシテ・差《サ》悼《タウ》ス・有《イフ》司《シ》・奏《ソウ》シテ・申サク・辰《タツ》ノ日・哭《コク》スルコトハ・
⑫流《リウ》俗《ソク》ノ・ハ、カル・トコロ・陰《イム》陽書《ヤウシヨ》ニ・イム・トコロ也ト・上《シヤウ》ノ・、タマハク・

〔三十一オ〕

①君臣《クムシム》ノ義《キ》・猶《ナヲ》・父子《フシ》ニ・ヲナシ・カナシミ・内《ウチ》ニ・ヲコル・イツクンソ・辰日《タツノヒ》ヲ・
②サラムヤト・イツテ・ツイニ・哭《コク》ス
③貞観十九年ニ・太宗《タイソウ》・高《カウ》麗《ライ》ヲ・ウタムトシテ・ミツカラ・ムカテ・
④定州《テイシウ》ニ・ヤトル・城北《セイホク》ノ・門樓《モムロウ》ニ・ノソムテ・ミツカラ・武士《フシ》ヲ・イコヱ・ナ
⑤クサメシム・時《トキ》ニ・従《シヨウ》卒《ソツ》・アテ・ヤマヒス・ヨテ・州《シウ》縣《ケム》ニ・勅《チヨク》シテ・醫師《イシ》ヲ・

②ト、ノ（左漢文注「調也」）ホラ・スシテ
⑥御（去）／史
⑦御／史（上）大（去）夫（東）、杜（去）淹（平）
⑫陰（去）陽（平）書（平）
〔三十一オ〕
③高（平）麗（平）
④定（去）州（平）、城（平）北、門（平）樓（平）
⑤州（平）縣（平）、醫（平）師（平）

⑥シテ・コレヲ・療《レウ》セシム・大軍《タイクン》ノ・極城《キヨクセイ》ニ・ヤトルニ・ヲヨムテ・前後《センコ》ノ・タ、
⑦カヒニ・死《シ》タル・人ノ・カハネヲ・アツメテ・大窂《タイチウ》ノ・ソナヘヲ・マウケテ・ミツ
⑧カラ・臨《リム》シテ・コレヲ・マツヘテ・哭《コク》シテ・カナシミヲ・ツクス・将卒軍《シヤウソツクム》
⑨吏《リ》・ナミタヲ・、カサスト・イフコトナシ・戦士《センシ》ノ・マツリヲ・ミテ・カヘレルモ
⑩ノ・コト〳〵ク・ソノ・父母《チ、ハ、》ニカタル・父母カ・イハク・ワカコノ・喪《シ(モ)》セルヲハ・
⑪天子《テンシ》・ミツカラ・哭《コク》シ給ヘリ・死《シ、》テモ・ウラムル・トコロナシ
⑫貞観十九年ニ・太宗・遼東《レウトウ》ヲ・ウチテ・白《ハク》巖城《カンセイ》ヲ・セム・右《イフ》衛《エイ》

〔三十一ウ〕

①大《タイ》将軍《シヤウクン》・李《リ》思《シ》摩《ハ》流《リウ》矢《シ》ノ・ヤノタメニ・アテラレタリ・太宗・ミ
②ツカラ・キスヲ・フクミ・血《チ》ヲ・スウ・将《シヤウ》師・士卒《ソツ》・感《カン》シ・ハケマサスト・
③イフコトナシ
④　コノムトコロヲツ、シム篇第廾一
⑤貞観二年ニ・太宗・侍臣《シシム》ニ・カタテ・ノタマワク・水《ミツ》ハ・ウツハモノ、・
⑥スカタニ・ヨテ・方《ホウ》圜《圓エム》アヒ・シタカフ・シカレハ・スナハチ・君ハ・ウツハモノ、・
⑦コトシ・人ハ・水《ミツ》ノ・コトキ也・上《カミ》ノ・コノム・トコロニ・シタカテ・下《シモ》・カナラス・
⑧コレヲ・ツトム・梁《リヤウ》ノ・武帝《フテイ》・父子《フシ》・トモニ・浮《フ》華《クワ》ノ説《セツ》ヲ・タットムテ・
⑨釋尊《シヤクソン》・老《ラウ》子《シ》ノ教《ケウ》ヲ・アカム・武《フ》帝《テイ》ノ・スヱノ・トシ・同《トウ》泰寺《タイシ》ニ・
⑩臨幸《リンカウ》シテ・ミツカラ・佛經《フツキヤウ》ヲ・講《カウ》ス・千官百僚《センクワンハクレウ》・コト〳〵クニ・

⑥療（平）セシム、前（平濁）後（去濁）
⑦大窂（平）
⑧マツへ（平濁）テ、将（平）卒（去）、軍（平）／吏
⑨軍／吏（入）
⑫遼（平）東（平）、白巖（平）城、右（上）衛（去）

〔三十一ウ〕

①大（去）将（平）軍（去）、李（去）思（去）摩（東濁）
②将師（平）、士（去）卒（入）
⑥方（去）圜圓（「圓」に平声点あり）
⑧浮（平）華（平）
⑨同（平濁）泰（平）寺
⑩百僚（平）
⑪ヒメモス（左漢文注「終日也」）

⑪マイリ・シタカヒ・ヒメモスニ・苦《ク》空《クウ》ノ義《キ》ヲ・演説《エンセツ》シテ・武士ヲ・モテ・
⑫クニヲ・カタムル・典章ヲ・ワスレタリ・侯《コウ》景《ケイ》カ・ツハモノヲ・ヒキイテ・
〔三十二オ〕
①ムカウニ・オヨムテ・群《クン》臣《シン》・尚《シヤウ》書《シヨ》郎《ラウ》・已《イ》下《ケ》・ミナ・ムマニ・ノル・コトヲ・
②シラスシテ・狼《ラウ》狽《ハイ》ト・アハテ、・カチヨリ・ハシリテ・コロサレタルモノ・
③道《タウ》路《ロ》ニ・ヒマナシ・梁《リヤウノ》 ・武《フ》帝《テイ》・侯《コウ》景《ケイ》カ・タメニ・幽《ユウ》逼《ヒツ》・セラレテ・死《シ》ヌ・
④孝《カウ》元《ケム》帝《テイ》・又《マタ》・江《カウ》陵《レウ》ニ・アテ・コノムテ・老《ラウ》子《シ》經《キヤウ》ヲ・講《カウ》ス・百《ヒヤク》僚《レウ》・
⑤ミナ・仙人ノ・コケノ・衣《コロモ》ヲ・キタリ・時ニ・石《セキ》紐《チウ》于《ウ》瑾《キム》ツハモノヲ・ヒキ
⑥キテ・コレヲ・カコム・孝元帝《カウケンテイ》・ヲヨヒ・群臣・百僚《ハクレウ》・コト〱クニ・
⑦トラハレタリ・庾《イフ》信《シン》コレヲ・ナケヒテ・哀《アイ》江南《カウナン》賦《ノフ》ヲ・ツクレリ・コレ
⑧ラ・ミナ・フカキ・イマシメト・スルニタレリ・朕カ・コノム・トコロハ・タ、・
⑨帝堯《テイケウ》・帝舜《テイシユン》ノ・範《ノリ》・ナラヒニ・孔子《コウシ》・周公旦《シウコウタン》ノ・ヲシヘ《ナ》ナリ・コノ・ヲ
⑩シヘノ・コトキハ・武士《フシ》ノ功《コウ》ヲモテ・国《クニ》ヲシツメ・帝範《テイハム》ノ・フミニヨテ・
⑪世《ヨ》ヲ、・サムヘシト・イヘリ・タトヒ・佛教《フツケウ》ヲ・コノムト・イウトモ・タトヒ・仙《セン》
⑫道《タウ》ヲ・コノムト・イフトモ・国ヲ・シツメ・世ヲ・、サメテ・ソノ・ウチニシテ・コノ
〔三十二ウ〕
①ムコトヲ・トク《遂也》ヘシ
②貞観二年ニ・太宗・侍臣ニ・カタテ・ノタマハク・秦《シムノ》始《シ》皇《クワウ》仙《セム》ヲ・モ

⑪ニ、苦（平）空（平）、演（平）説（入濁）
⑫典（上）章（東）、侯（平）景（上）
〔三十二オ〕
①群（平）臣（平）、尚（平）書（平）郎（平）已（平）下
③幽（平）逼
④孝元（平）帝、江（平）陵（平）
⑤仙（平）人（平）、石（入）紐（去）、于（平）瑾（上）
⑦哀（平）江（平）南（平）賦（去）
⑨周（平）公（東）旦（東）
⑩帝（去）範（去）
⑪仙（平）／道
〔三十二ウ〕
②秦（平）

③トムトシテ・方《ハウ》士《シ》カ・イツハリノ・コトヲ・信《シム》シテ・數《ス》千人《センシン》ノ・童《トウ》男《ナン》
④女《チヨヲ》・シタカヘテ・東海《トウカイ》ニ・イレシメタリ・方《ハウ》士《シ》秦《シム》ノ・カラキ・法《ハウ》ヲ・
⑤サラムカ・タメニ・東海ノ・ウチニ・一ノ・嶋《シマ》ヲ・シメテ・秦ニ・カヘラス・
⑥始皇・コレヲ・マタントシテ・海《ウミ》ノ・ホトリニ・蜘《チ》蹰《チウ》シテ・沙《サ》丘《キウ》ニシ
⑦テ・死ヌ・又《マタ》・漢武《カンノフ》帝《ティ》・神仙《シンセン》ヲ・モトメムカタメニ・ムスメヲ・モテ・仙術《センシユツ》
⑧ノ・人ニ・トツカシム・コトノシルシ・ナキニ・オヨムテ・ソノ・人ヲ・誅謬《チウリク》ス・
⑨コノ・二《ニ》代《タイ》ノ・コトニ・ヨラハ・ミタリニ・神仙《シムセム》ヲ・モトムヘカラス
⑩貞観四年ニ・太宗ノ・、タマハク・隋《スイ》・煬《ヤウ》帝《テイ》・胡《コ》人《シム》ニ・カコマレ
⑪シニヨリ・邪説《シヤセツ》ヲ・信《シム》シテ・コト〳〵ク・胡《コ》ト・イフ字《シ》ヲ・イム・
⑫コレニヨリテ・隋《スイ》ノ世《ヨ》ニ・胡《コ》床《シヤウ》ヲ・アラタメテ・交床《カウシヤウ》ト・カキ・胡《コ》瓜《クワ》

〔三十三オ〕

①ヲ・アラタメテ・黄瓜《クワウクウ(ワ)》ト・カキ、・カクノコトク・胡《コ》ヲ忌《イム》テ・長城《チヤウセイ》ヲ・
②ツイテ・胡《コ》ヲ・フセクトイヘトモ・煬帝《ヤウテイ》・ツイニ・宇《ウ》文化《フムクワ》及《キウ》カ客《カク》令《レイ》
③弧《コ》・行《カウ》達カ・タメニ・コロサレタリ・邪説《シヤセツ》ヲ・信《シム》スト・イヘトモナムノ・
④益《エキ》カアル・タ、天下《テンカ》ニ・ヲルモノハ・身《ミ》ヲタ、シウシ・心ヲオサムルノミナ
⑤リ・ソノホカノ・ムナシキコトハ・信《シム》スルニ・タラス
⑥　言語《コンコ》ノ・コトハヲ・ツ、シム篇第廿二
⑦貞観二年ニ・太宗・侍臣《シシム》ニ・カタテ・ノタマハク・朕《チム》・日々《ヒ、》ニ・マツリ

⑥蜘（平）蹰（平）
⑦神（平）仙（平）、仙（平）術（入濁）
⑧誅（平）謬（去）
⑩煬（平）帝、胡（平）人
⑫胡（平）床、交（東）床（平）、胡（平）瓜（平濁）
〔三十三オ〕
③令／弧（平）・行（平）達

⑧コトニ・ノソムテ・言《コトハ》ヲ・イタスコトニ・百姓《シヤウ》ノ・タメニ・益《ヱキ》アラム・コ
⑨トヲ・イハムトス・コノユヘニ・言《コト》ハ・オホカラスト・杜《ト》正《セイ》倫《リン》ス、ムテ・
⑩申サク・臣《シム》・起《キ》居《キヨ》ノコトヲ・ツカサトル・陛下《ヘイカ》・モシ・道理《タウリ》ニソムク・
⑪一言《ケム》アラハ・左史《サシ》サタメテ・コレヲシルス・シカレハスナハチ・聖徳ヲ・
⑫千歳ノ・スヱマテニ・ケカスヘシ・ナムソ・當時《タウシ》・百姓ヲ・損《ソム》スルノミ・

〔三十三ウ〕

①ナラムヤ・ネカハクハ・陛《ヘイ》下《カ》・言《コト》ヲ・イタ《出》ス事・フカクツ、シムヘシ・太
②宗・オホキニ・ヨロコムテ・綵《サイ》絹《ケム》・百端《タム》・杜《ト》正倫《セイリン》ニタマウ
③貞観八年ニ・上・侍《シヤウシ》臣《シム》ニ・カタテ・ノタマハク・トホソヲ・タテ・
④アクルニ・樞鍵《スウケン》ノ・クル、キアリ・君ノ・言語《ケンキヨ》ハ・マツリコトノ・
⑤クル、キ・ヒラキトツル・樞鍵也《スケンナリ》・タヤスク・談《タム》スヘカラス・小人
⑥シ・ナヲ《猶也》・一言《ケム》・ヨカラサル時ハ・人コレヲ・シルシテ・耻《ハチ》ワツラヒニオヨ
⑦ホス・イハムヤ・万《ハム》乗《セウ》ノ君《キミ》・一言《ケン》アシキ時《トキ》ハ・ソノホロヒ・オホシ・豈《アニ》
⑧小人ニ・オナシカラムヤ・隋・煬帝《スイノヤウテイ》・夏《ナツ》ノコロ・甘泉宮《カムセンキウ》ニ・幸《カウ》ス・、
⑨メル水《ミツ》・タ、メル石《イシ》・コト〳〵ク・心ニカナヘリ・タ、・ホタルノナキコトハカ
⑩リヲ・アヤシム・ホタルヲ・トラヘテ・宮《キウ》中《チウ》ヲ・テラサセハヤトイフ・
⑪所司《ショシ》・ニハカニ・數《ス》千《セン》人ヲ・モヨホシテ・五百ノ・輿《コシ》ノ・ウチニ・ホタルヲ・
⑫トリイレテ・甘泉宮《カンセンキウ》ニ・ヲクラシム・小事《セウシ》・猶《ナヲ》シカリ・イハムヤ・

⑧イタスコ（平濁）トニ
⑩臣（平）、起（平）居（平）
⑪一言（平濁）、左（上）史（上）

〔三十三ウ〕

⑪所司（左漢文注「諸歟」）

〔三十四オ〕

①ソノ・オホキナラム事ヲヤ・魏《キ》徴《テウ》コタヘテ。《申サク》・モシ・君ノ・アヤマチアル
②時《トキ》ハ・四《シ》海《カイ》ノ人・ミナ・悉《コト〱ク》・コレヲミル・日月《シチケツ》ノ・蝕《シヨク》ノコトシ・陛下《ヘイカ》ノ・ツヽシム
③トコロ・マコトニ・シカルヘシ
④貞観十六年ニ・太宗・イニシヘノ・マツリコトノ・ミチヲ・談《タム》シテ・公《コウ》
⑤卿《ケイ》ト・論難《ロンナン》ス・劉《リウ》泊《キ》上書《シヤウシヨ》シテ・申サク・皇天《クワウテムハ》・信《シム》アテ・言《コト》
⑥ナキヲ・タトシトス・聖《セイ》人ハ・功《コウ》アテ・言《コト》ナキヲ・タトシトス・老《ラウ》君《クン》ノ
⑦イハク・イタレル・口辨《コウヘム》ハ・言《コト》スクナウシテ・訥《トツ》ノ・トシ・マコトアルミ
⑧チハ・耳目《シホク》ヲ・ヨロコハシムル・文《モム》ナシ・ワツラハシキ・コトヲノセ・労《ラウ》スル・コ
⑨コ（衍）トヲクハヘサル・ユヘナリ・事コト・敦《アツ》クスナヲナル時《トキ》ハ・至《シ》公《コウ》ニ・ア
⑩ラストイフコトナシ・秦　始《シンノシ》皇《クワウ》ハ・弁舌《ヘムセツ》・ヒロク・コハウシテ・人ノ心
⑪ヲ・折《クシ》キ・魏《キ》ノ文帝《フンテイ》ハ・才智《サイチ》・アキラカニ・ヒイテヽ・人ノ心ヲ・マ
⑫ヨハス・タヽ・ツネノ・論談《ロンタン》ヲ・トヽメテ・身《ミ》ヲヤスムヘシ・心ヲ・ヤシナヒテ・

〔三十四ウ〕

①命《メイ》ヲ・南岳《ナムカク》ニ・ナカウシ・民《タミ》ヲ・東戸《トウコ》ニ・トヽノエハ・天下・幸甚《カウシム》ニ・
②シテ・皇恩《クワウヲン》・コレ・マタカラム・太宗ノ・ヽタマハク・イマ・讜言《タウケン》ヲ・キ
③ツ・論談《ロンタン》ノ事ヨロシク・トヽムヘシ
④　讒佞ヲフサク篇《ヘム》第廿三

〔三十四オ〕

⑤劉泊（去濁）

⑦訥（入）、トシ（左漢文注「利也」）

〔三十四ウ〕

①幸甚ニ（左訓「サイハヒハナハタシウ」）

②讜言ヲ（左漢文注「讜言直言也」）

⑤貞観ノハシメニ・太宗・侍《シ》臣《シム》ニ・カタテ・ノタマハク・讒佞《サンネイ》ノ・トモカ
⑥ラハ・國《クニ》ヲ・ソコナウ・蟊賊《ホウソク》也・黨《タウ》ヲムスヒ・朋《トモ》ヲアマネウシテ・
⑦イロヲヨクシ・言《コトハ》ヲタクミニシテ・忠直《チウチヨク》ノ・人ヲ・掩《オホ》ヒ・才賢《サイケム》ノ・臣《シム》
⑧ヲ・ヘタツ・蘭蕙《ラムケイ》・シケカラムト・スレトトモハケシキ風・コレヲヤフル・
⑨至《シ》君《クン》・アキラカナラムトスレトモ・讒人《サンシン》・コレヲカクス・斛《コク》律《リツ》ト
⑩明月《メイクエツ》トハ・齊《セイ》ノ世《ヨ》ノ・良将《リヤウシヤウ》也・材勇《サイヨウ》・世《ヨ》ニカウフラシメテ・威《ヰ》・
⑪カタキノ國《クニ》ニ・フルヘリ・讒《サム》ニヨテ・明月カ・誅《チウ》セラル、ニ・及《ヲヨヒ》テ・後周《コシウ》・
⑫ハシメテ・齊《セイ》ノ世ヲウハフ・心ヲ・、コセリ・隋《スイノ》文帝《フンテイ》ノ・天下ヲ・ヱタリ

〔三十五オ〕
①シハ・高熲《カウエイ》カ功《コウ》也・高熲《カウエイ》大才《タイサイ》アテ・天下ヲ・、サメタル事・卄余《ヨ》年・
②文帝《フンテイ》・ミタリニ・婦人《フシム》ノ讒《サム》ニヨテ・高熲《カウエイ》ヲ・シリソケテ・ノチ・マツ
③リコト・ミタレタリ・隋《スイノ》・煬《ヤウ》帝《テイ》ノ時《トキ》・高熲《カウエイ》誅《チウ》セラル、ニヨテ・隋朝《スイテウ》
④ホロヒタリ・又・隋ノ太《タイ》勇《ヨウ》イクサヲ・ト、ノヘ・國ヲ・シツメタル事・
⑤卄年・楊《ヤウ》素《ソ》隋主《スイシユ》ヲアサムイテ・太《タイ》勇《ヨウ》ヲ・誅《チウ》セシメテ・ノチ・
⑥隋朝《スイテウ》・コト〳〵クホロヒタリ・古人《コシム》ノイハク・世《ヨ》ミタレタル時《トキ》ハ・讒《サム》・必《カナラス》ス・直《チヨク》
⑦ニ勝《カチ》ト・朕《チム》・ヲソラクハ・讒《サム》ヲ・サトラスシテ・忠直ノ人《ヒト》ヲ・ステムコトヲ・
⑧前史《センシ》ニ・イハク・タケキモノ・山林《サムリン》ニアル時ハ・藜 薺《アフヒナツナ》・コレニヲチテ・ト
⑨ラス・タ、シキ臣《シム》・マツリコトヲ・、コナウ時ハ・カタマシキ人・コレニ・ハ、カテ・

⑥蟊（去濁）賊

⑨斛（入）律（入）

⑩明月（入濁）、齊（平）、材（平）勇（上）、威（去）

〔三十五オ〕

⑦勝（左訓「カツ」）ト

⑩讒《サム》ヲ・クハタテスト・コノ説《セツ》マコトニ・朕《チム》カ・群公《クンコウ》ニ・ノソムトコロ也・魏《キ》徴《テラ(ウ)》

⑪コタヱテ・申サク・毛詩《モウシ》ニイハク・愷悌《カイテイ》・君子《クンシ》ハ・讒《サム》ヲ・信《シム》スルコトナシ・

⑫信スル時《トキ》ハ・四海《カイ》ヲミタルト・又孔子《マタコウシ》ノ・。《ノ》タマハク・ニクムラクハ・讒口《サンコウ》ノ・

〔三十五ウ〕

①邦《クニ》ト・家《イエ》トヲ・クツカヘスコトヲ・ト・ネカハクハ・陛下《ヘイカ》・讒《サム》ヲウケテ・

②スナヲナルヲ・シリソクルコトナカレ

③貞観ノハシメニ・御史《キヨシ》・陳《チン》師《シ》合《カウ》ヒソカニ・杜《ト》如《シヨ》晦《クワイラ》等ヲ・ソネムテ・

④抜《ハツ》　士《シ》論《ロム》ヲ・ツクリテ・申サク・人ノ・オモムハカリ・カキリアリ・イ

⑤カテカ・アマタノ・職《シヨク》ヲ・ツカサトラムヤト・太宗・コレヲミテ・戴《タイ》冑《チウ》ニ

⑥カタテ・ノタマハク・朕《チム》・イマ・房玄齢《ハウケムレイ》杜《ト》如晦《シヨクワイ》ヲ・モチヰル事ハ・タ丶・フルキ・

⑦功《コウ》ヲ・忠《チウ》トスルニアラス・才行《サイカウ》アテ・天下《テムカ》ヲ・丶サムルニ・タレルユヘナリ・

⑧シカルヲ・陳《チム》師《シ》合《カウ》ミタリニ・ソシリヲナシテ・君《キミ》ト臣《シム》トヲ・ヘタテムト

⑨ス・ムカシ・蜀《シヨク》ノ後王《コウワ(ウ脱)》・智《チ》クラク・性ヨハシ・シカレトモ・國《クニ》ノヲサマルコトヲ・

⑩稱《セウ》セシハ・政《マツリコト》　ヲ・諸《シヨ》葛《カツ》亮《リヤウ》ニ・マカセタリシニ・ソネミ・アラソ(フ脱)・人・ナカ

⑪リシユヘナリ・齊　文宣帝《セイノフンセンテイ》ハ・クルイ・ミタレタリシ君《キミ》也・ナヲ・民《タミ》

⑫ヲ・ト丶ノヘ・世《ヨ》ヲシツメタリシ事《コト》ハ・楊《ヤウ》遵《シユン》彦《ケン》カ・コトヲ・丶コナウニ・

〔三十六オ〕

①ソネミアラソウ・臣ナカリシユヘ也・朕《チム》・又《マタ》・杜《ト》如《シヨ》晦《クワイラ》等ヲ・モチヰ

⑪愷（上）悌（上）

⑫ニク（左漢文注「悪也」）ム

〔三十五ウ〕

③陳（平）師合（入）

⑫楊（平）遵（平）彦

〔三十六オ〕

②テ・闕《カケ》タルトコロナシ・四海《カイ》・コト〳〵ク・スミ・遠人《エンシン》・シカシナカラ・ナツケ
③リ・シカルヲ・陳師《チムシ》合《カウ》｜ソシリヲナセリ・天下ヲ・ミタラムトスルニ・アラ
④スヤ・スナハチ・陳師《チムシ》合《カウ》｜ヲ嶺外《レイクワイ》ノサカヒニ・ナカス
⑤貞観中ニ・太宗・房玄齢《ハウケンレイ》｜杜《ト》如晦《ショクワイ》｜ニカタテ・ノタマハク・帝《テイ》｜王《ワウ》・イニ
⑥シヘヨリ・イサメヲ・キク・ミチヲ・ヒラクコトハ・政《マツリコト》ノ・ト、コホレル事《コト》ヲ・キ
⑦キ・民《タミ》ノ・クルシメルコトヲ・シラムタメナリ・シカルヲ・コノコロ・タテマツ
⑧ルトコロノ・意《イ》｜見《ケン》・ミナ・人ヲ讒《サム》シ・人ヲウタウルヲ・事トス・ソレ・君《キミ》ト・
⑨臣《シム》ト・アヒ・ウタカウ時ハ・スナハチ・忠《チウ》ヲ・ツクスコト・アタハス・ヲモムハカリ
⑩ヲ・キハムル事・アタハス・コノコロノ・意見《イケン》ノ・コトキハ・忠《チウ》アルモノヲ・忠《チウ》ナシ
⑪ト・上｜書《シヤウシヨ》シ・スナヲナルモノヲ・マカレリト・上｜書《シヤウシヨ》ス・國《クニ》ノタメニ・トルヘキナシ・
⑫タ、・上下ヲシテ・ヒマアラシメントス・自《シ》今以《コンイ》後《コ》・アシキ・證《セウ》｜跡《セキ》・タシ

〔三十六ウ〕

①カナラスシテ・人ノ・小《セウ》｜悪《アク》ヲ・上｜書シテ・奏セムモノヲハ・朕《チム》・マサニ・
②讒《サン》｜人《シン》ノ・トカヲモテ・罪《ツミ》スヘシト
③貞観ノハシメ・魏徴《キテウ》｜モチヰラレテ・秘《ヒ》書監《ショラン》タリ・アル人・上書《シヤウシヨ》シ
④テ申サク・魏徴｜謀反《ムホン》ヲ・、コサムトス・太宗ノ・タマハク・魏徴《キテウ》｜ハ・
⑤モト・隠太《イムタイ》｜子《シ》ノ臣《シム》也・朕《チム》ニヲイテ・カタキ也・シカレトモ・ヲコナウトコロ・
⑥正《タ、シ》ク・ツカウルトコロ・忠《チウ》アルヲモテ・ヱラヒ・ヌキテ、・コレヲ・モチヰル・ナム

⑩コト（左漢文注「如也」）キハ

〔三十六ウ〕

⑦ソ・汝《ナムチ》ミタリニ・讒《サム》ヲナサムヤ・ツイニ・魏徴《キテウ》ニ・タツネトハレス・シハラクア
⑧テ・ニハカニ讒ヲ・イタスモノ・キラレヌ
⑨貞観十年ニ・権勢《ケムセイ》・貴戚《キセキ》ノ人・ツネニ・魏徴《キテウ》ヲ・ニクムテ・太宗ニ・申
⑩テ申《マウ》サク・魏徴ナカク・陛下《ヘイカ》ヲモテ・イトケナキ・君《キミ》也トシテ・長《チヤウ》
⑪君《クン》ニアラスト思《ヲモ》ヘリ・仍《ヨテ》・委《イ》曲・反覆《キヨクハムフク》シテ・ハ、カラス・イサメ・アラソフ
⑫也太宗・コタヘテノタマハク・朕《チム》ハ・才《サイ》達《タツ》ノ・官　人《クワンニン》ノ・子《コ》ノコトシ・弟《ヲトヽ》ノコトシ・朕《チン》・

〔三十七オ〕

①ワカウシテ・学《カク》問《モン》ヲセス・タ、・弓《ユミ》ヲ・ヒキ・馬《ムマ》ニ・ノル・事ヲコノミキ・義《キ》
②兵《ヘイ》ヲ・、コスニ・イタリテ・大功《タイコウ》アルニヨテ・秦《シム》王《ワウ》ニ・封《ホウ》セラル・ヒトヘニ・高《カウ》祖《ソ》ノ・
③寵愛《テウアイ》ヲウチテ《（ケ）》・政《マツリコト》　ニ・心ヲ・ト、メス・ツイニ・東《トウ》宮《クウ》ニイテ・天下ヲ・
④スフルニ・オヨムテ・身《ミ》ヲセメ・心《コヽロ》ヲツクシテ・マツリコトヲ・、サメ・理《リ》ヲ・致《イタサン》ト
⑤ス・タ、魏徴《キテウ》王珪《ワウケイ》ト・ワレヲ・ミチヒキテ・礼《レイ》義《キ》ヲ・シラシメ・ワレヲ・ヒロメテ・
⑥徳《トク》政《セイ》ヲ・オサメシム・ツイニ・シタカヒ・ツトメテ・今《コン》日《ニチ》ノ・安寧《アムネイ》ヲ・致《イタ》セ
⑦リ・シカシナカラ・魏徴《キテウ》等《ラ》カ・チカラナリ・コノコ《（ユ）》ヘニ・コトニ・礼重《レイテウ》ヲ・クハヘテ・
⑧コト〳〵クニ・ユルシ・、タカフ・コレ・天下ノタメナリ・ワタㇰシノ・賞《シヤウ》スルニ・アラス
⑨ト・コ、ニ讒《サム》スルモノ・ハチテヤミヌ・太宗イサメテコレヲ・出《イタ》ス
⑩貞観十年ニ・長　安縣《チヤ（ウ）アンケン》ノ人《ヒト》・霍行斌《クワクカウフ》上　書《シヤウシヨ》シテ・魏徴《キテウ》謀反《ムホン》ノコト
⑪ニ・トモナヘリト申ス・太宗・コレヲミテ・侍《シ》臣《シム》ニ・カタテノタマハク・コノ事ハ・ハナ

〔三十七オ〕

④スフ（左漢文注「統也」）ル

⑫ハタ・由《ユイ》緒《ショ》ナシ・申モノニ・ツミ《罪》ヲ・アツヘシト・魏徴《キテウ》カ・申サク・臣近《シムキム》習《シム》ヲ・

〔三十七ウ〕

①ユルサレテ・イマタヨキコトノ・キコヱアラス・シカルヲ・イマ・大《タイ》逆《ケキ》ノ名アリ・罪《ツミ》・
②死《シ》罪《サイ》ナルヘシ・陛下《ヘイカ》・マケテ・アハレミ・ユルストイヘトモ・臣《シム》・ナムソ・ヤスキ心《コヽロ》ア
③ラム・請《コウ》・タツネアキラメラレムコトヲ・ミタリニ・ユルサル、コトヲ・エシ・太宗ノ・
④ノタマハク・卿仁《ケイシム》オモク・行《カウ》ヲ・ツメル事《コト》・朕《チム》・コト〳〵クニ・シレルトコロナリ・シ
⑤カルヲ・愚人《クニン》ノアヒソシル・ナムソコレニヨラムヤ・ヨロシク・謝《シャ》スルコト・ナカル
⑥ヘシ
⑦貞観十年ニ・太宗・房玄齢《ハウケンケイ（レ）》等ニ・カタテ・ノタマハク・昨日《キノフ》・皇甫徳《クワウホトク》
⑧參《シン》上書《シヤウシヨ》シテ申サク・洛州《ラクシウ》ノ・宮殿《キウテン》ヲ・イトナム・ナムソ・民《タミ》ヲ労《ラウ》
⑨セシムルヤ・年貢《ネムク》ヲ・オサムル・賦殿《フテム》ヲ・アツクスル也・宮人《キウシン》ノ・髪《カミ》ヲ・タ
⑩カクアクルハ・奢《ヲコレリ》ヲ・致《イタ》セルナリト・朕《チム》・コノ人ノ心ヲミルニ・天下ノ・ウチニ・一
⑪人《ニン》ヲモ・ツカハサレ・一祖《ソ》ヲモ・ヲサメサレト・オモヘリ・又・宮人《キウシム》・ミナ・髪《カミ》ナ
⑫クハ・ソノ人ノ・心ニカナハムカ・朕《チム》カ・心・ヲヨハサルトコロ也・魏徴《キテウ》ス、ムテ申

〔三十八オ〕

①サク・漢文帝《カンノフンテイ》ノ時《トキ》・賈誼《カキ》上書《シヤウシヨ》シテ・激切《ケキセツ》ノ・言ヲノセタリ・激切《ケキセツ》ハ・
②ソノヲモムキ・ソシルカ・コトキ也・君《キミ》ノ・アヤマチヲシテ・恥《ハチ》シメ・アラタム
③カタメ也・モシ激切《ケキセツ》ノ・コトハリト・イウヘキコトナキ時ハ《トキハ》・君《キミ》心ヲ・オコスコト（ナ脱）

〔三十七ウ〕

③エシ（左漢文注「不得也）
⑪ヲサメサ（平濁）レ

〔三十八オ〕

①激（入）切（入）ノ

④シ・言《コトハ》タトヒ・迂《タミ》タリト・イウトモ・陛下《ヘイカ》・コトハリ・察《サツ》スヘシト・太宗
⑤ノ・ノタマハク・朕《チム》・コノ人ヲ・セメムト・欲《ホツ》シツ・イマ・魏徴《キテウ》-直《チヨクケン》-言ヲ・イル、
⑥コトヲ・ス、ム・モシ・上 書《シヤウシヨ》ノ人ヲ・セメハ・ヲソラクハ・ノチニオイテ・上 書《シヤウシヨ》ス
⑦ルモノ、・ナカラムコトヲ・皇 甫徳參《クワウホトクシム》-ニ・絹井疋《キヌヒキ》ヲ・タマウテ・カヘラシム
⑧貞観十六年ニ・太宗・褚遂良《チヨスイリヤウ》-ニ・カタテ・ノタマハク・卿・起《キ》-居《キヨ》ノ官《クワン》
⑨ヲ・カネタリ・朕《チン》カ・善《セン》-悪《アク》ヲ・記《シル》サムヤ・イナヤ・コタヘテ申サク・史《シ》
⑩官《クワム》ノ・記《キ》・カナラス・君《キミ》ノ・挙動《キヨトウ》ヲ・記《キ》ス・ヨキコトステニ・カナラス・シルス・
⑪アヤマチ・又カクスコトナシ
⑫太宗ノ・、タマハク・朕《チン》・ミツノコトヲ・、コナウ・史官《シクワン》・コレヲ・シルサスヤ・一ニハ・前《セム》

〔三十八ウ〕

①代ノ・ヤフレシ事ヲミテ・イマシメトス・二ハ・ヨキ人ヲス、メ・モチヰテ・政《マツリコト》ヲ
②タスク・三ニハ・群《クム》-佞《ネイ》ノ・小《セウ》-人ヲ・シリソケテ・讒《サム》ヲキカス・ワレ・ヨ
③ク・カタクマホテ・三ノ義《キ》ヲ・アラタメシ
④　アヤマチヲ・クユルコトヲ・論《ロン》スル・篇《ヘン》第卄四
⑤貞観二年ニ・太宗・房玄齢-ニ・カタテ・ノタマハク・人タラム《為也》・モノ・ヲホキ
⑥ニ・スヘカラク・学《カク》-問《モム》スヘシ・朕《チム》・ムカシ・四方《ハウ》ヲ征《セイ》シ・群兇《クムケウ》ヲ・サタムルヲ・
⑦事トシテ・書《シヨ》ヲヨムニ・イトマアラス・コノコロ・一天・シツカニシテ・身《ミ》・殿堂《テンタウ》
⑧ニヲリ・ミツカラ・書巻《シヨケン》ヲ・ヨマストイヘトモ・人ヲシテヨマセテ・コレヲ

⑨史(上)
⑩官(平)
⑫ミツノ(左漢文注「三事也」)コト、前(平)／代
〔三十八ウ〕
②群(平)-佞(去)、讒(平)
③義(去濁)
⑥群(平)兇(平)

⑨キク・君臣《クンシン》ノマツリコト・父子《フシ》ノ礼《レイ》・仁義《シムキ》ノミチ・忠烈《チウレツ》ノ功《コウ》・シカシ
⑩ナカラ・シルシテ・書《シヨ》ノウチニアリ・ヨテ・ムカシノ・アヤマリヲ・シリソ
⑪ケ・アラタメテ・書《シヨ》籍《セキ》ノ・道《タウ》理《リ》ニ・シ・タカハントス
⑫貞観中ニ・太宗ノ太子・承乾《セウケン》法度《ハツト》ヲ・、サメス・驕逸《ケウイツ》ヲ・コト、シ・俳《ハイ》

〔三十九オ〕

①児《シ》ヲ・寵《テウ》愛《アイ》シ・師《シ》傅《テム》ヲ・コロサムトス・ヨテ・太宗・コレヲステ、・魏王泰《キワウタイ》ノ・
②才能《サイノウ》ニ・トメルヲ・賞 賞《シヤウシヤウ》愛《アイ》シテ・ウツシテ・武徳殿《トクテム》ニ・ヲクラシム・
③魏《キ》徴《テウ》カ・申サク・コノ殿《テム》ハ・東宮《トウキウ》ノ・西《ニシ》ニアリ・海陵《カイレウ》ムカシ居《キヨ》シテ・海《カイ》
④内《タイ》・陵《レウ》遅《チ》ス・時《トキ》ノ人・不可《フカ》ナリト思《オモ》ヘリ・魏王《キワウ》・又・寵《テウ》ヲモテ・カヱテ・ヲ
⑤ソレトス・ソノ心・ヤスシトセシト・太宗ノ・、タマハク・朕《チム》・オモムハカラス
⑥シテ・ヲホキニ・アヤマレリ・ツイニ・魏《キ》王《ワウ》ノ・泰《タイ》ヲシテ・モトノ弟《テイ》ニ・カヘラシム
⑦貞観五年ニ・太宗・侍臣《シシム》ニ・カタテノタマハク・齊《セイ》ノ・文宣《フンセム》ハ・イカナル君《キミ》
⑧ソ・魏徴・コタヘテ申サク・性《セイ》・非《ヒ》常《シヤウ》ニシテ・心・クツカヘリ・シカレトモ・人《ヒト》・
⑨道理《タウリ》ヲモテ・イサムル時・ミツカラ・クシケテ・スナハチ・コレニシタカフ・文《フン》
⑩宣帝《セムテイ》青《セイ》州《シウ》ノ長吏・魏愷《キカイ》ヲシテ・使タラシメテ・梁《リヤウ》ニユカシム・梁《リヤウ》
⑪ヨリ・カヘレル時《トキ》・光《クワウ》州ノ長《チヤウ》吏ニ・ウツス・魏愷《キカイ》コレヲ辞《シ》ス・齊文《セイノフン》
⑫宣帝《セムテイ》ヲホキニ・イカテ・メシテ・コレヲセム・魏《キ》愷《カイ》カ申サク・サキニ・大藩《タイハム》ノ・

〔三十九ウ〕

⑪書籍（左音「シヤク」）

〔三十九オ〕

①俳／児（平濁）
②賞賞（二つ目の「賞」の字の「冖」冠の上部は「⺌」）愛シテ
⑥泰（去）ヲ
⑩魏愷（上）

〔三十九ウ〕

①長吏《チヤウリ》トシテ・使ヲ・ウケタマハテ・労《ラウ》アリ・シカルヲ・賞《シヤウ》ナクシテ・カ
②ヘテ・小國ヲ・サツケラル・コノユヘニ・辞《シ》スト申ス・文宣帝《フンセンテイ》カヘリミテ・
③楊《ヤ》遵彦《シユンケン》ニ・カタテノタマハク・魏愷《キカイ》カ・ツカサトル事・イハレアリト・イ
④ヒテ・イカリ解《トケ》ヌト・太宗ノ・、タマハク・ムカシ・盧祖尚《ロソシヤウ》・ワカ・サツクルト
⑤コロノ・官《クワン》ヲ・ウケス・ワレイカテ・ツイニコレヲ・コロシツ・文《フン》宣帝《セムテイ》ソノ性《セイ》・クル
⑥ヱリトイヘトモ・ナヲ・魏愷カ・トカヲユルセリ・盧《ロ》祖《ソ》尚官《シヤウクワン》ヲ・辞《シ》スル事・
⑦人臣《シム》ノ礼《レイ》ヲ・ウシナウトイヘトモ・朕《チン》・ナムソ・コロスヘケムヤ・コノ事ニ・ヲ
⑧イテハ・朕《チン》・ハナハタ・齊《セイ》ノ文宣《フンセン》ニ・ヲヨハサルトコロナリ・朕《チン》・ヲホキニ・イタミ
⑨クユ・ヒトタヒ死《シ》シテ・フタ、ヒ・カヘルヘカラス・クユトモ・ヲヨフトコロアラシ・スヘカ
⑩ラク・盧祖尚《ロソシヤウ》カ蔭子《ヲンシ》・蔭孫《ヲンソン》ニ・官爵《クワンシヤク》ヲ・カヘスヘシ
⑪貞観十七年ニ・太宗・侍臣《シシム》ニ・カタテノタマハク・人ノ心ノ・イタテ・
⑫イタマシキハ・ヲヤヲ喪《モ》セルニ・スキタルハナシ・カルカユヘニ・孔子《コウシ》ノ・、タマ

〔四十オ〕

①マハ（衍）ク・三年ノヲヤノ喪《モ》・天下ニヲナシク通《トウ》シ・ヲコナフ・喪《モ》ナリ・天子《シ》
②ヨリ・庶《シヨ》人《シン》ニイタルマテ・コレヲナシト・古《イニシヘ》ノ人《ヒト》・ミナシカリ・近《キム》代ノ・帝《テイ》王《ワウ》モ・オ
③ナシク・ヲコナウ・コノコロ・徐幹《シヨカム》カ中論《チウロン》ノ・三年ノ喪《モ》ヲ・復《フク》スル・篇《ヘム》
④ヲ・ミルニ・義理《キリ》・ハナハタ・ツマヒラカナリ・フカク・ウラムラクハ・朕《チム》・コノ書《シヨ》ヲ・ミ
⑤スシテ・ヲヤノ喪《モ》ヲ・、コナフコトノ・オホキニ・疎略《ソリヤク》ナル事ヲ・タ、・ミツカ・ラ

⑤イカ（左漢文注「怒也」）テ
⑩蔭（左音「イム」）子
〔四十オ〕

⑥カ・トカナリトシテ・ミツカラヲセム・ノチニクユトモ・ナムソ・ヲヨハム・カナシ
⑦ミ・ナクコト・ヒサシ
⑧貞観十八年ニ・太宗・侍《シ》臣《シム》ニ・カタテノタマハク・ソレ・帝《ティ》王《ワウ》ノ・モノイ
⑨ウ時《トキ》・臣《シン》下《カ》ノコタウル言《コト》ハ・ミナ・言《コトハ》ヲ甘《アマム》シ・旨《ムネ》ニシタカテ・心《コヽロ》ニ・イラム
⑩コトヲモトム・朕《チム》カ・アヤマチヲ・キカムト・オモフニ・タ、チニ・コレヲ申
⑪ス・人ナシ・卿等《ケイラ》・カナラス・朕《チム》カ・トカヲ申ヘシ・劉《リウ》洎《キ》・コタヘテ申サク・
⑫公卿《コウケイ》ノ・コトヲ論《ロム》シ・上書《シャウショ》スルモノアル時《トキ》・陛下《ヘイカ》ノ心ニ・カナハサレハ・

〔四十ウ〕

①マノアタリ・難《ナム》ヲクハヘテ・ハチシメ・シリソケスト・イウコトナシ・ヲソ
②ラクハ・直言《チョクケン》ヲ・モトムルミチニ・アラサルコトヲ・太宗ノ・、タマハク・朕《チン》イ
③マ・汝カコトヲ・キイテ・ハナハタサキノ非ヲクユ・イマヨリハソノ心ヲ・ア
④ラタムヘシ
⑤　ヲコリ・ホシキマ、・ナルコトヲ・論《ロム》スル・篇《ヘン》第廾五
⑥貞観二年ニ・太宗・王珪《ワウケイ》ニカタテ・ノタマハク・隋《スイ》ノ開皇《カイクワウ》 十四年ニ・
⑦天下《テンカ》・日テリシテ・人オホクウエタリ・ソノ時《トキ》・隋文帝《スイフンテイ》・スヱノタク
⑧ハヘヲ・ハカリアツルニ・六十年ノタクハヘヲ・ツメリ・倉庫《サウコ》ノクラ〳〵・ミチ
⑨〳〵タレトモ・ウヱタル民《タミ》ニ・賑給《シンキフ》セス・民ミヤコニ・ヤクヲツトメテ・カテツ
⑩キテ・ウヱタリトイヘトモ・隋文帝《スイフンテイ》タクハヘヲ・オモクシ・民《タミ》ヲ・カロクシ

⑪劉《リウ》（読仮名「リウ」の後に墨塗りした「キ」あり）洎《キ》

〔四十ウ〕

⑪テ・ツォ《イ》ニアハレミヲ・クハヘス・煬帝《ヤウテイ》・又コノユタカナル・タクハヘヲ・ウケツィ
⑫テ・マス〳〵・奢《ヲコリ》マス〳〵華美《クワヒ》ナリ・無道・カサナリツモテ・隋世《スイノヨ》・ツ

〔四十一オ〕

①イニホロヒタリ・煬帝《ヤウテイ》ノ・身《ミ》ヲウシナウ事・シカシナカラ・ソノ父《チ、》ニ・ヨ
②レリ・ソレ・位《クラヒ》ヲタモツコト・徳《トク》ヲ人ニ・ツムニアリ・タクハヘヲ・クラニツム
③ニヨラス・古《コ》」人《シム》ノイハク・人」君《シンクン》ノ・タクハヘヲ・クラニミツルコトハ・飢《ウヘ》タル年《トシ》・
④民《タミ》ニソナウヘキタメ也《ナリ》・ソノホカニハ・ナムソ・タクハヘミテムヤ・キミノ・ヽチ
⑤ノツキ・モシ・賢《ケム》ナラハ・ヲヤノタクハヘヲ・ツカストイウトモ・ミツカラヨク・
⑥天下ヲタモタム・モシノチノツキ・不肖《フセウ》ナラハ・倉庫《サウコ》ノタカラ・ミテ
⑦リトイフトモ・ソノ奢《ヲコリ》ヲマサハ・カナラス・タヘホロヒナム
⑧貞観十七年ニ・太宗・烏耆國《ウキコク》ヲ・ウツ時《トキ》ニ・郭 孝恪《クワクカウカク》」西州道《サイシウタウ》
⑨ノ・行軍《カウクン》ノ惣管《ソウクワン》トシテ・龜茲《キシ》ノミヤコヲ・ウチヤフテ・城《シヤウ》ヲ・マホテト
⑩ヽメシム・太宗・アマリノ・イクサヲシテ・ミチヲハカテ・セメス、ム・コ、ニ・郭 孝《クワクカウ》
⑪恪《カク》」ソノ心《コ、ロ》 奢《ヲコリ》テ・龜茲国《キシコク》ノ・大臣《シム》・刹利《セツリ》」等《ラ》カ・タメニ・ハカラレテ・コロ
⑫サレヌ・郭 孝恪《クワクカウカク》」性《セイ》・モトリ・奢《（ヨ脱）ヲコリ》テ・妻《サイ》」妾《セウ》・僮《トウ》」僕《（ホ）ナク》・ミナ・カタチ・スクレタル

〔四十一ウ〕

①ヲ・モチヰ・服玩《フククワン》ノ・ウツハモノ・コト〳〵ク・アサヤカニ・チリハメタリ・イクサノ・
②陣《チム》ニアリトイヘトモ・汁器《シウキ》ノウツハ物《モノ》・ミナ金玉《キムキヨク》ヲカサリ・コカネノ

〔四十一オ〕

⑤ノチ／ノツキ（左漢字注「副」）

⑧烏（平）者（平）國

〔四十一ウ〕

③ユカ・ニシキノ帳《チヤウ》・コト〳〵クコレヲ・ソナヘタリ・郭孝恪《クワクカウカク》死シテノチ・コノウ
④ツハモノ等《ラ》ヲ・行軍《カウクン》・大惣管《タイソウクワン》・阿史《アシ》ニヲクル・一モコレヲウケス・太宗・
⑤キ、テ・ノタマハク・フタリノ将《シヤウ》・ソノ性《セイ》ナムソ・ヲナシカラサル・郭孝恪《クワクカウカク》
⑥イクサノウチニ・ナヲ奢《ヲコリ》テ・アタノタメニ・ホフラレタリ・タ、ミツカラ・ソ
⑦ノワサヰ（ハ脱）ヲ・マネケルナルヘシ
⑧貞観九年ニ・太宗・魏徴《キテウ》ニ・カタテノタマハク・コノコロ・齊史記《セイノシキ》・
⑨後周・史《コシウノシ》記《キ》ヲ・ヨムニ・國《クニ》ヲホロホス君《キミ》・イニシヘモ・イマモ・ソノ悪《アク》ヲ・ナス
⑩コト・アヒニタリ・齊《セイ》ノ主《シユ》・フカク奢《ヲコリ》ヲコノムテ・府庫《フコ》ノ・クラ〳〵アルト
⑪コロノ・タクハヘ・コト〳〵ク・ツキヌ・ヨテ・ミチ〳〵ニ・關《セキ》ヲスヘテ・トヲルモノニ・
⑫物《モノ》ヲナサセ・トコロ〳〵ニ・市《イチ》ヲタテ、・アキ人ニ・モノヲナサシム・百姓《ハクセイ》ステニ・

〔四十二オ〕

①ツイエ・國《クニ》々ミナ・カタフイテ・君《キミ》又カタフキヌ・齊主《セイシユ》ノ・位《クライ》ヲウシナヘル
②コト・カクノコトシ・齊主《セイシユ》ト・天元《テムケン》ト・国《クニ》ヲ・ホロホセルコト・イツレカ・マサレルヤ・
③魏徴コタヘテ申サク・齊主《セイシユ》ハ・ソノ性《セイ》・ヨハ〳〵シウシテ・マツリコト・臣《シン》
④下《カ》ノ・門《カト》ヨリイテタリ・國《クニ》ニ・糾綱《キウカウ》ナクシテ・ツイニ・ミタレヤフレタリ・
⑤天元《テムクエン》ノ君《キミ》ハ・性《セイ》ヲタテタル事・ヨハウシテ・威《イ》ヲカ、ヤカシ・福《フク》ヲカ、ス・国《クニ》
⑥ヲホロホス・マツリコト・ヲノレカ身《ミ》ヨリ・イテタリ・コレヲモテ・コレヲ論
⑦スレハ・齊王《セイワウ》・ヲトレリトス

⑤将・（「・」の左に「軍」と補入）

〔四十二オ〕

②天（平）元（平）

⑧貞観十一年ニ・太宗・前司《センシ》ニ・命《メイ》シテ・金銀《キンキン》ノ・ウツハモノヲ・ツクラ
⑨シム・馬周《ハシウ》」・上書《シヤウシヨ》シテ申サク・夏世《カノヨ》・殷世《インノヨ》・周《シウ》ノ世《ヨ》・漢《カン》ノ世《ヨ》・代々《ヨヨ》・祚《ソ》ヲ
⑩ツタヘテ・天下ヲ・タモツコト・ヲノ〳〵ヒサシ・ヲホキハ・八百余《ヨ》年ナリ・スクナシ
⑪ト・イヱトモナヲ・四五百年也・殷《イン》ノ世《ヨ》ノ帝ハ・子孫・アヒツタヘテ・卅人《ニン》也・周《シウ》
⑫ノ世《ヨ》ノ王《ワウ》・子《シ》」孫《ソン》アヒツタヘテ・又卅七人也・コノナカニ・イカテカ・ヒカメル王・ナ

〔四十二ウ〕

①カラムヤ・シカレトモ・難《ナン》ニ・マヌカレテ・天下ヲ・タモテル事ハ・世《ヨ》ヲ、・コセル・高《カウ》
②祖ノ徳《トク》ヲ・ツミ・業《ケウ》ヲアツクシテ・人ニ恩《ヲン》ヲ・ホトコセルユヘ也・タ、・子《シ》」孫《ソン》
③ノヒサシク・アヒツクコトハ・前《セン》」哲《テツ》ノ・モトヰニヨル也・ソノ、チ・魏ノ世《ヨ》・晉《シム》ノ
④世ヨリ・コノカタ・陳《チン》ノ世《ヨ》・隋《スイ》ノ世ニイタルマテ・ヨヲ、コス・キミ・恩《ヲン》ヲホトコス
⑤事《コト》・ヒロカラス・、ヱニ・ツタウヘキ・仁《シン》」徳《トク》ナシ・コレニヨテ・アルイハ・子《シ》」孫《ソン》・十」代《タイ》ニスキ
⑥ス・ソノ祚《ソ》・五六十年ニ・コヱス・アルイハ・位《クラヰ》・マコニヲヨハスシテ・二三年《ネン》ニシテ・
⑦ホロヒタリ・イマ・ヘイカ・大功《タイコウ》ヲモテ・天下ヲ・サタムト・イヘトモ・徳《トク》ヲツムコ
⑧ト・ナヲ・日《ヒ》アサシ・古《イニシヘ》ノ明《メイ》」王《ワウ》ハ・倹《ケン》」約《ヤク》ヲ・ツトメテ・身《ミ》ヲマホリ・仁恩《シムヲン》ヲ・
⑨ホトコシテ・人ヲト、ノフ・カルカユヘニ・ソノ下・コレヲ愛《アイ》スルコト・チ、ハ、ノコトシ・
⑩コレヲアフクコト・日月《ケツ》ノコトシ・コレヲウヤマウコト・神明《シンメイ》ノコトシ・コレヲ
⑪ヲソル、コト・雷霆《ライテ》（イ脱）ノコトシ・コノユヘニ・ワサハヒ・ヲコラスシテ・祚運《ソウム》ハルカニ・
⑫ナカシ・コノコロ・キク・器《キ》」物《モツ》ノイトナミ・ツイヱ・スコフル・ヲホクシテ・百」姓《セイ》・

〔四十二ウ〕

⑥マコニ（左漢字注「孫」）
⑦ヘイカ（左漢字注「陛下」）
⑫百」姓（左音「シヤウ」）

〔四十三オ〕
①嗟《サ》怨《エム》ノ言《コト》アリ・陛下《ヘイカ》・ワカ、リシ時《トキ》・人間《ニンケン》ニ・マシハリヰテ・百姓《シヤウ》ノ・クルシ
②ミヲシレリ・前代《セムタイ》ノ・ミタレ・ヲサマレル事・目《メ》ニ・ミタマヘルトコロナリ・シカレ
③トモ・ナヲホシイマ、ナル・心《コヽロ》・ヤウヤクキサシテ・奢心《ヲコリノ》・カクノコトシ・イハム
④ヤ・太子《タイシ》ハ・フカキ舎《シヤ》ニ・生長《セイチヤウ》シテ・外《ホカ》ノコトヲ・シラス・陛下《ヘイカ》万年《ハムネム》ノ・、チ・
⑤ヲソラクハ・ウレウルトコロアラムコトヲ・人主《シンシユ》・イニシヘヨリ・ソノ身《ミ》
⑥ノ・アヤマチヲシラス・コ、ヲモテ・殷紂《インノチウ》ハ・夏桀《カノケツ》カ・ホロヒタルコトヲ・ワラヒ・
⑦幽厲《イウレウ》ハ・又殷《インノチウ》 紂カ・ホロヒタルコトヲワラフ・隋帝《スイテイ》・又・齊主《セイシユ》ノ國《クニ》ヲ・ウ
⑧シナヘルコトヲ・ワラウ・當今ノ・隋帝《スイテイ》ヲミルコト・隋帝《スイテイ》ノ・齊主《セイシユ》ヲ・ミシ
⑨カコトキ也・カルカユヘニ・京 房《キヤウハウ》漢《カム》ノ元帝《ケンテイ》ニ申テ申サク・臣・ヲソラ
⑩クハ・ノチノ人ノ・イマヲミム事・イマノ人ノ・イニシヘヲ・、シウカ・コトクナ
⑪ラムヲト・コノ言《コトハ》・ツ、シマスハ・アルヘカラス・太宗ノ・、タマハク・コノコロ身《ミ》ニシ
⑫タカフル・スコシキナル・ウツハモノヲ・ツクラシム・オモハサリツ・百姓《セイ》・ナケ

〔四十三ウ〕
①キウラムヘシトハ・コレ・スナハチ・朕《チム》カ・アヤマリ也・タチ令シテ・ト、メシム
②　貪鄙《ヒ》ノ・ムサホレルコトヲ・イマシムル・篇《ヘム》第廾六
③貞観ノハシメニ・太宗・侍臣《シシム》ニ・カタテ・ノタマハク・明珠《メイシユ》ノ・タマハ・人ノ貴《タトヒ》オ
④シムトコロナリ・コレヲモテ・雀《スヽメ》ヲ・ウツ時ハ・オシマサルカコトシ・身命《シンミヤウ》ハ又・

〔四十三オ〕
①ワカ（左漢字注「若」）、リシ

〔四十三ウ〕

⑤人コトニ・オシムトコロ也・シカレトモ・金《キン》寶《ホウ》ヲ・アタフル時ハ・刑《ケイ》罰《ハツ》ヲ・、チス・コレ
⑥ヲ・ウケオサム・明珠《メイシユ》ハ・コレ身《ミ》ノホカノタカラ也・ナヲコレヲモテ・雀《ス、メ》
⑦ヲ・ウツヘカラス・イカニイハムヤ・生命《セイメイ》・ハナハタ・オシムヘシ・豈《アニ》ホカノ・財《サイ》寶《ホウ》
⑧ニ・カヘムヤ・群臣《クンシン》・モシ・忠直《チウチヨク》ヲ・ツクサハ・爵《シヤク》禄《ロク》・タチトコロニ・イタルヘシ・、カレ
⑨トモ・中《コ》ノミチヲモテ・營《エイ》爵《シヤク》ヲ・モトメスシテ・ミタリニ・財物《サイモツ》ヲ・オサム・
⑩ソノ事アラハレハ・名《ナ》クチ・身《ミ》ホロヒテ・人ノタメニ・ワラワルヘシ
⑪貞観二年ニ・太宗・侍《シ》臣《シム》ニ・カタテ・ノタマハク・タカラヲ・ムサホル人ハ・タカ
⑫ラヲ・タモツコトヲ・サトラス・五品《ヒンイ》已上《シヤウ》ノ人・一年ニ・ウルトコロノ・恩《ヲン》禄《ロク》・

〔四十四オ〕

①ソノカスハナハタオホシ《多也》・モシ・人ノタカラヲ・ウクルコトハ・オホシトイヘトモ・万《ハム》
②ヲ・イタスニスキス・ソノコト・アラハレヌレハ・禄秩《ロクチク(ツ)》・一期《コ》ニ・ウハ、レヌ・コレスコシ
③キナルヲ・ヱテ・ウシナウコトノ・オホカルヲ・サトラサル也・ムカシ・公儀《コウキ》休《キウ》ソノ性《セイ》・
④モトヨリ・魚《ウヲ》ヲタシナム・人・魚《ウヲ》ヲコノムコトヲ・シリテ・魚《ウヲ》ヲ・、クル・公儀《コウキ》休《キウ》
⑤コレヲカヘス・ウヲ、・オクル人ノイハク・公《コウ》カ・ウヲ、コノムコトヲシリテ・ウヲ
⑥ヲ、クル・ナムソ・魚《ウヲ》ヲウケサルヤ・公儀《コウキ》休《キウ》カイハク・ワレウヲ、コノムユヘ
⑦ニ・ウヲ、カヘス・ワレ・恩《ヲン》禄《ロク》・アツクシテ・オホクウヲ、マウク・イマノウヲ、ヱハ・
⑧スナハチ・カノ恩禄《ヲンロク》・タチトコロニ・ケツラルヘシ・コノユヘニ・カヘスナリト・イヘリ
⑨貞観二年ニ・上ノ・、タマハク・秦《シム》ノ恵王《ケイワウ》ムカシ・蜀《シヨク》ノクニヲ・ウタムトスル

⑫ウルト（左漢文注「得也」）コロ

〔四十四オ〕

⑨秦（平）ノ恵王（平）、蜀（入）

⑩ニ・ソノミチヲ・シラス・スナハチ・サカヒノ山ノミネニ・オホキナル・石《イシ》ヲモテ・五頭《コツ》
⑪ノ・ウシヲツクテ・ソノシリヘ・金《コカネ》ヲイレタ刂《リ》・蜀人《シヨクシン》・コノ牛《ウシ》・スナハチ・コカネナリ
⑫ト・オモヘリ・蜀《シヨク》ノ王《ワウ》・五《コ》丁《テイ》ノ・力《リキ》士《シ》ヲ・アツメテ・コノウシヲヒイテ・蜀《シヨク》ノミヤ

〔四十四ウ〕

①コニ・イレタリ・秦《シン》ノ恵王《ケイワウ》ソノアトニ・ツイテ・イクサヲ・ツカハシテ・ツ
②イニ・蜀《シヨク》ノ國《クニ》ヲ・ホロホシツ・又《マタ》・漢《カン》ノスエニ・田延年《テンエンネン》人《ヒト》ノ・賄賂《ワイロ》ヲウケ
③タルコト・三千万也・コト・一旦《タン》ニアラハレテ・ソノ身《ミ》・ホロヒ死《シ》ヌ・カクノコト《ト》ク
④ノ・タクヒ・アケテ・シルスヘカラス・朕《チム》・イマ・蜀王《シヨクワウ》ノ・コカネヲ・トラムトシ
⑤テ・石《イシ》ノウシヲ・ヒケルニヨテ・ホロヒタルヲモテ・イマシメノ・元《クヱン》龜トス・卿等《ケイラ》・
⑥又田延年《テンエン》カ・コトアラハレテ・ホロヒタルヲモテ・イマシメノ・前《セン》車《シヤ》ト・スヘシ
⑦貞観四年ニ太宗公卿《コウケイ》ニ・カタテ・ノタマハク・朕《チム》・ツネニ・心ヲセメテ・天地《テン》ノ
⑧心ニ・タカハムコトヲ・ヽソル・卿等《ケイラ》・心ヲ・致《イタス》事・朕《チム》カ・天《テン》ヲ・ヽソル、カ・コトクニ
⑨セハ・タ、・百《ハク》姓《セイ》ノ・タノシムノミニ・アラシ・ヲノ〱・身《ミ》モナカク・タノシムヘ
⑩シ・古《コ》人《シン》ノイハク・賢《ケン》者《シヤ》・タカラヲホキ時《トキ》ハ・ソノ志《コヽロサシ》ヲ・ツ、シミ・思フ・愚者《クシヤ》・タ
⑪カラヲホキ時ハ・ソノオコリヲ・ナス・心ノウチニ・豈《アニ》・ヲヘサラムヤ・財《サイ》物《モツ》ヲ・ムサ
⑫ホテ・身《シン》命ホロヒナハ・子《シ》孫ナカク・耻《ハチ》ヲ・イタクヘシ・卿等《ケイラ》・フカク・ヨロシ

〔四十五オ〕

①クコトハヲ・思《ヲモフ》ヘシ

⑩五頭(平)
⑪ウシ(左漢文注「牛也」)ヲ、ソノシリ(左漢文注「尻也」)へ、イレ(左漢字注「入」)タ刂(リ)

〔四十四ウ〕

②田延(平)年(平)
⑤元(平)龜(平)
⑥前(平)車(平)
⑨百姓(左音「ヒヤクシヤウ」)

〔四十五オ〕

②貞観四年ニ・濮《ホク》州《シウ》ノ刺《シ》史《シ》・寵相壽《テウシヤウシュ》・性《セイ》・ムサホリ・心・ニコレル・キコヱア
③リ・ヨテ・刺《シ》史《シ》ノ・仁《シム》ヲ解《トケ》リ・寵相壽殿廷《テムテイ》ニシテ・ミツカラ・陳《チムス》
④ラ《(ク)》リ・陛下・天下ヲ・サタメシ時・臣《シン》・幕府《フ》ノ・舊《キウ》・左《イ》右《イフ》也・ムサホリ・
⑤ニコレリトイフコト・又・ソノ實《シツ》ナシト・申ス・太宗・コレヲアハレムテ・舎《シヤ》人《シム》
⑥ヲシテ・イハシメテ・ノタマハク・汝《ナムチ》ハワカモトノ・左《サ》右也《イユナリ》・汝人《ナムチヒト》ノモノヲ・
⑦トレルコトハ・マコトニ・マツシキカ・ユヘナリ・汝《ナムチ》カ・濮州《ホクシウ》ノ・刺《シ》史《シ》ヲ・カヘスヘシ・
⑧イマ・キヌ・一百疋《ヒキ》ヲ・タマフ・人ノタカラヲ・トルコトナカレト・魏徴ス
⑨スムテ申サク・寵相壽《テウシヤウシュ》カ・ムサホリ・ニコレルコトハ・トヲキ・チカキ・ミナ・シレ
⑩ルトコロ也・幕府《ハクフ》ノ・舊《キウ》臣《シン》ト・イウヲモテ・ツミヲ・ユルシタルモノヲ・クハエテ・
⑪クニノ・刺《シ》史《シ》ヲ・カヘサハ・陛下《ヘイカ》・義《キ》兵《ヘイ》ヲ・、コイシ時《トキ》・幕《ハク》府《フ》ノ・舊《キウ》臣《シム》・
⑫コレヲホシ・ミナ〱《皆》・ヲノ〱《各》・陛下《ヘイカ》ノ・ワタクシノ・恩《ヲン》ヲ・タノムテ・ムサホリ・ニコレ

〔四十五ウ〕

①ル性《セイ》ヲ・アラタメシ・太宗・欣然《キムセム》トシテ・寵相壽《テウシヤウシュ》ヲ・御《ヲム》マヱニ・メシ
②テ・ノタマハク・朕《チム》・ムカシ・秦王《シンワン(ウ)》トシテ・一府《フ》ノ主《ヌシ》タリキ・イマハ・天《テン》子《シ》ト
③シテ・四海ノヌシタリ・一府《フ》ノ時《トキ》ノ・フルキ・愛《アイ》ヲモテ・四海《カイ》ノ・マツリコト
④ヲ・ミタルヘカラス・、ナハチ・ワタクシノ・心ヲ・モハラニスヘカラス・汝《ナムチ》ニ・雜《サウ》物《モツ》
⑤ヲ・タフテ・ハナチヤルヘシ・寵相壽《シヤウシュ》ナミタヲナカシテ・言《コトハ》ナクシテ・サ
⑥ムヌ

②寵相壽（左注「寵《ハウ》真名本」）、ニコレル（左漢文注「濁也」）
③寵相壽（左注「寵《ハウ》真名本下同」）
④舊（左訓「フルキ」）、左（読仮名の「ｨ」は見せ消ち）右
⑦濮州（平）
⑧イマ（左漢字注「今」）、キヌ（左漢文注「絹也」）
⑨寵相（左注「寵《ハラ(ウ)》」）壽

〔四十五ウ〕

①アラタメシ（平濁）、寵（左注「寵《ハウ》」）相壽
④ワタ（左漢字注「私」）クシノ
⑤寵相（左注「寵《ハウ》」）壽

⑦貞観六年ニ・九歳宮《成真名本》ヨリ・陳万福《チンハンフク》ミヤコニオモムク・法《ハラウ》ニタカフテ・驛《ヱキ》家《カ》
⑧ノ・麸《ムキ》・數《ス》斛《コク》ヲ・トレリ・太宗・コレヲキイテ・陳《チム》万福《ハンフク》ヲ・メシテ・ソノ麸《ムキ》
⑨ヲ・タフテ・セナカニ・ヲハシメテ・ハチシメテ・出サシム
⑩貞観十年ニ・権《ケン》萬紀《ハムキ》上書《シヤウシヨ》シテ・申サク・宣《セン》州《シウ》・饒《ネウ》州《シウ》ノ・モロ〳〵
⑪ノ・山《ヤマ》ニ・シロカネノ・アナ・オホシ・コレヲトラハ・スナハチ・ソノ益《ヱキ》アルヘシ・銀《キン》
⑫銭《セン》・トシコトニ・數《ス》百貫《クワン》ヲ・ミツヘシ・太宗・カタテ・ノタマハク・朕《チム》・四海《カイ》

〔四十六オ〕

①ノ・ヌシトシテ・スクナク・トモシキコトナシ・タ、・万《ハム》機《キ》ヲ・ト、ノヱテ・百姓《ハクセイ》
②ニ・益《ヱキ》アラハ・數《ス》百万貫《クワン》ノ銭《セニ》ヲ・マタクスヘシ・ナンソ・天下ノ・税《ヲホチケカラ》ヲ・ハ
③ナレテ《ウル鬻也》・シロカネヲ・ウルヲモテ・業《ケウ》トセムヤ・カノ・宣《セム》州《シウ》・饒《ネウ》州《シウ》ノ・シロカ
④ネヨリ・ヒトリノ・才人《サイシン》ヲ・エタラムニハ・シカシ・尭《ケウ》舜《シユン》・コカネヲ・ヤマニ
⑤ステ・玉《タマ》ヲ・タニ、・ナケタリ・コレニヨテ・ヨキ・ナ・カ《ナ》カク・ツタハテ・千《セン》歳《サイ》
⑥ノ・、チニ・稱《セウ》セラル・後《コ》漢《カン》ノ・桓帝《クワンテイ》霊帝《レイテイ》利潤《シユン》ヲ・オモウシテ・徳《トク》
⑦名《メイ》ヲ・カロクセシカハ・近《キム》代《タイ》ノ・クラキ主トス・海《汝》・朕《ナムチチム》ヲ・モテ・カノ・霊帝《レイテイ》
⑧桓帝《クワンテイ》ニ・ナラヘムト・欲《ホツ》スルカ・コノ日・権《ケン》萬紀《ハンキ》ヲ・ハナテ・故《コ》郷《キヤウ》ノイヱニ・
⑨カヘラシム
⑩貞観十六年ニ・帝《テイシ》侍臣《シム》ニ・カタテ・ノタマハク・古《コ》人《シン》ノ・イハク・鳥《トリ》ハ・ハヤ
⑪シニスム・ナヲ・タカ、ラサルコトヲ・ヲチテ・ソノコスヱニ・スクウ・魚《ウヲ》ハ・フ

⑧麸（左漢字注「麦」）・數斛
⑨セナカ（左漢文注「背也」）ニ、ヲ
ハシメ（左漢文注「令負也」）テ
⑪アナ（左漢文注「穴也」）

〔四十六オ〕

⑤ヨキ・ナ（左漢文注「善名也」）

⑫チニ・カクル、・ナヲ・フカ、ラサル・コトヲ・オチテ・ソノソコニ・アナヲホル・

〔四十六ウ〕

①シカレトモ・人ノタメニ・エラル、コトハ・ミナ・餌《ヱ》ヲ・ムサホルニ・ヨテナリ・イマ・
②人《シム》臣《シン》・タカキ・クラヰニ・イ・アツキ・禄《ロク》ヲ・ウク・忠正《チウセイ》ヲ・フミ・公《コウ》清《セイ》ヲ・
③ツトメハ・災《サイ》害《カイ》・ナクシテ・ヲノ〳〵・富《フ》貴《キ》ヲ・タモツヘシ・ワサハイ・サイハヒ
④ハ・門《カト》ナシ・タ、・人ノ・マネク・トコロ也・タカラヲ・ムサホレハ・身《ミ》ヲ・ホロホス・ナ
⑤ムソ・カノ魚《ウヲ》ト・鳥《トリ》トニ・コトナラムヤ・卿等《ケイラ》・ヨロシク・コノ言《コトハ》ヲ・モテ・フカ
⑥キ・イマシメト・スヘシ
⑦
⑧貞観政要巻第六

（巻第六は以上）

〔四十六ウ〕

②アツキ（左漢文注「厚也」）

〔一オ〕

①貞観政要巻第七　　史臣呉兢撰

②儒学《シユカク》ノ・ハカセヲ・モチヰル・篇《ヘン》第廾七

③文《フン》史《シ》ノ・フミヲ・アカムル・篇第廾八

④礼樂《レイカク》ヲ・論《ロン》スル・篇第廾九

⑤

⑥儒学ノ・ハカセヲ・モチヰル・篇第廾七

⑦貞観ノハシメニ・太宗・正殿《シヤウテン》ノ・ヒムカシニ・弘《コウ》文《フン》舘《クワン》ヲ・建《タテ》テ・クハシ

⑧ク・天下ノ・文士《フンシ》ヲ・ヱラムテ・本官《ホムクワム》ノ・ウヱニ・儒《シユ》學《カク》ノ・官《クワン》ヲ・兼《カネ》

⑨セシム・日《ヒ》コトニ・五《コ》品珎膳《ホンチムセン》ノ・ソナヘヲ・ス、メテ・カハル〳〵・弘《コウ》文《フン》舘《クワン》

⑩ニ・宿直《シユクチキ》セシム・政《マツリコト》ヲ・キク・タヒコトニ・内殿《タイテム》ニ・ヒキイレテ・書籍《シヨシヤク》

⑪ノ義《キ》理《リ》ヲ・討《タウ》論《ロン》シテ・マツリコトノ・ミチヲ・商略《シヤウリヤク》ス・夜ノ

⑫分《フム》ニ・イタルマテ・ヲコタルコトナシ・三《サン》品以《ホムイ》上勳《シヤウクム》・賢《ケン》ノ・子《シ》孫《ソン》ニ・詔《セウ》シ

〔一オ〕

〔一ウ〕

①テ・ミナ・モテ・弘文舘《コウフンクワン》ノ・学《カク》生《シ》トス

②貞観二年ニ・太宗・ハシメテ・孔子《コウシ》ノ・廟《ヘウ》堂《タウ》ヲ・タテ、・國学《コクカク》

③トス・周公旦《シウコウタム》ト・孔子《コウシ》トヲ・モテ・先《セン》聖《セイ》トシ・顔回《カンクワイ》ヲモテ・先師《センシ》

④トス・ヲホキニ・天下ニ・モトメテ・儒学《シユカク》ノ・人ヲ・メシテ・ヌキツルニ・

〔一ウ〕

⑤不次《フシ》ノ・賞《シャウ》ヲモテス・五《コ》經《ケイ》ノ・ウチニ・一經《ケイ》ニ・通《トウ》シヌレハ・コト〳〵
⑥クニ・國《クニ》ノカミニ・署《ショ》スルコトヲウ・国《コク》学《カク》舘《クワム》ノ・カタハラニ・四百餘《ヨ》
⑦間《ケン》ノ・学舎《カクシャ》ヲ・ソヘツク。リ《レ》・アマネク・書算等《ショサムトウ》ノ・ハカセヲ・
⑧オイテ・モロ〳〵ノ・藝《ケイ》能《ノウ》ヲ・ナラハシム・太宗・ツネニ・孔子《コウシ》ノ・
⑨廟堂《ヘウタウ》ノ・国学舘《コクカククワン》ニ・臨幸シテ・ハカセ等ヲシテ・講《カウ》論セシ
⑩ム・講論《カウロン》ヲハリテ・ヲノ〳〵・束《ソク》帛《ハク》ヲ・アカチタマウ・天下四方
⑪ノ・文士《フンシ》・書《ショ》ヲ負《ヲフ》テ・キタルモノ・數《ス》千也・シハラクアテ・髙麗《カウライ》・
⑫新羅《シムラ》・髙昌《カウシャウ》 等《トウ》ノ・モロ〳〵ノ・國ノ・酋《シウ》長《チャウ》・ソノ子・ソノ弟ヲ・

〔二オ〕

①モテ・國学《コクカク》ノ・文士《フンシ》ニ・イレムコトヲ・コフ・天下ノ・ハカセ・キタリ・アツマリ
②テ・一万《マム》人ニヲ・ヨヘリ・儒学《シュカク》ノ・サカリナルコト・ムカシヨリ・イマタアラ
③サルモノナリ
④貞観十四年ニ・太宗ノ・ノ。マ《タ》ハク・梁ノ・皇侃《クワウカム》褚《チョ》仲都《チウト》後《コ》周《シウ》
⑤ノ・熊《イウ》安《アム》生《セイ》沈重《シムチヨウ》陳《チムノ》・沈文阿《シムフムア》周《シウ》弘《コウ》正《セイ》張議《チャウキ》隋ノ・何晏《カアム》劉《リウ》
⑥炫《ケム》等《トウ》・ナラヒニ・前《セン》代《タイ》ノ・名《メイ》儒《シュ》ノ・ツクリヲケル・書《ショ》籍《シャク》ヲ・講《カウ》シ
⑦テ・優《イウ》賞《シャウ》ヲ・ヲクリ・當《タウ》今《キン》ノ・文《フン》士《シ》ヲ・ハケマシ・ス、ムヘシ・又《マタ》・前《セン》
⑧代《タイ》ノ・名儒《メイシュ》ノ・子《シ》孫《ソン》・當時《タウシ》・見《ケン》在《サイ》セルモノ・アラハ・姓名《シャウミャウ》ヲ・シルシテ・
⑨コト〳〵クニ・奏聞《ソウフン》スヘシ

〔二オ〕

④皇（平）侃（去）
⑤熊安生（平）、沈（上）重（平）、沈（上）文（平濁）阿（平）、周（平）弘（平）正、張（平）議、隋（平）、何（平）晏（去）、劉（平）／炫
⑧姓名（左音「セイメイ」）
⑩左丘明（平）、卜（入濁）子（上濁）夏（上）

⑩貞観卄一年ニ・太宗・詔《セウ》シテ・ノタマハク・左丘明《サキウメイ》卜子夏《ホクシカ》
⑪公羊高《コウヤウカウ》穀梁《コクリヤウ》赤《セキ》伏生勝《フクセイシヨウ》高《カウ》堂生《タウセイ》戴聖《タイセイ》毛萇《モウチヤウ》孔《コウ》安《アン》
⑫國《コク》劉向《リウキヤウ》鄭《テイ》衆《シウ》杜《ト》子《シ》春《シユム》馬融《ハイウ》盧《ロ》植《シヨク》鄭玄《テイケム》服《フク》虔《ケム》何《カ》休《キウ》

〔二ウ〕

①王《ワウ》蕭王《シヨウワウ》弼《ヒツ》杜《ト》預《シヨ》范《ハム》甯《ネイ》等《トウ》・卄一人・コレラカ・ツクリヲケル・書《シヨ》籍《シヤク》・
②ミナ・國学舘《コクカククワム》ニ・ヲイテ・ヲノヲノ・ソノ・義理《キリ》ヲ・講《カウ》ス・ヨテ・孔子《コウシ》
③ノ・國《コク》学《カク》・廟堂《ヘウタウ》ヲ・マツラム時《トキ》ハ・カナラス・コノ・先《セム》儒《シユ》等ヲ・配享《ハイキヤウ》ス
④ヘシ・ソノ・儒《シユ》学《カク》ヲ・タトヒ・アカメ・ヲカル、・コトカクノコトシ
⑤貞観二年ニ・太宗・侍臣《シシム》ニ・カタテ・ノタマハク・政　要《マツリコトノヨウ》・タ、・人ヲ・
⑥マウクルニアリ・ハカリコト・カシコキ・人タリト・イヘトモ・マナフトコロノ・
⑦才《サイ》・ナケレハ・スナハチ・道《タウ》理《リ》ヲ・サタメカタシ・シカレハ・アマネク・ヒコト
⑧ニ・才《サイ》学《カク》ヲ・ス、メテ・徳《トツ》行学《カウカク》識《シヨク》ヲ・エラムテ・任《シム》用《ヨウ》ノ・モト、ス
⑨ヘシ・王《ワウ》珪《ケイ》・コタヘテ・申サク・人臣《シムシン》・学業《カクケウ》・ナケレハ・心・賢《コ、ロケム》ナリト・
⑩イヘトモ・ムカシノ・言《コト》・イニシヘノ・フルマヒヲ・シラス・豈《アニ》・ヲホキナル・任《シム》
⑪ヲ・ツカサトルニ・タヱムヤ・漢《カム》ノ・先《セム》帝《テイ》ノ・トキ・イツハテ・衛太子《エイタイシ》
⑫ト・ナノルモノ・アリ・マツ《（ア）》マリ・ミルモノ・數万人《スマムニン》・アリト・イヘトモ・ミナ・モテ・

〔三オ〕

①コレヲ・シラス・雋《シユム》不疑《フキ》蒯聵《クワイクワイ》ノ・コトヲ・モテ・コレヲシレリ・先《セム》帝《テイ》・

⑪公（平）羊（平）高（平）、穀（入）梁（平）赤、伏（入）生勝（去）、高（平）堂生（平）、戴（去）聖（去）、毛（去）萇（平濁）、孔（上）安／國
⑫馬融（平）、盧（平）植

〔二ウ〕

⑫万人（左音「ハムシム」）

〔三オ〕

②ノタマハク・公卿《コウケイ》・大臣《シム》ニハ・書《ショ》籍《シャク》ノ・フルキ義《キ》ヲ・シレラム・モノヲ・モ
③チイルヘシト・太宗ノ・ノタマハク・マコトニ・汝《ナムチ》カ・言《コト》ノコトシ
④貞観四年ニ・太宗ノ・ノタマハク・フルキ・書《ショ》籍《シャクモン》・文字《シ》・ミナ・アヤ
⑤マレリ・コレヲ・ツクル・聖《セイ》人《シム》・世《ヨ》ヲ・サレルコト・、ヲシ・師《シ》ノ説《セツ》・タカヒ
⑥ニ・アヤマリアテ・異《イ》論《ロン》・ホコサキノ・コトクニ・起《ヲコル》・ヨテ・顔師古《カムシコ》
⑦ニ・詔《セウ》シテ・秘《ヒ》書省《ショシャウ》ニ・シテ・五經《ケイ》ノ・訛謬《ヒヒウ》ヲ・カムカヘ・サタメシム・
⑧功《コウ》ノ・ヲハルニ・ヲヨムテ・房玄齡《ハウケンレイ》ニ・詔《セウ》シテ・モロ〱ノ・ハカセヲ・アツメテ・
⑨論《ロン》難《ナン》セシム・顔師古《カンシコ》コレヲ・コタウルニ・義《キ》・アキラカニ・ヨキ所《トコロ》・
⑩ツハヒラカナリ・モロ〱ノ・ハカセノ・ヲヨフ・トコロニ・アラス・ヲノ〱・シタカヒ・
⑪服《フク》セスト・イフコトナシ・太宗・ヨシト稱《セウ》シテ・顔師古《カムシコ》ニ通《トウ》直散《チョクサム》騎《キ》
⑫（虫損）侍《シャウシ》ヲ・サツケテ・帛《キム》・五百疋《ヒキ》ヲ・タマウ・サタメタル・トコロノ・書《ショ》・天下

〔三ウ〕

①（虫損）《（ニワカ）》チテ・学《カク》者《シャ》ヲシテ・ナラハシム又・顔師古《カンシコ》ニ・詔《セウ》シテ・モロ〱ノ・ハカ
②セ・孔頴達《コウエイタツ》等《トウ》ト・五經《ケイ》。（ノ・正義）ヲ・エラヒ・サタメシム・国学《コクカク》ニ・ツケテ・ソノ義《キ》
③ヲ・ホトコシ・ヲコナハシム・太宗・岑《シム》文本《フンホム》ニ・カタテ・ノタマハク・ソレ・人・賢《ケム》
④愚《ク》ノ・性ヲ・ウケタリト・イヘトモ・カナラス・ヒロク・学《カク》業《ケウ》・トケタルヲ・
⑤待《マチ》テ・ソノミチヲ・ナス・蜃《ハマクリ》ノ性《セイ》・水《ミツ》ヲフクメリト・イヘトモ・月ノ・ヒカリ
⑥ヲ・待テ・水《ミツ》ヲタル・木《キ》ノ性《セイ》・火《ヒ》ヲ・イタ#リト《ケ》・イヘトモ・燧《ヒウチ》ヲ・待《マチ》テ・ホ

⑫虫損部分「常」か?、帛（左音「ハク」）

〔三ウ〕

②孔頴（左音「ヤウ」）達

⑦ノオ、・ヲコスカ・コトシ・人ノ性《セイ》・ミナ・霊《レイ》智《チ》ヲ・フクメリト・イヘトモ・学《マナフ》コトノ・
⑧ナルニ・シタカテ・ヨキコトヲ・イタス・コノユヘニ・藴《ソ》生《セイ》ハ・股ヲサシテ・ネ
⑨フリヲ・ヲトロカシテ・マナヒ・董《トウ》生《セイ》ハ・ヒキモノヲ・タレテ・園《ソノ》ヲ・
⑩ミスシテ・マナヘリ・道《タウ》藝《ケイ》・ツトメ・サルトキハ・ソノ名・タ、ス・岑《シム》文《フン》本《ホム》
⑪カ・申サク・礼《ライ》記《キ》ニ・イハク・玉《タマ》・ミカ、サレハ・ウツハモノ・タラス・人・ナラ
⑫ハサレハ・コトハリヲ・シリカタシト・云ヘリ・古《コ》人《シム》・勧《スヽム》レ学問《カクモンヲ》・コレヲ・

〔四オ〕

①懿徳ト・イヘリ
②　文史ノ・フミヲ・タトフル・篇第卄八
③貞観ノ・ハシメニ・太宗・房玄齢ニ・カタテ・ノタマハク・朕・コノコロ・前漢《センカン》・
④。後漢《コカン》ノ・書史《シヨシ》ヲ・ミルニ・楊雄《ヤウイウ》カ・甘泉《カンセン》ノ賦《フ》・羽《ウ》獵《レウ》ノ賦《フ》・司《シ》馬《ハ》相《シヤウ》如《シヨ》
⑤カ・子《シ》虚《キヨ》・上《シヤウ》林《リン》ノ賦《フ》・班《ハン》孟《マウ》堅《ケン》カ・兩《リヤウ》都《ト》ノ賦《フ》等《トウ》・文《フン》躰《テイ》・スクレタリ
⑥ト・稱《セウス》ト・イヘトモ・ソノコトハ・ウカメル・花《ハナ》ニシテ・人ヲ・ス、メ・ヒトヲ・イマ
⑦シムルニ・益《エキ》ナシ・ナムソ・イトマアキ・コレヲ・シルサムヤ・ソレ・コトヲ・論《ロン》シ・
⑧理《リ》ヲ・タ、シテ・上《シヤウ》書《シヨ》・直《チヨク》諫《カン》シテ・政《マツリ》コトヲ・タ、ス・書《シヨ》籍《シヤク》ヲハ・シタ
⑨カヒ・ヲコナウト・イウトモ・又・シタカイ・ヲコナハスト・イフトモ・マツリコ
⑩トニ・益《エキ》アラム・書《シヨ》籍《シヤク》・ミナ・ツフサニ・コレヲ・ノスヘシ
⑪貞観十一年ニ・著《チヨ》作郎劉《サクラウリウ》崇《ス》・上《シヤウ》表《ヘウ》シテ・請《コハ》ク・太宗・草《サウ》

⑧イタス（左漢文注「致也」）
⑨ヒキモ（左漢文注「帷事也」）ノ

〔四オ〕

⑫セシトコロノ・文《フン》章《シヤウ》・編次《アミツイ》テ・製《セイ》作集《サクシウ》ト・セムト・イフ・太宗ノ・、タマハ

〔四ウ〕

①ク・朕・勅《チヨク》ヲ・イタシ・事ヲ・制《セイ》スル・ナカニ・モシ・人ニ・益《エキ》アラム・詞《コトハ》ヲハ・史《シ》官《クワム》・

②コレヲ・シルシテ・不《フ》朽《キウ》ト・スルニ・タリナム・モシ・文《フン》藻《サウ》・ウルハシト・イウトモ

③政《マツリコト》　ニ・益《エキ》ナク・人ノタメニ・利《リ》ナクハ・後《コウ》代《タイ》ノ・タメニ・ワラハルヘシ・ノ・コシ・モチ

④イルコトヲ・ユルサシ・マコトニ・梁《リヤウ》ノ・武《フ》帝《テイ》・父《フ》子《シ》・ヲヨヒ《及也》・陳《チム》ノ・後王《コウワウ》・隋《スイ》

⑤ノ・煬《ヤウ》帝《テイ》・ミツカラ・ツクルトコロノ・文《フン》藻《サウ》ヲ・ヲホキニ・アツメ・ヲクト・

⑥イヘトモ・ヲコナウトコロノ・マツリコト・ヲノ〳〵・タ、シカラサルニ・ヨリテ・

⑦須《シユ》臾《ユ》ノ・アヒタニ・クツカヱリ・ホロヒタリ・ヲヨソ・人・タ、・徳《トク》政《セイ》ノ・化《クワ》

⑧ヲ・モハラニスヘシ・ナムソ・文《フン》藻《サウ》ノ・カサレル・詞《コトハ》ヲ・コト、セムヤ・ツイニ・

⑨アツメ・ヲクコトヲ・ユルサス・房玄齢《ハウケムレイ》・魏《キ》徴《テウ》・姚思《ヒウシ》廉《レム》・李《リ》白薬《ハクヤク》・孔頴《コウヤウ》

⑩達《タツ》・岑文本《シムフンホム》・令《レイ》狐《コ》徳棻《トクフム》・許敬宗《キヨケイソウ》・周《シウ》・斉《セイ》・梁陳《リヤウチム》・隋《スイ》・等《トウ》ノ・

⑪五・代《タイ》ノ・史《シ》記《キ》ヲ・エラヒナシテ・コレヲ・タテマツル・太・宗ノ・、タマハ

⑫ク・コレヲモテ・人ヲ・徴《コロ》シ・人ヲ・ス、ムルニ・タレリ・秦《シム》ノ・始《シ》皇《クワウ》・ホシ

〔五オ〕

①イマ、ニ・奢《オコリ》テ・猒期《アクコ》ナシ・書ヲヤキ・儒者《シユシヤ》ヲ・ウツムテ・人ノ・クチ

②ヲ・フサイテ・ヲノレカ・アクヲ・カクサムトス・隋《スイ》ノ・煬帝《ヤウテイ》・又《マタ》・心《コヽロ》サシ・ヲ

③ノレカ・悪《アク》ヲ・カクスニ・アテ・学《カク》ヲ・コノムト・イヘトモ・史記《シキ》ヲ・シルスコト・

〔四ウ〕

〔五オ〕

④アタハス・百年《ネン》ノ・アイタノ・コト・殆《ホト〱》・シルスコト・タエタリ・朕《チム》・イマ・近《キム》代《タイ》
⑤ノ・帝《テイ》王《ワウ》ノ・善悪《センアク》ヲ・ミテ・ミノ・イマシメト・セムカタメニ・公等《コウラ》ヲ・シ
⑥テ・五代《タイ》ノ・史《シ》記《キ》ヲ・シルサシメタリ・ハナハタ・モテ・タトヒ・ヨミスヘシ・コ、
⑦ニ・階《カイ》級《キウ》ヲ・マシ・タマモノヲ・アカチ・タマウコト・ヲノ〱・シナアリ
⑧貞観十三年ニ・太宗・褚《チヨ》遂良《スイリヤウ》ニ・カタテ・ノタマハク・卿《ケイ》・諫《カム》議《キ》大《タイ》夫《フ》
⑨トシテ・起《キ》居注《キヨチウ》ヲ・カネタリ・起《キ》居注《キヨチウ》ハ・ミナ・帝王《テイワウ》ノ・徳失《トクシツ》ヲ・
⑩シルス・朕《チム》・ソノ・シルストコロノ・記《キ》ヲミテ・身《ミ》ノ・イマシメヲ・ナサムト・ヲ
⑪モフ・人君・ミツカラ・ミルコトアリヤ・イナヤ・褚《チヨ》遂良《スイリヤウ》・コタヘテ・マウ
⑫サク・帝《テイ》王《ワウ》ノ・フルマイハ・善《セン》悪《アク》・カナラス・コレヲ・ミ（シ）ルス・コイネカハクハ・

〔五ウ〕

①人《シン》主《シユ》ノ・非《ヒ》法《ハウ》ヲ・セサラムコトヲ・タ、シ・帝《テイ》王《ワウ》・ムカシヨリ・ミツカラ・
②コレヲ・ミルコトナシ・太宗・ノタマハク・朕《チム》カ・アシキコト・アル時《トキ》ハ・汝《ナムチ》・
③コレヲ・シルスヤ・褚《チヨ》遂良《スイリヤウ》カ・申サク・臣《シム》・善《セム》悪《アク》ヲ・シルス・官《クワム》ニア
④リ・ナムソ・シルサ、ル・トコロアラムヤ・黄門侍郎《クワウモンシラウ》・劉洎《リウキ》・ス、ムテ・
⑤申サク・人《シム》君《クン》・アヤマチアル時《トキ》ハ・日月《シツケツ》ノ・蝕《シヨク》ノコトシ・天下ノ人・
⑥ミナ・コレヲミル・タトヒ・褚《チヨ》遂良《スイリヤウ》・記《キ》セスト・イウトモ・天下ノ人・
⑦ミナ記《キ》スヘシ
⑧貞観十四年ニ・太宗・房《ハウ》玄齢《ケンレイ》ニ・カタテ・ノタマハク・前代《センタイ》ノ・帝《テイ》

〔五ウ〕

⑨王《ワウ》ノ・言《イヒ》・フルマイヲ・記《キ》セル・國《コク》史《シ》ヲ・ミルニ・ミナ・将《シヤウ》來《ライ》ノ・イマシメ
⑩ト・スルニ・タレリ・ナムソ・當《タウ》代《タイ》ニ・記《キ》スルトコロノ・注《チウ》記《キ》・當《タウ》代《タイ》ノ・帝《テイ》
⑪王《ワウ》・ミツカラ・コレヲ・ミサルヤ・房《ハウ》玄《ケム》齢《レイ》コタエテ・申サク・善《セン》悪《アク》・
⑫カナラス・コレヲ・シルス・カルカユヘニ・ヲソレテ・コレヲ・ミセス・モシ・

〔六オ〕

①當《タウ》代《タイ》ノ・キミ・コレヲ・ミハ・史《シ》官《クワン》・サタメテ・旨《ムネ》ニ・ヲモネル・筆《フテ》ヲ・
②クハフヘシ・モシ・イツハレル・フテヲ・マシヘ・シルシテ・ナムノ・益《エキ》カ・アラム・
③太宗ノ・ヽタマハク・朕《チム》・コレヲ・ミテ・イマシメトシテ・アシキコト・ア
④ラハ・スナハチ・アラタメムト・オモフ・ムカシ・周《シウ》公旦《コウタン》・ソノ・ヲトヽ・管《クワン》叔《シク》
⑤蔡《サイ》叔《シク》ヲ・誅《チウ》シテ・周《シウ》ノ世《ヨ》・ヤスシ・季《リ》文子《フンシ》叔牙《シクカ》ヲ・コロシテ・魯《ロ》
⑥國《コク》・ヤスシ・朕《チム》カ・スルトコロ・コノ・タクヒニ・オナシ・史《シ》官《クワン》・筆《フテ》ヲ・トテ・ナム
⑦ソ・ワツラハシク・カクストコロ・アラムヤ・魏《キ》徴《テウ》奏《ソウ》シテ・申サク・人《シン》主《シユ》・
⑧位《クライ》・タカキコトヲ・キハメテ・サラニ・ハヽ・カルトコロ・ナシ・タヽ・ハヽ・カルトコロ
⑨ハ・ミスシテ・善《セン》悪《アク》ヲ・シルス・國《コク》史《シ》ハカリナリ・帝《テイ》者《シヤ》・コレヲ・ミハ・史《シ》
⑩官・實《クワンシツ》ヲ・シルサシ・モシ・實《シツ》ヲ・シルサスハ・シルサヽ・ラムニハ・シカシ・陛《ヘイ》下《カ》・
⑪コトハヲ・タヽ・シウシテ・公《コウ》道《タウ》ニ・カナハヽ・天下・スナハチ・幸《サイハイ》・甚《ハナハタシ》カラム
⑫ 礼《レイ》樂《カク》ヲ・タヽ・スコトヲ・論《ロン》スル・篇第廾九

〔六ウ〕

〔六オ〕

⑩シルサシ（平濁）

〔六ウ〕

①貞観ノハシメニ・太宗・侍臣ニ・カタテ・ノタマハク・ムカシ・帝《テイ》王《ワウ》・イ
②キタルトキ・ソノ・諱《イミナ》・アルコトヲ・イマス・カルカユヘニ・周《シウ》ノ・文《フン》王《ワウ》・名ハ・
③昌也《シヤウナリ》・周《シウ》詩《シ》ニ・イハク・ソノヽチヲ・サカヤカス・カルカユヘニ・昌《シヤウ》トイフ
④ト・イヘリ・又・春秋《シユンシウ》ノ時《トキ》・魯《ロ》ノ・庄公《サウコウ》・名《ナ》ハ・同《トウ》也・シカルヲ・近《キン》代《タイ》
⑤ノ・モロ〳〵ノ・帝《テイ》・ミタリニ・節制《セツセイ》ヲ・ナシテ・イキタルトキ・諱《イミナ》
⑥ヲ・サラシム・ハナハタ・道《タウ》理《リ》ニ・アラス・ヨロシク・アラタメ・ハルヘシ
⑦貞観二年ニ・高《カウ》季《キ》輔《フ》・上書《シヤウシヨ》シテ・申サク・密《ヒツ》王《ワウ》・元《ケム》暁《ケウ》等《ラ》ハ・
⑧帝《テイ》ノ・親《シム》戚也《セキナリ》・陛《ヘイ》下《カ》・友《イウ》愛《アイ》スル・ヲモヒ・義《キ》・ムカシヨリ
⑨モ・タカシ・衣《イ》裳《シヤウ》・ナラヒニ・輿《ヨ》車《キヨ》・ヒトシク・コレヲ・ワカテ・ミナ
⑩モテ・藩《ハム》国《コク》ノ王《ワウ》トス・スヘカラク・礼義《レイキ》ニ・ヨテ・瞻《セム》望《ハウ》セシ
⑪ムヘシ・シカルヲ・コノコロ・ミルニ・帝《テイ》ノ子《コ》ノ・諸《シヨ》叔《シク》ノ・親王《シムワウ》・拝スル
⑫ニ・諸叔《シヨシク》・又・帝《テイ》ノ子《コ》ニ・答《タツ》拝《ハイ》ス・礼《レイ》・アニ・カクノコトク・アラムヤ・

〔七オ〕

①ナムソ・昭穆《セウホク》・サカサマニ・セムヤ・フシテ・ネカハクハ・ヒトタヒ・ヲシヘ・
②イマシムルコトヲ・タレテ・ナカク・シタシキ・ノリヲ・ヲサメヨ・太宗・
③スナハチ・元《ケム》暁《ケウ》等《ラ》ニ・詔《セウ》シテ・呉《コ》王恪《ワウキヤク》・魏《キ》王泰《ワウタイ》ノ・拝《ハイ》ニ答《タツ》
④スルコトヲ・ト、メシム
⑤貞観四年ニ・太宗・侍臣ニ・カタテ・ノタマハク・コノコロ・ヲロカ

⑥ハルヘシ（左漢文注「張也」）
⑨輿（左訓「コシ」）車（左訓「クルマ」）
〔七オ〕

⑥ナル・トモカラ・カムナキノ・言《コト》ヲ・信《シム》シテ・父《フ》母《ホ》ノ・喪《モ》ニ・アリト・イヘ
⑦トモ・辰日《タツノヒ》・アヱテ・哭《コク》セス・コノユヱヲ・モテ・カノ日・トフラヒ・トウ
⑧コトヲ・ウケス・モノイミシテ・カナシミヲ・ト、メ・カタ〳〵・俗《シヨク》ヲ・ヤフ
⑨リ・風《フウ》ヲ・ヤフリテ・人タル・コトハリニ・ソムケリ・アマネク・州縣《シウケム》ニ・ヲ
⑩シヘ・ミチヒキテ・ト、ノフルニ・礼典《レイテム》ヲ・モテスヘシ
⑪貞観五年ニ・太宗・侍臣ニ・カタテ・ノ・タマハク・佛《フツ》道《タウ》ノ・教《ヲシヘ》ニ・ヨ
⑫テ・善《セム》事《シ》ヲ・、コナウ・人ノ子《コ》・オホク・僧尼《ソウニ》・アルイハ・道士《タウシ》ト・ナ

〔七ウ〕

①レリ・ヲヤ〳〵・コレヲ・タトヒテ・ソノ子ヲ・拝《ハイ》ス・ソノ子《コ》・豈《アニ》・ミツカラ・
②タトシトシテ・イナカラ・父母《チ、ハ、》ノ・拝《ハイ》ヲ・ウケンヤ・風《フウ》ヲ・ソコナヒ・化《クワ》
③ヲ・ヤフテ・礼經《レイケイ》ヲ・サカサマニセリ・ハヤク・スナハチ・禁断《キムタム》シテ・
④ソノ・子《コ》ヲシテ・拝《ハイ》ヲ・父母《チ、ハ、》ニ・致《イタ》サシムヘシ
⑤貞観六年ニ・太宗・房《ハウ》玄《ケム》齢《レイ》ニ・カタテ・ノタマハク・コノコロ・山《サン》東《トウ》
⑥ニ・四ノ《ヨツノ》・姓《シヤウ》アリ・崔《サイ》氏《シ》・盧《ロ》氏《シ》・李《リ》氏《シ》・鄭氏《テイシ》也・世《ヨ》ヲカサネテ・陵《レウ》
⑦遅《チ》セリト・イヘトモ・ソノ・本《ホム》地《チ》ヲ・タノムテ・ミツカラ・オコテ・大也《オホキナリ》
⑧トス・婚姻《コムイム》ヲ・ムスムテ・女族《チヨソク》ニ・トツクコトニ・ヒロク・娉財《ヘイサイ》ヲ・モトム・
⑨タカラノ・數《カス》ヲ・論《ロン》シテ・約《ヤク》ヲ・サタム・オホク・致《イタス》ヲ・モテ・タトシト
⑩ス・タ、・ウリカウ・義《キ》ニ・ヲナシ・ハナハタ・風《フウ》俗《シヨク》ヲ・ソコナヒ・礼《レイ》經《ケイ》ヲ・

⑥カムナ（左漢文注「巫也」）キ
⑧モノ（左漢文注「齊也」）イミ

〔七ウ〕

⑦オコテ（左漢文注「奢也」）

⑪ミタリ・ヤフル・輕《キヤウ》重《チウ》・コトハリヲ・ウシナヘリ・スヘカラク・コレヲ・
⑫アラタムヘシ・スナハチ・髙《カウ》士《シ》廉《レン》韋《イ》挺《テイ》岑《シム》文本《フンホム》令《レイ》孤《コ》徳《トク》

〔八オ〕

①棻《フン》等《ラ》ニ・詔《セウ》シテ・氏《シ》姓《セイ》ヲ・ケツリ・タヽシ・譜《フ》諜《テウ》ヲ・アキラメテ・真《シム》
②偽《キ》ヲ・サタメ・浮《フ》花《クワ》ヲ・キリ・シリソケテ・忠《チウ》賢《ケム》ノ・モノヲ・ホメ・スヽ
③メ・悖乱《ハイラム》ノ・モノヲ・貶《ノソキ》・シリソケテ・崔《サイ》氏《シ》・盧《ロ》氏《シ》カ・タクヒ・舊《キウ》葉《エウ》
④ノ・サカヘアリト・イヘトモ・寧《ムシロ》・當朝《タウテウ》・賢《ケン》貴《キ》ノ・臣《シム》ニ・ナラヒカタシ・
⑤イマ・ワカサタメタル・トコロノ・氏《ウチ》ヲモテ・朝《テウ》家《カ》ノ・冠《クワン》冕《ヘン》ヲ・立《タツ》
⑥ヘシ・ナムソ・ワカ・立《タツ》ルトコロノ・官《クワン》爵《シヤク》ヲ・タトヒスシテ・數《ス》代《タイ》已《イ》前《セン》
⑦ノ・髙《カウ》下《ケ》ヲ・論《ロム》セムヤ・タヽ・今《ケ》日《ウ》ノ・官《クワン》品《ヒン》ヲ・トテ・等級《トウキウ》ヲ・ナ
⑧シテ・ナカキ・則《ノリ》トスヘシ
⑨貞観十二年ニ・氏《シ》姓《セイ》ヲ・ケツリサタメタル・書《シヨ》・百巻《クワン》ヲ・ヱラミ
⑩ナシテ・天下ニ・アカチヒロム・詔《セウ》シテ・ノタマハク・婚姻《コンイン》ヲ・ムスフ・ミ
⑪チ・仁《シム》義《キ》ノ人ヲ・貴《タトシ》ト・スヘシ・燕《エン》王《ワウ》・趙《テウ》王ノ・フルキ・氏《ウチ》・オホク・
⑫衣《イ》冠《クワン》ノ・緒《シヨ》ヲ・ウシナヒ・齊《サイ》王・韓《カム》王ノ・フルキ・ヤカラ・徳《トク》義《キ》ノ・風《フウ》

〔八ウ〕

①ニ・ソムケリ・身《ミ》貧《ヒン》賤《セン》ニ・ウツモレテ・名《ナ》・州《シウ》閭《リヨ》ニ・シツメリ・シカレト
②モ・ソノ・先《セン》祖《ソ》ヲ・ネカフテ・キヲウテ・婚《コン》姻《イン》ヲ・ムスヒ・ヲオク・タ

〔八オ〕

⑤ワカ（左漢文注「我也」）サタメタル
⑦トテ（左漢文注「取也」）

〔八ウ〕

③クハヱヲ・、クリテ・ウリ・カウカ・コトクニシテ・納嫁《イレトツク》・アルイハ・ミツカラ・
④家《イヘ》ヲ・イヤシクナシテ・耻《ハチ》ヲ・婚姻《コンイン》ニ・ウケ・アルイハ・舊《キウ》氏《シ》・ニホコ
⑤テ・舅姑《シウコ》ノ・シウトヲ・礼《レイ》セス・積《ツミ》ナラテ・ナライヲ・ナス・コノコト・
⑥イマニ・ヤマス・マコトニ・人《シン》倫《リン》ヲ・ミタリ・アマネク・政《セイ》教《ケウ》ヲ・ソコナウ・ナリ・
⑦朕《チム》・ツトニ・ヲキ・ヨハニ・イネテ・ツ、シミ・ヲソレテ・マツリコトヲ・ツ
⑧トム・往《ワウ》代《タイ》ノ・アシキコトヲ・コト〱クニ・コラシ・アラタメシムト・イヘトモ・
⑨タ、・コノコトニ・イタテ・イマタ・ト、ムルコト・アタハス・自《シ》今以《コンイ》後《コ》・アキラ
⑩カニ・申《マウシ》・シメス示也コトヲ・クハヘテ・典礼ニ・カナハシメヨ・特《コト》ニ・王《ワウ》珪《ケイカ》・子・敬《ケイ》
⑪直《チヨク》・太宗ノ・ムスメ・南《ナム》平公《ヘイコウ》主《シユ》ヲ・尚《シヤウト》シテ・妻《メ》トセリ・公主《コウシユ》・下《クタ》リ・
⑫降《クタ》テ・舅《キウ》姑《コ》ニ・ヨメツカヒスル・礼《レイ》ヲ・ソナウ・太宗キイテ・ヨシト稱《セウ》ス

〔九オ〕

①貞観十三年ニ・太宗・侍臣ニ・カタテ・ノタマハク・イニシヘ・聖《セイ》
②明《メイ》ノ・帝《テイ》王《ワウ》ノ・時ハ・四方《ハウ》ノ・諸侯《シヨコウ》・ミヤコニ・マイル時・待《マツ》ニ・客《カク》ノ・
③礼《レイ》ヲモテシテ・湯沐《タウホク》ノ・邑《イウ》ヲ・アタヘテ・タキ、・ムマノ・クサ・百《モ、》ノ・
④車《クルマ》ニ・ノセテ・アタフ・晝《ヒル》ハ・トモニ・正殿《セイテン》ニヰ・夜《ヨル》ハ・庭《テイ》燎《レウ》ノ・ニハヒ
⑤ヲ・マウク・カナラス・アヒ・ミヘテ・ソノ・労苦《ラウク》ヲ・トフ・又・漢《カム》ノ・代《ヨ》ニハ・
⑥諸国《シヨコク》ノ・王《ワウ》ノ・タメニ・ミヤコニ・邸《テイ》ノ・舎《ヤ》ヲ・立《タツ》・シカルヲ・コノコロ・諸《シヨ》
⑦国《コク》ノ・考《カウ》使《シ》ノ・ミヤコニ・マイル時《トキ》・使《ツカイ》・ミツカラ・賃《チム》ヲ・ツクノウテ・

⑤舅姑（左訓「シウトシウトメ」）、積ナラテ（左漢文注「習也」）、ナライ（左漢文注「習也」）ヲ、ナス（左漢文注「成也」）
⑧コラ（左漢字注「懲」）シ

〔九オ〕

⑧イヱヲ・借《カリ》テ・坐《キ》・アキムト、・マシハリ・イテ・ワツカニ・ミヲ・イル、ハカ
⑨リナリ・礼《レイ》・ステニ・タラス・ヲノヲノ・サタメテ・ナケキ・ウラミテ・
⑩心《コヽロ》ヲ・共理《キヨウリ》ニ・ツクサム・ヨテ・ミヤコノ・閑《カム》地《チ》ニ・諸国ノ・考《カウ》使《シ》ノ・タメ
⑪ニ・ヲノ〱・邸《テイ》ノ・弟《イヘ》ヲ・ツクラシム・ツクリナスニ・ヲヨテ・太宗・ミツ
⑫カラ・幸《カウ》シテ・ミ・ヲコナハシム

〔九ウ〕

①貞観十三年ニ・王《ワウ》珪《ケイ》奏《ソウ》シテ・申サク・三品以《ホンイ》上《シヤウ》ノ・人・ミチニ・
②品以《ホムイ》下《ケ》ノ・親《シム》王《ワウ》ニ・アウト・イヘトモ・馬《ムマ》ヨリ・ヲリサルハ・例《レイ》ナリ・シ
③カルヲ・イマ・法《ハウ》ニ・タカウテ・敬《ケイ》ヲ・イタスコト・朝《テウ》典《テム》ニ・ソムケリト・
④太宗ノ・、タマハク・卿等《ケイラ》・ヲノ〱・ソノミヲ・タトウシテ・朕《チム》カ・
⑤子《コ》ヲ・イヤシウセムト・スル歟《カ》・魏《キ》徵《テウ》・コタエテ・申サク・漢《カン》ノ世《ヨ》・魏《キ》
⑥ノ世《ヨ》・ヨリ・コノカタ・親《シム》王《ワウ》・ミナ・三公《コウ》ノ・下《シモ》ニ・次《ツイ》タリ・臣《シン》下《カ》・クラヰ・
⑦上《カミ》ニヰテ・親《シム》王《ワウ》ニ・アウトキ・馬《ムマ》ヨリ・ヲル、コト・アタラサル・トコロナ
⑧リ・フルキヲ・タツヌル・ニ・ソノ・例《レイ》ナシ・イマ・ナムソ・国《コク》憲《ケム》ニ・ソムカ
⑨ムヤ・帝《テイ》ノ・、タマハク・国家《コツカ》ニ・太子《タイシ》ヲ・タツルコトハ・擬《キ》シテ・モテ・
⑩君《キミ》トス・イトケナシト・イウトモ・礼《レイ》セスハ・アルヘカラス・太子・ナク
⑪ハ・同《トウ》母《ホ》ノ・ヲト、ヲ・立《タツ》ヘシ・イツクムソ・カル〱シウ・セムヤ・魏徵コ
⑫タエテ・申サク・殷《イン》ノ世《ヨ》ニハ・ヲト、ニ・ユツル・義《キ》・アリ・周《シウ》ヨリ・コノ

⑪ヲヨテ（左漢文注「及也」）

〔九ウ〕

①ミチ（左漢文注「路也」）ニ

〔十オ〕

①カタ・嫡《テキ》ヲ・タテ、・長《チヤウ》トス・モロ〱ノ・ヲト、モ・ソノ・、ソミヲ・タチテ・
②ミタレ・アラソウ・ミナモトヲ・フセカム・タメナリ・國ヲ・オサムル・ミ
③チ・フカク・ツ、シムヘシト・太宗・王《ワウ》珪《ケイ》カ奏《ソウ》ヲ・ヨシトス
④貞観十四年ニ・魏《キ》徴《テウ》・上書《シヤウシヨ》シテ・申サク・元《ケム》首《シユ》ノ君《キミ》・アキ
⑤ラカナリト・イヘトモ・股《コ》肱《コウ》ノ臣《シム》ニ・ヨテ・ヲサマレルコトヲ・致《イタ》ス・カルカユヘ
⑥ニ・礼記《ライキ》ニ・イハク・人ハ・君《キミ》ヲモテ・心《コヽロ》トス・君《キミ》ハ・人ヲモテ・躰《テイ》トス・心サカ
⑦リナル時《トキ》ハ・躰《テイ》・ヤスシ・コ、ロ・ツ、シム時《トキ》ハ・カタチ・敬《ケイ》ス・書《シヨ》ニ・イハク・元《ケン》
⑧首《シユ》ノ君《キミ》・ヤスイカナ・股《コ》肱《コウ》ノ臣《シム》・ヨイカナ・万《ハム》事《シ》・興《ヲコル》カナ・元《ケム》首《シユ》
⑨ノ君《キミ》・叢《ソウ》脞《サ》ナルカナ・股《コ》肱《コウ》ノ臣・ヲコタルカナ・万事《ハンシ》・ヤフル、カ
⑩ナ・君《キミ》ト・臣《シム》ト・アヒ・カナウコト・イニシヘヨリ・カタシ・周《シウ》ノ・文《フン》王《ワウ》・鳳《ホウ》凰《クワウノ》
⑪墟《キヨ》ニ・アソフ・襪《シタウツ》ノ・緒《ヲ》・トケタリ・左《サ》右《イウ》ヲ・カエリミルニ・ムスハシム
⑫ヘキ・人ナシ・スナハチ・ミツカラ・コレヲ・ムスヘリ・文《フン》王《ワウ》・聖《セイ》明《メイ》ノ・代《ヨ》

〔十オ〕

〔十ウ〕

①ニ・ナムソ・ムスフヘキ・人・ナカラムヤ・タ、・シルト・シラサルト・礼《レイ》スルト・礼《レイ》
②セサルトナリ・コ、ヲモテ・伊《ヰ》尹《イム》ハ・有《イウ》辛氏《シムシ》ノ・フルキ・媵《ヨウ》臣《シム》也・殷《イム》ノ・
③湯《タウ》王《ワウ》・コレヲ・モチイテ・王《ワウ》業《ケウ》ヲ・南《ナム》巣《サウ》ニ・サタメタリ・韓《カム》信《シン》ハ・
④項羽《カウウ》カ・モトヨリノ士《シ》也・漢《カン》ノ・高《カウ》祖《ソ》・コレヲ・礼《レイ》シテ・帝功《テイコウ》ヲ・垓《カイ》

〔十ウ〕

⑤下《カ》ニナセリ・夏《カ》ノ・桀《ケツ》モシ・伊尹《ヰイム》ヲ・丶モウセマシカハ・伊尹《ヰイン》・ナムソ・
⑥殷湯《イムタウ》ニ・付テ・夏桀《カノケツ》ヲ・ホロホサムヤ・項王《カウワウ》・モシ・恩《ヲム》ヲ韓信《カムシン》
⑦ニ・タレマシカハ・韓《カム》信《シン》・豈《アニ》・漢《カム》祖《ソ》ニ・付テ・項羽《カウウ》ヲ・ウタムヤ・微子《ヒシ》
⑧ハ・殷・紂《イムノチウ》カ・骨《コツ》肉《ニク》也・紂《チウ》カ・アシキニ・ヨテ・弟土《ハウト》ヲ・宋《ソウ》ノ・クニ丶・
⑨ウケタリ・箕《キ》子《シ》ハ・殷 紂《イムノチウ》カ・良臣《リヤウシン》也・紂《チウ》ニ・トラハレテ・ノチ・洪
⑩範《ハム》ヲ・周《シウ》ノ・國《クニ》ニ・陳《ノヘ》タリ・仲尼《（チウ）ウチチ》・カレヲ・ソシラス・フタリノ・
⑪仁《シン》者《シャ》ト・イヘリ・礼記《ライキ》云《ニイハク》・魯《ロ》ノ・穆《ホツ》公《コウ》・子《シ》思《シ》ニ・イウテ・イハク・モトノ・
⑫君《キミ》ノ・タメニ・反服《ハムスル》・礼《レイ》アリヤ・子《シ》思《シ》・コタヱテ・云《イハク》・モトノ・君《キミ》ノ・タメ

〔十一オ〕

①ニ・カヱリ・ツク・礼《レイ》・アリ・イニシヘノ・君子《クムシ》ハ・人ヲ・チカツクルニ・礼《レイ》ヲモ
②テシ・人ヲ・シリソクルニ・礼《レイ》ヲ・モテス・カルカユヘニ・カヘリ・ツク・礼《レイ》アリ・
③イマノ・人《シン》君《クン》ハ・人ヲ・チカツクル時《トキ》ハ・膝《ヒサ》ニ・スヱムトス・人ヲ・シリソ
④クル時《トキ》ハ・淵《フチ》ニ・ヲトサムトス・カルカユヘニ・ナムソ・カヱリ・ツクコト・ア
⑤ラムヤ・晏《アン》子《シ》ニ・イハク・斉《セイ》ノ・景公《ケイコウ》・ムカシ・晏《アム》平仲《ヘイチウ》ニ・トウテ・
⑥云・忠臣《チウシム》ノ・君《キミ》ニ・ツカフルコト・イカム・晏平仲《アムヘイチウ》・コタヘテ・イハク・
⑦忠臣《チウシン》ノ・君《キミ》ニ・ツカフルコト・國《キミ》ニ・難《ナム》ノアル時《トキ》ハ・忠《チウ》臣《シン》・シスルコト・ナ
⑧シ・君《キミ》ノ・ニケテ・クニヲ・イツル時《トキ》ハ・忠《チウ》臣《シム》・コレヲ・オクルコト・ナシト・景《ケイ》
⑨公ノ・イハク・地《チ》ヲ・裂《サイ》テ・コレニアタヱ・禄《ロク》ヲ・ワカテ・コレヲ・アツウス・

⑧弟（左漢字注「茅」）土
⑫反服（左訓「カヘリツク」）
〔十一オ〕

⑩シカルヲ・君《キミ》ノ難《ナム》アル時《トキ》・シナス・君《キミ》ノ・ニ敗《ニクル》也クルコト・アル時《トキ》・ヲクラ

⑪スハ・ナムソ・忠《チウ》臣《シム》タラムヤ・晏《アン》平仲《ヘイチウ》・コタヘテ・云《イハク》・忠《チウ》臣《シム》ノ・イフ

⑫コトノ・モチヰラル、時《トキ》ハ・身《ミ》ヲハルマテ・難《ナム》ナシ・難《ナム》ナクハ・忠臣《チウシム》・

〔十一ウ〕

①ナニ、ヨテカ・シナム・イフコトノ・モチ・イラレサル時《トキ》ハ・國《クニ》ニ・難《ナム》

②アリ・モチヰラレスシテ・ナムソ・、ノ・難《ナム》ニ・シナムヤ・モシ・シナハ・

③コレ・ミタリニ・シヌルナルヘシ・又・イサメノ・モチイラル、時《トキ》ハ・君《キミ》・クニ

④ヲ・ニケイツル事・ナシ・君《キミ》ノ・ニクルコト・ナケレハ・忠《チウ》臣《シン》・タレヲカ・

⑤ヲクラム・イサメノ・モチヰラレサル・トキハ・君《キミ》・クニヲ・ニケサルコト・

⑥アリト・イフトモ・ナムソ・ヲクラム・ヲクルハ・コレ・イツハリノ・忠《チウ》也ト・

⑦左傳《サテム》ニ云・崔《サイ》杼《チヨ》・ムカシ・齊《セイ》ノ・庄《サウ》公《コウ》ヲ・コロセリ・庄《サウ》公《コウ》カ臣《シム》・

⑧晏《アム》平《ヘイ》仲《チウ》コレヲ・キイテ・崔《サイ》杼《チヨ》カ・門《カト》ニハ・イタレリ・崔《サイ》杼《チヨ》

⑨カ・舎《シヤ》人《シム》ノ・イハク・トモニ・死《シナ》ム・タメニ・キタレルカ・晏《アム》平仲《ヘイチウ》カ・イハ

⑩ク・庄《サウ》公《コウ》・義《キ》アテ・コロサレタラハ・ワレ・トモニ・シナム・モシ・アシキ

⑪コトヲ・セルユヘニ・コロサレタラハ・ソノ・親《シム》類《ルイ》ハ・ヲナシク・シヌト・

⑫イフトモ・ワレハ・トモニ・。《シ》ヌルコトヲ・ヱシト・イフ・門《カト》ヲ・、シヒライ

〔十二オ〕

①テ・イリヌ・死《シ、》テ・フセル・庄《サウ》公《コウ》カ・モ、ヲ・マクラトシテ・晏平仲《アムヘイチウ》

〔十一ウ〕

⑫ヱシト（左漢文注「得也」）

〔十二オ〕

②カナシミ・哭《コク》ス・カナシミニ・タヱス・ミタヒ・ヲトリテ・晏平仲《アムヘイチウ》出《イテ》
③ヌ・孟子《マウシ》ニ・イハク・君《キミ》トシテ・臣《シム》ヲ・ミルコト・芥《アクタ》ノ・コトクスル・トキハ・
④臣《シム》・君《キミ》ヲ・ミルコト・カタキノ・コトシ・臣《シム》ノ・君《キミ》ニ・ツカフルコト・フタ心
⑤ナシト・イヘトモ・去《サリ》・就《ツク》・節《セツ》ニ・イタテハ・ナヲ・恩《ヲム》ノ・ウスキ・アツ
⑥キニ・ヨル・人ノ・ウヱタル・人・下ニ・礼《レイ》ナカラムヤ・シカルヲ・イマ・タカキ・
⑦官《クワン》ニ・スヘテ・ヲモウスト・イヘトモ・コレヲ・信《シム》スルコト・アツカラス・
⑧コレヲ・信《シム》スルコト・篤《アツ》カラサレハ・人ノ・心・ヲノツカラ・ウタカウ・
⑨人ノ・心・ウタカウ時《トキ》ハ・節義《セツキ》・タ、ス・節義《セツキ》・タ、サルトキハ・
⑩太《タイ》平《ヘイ》ヲ・イタシカタシ・礼記《ライキ》ニ・イハク・愛《アヒ》スレトモ・アシキコト・
⑪アルヲ・シル・ニクムト・イヘトモ・ソノ・ヨキコト・アルヲ・シル・モシ・ヒトヘニ・
⑫ニクムテ・ヨキコトノ・アルヲ・賞《シヤウ》セサレハ・ヨキコトヲ・ナセルモ

〔十二ウ〕

①ノモ・ナヲ・オチ・ウタカウ・又・ヒトヘニ・愛《アヒ》シテ・アシキコト・アルヲ・
②ニクマサレハ・スナハチ・アヒセラル、・モノ、・悪《アク》ヲ・ナスコト・マコトニ・
③シケシ・イニシヘノ・帝《テイ》ノ・罰《ハツ》ハ・愛《アイ》スル人ノ・悪《アク》ヲ・コラシメキ・今《イマ》
④ノ・マツリコトノ・罰《ハツ》ハ・ヒトヱニ・ニクキ人ノ・疵《キス》ニ・カウフラシム・シカ
⑤レハ・スナハチ・イニシヘノ・トキノ・イカリニハ・人ノ・悪《アク》・ミナ・アラタ
⑥マリキ・今ノ・トキノ・イカリニハ・人・カヘリテ・カタマシキ・コトヲ・マス・

⑥ウヱタ（左漢文注「上也」）ル
⑦スヘテ（左漢文注「居也」）
⑨タ、ス（左漢文注「不立也」）

〔十二ウ〕

①オチ（左漢文注「懼也」）

⑦コレ・尭《ケウ》舜《シユン》ノ・心ニアラス・禹《ウ》湯《タウ》ノ・マツリコトニ・アラス・孔子《コウシ》ノ・
⑧ノタマハク・魚《ウヲ》ハ・水《ミツ》ヲ・ウシナウツレハ・スナハチ・シヌ・水《ミツ》ハ・魚《ウヲ》ヲ・
⑨ウシナウト・イヘトモ・猶《ナヲ》・水《ミツ》也・君《キミ》ハ・民《タミ》ヲ・ホロホシツレハ・スナハチ・
⑩ヤフレヌ・民《タミ》ハ君《キミ》・ナシト・イヘトモ・ナヲ・民《タミ》也・ト・カルカユヱニ・尭舜《ケウシユン》・
⑪戦々《セム〱》ト・ヲノ、ヰテ・日々《ヒ、》ニ・ヲソレ・ツ、シム・イツクムソ・フカク・
⑫ヲモハサラムヤ・ナムソ・ウマク・ヲモムハカラ・サラムヤ・ソレ・大臣《シム》

〔十三オ〕

①ニ・大事《シ》ヲ・委《マカセ》小臣《シム》ニ・小事《シ》ヲ・セムルハ・政《マツリコト》ヲ・ナス・道《ミチ》也・シカル
②ヲ・イマ・官爵《クワンシヤク》ノ・コトニ・ヲイテハ・大臣《シム》ヲ・オモクシ・小臣《シム》ヲ・輕《カルク》ス
③ト・イヘトモ・大事《シ》・アルニ・ヲヨムテハ・小臣《シム》ヲ・信《シム》シテ・大臣《シム》ヲ・ウタ
④カウ・コレ・重《ヲモウ》スル・トコロヲ・ウタカウテ・カロフスル・トコロヲ・信《シン》ス・コ
⑤レヲ・政《マツリコト》ノ・道《ミチ》ヲ・論《ロン》スルニ・寧《ムシロ》・ヲサマルコトヲ・ウヘケムヤ・コノ
⑥ユヱニ・大臣《シム》・アルイハ・小事《シ》ニ・ヨテ・ツミヲヱ・小臣《シム》・アルイハ・大
⑦事《シ》ヲ・、コタツテ・罰《ハツ》ヲ・ウク・ツカサトルコト・ソノ・ウツハモノニ・
⑧タカヒヌルトキハ・チカラヲ・ツクサム・コトヲ・モトムト・イヱトモ・ハナ
⑨ハタ・ヱサル・モノナリ・小臣ニハ・大事《シ》ヲ・ツカサトラス・ヘカラス・
⑩大臣《シム》ニハ・スコシキナル・ツミヲ・セムヘカラス・大臣《シム》・スコシキナル・ツ
⑪ミヲ・セムル時《トキ》ハ・スナハチ・刀筆《タウヒツ》ノ・吏《リ》・ムネニ・ヲモネリ・文《フン》ヲ・舞《フ》

〔十三オ〕

⑫シテ・ツミヲ・カムカヘ・ヲホス・大臣《シム》・コレヲ・ミツカラ・陳《チム》スル時《トキ》ハ・

〔十三ウ〕

①上《カミ》ノ・法《ハウ》ヲ・ウケサルニ、・タリ・ミツカラ・陳《チム》セサル・トキハ・マコトニ・ヲカ
②ス・トコロ・アルニ、・タリ・進《シム》退《タイ》・コレ・キ○《ハ》マテ・ミツカラ・アキラムルコト・
③アタハス・コ、ヲ・モテ・ワサワヒニ・マヌカレムコトヲ・モトメテ・大
④臣・忠《チウ》直《チヨク》ヲ・ツクサス・忠《チウ》直《チヨク》ノ・マコトナキ時《トキ》ハ・譎詐《ケツサ》ノ・イツ
⑤ハリ・キサシ・ナル・イツハリ・俗《シヨク》ヲ・ナス時《トキ》ハ・治《チ》世《セイ》ノ・道《ミチ》・イタシ・カタ
⑥シ・キミ・モシ・尭《ケウ》舜《シユン》ノ・化《クワ》ヲ・イタサハ・臣《シム》・ミナ・稷契《シヨクセツ》カ・例《レイ》タ
⑦ラム・豈《アニ》・一事《シ》ニ・ヨテ・コ、ロサシヲ・變《ヘン》シ・小利《リ》ニ・付《ツイ》テ・心ヲア
⑧ラタメムヤ・陛《ヘイ》下《カ》ノ・聖徳《セイトク》ヲモテ・當今《タウキン》ノ・功《コウ》業《ケウ》ヲ・アキラ
⑨カニ・セハ・三皇《クワウ》・クハ、テ・四《ヨツ》トナリ・五帝《テイ》・ソウテ・六《ムツ》タルヘシ
⑩夏殷周漢《カインシウカン》ナムソソレカソウルニタラム太宗・フカク・ヨミシ・
⑪イレテ・魏徴ニ駿馬《シユンハ》・一疋《ヒキ》ヲ・タマフ
⑫貞観十四年ニ・太宗・礼《レイ》官《クワン》ニ・カタテ・ノタマハク・人《ヒト》・同爨《トウサム》

〔十四オ〕

①ノ・養《ヤウ》ヲ・ウケテ・モノクウトキ・一《ッ》ノ・火《ヒ》ヲ・クウニ・ヨテ・ナヲ・緦《シ》麻《ハ》
②ノ・服《フク》ヲ・キル事アリ・嫂叔《ソウシク》ニ・服《フク》ナキコト・舅《ヲチ》ト姨《ヲハ》ト・シタシキ
③コト・ヲナシト・イヘトモ・服《フク》紀《キ》・コトナルコト・学《カク》者《シヤ》ヲ・アツメテ・ツハヒラ

⑫ヲホス（左漢文注「課也」）

〔十三ウ〕

④譎（左音「クエッ」）詐
⑫同（平）爨（去）

〔十四オ〕

①緦麻（平濁）
②嫂叔（左訓「ヨメカヲチ」）

④カニ・議《キ》シテ・奏《ソウ》聞《モン》セヨ・コノ月礼《レイ》官《クワン》等・サタメ・議《キ》シテ・申サク・
⑤ソレ・礼《レイ》ハ・天《テン》ヨリ・クタサレタルニ・アラス・地《チ》ヨリ・イテタルニ・アラス・タ、・
⑥ヒトノ・心ヨリ・ヲコレリ・ソレ・親《シム》類《ルイ》本族《ソク》也ニ・シナアテ・九ノ・ヤカラヲ・タテ
⑦タリ・喪《サウ》紀《キ》ノ・礼《レイ》・恩《ヲン》ノ・アツキ・ウスキニ・ヨル・ヲチト・ヲハトハ・同《トウ》
⑧気《キ》ナリト・イヘトモ・ヲチハ・母《ハヽ》ノ・本《ホム》姓《セイ》タリ・ヲハ、・外《ホカ》ノ・他《タ》姓《シヤウ》トナル・
⑨カルカユヘニ・周王《シウワウ》・齊《セイ》ヲ・サシテ・ヲチ・ヲハノ・クニト稱《セウ》シ・秦《シム》伯《ハク》・
⑩晉《シム》ヲ・オモフテ・渭《ヰ》陽《ヤウ》ノ・詩《シ》ヲ・ネムコロニセリ・シカルヲ・イマ・ヲ
⑪チノ・服《フク》ヲ・カロウシテ・ヲハノ喪《モ》ヲ・ヒサシウスルコト・スヱヲ・トテ・
⑫モトヲ・スツルニ・アラムヤ・礼記《ライキ》ニ・イハク・兄弟《キヤウタイ》ノ・子《コ》・ナヲ・子《コ》ノコトシ

〔十四ウ〕

①ト・ケタシ・コレ・ヒイテ・進《スヽム》嫂《サウ》叔《シク》ノ・服《フク》セサルコト・推《ヲス》ニ・シカモ・義《キ》ニ・
②トヲシト・礼記《ライキ》ニ・イハク・マ、オ《キ（チ）》、ト・イヘトモ・居《キヨ》ヲナシクシテ・養《ヤウ》ヲ・
③エツル時《トキ》ハ・服《フク》・一年《ネン》・ムカシヨリ・居《キヨ》ヲ・オナシウセ・サレハ・タメニ・服《フク》
④ヲ・キス・又・イハク・居《キヨ》・ヲナシウシ・火ヲ・一ッニシテ・同《トウ》爨《サム》ノ・養《ヤウ》
⑤ヲ・ヱツレハ・緦麻《シハ》ノ・服《フク》ヲ・キル・礼《レイ》アリ・アルイハ・マ、チ、・アルイハ・
⑥ヲハノ・夫《ヲト》・ミナ・骨《コツ》肉《ニク》ニ・アラスト・云《イ》ヘトモ・服《フク》ノヲモキコトハ・同《トウ》
⑦爨《サム》ノ・養《ヤウ》ニ・ヨレリ・又《マタ》・服《フク》ナキコトハ・居《キヨ》ヲ・オナシフセス・シテ・恩《ヲム》・
⑧カロキ・ユヱナリ・マコトニ・シンヌ・制《セイ》服《フク》ハ・名《ナ》ニツケリト・イヘトモ・タ、・

⑤クタ（左漢文注「降也」）サレタルニ
⑧他姓（左注「トナティ」）トナル
⑫兄（左音「ケイ」）弟（左音「テイ」）

〔十四ウ〕

④キス（左漢文注「不着也」）
⑤緦麻（平濁）

⑨恩《ヲム》ノ・アツク・ウスキニ・ヨル也・アルイハ・老《ラウ》年《ネン》ノ・嫂《メイ》・アテ・イトケ
⑩ナキ・舅《ヲチ》ヲ・ヤシナヱリ・同《トウ》爨《サン》ノ・養《ヤウ》ニ・ヨテ・ヲチ・カナラス・
⑪嫂《メイ》ノ・タメニ・服《フク》ヲ・キルヘシ・嫂《メイ》ニ・ツカヘテ・名《ナ》ヲ・立《タツ》ルコト・書《ショ》籍《シャク》ノ・
⑫ツタヱ・ヒトツニ・アラス・鄭仲虞《テイチウク》スナハチ・恩《ヲム》礼《レイ》・ハナハタ・アツシ・

〔十五オ〕

①顔《カム》弘都《コウト》ハ・又《マタ》・マコトヲ・ツクシ・感《カム》ヲ・イタス・馬《ハ》援《ヱム》ハ・スナハチ・
②マミヘテ・カナラス・冠《カフリ》シ・孔伋《コウキウ》ハ・又《マタ》・哭《コク》シテ・ナミタヲ・ナカス・コレミ
③ナ・ミツカラ・教《カウ》義《キ》ヲ・踐《フミ》・仁《シム》孝《カウ》・フカ、リシ・トモカラナリ
④貞観十七年・十二月・壬《ミツノヘウシ》　丑ノ日・太宗・侍《シ》臣《シム》ニ・カタテ・ノタマハク・
⑤今《コン》日《ニチ》ハ・コレ・朕《チム》カ・ムマレタル・日ナリ・世《ヨ》ノ・人ノ・イハク・ウマレタル・日ニ・ア
⑥タル・コトニ・タノシミヲナスヘシト・朕《チム》カ・心ニ・ヲイテハ・コノ日ニ・イ
⑦タルコトニ・カヘテ・感《カン》思《シ》ヲ・ナス・ワレ・天下ニ・君《キミ》トシテ・富《トミ》・四《シ》海《カイ》
⑧ヲ・タモテリ・追《ヲウ》テ・父《フ》母《ホ》ニ・侍《シ》益《エキ》・セムコトヲ・モトムト・イヘトモ・ナ
⑨カク・ウヘカラス・仲由《チウイウ》カ・ヲヤノ・、チニ・万《ハム》鐘《ショウ》ノ・禄《ロク》ヲ・ヨロコハスシ
⑩テ・ムカシ・米《ヨネ》ヲ・負《ヲイ》テ・ヲヤニ・獻《ケン》セシコトヲ・シノヒシ・マコトニ・ユヱア
⑪ルカナ・毛詩《モウシ》ニ・イハク・父《フ》母《ホ》ヲ・カナシミ・カナシム・ワレヲ・ウムトシ
⑫テ・劬《ク》勞《ラウ》セリトイヘリ・ウマレタル・日ヲ・モテ・宴《エム》樂《ラク》ヲ・ナスコト・

〔十五ウ〕

⑫鄭（去）仲（去）虞（平濁）

〔十五オ〕

①顔（平濁）弘（平）都（平）

⑥コトニ（左漢文注「毎也」）

〔十五ウ〕

①ハナハタ・礼典《レイテム》ニソムケリ・太|宗・ナケイテ・ナミタク[ミ]タルコト・ヒ
②サシ
③貞観十七年ニ・太|常少《シヤウセウ》|卿祖《ケイソ》|孝孫《カウソン》|・サタムルトコロノ・新《シム》|
④樂《カク》ヲ・奏《ソウ》ス・太|宗ノ・、タマハク・世《ヨ》ノ・ミタレ・ヲサマルコト・カナラス・
⑤樂《カク》ノ・コヱニヨルヤ・御《キヨ》|史大《シタイ》|夫《フ》・杜《ト》|淹《エン》|コタヘテ・申サク・世《ヨ》ノ・オコリ・
⑥ホロフルコト・樂《カク》ニ・ヨルコト・アリ・陳《チム》ノ・世《ヨ》・ホロヒナムトシテ・玉《キヨクシユ》|樹
⑦後《コウ》|庭花《テイクワ》ノ・曲《キヨク》ヲ・奏《ソウ》ス・齊《セイ》ノ世《ヨ》・又・ホロヒナムトシテ・伴侶《ハムリヨ》ノ・
⑧曲《キヨク》ヲ・ナス・行路《カウロ》ノ・人・コレヲ・キ（ヒ）シテ・カナシミ・ナカスト・イフコト
⑨ナシ・イハユル・亡《ハウ》|國《コク》ノ・コヱナルヘシ・太|宗ノ・、タマハク・コヱ・ヨク・人
⑩ヲ・感《カム》セシム・ヨロコフコト・アルモノハ・コレヲキイテ・ソノコ、ロ・イ
⑪ヨ〱・ヨロコヒ・ウレフルコト・アルモノハ・コレヲキイテ・ソノ心・
⑫イヨ〱・カナシ・タ、・人ノ・心ノ・感《カム》ヲ・マス也・ナムソ・ヨロコフモノ

〔十六オ〕

①ノ・樂《カク》ノ・コヱヲ・キイテ・ヨロコフ・心ヲ・、コサ、ラムヤ・陳《チム》ノ世《ヨ》・
②ホロヒナムトシテ・人ノ心・カナシム時《トキ》・玉《キヨクシユ》|樹ノ曲《キヨク》・ソノコヱ・カナシ・亡《ハウ》
③国《コク》ノコヱハ・楽《カク》ノ・曲《キヨク》ノ・ナストコロニ・アラス・タ、・ウレウル・人ノ・心ノ・感《カム》
④ニアリ・イマ・朕《チム》・タトヒ・玉《キヨクシユ》|樹・伴《ハム》|侶《リヨ》ノ・曲《キヨク》ヲ・奏《ソウ》セシムトモ・卿《ケイ》・コレヲ・
⑤キクト・イフトモ・ソノ心・カナシムヘカラス・ヲサマレル・世・又・ミタルヘカラ

①ナミタク（平濁）[ミ]タル

〔十六オ〕

⑥ス・魏《キ》徴《テウ》｜ス、ムテ・申サク・古《コ》人《シム》ノイハク・礼《レイ》トイヒ・礼《レイ》トイフ・ナムソ・タ、・
⑦玉帛《キヨクハク》ヲシモ・イハム・玉《キヨ》帛《ハク》ハ・人ノ・ト、ノフルニ・ヨテ・礼《レイ》ノ・ヨソ
⑧ヲヒニ・カナヘリ・樂《カク》トイヒ・樂《カク》トイフ・ナムソ・鐘鼓《シヨウコ》ヲシモ・イハ
⑨ム・鐘鼓《シヨウコ》ハ・人ノ・和《クワ》スルニ・ヨテ・曲《キヨク》ヲナスト・太宗ノ・、タマハク・魏徴｜
⑩カ言《コト》・マコトニ・シカリ
⑪貞観十七年ニ・蕭《セウ》瑀《ウ》｜奏《ソウ》シテ・申《マウ》サク・隋《スイ》ノ・逆臣等《ケキシムラ》ヲ・
⑫ウチ・タヒラケテ・四海《カイ》・コトナキニ・オヨムテ・武公《フコウ》ノ・盛徳《セイトク》ヲ・シメ

〔十六ウ〕

①サムタメニ・破《ハ》陳樂《チムラク》ノ・舞《マイ》ヲ・ハシメテ・天下ニ・ツタヱシム・シカルヲ・
②ソノ・舞《マイ》ノ・圖《ツ》・ナヲ・ツクサ、ルトコロ・アリ・陛下《ヘイカ》・前後《センコ》ニ・ヤフリ・
③ウツトコロノ・劉《リウ》武《フ》周《シウ》｜・薩《サツ》擧《キヨ》｜・竇建徳《トクケントク》｜・王《ワ》世充《セイシウ》｜等《ラ》・ネカ
④ハクハ・コト〳〵ク・ソノ形《カタチ》・スカタヲ・ウツシテ・タ、カヒ・勝《カテ》テ・責《セメ》
⑤トレル・ヨソオヒヲ・舞《マイ》シメム・太宗ノ・、タマハク・朕《チム》・四方《ハウ》ノ・民《タミ》ヲ・
⑥スクハム・タメニ・アタヲ・セムルコトヲ・ヲ《ヲ》コナヒキ・ユ《（コ）》ノユヘニ・人《ニン》間《ケム》ニ・
⑦コノ舞《マイ》アリ・國《クニ》又・ソノ・曲《キヨク》ヲ・ツクル・シカレトモ・雅《カ》樂《カク》ノ・カタ
⑧チ・ソノ・カスカナル・コトヲ・陳《チム》セリ・モシ・クハシク・コレヲ・ウツサ
⑨ハ・ソノカタチ・シリヤスカラム・イマ・朕《チム》カ・ヲモフスル・トコロノ・見《ケム》在《セイ》
⑩将相《シヤウシヤウ》ヲホクハ・ムカシ・劉武《リウフ》周《シウ》｜・薩《サツ》擧《キヨ》｜・竇《トク》建徳《ケムトク》｜・王《ワウ》世充《セイシウ》｜等《ラ》

〔十六ウ〕

⑪ニ・ツカヱテ・君《クン》臣《シム》ノ・礼《レイ》ヲナスコトヲ・ヱタリ・イマ・カサネテ・ツ
⑫ハヒラカニ・トラハレタル・カタキチヲ・ミハ・カナラス・マサニ・
〔十七オ〕
①セサルトコロナリ・蕭《セウ》瑀《ウ》・謝《シヤ》シテ・申《マウ》サク・コノ事・臣《シム》カ・思《シ》慮《リヨ》
②ノ・ヲヨフトコロニ・アラス
③
④
⑤貞観政要巻第七
⑥
⑦
⑧
⑨
⑩
⑪　文禄四　九月八日夜筆立同十日午刻書了
⑫　梵舜（花押）

（巻第七は以上）

⑫マサニ（以下「シノヒカタキ心ヲ、コスヘシ・ワレコノユヘニ・ツフサニ」〔正保四年版本に拠る〕脱か？）
〔十七オ〕
①セサ（平濁）ル

〔十八オ〕

①貞観政要巻第八　史臣呉兢撰
②農業《ノウケウ》ヲ・ツトムル篇卅　未作《ミサク》ノ附《フ》ヲイマシム
③トカアルモノニ・ツミヲ・オコナウ法《ハウ》第卅一
④赦免《シヤメン》ヲ・、コナウコトヲ・論《ロン》スル篇第卅二
⑤貢物《コウモツ》ヲ・オサムルコトヲ・論スル篇第卅三
⑥
⑦　農業《ノウケウ》ヲツトムル篇第卅
⑧貞観二年・太-宗・侍臣《シシン》ニ・カタテ・ノタマハク・國《クニ》ハ人ヲモテ・
⑨本《モト》トス・人ハ衣食《イシヨク》ヲモテ・モト、ス・衣-食ヲ・イトナム事・時《トキ》
⑩ヲ・サマタケサルヲ・モト、ス・徭役ノ・オホヤケ事・ヲコルトキハ・民《タミ》
⑪農桑《ノウサウ》ヲ・ツトメカタシ・シカレハ・スナハチ・君簡《カン》-静《セイ》ニシテ・シツカ
⑫ナルトキハ・農桑《ノウサウ》ノ・ツトメヲ・イタスヘシ・モシ兵《ヘイ》-戈《クワ》ノ・ツハモノ・シキ

〔十八ウ〕

①リニウコキ・土《ト》-木《ホク》ノ造《サウ》-作《サク》・イトナム時ハ・農《ノウ》ノトキヲ・ウハ、シト
②スレトモ・カナラス・サマタケアルモノナリ・王珪《ワウケイ》コタエテ申サク・
③ムカシ秦始《シンノシ》-皇《クワウ》・漢武《カンノフ》-帝《テイ》・ウチニハ・スナハチ・宮室《キウシツ》ノミヤヲ・タ
④カクナラヘ・ホカニハ又・兵《ヘイ》-戈《クワ》ノタ、カヒ・ヤム事ナシ・コノユヘニ・人

〔十八オ〕

〔十八ウ〕

④ヤム事（左漢文注「禁也」）ナシ

⑤ノチカラ・ステニツキテ・難《ナン》ワサハヒ・ツイニヲコル・シカアルニ・人ヲ
⑥ヤスウシ・國ヲヤスウスル事ヲ・ネカハサランヤ・ソノホロヒタル事ハ・
⑦ヤスウスル・ミチヲ・ウシナヘルユヘナリ・隋《スイ》ノホロヒニシアト・コレヲカ、
⑧ミルニ・トヲカラス・陛《ヘイ》-下《カ》ミツカラ・ソノツイエニウケテ・天下ヲ
⑨エタルコトヤスシ・タ、シ・エタル始ハ・ヤスシトイヘトモ・ヲハリヲヨクスル
⑩事・マコトニカタシ・フシテネカハ・クハ・ヲハリヲツ、シム事・ハシメノ
⑪コトクニシテ・マサニソノ・ヨキ事ヲツクセ・太宗ノタマハク・ナンチカ
⑫言《コトハ》・マコトニアタレリ・ソレ人ヲヤスウシ・國ヲヤスウスル事・タ、

〔十九オ〕

①君ノ・コ、ロニアリ・君イトナム事・ナキトキハ・スナハチ人タノシム・
②君欲《ヨク》ヲ・ホシイマ、ニスルトキハ・人クルシム・朕《チン》コノユヘニ・心ヲ・ヲサ
③ヘ・欲《ヨク》ヲシリソケ・ヲノレヲセメテ・ミツカラ・ハケムモノナリ
④貞観二年・オホキニ・ヒテリシテ・蝗-虫《クワウチウ》シキリニヲコレリ・
⑤太宗・ソノニイリテ・アマタノ蝗-虫ヲトリテ・咒《シュ》シテノタマハク・人
⑥ハ穀《コク》ヲモテ・命《イノチ》トス・ナンチ・コレヲウシナテ・百-姓ヲ害《カイ》セントス・
⑦百姓アヤマチアラハ・ソノトカ・ワレ一人カ、ルヘシ・ナンチ・ソレ霊《レイ》ア
⑧リ・百姓ヲ・害《カイ》スルコトナカレ・タ、マサニ・ワレヲ・害スヘシトイウテ・
⑨蝗-虫《クワウチウ》ヲノマントス・左《サ》右《ユウ》ノ臣・アハテ、・イサメテ申サク・コレ

〔十九オ〕

⑤ソノ（左漢文注「苑也」）ニ

⑩ヲノマン事不可《フカ》ナリ・カナラス・ヲソラクハ・病《ヤマイ》ヲナサンコトヲ・太
⑪宗ノタマハク・ネカウトコロハ・災《サイ》ヲ朕《チン》カ身ニ・ウツサンコトヲ・ナン
⑫ソ・ヤマン事ヲサランヤト・イウテ・ツイニ・コレヲノウツ・蝗虫《クワウチウ》コレニ

〔十九ウ〕

①ヨリテ・災ヲナサスシテウセヌ
②貞観四年・太宗・諸《シヨ》國ノ考《カウ》使《シ》ニ・カタテノタマハク・五穀《コク》・モシ
③ミノラスハ・朕耕《チンカウ》作《サク》ヲ・ミツカラセサル・ユヘナルヘシ・カルカユヘニ・
④苑ノウチニツイテ・ミツカラ・スキヲトリテ・三數畝《スホ》ノ・田《タ》ヲ
⑤ウフ・稊《テイ》莠《シユウ》ノハクサヲスイテ・一ノウネノ・ナカハニヲヨフ時・スナ
⑥ハチ・身クルシウシテ・ハナハタ・ツカレタリ・コレヲモテ・民《タミ》ノ勞《ラウ》ヲ・オモウ
⑦ニ・農業ノツトメ・マコトニ・カラク、ルシカルヘシ・フカクヲモンハカルニ・ヨ
⑧ネノ・ヤスカラン歳ハ・ヲロカナル民《タミ》・農業《ノウケウ》ニ・モノウクシテ・ミツ
⑨カラ・ヤスマンカ・モシシ・カラハ・國ノタクハヘ・ウスクシテ・洪《コウ》水旱魃《スイカンハチ》
⑩ノ災《サイ》・タマ〳〵ヲコラハ・人スナハチ・飢《ウヽ》ヘシ・ナンチラ・國々《クニ〳〵》ニイタ
⑪ラントキ・郡《コヲリ》コトニ・官人《クワンニン》ヲサシツカハシ。《テ》・田畠《テンハク》ノ・ウネニツケテ・農《ノウ》
⑫業《ケウ》ヲ・ス、メ・ハケマスヘシ・タ、シ官《クワン》人・郡《コホリ》ニユキムカハントキ・民ヲ

〔二十オ〕

①シテ・ヲクリムカヘシムル事・ナカレ・ヲクリムカエ・ユキカヘラハ・ヲホク農《ノウ》

⑫ヤマン（左漢文注「病也」）

〔十九ウ〕

⑨ヤスマンカ（左漢字注「歟」）

〔二十オ〕

②業《ケウ》ヲ・サマタケン・ヲクリムカエヲエテ・行《ユキ》ムカハ、・タ、ユカサランニハ・シカシ
③貞観五年・有《イウ》-司《シ》・上 言《シヤウケン》シテ申サク・皇《クワウ》-太《タイ》-子《シ》ノ・元服《ケンフク》ノ事・
④二月モトモ吉《キツ》ナリ・コウ随《スイ》-兵《ヒヤウ》ヲト、ノヘテ・冠《クワン》-礼《レイ》ノ儀注《キチウ》ニ・ソナ
⑤ヘント・太宗ノタマハク・二月ハ東《トウ》-作《サク》ノ業《ケウ》・ヤウヤク起《ヲコ》ル・モシ
⑥太子《タイシ》ノ冠 礼《クワンレイ》ヲ・、コナハ、・ヲソラクハ・農業《ノウケウ》ヲ・サマタケン事
⑦ヲ・二月ヲアラタメテ・十月ヲモチイルヘシト・太子ノ少保蕭《セウホシヨウ》
⑧瑀《ウ》|奏シテ申サク・陰《イン》-陽《ヤウ》-家《ケ》ニ・サタムルトコロ・二月ヲモテ・
⑨スクレタリトス・陰《イン》-陽《ヤウ》コトハリヲ・ソムカント・太宗ノノタマハク・
⑩陰《イン》-陽《ヤウ》ノモノイミハ・朕《チン》カモチイサル・トコロナリ・モシ動《トウ》-静《セイ》・シ
⑪カシナカラ・陰-陽ノ・モノイミニ・カ、エラレテ・正 道《シヤウタウ》ノ礼《レイ》-儀《キ》ヲ・
⑫カヘリミスハ・福《フク》-祐《ユウ》ヲ・モトメントストモ・ソレウヘケンヤ・ヲコナウトコロ・

〔二十ウ〕

①正《シヤウ》-道《タウ》ニカナハ、・自《シ》-然《ネン》ニ・ツネニ天ノ心ニカナハン・民ノイトマ・農《ノウ》ノ
②時《トキ》・ハナハタ至《シ》-要《ヨウ》ナリ・シハラクモ・ソノイトマヲ・サマタクヘカラス
③貞観五年・太-宗ノ、タマハク・天下ノ・ヨネノアタヒヲ・アツル
④ヲキクニ・斗ノアタイ・五-文《モン》ノセニナリ・ヨネモトモ・ヤスキコロニハ・
⑤一斗ノアタヒ・セニ二センナリ・朕億兆《チンヲクテウ》ノ・タミノ・チ、ハ、トシテ・ステニ・
⑥トシノユタカナルヲミテ・イツクンソ・ヨロコハサラン・ミツカラ・倹《ケン》-約《ヤク》ヲ

④モトモ（左漢文注「尤也」）、コウ（左漢文注「請也」）

〔二十ウ〕

④モトモ（左漢文注「尤也」）

⑦ツトメテ・奢《ヲコリ》ヲスル事ヲ・エシ・朕《チン》ツネニ・天下ノ人ニ・タ《本マ歟》ヒモノシテ・
⑧ミナ冨《フ》‐貴《キ》・ナラシメントヲモフ・今徭《ヨウ》‐役《エキ》ノ・オホヤケ事ヲヤメ・賦《フ》‐
⑨斂《ケン》ノ・ミツキモノヲ・ウスクシテ・農《ノウ》ノ時ヲ・ウハ、ス・耕《カウ》‐作《サク》ノイト
⑩ナミヲ・ホシイマ、ニ・セシメン・コレ天下ノ人ヲ・トマサンタメナリ・アツク
⑪礼《レイ》‐譲《シヤウ》ヲ・、コナテ・ワカキモノハ・オトナシキヲウヤマイ・妻《メ》ハ夫《ヲト》
⑫ヲウヤマハシメン・コレ万國《ハンコク》ヲシテ・礼《レイ》アラタメシム・タメナ（虫損《（リ）》）・天

〔二十一オ〕

①下ヲシテ・シカラシメン・朕《チン》管《クワン》 弦《ケン》ヲ・キカストモ・カリスナトリヲ・
②ミストモ・タノシミカナラス・ソノウチニ・アルヘシ
③　トカアルモノニ・罪《ツミ》ヲオコナウ事ヲ・論《ロン》スル篇《ヘン》第卅一
④貞観元年ニ・詔《セウ》シテ・大《タイ》‐辟《ヘキ》ノ・ツミヲ、カシテ・死《シ》‐罪《サイ》ニアタル
⑤ヘキ・モノヲユルシテ・ソノミキノ・アシヲキラシム・ヨテ侍《シ》‐臣《シン》ニ・
⑥カタテノタマハク・前《セン》‐代《タイ》ハ・尭《ケウ》｜舜《シユン》｜ナカコロハ・漢《カン》ノ文帝《フンテイ》｜・肉刑《シクケイ》ヲ
⑦ヲ《（衍）》ヤメテ・人ノミヲキル事ヲ・、コナハレス・シカルヲイマ・人ノ・ミキノ
⑧アシヲキル事・コ、ロニ・シノヒカタシ・コレヲセン事イカン・王珪《ケイ》｜コタヘ
⑨テ申サク・死罪ニ・ナラフルトキハ・肉刑《シクケイ》コレカロシ・イマ陛《ヘイ》‐下《カ》・
⑩コロスツミヲユルシテ・アシヲキル・法《ハウ》ニカエタリ・一ノアシヲ損《ソンシ》
⑪テ・イノチヲマタウセン事・ヲカセルモノ、タメニ・ヲキテ・ハナハタ

⑦エシ（左漢文注「不得也」）、タヒ（左漢文注「賜也」）モノ

〔二十一オ〕

⑤アシ（左漢文注「足也」）ヲ
⑦人ノミヲ（左漢文注「身也」）
⑪ヲカ（左漢文注「犯也」）セル

⑫益アリトス・人ミナコレヲミテ・イマシメトセンニタレリ・侍《シ》中叔達《チウシクタツ》

〔二十一ウ〕

①又申サク・イニシヘノ刑《ケイ》法《ハウ》ハ・死《シ》罪《サイ》ノホカニ・肉《シク》刑《ケイ》ヲタテ

②タリ・シカルヲ陛下《ヘイカ》・死罪ヲユルシテ・肉《シク》刑ニカヘタリ・スナハチ

③コレイクルヲモテ・コロスニカエタリ・仁《シン》政《セイ》ノ法ト・スルニタレリ

④貞観元年・太宗・侍《シ》臣ニカタテノタマハク・シヌルモノ・フタ、ヒイ

⑤クヘカラス・刑《ケイ》法《ハウ》ヲオコナウ事・スヘカラク・寛簡《ナタメハカル》事ヲ・ツト

⑥ムヘシ・古《コ》人ノイハク・棺《ヒツキ》ヲウルモノアリ・トシノ疫《エキ》癘《レイ》・アラム事

⑦ヲネカウ・人ヲニクムテ・疫《エキ》癘《レイ》ヲ・ネカウニアラス・棺《ヒツキ》ヲウルニ・利《リ》

⑧アランタメナリ・イマ刑《ケイ》法ヲ・ツカサトル人・獄囚《コクシウ》ヲ・タ、シコトハルニ・フ

⑨カク・考《カウ》課《クワ》ヲ・キハメテ・カナラス・ソノ罪《ツミ》ヲ・フカキニイレントス・イカ

⑩ナルハカリ事ヲ・ナシテカ・タイラカニ・マサシキ事ヲエン・王珪《ケイ》ス、ン

⑪テ申サク・タ、平《ヘイ》直《ショク》良《リヤウ》善《セン》ノ人ヲ・エランテ・ツミヲ・コトハラシムヘシ・

⑫コトハリサタムル事・カナヒ・アタラン時ハ・官秩《クワンチツ》ヲマシ・金《キン》帛《ハク》ヲ

〔二十二オ〕

①タマウヘシ・シカラスハスナハチ・カタマシキコトハリ・イツハレル・ハカリ事・

②ミナヲノツカラ・ヤミナン・太宗・詔《セウ》ヲクタシテ・王珪カコトハニ・シタカ

③テ・ヲコナウ・太宗ノノタマハク・イニシヘノ・明主《メイシュ》ノトキハ・ツミヲコトハ

〔二十一ウ〕

②クタ（左漢文注「下也」）シテ

〔二十二オ〕

④ルニ・カナラス・三槐《クハイ》・九棘《キウキヨク》ノ官《クワン》・アマネク・コレヲ議《キ》ス・イニシヘノ三槐《クワ》・
⑤九棘《キヨク》ハ・イマノ三公《コウ》・九卿《ケイ》ナリ・自今以後《シコンイコ》・死《シ》罪《サイ》ヲ・コトハラン
⑥トキハ・丞相《シヨウシヤウ》・ヲヨヒ・尚書《シヤウシヨ》九卿・コト〳〵ク・アヒ議《キ》スヘシ・カクノコトクセ
⑦ハ・スナハチ・ツミナキモノヲ・シエタケ・カンカヘテ・死罪ニイル、事ヲ・
⑧ヤメナン・コレニヨテ・死罪ヲコトハル人・卄九人ナリ・ホト〳〵・刑《ケイ》ヲ
⑨ヤメラレシ・ムカシニヲナシ
⑩貞観二年ニ・太宗・侍《シ》臣ニ・カタテノタマハク・コノコロ・人ノ奴《ヤツコ》アテ・
⑪ソノ主人《シウシン》・謀反《ムホン》ノクハタテアリト・申モノアリ・コレキハメテ・ツ
⑫イエ・ヲトロヘタル法《ハウ》ナリ・サラニモテ《（チ）》・イルヘカラス・コトニ禁断《キンタン》セシムヘシ・

〔二十二ウ〕

①ソレ謀反ノハカリコト・ヒトリナスヘカラス・カナラス・ヨリシタカウ人ア
②ルヘシ・アマタ・アヒハカラハ・他《タ》人《ニン》ノ・ツタエニヨリテ・モレキコエナム・ナン
③ソ奴《ヤツコ》トシテ・主《シウ》人ノ變《ヘン》ヲ・ツクルニヲヨハン・イマヨリ・奴《ヤツコ》アテ・ソ
④ノ變《ヘン》アリト・ツケンニヲイテハ・スヘカラク・モチイルヘカラス・
⑤コトコトク・キラムシムヘシ
⑥貞観五年・張蘊古《チヤウウンコ》大理丞《リセウ》トシテ・刑罰《ケイハツ》ノ・事ヲ、コナウ・
⑦コノトキ・李《リ》好徳《カウトク》モトヨリ・風《カセ》ノ病《ヤマイ》アリテ・ソノコトハ・モノクル
⑧ハシ・言《コトハ》ノ・ミタリナルニヨテ・禁獄《キンコク》セラレタリ・張《チヤウ》蘊古《ウンコ》ニ詔《セウシ》テ・ソノ

⑥ヲヨ（左漢文注「及也」）ヒ
⑦カンカ（左漢文注「勘也」）ヘテ

〔二十二ウ〕

⑨ツミヲ・タ、サシム・張蘊古ーカ申サク・李好徳《リカウトク》ー・ミタレカハシキ・
⑩コトハヲコセル事・癲ー病《テンヒヤウ》ノユエナリ・ソノヤマイノ・シルシアリ・
⑪刑ー法《ケイハウ》ヲ・アツルニヲヨハス・太宗コ、ロニユルシテ・イタサシメントヲモ
⑫ヘリ・コ、ニソノ詔《セウ》・イマタ・クタラサルトコロニ・張ー蘊ー古ーヒソカニ・李好

〔二十三オ〕

①徳ーヲ・ヨヒイタシテ・トモニ博奕《ハクエキ》ス・トキニ・侍御史《シキヨシ》権萬紀《ケンハンキ》ー
②コレヲ譏奏《サンソウ》ス・太宗・ヲホキニイカテ・ヒカシノイチニテ・張蘊古《チヤウウンコ》ー
③ヲキラシメツ・ソノ、チ・太ー宗・房玄齢《ハウケンレイ》ーニカタテノタマハク・公《コウ》ー
④等《ラ》ハ・人ノタメニ・ヲモウセラル・スヘカラク・人ノウレエヲ・ウレウヘシ・
⑤大ー小《タイセウ》ヲエラフ事ナク・コト〱ク・コ、ロヲツクスヘシ・アヤマリヲ
⑥ミテモ・アラハサス・トハサレハ・又・モノイハス・タスケタ、スヘキ・官《クワン》
⑦ニヰテ・ソレナンノ益《エキ》アルヤ・張蘊古《チヤウウンコ》ーヲ・キレル事・ワレハナハタ・
⑧クユルトコロナリ・張蘊古ーソノ身《ミ》・法官《ハウクワン》トシテ・朕《チン》カコトハヲ・モ
⑨ラシテ・獄囚《コクシウ》ト・博奕《ハクエキ》スル事・ツミノイタテ・ヲモシトイヘトモ・
⑩ツネノ律《リツ》ニヨラハ・死罪ニコトハレリ・公等《コウラ》・ツイニ一ー言《ケン》ノイサ
⑪メ。《ナ》シ・所ー司《シヨシ》・又覆奏《フクソウ》セスシテ・ツイニ・斬決《センケツ》セシメタリ・アニ・コレ
⑫道理《タウリ》ナランヤ・ソレヨリコノカタ・詔シテノタマハク・死罪《シサイ》ニ

〔二十三ウ〕

〔二十三オ〕

④ヲモウ（左漢文注「重也」）

〔二十三ウ〕

①ヲイテハ・スナハチ・決《ケツ》定《チヤウ》セシムト・イフトモ・ミナスヘカラク・五タヒ
②覆奏《フクソウ》スヘシ・死罪ノ五《コ》奏《ソウ》ハ・張《チヤウ》 蘊古《ウンコ》ヨリ・ハシマレリ
③貞観二年ニ・張蘊古中書省《チウシヨシヤウ》ニ直《チヨク》シテ・上 表《シヤウヘウ》シテ・大寶《ホウ》
④ノ箴《シン》ヲ・タテマツル・文《フン》ウルハシク・義《キ》タヽ、シクシテ・イマシメノ・、
⑤リトスルニタレリ・ソノコトハニイハク・キミ普天《ホテン》ノシタニイテ・王《ワウ》
⑥公《コウ》ノ上《カミ》ニヲリ・万《ハン》國・ソノモトムル・トコロヲタテマツリ・千僚《レウ》・ソノ・
⑦ヲコナウトコロニ和《クワ》ス・コノユエニ・ツヽシムコヽロ・日々ニヲコタリ・ヒカメ
⑧ルコヽロ・ウタヽホシイマヽ、ナリ・シカレトモ・聖《セイ》人ハ・恩《ヲン》ヲ民ニホトコシテ・罪《ツミ》
⑨ヲヲノレニ歸《キ》ス・大明《メイ》ノヒカリハ・カタツカタヲ・テラスコトナシ・至《シ》公《コウ》ノ
⑩徳ハ・ワタクシノ・シタシミナシ・四季《キ》ソノ寒温《カンヲン》ヲ・トヽノヘ・三光《クワウ》ソノ
⑪徳失《シツ》ヲ・オナシウス・シル事ナシト・ヲモウ事ナカレ・タカキニヰテ・ヒ
⑫キヽ事ヲキク・ツヽシマスト・イウ事ナカレ・本《セウ》ヲツンテ大《タイ》ヲナス・

〔二十四オ〕

①タノシミヲハ・キハムヘカラス・キワメツレハ・カナラス・カナシミヲナス・欲《ヨク》ヲハ・
②ホシイマヽ、ニ・スヘカラス・ホシイマヽ、ニスレハ・カナラス・サイヲナス・九《キウ》重《テウ》
③ノミヤコヲ・ウチニサカリニストイヘトモ・ヲルトコロハ・膝《ヒサ》ヲイル、ニスキス・
④ナンソミタリニ・臺《ウテナ》ヲコカネニシ・宮ヲタマニセンヤ・八《ハツ》弥《チン》ノソナヘヲ・マ
⑤エニツラヌトイヘトモ・クラウトコロハ・口《クチ》ニカナウニスキス・肉《シヽムラ》ヲ・オカノ

④イマシメノ、（左漢文注「法也」）＼リト

⑫本《セウ》（左に「小」と訂正）、ツンテ（左漢文注「積也」）

〔二十四オ〕

⑥コトクニシ・酒《サケ》ヲイケノコトクニ・セン事ヲ、モウコトナカレ・エカタキタ
⑦カラヲ・思コトナカレ・國ヲホロホス・コエヲキクコトナカレ・ワレタトシト
⑧テ・人ニ奢《ヲコル》事ナカレ・ワレヲ智《チ》アリトシテ・イヤシキヲ・フセク事
⑨ナカレ・春ノ日秋ノツユノ・コトクシテ・巍々《キヽ》蕩々《タウ〱》トシテ・漢《カン》ノ
⑩高祖《カウソ》ノ・大度《タイト》ノコトクナレ・ウスキ・コヲリヲフンテ・フカキフチニ・ノ
⑪ソムコトクシテ・戦々《セン〱》慄々《リツ〱》トシテ・周ノ文王《フン》ノ・コ、ロヲセメシニ・ヲ
⑫ナシカレ・詩《シ》ニイハク・サトラサルカコトクニシ・シラサルカコトクニ・セヨトイヘリ・

〔二十四ウ〕

①書《ショ》ニイハク・偏《カタツカタ》ヲワクル事ナカレ・黨《タウ》ヲムスフ事ナカレト・イヘリ・
②シタシキヲモ・ウトキヲモ・胸ノヲモイニ・ヒトツニシ・ニクキヲモ・ヲモハシ
③キヲモ・アハレムコ、ロヲ・、ナシウスヘシ・人ニ罰ヲ・、コナハン事ハ・ソノ
④トカヲ・モロ〱ノ人ニ・シラシメテ・ノチニヲコナウヘシ・人ニ賞《シャウ》ヲ・クハエン
⑤事ハ・ソノ功《コウ》ヲ・モロ〱ノ人ニ・シラシメテノチ・クワウヘシ・ソノコハキモ
⑥ノヲ・ヨハウシテ・ソノミタレヲ、サメ・ソノカ、マレルヲ・ノヘテ・ソノマカレル
⑦ヲ・ナヲウシ・ワカ王・乱《ラン》ヲオサメテ・キルニ智力《チリキ》ヲモテス・民ソノ
⑧威《イ》ニヲチテ・イマタ・ソノ徳ニナツカス・ワカ王・運《ウン》ヲヒライテ・アヲ
⑨クニ・淳風《シュンフウ》ヲモテス・民ソノ・ハシメヲシノンテ・イマタ・ソノヲハリヲ・
⑩ヨシトセス・イマアラソウ臣《シン》・ヰ《コ》トハ・タ、チニシテ・前疑《センキ》ニツクト・太宗

⑪セメ（左漢文注「責也」）シニ
⑫詩ニ（左漢文注「毛詩也」）イハク
〔二十四ウ〕
①書ニ（左漢文注「尚書也」）イハク
⑩タ、チ（左漢文注「直也」）ニシテ

⑪コレヲヨミシテ・帛《ハク》三百-端《タン》ヲ・タマフ
⑫貞観五年ニ・詔《セウ》シテノタマハク・在京《サイキヤウ》ノ諸官《ショクワン》・コノコロ・死《シ》-罪《サイ》ヲソウ

〔二十五オ〕

①スル事・五タヒ覆奏《フクソウ》スト・イヘトモ・一日ノウチニ・スナハチ五奏《コソウ》
②ヲ・オウル事アリ・スヘテ・ツマヒラカニ・ヲモンハカルニ・イトマアラス・五
③奏・ナンノ益カアラン・タトヒクヤシム事・アリトイウトモ・ヲヨフトコロ・ナカル
④ヘシ・イマヨリハ・在京《サイキヤウ》ノ諸-司《シ》・死《シ》罪《サイ》ヲ・奏決《ソウケツ》・セン事・二日ノウチニ・五タ
⑤ヒソウスヘシ・又諸國ニシテ・死罪ヲ・、コナハントキハ・三ト・フクソウスヘシ・
⑥太-宗テツカラ・勅 宣《チヨクセン》ヲカキテ・ノタマハク・有司《ユウシ》コノコロ・ツミヲ
⑦コトハルニ・ヲホク・律《リツ》-文《モン》ヲヒイテ・ツミヲサタム・アハレムヘキ・コ、ロアリ
⑧トイヘトモ・律《リツ》-法《ハウ》ニ・マカスルニヨテ・ヲソラクハ・ヲシ・シヘタルクル事・ア
⑨ラン事ヲ・イマヨリハ・門《モン》-下《カ》省《シヤウ》・覆奏《フクソウ》シテ・律《リツ》ニヨリテ・死-罪ニ
⑩アタルトモ・コ、ロアハレムヘキニ・アラハ・ヨロシク状《シヤウ》ヲロクシテ・奏-聞《モン》スヘシ
⑪貞観中ニ・塩《エン》-澤《タク》-道-行《タウノカウ》-軍《クン》・惣《ソウ》-管《クワン》・兼泯《ケンビン》-州 都《シウノト》-督《トク》・高《カウ》-甑《ソウ》-生《セイ》|ト云
⑫モノアリ・李《リ》-靖《セイ》|カ・節《セツ》-度《ト》ヲ・ウケタマハルトキ・高《カウ》-甑《ソウ》生|節度《セツト》ノ

〔二十五ウ〕

①法《ハウ》ニタカヘル・ツミアリ・死-罪ニ・アタルトイヘトモ・ユルシテ邊《ヘン》-國《コク》ニ・流《ル》-罪《サイ》
②セラル・トキニ上-言《シヤウケン》スルモノ・アテ申サク・陛《ヘイ》-下《カ》ノ秦《シン》-王タリシトキ・

〔二十五オ〕

⑧シヘタ（左漢文注「虐也」）ルクル
⑪塩（平）-澤（入濁）-道（去）、行（平）-軍（平）、惣（上）-管（上）、兼（去）泯（平濁）-州（平濁）、都（平）-督（入）、高（平）-甑（平濁）-生

〔二十五ウ〕

③高-甑生｜秦-府《フ》ノ・舊《キウ》-臣《シン》トシテ・ハナハタ・ソノ功《コウ》タカシ・コウ・ソノトカ
④ヲユルサレン・太-宗ノタマハク・藩邸《ハンテイ》ノ・フルキ勞《ラウ》・マコトニワス・ルヘカラ
⑤ス・朕・義兵《キヘイ》ヲ・大《タイ》-原《ケン》ニヲコシテ・四-方ヲ征《セイ》-戦《セン》セシヨリ・功《コウ》アルモ
⑥ノ・ハナハタヲホシ・モシ高《カウ》-甑《ソウ》生｜ヲ・ユルサハ・功《コウ》アル人・ミナ法《ハウ》ヲ・、カ
⑦スヘシ・法ヲ、コナウ事・ミナヲナシウスヘシ・ワレコレヲ・ユルサ、ル
⑧事・マサニ功《コウ》アルモノ、・ツミヲフセカン・タメナリ
⑨貞観十一年ニ・魏徴《キテウ》｜上《シャウ》-書《シヨ》シテ申サク・ソレ賞《シャウ》-罰《ハツ》ノモトヒ・
⑩ヨキヲス、メ・アシキヲ・コラスユエナリ・ウトクイヤシキ・人ナレトモ・罰《ハツ》ヲ
⑪ヲモクシ・賞《シャウ》ヲカロクスル事ナシ・タツトク・シタシキ・人トイヘトモ・賞ヲ
⑫ヲモクシ・罰ヲカロク・スルコトナシ・シカルヲイマ・賞罰・コト〳〵クニシカ

〔二十六オ〕

①ラス・ニクムト・ヨミスルトニ・シタカイテ・シ、メノフル事・アヒカハレリ・イ
②カルトキ・ヨロコフトキニヨテ・ヲモウシ・カロクスル事・コレコトナリ・
③上ニヨロコフトキ・ツミヲソウスル時ハ・ソノコ、ロヲ・法《ハウ》ノ中ニヤハラ
④ク・上ニイカルトキハ・ソノアヤマリヲ・コトノホカニモトム・ヨミスルモノニハ・
⑤毛《モウ》-羽《ウ》ノヨソヲ・ヒヲ・ナシ・ニクムモノニハ・瘢痕《ハンコン》ノ・キスヲモトム・キスヲ
⑥モトムルトキハ・罰《ハツ》ヲ、コナウ事・ミタルヘシ・毛《ホウ》羽ヲナストキハ・賞《シャウ》ヲ
⑦クワウル事・アヤマルヘシ・罰ミタル、トキハ・小人ノ・イツハレル・ミチヲコル・

③コウ（左漢文注「請也」）

⑪ヲモ（左漢文注「重也」）クシ

〔二十六オ〕

①シ、メ（左漢文注「蹙也」）ノフル

⑤毛（左音「ホウ」）-羽ノ

⑧賞アヤマルトキハ・君子ノタ、シキミチ・キエ・又小人ノ悪・ト、マラ
⑨ス・君子ノ善《セン》・モチイラレスハ・治《チ》-安《アン》ヲ・ノソムトイウトモ・ウルトコロニアラ
⑩シ・コノユヘニ・道《タウ》-徳《トク》ノ・ウルハシキムネ・イマタヒロマラサルニ・尅薄《コクハク》ノ・ウスキ
⑪風《フウ》・ステニヲコレリ・ソノヤスウスル・トコロヲ・ヤスウシテ・ツミヲアハレム・オモ
⑫ヒヲ・ワスレタリ・ソレ平《ヘイ》-易《イ》ノ・タイラカナルミチヲ・フム事スクナシ・車ヲ

〔二十六ウ〕

①クツカヘス・アトニシタカウ・事ノミヲホシ・ムカシイマタ・隋《スイ》ノ世ノ・ミタレ
②サリシトキ・ミツカラヲモハク・ナカクミタルヘカラスト・隋ノ世ノ・イマタ
③ホロヒサリシ・トキニ・ミツカラヲモハク・ナカクホロフヘカラスト・スナハチ・戮《リク》
④セラル、トキニ・イタルマテ・ツイニ・ソノワサハイノ・ヨルトコロヲ・サトラス・ソレ
⑤カタチノ・ヨキアシキヲ・カ、ミル事ハ・シツカナル水ヲ・ミルニアリ・國ノ
⑥ヤスク・アヤウキ事ヲ・カ、ミルコトハ・ホロヒタル國ヲ・オモウニアリ・シカレ
⑦ハスナハチ・カナラス・隋《スイ》ノヨヲ、モウテ・モテサカリナル・カ、ミトセヨ・ヲサ
⑧マリ・ミタレタルアト・カナラスエテ・シンヌヘシ・アヤウキユエヲ・オソル、時ハ・
⑨スナハチヤスシ・ミタル、ユヘヲ・ツ、シムトキハ・スナハチヲサマル・ホロヒヌル
⑩ユヘヲ・思トキハ・スナハチタモツ・ヲサマリ・ミタル、ユエヲシリ・タシナミ・
⑪フケル欲《ヨク》ヲ・シリソケ・アソヒ・カリスル・タノシミヲヤメ・ヒレイノイロヲ・
⑫ノソキ・イソクヘカラサル・シワサヲト、メ・カタツカタヲキイテ・イカルコトヲ・

⑧キエ（左漢文注「消也」）
⑨アラ（左漢文注「不レ有也」）／シ

〔二十六ウ〕

⑦モテ（左漢文注「以也」）
⑧エテ（左漢文注「得也」）
⑪フケ（左漢文注「耽也」）ル、カリ（左漢文注「獵也」）スル、ヒレイ（左漢文注「美麗也」）ノ

〔二十七オ〕

①ツ、シムヘシ・便佞《ヘンネイ》ノ人ヲサケ・忠孝《チウカウ》ノ臣《シン》ヲチカツケ・　耳《ミ（虫損）》ヲヨロコハシムル・

②ヨコサマナル説《セツ》ヲフサキ・クチニニカキ・忠ノコトハヲ・アマウシ・ミタレ

③ヤスキ人ヲステ・モトメカタキタカラヲ・イヤシウセヨ・尭舜ノ・ワレ

④ヲソシルヲ・ヨロコヒシ事ヲ・ネカイ・禹《ウ》湯《タウ》ノ・ヲノレヲツミセシ・ア

⑤トヲオモヘ・十家《シツカ》ノタクワヘヲ・、シンテ・百姓ノ・コ、ロニシタカイ・ミチ

⑥キハマラン事ヲ・ツ、シンテ・タラサルコトヲウレヘサレ・シカレハスナハチ・

⑦ミツカラ・ウコク事アラハ・庶類《シヨルイ》ノタミ・コト〳〵クニ・シタカヒ・コトハヲイタ

⑧サ（ハ）ス・スナハチ・千里《リ》ノクニ・コ、ニ應《ヲウ》セン・徳ムカシニモコヘ・風《フウ》ノコエ・フチニキコ

⑨ヘン・コレ聖哲《セイテツ》ノ・ヲホキナル軌《ノリ》ナリ・帝《テイ》王ノサカリナル業《ケウ》ナリ・周易《シウエキ》

⑩ニイハク・君子《クンシ》ハ・ヤスケレトモ・アヤウキコトヲ・ワスレス・ヲサマレリトイヘトモ・

⑪ミタル、事ヲ・ワスレス・コ、ヲモテ・身ナカクヤスクシテ・國カタフクコト

⑫ナシ・フシテヲモンミレハ・陛下《ヘイカ》・ヨキヲネカウコ、ロサシ・イニシヘノ時ニヲト

〔二十七ウ〕

①ラス・アヤマチヲキイテ・アラタムル事・ムカシノ日ニ・カクル事ナシ・モシ當《タウ》

②今《キン》ノ・コトナキヲモテ・ムカシ儉約《ノシケンヤク》ヲ・、コナウ・善《セン》ヲナシ・美《ヒ》ヲナシテ・

③アヒカナハスト・イフ事ナカラン・太宗フカク・イレモチヰル

④貞観十四年・戴州《タイシウ》ノウチニ・十悪ヲ・オカセルモノアリ・御史《キヨシ》権《ケン》萬《ハン》

〔二十七オ〕

⑤ミチ（左漢文注「満也」）

⑦タミ（左漢文注「民也」）

〔二十七ウ〕

①カク（左漢字注「虧」）ル

②コトナキ（左漢字注「無事」）、美ヲナシテ（左漢文注「真名本云盡善盡／美矣固無稱焉」）

⑤紀《キ》―奏《ソウ》シテ申サク・國々ニ刺《シ》―史《シ》ヲ・、カル、事ハ・民ヲ、シヘテ・スナヲ
⑥ナラシメンタメナリ・イマ・戴《タイ》―州ノタミ・十悪ヲ、カセリ・戴―州ノ刺《シ》―
⑦史《シ》・賈《カ》―崇《ソウ》―カ・トカニアラスヤ・太―宗キイテノタマハク・ムカシ唐―尭―ノ・
⑧大聖ナリシ・ソノ子《コ》丹《タン》―朱《シュ》―・ナヲ不《フ》―肖《セウ》ナリ・柳《リウ》―下《カ》―恵《ケイ》―カ・大―賢《ケン》ナ
⑨リシ・ソノ弟《ヲトヽ》 盗《タウ》―跡《セキ》―ナヲ巨《コ》悪《アク》ヲナセリ・大―聖ノチ、・ヲシウトイヘ
⑩トモ・ソノ子ナヲコレヲモチイス大―賢ノコノカミヲシウトイヘトモ・
⑪ソノヲト、・ナヲコレニシタカハス・陶《タウ》―染《セン》ノ性《セイ》・アラタメ・カタウシテ・悪
⑫ヲステ、・善ニウツリカタキユヘナリ・イマ國ノ刺《シ》―史《シ》ヲシテ・

〔二十八オ〕

①民ヲ、シヘ・シムトイヘトモ・下《カ》―民《ミン》ノツタナキ・善《セン》―道《タウ》ニ・ヲモムキカタシ・コ
②ノ事ニヨテ・ツミヲ刺《シ》―史《シ》ニ・ヲヨホサハ・ウタカウラクハ・クニクニノ刺《シ》―
③史《シ》・アイタカヒニ・カクシヲホウテ・トカアルモノヲ・アラハサ、ラン事
④ヲ・仍諸州《ヨテシヨシウ》ニ・悪―逆《キャク》ノモノ・アリトイウトモ・刺―史《シ、》坐《サ》罪《サイ》ヲ・カ、ルヘカ
⑤ラス・タ、アキラカニ・タ、シトフラウコトヲ・クワヘテ・ヲカセルモノ
⑥ニ罪《ツミ》シテ・姦《カン》―悪ヲ・肅《シュク》―清《セイ》セシムヘシ
⑦貞観十六年・太宗・大―理《リ》―卿孫《ケイソン》―伏伽《フクカ》―ニ・カタテノタマハク・ソレヨロヒ
⑧ヲ・ツクルモノアリ・ソノカタキコトヲ・キハメントオモウ・人ノヤニ・ヤフレサラン
⑨タメナリ・矢《ヤ》ヲツクルモノアリ・ソノヤサキノ・トキ事ヲ・キワメントヲモ

⑫ヲシテ（左漢文注「為也」）

〔二十八オ〕

⑦ヨロヒ（左漢文注「冑也」）

⑧ヤニ（左漢文注「箭也」）

⑩フ・人ノヨロヒヲ・ヤフランカ・タメナリ・コレスナハチ・ヲノ〱・ツカサトルトコロ
⑪ノ・利《リ》・アテ・職《シヨク》ニ・アヒカナハンタメナリ・朕ツネニ・刑法《ケイハウ》ノ・官《クワン》人ヲメシテ・刑罰《ハツ》
⑫ノ・輕重《キヤウチウ》ヲトウ・官人ツネニ申サク・刑法《ハウワウ》往代《タイ》ヨリモ・ナヲユルシト・

【二十八ウ】
①シカレトモ・朕《チン》ナヲ、ソラクハ・主《シユ》獄《コク》ノツカサ人・コロスヲモテ・利トス
②ル事ヲ・カレラ・人ヲアヤフメテ・フカキニシツメテ・ミツカラ・ナヲ
③タカウセントス・イマノウレウルトコロ・タ、コノ事ニアリ・フカク禁断《キンタン》
④メ・ツトメテ・寛平《クワンヘイ》ヲ・、コナウヘシ
⑤　赦《シヤ》免《メン》ヲ・、コナウ事ヲ・論《ロン》スル篇第卅二
⑥貞観七年・太宗・侍《シ》臣ニカタテノタマハク・天下ニ・愚《ク》者《シヤ》ハヲホク・
⑦智《チ》者《シヤ》ハスクナシ・智《チ》アルモノハ・トカヲ、カサス・ヲロカナルモノハ・コノンテ・
⑧制《セイ》法《ハウ》ヲヤフル・古《コ》人ノイハク・小人ノサイワイハ・君子ノ不《フ》幸《カウ》也・
⑨稂《リヤウ》莠《シウ》ノ・ハクサヲ・ウフルモノハ・稲《タウ》粟《シヨク》ヲ・ヤフル・イタマシキ・トモ
⑩カラヲ・メクムモノハ・カナラス・ヨキ人ヲソコナウ・ムカシ文王・刑《ケイ》罰《ハツ》
⑪ヲ・ヲコシテ・赦《シヤ》免《メン》セシムル事ナシ・又蜀《シヨクノ》　先《セン》主《シユ》・ムカシ諸《シヨ》葛亮《カツリヤウ》ニ・カ
⑫タテイワク・ワレ・陳《チン》元《ケン》方《ハウ》鄭康成《テイカウセイ》等《ラ》ニ・マシハテ・理《リ》乱《ラン》ノミチヲ・ソナ

【二十九オ】
①エタリ・シカルヲ・カレラカツテ・赦免《シヤメン》ノ事ヲ・イハス・カルカユヘニ・諸葛亮

【二十八ウ】
②ナヲ（左漢文注「名也」）

【二十九オ】

②蜀國ヲ・、サメタル事十年・赦免ヲ、コナハスシテ・蜀《シヨク》ノクニ・ヲホキ
③ニヲサマレリ・梁《リヤウノフ》 武帝《テイ》｜トシコトニ・赦-免アマタ、ヒ・ヲコナウテ・天-下ツ
④イニ・ヤフレタリ・ソレスコシキナル・仁《シン》ヲ、コナウモノハ・カナラス・ヲホキ
⑤ナル仁ヲ・ヤフル・カルカユヘニ・朕天-下ヲ・タモテヨリコノカタ・イマタ赦-免ヲ・
⑥ヲコナハス・コノユヘニ・四-海《カイ》シツカニシテ・礼《レイ》-義《キ》サカリナリ・非《ヒ》-常《シヤウ》ノ
⑦思・イヨ〳〵ヲコナウヘカラス・ヲソラクハ・愚《ク》-人ノ・ナヲ法《ハウ》ヲ、カシテ・
⑧アヤマチヲ・クユル事・ナカランコトヲ
⑨貞観七年ニ・工《コウ》-部尚《ホウシヤウ》-書《シヨ》・段綸《タンリン》｜百工細工《ハツコウサイク》等《ラ》ノ事ヲ・ツカサトル・
⑩奏《ソウ》（シ脱）テ申サク・楊-思《シ》齊《セイ》｜コ、ロイタリ・手《テ》タクミナリ・上《シヤウ》ノタマハク・コ
⑪レヲコ、ロミント・段綸《タンリン》｜カレヲシテ・魁 欙《クワイライ》ノタハフレノ・ソナヘヲ・ツクラ
⑫シム・上ノタマハク・朕イタツラニ・目《メ》ヲヨロコハシムル・モテアソヒ・エリチリ

〔二十九ウ〕

①ハメタル・奇《キ》-巧《カウ》ノウツハモノ・ミナコレヲ・ト、メントス・イマ國家《カ》ノタメニ・
②益《エキ》アル・ウツハモノヲ・ツクラシムヘシ・ソノヨウナキ・タハフレノ・ソナエヲ・
③ツクラシムル事ナカレ・ハナハタ詮《セン》ナシ・ヨテ詔《セウ》シテ・段綸《タンリン》｜カ・官《クワン》-
④爵《シヤク》ヲ・ケツリアワセテ・コノタワフレヲ・禁《キン》-断《タン》セシム
⑤貞観十年ニ・太-宗・侍-臣ニカタテノタマハク・法-令《リヤウ》ヲ・、コナウ事・
⑥タ、簡約《カンヤク》ナルヘシ・シカルヲ・種々《シユ〳〵》ノ・格條《カクテウ》・律式《リツシキ》・アルニツイテ・官-

③トシコト（左漢文注「年毎也」）ニ

〔二十九ウ〕

⑥格（左音「キヤク」）條

⑦人・ソノコ、ロヲ・クハシク・シルサスシテ・イツハテ・カタマシキ事ヲナス・モシ・
⑧ツミヲナタメント・ヲモウモノヲハ・スナハチ・カロキ條《テウ》ノ・文《モン》ヲヒク・モシ・ツ
⑨ミヲフカウセント・ヲモウモノヲハ・スナハチ・ヲモキ條ノ・文ヲヒク・コ、ロニ
⑩マカセテ・刑《ケイ》‐法《ハウ》ヲ変《ヘン》スル事・道‐理《リ》ニカナハス・イマヨリハ・式《シキ》‐條《テウ》ノ文《モン》・ア
⑪リトイウトモ・心ヲクワヘテ・旨《ムネ》ヲ察《サツ》シテ・ツミヲコトハルヘシ・
⑫貞観十一年ニ・上《シヤウ》侍臣ニ・カタテノタマハク・格《カク》‐式《シキ》・詔令《セウリヤウ》・サタメサル

〔三十オ〕

①トキハ・人カタマシウシテ・イツハリ・日日《ヒ、》ニマサル・周易《シユウエキ》ニイハク・宣《セン》ヲイタ
②ス事・アセノ・ミヨリイツルカコトシ・ヒトタヒイテ、カヘラス・尚‐書《シヤウショ》ニイワク・
③ナンチノ令《レイ》ヲ・出《イタス》事ヲツ、シメ・令イテ、・タ、カヘラスト・漢《カン》ノ高‐祖《ソ》ノ・
④ノタマハク・蕭何《セウカ》｜律《リツ》ヲ・サタメテノチ・事ヲ、コナウ事・畫一《クワクイチ》ニシ
⑤テ・ワタクシアラス・コノ義《キ》・ツマヒラカニシテ・ナカキ式條《シキテウ》タリ・
⑥コノウヘニ・カロ〳〵シク・詔令ヲ・イタスヘカラス
⑦貞観十一年ニ・太宗ノキサキ・長‐孫皇 后《チヤウソンクワウコウ》｜・ヤマイ・ヤウニ 篤《(、、)アツク》シテ・
⑧ハナハタアヤウシ・高《カウ》‐宗《ソウ》皇帝｜ソノトキ・太子《タイシ》トシテ・キサキニ申テ
⑨ノタマハク・醫《イ》藥《ヤク》・術《シユツ》ヲツクストイヘトモ・尊躰イマタ・イエス・コウ大‐
⑩赦《シヤ》ヲ・、コナテ・囚《シユ》‐徒《ウト》ヲユルシ・人ニ度《ト》‐縁《エン》ヲアタヘテ・佛‐道ニイレテ・
⑪タスケタテマツル事ヲ・イノラント・皇‐后《コウ》ノ、タマハク・死《シ》‐生《セイ》ハカキリ

〔三十オ〕
②アセ（左漢文注「汗也」）
⑨コウ（左漢文注「請也」）

⑫アリ・チカラノ・ヲヨフトコロニアラス・善根《センコン》ヲ修シテ・イノチヲ・ノフヘ

〔三十ウ〕

①クハ・ワレモトヨリ・悪ヲナサス・赦免《シャメン》ハ・天下ノ大事ナリ・佛道

②ヲハ・上《シャウ》ツネニ・異《イ》國《コク》ノ教《ケウ》ナリト・シメス・ツネニヲソラクハ・マツリコトノ・

③ツイエタラン事ヲ・アニヒトリノ・女人《ニヨニン》ノ・ユエヲモテ・天下ノ・ヲホキ

④ナル・法ヲヤフランヤ・ナンチカコトハ《ニ》・ヨルコト・アタハシ

⑤貞観十一年ニ・詔シテノタマハク・ソレ人死《ノシヌル》トキ・ヲハリヲ・ヽクル・

⑥礼《レイ》ヲアツクシテ・ソノツイエ・アマネシ・上 古《シャウコ》ニハ・樹《キ》ニ封《ホウ》ス・後代《コウタイ》ニ・

⑦棺《クワン》ニソナウ・奢《ヲコル》レルモノハ・ソノツイヘヲ・アツクシ・儉《ケン》ナルモノハ・ア

⑧ヤフミナキ事ヲ・ハカル・コ、ヲモテ・唐尭ハ・聖帝ナリ・穀《コ》林《リン》ニヲ

⑨クルニ・通《トウ》樹《シュ》ノ説《セツ》アリ・秦穆《シンホク》ハ・明君《メイクン》ナリ・槖泉《タクセン》ニウツムニ・丘《キウ》

⑩隴《レウ》ノトコロナシ・仲《チウ》尼《チ》ハ・孝子《カウシ》ナリ・防《ハウ》墓《ホ》ニ・ツカヲセス・延《エン》陵《リヨウ》ハ・慈《シ》

⑪父《フ》ナリ・嬴《エイ》博《ハク》・カクスハカリニセリ・コレミナ・ハカリナキ・ヲモンハカリヲ・

⑫ナシテ・ヒトリ決《ケツ》シテ・アキラカナリ・躰《テイ》ヲ九《キウ》泉《セン》ノ・ソコニサリテ・

〔三十一オ〕

①名ヲ・百代《ハクタイ》ニ・サカヤカスヘキニ・アラス・呉闔《コノカウ》閭《リヨ》カ・礼《レイ》ニ・タカウニヲヨンテ・

②珠玉《シュキヨク》ヲアツメテ・ツカノソコニ・雁鳧《カリカモ》ヲツクリ・秦 始《シンノシ》皇《クワウ》カ・度《ト》ヲ

③ミタルニイタテ・ミツカネヲ・タ、エテ・江《カウ》海《カイ》ニ・カタトル・季《キ》孫《ソン》カ・魯國《ロノ》ヲ・

〔三十ウ〕

⑪カク（左漢文注「隠也」）スハカリ
ニ

〔三十一オ〕

④ホシイマ、ニシテ・ヲハリヲ・、サムルニ・播《ハン》-璵《ヨ》ノ・タマヲモテシ・桓雘《クワンタイ》｜宋《ソウ》ノ
⑤國ヲ・モハラニシテ・ヲハリヲ・ハウムルニ・石《イシ》ノ槨《クワク》ヲモテス・コ、ニシリヌ・
⑥タカラヲ・、サムルニヨリテ・ワサハイヲマネキ・利《リ》ヲツムヲモテ・ハチ
⑦ヲアラハスナリ・玄廬《ケンリヨ》｜ステニ・アハテ、・焚《ハン》-如《シヨ》｜ヲ・夜《ヤ》-臺《タイ》ニ・イタシ・黄《クワウ》-腸《チヤウ》・
⑧フタ、ヒ・ヒライテ・サレタルカハネヲ・中《チ》-夏《カ》ニアラハス・アニカナシ・カラサ
⑨ランヤ・奢《ヲコ》レルモノヲミテ・イマシメトシツヘシ・儉《ケン》ナルモノヲミテ・モテ
⑩師《シ》トシツヘシ・朕《チン》・百《ハク》-王ノ・ツイエニウケテ・四-海《カイ》ノ・貴《タトキ》ニヲリ・イマタ
⑪アケサルニ・政《セイ》-事《シ》ヲ、モイ・ヨナカニ・ヲソレヲノ、ク・ヲハリヲ・、ク
⑫ルノリ・儀《キ》-制《セイ》・ツハ《マ歟》ヒラカナリ・礼ニタカラヲ・イマシムル事・アラハレテ・

〔三十一ウ〕

①刑書《ケイシヨ》ニアリ・勲《クン》-戚《セキ》ノ・イエトイウトモ・習《シウ》-俗《シヨク》ヲ・ヤフルヘカラス・アル
②イハ・棺《クワン》-槨《クワク》・衣《イ》-衾《キン》・彫《テウ》-刻《コク》ノ・花《クワ》-美《ヒ》ヲキハメ・アルイハ・霊《レイ》-轜《シ》・明《メイ》-器《キ》・
③金《キン》-玉《キヨク》ノ・光《クワウ》-餝《シヨク》ヲ・カ、ヤカス・富《トメル》モノハ・法《ハウ》ニスキテ・アヒ高《タカクシ》・マツシキ
④モノハ・タクハエヲ・ヤフレトモ・ヲヨハス・イタツラニ・教《カウ》-義《キ》ヲ・ソコナウテ・
⑤泉《セン》-壌《シヤウ》ニ・エキナシ・害《カイ》ヲナス事・ステニフカシ・ヨロシク・禁《キン》-断《タン》スヘシ・イ
⑥マヨリ・王《ワウ》-公《コウ》・将《シヤウ》-相《シヤウ》ヨリ・黎《レイ》-庶《シヨ》ノ・タミニイタルマテ・葬《サウ》-儀《キ》ノ・ソナヘニヲ
⑦イテ・式《シキ》-條《テウ》ニ・タカウモノアラハ・官-司《シ》・録《ロク》シテ・奏《ソウ》スヘシ・勲《クン》-戚《セキ》ノ家
⑧トイウトモ・状《シヤウ》ニシタカウテ・ツミスヘシ

⑪アケ（左漢文注「曙也」）サルニ、ヨナカ（左漢文注「夜半也」）ニ

〔三十一ウ〕

①イエト（左漢文注「家也」）

③アヒ（左漢文注「相也」）

⑨貞観十五年ニ・詔シテノタマハク・朕マツリ事ヲ・キク日・マコトニツネニ・
⑩書籍《シヤク》ヲミル・名賢《メイケン》ノ・君ヲ・タスケ・忠臣《チウシン》ノ・國ヲイトナミシ・アト《ア》ヲ
⑪ミルコトニ・ソノ人ノ・カタチイカナリケント・ミマクホシキ・心サシフカウ
⑫シテ・イマタ・ムカシヨリ・書《シヨ》ヲステ、・ナケカスハアラス・近代《キンタイ》ヨリ・

〔三十二オ〕

①コノカタ・周隋二《シユウスイニ》代《タイ》ノ名《メイ》臣・ヲヨヒ・忠節《チウセツ》ノ・子孫等《シソンラ》ノナカニ・
②モシ見存メ・貞観ヨリコノカタ・ツミニヨリテ・ナカサレタル・モノアラハ・
③所司《シヨシ》・ツフサニ奏聞《ソウモン》スヘシ・コ、ニ・ヲホク屮《ツ》ミヲ・ユルシテ・メシチカ
④ツケラル
⑤　貢物《コウモツ》ヲ・、サムル事ヲ・論《ロン》スル篇《ヘン》第卅三
⑥貞観二年ニ・太宗・朝集《テウシユウ》ノ・ツカヒニ・カタテノタマハク・任土《ニント》ノ貢《コウ》
⑦物《モツ》ハ・前典《センテン》ノフミニ・アキラカナリ・ソノ國ノ・トサンヲモテ・ソノクニノ・
⑧年貢トスヘシ・シカルヲ・コノコロノ・都督《トトク》・刺史《シヽ》・功《コウ》ヲタテ・名ヲ・アケンカ
又云サカイヲコヘテタツネモトムアマネク
⑨タメニ・ソノ國ノ・土産《トサン》・アルイハ・ヨカラストキ、テ・サカイヲコエテ・タツネ
⑩モトム・アマネク・コノ風俗《フウソク》ニシタカテ・國々・苦労《クラウ》ヲナス・ヨロシク・コノ
⑪ツイエヲ・アラタメテ・ソノクニクニノ・土産《トサン》ヲ・モチイルヘシ
⑫貞観中《チウ》ニ・林邑國《リンイウコク》ヨリシロキ・鸚鵡《アフム》ヲ・タテマツル・ソノ性《セイ》サトク・

〔三十二ウ〕

---

⑪ミルコト（左漢文注「毎也」）ニ

〔三十二オ〕

⑨（行頭に「詞ノ前／後只同」とあり）、土産（左漢文注「土貢也」）

〔三十二ウ〕

①ソノ舌辨《シタヘン》アリ・ヨク・モノイフ鳥《トリ》ニシテ・人ノコトハニコタウ・シカレトモ・
②アウムノ・イテタル・南《ナン》-方《ハウ》・シキリニ・アタ、カナリ・ミヤコノ・寒《カン》ニ・タウヘ
③カラス・太-宗・コレヲアハレムテ・ツカヒニツケテ・カヘサシム
④貞観十三年ニ・疎《ソ》勒《ロク》・朱倶《シユク》・波甘《ハカン》・等《ラ》ノクニ〱・ツカイヲメ・
⑤方《ハウ》-物《モツ》ヲ・獻《ケン》セシム・太-宗・群《クン》-臣《シン》ニ・カタテノタマハク・近《キン》-代《タイ》天-下ヲ・タイ
⑥ラケテ・邊《ヘン》-方《ハウ》ヲ・サタメタルハ・秦《ノ》始《シ》皇《クワウ》・漢武《フ》-帝《テイ》ナリ・シカレトモ・
⑦始-皇・暴《ホウ》-虐《キヤク》ニシテ・子《コ》ニイタテ・ホロヒタリ・漢-武・奢《ヲコリ》ホシイマ、
⑧ニシテ・國《コク》-祚《ソ》・ホト〱タエタリ・朕《チン》・四《シ》-海《カイ》ヲサタメ・遠-戎《トヲキエヒス》ヲ・シタカヘタル
⑨事・カノ二《シ》-主《シュ》ニ・ヲトラシ・、カレトモ・二主ノ・ヲハリヲ、モフニ・タモツ
⑩事・アタハス・朕カレヲモテ・イマシメトシテ・アエテ・ヲコタル事ナシ・イマ
⑪モシ・天-下・サタマラス・中《チウ》-國《コク》・ヤスカラスハ・西《セイ》-域《イキ》・日南《シツナン》ノ・ツカイ・ナニ、
⑫ヨリテカ・貢物《コウモツ》ヲサ、ケテ・キタラン・朕コレヲミテ・カヘテ・イヨ〱ヲ

〔三十三オ〕

①ソレヲイタク・卿《ケイ》-等《ラ》・朕カアヤマチヲ・カクスコトナクシテ・直言正諫《チヨクケンシヤウカン》メ・
②アヒタスケ・タ、スヘシ・モシトモニ・ヘツラエル言ヲ・ス、メテ・ムネニシタカ
③テ・ミタリニホメハ・國ノホロヒン事・タチトコロニ・マツヘシ
④貞観十八年ニ・太-宗・高麗《カウライ》ヲ・ウタントス・高-麗ノ・莫離支《ハクリシ》
⑤ツカイヲシテ・白金《ハクキン》ヲ・獻《ケン》セシム・褚遂良《チヨスイリヤウ》イサメテ申サク・コレヲ・

〔三十三オ〕

⑥ヲサムヘカラス・莫離支《ハクリシ》ハ・ソノ・九《キウ》主《シュ》ヲ・コロセルユヘニ・九《キウ》夷《イ》イレサル・
⑦トコロナリ・コレニヨテ・陛《ヘイ》下・カノ主《シュ》ヲ・ハツカシメタル事ヲ・報《ホウ》センタメ
⑧ニ・兵《ツハモノ》ヲ・ヽコシテ・トフラヒ・ウタントス・イニシヘハ・君ヲコロセル臣ヲ・ウツ
⑨トキハ・ソノヲクル・マイナヒヲ・ウケス・ムカシ・宗督《ソウトク》魯《ロ》ノキミニ・郜《カウ》
⑩鼎《テイ》ヲ・ヲクル・恒（桓）公コレヲ・大《タイ》廟《ヘウ》ニウケタリ・臧哀伯《サウアイハク》イサメテイハ
⑪ク・人ニ君タルモノハ・徳《トク》ヲ・アキラカニシ・悪《アク》ヲ・フサカントス・イマキミ・徳
⑫ヲケシ・悪ヲタテヽ・ソノマイナヒヲ・大廟《ヘウ》ニヲケリ・百官《クワン》ミナ・

〔三十三ウ〕

①コレニカタトル・イマ・ナニヲカ誅《チウ》セン・周　武王《シユウノフ》商　紂《シヤウチウ》ニ尅《カチ》テ・九《キウ》鼎《テイ》
②ヲ・洛邑《ラクユウ》ニ・ウツセリ・義《キ》士《シ》・アルイハ・ナヲコレヲ・ソシル・イハンヤ・違《イ》乱《ラン》
③ノ・マイナヒヲウケテ・大廟《ヘウ》ニヲクル事・ソレイカン・カノ春秋ノ書《ショ》
④ハ・百《ハク》王ノ・法《ハウ》ヲトル・モシ不《フ》忠《チウ》ノ臣ノ・ヲクリモノヲ・ウケ・モシ・主《シュ》
⑤ヲ・ホロホス・臣ノ貢《コウ》物《モツ》ヲ・イレテ・アヤマリト・セスハ・ナンソ・義《キ》兵《ヘイ》
⑥ノ・ウツトコロ・タヽンヤ・臣・ヲモハク・莫《ハク》離《リ》支《シ》カ・タテマツルトコロ・
⑦ミタリニ・ウクヘカラス・太宗・コレニシタカテ・ウケス
⑧貞観十九年ニ・高麗《ライ》ノ王・高《カウ》臧《サウ》・ヲヨヒ・莫離支《ハクリシ》・蓋蘊文《カイソフン》
⑨等《ラ》・ツカイヲシテ・二ノ美《ヒ》人《シン》ヲ・タテマツル・太宗・ソ・ノツカイニ・
⑩カタテノタマハク・コノ女《ニヨ》人ノ・ソノチヽ・ハヽ・アニ・ヲトヽ・本《ホン》國《コク》ニ・ハナレ

⑫ケシ（左漢文注「消也」）

〔三十三ウ〕

⑧ヲヨヒ（左漢文注「及也」）

⑪ンコトヲ・アハレムラン・モシ・ソノイロヲ・愛《アイ》シテ・コレヲト、メハ・カナラス・

⑫ソノコ、ロヲ・ヤフルヘシ・ヨテ・フタリナカラ・コレヲ・カヘス

〔三十四オ〕

① 〔三十四オ〕

②

③

④貞観政要巻第八

（巻第八は以上）

〔一オ〕
①貞観政要巻第九　　史臣呉兢撰
②征伐《セイハツ》ノ・タ、カヒニ・カツ事ヲ・議《キ》スル・篇《ヘン》・第卌四
③邊國《ヘンコク》ヲ・ヤスカラシメム・事ヲ・議《キ》スル篇《ヘン》・第卌五
④
⑤
⑥
⑦征伐《セイハツ》ノタ、カヒニ・カツ事ヲ・議《キ》スル・篇《ヘン》・第卌四
⑧武徳《フトク》九年ノ冬《フユ》・太」宗・ハシメテ・位《クライ》ニ・ツキタマヘル・コロ・突《トツ》」
⑨厥《ケツ》・頡《キツ》」利《リ》・二《シ》可《カ》汗《カム》ノ・エヒスノ・長等《チヤウラ》・ツハモノ・廾万騎《キ》ヲ・
⑩ヒキイテ・渭《イ》」水《スイ》ノ・便橋《ヘムキヨウ》ノ・キタニ・キタテ・酋《シウ》」帥《スイ》・執《シウ》」失《シツ》・
⑪思《シ》」力等《リヨクラ》ヲ・マツ・都《ミヤコ》ニ・イレシメテ・ウカ、ウ事ヲ・ナス・サカ
⑫リニ・形《ケイ》」勢《セイ》ノ・イキヲヒヲ・張《ハリ》テ・申《マウ》サク・可汗《カカム》ノ・

〔一ウ〕
①ツハモノ・百万ヲ・ヒキイテ・今《イマ》ステニ・イタレリ・命《メイ》ニ・
②ヲヨハン事ヲ・請《コウ》・太」宗ノ・、タマハク・ワレ・突厥《トツケツ》ヲ・マノ
③アタリ・自《ミツカラ》・シタシミ・ヤハラカム事ヲ・約《ヤク》シキ・シカルヲ・ナ
④ムチラ・ミナコレヲソムカハ・ワレ・優《イウ》スルトコロ・ナカルヘシ・ナム

〔一オ〕
⑧突」(入)／厥
⑨突／厥(入)、頡(入)」利(去)、
二(上濁)可(去)汗
⑩便(平)橋(平)、酋(去)」帥、執
(去)」失(入)
⑪マツ(左漢文注「先也」)
〔一ウ〕

⑤ソ・タヤスク・ツハモノヲ・ヒキヰテ・ワカ・畿内《キナイ》ニ・ヰラム・
⑥ミツカラ・コハク・サカリナルニ・ホコラハ・ワレマサニ・ナム
⑦チラヲ・戮《リク》スヘシ・酋《シウ》-帥《スイ》-・思《シ》-力《リヨク》-等《ラ》・恐《ヲソレ》テ・命《メイ》ニ・シタカ
⑧ハン事ヲ・請《コウ》・コ、ニ・蕭《セウ》-瑀《ウ》-封《ホウ》徳《トク》彝《イ》-コノ・思《シ》-力《リヨク》-等《ラ》ヲ・
⑨礼シテ・ツカハサレハ・ヨロシカラムト申・太宗ノ・、タマハタ《ク》・
⑩シカルヘカラス・イマモシ・イタシ・カヘサハ・カナラス・ワレ
⑪ヲ・恐《ヲソリ》タリトシテ・イヨ〳〵奢《ヲコ》ラム・シカシ・トラエムニハ・
⑫ヨテ・コト〳〵ク・トラヱシム・太宗ノ・、タマハク・朕《チム》・ハシメテ・位《クラヰ》ニ

〔二オ〕

①ツイテ・國家《コクカ》・イマタ・サタマラス・トキニアタリテ・ツハモノ
②、・衆《シウ》ヲ・ヒキイテ・タ、チニ・コ、ニ・イタレリ・スナハチ・ワレ・
③アヘテ・フセカシトヲモヘリ・朕《チム》・モシ・門《モム》ヲトチ・城《シャウ》ヲカ
④タメテ・ヒキコモラハ・。《カレラ》カツニノリテ・ツハモノヲ・ハナテ・カナ
⑤ラス・掠《カスメ》ウタム・又ヲホキニ・ツハモノヲ・、コシテ・ス、ムテ・
⑥カレラヲ・ウタハ・ワレ・四海《カイ》ノ・アルシトシテ・天下ヲ・シ
⑦ツムル・心ニ・タカヒヌヘシ・タ、・強-弱《キャウシャク》ノ・イキヲイ・イマノ・
⑧一《ヒトツ》ノ策《ハカリコト》　ニ・アルヘシ・ワレ・ヲモハク・ヒトリ・マツ・イテ、・カロ〳〵
⑨シウシテ・フカキ・ヲモムハカリ・ナキコトヲ・シメサム・シハラク

⑧蕭（平）-瑀（上）、封（平）徳（入）彝（平）

〔二オ〕

③門（左訓「カト」）

⑦強（平）-弱（入）

⑩アテ・六軍《リククム》ノ・ツハモノ・シタカヒ・キタルヘシト・太宗・ツイニ・
⑪單《タム》馬《ハ》ニノリテ・ヒトリ・イテス、ミテ・渭水《ヰスイ》ノ津ヲ・ヘ
⑫タテ、・匈奴《ケウト》ラカ・マイレル・コ、ロサシヲ・トウ事・ニハカ

〔二ウ〕

①ナルニ・アハテ、・頡《キツ》利《リ》等・言《コトハ》ト、コホリ・コ、ロ・ハカルコト・ナシ・シ
②ハラクアリテ・六《リツ》軍《クム》ノ・ツハモノ・クモ・カスミノコトクニ・ムラカ
③リ・タナヒイテ・マイリイタリ・頡利可《カ》汗《カム》等・イク
④サノ・ヨソオヒノ・ヲ、キニ・サカリナルヲ・ミテ・酋《シウ》帥《スイ》思《シ》
⑤力《リヨクラ》等・カ・マツ・トラハレヌルコトヲ・シリヌ・コレニヨツテ・ホヲ
⑥キニ・ヲソレテ・頡《キツ》利《リ》等《ラ》・ナカク・大唐《トウ》ノ・臣下《シムカ》ト・ナテ・
⑦カロ〳〵シク・ソムク心・アラシト・請《コフ》・チカウテ・シリソキカヘリヌ・
⑧太宗・製《セイ》作・帝《サクノテイ》範《ハム》ニ・イハク・ソレ・兵甲《ヘイカウ》ノ・ツルキ・ヨロイ
⑨ハ・ワサワヒノ・ウツハモノナリ・クニノ・ミタル、トキ・ウネ《コ》カス
⑩ユエナリ・カルカユヘニ・ツネニ・コレヲ・モチヰルヘカラス・シカレ
⑪トモ・コレヲ・マタク・ノソクヘカラス・コノユヘニ・農《ノウ》業《ケウ》ノ・ヒマニ・武《フ》
⑫藝《ケイ》ノ・威儀《イキ》ヲ・ナラウヘキナリ・ツハモノニ・練《レン》スル事・三

〔三オ〕

①年《ネム》・ナラヒヌルトキハ・軍《クム》陣《チム》ノ・等《トウ》列《レツ》ヲ・ワキマヱシル・コ、

⑪單（平）馬（去濁）

〔二ウ〕

①頡（入）利（去）
③可（去）汗
④酋（去）帥（去）
⑧製（去）作（入）

〔三オ〕

②ヲモテ・越《エツ》王《ワウ》句《コウ》践《サム》ハ・ツネニ・ソノ・威儀《イキ》ヲ・ナラウシカハ・
③ツイニ・覇《ハ》王《ワウ》ノ・業《ケウ》ヲ・ナセリ・徐《ヨシ(シヨ)》ノ・偃《エム》王《ワウ》ハ・武藝《フケイ》ノソナヘ
④ヲ・ステタリシカハ・身《ミ》ヲ・ウシナイ・國《クニ》ヲ・ホロホセリ・孔《コウ》
⑤子《シ》ノ・、タマハク・ツハモ(ノ脱)ヲ・弃《スツ》トイウハ・タ、カヒヲ・人ニヲシ
⑥エサルヲ・イウナリ・カルカユヘニ・シネ《ムヌ》・ユミヤノ・威《サ(ヰ)》儀ヲモテ・
⑦テ(衍)天下ヲ・ユタカニス・コレ・ツハモノヲ・モチイル・七徳等《ノトクラ》・
⑧ナリ　貞観ノハシメニ・嶺《レイ》南《ナム》ノ・モロ〳〵ノ國ヨリ・奏《ソウ》シテ
⑨申サク・高州《カウシウ》・酋帥《シウスイ》馮《フ》盎《アウ》談《タム》殿《テム》ツハモノヲ・。タテ（阻《タム》也・真名本合之ム）、謀反《ホン》
⑩セリト・コ、ニ・将軍《シヤウクム》・藺謨《リムホ》ニ詔《セウ》シテ・江《カウ》嶺《レイ》ノ・数十州《スシツシウ》ノ・
⑪ツハモノヲ・起《ヲコ》シテ・コレヲ・ウタシメムトス・魏徴《キテウ》イサメ
⑫テ・申サク・嶺《レイ》表《ヘウ》・ミチ・ケハシウシテ・ヤマカハ・ヘタテ、・

〔三ウ〕

①フカシ・ツラナル・ツハモノ・赴《ヲモムキ》カタシ・疫癘《エキレイ》・アルイハ起《ヲコ》
②ル・モシ・コ、ロノコトク・ナラスハ・クユトモ・ヲヨフヘカラス・又・馮《フ》
③盎《アウ》談《タム》殿《テン》モシ・ソムク・心アラハ・乱《ラム》兵《ヘイ》・ナムソ・サカヒニ・アラハ
④レサラム・ソムク・ヨシヲ・告《ツク》トイウトモ・反ノ・カタチ・イマタナラス・
⑤乱《ラム》兵《ヘイ》・アラハレサル。《ニ》・陛《ヘイ》下《カ》・ナムソ・ヲトロイテ・カロ〳〵シク・ツハ
⑥モノヲウコカサム・太宗・コレニ・シタカツテ・嶺表《レイヘウ》ノクニ〳〵・果《ハタ》

②越（入）王（平）
③覇（去）王（平）、業（入濁）
⑨酋（去）帥（去）、馮（平）盎、談（平）殿、タテ、（左傍に「ヘ――」とあり）
⑩藺（去）謨（去濁）
⑫嶺表（上）
〔三ウ〕
①疫（入）癘（去）

⑦シテ・事ナシ・ソノ、チ・侍《シ》臣《シム》・奏《ソウ》シテ申サク・馮《フ》盎《アウ》談《タン》殿《テン》ヲハ・
⑧ムカシノ世ニモ・ツネニ・ミタレカハシク・征《セイ》伐《ハツ》セラレキ・當《タウ》今《キム》
⑨ノ・時《トキ》モ・議《キ》者《シャ》・シキリニ・ウツヘキヨシヲ・請《コヒ》キ・シカルヲ・陛《ヘイ》
⑩下《カ》・ヒトリノ・單使《タムシ》ヲ・ツカハシテ・嶺《レイ》外《クワイ》ノクニ〱ヲ・オトロ
⑪カスコト・ナク・シツメタマヘリ・太宗ノ・、タマハク・馮《フ》盎《アウ》談《タム》殿《テン》
⑫カ・ソムケルヨシノ事・嶺《レイ》南《ナム》ノ・モロ〱ノクニ・ヲナシク・

〔四オ〕

①コレヲ・申シキ・議《キ》者《シャ》・シハ〱・又・ウタム事ヲ・請《コヒ》キ・朕《チム》・カナ
②ラス・ウチシツメム事ヲ・、モヒキ・シカルヲ・魏《キ》徴《テウ》タ、・ナツ
③クルニ・徳《トク》ヲモテセハ・ウタストイヘトモ・ヲノツカラ・カナラ
④スキタリナムト・申シキ・ステニ・ソノハカリコトニ・シタカ
⑤ヒテ・嶺《レイ》表《ヘウ》・コトナキコトヲ・エタリ・一《イチ》軍《クム》ヲ・労セスシテ・
⑥十万《ハム》ノ・イクサニ・カツコトヲ・エタリ・スナハチ・魏《キ》徴《テウ》カ・
⑦ハカリユ(コ)トナリ・ヨテ・魏《キ》徴《テウ》ニ・キヌ・五百疋タマウ・魏《キ》徴《テウ》
⑧辞シテ申サク・陛下《ヘイカ》・徳《トク》ヒロク・ヲヨムテ・八表《ハツヘウ》・コト〱ク・
⑨シツカナリ・臣《シム》ナムソ・陛下《ヘイカ》ノ功《コウ》ヲ・ムサホリテ・モテ・ヲ
⑩ノレカ功トセムヤ・太宗ノ・、タマハク・臣下《シムカ》ノ・ヨキ事・ア
⑪ラム時《トキ》ハ・カナラス・揚《アケ》・アラハシテ・マサニ・カクノコトク

⑩單(平)使

〔四オ〕

⑫スヘシ・杜《ト》如《ショ》晦《クワイ》カ申サク・陛下《ヘイカ》・聖明《セイメイ》ナルカユヘニ・カミ

〔四ウ〕

①ノ功《コウ》ヲ・推《ヲシ》テ・ヨキコトヲ・下ニ・ユツリタマエリ・イニ
②シヘノ・帝《テイ》王《ワウ》モ・カクノコトキノ事・ソレ・アル事・ハナハタ
③カタシ
④貞観四年ニ・有《イウ》司《シ》・上書《シャ言 ケム真名本》シテ・申サク・林《リム》邑《イウ》國《コク》ノ・エヒス・
⑤表《ヘウ》疏《ソウ》シテ・シタカハス・請《コウ》・ツハモノヲ起《ヲコ》シテ・討撃《タウケキ》セシ
⑥メム・太宗ノ・ヽタマハク・タテ・ホコ・ヤネキツルキ・ラハ・ワサハ
⑦ヒノ・ウツハモノナリ・ウコカスコトヲ・コノムヘカラス・シカ
⑧レトモ・コレヲ・ウコカスコトハ・國ミタル、トキ・ソレ・ヤム事ヲ・
⑨エサルユヱニ・コレヲ・モチヰルナリ・後《コ》漢《カム》ノ・光《クワウ》武《フ》帝《テイ》ノ・ヽタ
⑩マハク・ヒトタヒ・ツハモノヲ・オコスコト・鬢《ヒム》髪《ハツ》・ヲホヱス
⑪シテ・カナラス・白事《シロキ》ヲナスト・イニシエヨリ・コノカタ・ツハ
⑫モノヲ・キハメタ、カヒヲ・キハムルモノ・イマタ・ホロヒサル

〔五オ〕

①ハ・アラス・符《フ》堅《ケム 人名也》ミツカラ・ツハモノ、・コハキ事ヲ・タノムテ・
②晋《シム》ノ世《ヨ》ヲ・ウハ、ムト欲《ホッ》シテ・ツハモノヲ・オコス事・百万
③也《ナリ》・一擧シテ・ホロヒタリ・隋帝《スイテイ》・又高麗《マタカウライ》ヲ・トラムト

〔四ウ〕

④上書《シャ言 真名本》シテ・（「書」の左傍に傍線あり）

〔五オ〕

③一擧（左音「タイキヨ」）

④シテ・トシコトニ・ツハモノヲ・オコシキ・人《ヒト》・役《エキ》ニ・タエスシテ・ウラ
⑤ミヲ・オコシキ・人ノ・ウラミニヨテ・ツイニ・匹夫《ヒツフ》ノ手ニ・シ、
⑥タリ・又《マク（タ）》・往年《ワウネン》・突厥《トツケツ》・可《カ》汗等《カンラ》・我國家《ワカコツカ》ヲ・オカシテ・
⑦シハ〳〵・ヲコリキタリキ・カレラカ・クニ〳〵・征役《セイエキ》ニ・ツカレ
⑧テ・ツイニ・ホロヒテ・ワレニクタレリ・朕《チム》・コレラヲ・ヲモウニ・
⑨タヤスク・ツハモノヲ・オコスヘカラス・カノ・境《サカイ》・ヤマ・カハ・サカ
⑩シウシテ・瘴癘《シヤウレイ》ノ・ヤマヒ・ヲホシ・モシ・ワカツハモノ・ヲモ。ムイテ・
⑪疾疫《シツエキ》ノ・ヤマヒセハ・カノエヒスニ・カツトイウトモ・又ナ
⑫ムノ益《エキ》カ・アラムヤ

〔五ウ〕

①貞観五年ニ・康國王《カウコクワウ》・歸附《キフ》シテ・外臣《クワイシム》タラムコトヲ・
②請《コウ》・太宗・侍臣《シシム》ニ・カタテ・ノタマハク・ムカシノ・帝王《テイワウ》・ヲホキ
③ニ・經營《ケイエイ》シテ・クニヲ・ヒロウシテ・身《ミ》ノ・、チノ・ムナシキ・ナ
④ヲ・モトム・ソレ・身《ミ》ニ・益《エキ》ナウシテ・人・ハナハタ・クルシム・タトヒ・
⑤身ニ・益《エキ》アリトモ・百姓《ヒヤクシヤウ》ナケキアラハ・朕《チム》・カナラス・コ
⑥レヲ・セシ・イハムヤ・又《マタ》・身《ミ》ニ・益《エキ》ナウシテ・アマサヘ・百姓《ヒヤクシヤウ》ヲ・
⑦ハツラハセハ・ムナシキナヲ・モトムル事・ナカクヲモウヘカラ
⑧ス・モシ・康國《カウコク》・キタリ附《ツイ》テ・ノチ・カノクニ、・急難《キウナム》アラハ・

〔五ウ〕

⑥セシ（「セ」の左肩から左に横線あり、その先に「不為」とあり）

⑨朕・ツハモノヲ・ツカハシテ・カレヲ・スクハスハ・アルヘカラス・ツハ
⑩モノ・万里ニ・ヲモムカハ・豈《アニ》・人ヲ・労《ラウ》セシムル事・ナカラム
⑪ヤ・モシ・我《ワレ》・人ヲ・労セシメテ・ムナシキ名《ナ》ヲ・モトメム事・
⑫朕《チム》カ・欲《ホツ》スル・トコロニアラス・歸《キ》附《フ》セムト・請《コウ》トイヘトモ・

〔六オ〕

①モチヰヘカラス
②貞観十四年ニ・侯《コウ》君集《クムシウ》ヲ・モテ・将《シヤウ》トシテ・高《カウ》昌《シヤウ》國《コクヲ》・ウタ
③シム・イクサノ・柳《リウ》谷《コク》ニ・ヤトルニ・ヲヨムテ・高昌《カウシヤウ》ノ・王《ワウ》・麹《キク》文泰《タイ》・
④死《シ》ヌ・日《ヒ》ヲヱラムテ・ハウフラムトス・侯《コウ》君《クム》集《シウ》カ・候《コウ》騎《キ》カ・
⑤イハク・カノ・麹《キク》文泰《フンタイ》ヲ・ハフル時《トキ》・輕騎《ケイキ》二千騎ヲ・モテ・
⑥コレヲ・オソウテ・ウツヘシト・イウ・ソイノ将《シヤウ》・薩万均《サツハンキム》姜《キヤウ》
⑦行本等・ミナモテ・シカルヘシトイウ・侯君集《コウクムシウ》カ・イハク・
⑧天子・イマ・高《カウ》昌《シヤウ》ノ・王ノ・奢《ヲコリ》ヲモテ・ワレヲシテ・天ノ罰《ハツ》ヲ・
⑨オコナハシム・イマ麹《キク》文泰《フンタイ》ヲ・ハウフル・ヒマヲ・ウカヽ・ウテ・
⑩ツカノ・ホトリヲ・オソハヽ・武《タケ》キ事ヲ・稱《セウ》スルニ・タラシ・又・
⑪奢《ヲコリ》ヲ・イマシムル・イクサノ・礼《レイ》ニ・アラスト・ツイニ・ツハモノ
⑫ヲ・オサヘテ・喪儀《サウキ》ヲ・遂《トケ》シメテ・ノチ・イクサヲ・スヽメテ・

〔六ウ〕

〔六オ〕
〔六ウ〕

①ウテ・ソノクニヲ・タイラク
②貞観十六年ニ・太宗・。侍《シ》臣《シム》ニ・カタテ・ノタマハク・北狄《ホクテキ》ノ・ヱヒス・
③世々ニ・ミタレテ・アタヲナス・イマ・延陀《エンタ》ハナハタ・コハシ・コレカ
④タメ・二ノ《フタツ》・ハカリコトアリ・選《エラメルト》 ・徒・十万騎《キ》ヲ・モテ・コレヲ・虜《リヨ》セ
⑤シメハ・兇醜《キャウシウ》ヲ・ノソキハラテ・百年・事・ナカラム・コレ・ヒトツノ・
⑥ハカリコト也・又・モシ・ソレ・ツイニ・キタリ請《コハ》ハ・コレト・姻《イム》媾《コウ》ノ・
⑦ヨシミヲムスハム・ワレ・天下ノ・タミノ・チ、ハ、タリ・北《ホク》狄《テキ》・シツカ
⑧ナルヘクハ・ナムソ・ヒトリノ・ムスメヲ・ヲシマムヤ・北《ホク》狄《テキ》ノ・風《フウ》俗《ソク》
⑨ヲ・キクニ・クニノ事・ヲホクハ・ウチツカタノ・マツリコトニ・ヨ
⑩ルト・モシ・子ヲウメラハ・ワカ・外孫《クワイソン》ナルヘシ・外《クワイソン》孫・北《ホク》狄《テキ》ノ・
⑪長《チャウ》タラハ・中國ノ・ミヤコヲ・オカスヘカラス・コレヲモテ・
⑫コレヲイヘハ・邊《ヘン》境《キャウ》ヲ・エタルニ・卅年《ネン》ノ・アイタ・

〔七オ〕

①事ナカルヘシ・二ノ・ハカリコトヲ・イツレヲカ・サキトセム・房《ハウ》玄《ケム》
②齢《レイ》コタヘテ・申サク・隋《スイ》ノ・大乱《ラム》ノ・、チ・人・半《ナカハケム》減シテ・イマタ・
③復《フク》セス・ツハモノハ・ワサワイノ・ウツハモノナリ・タ、カヒ・イ小
④アヤウキ・ミチナリ・カルカユヱニ・ウコカシ・モチ。《イ》ル事・聖《セイ》人《シム》・
⑤ハナハタ・コレヲ・ツ、シム・シカレハ。《ス》ナハチ・北《ホク》狄《テキ》ヲ・ヤハラケ・シタ

③延(平)陀(平)
④選(平)・徒(平)
⑤兇(平)醜(去)
⑥姻(平)媾(平)

〔七オ〕

⑥シムル事・天下ノ・サイハイナルヘシ
⑦貞観十七年ニ・太宗・侍《シ》臣《シム》ニ・カタテ・ノタマハク・蓋蘊《カウソ》文《フン》
⑧ソノ・主《シユ》ヲ・コロシテ・國《クニ》ヲウハヱリ・エヒスノ・シハサタリト・イヘ
⑨トモ・マコトニ・シノヒカタキ・アクナリ・コレヲ・タ、シ・ウタムト
⑩ヲモウト・イヘトモ・朕《チム》・ツハモノヲ・ウコカサム事ヲ・ハ、カル・
⑪又《マク(タ)》契丹《ケイタム》靺《ハツ》鞨《カツ》ノ・クニ〳〵・サハキヲトロカム・イカム・房《ハウ》玄齢《ケンレイ》コ
⑫タヱテ・申《マウ》サク・イニシヘヨリ・強《コハ》キモノハ・ヨハキヲ・シノキ・

〔セウ〕

①ヲホカルモノハ・スクナキヲ・シエタク・ミナ・列國《レツコク》ノ・ナラ
②ヒナリ・イマ・陛《ヘイ》下《カ》・カノ・殺逆《セツケキ》ノ臣《シム》ヲ・タ、シウタム事・
③タヤスシトイヘトモ・ヲコラムトスル・干《カム》戈《クワ》ヲ・ヤムルヲモテ・
④イタレ小《ル》・武《フ》徳《トク》トス・ムカシ・漢《カム》ノ武《フ》帝《テイ》・シハ〳〵・匈《ケウ》奴《ト》ヲ
⑤ウチ・隋《スイ》ノ後《コウ》主《シユ》・三・遼《ミタヒレウ》左《サ》ヲ・セメタリ・コノユヱニ・人・マツシク・
⑥國《クニ》・ヤフレタリ・タ、・陛下《ヘイカ》・ツハヒヲ《(ラ)》カニ・察《サツ》セヨ・太宗ノ・
⑦ノタマハク・公《コウ》カ・申トコロ・マコトニ・ヨシト
⑧貞観十八年ニ・太宗・高麗《カウレイ》・莫離支《ハクリシ》ヲ・ウタムトス・
⑨莫《ハク》離《リ》支《シ》・ソノ主《シユ》ヲ・コロシテ・ソノ下《シモ》ヲ・ソコナイ・ヲヒヤ
⑩カス・ユエナリ・褚遂良《チヨスイリヤウ》ス、ムテ・申サク・陛下《ヘイカ》ノ・ツハモノ

⑦蓋（入濁）蘊（平）文（平濁）

⑪靺（入濁）鞨（入）、イカム（左漢文注「如何也」）

〔セウ〕

③干（平）戈（平）

④匈奴（平濁）

⑪ノ・ハカリ事・人・ヨク・ヲヨヒ・シルコトナシ・隋《スイ》ノ・スヱニ・カタキ・
⑫天下ニ・ミテリト・イヘトモ・陛下《ヘイカ》・コレヲ・タヒラケタリ・
〔八オ〕
①ソノ、チ・北狄《ホクテキ》・邊《ヘン》境ヲ・、カシ・西戎・礼ヲ・ウシナウニ・ヨリテ・
②陛下・コレヲヲ《（ウ）》タムト・セシ時《トキ》・群《クム》臣《シム》・イサメ・アラソハスト・
③イウコトナシ・シカレトモ・陛下・ハカリ・コトアキラカニ・サタ
④メテ・ツイニ・カタ〳〵・ウチシタカヘタリ・イマ・キク・又・高麗《カウライ》
⑤ヲ・ウタムトスト・心《コヽロ》・ヲノ〳〵・マトヒ・ヲノ、ケリ・ツハモノ・
⑥遼水《レウスイ》ヲ・ハタラムトキ・スヘカラク・尅捷《コクセウ》スヘシ・万《ハム》カ一《イツ》モ・
⑦コ、ロノコトク・ナラスハ・威ヲモテ・トヲキニ・シメス事・ナカ
⑧ラム・シカラハ・カナラス・君《キミ》・イカリヲ・オコシテ・フタ、ヒ・
⑨ツハモノヲ・ウコカサム・ツハモノ・シキリニウコカハ・安危《アムキ》ノ・
⑩ミチ・ハカリカタシ・太宗・申ヲモムキ・ヨシト・稱《セウ》ス
⑪貞観十八年ニ・太宗・ミツカラ・ヲムイテ・高麗《カウレイ》ヲ
⑫ウツ・開《カイ》府《フ》・儀《キ》同《ネウ》三司《シ》・尉《ヰ》遅《チ》・敬《ケイ》徳《トク》奏《ソウ》シテ申サク・陛下《ヘイカ》
〔八ウ〕
①ノ・車駕《シヤカ》・ミツカラ・遼左《レウサ》ニ・ユカハ・皇太子《クワウタイシ》・クニヲ・監《カム》セ
②シムヘシ・定州《テイシウ》ノ・東西《トウサイ》・二《ニ》京《キヤウ》ノ・府庫《フコ》鎮守《チムシウ》・アリトイヘトモ・

⑪カタ（左漢文注「敵也」）キ
〔八オ〕
〔八ウ〕

③ツイニ・コレムナシ・遼東《レウトウ》・ミチ・ハ・ルカナリ・ヲソラクハ・玄感《ケムカム》・

④ノ變アラム事ヲ・カツハ・邊隅《ヘムク》ノ・小國《セウコク》也・ミツカハ《(ラ)》・万乗《ハムセウ》

⑤ヲ・勞《ラウ》スルニ・タラス・タトヒ・カツコト・ヲヱタリトモ・タケキコト

⑥ヲ・稱《セウ》スルニ・タラシ・モシ・カタスハ・又・カヘリテ・ソシリヲ・ホトコ

⑦サム・フシテ請《コウ》・コレヲ・良　将《リヤウシヤウ》ニ・マカセテ・征伐《セイハツ》セシムヘシト・

⑧太宗ノ・議ニ・シタカハスト・イヘトモ・時《トキ》ノ・識　者《シヨクシヤ》・マコトニ・コ

⑨レナリトス

⑩貞観十八年ニ・江夏王《カウカワウ》・道宗《タウソウ》|太宗ニ・シタカテ・髙麗《カウライヲ》・

⑪ウツ・太宗詔《セウ》シテ・道宗|ト・李勣《リセキ》|トヲ・モテ・一陣《チム》ヲ・前《セム》

⑫鋒《ホウ》タラシム・遼水《レウスイ》ヲ・渡《ワタリ》テ・蓋牟城《カウホウセイ》ヲ・セムルニ・ヲヨムテ・

〔九オ〕

①カタキノ・ツハモノ・ヲホキニ・イタテ・挑《イトミ》・タ、中《カ》ハムトス・コ、ニ・

②官軍《クワクム》ス、マスシテ・川ヲヘタテ・山ヲヘタテ、・太宗ノ・イタ

③ラムヲ・待《マチ》テ・タ、カハムトス・江夏王《カウカワウ》・道宗《タウソウ》|議《キ》シテ・イハク・

④太宗ヲ・待《マツ》トイフ事・不可也《フカナリ》・カタキ・急　《スミヤカ》ニ・ヲモムイテ・

⑤トヲキヨリ・キタテ・ツハモノツカレタリ・タ、・オホカルヲ・タ

⑥ノムテ・ワレヲ・カコムトイヘトモ・ヒトタヒ・タ、カウテ・コト〱

⑦ク・クタイツヘシ・ムカシ・耿弇《カウカム》|・カタキニ・ムカヘルヲ・モテ・

〔九オ〕

⑦耿(平)弇(平)

⑧君父《クムフ》ヲ・、クラス・イマ・ワレ・職《ショク》ステニ・前陣《セムチム》ニ・アリ・。マサニ・
⑨ミチヲハラウテ・帝《テイ》ノ・車駕《シャカ》ヲ・待ヘシ・李勣《リセキ》ヲ
⑩ホキニ・ソノ議《キ》ヲ・ヨロコフテ・スナハチ・驍勇《ケウヨウ》ノ・ツハモノ・
⑪数《ス》百騎《ヒャキ》ヲ・ヒキイテ・タ、チニ・カタキノ・陣ニ・附《ツキ》テ・左《ヒタリ》
⑫ヨリ・ウチイリテ・右《ミキ》ヨリ・ウチイテ・右ヨリ・ウチイ

〔九ウ〕

①テ・左《ヒタリ》ヨリイツ・道宗《タウソウ》｜李勣《リセキ》｜・アヒヨイ《リ》・アヒウテ・オホキニ・
②蓋牟《カウホウノシャウ》 城ヲ・ヤフリツ・シハラクアテ・太宗・イタテ・フカク・
③ソノ・賞 勞《シャウラウ》ヲ・クハウ・道宗《タウソウ》｜陣《チム》ニアテ・足《アシ》ヲ・ソコナヘリ・
④帝《テイ》・ミツカラ・カレカタメ・針《シム》ヲ・タテシム・道宗《タウソウ》｜陣《チム》キ
⑤アオニ・タマウニ・御膳《コセム》ノ・ソナヘヲ・モテセリ
⑥貞観廾一年ニ・太宗・カサネテ・髙麗《カウライ》ヲ・ウタムトス・
⑦房玄齢《ハウケムレイ》｜コノトキ・病《ヤマイ》ニ・フシテ・イソカ《劇也》ハシキ・事ヲ・マス・
⑧ソノ子《コ》ニ・カタテイハク・當今《タウキム》・天下・静謐《セイヒツ》ナリ・タ、シ・ヒ
⑨ンカシノカタ・髙麗《カウライ》ヲ・ウタムトス・コノコトハ・ト、メラレス・
⑩ハ・クニノ・害《カイ》ヲナスヘシ・トワレ・知《シッ》テ・申《マウサ》スハ・ウ。《ラ》ミヲフクム
⑪テ・地《チ》ニ・イレルニ・ニタルヘシ・ツイニ・上 表《シャウヘウ》シテ申サク・上 古《シャウコ》・臣《シム》
⑫ト・セサルトコロノ・モノ・。《ヲ》モ・陛下《ヘイカ》・ミナ・シタカヘテ・ヨクコレヲ・

⑩驍（平濁）勇（上）

〔九ウ〕

①アヒヨイ《リ》（左漢字注「相寄」）、アヒウテ（左漢字注「相撃」）

〔十オ〕
①臣《シム》トス・突厥《トツケツ》・イニシヘヨリ・中國《チウコク》ニ・害《カイ》ヲナスト・イヘトモ・
②陛下《ヘイカ》・ヰナカラ・神策《シムサク》ヲメクラシテ・宮室《キウシツ》ヨリ・ヲリ
③スシテ・大小《タイセウ》ノ・可汗《カカム》ヲ・シタカヘタリ・カレラ・手《テ》ヲツカネ・
④カウヘヲカタムケテ・禁衛《キムエイ》ヲツトム・延陀《エムタ》・鴟張《シユチヤウ》 等《ラ》・ア
⑤イツイテ・誅戮《チウリク》セラレヌ・鐵勒《テツロク》ノ・クニ・義《キ》ヲカネテ・
⑥陛下ノ・州縣《シウケム》タラムコトヲ・請《コウ》・沙《サ》漠《ハク》ヨリ・キタ・万里《ノ》
⑦アヒタニ・シタカイ《ヒ》・ナヒカスト・イウモノ・ナシ・高昌《カウシヤウ》・吐《ト》渾《コム》
⑧ノ・クニ〱・偏帥《ヘムスイ》ヲ・ツカハシテ・セメウテ・平蕩《ヘイタウシ》・シタカヘ
⑨リ・高麗ノ莫離支《ハクリシ》・逆乱《ケキラム》ニシテ・卄《ソ》ノ主ヲ・コロシ・ソノク
⑩ニヲ・オヒヤカス・コノユヱニ・陛下・ミツカラ・六軍《リククム》ヲト、ノ
⑪ヘ・ヒキイテ・罪《ツミ》ヲ・遼碣《レウケツ》ノアヒタニ・問《トウ》・スナハチ・遼《レウ》
⑫東《トウ》ノ・クニヲ・ウトテ・アタヲ・トラヱ、タルコト・前後《センコ》・アヒ

〔十ウ〕
①アハセテ・数十万《スシウハツム》計也《ケイナリ》・コレヲ・諸國ニ・ワカチ・アツクル
②ニ・トコロトシテ・ミタストイウコトナシ・功《コウ》ヲナラヘ・徳《トク》ヲ
③クラフルニ・前王《セムワウ》ニ・万倍《マムハイ》セリ・陛下ノ・ミツカラ・シレルトコロ
④ナリ・微臣《ヒシム》・ナンソ・ツフサニ・トカム・陛下《ヘイカ》・仁風《シムフウ》・卒土《ソツト》ニカ

〔十オ〕
⑥沙（平）漠（入濁）

〔十ウ〕

⑤ウフラシメ・孝徳《カウトク》・配天《ハイテム》ニアラハレタリ・エヒスノ國《クニ》ノ・ホロヒ
⑥ム事ヲ・カ、ミテハ・カネテ・年《トシ》ノ・カスヲ・カソヘテ・指《サシ》シメシ・ワ
⑦カ・ツハモノ、・器量《キリヤウ》ヲ・ハカリテハ・スナハチ・勝負《セウフ》ヲ・万里《ハムリ》ノ
⑧外《ホカ》ニ・サタメ決《ケツ》ス・ハカリ事・神《シム》ノコトシ・符應《フヨウ》・タカウコトナ
⑨シ・良将《リヤウシヤウ》ヲ・ニケタル・イクサノウチニ・ヱラヒ・賢佐《ケンサ》ヲ・イヤ
⑩シキ・人ノスヱニ・トル・遠國《エンコク》ノ使《ツカイ》・ヒトタヒ・ミテ・面《ヲモテ》ヲ・ワスレ・
⑪ス小人《セウシム》ノ名《ナヲ》・キイテ・二《フタ》タヒ・トハス・箭《ヤ》ハ・七《ナヽツ》ノアナヲ・ウ
⑫カチ・弓ハ・六《ムツ》ノ鉤《コウ》ヲ・ツラヌク・シカノミナラス・三墳《サンホム》・五《コ》

〔十一オ〕

①典《テム》ノ・フミニ・達《タツ》シ・筆《フテ》ハ・鐘繇《シヨウヨウ》張芝《チヤウシ》カ・アトニ・コヘタリ・詞《コトハ》
②ハ・賈誼《カキ》馬融《ハイウ》ニ・スキ・文《フム》ハ・宮《キ》・商角《シヤウカク》・徴《チ》ヲ・フル《（ウ）》ヲ・秋《シウ》
③毫《カウ》ノ・スコシキナル・ヨキ事・アレハ・舟《フネ》ヲノム・ヲホキナル・罪
④ノ・アミヲ・ユルス・耳《ミヽ》ニ・サカサマナル・イサメ・心《コヽロ》ニト、メテ・コレ・
⑤ヲキ、命《イノチ》ヲイクル・徳《トク》・江海《カウカイ》ノ・アヒタニ・ホトコシ・殺《コロス》事ヲ
⑥ト、ムル・仁《シム》・屠肆《トシ》ニ・ヲコナウ・鳧鶴《フクワク》ノ・トリ・ナヲ・イネ・ア
⑦ハノ・穂《ホ》ヲ・ニナヒ・犬馬ノ・ケタモノ・惟蓋《イカイ》ノ恩《ヲム》ヲ・カウムル・
⑧馬《ムマ》ヨリヲリテ・思摩《シハ》カ・キスヲ・吮《スイ》・ツカニ登《ノホリ》テ・魏徴《キテウ》
⑨カ柩《ヒツキ》ニ・ノソム・タ、カイニ・死セネ《ル》・卒《ソツ》ヲカナシミ・ナクコトニ・

⑦勝負（左訓「カチマケ」）

〔十一オ〕

②行頭に漢文注「真名本／文鋒既ニ振則《トキハ》／宮・―」とあり

⑥屠肆（左訓「ホフルイチクラ」）

⑧思摩（平濁）

⑨ナク（左漢文注「哭也」）コトニ

⑩六軍《リクム》ノ・ツハモノ・アハレミ・感《カン》セストイフコトナシ・罪《ツミ》ナキ民《タミ》ノ・
⑪コロサレム事ヲ・、シムテ・心《コ、ロ》ヲ・獄囚《コクシウ》ニ・コトハヲ《リ》ツクス・聖《セイ》
⑫功《コウ》ノ・フカク・トヲキ事・微臣《ヒシム》・イカテカ・論《ロム》スルニタラム

〔十一ウ〕 〔十一ウ〕

①ヤ・シカレトモ・周易《シウエキ》ニ・イハク・進《ス、ム》モノハ・シリソク義《キ》アリ・
②存《ソム》セルモノハ・亡スル理《リ》アリ・得《エ》タルモノハ・ウシナウ道《ミチ》
③アリ。《ト》・老子《ラウシ》ノ、タマハク・タレル事ヲ・タレリト・シリヌル
④時《トキ》ハ・恥《ハチ》ニヲヨハス・ト、ムヘキコトヲ・ト、ムヘシト・シリヌルト
⑤キハ・アヤウカラス・臣《シム》・オモハク・陛下《ヘイカ》ノ・サカリナル・徳《トク》・サカ
⑥リナル・功《コウ》・ステニタレリ・地ヲヒラキ・境《サカイ》ヲヒラケル事《コト》・又《マタ》・
⑦ヤミヌヘシ・カノ・高麗《カウライ》ハ・イヤシキ・ヱヒスノ・タクヒナリ・仁《シム》
⑧徳《トク》ヲモテ・懐《ナツク》ヘカラス・礼義《レイキ》ヲモテ・責《セム》ヘカラス・ソノ・
⑨種類《シユルイ》ヲ・ウタハ・ヲソラクハ・死スルモノ・アマネカラム・事
⑩ヲ・ソレ・陛下《ヘイカ》・死罪《シサイ》ヲ・決《ケツ》スル・タヒコトニ・イタツカハシク・
⑪五 ・覆奏《イッタヒフクソウ》セシムル事ハ・人ノ・イノチヲ・、モウスルユヘナリ・
⑫イマ・六軍《リツクム》ノ・ツハモノ・一 罪《ヒトツノツミ》ノ・ユヘナウシテ・行陣《カウチム》ノアヒタ

〔十二オ〕 〔十二オ〕

①ニ・進《ス、》・釼《ミツルキ》・ヤサキノ・マヱニ・ツ。《ラ》ナテ・肝脳《カムナウ》ノ・ナツキ・地ニ・マミ

②レ・魂魄《コンハク》ノ・タマシヰ・カヘラサルヘシ・妻《メ》ハ・夫《ヲツト》ヲ・戀《コヒ》・母《ハヽ》ハ・子《コ》ヲ・オ
③シミ・ヲサナキ・ミナシコハ・父《チヽ》ナク・ヲイタル・ヲキナハ・孫ニワカレ・
④輜車《シシヤ》ニ・ノソムテ・心ヲクタキ・枯《カレ》タル・骨《ホネ》ヲ抱《イタキ》テ・ナミタ
⑤ヲナカサム・マコトニ・天下ノ・イタミナリ・陰陽《イムヤウ》・變《ヘンシクワキ》・和気・ヤフ
⑥レナム・又・ツハモノハ・ワサハヒノ・ウツハモノ・タ、カイハ・アヤウキ・
⑦道也《ミチナリ》・タ、・ヤメカタキ時《トキ》ニ・アタテ・ソナヘ・モチヰル・トコロナリ・
⑧ソレ・陛下《ヘイカ》ノ・タミヲホロホシ・陛下ノ・國《クニ》ヲミタラハ・スナハチ・
⑨日々《ヒ〱》ニ・万夫《ハムフ》・死《シス》トモ・イクサヲ・、コスニ・ハ、カラシ・イマ・高麗《カウライ》
⑩ノ・不義《フキ》ヲ・キクニ・内ニハ・フルキ・主《シユ》ト・乱《ラム》ヲ・、コシ・外《ホカ》ニハ・新羅《シムラ》
⑪ト・アラソヒ・タ、カウ・イマ・コノユヘヲ・モテ・征伐《セイハツ》ヲ・オコサハ・存《ソム》
⑫スルトコロハ・（ス脱）コシキニシテ・損《ソコ》ナウトコロ・ヲホカラム・ネカハク

〔十二ウ〕

①ハ陛下・タレルヲ・タレリトシ・ト、ムヘキヲ・ト、ムル・老子《ラウシ》ノ・イマシ
②メニシタカヘ・寛大《クワムタイ》ノ恩《ヲム》ヲ・イタシテ・高麗《カウライ》ノツミヲ・ユルシ・浪《ナミ》ヲ
③シノク・イクサノ舟《フネ》ヲ・焼《ヤキ》・募《ツノリ》ニ應《ヨウ》スル・ツハモノ、・衆《シユ》ヲヤメ
④ヨ・老臣《ラウシム》・ヤマヒ篤《アツシ》・一朝《テウ》ニ・地《チ》ニ・イリナムトス・ツ、シムテ・ノコ
⑤レル息《イキ》ヲ・ツクシテ・草《クサ》ヲムスフ・マコトニ・カヘタリ・タマ〱・コノ・
⑥カナシミ・ナク事ヲ・録《ロク》セラレハ・臣《シム》・死トモ・ヤスカラム・太宗・

④輜車（左注「私喪ノ車也」）

〔十二ウ〕

①タレル（左漢文注「足也」）ヲ

⑥ナク（左漢文注「泣也」）

⑦表《ヘウ》ヲミテ・歎《ナケイ》テ・ノタマハク・コノ人・ヤマイ・マコトニ・アヤウシ・ナヲ・
⑧我《ワカ》クニヲ・ウレウル事・マコトノ・忠臣《チウシム》ナリ
⑨貞観廾二年ニ・軍旅《クムリヨ》ノイクサ・シハ〳〵ウコキ・宮室《キウシツ》ノ・造《サウ》
⑩作《サク》・シキリニヲコル・徐氏《シヨシ》|上書《シヤウシヨ》シテ・申サク・貞観ヨリコノ
⑪カタ・廾二年・雨ト、コホリ・風シツカニシテ・水旱《スイカム》ノ・ツイ
⑫ヱナシ・漢武《カンフ》帝《テイ》ハ・世ノツネノ・主《シユ》ナリ・ナヲ・名《ナ》ヲ・キサムテ・

〔十三オ〕

①符《フ》ニノホレリ・齊・桓 公《セイノクワンコウ》ハ・小國《セウコク》ノ君《キミ》ナリ・又金《コカネ》ヲ・ヌル・ノ・ソミ
②ヲ・ハ、カレリ・陛下《ヘイカ》・徳百王《トクハクワウ》ヲ・咀嚼《シヨシヤク》ト・ノミクラヒ・功《コウ》・千代《センタイ》ヲ・
③網羅《ハウラ》ト・コメツラネタリ・タ、シ・ハシメヲ・マホリ・スヱヲ・持《タモツ》 事・
④聖賢《セイケン》モ・カヌル事・マレナリ・ソレ・業大《ケウオホイ》ナルモノハ・奢《ヲコリ》ヤスシ・ネカ
⑤ハクハ・陛下・奢《ヲコル》 事ヲ・カタシトセヨ・ハシメヲヨクスレトモ・ヲヘカタシ・
⑥ネカハクハ・陛下《ヘイカ》・終《ヲハリ》・ヤスシトセヨ・コノコロ・力 役《リヨクエキ》・アヒカネタルヲ・
⑦ミルニ・東《ヒンカシ》 ニ・遼海《レウカイ》ノ・イクサアリ・西《ニシ》ニ・崑丘《コンキウ》ノ・タ、カヒアリ・士馬《シハ》・
⑧甲冑《カツチウ》ヲ・カウフルニ・ツカレ・舟車《フネクルマ》・粮米《ラウマイ》ヲ・ハコフニ・モノウシ・
⑨行《ユク》ハ・タ、カヒ・ト、マルハ・運《ハコヒ》・イキ・死《シニ》ノ・役《ヤク》ヲ・ヘタツト・イヘトモ・
⑩風ニヨリ・浪《ナミ》ニウカムテ・人モ・米《ヨネ》モ・沈《シツム》・アヤフミヲ・ノカレス・一夫《イツフ》・
⑪耕作《カウサク》ヲ・ステツレハ・数《ス》十《シウ》ノ・エモノヲ・ウシナウ・一《ヒトツ》ノ舟・ク・

〔十三オ〕

①ヌル（左漢文注「塗也」）
②咀（去）嚼（入）
③網（上濁）羅（平）

⑫ツカヘリヌレハ・数百《スヒヤク》ノ・カテヲ・ホロホス・盡《シ》事《ツクス》アル・農業《ノウケウ》

〔十三ウ〕

①ノ功《コウ》ヲ・メクラシテ・キハマリナキ・ウミノナミニ・シツメタリ・イ
②マタ・ヱサル・他國《タコク》ノ・衆《シウ》ヲエムトシテ・ステニ・ソナハレル・我朝《ワカテウ》ノ・
③タスケヲ・ウシナヘリ・秦《シム》ノ始皇《シクワウ》カ・六國《リツコク》ノ・タ、カヒヲ事
④トセシ・ツイニ・アヤウキ・モトヰトナレリ・晋武《シムノフ》帝《テイ》ノ・三《サム》方《ハウ》
⑤ノ・イクサヲ・モハラニセシ・又・クツカヘリ・ヤフル、・業《ケウ》ヲナセリ・
⑥コレ・ヲホキナルヲ・タノムテ・欲《ヨク》ヲ・ホシイマ、ニシ・害ヲ・ワスレテ・
⑦利《リ》ヲ・モトムルニアラスヤ・妄《セウ》・キク・國ヲ・、サムル本《モト》・スルコト・ナ
⑧キニ・アルヲ・タトウ・土木《トホク》ノ功・カサネテ・カヌヘカラス・北闕《ケツ》・タ
⑨チテノチ・翠微《スイヒ》宮《キウ》ヲ・イトナミ・玉 華殿《キヨククワテム》ヲ・制セラル・水《ミツ》
⑩ニヨリ・山《ヤマ》ニ・ソウトイヘトモ・墻《カキ》ヲ架《カマヘ》・土ヲ築《ツキ》・ツイヱナキニ
⑪アラス・省《セイ》スト・イヘトモ・略《リヤク》スト・イヘトモ・ナヲ・功力《コウリヨク》ノ・ワツラヒアリ・
⑫茅茨《ハウシ》・キラストイヘトモ・石木《セキホク》ノ・ツカレヲ・、コス・ヤハラケ・

〔十四オ〕

①ヤトフトイヘトモ・人民《ニンミム》ノ・ツイヱヲ・イタス・コ、ヲモテ・卑《ヒキ、》宮《ミヤ》・菲《ウスキ》
②室《イエ》ハ・明王《メイワウ》ノ・ヤスクスルトコロナリ・金《コカネ》ノ屋《イエ》・玉《タマ》ノ臺・奢 主《ウテナハヲコレルシユ》ノ・
③カサルトコロナリ・ネカハクハ・陛下《ヘイカ》・民《タミ》ヲ・ツカウニ・農《ノウ》ノ時《トキ》ヲ・サマ

〔十三ウ〕

⑧タ（左漢文注「建也」）／テテノチ

⑩墻ヲ架（左訓「カコイ」）

〔十四オ〕

④タケスハ・スナハチ・民《タミ》ノ力《チカラ》・ツクヘカラス・ソレ・珍玩《チムクワンキ》・伎功《カウ》ノ・
⑤ウツハ・モノ。《ハ》・國《クニ》ヲヤフル・斧《ヲノ》ナリ・金玉《キムキヨク》・錦繍《キムシウ》ハ・命《イノチ》ヲホロホ
⑥ス・毒《トク》ナリ・コ、ニシムヌ・舜 帝《シユムテイ》・ハシメテ・ウルシヌリノ・ウツハモ
⑦ノヲ・モチヰシカハ・外 國《クワイコク》ノ・諸侯《シヨコウ》アルヒハ・ソムク・心《コヽロ》ヲナシキ・
⑧殷 紂《イムノチウ》・ツネニ・玉《タマ》ノサカツキヲ・モテアソムシカハ・天下ニ・美麗《ヒレイ》
⑨起《ヲコリ》テ・國《クニ》ツイニ・ホロヒタリ・法 儉約《ハウヲイムヤク（ケ）》ニトルモノ・ナヲ・後《ノチ》ノ・奢《ヲコル》 事
⑩ヲ・、ソル・法《ハウ》ヲ・奢 範《ヲコレルノリ》ニ・ナスモノハ・ナニヲモテカ・後《ノチ》ノ世ヲ・イ
⑪マシメム・陛下《ヘイカ》・聰明《ソウメイ》ニシテ・イマタ・アラハレサル事ヲ・テラシ・智《チ》
⑫計《ケイ》・又・カキリナキニ・アマネシ・千王《ワウ》・治乱《チラム》ノ・アトヲ・カ、ミ・百代《ハクタイ》・

〔十四ウ〕

①安危《アムキ》ノ・コトハリヲ・サトレリ・タ、シ・、ル事ノ・カタキニ・アラサルヘ
②シ・ヲソラクハ・ヲコナウコトノ・ヤスカラサラムコトヲ・フシテ・ネカハ
③クハ・陛下《ヘイカ》・心《コヽロ》ヲ・コトハリ・志《コヽロサシ》 ヲ・、サヘ・ハシメヲ成《ナシ》・ヲハリヲツ、
④シミ・カロキ・過《アヤマチ》 ヲ・ケツリ・オモキ・徳《トク》ヲ・ソヘ・前非《センヒ》ヲクイテ・後《ノチノ》・
⑤是《セ》ヲ・ヱラハ、・スナハチ・ヲ、キナル・名《ナ》・日月《シツケツ》ト、モニ・ナカクテ
⑥リ・サカリナル・業《ケウ》・天地《テムチ》トトモニ・ヒサシカラム《ク魅ム》・太宗・コノ言《コト》ヲ・ヨ
⑦ミシテ・優《イウ》賜《シ》ノ・タマモノ・ハナハタ・アツシ
⑧ 邊國《ヘンコク》ヲヤスウスル事ヲ論《ロン》スル篇《ヘン》第卅五

④ツク（左漢文注「盡也」）
⑥ウルシ（左漢文注「漆也」）ヌリ（左漢文注「塗也」）ノ
⑪テラ（左漢文注「照也」）シ
〔十四ウ〕

⑨貞観四年ニ・李靖《リセイ》ヲ・将《シヤウ》トシテ・突厥《トツケツ》・頡利等《キツリラ》ヲ・ウタシメテ・
⑩ソノ・部落《フラク》ヲ・ヤフリツ・カレラ・降歸《カウキ》シテ・マイレルモノ・ヲ、シ・
⑪温《ヲム》彦博《ケムハク》議《キ》シテ・申サク・請《コウ》・カレラヲ・河南《カナン》ニヲイテ・一《ヒトツ》ニハ・スナ
⑫ハチ・エヒスヲ・ヘタツル・心《コヽロ》ナキ事ヲ・シメシ・二《フタツ》ニハ・又ムナシキ・地《チ》ニ・

〔十五オ〕

①スヘ満《ミチ》ハ・コレ・含育《カムイク》ノ・ミチナルヘシ・太宗・コレニシタカウ・魏徴《キテウ》議《キ》
②シテ・申《マウ》サク・イニシヘヨリ・イマニイタルマテ・當今《タウキン》ノコトク・匈奴《ケウト》
③ヲ・ヤフル事・アラスト・コレ・陛下《ヘイカ》ノ・神武《シムム》ノ。イタストコロナリ・ソレ・匈《ケウ》
④奴《ト》ハ・中國《チウコク》ノ・アタ・百姓《ヒヤクシヤウ》ノ・カタキナリ・陛下《ヘイカ》・イマ・ソノ・降属《カウシヨク》セル
⑤ヲ・モテ・アハレムテ・コレヲ・誅《チウ》セス・河北《カホク》ハ・カレラカ・フルキ土《ト》ナリ・
⑥河北《カホク》ニ・カヱシヲ・ラシムヘシ・河南《カナム》ニ・イルヘカラス・人面《ヒトノヲモテ》ニシテ・ケ
⑦モノ、心《コヽロ》アリ・ワカ・種類《シユルイ》ニアラス・強時《コハキトキ》ハ・中國《チウコク》ノアタリ（アタ、リ）・弱時《ヨハキトキ》ハ・
⑧スナハチ・シタカヒ服《フク》ス・恩義《ヲムキ》ヲ・カヘリミサル事・カレカ・天性《テムセイ》
⑨ナリ・秦《シム》ノ・世・漢ノ・世・コレヲ・ウレウル事・カクノコトシ・コノユヘニ・
⑩タケキ将《シヤウ》ヲ・ツカハシテ・コレヲ・ウタシム・ソノ・河南《カナム》ヲ・トテ・郡《クム》
⑪縣《ケム》トス・陛下・ナンソ・河南ノ・内地《ウチノチ》ニ・ヲカムヤ・又降《クタ》レルモノ・千
⑫万《ハム》ニヲヨヘリ・数年《スネン》ノ・アヒタニ・子孫《シソン》・過倍《クワハイ》スヘシ・モシ・帝王《テイワウ》ノ

〔十五ウ〕

〔十五オ〕

④降属（左音「ソク」）

〔十五ウ〕

①畿《キ》内《ナイ》ニ・チカツケハ・腹《ハラ》ノウチノ・ヤマヒタルヘシ・ナムソ・河《ア(カ)》南《ナム》ニヲ
②イテ・後《ノチ》ノウレヘヲナサムヤ・温彦博《ヲムケムハク》―カ申サク・天子ノ・モノヲ・、
③サムル事・天ノ覆《ヲホヒ》・地ノ載《ノス》ルカ・コトシ・ワレニ・歸《キ》スルモノ・アレハ・ス
④ナハチ・カナラス・養《ヤシナフ》ウ・イマ・ステ、・コレヲ・イレスハ・天ノコトクニ・覆
⑤ヒ・地ノコトクニ・載《ノスルキ》義・アラシ・コレヲ・河《カ》南《ナン》ニ・ヲカハ・死《シ、》タルヲ・イケ
⑥シメ・ホロヒタルヲ・存《ソム》セシムルナルヘシ・君《キミ》ノ・厚《アツキヲム》恩ニ・ナツキテ・ナカク・
⑦ソムク心・ナカラム・魏《キ》徴《テウ》―又申サク・魏《キ》ノ武《フ》帝《テイ》ノ時《トキ》・胡《コ》―落《ラク》ノ・エ
⑧ヒス・ワカレキタリ・近《キム》縣《ケン》ニヲリ・郭《クワク》欽《キム》―江《カウ》統《トウ》―奏《ソウ》シテ・塞《サイ》外《クワイ》
⑨ニ・ヲイ・、タサムトス・武《フ》帝《テイ》・ソノ言《コト》ヲ・モチヰス・数《ス》年《ネム》ヲヘ
⑩テ・ノチ・ツイニ・カレラヲコリ・乱《ミタレ》テ・瀍《テム》州《シウ》・洛《ラク》州《シウ》ヲ・カタフケ・
⑪ヲカセリ・前《セン》代《タイ》ノ・クツカヘレル・車《クルマ》・サカリナル・鏡《カ、ミ》トヲカラス・陛《ヘイ》下《カ》・
⑫温彦博《ヲムケンハク》―カ・言《コト》ヲモチヰテ・河《カ》南《ナム》ニ・ヲラシメハ・ケモノヲ・カウ

〔十六オ〕

①テ・ウレヘヲ・ナス・ワツラヒアルヘシ・温彦博―又・申テ申サク・聖《セイ》人《シン》
②ノ道《ミチ》・通《トウ》セストイウトコロナシ・突厥・イマ・イノチヲモテ・君《キミ》ニ歸《キ》ス・
③近《キン》地《チ》ヲ・サタメ・オイテ・ヲシフルニ・礼《レイ》法《ハウ》ヲモテシテ・ソノ・酋《シウ》帥《スイ》ヲ・
④エラヒテ・禁《キム》中《チウ》ノ・宿《シュク》衛《エイ》ヲ・ツトメシメハ・威《ヰ》ニヲチ・徳《トク》ニナツ
⑤クヘシ・ナムノ・ウレヘカアラム・後《コ》漢《カム》ノ・光《クワウ》武《フ》帝《テイ》・ミナミ・ノ・ヱヒスヲ・

⑧郭（入）欽（平）、江（平）統

〔十六オ〕

⑥内郡ニ・ヲイシカハ・漢《カム》ノ・藩翰《ハムカム》ノマホリトシテ・一代《タイ》ヲ・オウ
⑦ルマテニ・反逆《ホムケキ》ノ・心《コヽロ》アラスト・太宗・温彦博｜カ・議《キ》ニシタカウ・
⑧幽州《イウシウ》ヨリ・霊州《レイシウ》ニ・イタルマテ・都《ト》督府《トクフ》ヲ・順 州《シユンシウ》・柘州《シヤシウ》・長《チヤウ》
⑨州ニ・ヲヰテ・突厥《トツケツ》ヲ・オラシム・ソノナカニ・ヲイテ・長 安《チヤウアン》ノミヤコ
⑩ニ・ヲルモノ・ヤウヤク・万家《ハムカ》ニヲヨヘリ
⑪貞観十二年ニ・太宗・九城宮《キウセイキウ》ニ・臨幸《リンカウ》ス・突厥《トツケツ》・頡利《ケツリ》・可《カ》汗《カム》
⑫カ・弟《ヲト、》 中郎将《チウラウシヤウ》・阿《ア》史《シ》那《タ》・結社《ケツシヤ》・ヒソカニ・ムスヘル・所部《シヨフ》ヲ・ヒキ

〔十六ウ〕

①ヰアハセテ・突厥カ・子賀邏《カラ》鶻《コツ》ヲ・擁《キヨウ》シテ・御宮《キヨキウ》ヲ・オカ
②サムトス・事ヤフレテ・ミナ・トラヘラレテ・キラレヌ・又太宗・コレ
③ニヨテ・中國ニ・ヲケルコトヲ・クイテ・旧《キウ》部ヲ・河北《カホク》ニ・カヘシ・牙《カ》｜
④ヲ・モトノ・定襄《テイシヤウ》 城ニ・建《タテ、》・李《リ》思《シ》摩《マ》｜ヲ・モテ・乙弥《イツヒ》泥《テイ》・執候《シウコウ》・利《リ》
⑤苾《ヒツ》・可《カ》汗《カム》ヲ・ツカサトラシム・太宗・ヨテ・侍臣《シシム》ニ・カタテノタマハク・
⑥中國 百 姓《チウコクノヒヤクシヤウ》ハ・天下ノ根本《コムホム》ナリ・ヨモノヱヒスハ・國《クニ》ノ・枝葉《エタハ》ナリ・
⑦ソノ・ヱタハヲ・アツウシテ・ソノ・根本ヲ・ミタル事・豈《アニ》・ヒサシキ・ハカリ
⑧コトナラムヤ・ハシメ・魏徴｜カ・言《コト》ハヲ・モチヰスシテ・労費ノ・ハツ
⑨ラヒヲ・致《イタ》シテ・殆《ホト、》・ヒサシク・ヤスキ道《ミチ》ヲ・ウシナヘリ
⑩貞観十四年ニ・太宗・突厥《トツケツ》ヲ・オカムトコロヲ・議《キ》ス・温彦博《ヲムケムハク》｜カ

⑫阿(平)史(上)那(平濁)、結(入)
社(去)

〔十六ウ〕

①賀(去)邏(平)鶻(入)、御宮(平)
③牙(平濁)
④定(去)襄(平)城(平)、李(上)思
(平)摩(平濁)、乙(入)弥(平濁)
泥、執候(去)
⑤可(去)汗(平)

⑪申サク・隋文《スイノフン》帝《テイ》・人《シム》馬《ハ》ノ・力ヲ労《チカラヲラウ》シ・ツカラカシ・倉庫《サウコ》ノ・タク
⑫ハヱヲ・ツイヤシ・カタフケテ・可汗《カカム》ノ・ヱヒスヲ・タテヽ・ソノ國《クニ》ニ・カヘ

〔十七オ〕

①サシメタリ・シカレトモ・後《ノチ》ニ・恩《ヲム》ヲワスレ・信《シム》ヲソムイテ・煬帝《ヤウテイ》ヲ・
②鴈門《カムモム》ニカコメリ・イマ・陛下《ヘイカ》・突厥《トツケツ》カ・ノソミニ・シタカテ・河南《カナム》・河北《カホク》・
③心ニマカセテ・ヲラシム・シカレトモ・イキヲヒ・ワカレ・力散《チカラサム》シテ・イツ
④クムソ・中國《チウコク》ニ・ウレヱヲ・致《イタサ》ム・給事《キフシ》中《チウ》・杜楚《トソ》ノ客《カク》・スヽムテ
⑤申サク・北狄《ホクテキ》ノヱヒス・人《ヒト》ノ面《ヲモテ》アテ・ケモノヽ心アリ・徳《トク》ヲモテ・ナツ
⑥ケカタシ・タヽ・威《ヰ》ヲモテ・服《フク》スヘシ・河南《カナム》ノ・内地《タイチ》ニヲイテ・中《チウ》
⑦華《クワ》ノ・ミヤコニ・チカツケハ・ヒサシクアテ・カナラス・ウレヘヲナサム・
⑧煬帝《ヤウテイ》ヲ・雁門《カモム》ニ・カコムシカ・コトキニ・イタテハ・突厥《トツケツ》・ステニ・恩《ヲム》ヲ
⑨ソムク・ウヱ・隋《スイ》ノ主《シュ》・無道《フタウ》ニシテ・ヲヒヤカサレタリ・事・イニシヘヲ・
⑩師《シ》トセスハ・ナカク・ヒサシキコトヲ・ナシカタシ・太宗・ソノ言《コト》ヲ・ヨミ
⑪スト・イヘトモ・イマタ・コレニシタカハス・突厥《トツケツ》・頡利《ケツリ》ヨリ・首領《シユリヤウ》ノ・キ
⑫タリ・降《カウ》セルヲハ・アルイハ・将軍《シヤウクム》ニ拝《ハイ》シ・アルイハ・中郎将《チウラウシヤウ》ニ・拝《ハウ》ス・

〔十七ウ〕

①五《コ》品巳《ヒンイ》上《シヤウ》ノ・モノヽ・朝廷《テウテイ》ニ・列《レツ》セル・百余《ヒヤクヨ》人《ニン》ナリ・タヽ・柘設《シヤセツ》ノミ・
②イマタ・イタラス・コレヲ・マネキ・コシラフルニ・使者《シシヤ》・ミチニ・アヒツラ

〔十七オ〕

⑥内（去濁）地ニ

⑩師（平）

〔十七ウ〕

①柘（去）設（入）

③ナル・コ、ニ・涼州《リヤウシウ》ノ都督《トトク》・李《リ》大亮《タイリヤウ》」・北狄《ホクテキ》ヲ・アツメオカル、事・
④イタツラニ・中國《チウコク》ヲ・ツイヤシテ・事ニヲイテ・益《エキ》ナシト・ヲモヘリ・
⑤ヨテ・上書《シヤウシヨ》シテ・申サク・トヲキヲ・ヤスウセムト・ヲモウモノハ・
⑥カナラス・マツ・チカキヲ・ヤスウセシム・ソレ・中國《チウコク》ノ人ハ・天下ノ
⑦根本《コムホム》也・四方《ハウ》ノエヒスハ・枝葉《エタハ》ノコトキナリ・ソノ・本《モト》ヲ・カラ
⑧シテ・ソノ・末《スヱ》ヲ・サカヤカサム事・ヒサシク・ヤスキハカリ事ニ・
⑨アラス・イニシヱノ・明王《メイワウ》ハ・中國《チウコク》ヲ・オサムルニ・信《シム》ヲモテシ・夷《イ》
⑩狄《テキ》・ト、ノホルニ・威《ヰ》ヲモテス・陛下《ヘイカ》・根《ネ》ヲフカウシ・本《モト》ヲ・カタウ
⑪シテ・人・タノシク・ツハモノ・強《コハ》シ・九州《キウシウ》・サカリニシテ・ヨモノヱヒス・
⑫シタカヘリ・イマ・突厥《トツケツ》ヲ・マネキイタシテ・中國《チウコク》ヲ・ツイヤス

【十八オ】

①事・イマタ・益《エキ》アラス・又・隋《スイ》ノ時ノ・乱《ラン》ニヨテ・人ノカス・モトモ・
②減《ケム》セリ・イマタ・突厥ヲ・ウタレサリシ・天下・ナヲ・ヤスカラス・匈奴《ケウト》・
③シタカウテヨリ・コノカタ・民《タミ》・ハシメテ・農業《ノウキヨウ》ニツク・労役《ラウエキ》・イテ
④キタラハ・ヲソラクハ・妨損《ハウソム》ヲ・致《イタサ》ム事ヲ・タ、・突厥《トツケツ》ヲ・マネキ致《イタス》
⑤事・ナカク・ト、メラレムト・請《コウ》・周《シウ》ノ世《ヨ》ニハ・民《タミ》ヲ愛《アイ》シテ・ヱヒスヲ・ハ
⑥ラハレシカハ・七《シツ》」百《ハク》ノ・年《トシ》ヲタモテリ・秦《シム》ノ世ニハ・タ、カヒヲ・カ
⑦ロクシテ・胡人《コシム》ヲ・ツカウシカハ・四十歳ニシテ・タエホロヒタリ・漢《カンノ》

【十八オ】

⑧文帝《フンテイ》・ツハモノヲ・ヤシナテ・シツカニ・境《サカイ》ヲ・マホシカハ・天下・ヤ
⑨スク・ユタカナリ・漢《カンノ》・武《フ》帝《テイ》・威ヲアケテ・トヲク・タ、カウシカハ・
⑩海内《カイタイ》・ムナシウ・、スシ・隋《スイ》ノ世ニ・イタテハ・外《ホカ》ノヱヒスヲ・マネキ
⑪致《イタ》シテ・ムナシク・内《ウチ》ノ民《タミ》ヲ・ツイヤス・國《クニ》・ツイヱ・ソコネテ・後《ノチ》ニ・ク
⑫ユト・イヘトモ・益《エキ》ナシ・周漢《シウカム》ノ・ヨキアトヲ・タツネ・秦隋《シムスイ》ノ・アヤ

〔十八ウ〕

①マレル・道《ミチ》ヲ・ミルニ・ヤスク・アヤウキ道・昭 孫《ショウソム本定》トシテ・アキラカナ
②リ・シカルヲ・コノコロ・突厥《トツケツ》・アマネク・マイリアツマリテ・俘《トリコ》トス
③ルニ・アタハス・ヱヒスノ・ナラヒヲ・アラタメテ・江淮《カクワイ》ノ・アヒタニ・ヲル事・
④内地《タイチ》ニヲヒテ・ミヤコヲ・サル事・トヲカラス・仁義《シムキ》ノ・ミチニ・カ
⑤タトルトイヘトモ・ヒサシク・ヤスキ・ハカリコトニ・アラス・突厥《トツケツ》ノ・
⑥降《クタリ》キタルヲ・ミルコトニ・一人《イチニン》・カナラス・モノ・五疋《コヒキ》・袍《ハウ》・一領《リヤウ》ヲ・タマウ・
⑦酋師《シウシ》ニハ・コト〱ク・大官《タイクワン》ヲサツケ・禄《ロク》アツク・位《クライ》タトシ・貴麋《キヒ》ノ・
⑧ツイヱヲ・ホウシテ・中國《チウコク》ノソナヘモノ・ワツカニ・タラス・忠《チウ》ヲカサ
⑨ヌル・臣下《シムカ》ノ・禄《ロク》ヲウハウテ・悪《アク》ヲツメル・匈奴《ケウト》ノ・虜《リヨ》ニ・アツ・ソノ
⑩衆《シウ》・マス〱・ヲホウシテ・カタ〱・ミヤコノ・利《リ》ニアラス
⑪貞観十四年ニ・後《コ》君集《クムシウ》｜・高昌 國《カウシヤウコク》ヲ・タイラケテ・後《ノチ》・太宗・ソ
⑫ノ・クニヲモテ・州縣《シウケム》ト・セムトス・魏徴《キテウ》｜奏《ソウ》シテ・申サク・陛下・ハ

〔十八ウ〕

①昭孫トシテ（左注「｜然セム真名本」）
③ナラヒ（左漢文注「慣也」）
⑥袍（平）
⑦酋（去）師（平）

〔十九オ〕

①シメテ・天下ヲ・サタメシ時・高昌國《カウシヤウコク》ノ・王・マツ・キタテ・朝《テウ》

②謁《エツ》セリ・シカレハ・スナハチ・ソノ人ヲ・礼《レイ》シ・ソノ子ヲ・タテ、・カノ王《ワウ》

③ト・スヘシ・イマモシ・ソノ・土《ト》壌《シヤウ》ニ耽《フケリ》トテ・陛下《ヘイカ》ノ・州縣《シウケム》トセハ・兵《ツハモノ》千

④余人《ヨニン》ヲ・ツカハシテ・鎮守《チンシウ》ノ・ツカヒトシテ・数年ニ・一《ヒトタヒ》・カヨハム・

⑤往来ノ・アヒタニ・十・三四《トヲカミツヨツ》ハ・死《シ》ナム・カノ・ツカヒ・親戚《シムセキ》ヲ・ワカレ・

⑥粮《カテ》ヲ・ツイヤスト・。《イ》ウトモ・高《カウ》昌《シヤウ》ノ・一搏《ヒトニキリ》ノ・穀《コク》・一尺《イツセキ》ノ・布《ヌノ》ヲ・ヱテ・

⑦中國《チウコク》ヲ・タスクル事・アタハシ・ステニ・ソナハレル・モノヲ・散《サム》シテ・

⑧イマタ・ソナハラサル・モノヲ・モトメム事・イマタ・可也《カナリ》ト・セシ・太宗・

⑨シタカハス・ツイニ・ソノ地《チ》ヲ・トテ・西州《セイシウ》トス・ヨテ・西州ノウチニ

⑩シテ・西都《セイト》・後府《コフ》ヲ・タツ・年《トシ》コトニ・千余人《ヨニン》ノ・使《ツカヒ》シテ・地《チ》ヲ・

⑪防遏《ハウアツ》ス・褚遂良《チヨスイリヤウ》又《マタ》・上書《シヤウシヨ》シテ・申サク・イニシヘノ・明王《メイワウ》ハ・

⑫華夏《クワカ》ノ・ミヤコヲ・サキニシテ・夷狄《イテキ》ノ・ヱヒスヲ・後《ノチ》ニス・陛下《ヘイカ》・

〔十九ウ〕

①高昌《カウシヤウ》ヲ・ウテ・威《イ》・西域《セイイキ》ニ・フルウ・鯨鯢《ケイケイ》ヲ・オサメテ・君《キミ》ノ・州縣

②トス・イクサヲ・、コス年《トシ》ニ・ソノ・ツイヘ・ハナハタ・フカシ・河西《カセイ》ノ

③クニ〳〵・アレテ・五年復《ネンフク》セス・陛下《ヘイカ》・年《トシ》コトニ・千余人《ヨニン》ヲ・ツカハシ

④テ・トヲク・屯戎《トムシウ》ヲ・イトナム・年ヲハルマテニ・ハナレ・ワカレテ・万里《ハンリ》

〔十九オ〕

①マツ（左漢文注「先也」）キタ（左漢文注「来也」）テ

③耽トテ（左漢文注「取也」）

⑤ワカ（左漢文注「別也」）レ

⑥行頭に「真名本／撮」穀」とあり

〔十九ウ〕

⑤ニ・カヱラム事ヲ・オモウ・ハルカニ・ミヤコノ外《ホカ》ニ・ヲモムイテ・死《シスル》モノ・
⑥コレオホシ・又死《シス》ルノミニアラス・アルイハ・ニケウセテ・カヘラス・高昌《カウシヤウ》
⑦道《タウ》・沙《サ》磧《セキ》ノ・イサコ・千里・冬《フユ》ノ風《カセ》ニ・コホリ・ハケシク・夏《ナツ》ノ風・
⑧ヤクカコトシ・陛下・豈《アニ》・高昌《カウシヤウ》・一斗《イツト》ノ・ヨネヲエテ・中國ノ・事
⑨ヲ・サ、ヱムヤ・河南ノ地《チ》ハ・ワカ・腹心《フクシム》ノコトシ・高昌《カウシヤウ》ハ・他人《タニン》ノ・手《シユ》
⑩足《ソク》ノ・コトシ・イタツラニ・高昌《カウシヤウ》ヲ・トラムトシテ・河西《カセイ》ノ地《チ》ヲ・ホロホセ
⑪リ・陛下・頡利《ケツリ》ヲ・沙塞《ササイ》ノ・北《キタ》ニ・タヒラケ・吐渾《トコン》ヲ・西海《セイカイ》ノ外《ホカ》
⑫ニ・ホロホセリ・突厥《トツケツ》・アマムノ・部落《フラク》ノタメニ・可汗《カカム》ニ・タテタリ・

〔二十オ〕

①ワレツミアル・クニヲ・誅《チウ》スルハ・例《レイ》也・又・シタカヒヌレハ・ソノ王《ワウ》ヲ・タツ
②ルハ・習《ナライ》也《ナリ》・ナムソ・突厥《トツケツ》・吐渾《トコムラ》等ノ・王《ワウ》ヲ・タテ、・ヒトリ・高昌《カウタ(シ)ヤウ》ノ王
③ヲ・タテサラムヤ・ヨロシク・高昌ニ・王タルヘキモノヲ・ヱラムテ・本《ホム》
④國《コク》ニ・カヱシツケシラレハ・ナカク・洪恩《コウヲム》ヲ・イタ、イテ・ミヤコノ・
⑤マホリタルヘシ・中國・ミタレスハ・冨 事《トマムコト》ヲ・子孫《シソン》ニ・ツタヱテ・天下
⑥ヲ・ナカキ世《ヨ》ニ・タモツヘシト・太宗・ツイニ・コレヲ・モチヰス
⑦貞観十六年ニ・西《ニシ》ノカタノ・突《トツ》厥《ケツ》・ツハモノヲ・オコシテ・高昌 國《カウシヤウコク》
⑧ヨリ・ヲコレリ・太宗・侍臣《シシム》ニ・カタテノタマハク・西州《セイシウ》・イマ・急難《キウナム》
⑨アリ・イマノ・西州ハ・本《モト》ノ高昌《カウシヤウ》ナリ・中國ヲ・ヤフラレストイフ

〔二十オ〕

④洪(平)恩(平)

⑩トモ・豈《アニ》・コレ・ウレヘニアラスヤ・ハシメテ・高昌《カウシヤウ》ヲ・タイラケテ・
⑪州縣《シウケム》ニ・ヲヒシトキ・魏《キ》徴《テウ》褚《チヨ》遂良《スイラウ》トモニ・高《カウ》昌《シヤウ》ノ王《ワウ》・麴《キク》文《フン》
⑫泰《タイ》カ・子ヲ・タテ、・フルキカ・コトクニ・王《ワウ》トセヨト申キ・朕《チム》・ツイニ・

〔二十ウ〕

①ソノ・ハカリコトヲ・モチヰスシテ・ケフノ・ウレヘニヲヨヘリ・昔《ムカシ》・漢《カムノ》
②高祖《カウソ》・平《ヘイ》城《セイ》ニ・カコマレテ・後《ノチ》・婁敬《ロウケイ》カ・言《コトハ》ヲ・賞《シヤウ》シキ・袁《エム》紹《セウ》・マ
③タ・官《クワント》度ニ・ヤフラレテノチ・田《テム》豊《ホウ》ヲ・誅《チウ》セリ・朕《チム》・ツネニ・コノ
④二《フタツ》ノ事《コト》ヲ・モテ・ナカキ・イマシメトス・ムシロ・魏《キ》徴《テウ》褚《チヨ》遂良《スイリヤウ》
⑤カ・イサメヲ・ワスル、コト・アラムヤ
⑥
⑦
⑧貞観政要巻第九
⑨
⑩
⑪
⑫

〔二十一オ〕

（全て白紙）

⑪ヲヒシ（左漢文注「置也」）トキ、麴（入）文（平）／泰
⑫麴文／泰（去）

〔二十ウ〕

②婁（平）敬（去）、賞（上）シキ、袁（平）紹（去）

〔二十一オ〕

〔三十一ウ〕

①

② 此両冊三九之巻以　禁裏御本

③ 写置者也

④

⑤ 文禄四乙未年正月十一日　梵舜（花押）

〔三十一ウ〕

（巻第九は以上）

〔二十二オ〕

①貞観政要巻第十　史臣呉兢撰
②行《キヤウ》幸《カウ》ノ・シケキヲ・イマシムル篇・第卅六
③カリスナトリヲ・イマシムル篇・第卅七
④瑞祥《スイシヤウ》・カナラスシモ・、チユヘカラサル篇・第卅八
⑤災異《サイヰ》ノ・アヤシミ・カナラスシモ・ヲソルヘカラサル篇・第卅九
⑥ハシメヲヨクシ・ヲハリヲツ、シム篇・第四十
⑦
⑧行《キヤウ》幸《カウ》ノシケキヲ・イマシムル篇・第卅六
⑨貞観ノハシメニ・太宗・侍臣《シシム》ニカタテ・ノタマハク・隋《スイノ》・煬帝《ヤウテイ》・ヲ
⑩ホク・宮室《キウシツ》ヲ・ツクリヲイテ・ヒマナク・行《キヤウ》幸《カウ》ヲ・ホシイマ、ニス・
⑪西《ニシ》ノ京《キヤウ》ヨリ・東《ヒンカシ》ノミヤコニ・イタルマテ・驪宮《リキウ》・別舘《ヘツクワン》ヲ・ツクリ
⑫ツラネテ・ミチニ・アヒツラナリ・幷州《ヘイシウ》ニ・イタリ・宮舘《キウクワン》・コトニ・

〔二十二オ〕

〔二十二ウ〕

①馬庭《ハハ》ノ・ミチ・ヒロクカマヘテ・數《ス》百歩《ヒヤクホ》ナリ・木ヲウヱ・垣《カキ》ヲ
②カサルニ・人力《シンリヨク》・コト〳〵クニ・ツキヌ・ソノスヱノ年《トシ》ニ・イタルニヲヨム
③テ・地《チ》一尺《イツシヤク》トイヘトモ・民一人《タミイツニム》トイヘトモ・ヲノレカ・タモツトコロニ・
④アラ・スミナ・人ノ・有《イウ》トナレリ・コレヲモテ・コレヲミレハ・宮室《キウシツ》ヲ・

〔二十二ウ〕

⑤ヒロクシ・行幸《キヤウカウ》ヲ・コノムテ・ツイニ・ナムノ益《エキ》カアル・コレ・朕《チム》カ・耳《ミ、》ニ
⑥キ、・目《メ》ニ・ミタルトコロナリ・カロ〳〵シク・人ノ力《チカラ》ヲ・モチヰル事・フ
⑦カク・ミツカラ・イマシムヘシ・百姓《ヒヤクシヤウ》ヲシテ・シツカナラシメハ・タレカ・
⑧ウラミ・ソムク事アラムヤ
⑨貞観十一年ニ・太宗・洛陽宮《ラクヤウキウ》ニ・行幸《キヤウカウ》シテ・舟《フネ》ヲ・積《セキ》
⑩翠池《スイチ》ニ・ウカヘテ・カヘリミテ・侍《シ》臣《シム》ニ・カタテノタマハク・コノ・
⑪宮舘《キウクワン》・臺沼《タイセウ》ハ・ミナ・隋《スイノ》・煬帝《ヤウテイ》ノ・ツクレルトコロナリ・人民《ニンミム》
⑫ヲ・カリウナカシテ・コノ・美《ヒ》麗《レイ》ヲ・キハメタリ・タ、コノ・一宮《イツキウ》ノミ

〔二十三オ〕

①ニアラス・数《ス》百《ヒヤク》ノ・宮舘《キウクワン》ヲ・タテ・万人《ハムシム》ヲ・ウコカシテ・行幸《キヤウカウ》ヲ・
②コノム事・ヤマス・ツイニ・天下ノ・ウラミニ伏《フシ》シテ・身《ミ》死《シ》ニ・國《クニ》ホ
③ロヒタリ・イマソノ・宮舘《キウクワン》・シカシナカラ・朕《チム》・タモツトコロト・ナレリ・
④隋氏《スイシ》ノ・カタフキ・クツカヘル事・タ、・ソノ君《キミ》ノ・道《ミチ》・ナキノミ
⑤ナラス・股《コ》肱《コウ》ノ臣下《シムカ》・忠《チウ》ヲ・ツクサ、ルニ・ヨリテナリ・宇《ウ》文述《フンシユツ》
⑥虞《ク》世基《セイキ》・裴蘊《ハイウン》カ・トモカラ・高印《カウイム》ニ・井《イ》・厚禄《コウロク》ヲ・食《ハミ》人ノ・
⑦委《ヰ》任《シム》ヲウケテ・佞《ネイ》ニシテ・モツハラ・ヘツラヘリ・君《キ》ノ・聡明《ソウメイ》
⑧ヲ・フサキ・掩《ヲホウ》テ・ツイニ・ソノキミヲ・ホロホセリ・アヤマリナ
⑨キ事ヲ・欲《ホツス》スト・イフトモ・理《リ》・マサニ・アツカラス

〔二十三オ〕

⑩貞観十三年ニ・太宗・魏《キ》徴《テウ》等《ラ》ニ・カタテ・ノタマハク・隋《スイ》ノ・
⑪文帝《フンテイ》ノ・余《ヨ》業《ケウ》ニウケテ・煬帝《ヤウテイ》ノ時《トキ》・海内《カイタイ》・シハラク・ヲ・
⑫タヤカナリ・モシ・ヨク・行幸《キヤウカウ》ヲ・コノマスシテ・ツネニ・關中《クワンチウ》ヲ・

〔二十三ウ〕

①タイカ・ナラマシカハ・アニ・カタフキヤフル事・アラムヤ・シカル
②ヲ・行幸《キヤウカウ》・ヒマナウシテ・ツイニ・百姓《ヒヤクシヤウ》ヲカヘリミス・薫純雀《クンシユンシヤク》・
③象《サウ》等《ラ》カ・イサメヲ・モチヰスシテ・國《クニ》ホロヒ・身戮《ミリク》セラレテ・
④天下ノ民《タミ》ニ・ハラハレタリ・帝祚《テイソ》・ナカク・ミシカキ事ハ・天
⑤ノ・サツケタリト・イヘトモ・福善《フクセン》・災害《サイカイ》・人ノ・マネクトコロ
⑥ナリ・朕《チム》・コレヲ・ヽモウ・コトニ・公等《コウラ》カ・タヽシ・タスケム事ヲ
⑦オモウ・君臣《クムシム》・トモニ・ナカク・ヒサシクシテ・國《クニ》・ヤフレ・アヤウキ
⑧コト・ナカラム事・君《キミ》ノ・違失《ヰシツ》アラム時《トキ》・カナラス・極言《キヨクケム》スヘシ・
⑨朕《チム》・卿等《ケイラ》カ・イサメヲ・キクコトニ・タトヒ・當時《タウシ》ニ・シタカハスト
⑩モ・再三《サイサム》・ヲモヒ・アキラメテ・カナラス・ヱラムテ・モチヰム
⑪モノナリ
⑫　カリスナトリヲ・イマシムル篇・第卅七

〔二十四オ〕

①貞観中ニ・太宗・カリスナトリニ・ヲモムク事アリ・虞《ク》

〔二十三ウ〕
〔二十四オ〕

②世南《セイナム》―上書《シヤウシヨ》シテ申サク・臣《シム》キク・秋《アキ》ノカリ・冬《フユ》ノカリハ・
③コレ・ツネノ、リニアリハヤフサヲ・射《ヰ》・鳥《トリ》ヲ・、ウ事・前誥《セムカウ》
④ノ・フミニアリ・シカルヲ・陛下《ヘイカ》・マツリコトヲ・キクヒマヲモテ・
⑤ツネニ・皮軒《ヒケム》ニ・ノリテ・ミツカラ・タケキケ物《モノ》ノ・イハヤヲ・
⑥アナクリ・逸材《イツサイ》アル・カセキノ・林《ハヤシ》ヲ・ツクス・黄屋《クワウヲク》ノ・タトキ
⑦君《キミ》ハ・八方《ハツハウ》ミナ・徳《トク》ヲ・アヲクトコロナリ・金輿《キムヨ》ノ・タカキ位《クライ》ハ・
⑧万國《ハムコク》ノ心ヲ・カクルトコロナリ・行幸《キヤウカウ》ハ・ミチヲ・ハラウト・イヘ
⑨トモ・ナヲ・ユク事ノ・ナヲツマツキ・アラム事・ヲ・イマシム・ソ
⑩ノ・ヲモク・ツ、シム事ハ・タ、・社稷《シヤショク》ノタメナリ・コ、ヲモテ・
⑪馬卿《ハケイ》―タ、チニ・イサメテ・カリヲ・ヤメタリ・張昭《チヤウセウ》―・イロヲ變《ヘン》
⑫シテ・スナトリヲ・イマシメタリ・山《ヤマ》ケハシウシテ・マカレル・木《キ》・

〔二十四ウ〕

①ヨコタハレリ・人・ヲホウシテ・流矢《リウシ》ノ・ヤ・チカシ・ネカハクハ・
②陛下《ヘイカ》・蒭蕘《スウケウ》ノ・イヤシキイサメヲ・フセカス・涓澮《ケムクワイ》ノ・流《ナカレ》
③ヲ・降《クタ》シイレテ・ケモノヲ射《イ》・カセキヲ搏《ウツ》・事ヲ・タ、・
④群下《クムカ》ニ・任《マカセ》ヨ・シカラハ・スナハチ・範《ノリ》ヲ・百王《ハクワウ》ニ・ノコシ・徳《トク》ヲ・
⑤万代《ハムタイ》ニ・タレム・太宗・フカク・ソノ言《コトハ》ヲ・ヨミシ・イル・貞観
⑥中《チウ》ニ・諫議《カムキ》大夫《タイフ》・谷那律《コクタリツ》―・太宗ノ・カリニイツルニ・シタ

②秋ノカ（左漢字注「獮」）リ、冬ノカリ（左漢字注「狩」）

⑨ナヲツマツキ（左漢文注「銜也以真名本合之」）

〔二十四ウ〕

⑤イル（左漢文注「納也」）

⑦カヘリ・ミチニシテ・アメニアヘリ・太宗・トウテノタマハク・油《アフラ》
⑧サセル・コロモハ・イカニシテカ・モラサルコトヲ・ウルヤ・谷那律《コクタリツ》―・
⑨コタヱテ・申サク・油衣《ユイ》ハ・ヨク・瓦《カハラ》ヲモテ・ツクレル時《トキ》ハ・カナラ
⑩ス・モラス・コ、ロニ・太宗ノ・カリ・セサラム事ヲ・、モヘリ・仍《ヨテ》・太宗・
⑪大《オホキ》ニ・ヨロコムテ・帛《ハク》・二百段《ヒャクタン》・コカネノ帯《ヲヒ》・一條《テウ》ヲ・タマウ
⑫貞観十四年ニ・太宗・同州《トウシウ》ノ・沙苑《シャエン》ニ・幸《カウ》シテ・ミツカ

〔二十五オ〕

①ラ・タケキ・ケモノヲ・ウツ・又・シキリニ・カリシテ・朝《アシタ》イテ、・
②夜《ヨル》カヘル・魏徴《キテウ》―奏《ソウ》シテ・申《マウ》サク・尚書《シャウショ》ニ・文王《フンワウ》ヲ・ホメタル
③事ハ・カリセシコトヲ・タノシミト・セサリシ・ユヱナリ・左傳《サテム》ニ・
④虞箴《クカム》ヲ・ノヘタルニ・夷羿《イケイ》―ヲ・稱《セウ》シテ・カリスル事ヲ・
⑤イマシメタリ・昔《ムカシ》・漢文帝《カムノフンテイ》・覇坂《ハハム》ノ・サカニノホテ・馬《ムマ》ヲ・
⑥ハセテ・クタラムトス・袁盎《エンアウ》―クツハツラニ・トリツイテ・申
⑦サク・聖主《セイシュ》ハ・アヤウキ・ノリモノニノラス・徼道《ケキタウ》ノ・サカシ
⑧キミチニ・幸《カウ》セス・イマ・陛下《ヘイカ》・六飛《リクヒ》ノ・アヤウキ・ノリモノ
⑨ニ・ノテ・不側《フソク》ノ・サカシキ・ヤマニハス・モシ・馬《ムマ》ヲトロキ・ノ
⑩リモノ・ヤフル、コトアラハ・陛下《ヘイカ》・タトヒ・ミツカラノ・身《ミ》ヲ・
⑪カロシト・セムトストモ・ソノ・高廟《カウヘウ》ヲ・イカ、セム・漢文帝《カムノフンテイ》・

〔二十五オ〕
④夷羿（去濁）

⑫イサメラレテ・ハスル事ヲ・ト、メタリ・又・漢《カム》ノ・武帝《フテイ》・コノ

〔二十五ウ〕

①ムテ・ミツカラ・ツネニ・タケキモノヲ・ウツ・司馬相《シハシヤウ》如《シヨ》―イサ
②メテ申サク・ソレ・力《チカラ》・ヲオホキニシテ・烏獲《ウクワク》―ト・稱《セウ》スルモノ・
③トキコト・慶忌《ケイキ》―ト・号スルモノ・アリキ・マコトニ・人ノナカニ
④モ・アマネク・コノ・タクヒアリ・ケモノ、・ナカニモ・又・ヨロシク・
⑤シカルヘシ・アルイハ・爪《ツメ》・牙《キハ》・逸《トキ》・ケモノアリ・アルイハ・材力《サイリヨク》・ス
⑥クレタル・ケモノアリ・ソレ・タケキモノハ・人ヲミテ・ト、マル・
⑦モシ・存《ソムセ》サル・地《チ》ニ・ケモノ・イカテ・ムカハ、・逢蒙《カウモウ》―カ・トモカラ・ア
⑧リトイウトモ・ニハカニ・フセクコト・カナハシ・シカモ・又・クチタル・
⑨木《キ》・カレタル・株《クイセ》・カタ〳〵・難《ナム》ヲナスヘシ・万全《ハムセム》ヲシテ・ツ、カ・
⑩ナカルヘシト・イフトモ・モトヨリ・天子《シ》ノ・コノムヘキ・トコロニ
⑪アラスト・武帝《フテイ》・ツラ〳〵・キイテ・ソノ言《コト》ニ・シタカヘリ・又《マタ》・
⑫漢《カン》・元帝《ケンテイ》・泰時《タイシ》ニ・マツリシテ・ト、マテ・カリセシム・薩《サツ》

〔二十六オ〕

①廣《クワウ》徳《トク》―・奏《ソウ》シテ申ク・クニ〳〵・クルシミ・タシナムテ・百《ヒヤク》姓《シヤウ》・イマ
②タ・シツカナラス・今日《コンニチ》・ホロヒタル・秦《シム》ノ世《ヨ》ノ・鐘《セウ》ヲ・ツキ・鄭衛《テイエイ》
③ノ・クニノ・樂《カク》ヲウタウ・士卒《シソツ》・アヒ・タ、カウテ・ヨモノサカヒ・

⑫ハスル（左漢文注「馳也」）

〔二十五ウ〕

⑦イカテ（左漢文注「怒也」）

〔二十六オ〕

④サタマラス・コレニヨテ・今・ケモノヲ・イルニ・従官《シウクワン》ミナ・モノ
⑤ウイ事ヲ・ナス・君《キミ》・宗廟《ソウヘウ》ヲカヘリミ・社稷《シヤショク》ヲ・ハカルヘシ・
⑥元帝《ケンテイ》・コレニシタカウテ・ケモノヲ・イルコトヲ・ヤメタリ・コ、ニ・
⑦臣《シム》・事ノ心《コヽロ》ヲ案《アム》スルニ・カノ・アマタノ・帝王《テイワウ》・ナムソ・木石《ホクセキ》
⑧ノ・コトクニシテ・アソヒ・タノシム・事ヲ・コノマサラムヤ・シカレ
⑨トモ・心ヲ割《サキ》・ヲノレヲ屈《クツ》シテ・臣下《シムカ》ノ・言《コト》ニ・シタカヘル・コ、
⑩ロサシ・ヲノレカタメニ・申《マウ》サス・君《キミ》ノタメニ・申《マウス》ユヱナリ・陛下《ヘイカ》・
⑪晨《ツトニ》ニイテ、・夜《イヨハ》ニカヘル・万乗《ハムセウ》ノ・タトキヲモテ・ソラニ・曠野《クワウヤ》
⑫ニ・アルキ・フカキ・林《ハヤシ》ヲフミ・ユタカナル・草《クサ》ヲワタル・ハナハタ・

〔二十六ウ〕

①万全《ハ(ム)セセン》ノ・ハカリコトニアラス・ネカハクハ・陛下《ヘイカ》・ヒトリ・タノシム心
②ヲ・、サヘ・ケモノヲ・ウツ・アソヒヲ・ヤメテ・上ハ・宗廟　社稷《ソウヒヨウシヤショク》ヲ・
③ヤスムシ・下ハ・群臣兆民《クムシムテウミム》ヲ・ヤスメヨ・太宗ノ・、タマハク・昨日《キノウ》
④ノ事ハ・心ノ・クラ。《ク》・ミタレタルニ・属《ショク》セリ・今日《ケウ》ヨリハ・フカク・
⑤イマシムヘシ
⑥貞観十四年ニ・十月ニ・太宗・櫟陽《ヤクヤウ》ニ幸《カウ》シテ・遊獵《ユウレウ》ノ
⑦カリヲ・セムトス・縣《ケム》ノ丞《セウ》・劉仁軌《リウシムクキ》—・行　幸《キヤウカウ》ノトコロニ・マイ
⑧リテ・上　表《シヤウヘウ》シテ申サク・遊獵《ユウレウ》ノカリハ・人君《シンクン》・順　動《シュントウノ》ノ

〔二十六ウ〕

⑦丞(去濁)、劉(平)仁(平濁)軌(上)

⑨事ニ・アラスト・太宗・ソノ言《コト》ヲ・イレテ・ツイニ・カリヲヤメツ・
⑩劉仁軌《リウシムキ》ヲ・ヌキイテ、・新安《シムアム》ノ令《レイ》ニ・拝《ハイ》セリ
⑪祥瑞《シャウスイ》・カナラスシモ・、チキヘカラサル・篇・第卅八
⑫貞観十六年ニ・太宗・侍臣《シシム》ニ・カタテノタマハク・朕《チム》コノコ

〔二十七オ〕

①ロ・ミルニ・人・アマネク・祥瑞《シャウスイ》ヲモテ・勝事《セウシ》トス・ヨテ・ヨキ・
②瑞祥《スイシャウ》アリト稱《セウ》シテ・上表《シャウヘウ》シテ・ヨロコヒ・申《マウス》モノオホシ・朕《チム》
③コレヲ思《ヲモフ》ニ・カナラスシモ・シカルヘカラス・タトヒ・祥瑞《シャウスイ》ノ・シルシ・ナ
④シトイフトモ・天下・太平《タイヘイ》ニシテ・臣民《シムミム》・トモニ・タノシクハ・徳《トク》ヲ・
⑤尭舜《ケウシュン》ニナラフヘシ・モシ・兆庶《テウショ》ノ・タミ・マツシク・夷狄《イテキ》ノ・ヱヒ
⑥ス・ミレ（夕脱）ハ・芝《シ》草・チマタニ・生《ヲイ》・鳳凰《ホウクワウ》・苑《ソノ》ニ・スク（フ脱）トイウトモ・桀紂《ケツチウ》
⑦ニ・オナシカルヘシ・後魏《コキ》ノ時《トキ》・シロキ雉《キシ》キタレリ・群吏《クムリ》・ソノ・シ、
⑧ムラヲクラウテ・祥瑞《シャウスイ》ナリト稱《セウ》シテキ・シカレトモ・後魏《コキ》ノ
⑨世《ヨ》・シツカナラサリシカハ・明王《メイワウ》ト・稱《セウ》スルニタラス・又《マタ》・隋文帝《スイノフンテイ》・
⑩フカク・祥瑞《シャウスイ》ヲ・愛《アイ》シキ・コレニヨテ・中國《チウコク》ヨリ・ハシメテ・
⑪ヨモノクニ〱・ミナ・シキリニ・祥瑞《シャウスイ》アリト・奏《ソウス》・秘《ヒ》書監《ショカム》・王劭《ワウセウ》ー
⑫ヲシテ・衣冠《イクワム》ヲ・タ、シウセシメテ・明堂《メイタウ》ニシテ・祥瑞《シャウスイ》ヲ・

〔二十七ウ〕

〔二十七オ〕
⑤尭（平濁）舜
⑥鳳（去）凰（平）、桀（左漢字注「夏ー」）紂（左漢字注「殷ー」）
⑦後魏（去濁）

〔二十七ウ〕

①カムカヘ・シルサシム・スナハチ・皇隋《クワウスイ》ノ・感瑞《カムスイ》ノ・經《キヤウ》ヲ・ツクテ・
②香《カウ》ヲタイテ・コレヲヨマシム・コノ事ヲ・キクニマコトニ・ワラ
③ウヘシトス・ソレ天下ヲオサメ・万姓《ハムセイ》ヨロコハシメハ・祥瑞《シヤウスイ》ナ
④シトイウトモ・聖代《セイタイ》ト稱《セウ》スヘシ・ムカシ・尭舜《ケウシユン》・上《カミ》ニアリ・百姓《ハクセイ》・
⑤コレヲウヤマウ事・天地《テムチ》ノコトシ・コレヲ愛《アイ》スル事・父母《フモ》
⑥ノコトシ・身《ミ》ヲウコカシ・コトハヲ出《イタ》スニ・ミナ・ヨキ事ヲ・ヽコ
⑦ス・宣《セム》ヲクタシ・事ヲ、コナウニ・人ミナ・ヨロコフ・コレスナハチ・
⑧ヲ、キナル・祥瑞《シヤウスイ》也・今《イマ》ヨリノチハ・諸國《シヨコク》ヨリ・祥瑞《シヤウスイ》・奏《ソウ》ス
⑨ル事・ナカク・ト、ムヘシ
⑩　災異《サイイ》ノ・アヤシミ・カナラスシモ・ヲソルヘカラサル・篇《ヘム》・第卅九
⑪貞観八年ニ・隴右《レウイウ》ノ山《ヤマ》・クツレテ・大蛇《タイシヤ》アラハル・山東《サムトウ》ヨ
⑫リ・江淮《カウクワイ》ニヲヨフマテニ・洪水《コウスイ》ヲホシ・太宗・コレヲ・侍臣《シシム》ニ

〔二十八オ〕

①問《トウ》・虞《ク》世南《セイナム》｜コタヘテ申サク・ムカシ・春秋《シユンシウ》ノ時《トキ》・梁山《リヤウサン》クツ
②レタリ・晋《シム》侯｜ヲトロヒテ・伯宗《ハクソウ》｜ヲヨムテ・問《トウ》・伯宗《ハクソウ》｜コタヘテ
③イハク・國《クニ》ハ・山河《サムカ》ヲ本《モト》トス・山《ヤマ》クツレ・河《カハ》ツキナハ・君《キミ》・樂《カク》
④ヲ挙《キヨ》セス・服《フク》ノ・カスヲ降《クタ》シ・祝幣《シウヘイ》シテ・礼《レイ》セヨ・晋侯《シムコウ》｜
⑤コレニシタカウ・カルカユヘニ・害《カイ》ナキ事ヲヱタリ・又《マタ》・漢文帝《カムノフンテイ》

〔二十八オ〕

①虞（平濁）世南（平）

⑥ノ・ハシメノ年《トシ》・齊楚《セイソ》ノ・地《チ》ノ・アヒタニ・卄九ノ山《ヤマ》・同日《トウニチ》ニク
⑦ク(衍)ツレテ・洪水《コウスイ》ヲホキニ出《イテ》タリ・文帝《フンテイ》・徳《トク》ヲオコナウテ・
⑧ソノ・郡國《クムコク》ノ・年貢《ネムク》ヲユルシ・惠《メクミ》ヲ・天下ニホトコス・トヲキ
⑨モ・チカキモ・ヨロコヒタノシムテ・災《サイ》ヲナス事ナシ・又・後漢《コカン》ノ・
⑩霊帝《レイテイ》ノ時《トキ》・大蛇《シヤ》・齊《セイ》ノ國《クニ》ニミユ・長《ナカサ》三百《ヒヤクホ》歩ナリ・市《イチ》
⑪ヲヘテ・朝中《テウチウ》ニイレリ・ソレ・蛇《シヤ》ハ・草野《サウヤ》ニアルヘシ・市ヨリ・
⑫朝《テウ》ニイレリ・モトモ・アヤシミトスヘシ・フカキ山《ヤマ》・ヲホキナル

〔二十八ウ〕

①澤《サハ》ニ・龍蛇《レウシヤ》アリ・ソノスミカニ・アラハレタラムニ・ヲイテハ・
②アヤシムニ・タラス・今《イマ》・山《ヤマ》クツシ(レ)・水《ミツ》イテタリ・ソレ・妖《エウ》ハ・徳《トク》ニ
③カタス・タ、・陛下《ヘイカ》・徳《トク》ヲオサメテ・ヨロシク・變《ヘン》ヲケスヘシ・
④ヲソラクハ・獄囚《コクシウ゜》ノナカニ・ウレヘフカキ・モノ、・アラム事ヲ・
⑤罪《ツミ》ヲハカテ・繫縛《レイハク》ヲ・ユルサハ・ヲノツカラ・天《テム》ノ心ニカナ
⑥ウヘシト・太宗・シカナリトヲモヘリ・ヨテ・使者《シシヤ》ヲ發《ハツ》シ
⑦テ・倉廩《サウリム》ノ・クラヲヒライテ・マツシキ民《タミ》ニ・ホトコシ・ウヱ
⑧タルモノニ・アタウ・獄囚《コクシウ》ノウタヘヲ・申理《ノヘト、ノヘ》テ・ナタメユルス
⑨トコロヲホシ・
⑩貞観八年ニ・南方《ナムハウ》ニ・彗星《セイセイ》マミユ・長《ナカサ》・六尺《リクセキ》・百余日《ヨニチ》ヲ

〔二十八ウ〕

⑤繫(左訓「ツナキ」)縛(左訓「シハル」)

⑪へテ・キヱヌ・太宗・侍臣《シシム》ニ・カタテノタマハク・天《テム》ニ・妖星《エウセイ》ミユ・
⑫朕《チム》カ・徳《トク》ナクシテ・マツリコトノ・カケタルニヨレリ・コレ・

〔二十九オ〕

①イカナル妖《エウ》ソ・虞世南《クセイナム》コタへテ・申《マウ》サク・齊景公《セイノケイコウ》ノ時・
②彗星《セイセイ》アテ・ミヱタリ・景公《ケイコウ》コレヲ・晏嬰《アムエイ》ニ問《トウ》・晏嬰《アムエイ》コタ
③エテイハク・君《キミ》・池《チ》沼《セウ》ノ・イケヲホル時《トキ》ハ・フカヽラサルコトヲ・
④ナケキ・臺樹《タイシュ》榭《シャ》也ノ・ヤヲタツル時《トキ》ハ・タカヽラ・サルコトヲ・ナケキ・
⑤刑罰《ケイハツ》ヲ・ヽコナフ時《トキ》ハ・ヲモカラ・サルコトヲ・ナケク・コノユヱ
⑥ニ・彗星《セイセイ》ミユト・景公《ケイコウ》・ヲチテ・徳《トク》ヲホトコス・ソノヽチ・十日《シウシツ》
⑦アテ・彗星《セイセイ》キヱヌ・シカレハ・陛下《ヘイカ》・徳政《トクセイ》ヲホトコサスハ・麒麟《キリン》・
⑧鳳凰《ホウワウ》ノ・祥瑞《シャウスイ》・アラハルト・イウトモ・ソレ・ナムノ益《エキ》カアラ
⑨ム・又・カケタル・マツリコトナウシテ・百姓《ヒャクシャウ》・安楽《アムラク》ナラハ・天變《テムヘン》
⑩ノ・イマシメアリトイウトモ・ナムソ・時《トキ》ヲ損《ソム》セムヤ・ネカハク
⑪ハ・陛下《ヘイカ》・功《コウ》ノ・タカキ事ノ・イニシへノ人ニ・スキタルヲモ・ミツ
⑫カラ・ホコルコトナカレ・ヒサシク・國《クニ》ノ・太平《ヘイ》ナルヲモテ・ミツ

〔二十九ウ〕

①カラ・奢《ヲコル》事ナカレ・モシ・ヨク・ヲ・コリヲ・ツヽシム事・ハシメノ
②コトクニセハ・彗星《セイセイ》ノ・イマシメアリトイウトモ・ウレヱヲ・ナ

〔二十九オ〕

〔二十九ウ〕

①ヲ・コ（左漢字注「奢」）リ

③スニタラシ・太宗ノ・、タマハク・齊景公《セイノケイコウ》｜アヤマリ・ニ・ヲヨハ
④ストイフトモ・國《クニ》ヲ・オサムルアヒタニ・イカテカ・、ケタル
⑤事ナカラムヤ・朕《チム》・年《トシ》・十八ニシテ・王業《ワウケウ》ヲ經綸《ケイロン》シテ・
⑥北《キタ》ノカタ・劉武周《リウフシウ》｜ヲキリ・薩舉《サツキヨ》｜ヲタヒラケ・東《ヒンカシ》ノ
⑦カタ・竇建德《トクケムトク》｜王世充《ワウセイシウ》｜等《ラ》ヲ・トラヘタリ・廿四ニシテ・
⑧天下ヲサタメ・廿九ニシテ・大位《タイイ》ニヲル事ヲ・ヱタリ・ヨモ
⑨ノエヒス・降《クタリ》シタカウテ・海内《カイタイ》シツカナリ・ミツカラ・ヲモ
⑩ハク・イニシヘヨリ・コノカタ・乱《ラム》ヲシツメタル・英雄《エイイウ》ノ君《キミ》・マ
⑪コトニ・朕《チム》ニ・ヲヨ。《ヘ》ルモノナシト・ヲモヘリ・コノ事・言《コト》ハニ・イハ
⑫ストイヘトモ・ミツカラ・ホコルコ、ロアリ・コレスナハチ・朕《チム》カ・

〔三十オ〕

①オホキナル・アヤマリナリ・上天《シヤウテン》ノ・變《ヘン》ヲシメスコト・マコトニ・
②コノトカノ・タメナルヘシ・秦《シムノ》 始皇｜・六國《リツコク》ヲタヒラケ・隋《スイ》
③ノ煬帝《ヤウテイ》｜四海《カイ》ヲタモテリシヨリ・コノカタ・スチ（テ）ニ・奢《ヲコリ》ス
④テニ・ホシイマ、ニシテ・一朝《テウ》ニシテ・ミナ・ヤフレタリ・ワレ
⑤又・ナムソ・ミツカラ・オコラムヤ・煬焉《テキエン》トシテ・フルヒヲツ・魏《キ》
⑥徵《テウ》｜ス、ムテ・申サク・イニシヱヨリ・災變《サイヘン》・ナキ事アラス・
⑦タ、ヨク・德《トク》ヲホトコセハ・災變《サイヘン》・ヲノツカラキヱヌ・陛《ヘイ》

⑥劉（平）武（去濁）周（平）

〔三十オ〕

⑤オコラ（左漢文注「奢也」）ムヤ

⑧下《カ》・イマ・天變《テムヘム》・アルニヨテ・ツイニ・ヨク・ヲチ《畏也》イマシム・反覆《ハムフク》・
⑨思量《シリヤウ》シテ・フカク・イマシメ・責《セメ》ハ・妖恠《エウケ》・アリトイフト
⑩モ・災《サイ》ヲナスヘカラス
⑪貞観十一年ニ・ヲホキニ・アメフテ・穀水《コクスイ》・タカクイテ、・
⑫平地《ヘイチ》ノウヘニ・ミテルコト・五尺《コシヤク》ナリ・洛陽宮《ラクヤウキウ》ニ・イリミチ

〔三十ウ〕

①テ・宮寺《キウシ》ヲ・ヤフリナカス事・十九所《シヨ》・家《イヘ》ヲ・ウカヘ・タ、ヨハ
②スコト・七百余家《ヨカ》也・太宗・侍臣《シシム》ニ・カタテ・ノタマハク・朕《チム》カ・徳《トク》
③ナキニヨテ・星《ホシ》・天災《サイ》ヲ・クタセリ・マサニ・キ、・ミル事・アキ
④ラカナラス・賞罰《シヤウハツ》・アタラス・コレニヨテ・陰陽《イムヤウ》・アヤマリ・タカ
⑤ウテ・雨《ウ》・水例《スイレイ》ニ・ソムケリ・スナハチ・ウレヘ・イタム事ヲ・懐《イタイ》
⑥テ・モノヲアハレミ・ヲノレヲ責《セメ》・スナハチ・ミツカラ・滋味《コキアチハイ》
⑦ヲシリソケ・肉《シ、ムラ》ヲ断《タチ》テ・蔬食《ソシ》ノ・ヲロカナル・膳《セン》ヲ・ス、
⑧ム・カネテハ・文武《フンフ》・百官《ハツクワン》ヲシテ・アマネク・意見《イケム》ヲ・アケシ
⑨メ・政《マツリコト》ノ・得失《トクシツ》ヲ・申サシム・中書侍郎《チウシヨシラウ》・岑文本《キムフンホム》・上書《シヤウシヨ》
⑩シテ申サク・天下・ヲホキニ・ミタレテ・ノチ・徳《トク》ヲホト
⑪コシ・世《ヨ》ヲ、サムル事・古人《コシン》・コレヲ・樹《キ》ヲ植《ウヽル》ニ・タトヘタリ・
⑫モシ・ハシメテ・樹《キ》ヲ植《ウヘ》テ・ソノ根《ネ》・イマタ・カタマラサレ

〔三十ウ〕

⑨岑文（平濁）本

〔三十一オ〕
①ハ・スナハチ・コレヲ・壅《フサク》ニ・クロキ・土《ツチ》ヲモテシ・コレヲアラ《（タ）》タムル
②ニ・春《ハル》ノ日ヲ・モテスト・イヘトモ・一人《シン》・ワツカニ・ウコカセハ・カナ
③ラス・スナハチ・カル、事ヲナス・今《イマ》・百姓《ヒャクシャウ》・スコフル・コレニ・類《ルイ》セ
④リ・ツネニ・含養《カムヤウ》ノ恩《ヲム》ヲ・クハウル時《トキ》ハ・滋息《シソク》ト・イコイ・、
⑤サ、カモ・征役《セイエキ》ノ・労《ラウ》ヲ・アツル時《トキ》ハ・凋耗《テウカウ》・ヤフレヌ・凋耗《テウカウ》・ハナ
⑥ハタシキ時《トキ》ハ・ウラミ起《ヲコル》・ウラミ起 時《ヲコルトキ》ハ・ソムク心アリ・カル
⑦カユヘニ・帝舜《テイシュン》ノ・、タマハク・愛《アイス》ヘキハ君《キミ》ナリ・ヲソルヘキハ
⑧人《民》ナリ・ソレ・人《民》ハ・君《キミ》ヲモテ・本《モト》トス・カルカユヘニ・愛《アイス》ヘキハ君《キミ》
⑨ナリ・君《キミ》ミチナキ時《トキ》ハ・人《民》ソムク・カルカユヘニ・ヲソルヘキハ・
⑩人《民》ナリ・仲尼《チウチ》ノ・、タマハク・君《キミ》ハ・フネノコトシ・人《民》ハ・ミツノコト
⑪シ・ソレ・舟《フネ》ヲウカフルモ・水《ミツ》ナリ・舟《フネ》ヲクツカヘスモ・水《ミツ》ナリ・君《キミ》
⑫ヲタツルモ・人ナリ・君《キミ》ヲホロホスモ・人ナリ・コ、ヲモテ・古《イニシヘ》ノ・

〔三十一ウ〕
①哲王《テツワウ》ハ・ヤスシトイヘトモ・ヤスシトセス・日《ヒ〱》ニ・一日《イチシツ》ヲ・ツ、シムハ・コノユ
②ヘナリ・フシテ・ネカハクハ・陛下《ヘイカ》・上《カミ》ハ・社稷《シャショク》ノタメ・下《モハ》ハ・兆民《テウミム》ノ
③タメ・賞罰《シャウハツ》ヲ・、コナウ事ヲ・ツ、シミ・人ヲヱラヒ・挙《キヨ》スル事
④ヲ・アキラカニシ・賢才《ケムサイ》ノ人ヲ・ス、メ・不肖《フセウ》ノモノヲ・シリ

〔三十一オ〕
⑨ミチ（左漢文注「智也」）ナキ時ハ

〔三十一ウ〕

⑤ソケ・アヤマチヲ・キイテ・カナラス・アラタメ・イサメニ・シタ
⑥カウテ・善《セム》ヲナシ・心ヲシツカニシ・性《セイ》ヲヤシナウテ・カリ
⑦スナトリノ・タノシミヲヤメ・奢《ヲコリ》ヲステ・倹約《ケムヤク》ニ・シタカイテ・
⑧人ヲ・ワツラハス・ツイヘヲ・ノソキ・世《ヨ》・シツカニシテ・弓矢《キウシ》ヲ・
⑨ツ、ミ・ヲクト・イフトモ・武藝《フケイ》ヲハ・ワスル、事ナカレ・タモツト
⑩コロノ・クニ〳〵ヲ・シツカニシテ・異國《イコク》ノ・トヲキヲ・ウテ・闢《ヒラカム》
⑪ト・イウコトナカレ・シカラハ・スナハチ・至道《シタウ》ノ・ホマレ・三台《タイ》ト・
⑫トモニ・サカリナル事ヲ・ナラヘ・億載《オクサイ》ノ・サイハイ・天地《チ》ニ・

〔三十二オ〕

①シタカイテ・ナカラ《（カラム）》、ラム・タトヒ・桑穀《クワカチ》・妖《ヨウ》ヲナシ・龍蛇《レウシヤ》・蘖《ケツ》
②ヲナシ・雉《キシ》・カナヘノ・ハタニ・ナキ石《イシ》・晉《シム》ノ地《チ》ニ・モノイフトモ・ワ
③サハイヲ・轉《テム》シテ・サイハイトナシ・トカヲ・變《ヘン》シテ・ヨロコヒ
④タラム・イハムヤ・洪水《コウスイ》ノウレヘ・陰陽《イムヤウ》ニ・ツネ・アルトコロナリ・
⑤ナムソ・コレヲ・天ノ責《セメ》ト云テ・聖心《セイシム》ヲ・ワツラハサム・吾《ワレ》キク・
⑥古人《コシン》・イヘル事アリ・農夫《ノウフ》・勞《ラウ》シテ・君子《クンシ》・ヤシナウ・愚者《クシヤ》・
⑦云《イウ》テ・智者《チシヤ》・エラフ・スナハチ・狂瞽《キヤウコ》ノ言《コトハ》ヲ・ノヘテ・フシテ・
⑧斧鉞《フエツ》・ノ・ツミヲ・マツト・太宗・フカク・ソノ言《コトハ》ヲ・イル
⑨ハシメヲヨクシ・ヲハリヲツ、シムヘキ・篇《ヘム》・第四十

〔三十二オ〕

②カナヘノ（左漢文注「鼎也」）、ハタ（左漢文注「耳也」）、ナキ（左漢文注「鳴也」）

⑩貞観五年ニ・太宗・侍《シ》臣《シム》ニ・カタテ・ノタマハク・今《イマ》・トヲキ・
⑪エヒス・來《キタリ》シタカヒ・内外《ナイケ》・ヤスク・シツカ也・百穀《ハツコク》ユタカニシ
⑫テ・盗人《ヌスヒト》起《ヲコ》ラス・コレスナハチ・朕・ヒトリカ・力《チカラ》ニアラス・マ

〔三十二ウ〕

①コトニ・公等《コウラ》カ・アヒトモニ・タスケ・タ、スニヨレリ・イカニシテカ・
②今日《ケウ》ノ・事ナキ・化《クワ》ヲモテ・カナラス・ソノヲハリヲ・ヨクス
③ヘキ・魏徴《キテウ》コタヘテ・申サク・古《イニシヘ》ヨリ・コノカタ・元首《ケンシユ》ノキミ・
④股肱《ココウ》ノ臣《シム》・トモニ・アヒアウ事・カタシ・アル時《トキ》ハ・君《キミ》・聖《セイ》ナリ
⑤トイヘトモ・臣《シム》・スナハチ・賢《ケム》ナラス・アル時《トキ》ハ・賢臣《ケンシム》アリトイ
⑥ヘトモ・君《キミ》・又《マタ》・聖《セイ》ナラス・今《イマ》・陛下《ヘイカ》・聖明《セイメイ》ニシテ・ヲサマレル
⑦事ヲ・致《イタ》セルユヘハ・タ、チニ・賢人《ケムシン》ニ・マカセテ・君《キミ》・ネムコロニ・
⑧ヲサメム事ヲ・オモヘル・ユヘナリ・タトヒ・聖主《セイシユ》・賢人《ケムシン》ニ・マカ
⑨スト・イフトモ・君《キミ》・ネムコロニ・ヲサメム事ヲ・、モハスハ・天下ニ・
⑩益《エキ》アラシ・天下・太平《ヘイ》也ト・イヘトモ・臣等《シムラ》・ナヲ・アヤフ
⑪ムテ・ヨロコフ事ヲ・ナサス・タ、・陛下《ヘイカ》モ・又・ヤスシトイ
⑫フトモ・アヤウキコトヲ・ワスレスシテ・孜々《シ〲》トシテ・ヲコタ

〔三十三オ〕

①ル事ナカレ

⑪内外（左訓「ウチト」）

〔三十二ウ〕

⑦タ、チ（左漢文注「直也」）ニ

〔三十三オ〕

②貞観六年ニ・太宗侍《シ》臣《シム》ニ・カタテノタマハク・古《イニシヘ》ヨリ・人君《シムクン》・
③ヨキ事ヲ・ヽコスモノ・ヲホシトイヘトモ・ソノ・ヲハリヲ・マホル事
④アタハス・漢《カム》ノ・高祖《カウソ》・暴乱《ホウラン》ヲ誅《チウ》シテ・帝業《テイケウ》ヲナセリ・シ
⑤カレトモ・數《ス》十年《シウネン》・後《ノチ》ニ・ソノ心・ホシイマヽナリ・孝恵《カウケイ》・太子《タイシ》・
⑥嫡 嗣《チヤクシ》トシテ・仁孝《シムカウ》アリトイヘトモ・高祖《カウソ》・戚姫《セキキ》カ・鐘 愛《ショウアイ》ニ
⑦ヨテ・ソノ子・趙王《テウワウ》・如意《ニヨイ》ヲ・モテ・カヘテ・太子立《タイシニタテム》トス・又《マタ》・蕭 何《ショウカ》
⑧韓信《カムシン》・功業《コウケウ》・トモニ・タカシトイヘトモ・蕭 何《ショウカ》ミタリニ・トラ
⑨エラル・韓信《カムシム》ナカク・シリツ《（ソ）》ケラレタリ・自余《シヨ》ノ・功臣《コウシム》・黥布《ケイホ》カ・
⑩トモカラ・ヲチテ・サテ・反逆《ホムケキ》ヲナス・父子《フシ》ノ中《ナカ》・君臣《クムシム》ノアヒタ・ミ
⑪タレ・アヤマレル事・カクノコトシ・豈《アニ》・大業《タイケウ》ノ・タモチカタキ・シル
⑫シニ・アラスヤ・朕《チム》・コノユヘニ・アヘテ・天下ノ・ヤスキヲ・タノマス・

〔三十三ウ〕

①アヤウキコトヲ・オモウコトニ・◦《ミ》ツカラ・イマシメヲチテ・ソノ
②ヲハリヲ・タモタム事ヲ・オモフ
③貞観九年ニ・太宗・公卿《コウケイ》ニ・カタテノタマハク・今《イマ》・ヨモノ・
④エヒス・コト〳〵クニ・シタカヘル事・朕《チム》・一人《ニン》カ・致《イタス》トコロニアラス・
⑤マコトニ・公等《コウラ》カ・力《チカラ》ニヨレリ・ナカク・功《コウ》業ヲ・カタクシテ・子々《シ〳〵》孫々《ソン》
⑥ニ・イタルマテ・君《キミ》モ・臣《シム》モ・タカヒニ・アヒタスケテ・将 来《シヤウライ》ニ・ホトコシテ・鴻《コウ》

⑦カヘテ（左漢文注「替也」）

⑧ミタリ（左漢文注「謬也」）ニ

⑩ヲチ（左漢文注「畏也」）テ

〔三十三ウ〕

⑦勲盛業《キムセイケウ》・ツタヱム事ヲ・オモウヘシ・ナムソタ、・隆周《リウシウ》・盛漢《セイカン》・建《ケム》

⑧武《フ》・永平《エイヘイ》ノ・フルキ事ヲ・稱《セウ》スルノミナラムヤ・房玄齢《ハウケンレイ》ー・ス、

⑨ムテ申《マウ》サク・臣《シム》・ナカムカシヨリ・コノカタノ・乱《ラム》ヲ・オサムル・君《キミ》ヲ

⑩ミル。一《ニ》・年《トシ》ミナ・四十ニコヘタリ・タ、漢・光 武《カンノクワウフ》帝《テイ》ノミ・年《トシ》・三十三

⑪ニシテ・業《ケウ》ヲ、コセリ・豈《アニ》・陛下《ヘイカ》ノ・年《トシ》・十八ニシテ・経綸《ケイリン》ヲ・

⑫コト、シテ・天下ヲ・タヒラケ・年《トシ》二十九ニシテ・ノホヲ《テ》・天子《シ》

〔三十四オ〕

①タルニ・シカムヤ・コレスナハチ・陛下《ヘイカ》ノ・武功《フコウ》ノ・古《イニシヘ》ニ・スクレタルナ

②リ・陛下《ヘイカ》・ワカウシテ・タ、カヒヲ・イトナムテ・書《シヨ》ヲ・ヨムニイト

③マアラス・貞観ヨリ・コノカタ・手《テ》ニ・文《フミ》ヲ・スツル事ナシ・風化《フウクワ》ノ・

④本《モト》ヲ・シリ・理政《リセイ》ノ・政《マツリコト》 ノ・ミナモトヲ・サト。《レ》リ・コレニツイテ・世《ヨ》ヲ

⑤ヲサムルニ・天下・大《オホキ》ニ・サカリナリ・コレ又《マタ》・陛下《ヘイカ》ノ・文道《フンタウ》ノ・イニシヘニ・

⑥過《スキ》タルナリ・又《マタ》・周秦《シウシム》ヨリ・コノカタ・戎狄《シウテキ》・ウチニ・ヲカストイ

⑦ヘトモ・今《イマ》・戎狄《シウテキ》・カウヘヲ・カタフケテ・ミナ・臣吏《シンリ》トナレリ・コレ・

⑧又《マタ》・陛下《ヘイカ》ノ・トヲキヲ・ナツケタル事ノ・古《イニシヘ》ニ・マサレルナリ・カタ〱・

⑨コノ・功業《コウケウ》アリ・ナムソ・ヨク・ヲハリヲ・ツ、シマサラム・

⑩貞観十二年ニ・太宗侍臣《シシム》ニ・カタテノタマハク・朕《チム》・書《シヨ》ヲヨムテ・

⑪古《イニシヘ》ノ・帝王《テイワウ》ノ・ヨキ事ヲミテ・ミナ・アトヲ・タカヘス・ツトメ・ヲコ

⑨ナカムカシ（左漢字注「中古」）

⑫ノホヲ《テ》（左漢文注「登也」）

〔三十四オ〕

②ワカ（左漢文注「若也」）ウシテ

⑥ウチ（左漢文注「内也」）ニ、ヲカス（左漢文注「侵也」）

⑫ナウテ・ヲコタラス・今《イマ》・又《マタ》・モチヰルトコロノ・公等《コウラ》カ・トモカラ・

〔三十四ウ〕

①數《ス》十人《ニン》・ミナ・賢《ケム》ナリ・シカレトモ・ヲサマレル事ヲ・三五ノ世《ヨ》
②ニ・クラフルニ・當今《タウキム》・ナヲ・ヽヨハサル事・イカムソ・魏徴《キテウ》｜コタヘテ・
③申サク・今《イマ》・ヨモノエヒス・キタリシタカウテ・天下・コトムナ
④シ・マコトニ・上古《シヤウコ》・イマタ・アラサルトコロナリ・シカレトモ・古《イニシヘ》ヨリ・
⑤帝王《テイワウ》・ハシメテ・位《クライ》ニツク時《トキ》ハ・精《セイ》ヲ・ハケマシ・マツリコトヲ・
⑥アキラカニシテ・アトヲ・堯《ケウ》｜舜《シュン》｜ニ・ナラヘムトヲモヘリ・ソノ・
⑦タノシクシテ・トシ・ツモルニ・ヲヨヒヌレハ・奢《ヲコリ》・ホシイマヽニシテ・
⑧ソノ・ヲハリヲ・ヨクスル事ナシ・臣下《シムカ》モ・又《マタ》・ハシメテ・モチイ
⑨ラル、時《トキ》ハ・君《キミ》ヲ・タヽシ・時《トキ》ヲ・タスケテ・コトヲ・稷《ショク》契《セツ》ニ・ナ
⑩ラヘム事ヲ・ヽモヘリ・シカレトモ・ソノ・タトク・トメルニ・ヲヨヒヌ
⑪レハ・官《クワン》爵《シャク》ヲ・マタクセム事ヲ・ヽモウテ・アラソヒ・イサ
⑫ムル・節《セツ》ヲ・ツクサス・モシ・君《キミ》モ・臣《シム》モ・ツネニ・ヲコタル事ナ

〔三十五オ〕

①クシテ・ソノ・ヲハリヲ・ヨクセシメハ・スナハチ・天下・ヲサマラ
②ストイウ事・ナカルヘシ・太宗ノ・ヽタマハク・マコトニ・卿《ケイ》カ・コト
③ノコトシ・

〔三十四ウ〕

①三五ノ（左漢文注「｜皇｜帝也」）
世

⑩タトク（左漢文注「貴也」）

〔三十五オ〕

④貞観十三年ニ・魏徴《キテウ》｜・上《シヤウ》 書《シヨ》シテ・申サク・ワレ・軒轅《ケンエン》・黄《クワウ》
⑤帝《テイ》｜ノ・巖郎《ケムラウ》ニシテ・マツリコトヲ・ホトコイシ事・治化《チクワ》ヲ・サ
⑥タムル時《トキ》ハ・淳《アツク》 朴《スナヲ》ナルコトヲ・サキトシテ・浮華《フクワ》レル事ヲ・シ
⑦リシリソケ・臣下《シムカ》ヲ・論《ロム》スル時《トキ》ハ・忠良《チウリヤウ》・タトヒ・奢《ヲコリ》 佞《ネイナル》ヲ・イヤシ
⑧ウシ・制度《セイト》ヲ・イフ時《トキ》ハ・美麗《ヒレイ》ヲ・絶《タツ》・倹約《ケムヤク》ヲ・貴《タト》ヒ・物産《フツサム》ヲ・オ
⑨サムル時《トキ》ハ・穀帛《コクハク》ヲ・ヽモクシ・綾錦《レウキム》ヲ・イヤシウス・世々《ヨヽ》ノ・帝《テイ》
⑩王《ワウ》・ハシメニハ・ミナ・コレニ・シタカウトイヘトモ・ヤウヤク・タノシキ・後《ノチ》
⑪ニハ・カヘリテ・ミナ・ソノ・俗《シヨク》ヲ・ヤフリアラタム・カルカユヘニ・古人《コシン》
⑫ノ・イハク・シルコトノ・カタキニアラス・ヲコナウ事ノ・カタキ

〔三十五ウ〕

①ナリ・ヲコナウコトノ・カタキニアラス・コレヲ・ヽウルコトノ・カタ
②キナリ・マコトナルカナ・コノ言《コト》・フシテ・ヲモムミレハ・陛下《ヘイカ》・貞
③観ノハシメニ・時《トキ》・マサニ・サカリナリ・功《コウ》ノ・タカキ事・殷湯《イムタウ》｜
④周武《シウフ》｜モ・ナラフルニタラス・徳《トク》ノヒロキ事・唐尭《タウケウ》｜虞舜《クシユン》｜
⑤モ・遠《トヲシ》トスヘカラス・臣《シム》・左《サ》右《イウ》ニ・ヲル事十有余《シウイウヨ》年《ネン》・ツネニ・
⑥帷幄《イアク》ニ・ハヘテ・シハシハ明旨《メイシ》ヲ・ウチ《（ケ）》タマハル・仁義《シムキ》ノミチ・
⑦マホリテ・ウシナハス・倹約《ケムヤク》ノ・コヽロサシ・勤《ツトメ》テ・カハラス・無《フ》
⑧為《イ》ニシテ・欲《ヨク》ナク・清静《セイシヤウ》ニシテ・遠《トヲキ》ニ・カウフラシメタリ・

⑤治（平濁）化
⑥浮（右音「フ」の右下に「ウキ」と訓あり）華（右音「クワ」の右下に「カサレル」と訓あり）
⑦タトヒ（左漢文注「貴也」）
⑨穀帛ヲ・ヽモク（左漢文注「重也」）シ

〔三十五ウ〕

⑥シハシハ（左漢文注「屬也」）
⑦無（上濁）／為ニシテ

⑨シカルヲ・コノコロ・ムカシノ・コ、ロサシ・ヤウヤクニ・ソムイテ・敦《アツ》キ・コ
⑩トハリヲ・ウルコトナシ・コノユヘニ・コトハヲ・キク時《トキ》ハ・上聖《シャウセイ》ニコヘ
⑪タリト・イヘトモ・事ヲ論《ロム》スル時《トキ》ハ・中主《チウシュ》ニ・コヘカタシ・ナニヲ
⑫モテカ・コレヲイフトナレハ・漢《カム》ノ文帝《フンテイ》—晋《シム》ノ武帝《フテイ》—ハ・

〔三十六オ〕

①トモニ・上哲《シャウテツ》ノ・キミニアラス・シカレトモ・漢《カム》ノ文帝《フムテイ》—ハ・千里《リ》
②ノ馬《ムマ》ヲ辞《シ》シ・晋《シム》ノ武帝《フテイ》—ハ・雉頭《チトウ》ノ・カハコロモヲ・ヤケリ・
③シカルヲ・陛下《ヘイカ》・駿馬《シュンハ》ヲ・万里《ハンリ》ニモトメ・珎奇《チムキ》ノ・タカラヲ・
④境《サカイ》ノホカニ・買《カイ》・アヤシムラクハ・夷狄《イテキ》ノ・ヱヒスニ・カロウセラレ
⑤タリ・コレ・マツ・ヲハリヲ・ヨクセサル・ソノ・一《ヒトツ》ナリ・ムカシ・子貢《シコウ》—・
⑥人ヲト、ノフル事ヲ・孔子《コウシ》ニ問《トウ》・孔子《コウシ》ノ・、タマハク・クチ
⑦タル・ナハヲモテ・六《ムツ》ノ馬《ムマ》ヲ・ツナクカコトクセヨ・子貢《シコウ》—申
⑧サク・ナムソ・、レ・ヲソロ《畏也》シキソヤ・孔子《コウシ》ノ・、タウハク・人ヲ・
⑨、サムルニ・ミチヲモテセサル時《トキ》ハ・スナハチ・ヒト・ミナ・ワカ・、
⑩タキ也《ナリ》・ナムソ・ソレ・ヲソレサラム・カルカユヘニ・書《ショ》ニ・イハク・人ハ
⑪コレ國《クニ》ノ本《モト》タリ・本《モト》・カタキ時《トキ》ハ・國《クニ》・ヤスシ・人ノ・カミタル
⑫モノ・ナムソ・ツ、シマサラム・陛下《ヘイカ》・貞観ノ・ハシメニ・人ヲミル

〔三十六ウ〕

〔三十六オ〕
②辞（平濁）シ

〔三十六ウ〕

①事・イタメルカコトシ・人ノ・苦労《クラウ》ヲ・ミテハ・スナハチ・コレ
②ヲ・哀《アハレム》事・子ノコトシ・ツネニ・倹約《ケムヤク》ヲ・コノムテ・イトナミスル
③トコロ・ナシ・シカルヲ・コノコロタチマチニ・簡約《カンヤク》ヲ・ワスレテ・
④奢レル心・ステニアリ・陛下《ヘイカ》・ミツカラ・ノタマハク・百姓《ヒヤクシヤウ》・ス
⑤ナハチ・労役《ラウエキ》スル時《トキ》ハ・ツカイヤスシ・撫《ナテ》・ヤスムル時《トキ》ハ・奢《ヲコリ》・ホ
⑥シイマ、ナリト・コノ事・ツラ〳〵・ヲモムハカルニ・陛下《ヘイカ》ノ・アヤマ
⑦リ・百姓《ヒヤクシヤウ》ノ・タノシミ・ホシヰマ、・ナルニ・ヨテ・天下ノ・カタフキ・
⑧ヤフレタル事・ムカシヨリ・イマタ・コレアラス・ナムソ・民《タミ》ノ・奢《ヲコリ》・
⑨ホシイマ、・ナラム事ヲ・、ソレテ・コトサラニ・民《タミ》ノ・労《ラウ》セシム
⑩ル・マツリコトヲ・マウケムヤ・ヲソラクハ・コレ國《クニ》ヲ・、コス理《リ》
⑪道《タウ》ニアラス・人ヲヤスムル・ナカキ・ハカリ事ニアラス・コレ・
⑫ヲハリヲ・ヨクセサル・ソノ・漸・二也《ヤウヤクフタツナリ》・陛下《ヘイカ》・貞観《チヤウクワン》ノ・ハシメ

〔三十七オ〕

①ニハ・ヲノレカ心ヲ・オサヘテ・モハラ・人ヲ利《リ》ス・シカレトモ・イ
②マニイタテ・欲《ヨク》ヲ・ホシイマ、ニシ・人ヲ・労《ラウ》セシメテ・倹約《ケムヤク》ノコト・
③年々《トシ〳〵》ニ・アラタマリ・驕逸《ケウイツ》ノ心・日々《ヒ〳〵》ニ・マサレリ・人ヲアハレム・
④言《コトハ》ハ・口《クチ》ニ・タヘストイヘトモ・身《ミ》ヲ・タノシウスル事・心ノウチ
⑤ニ・切《セツ》ナリ・アルイハ・イトナマムトスル時《トキ》ハ・人ノ・イサメム事ヲ・

〔三十七オ〕

⑥オモムハカテ・陛下《ヘイカ》・ミツカラ・ノタマハク・モシ・コノ事ヲ・セ
⑦スハ・我身《ワカミ》ニ・タヨリアラシ・臣下《シムカ》・ナムソ・コレヲ・イサメムヤト・
⑧コレタ、・イサムル・モノ、・口《クチ》ヲ・フサクニアリ・豈《イ(ア)ニ》・ヨキ事ヲ・ヱ
⑨ラムテ・ヲコナフ・ミチナラムヤ・コレ・ヲハリヲ・ヨクセサル・
⑩ソ。《ノ》・漸《セム》・三也《ミツナリ》・陛下《ヘイカ》貞　観《チヤウクワン》ノ・ハシメニハ・名節《メイセツ》ヲ・砥《トキ》ミカ
⑪イテ・物《モノ》ニ・ワタクシナシ・タ、・ヨキ事ニ・クミシテ・君子《クムシ》ヲ・
⑫アイシタシミ・小人《セウシン》ヲ・遠《サケ》・ウトウス・シカレトモ・イマニヲイテ

〔三十七ウ〕

①ハ・アヒタカヘリ・君子《クンシ》ヲ・、モウス・トイヘトモ・礼《レイ》シテ・コレヲ・遠《トヲ》
②サク・小人《セウシン》ヲ・カロウストイヘトモ・ナレテ・コレヲ・チカツク・小人《セウシン》
③ヲ・チカツクルハ・スナハチ・マツリコトヲ・タスクル・ミチニアラ
④ス・君子《クンシ》ヲ・遠《トヲサクル》　ハ・又《マタ》・國《クニ》ヲ・興《ヲコスキ》・義ニアラス・コレヲハリヲ・ヨク
⑤セサル・漸《セム》・四也《ヨツナリ》・又《マタ》・陛下《ヘイカ》・貞　観《チヤウクワン》ノ・ハシメニハ・ヤ、モスレハ・尭舜《ケウシユン》
⑥ニ・シタカテ・金《コカネ》ヲステ・玉ヲナケテ・マツリ事・淳　朴《シユンホク》ニ・
⑦シタカヘリ・シカルヲ・頃　年《シキリトシ》ヨリ・コノカタ・コノムテ・奇異《キイ》
⑧ナル事ヲ・貴《タトフ》・コレニヨテ・ヱカタキ・タカラ・トヲシトシテ・キ
⑨タラスト・イウコトナシ・弥玩《チムクワン》ノ・モテアソヒモノ・時《トキ》トシテ・
⑩イタラスト・イウコトナシ・上ニ・美麗《ヒレイ》ヲ・コノムテ・下・儉約《ケムヤク》

〔三十七ウ〕

⑪ナヲラム事ヲ・ノソム・農桑《ノウサウ》ヲ・勤《ツトメ》スシテ・ソラニ・福祐《フクイウ》
⑫ヲ・ネカウ事・ソレカタ〳〵・ヲウヘカラサル事・マコトニ・ア

〔三十八オ〕

①キラケシ・コレ・ヲハリヲ・ヨクセサル・ソノ・漸《セム》・五也《イツヽナリ》・又《マタ》・貞観《チヤウクワン》
②ノ・ハシメニハ・陛下《ヘイカ》・ミツ・ニ・ウヘタル・人ノ・ミツヲ・モトムルカコト
③シ・賢者《ケムシヤ》ノ・挙《キヨ》スルトコロノ・人ヲハ・信《シム》シテ・事ヲ・、コナハシ
④ム・チカコロヨリ・コノカタ・ワタクシアル・心ヲ・、コシテ・人ヲ・ニク
⑤ミ・人ヲ・ヨミスル・イロアリ・アルイハ・挙《キヨ》シ・モチヰルトイヘトモ・
⑥一人《ニン》・コレヲソシレハ・タチマチニ・コレヲ・スツ・アルイハ・ヒサシク・
⑦コレヲ・任《シム》ストイヘトモ・一朝《イツテウ》ニ・ウタカテ・コレヲ・遠《トヲサク》・ナムソ・ホムル
⑧トコロヲ・信《シム》セスシテ・カナラス・ソシルトコロヲ・信《シム》スヘキヤ・
⑨ソレ・君子《クムシ》ハ・仁義《シムキ》ヲ・ソナヘテ・大道《タイタウ》ヲ・ヒロム・小人《セウシン》ハ・讒言《サムケン》ヲ・
⑩コノムテ・身《ミ》ノ・ハカリコト、ス・陛下《ヘイカ》・ソノ・根源《コンケム》ヲ・察《サツシ》セス・コレラ
⑪カ・タメニ・ヲモハカリヲ・マトハセリ・コノユヘニ・人ミナ・ワサハヒニ・マ
⑫ヌカレム事ヲ・オモウテ・ヨク・アラソヒ・イサムル・臣《シム》ナシ・コレ

〔三十八ウ〕

①ヲハリヲ・ヨクセサル・ソノ・漸《セム》・六也《ムツナリ》・陛下《ヘイカ》・貞観《チヤウクワン》ノ・ハシメニ・高《タカク》
②ク・ヰ・フカク・見事《ミル》・清静《セイシヤウ》ニシテ・心ニ・嗜慾《キヨク》ナシ・内《ウチ》ニハ・畢《ヒツ》

⑫カタ〳〵(左漢文注「旁也」)、ヲウヘカ(左漢文注「不可終也」)ラサル

〔三十八オ〕

②ミツ(左漢字注「水」)、ウヘ(左漢文注「飢也」)タル

⑨讒(平濁)言(平濁)

⑩コレラ(左漢文注「是等也」)

〔三十八ウ〕

③弋《ヨク》ノ・モノヲ・ノソキ・外《ホカ》ニハ・カリスナトリノ・ミナモトヲ・断《タツ》・
④シカルヲ・イマハ・コ、ロサシヲ・カタウスル事・アタハス・十旬《シツシユン》ノ・
⑤アソヒ・ナシトイヘトモ・殆《ホトムト》 ・三驪《サムク》ノ・礼《レイ》ニ・スキタリ・タノシミ・ホシ
⑥イマ、ナル・アソヒ・シハ〳〵・百 姓《ヒヤクシヤウ》ニ・ソシラレタリ・犬鷹《イヌタカ》ヲ・タ
⑦テマツル事・ヨモノエヒスヨリ・致《イタシ》・ミタレ・馳《ハセ》アソヒヲ・タノシ
⑧ミトシテ・暁《アカツキ》 イテ・夜《ヨル》カヘル・ハカラサル・不虞《フク》ノ變《ヘン》ヲ・カヘリミ
⑨ス・コレ・ヲハリヲ・ヨクセサル・漸《セム》・七《ナヽツ》 也《ナリ》・孔子《コウシ》・ノ、タマハク・君《キミ》ノ・
⑩臣《シム》ヲツカウ事・礼《レイ》ヲモテシ・臣《シム》ノ・君《キミ》ニツカウマツル事・
⑪忠《チウ》ヲモテスト・陛下《ヘイカ》・大位《ヰ》ヲ・フムシ・ハシメニハ・ツ、シムテ・下ニ
⑫マシハリキ・君《キミ》ノ・恩《ヲム》・下《シモ》ニ・ナカレテ・臣《シム》ノ心・上《カミ》ニ・達《タツス》・コト〳〵ク・

〔三十九オ〕

①ミナ・チカラヲ・ツクシテ・心ニ・カクストコロナシ・シカルヲ・コノ
②コロ・人・モノイハムトスル時《トキ》ハ・顔色《カムシヨク》・ヤハラカナラス・事ヲ・
③請《コハム》トスル時《トキ》ハ・恩礼《ヲムレイ》・クハ、ラス・イサ、カモ・ソノ・アヤマリアル
④時《トキ》ハ・ホソキ・疵《キス》ヲ・ユルス事ナシ・陛下《ヘイカ》・サトキ・ハカリ事・ア
⑤リトイヘトモ・人ノ・忠《チウ》ヲ・シラサルカコトシ・コレ・上下《シヤウカ》・心ヲ・
⑥、ナシクスル事・マサニモテ・カタカルヘシ・コレ・ヲハリヲ・ヨク
⑦セサル・漸《セン》・八ナリ・又・貞 觀《チヤウクワン》ノ・ハシメニハ・陛下《ヘイカ》・ヲノレヲ・屈《クツ》シテ・

〔三十九オ〕

⑧人ニ・シタカウコト・タラサルカ・コトキナル・コ、ロサシアリキ・シカ
⑨ルヲ・頃　年《シキリノトシ》ヨリ・コノカタ・功業《コウケウ》ノ・タカキヲ・タノムテ・ミツ
⑩カラホコリテ・前主《セムシュ》ヲ・ナイカシロニス・ソレ・奢《ヲコリ》ヲハ・マスヘ
⑪カラス。（脚注参照）・コ、ロサシヲハ・満《ミツ》ヘカラス・シカルヲ・陛下《ヘイカ》・聖智《セイチ》ノ・
⑫明《メイ》ヲソムイテ・心ニ・當代《タウタイ》ヲ・カロクス・コシ《（レ）》・奢《ヲコリ》ヲ・マスニアラ

〔三十九ウ〕

①スヤ・又・クハタツル・トコロヲハ・ミナモテ・遂《トケ》ムコトヲ・、モヘ
②リ・イサメニシタカウテ・心ヲ・、サムトイヘトモ・忌《イミ》・アラタムル
③ヲモヒナシ・コレ・慾《ヨク》ヲ・ホシイマ、ネニ・スルニ・アラスヤ・又・コ、ロ
④サシ・アソヒ・タノシミアテ・猒《アキ》・イトウコトナシ・マツリコトヲ・
⑤サマタケスト・イヘトモ・治化《チクワ》ヲ・モハラニスルコトオ・ヤフレリ・コ
⑥レ・タノシミヲ・キハムルニ・アラスヤ・天下・ヤスク・タノシクシテ・
⑦ヨモノヱヒス・ツキシタカヘリ・ソノウヘ・ナヲ・人馬《シムハ》ヲ・労《ラウ》セ
⑧シメテ・異国《イコク》ノ・ツミヲ・タ、シ・タヒラケムトス・コレコ、ロサ
⑨シヲ・満《ミテ》ムト・スルニアラスヤ・コ、ニ・シタシミ・ナル、・臣《シン》ハムネニ
⑩ヲシ《（モ）》ネリテ・アヘテ・申サス・疎遠《ソエン》ノモノハ・威《ヰ》ニヲチテ・
⑪イサメヲ・イレカタシ・事トシテ・ヤマサラハ・聖徳《セイトク》・カケヌヘシ・
⑫コレ・ヲハリヲ・ヨクセサル・ソノ・漸《セム》・九ナリ・ソレ・帝尭《テイケウ》―成湯《セイノウ（タ）》―

⑪。印より右側に斜線を引き、以下「慾《ヨク》ヲハ・ホシイマ、ニス・ヘカラス・タノシミヲハ・キハムヘカラス・」とあり

〔三十九ウ〕

⑧タヒラ（左漢文注「平也」）ケムトス

〔四十オ〕

①ノ時《トキ》モ・災《サイ》ナキニアラス・災《サイ》ニアフトキハ・スナハチ・ソノウレヘ・
②ツトムル事ヲ・キハメ・ヤスキニ・アウ時《トキ》ハ・スナハチ・奢《ヲコ》ラス・ホ
③シイマヽ、ナラス・ハシメヲ・ヨクシ・ヲハリヲ・ツヽ、シム・慾《ヨク》ナク・イト
④ナミナク・ソノ・聖徳《セイトク》ヲ・稱《セウ》スルユヘナリ・ソレ・貞　観《チヤウクワン》ノ・ハシメニハ・
⑤霜《シモ》・シキリニクタリ・ヒテリセシカトモ・陛下《ヘイカ》ノ・アハレミ・ヤ
⑥シナウ・ヲモヒヲ知《シリ》テ・民《タミ》一人《ニン》モ・ウラミヲ・ナスモノナク・
⑦一戸《イッコ》モ・ニケウセタル・アトナシ・シカルヲ・コノコロ・徭役《ヨウエキ》ノ・オ
⑧ホヤケ事・シキリニ・ヲコリテ・人ミナ・ツカレ・ツイヘタリ・
⑨工匠《コウシヤウ》ノ・タクミ・ヤワラケ・ヤトウト・イヘトモ・勞《ラウ》・ヒマナシ・征兵《セイヘイ》
⑩ノ・ツハモノ・義《キ》ヲモテ・ヲコストイヘトモ・駈役《キエキ》・シツカナラス・
⑪シカノミナラス・市《イチ》ニヲリ・カハスルモノ・國々《クニ〱》ニ・タウルコト
⑫ナシ・タカイニ・ムカヘ・ヲクル・人夫《ニンフ》・ミチノアヒタニ・継《ツケ》リ・國《クニ》・

〔四十ウ〕

①ステニ・ツイユルトコロ・ヲホシ・民《タミ》・ヤ、モセハヲトロキ・ミタルヘ
②シ・モシ・洪水《コウスイ》・旱颰《カムハツ》ノ・災《サイ》アテ・穀《コメ》・麦《ムキ》・ミノラスハ・百　姓《ヒヤクシヤウ》ノ
③心・ヲソラクハ・前日《セムニチ》ノ・コトクニ・アラサラムコトヲ・コレ・ヲハリ
④ヲ・ヨクセサル・ソノ・漸《セム》・十也《トヲナリ》・臣《シム》キク・ワサハイト・サイワイト

〔四十オ〕

⑤ヒテ（左漢文注「日也」）リセシカトモ

⑪タウ（左漢文注「絶也」）ル

〔四十ウ〕

⑤ハ・門《カト》ヲエラフコトナシ・タ、・人ノ・マネクニ・シタカウテ・イリ
⑥ノソム・トコロナリ・ワサハイミタリニ・ヲコラス・人ノ・アヤマチ
⑦ニ・ヨリテ・。《キ》サス・フシテヲモムミレハ・陛下《ヘイカ》・天ヲ・統《スヘ》・ヲホソラヲ・
⑧ムサホル事・十三年寰《ネンクワン》中《チウ》・シツカニシテ・年穀《ネンコク》・ユタカ
⑨ナリ・シカルヲ・今《コン》｣年《ネン》・天災《テンサイ》・流《リウ》行シテ・炎気《エンキ》・ヒテリヲ・
⑩致《イタ》ス・マコトニ・コレ・ヲトロキ・ヲワ(ソ)ルヘキ・年 辰《トキ》真名本・ウレヘ・ツトムヘキ・
⑪日《ヒ》也《ナリ》・國家《コッカ》ノ理乱《リラム》・タ、・一人ノ成敗《セイハイ》ニ・カ、レリ・千載《サイ》
⑫ノ・休明《キウメイ》・フタ、ヒ・サラニ・エカタシ・臣《シム》・マコトニ・ヲロカニ・イヤシ

〔四十一オ〕

①ウ・シテ・時《トキ》ノ・ハタモノニ・達《タッ》セス・粗《ホ、》・ミルトコロノ・十箇條《カテウ》ヲ・
②シルシテ・聖徳《セイトク》ニ・上聞《シャウフン》セシム・陛下《ヘイカ》・臣《シム》・狂瞽《キャウコ》ノ・言《コト》ヲ・エラヒ・
③蓊蕘《スウケウ》ノ・ムネヲ・イレヨ・ネカハクハ・チ、ノ・ヲモムハカリノ・ウ
④チニ・一ニモ・アタルコトヲ・ヱテ・袞職《コンショク》・ヲキヌフコトアラハ・
⑤鈇《フ》鉞《エッ》ノ・ツミニシタカハムコトヲ・ネカフ・太宗・疏《ソ》ヲミテ
⑥魏《キ》徵《テウ》｜ニ・カタテノタマハク・臣下《シムカ》ノ・君《キミ》ニ・ツカ𛀀マツルコト・
⑦ムネニシタカウハ・ハナハタ・ヤスク・イサメアラソウハ・マコト・カタ
⑧シ・公論《コウロン》シタ、スヲ・モテ・ツネニ・獻納《ケムナウ》ス・朕《チム》・アヤマチヲ・キイ
⑨テ・ヨクアラタメム・ネカハクハ・カナラス・ヲハリヲ・ヨクセムコト

⑨今｣年（左訓「コトシ」）

〔四十一オ〕

①ハタモ（左漢字注「機也」）ノニ

③蓊（平）蕘（平濁）

⑩ヲ・朕《チム》・モシ・コノ言《コト》ヲ・タカヘハ・ナムノヲモテアテカ・公ニ・アイマ
⑪ミヱム・又・イツレノ・ハカリコトヲモテカ・マサニ・天下ヲ・ヽサメム・
⑫ミツカラ・公《コウ》カ・イマノ疏《ソ》ヲ・ミルニ・言《コト》ハ・コハク・理《リ》タヽシ・ツイニ・ツラネ

〔四十一ウ〕

①テ・屛風《ヒヤウフ》ト・障子《シヤウシ》ニ・ハリテ・朝夕《テウセキ》ニ・コレヲミ・アホク・カネ
②テ・史官《シクワン》ニツケテ・コレヲ・録《ロク》セシメテ・君臣《クムシム》ノ義《キ》ヲ・ノコ
③シテ・千歳《サイ》ノ後《ノチ》ニ・サトラシメム・スナハチ・魏徴《キテウ》ニ・黄金《クワウコン》・十
④斤《キム》・厩馬《キウハ》・二疋《ヒキ》ヲ・タマウ・
⑤貞観十年ニ・太宗侍臣《シシム》ニ・カタテノタマハク・天下ヲ・タヒラ
⑥ケ・トル事ハ・朕《チム》ステニ・ソノ事ヲ・トケタリト・イヘトモ・コレヲ・
⑦タモチ・コレヲ・マホルコト・カタカルヘシ・秦《シム》ノ・始皇《シクワウ》・四海《カイ》ヲ・タモ
⑧ツトイヘトモ・スヱノ年《トシ》ニ・ヲヨムテ・マホリ・タモツコト・アタハス・
⑨公等《コウラ》・ヲホヤケヲ・ヽモヰ・ワタクシヲ・ワスレテ・ソノヲハ
⑩リヲ・ヨクシテ・榮名《エイメイ》・高位《カウヰ》ヲ・マホルヘシ・魏徴《キテウ》コタヘテ・
⑪申《マウ》サク・タヽ・カヒニカテ・天下ヲトルハ・ヤスシ・文《フン》ヲマホテ・大
⑫位《イ》ヲ・タモツハ・カタシ・陛下《ヘイカ》・フカクヲモイ・トヲク・ヲモハカテ・

〔四十二オ〕

①ヤスクトモ・アヤウキコトヲ・ワスレサレ・ツネニ・コレヲ・モテ・マツリ

〔四十一ウ〕

②ツケ（左漢文注「付也」）テ

④厩（左訓「ムマヤ」）馬（左訓「ムマ」）

⑪カテ（左漢文注「勝也」）

〔四十二オ〕

②コトヲセハ・宗社《ソウシヤ》・カタフキ・ヤフル、事・アラシ・
③貞観十六年ニ・太宗・魏徴｜ニ・問《トウ》テ・ノタマハク・中《ナカ》ムカシノ・
④帝王《テイワウ》ヲ・ミルニ・位《クラキ》ヲ・子孫《シソン》ニ・ツタウル事・アルヒハ・十代《タイ》・アルヒハ・
⑤一代《タイ》・二代《タイ》・コレヲツタウルモノアリ・朕《チム》コノユヘニ・ツネニヲソレヲ
⑥懐《イタク》・アルイハ・兆民《テウミム》ヲ・ナテヤシナハムニ・ソノトコロヲ・サラム事ヲ・
⑦ヲソル・アルイハ・ヨロコヒ・イカル事・法《ハウ》ニスキテ・心ニ・奢《ヲコリ》ヲ・ナサム
⑧事ヲ・オソル・タ、シ・ミツカラ・シル事・アタハス・ナムチ・朕《チム》カタ
⑨メニ・申《マウス》ヘシ・魏徴《キテウ》｜コタヘテ・申サク・物《モノ》ヲコノミ・タシナミ・欲《ヨク》ヲ・
⑩ヲコス・ヲシ《（モ）》ヒ・ヨロコヒヲ・ナシ・イカリヲ・ナス・心・賢者《ケムシヤ》モ・愚者《クシヤ》
⑪モ・ミナモテ・コレヲナシ・シカレトモ・賢者《ケンシヤク》ハ・ヨク・心ヲ、サヘテ・
⑫度《ト》ニ・スキサラシム・愚者《クシヤ》ハ・コレヲ・ホシイマ、ニシテ・身《ミ》ヲ・カタ

〔四十二ウ〕

①フクルニ・致《イタル》フシテ・ネカハクハ・陛下《ヘイカ》・ヤスキニ・イテ・アヤウキ
②事ヲ・、モヒ・ツネニ・ミツカラ・心ヲ制《セイ》シテ・ヲハリヲ・ヨクスル・
③ホマレヲ・タシ《（モ）》タハ・万代・ナカク・陛下《ヘイカ》ノ・徳《トク》ヲ・カウフルヘシ・
④
⑤
⑥貞観政要巻第十

③中ムカシ（左漢字注「古」）

⑪ヲナシ（左漢文注「同也」）
⑫度（左訓「ノリ」）

〔四十二ウ〕

⑦
⑧
⑨
⑩
⑪
⑫

〔四十三オ〕

（全て白紙）

〔四十三オ〕

〔四十三ウ〕

①
②
③ 右貞観政要十冊　禁裏御本申
④ 出急速書写畢
⑤
⑥ 文禄四乙未歳菊月十三日　梵舜（花押）

〔四十三ウ〕

（巻第十は以上）

研究編

第一章　仮名貞観政要概説と梵舜本書誌

一、はじめに

ここに翻刻した「仮名貞観政要梵舜本」（仮称）という資料は、宮内庁書陵部蔵、「函架番号五五六・二九、枝番号〇〇〇、分類番号五一〇法律及政治>法制>古代法制>概説・雑書、書名貞観政要（和訳・一〇巻）、編著者唐 呉兢、刊写情報写、文禄四年、釈梵舜、点数五、翻刻・紹介情報解説：宮内庁書陵部編『図書寮典籍解題 漢籍篇』（昭和三五年）、画像国文研（以下略）」（「書陵部所蔵資料目録・画像公開システム」（https://shoryobu.kunaicho.go.jp/、最終アクセス日2018.8.15）にて検索、「資料詳細（図書寮文庫）」の記事より空白情報以外を抜粋、原文は横書き洋数字使用）とある写本五冊である。「仮名貞観政要」という書名は原田種成氏（後述）に拠り、「梵舜本」という写本名は諸本分類上の便宜のためにその書写者名に拠ったものである。

二、仮名貞観政要について

仮名貞観政要は、後述する「正保版本」を底本とする鉛印本一冊として徳富蘇峰氏の解説を添え、早く大正四（一九一五）年に民友社より刊行されたが、その後特に研究された形跡は見当たらない。本格的な研究は原典である「貞観政要」の文献学的研究を大成した原田種成氏の『貞観政要の研究』(昭和四〇〔一九六五〕年吉川弘文館刊)に始まる。翌年には日本文学研究の分野でも後述する乾克己氏の論考が発表されたが、その後は久しく研究されることがなかったようである。

日本語学研究の分野では、柳田征司氏の『室町時代語資料としての抄物の研究』(平成一〇〔一九九八〕年武蔵野書院刊)において初めて「仮名書き資料」の一つとして紹介されたが、それも特異な仮名書き資料として言及されたに留まる。

原田氏に拠れば、仮名貞観政要は、「貞観の治」と言われる理想的政治を行なった唐の第二代皇帝太宗とその臣下たちとの治政に関する言行録等を、太宗没後半世紀頃の史官、呉兢が編纂して成立した貞観政要という漢文原典を、鎌倉時代初期、当時の代表的な儒者であった菅原為長が北条政子の求めに応じて和訳したもの、と伝えられている。

この鎌倉初期菅原為長和訳という所伝について、乾克己氏は、「宴曲における貞観政要の享受」(『和洋国文研究』四、昭和四一〔一九六六〕年十月)において、鎌倉時代に盛行した宴曲のうち、「正安三(一三〇一、加藤補)年八月以前に成立したことが確実な『理世道』の曲に『和訳貞観政要(仮名貞観政要のこと、加藤補)』の文句がかなり正確に引用されている事実」を歌詞について具体的に指摘し、「為長の和訳になる『貞観政要』は鎌倉時代を通じて宴曲を愛好する階級に広く享受されていたことが推測される」として、鎌倉時代初期為長和訳の可能性を認めた。

また、加藤も、為長より五代目の子孫に当たる東坊城(菅原)秀長の日記「迎陽記」応永八〔一四〇一〕年八月一日条に仮名貞観政要を足利義満に贈ったとの記事があることを為長和訳の信頼性を強める事実として指摘した。さらに仮名貞観政要に原典にはない増補部分が当初から存在し、その典拠の多くが「新唐書」であることを示し、同様に新唐書からの引用部分を多く含む「明文抄」の編者藤原孝範の父である永範に為長が幼少時師事していたことから、為長は孝範とも交流し新唐書を披見できた可能性があり、新唐書による増補部分の作成、ひいては貞観政要和訳という作業自体も為長が行なった可能性が高く、所伝と矛盾しない、と論じたことがある。(1)

さて、仮名貞観政要の日本語学資料としての独自性はその和訳方法にある。原田氏は仮名貞観政要の和訳方法について、

原文の煩雑な記述や本邦には理解しにくいと思われる箇所を、巧みにわかりやすく意訳している（中略）これは北條政子が、格別漢学の素養があるものでなかったから、かような平易な訳をしたということももちろんではあるが、平素の講義においても、天皇に御進講する場合においても、漢学の素養のない一般人にもよくわかるように、かみくだいて講ずるのが当時の講義の常であったからである。（前掲原田氏著一九五～六頁）

と評した。

また柳田征司氏は仮名貞観政要を同時代の仮名書き資料と比較しながら「和らげて訓み下しからは離れているもの（訓み下しを含むこともある）である（前掲柳田氏著一四〇頁）」と位置付けた。他の仮名書き資料である「仮名書き法華経」（足利本・妙一記念館本他）などが原典漢文を直訳し訓み下した結果をそのまま仮名書きにしただけの資料であるのに対し、仮名貞観政要は原典漢文を「和らげて」おり、直訳の漢文読み下し文を仮名書きにしたものではないとしたのである。これは原田氏の「巧みにわかりやすく意訳」という表現と共通する。

こうした仮名貞観政要の和訳方法の特徴につき、加藤はこれまで、文選読み、原典にない増補部分の性格、再読文字の和訳状況、引用・故事・典拠句の取捨選択状況等、様々な観点から具体的な検討を行なった。(2) また、このような仮名貞観政要の翻訳方法を、言語コードや文化的コンテクストが異なる作者と読者の間にあるギャップを埋め、両者間に円滑なコミュニケーションを成立させようとする「コミュニケーション・サポート」の例として論じたこともある。(3) 近年では、橋村勝明氏「『仮名貞観政要』の和訳語について」（『文教國文学』第五六号、平成二四年二月）が、広島大学蔵本（後述）を紹介しつつ、その「和訳語」が漢籍訓読語だけでなく仏典訓読語にも及ぶことを示し、「和訳」の性格に分け入ろうと試みている。

こうした検討により、直訳的な「訓み下し」とは異なり、「和らげ」ということがどのような作業であったか、そしてそれがどのような機能を有するものであったかが、具体的に明らかになりつつある。しかしながらその検討はまだ不十分であり、今後も様々な観点から検討する余地があると考えられる。

三、仮名貞観政要の諸本について

仮名貞観政要の諸本としては次の二系統一〇本が知られている。なお、（　）内は加藤が便宜的に用いている略称である。

・片仮名書き系統

一、宮内庁書陵部蔵文禄四（一五九五）年釈梵舜写五冊本（梵舜本）
二、慶応大学斯道文庫蔵江戸時代前期写十冊本（斯道文庫本）
三、徳富蘇峰旧蔵お茶の水大学図書館現蔵寛永頃写五冊本（蘇峰旧蔵本）
四、東京大学文学部国語研究室他蔵正保四（一六四七）年刊製版本（正保版本）
五、建仁寺両足院蔵室町時代末期写（残巻第五〜第八）二冊本（両足院本）
六、広島大学蔵室町末〜江戸初期写（巻第三のみ）一冊本（広島大学蔵本）

・平仮名書き系統

七、日光山輪王寺天海蔵蔵寛永十五（一六三八）年善光寺良俊写五冊本（天海蔵本）
八、お茶の水大学図書館蔵寛永写十冊本（お茶の水大学図書館本）
九、宮内庁書陵部蔵江戸時代写十冊本（書陵部蔵平仮名本）

一〇、筑波大学附属図書館蔵江戸時代前期写（巻第一のみ）一冊本（筑波大学図書館本）

（前掲原田氏著、柳田氏著、橋村氏論文、および川瀬一馬氏編『お茶の水図書館蔵新修成簣堂文庫善本書目』（平成四〔一九九二〕年発行）に拠る。）

現在、一、四（ただし宮内庁書陵部蔵本）、九、一〇はその書影が国文学研究資料館「電子資料館」の「日本古典籍総合目録データベース」（http://base1.nijl.ac.jp/~tkoten/、最終アクセス日2018.8.15）、及び「新日本古典籍総合データベース」（https://kotenseki.nijl.ac.jp/、最終アクセス日2018.8.15）によって公開されており、白黒写真によるものではあるが、全体を画像にて確認することが可能である。

このうち、一の梵舜本は書写年が明らかな最古写本で、かつ秀吉、家康らに重用された神道家兼僧侶、梵舜という学識者の書写になるものであり、諸本中最も素性の明確な写本でもある。

なお、加藤は前述した諸本のうち現時点で一の梵舜本、二の斯道文庫本、九の書陵部蔵平仮名本につき紙焼写真の頒布を受けて披見し、四の正保版本の原本を所蔵・披見しているが、いずれの本文もほぼ同文であり、別系統の本文を持つといえるようなテキストではなかった。特に一と二については詳細な本文比較を行なったが、異なり箇所はほとんどが誤字脱字レベルであり、また一の脱文箇所を二が正しく有しており、かつ原本を直接見て写さないと生じないような字形レベルでの類似箇所も存在していることから、両者が「禁裏御本」（後述）を祖とする兄弟または叔父甥の如き関係にある同系統の写本であることが推定できた(4)。

以上のことから、一の梵舜本は、現時点で、仮名貞観政要の本文として翻刻・紹介するにふさわしい価値を有するものと考え、ここに翻刻した次第である。

四、仮名貞観政要梵舜本の書誌

本資料は四つ目綴じの、わずかに横が長めの美濃判（縦二六・〇、横二〇・五センチメートル）で、十巻五冊よりなる。表紙は各冊とも原装と推定され、薄茶色の無地で、左上に朱色無地の貼題箋があり「貞観政要　一之二（〜九之十）」という外題が書かれている。また左下には打ち付け書きで「五冊内」とある。

料紙は楮紙で、各冊とも、墨付き部分の最初の丁の表側に次の①〜④の蔵書印が、また最後の丁の裏側に⑤の蔵書印がある。

①宮内省図書印　②（二つの○が横並びで一部分重なった印）鈴鹿氏　③康楽岡藤原以文図書記　④吉田神社社司中臣隆啓朝臣之章　⑤藤以文蔵書印

①は各冊全て右上に、⑤は各冊全て左下に位置するが、残りの②〜④の配置は各冊ごとに少しく異なっている。第一冊では②は前丁裏の左下にあり、③が右中央、④が右下に位置する。第二冊では右側に上から①②④③と配置され、第三・四冊では右側に①②③とあって、④は②と③の中間の高さで少し左側にずれて位置する。第五冊では右上に①、右中央に③、③の少し左側にずれた箇所に②と④が（②が④の直上に来るように）配置されている。

『図書寮叢刊　書陵部蔵書印譜　上・下』（一九九六・一九九七年宮内庁書陵部発行）に拠ると、①は宮内庁書陵部の前身である宮内省の蔵書印であり、②と④が鈴鹿隆啓の蔵書印、③と⑤が山田（藤原）以文の蔵書印である。

鈴鹿隆啓については伝未詳だが、書陵部蔵「清家相伝本尚書」「清原宣賢写春秋経伝集解」「水鏡」「日本書紀神代巻訣釈」にも②④の印があるとのことであり、また鈴鹿氏は京都吉田神社の社家の家系でもあったことから、江戸時代中後期の吉田神社ゆかりの者と見られる（同書下巻九三・四頁参照）。山田（藤原）以文は一七六二年に生まれ一八三五年に没。吉田家の家士で吉田神社の祠官であり、一方藤原貞幹の門弟として有職故実に通じた国学者でもあった（同書下巻七二頁参照）。

本資料は後述するごとく室町末期文禄四（一五九五）年に梵舜が書写したものであるが、梵舜は「天文二二年（一五五三）吉田兼右の二男として生れ、寛永九年（一六三二）八〇歳を以て没するまで、日本書紀・続日本紀・延喜式等を初めとして、種々の善本を書写校合し、神儒仏三道の研究を行なった学僧」（渡邊綱也校注『日本古典文学大系85沙石集』一九六六年岩波書店刊、二六頁より引用）である。先の蔵書印からは、本資料が、梵舜書写による成立後、吉田神社ゆかりの神官らに伝えられたものの、明治以降、何らかの事情で旧宮内省図書寮に入ったことが推定される。

本文は漢字交じりの片仮名文で、毎半葉一二行、毎行二〇〜三〇字程の字詰めで書かれている。漢字部分には多く右側に読み仮名が片仮名で付してあり、稀に左右両側に読み仮名のある場合もある。また、漢字の四隅に単声点または横並びの複声点が（複声点は稀に片仮名文字の左側上下にも）付してあることがあり、漢字音の四声および清濁を示すものであると考えられる。さらに、本文の左右（稀に行頭）に漢字漢文で注が書き加えられている場合がある。

以上の本文・読み仮名（のほとんど）・声点・漢字漢文注は墨筆であるが、別に本文全てにわたって詳細に朱筆にて意味の切れ目を表わす朱句点が書き入れられているのをはじめ、巻により使用頻度に差があるものの、熟語（固有名詞の場合も含む）の漢字の間の左側（巻八は真ん中）に縦棒線の熟合符、人名の下に横棒線の人名符の朱引が使用されている。なお、朱筆は漢字の読み仮名の補記や本文の補入にも一部使用されており、その書体から本文部分と同筆であると認められ、書写者である梵舜自身（または梵舜の右筆等、後述）が墨筆部分と同時に書写したもので、本資料の底本に元々存在していたものだと推定される。

本資料には巻一末他に次のような書写奥書がある（／は改行、［　］内は割注書きを示す）。

巻一末　以禁裏御本書之一日一夜急書写畢／文禄四［乙未］歳正月廿四日　梵舜（花押）

巻二末　于時文禄四［乙未］年二月廿四日書畢　梵舜（花押）／廿二日筆立廿四日終也一日二夜書
巻四末　文禄四年九月七日筆立其日書畢／梵舜（花押）
巻七末　文禄四 九月八日夜筆立同十日午刻書了／梵舜（花押）
巻九末　此両冊三九之巻以禁裏御本／写置者也／文禄四［乙未］年正月十一日　梵舜（花押）
巻十末　右貞観政要十冊 禁裏御本申／出急速書写畢／文禄四［乙未］歳菊月十三日　梵舜（花押）

よってこの写本は梵舜が文禄四（一五九五）年正月、二月、および九月に「禁裏御本」を借り受けて書写したものとわかる。

各巻ごとの墨付丁数は次のようになる（上表・目録部分含む）。

巻一―二四丁　巻二―三八丁　巻三―一六丁　巻四―一八丁　巻五―二四丁
巻六―二二丁　巻七―一七丁　巻八―一六丁　巻九―二〇丁　巻十―二一丁　合計　二一六丁

奥書と各巻の丁数から見て、かなり速く書写していることがうかがわれ、誤写等も生じているのではないかと疑われるのであるが、現存する諸本中、書写年代の明確な最も古い完本である点、また梵舜という学識者の書写である点、「禁裏御本」という由緒正しい善本であることがうかがわれるような底本を書写したものである点、等々、この梵舜本は仮名貞観政要のテキストとして極めて高い価値を有するものであることが推定されるのである。

ただし、巻五の一丁表最初から一二丁表の六行目前後までと、巻九の一丁表最初から一二丁表の二行目前後までは、他の部分とは明らかに別筆（片仮名のレやモの最終画のはね方に顕著に差が見られる）によって書写されており、梵舜の右筆等による書写部分と推定される。これ以外には明瞭に別筆であるといえる部分はなく、全て梵舜自筆と考えられる。

本文には若干の虫損が認められるが、読解に差し支える程のものはごくわずかであり、その最も甚だしい例は第四冊巻七、三丁表側の左上（裏側では右上）最終行の最上部一～二文字分ほどの紙片が欠失していることであるが、それとて前後の文脈と漢文原典である貞観政要によって、損じている文字もほぼ推定が可能である。概して保存状態は良好であるといえる。

五、おわりに

現時点では未見の諸本の方が多く、今後、披見できた諸本の本文の状況によっては現時点の判断を変更しなければならない可能性もある。しかしながら、もしそうであったとしても、本翻刻の意義は、仮名貞観政要の代表的な本文の一つの提供として、おそらく失われることはないであろう。

注

（1）拙稿「仮名貞観政要における増補部分」（『帝塚山学院大学研究論集』第三七集、平成一四（二〇〇二）年一二月）、本書研究編第三章に相当。

（2）注（1）および以下の拙稿参照。

「仮名貞観政要梵舜本における文選読み」（田島毓堂・釘貫亨編『名古屋大学日本語学研究室過去・現在・未来』名古屋大学大学院文学研究科平成一四（二〇〇二）年四月）、本書研究編第四章に相当。

「仮名貞観政要における再読文字の和訳状況—他の仮名書き資料と比較して—」（『帝塚山学院大学研究論集〔文学部〕』第三八集、平成一五（二〇〇三）年一二月）、本書研究編第五章に相当。

「引用・故事・典拠句の取捨から見た仮名貞観政要の和訳態度」（『帝塚山学院大学研究論集〔文学部〕』第四〇集、平成一七（二〇〇五）年一二月）、本書研究編第七章に相当。

（3）拙稿「コミュニケーション・サポートとしての注釈・翻訳—『仮名貞観政要』の和訳方法に見る—」（帝塚山学院大学『日

本文学研究』第三五号、平成一六〔二〇〇四〕年二月)、本書研究編第六章に相当。

(4) 拙稿「『カナ貞観政要』梵舜本と斯道文庫本の関係」(帝塚山学院大学『日本文学研究』第三二号、平成一三〔二〇〇一〕年二月)、本書研究編第二章に相当。

第二章　仮名貞観政要梵舜本と斯道文庫本の関係

一、はじめに

伝菅原為長和訳「仮名貞観政要（片仮名書き・平仮名書き両系統を含めた総称とする）」については、これまでに片仮名書き系統六本、平仮名書き系統四本の存在が報告されているが[1]、これら諸伝本の詳細な系統関係についてはまだ研究報告がなされていない。本章ではこの第一歩として、片仮名書き系統の伝本である梵舜本と斯道文庫本の本文を比較し、両者の系統関係の推定を試みる。なお本文の調査は宮内庁書陵部と慶応大学斯道文庫より加藤に頒布された紙焼写真に拠る。

二、斯道文庫本概観

梵舜本については既に前章第四節「仮名貞観政要梵舜本の書誌」に詳述したので繰り返さず、以下は斯道文庫本について概観する。

斯道文庫本に奥書等は一切ない。そのため書写に関する事情は不明である。各巻ごとの本文墨付丁数は次のようである。

巻一　三三丁　巻二　五三丁　巻三　二四丁　巻四　二六丁　巻五　三四丁
巻六　三二丁　巻七　二四丁　巻八　二四丁　巻九　二六丁　巻十　二八丁　合計　三〇四丁

斯道文庫本の本文も梵舜本と同じく漢字交じりの片仮名文で、一面一〇行書き、一行につき一五から二五字程度の字詰めである。梵舜本同様、読み仮名・声点・漢字漢文注が付されているが、それらの頻度は梵舜本より少なく、行数・字詰めとあいまって行間が広く、見てすっきりした印象を与える。白黒写真のため本調査では墨色は確認できないが、梵舜本同様に全巻に渡って朱句点が、またしばしば朱引と声点が施されている。以下に本文の冒頭部分（梵舜本の巻一の一オの一～四行目に相当）を梵舜本の翻刻と同一の方法にて例示する。なお、全文同筆であると考えられる。

〔一オ〕
①貞観政要上表　史臣呉兢撰
②臣・呉《コ》兢《キヤウ》マウス・朝野《テウヤ》モロ〳〵ノ人國家《コツカ》ノ政《マツリコト》ヲ論《ロン》スル
③者・コトコトクニ申《マウ》サク陛下ノ・聖明ナルヲモテ太宗ノ・
④故政《フルキマツリコト》ニシタカハ、上古《シヤウコ》ノ術《シユツ》ヲ・モトメスシテ・太平ヲ致
⑤システム

〔一オ〕
②朝（平）野（去）

（以下略、斯道文庫本巻一の一オの一～五行目）

三、梵舜本と斯道文庫本の本文の異同

梵舜本はその奥書から禁裏御本を直接書写したものであることがわかる（前章第四節参照）。問題はこの「禁裏御本―梵舜本」という系統と斯道文庫本との関係である。以下この関係を推定する手段として梵舜本と斯道文庫本の本文を比較し、異同を調査する。

まず調査の異同の判断基準について説明する。

第一に、本文の異同は原則として必須要素である本行の文字に関するものに限り、付加的な要素である読み仮名・声点・句点・朱引・漢字漢文注に関する異同は採り上げない。その理由としてまず、これらの要素が書写する以前から親本に完備されていた要素であったかどうか不明なことがある。一部分にせよ、本文書写後に各伝本で独自に加筆された可能性もある。次に、仮に親本に既にこれらの要素が完備されていたとしても、書写に際して、書写者がこれらの要素までも正確に書き写さなければならないとは判断せず、適宜自身に必要だと判断される要素のみを選択しつつ書写した可能性がある。これらの可能性がある以上、読み仮名等付加的要素の異同の状況を両写本が拠った親本が同一（同系統）であるか否かの判断に利用することは無意味であると考える。

第二に、表記としては異なっていても同じものの表現であると推定できる場合には同じとした。例えば（以下用例中の傍線加藤）、

ア、送り仮名の違い

挙申《キヨシマウ》スニ・ヨテ　（梵舜本巻二の五五ウの四〜五行目）

擧申ニヨテ　（斯道文庫本巻二の四四オの六行目）

イ、仮名遣いの違い(2)

人ヲ・ウタカフニ　（梵舜本巻二の五三オの九行目）

人ヲ・ウタカウニ　（斯道文庫本巻二の四〇ウの九〜一〇行目）

ウ、仮名と漢字の違い(3)

タテマツル・コトニ　（「コト」の左傍に「毎也」と注あり。梵舜本巻二の五四ウの九行目）

タテマツル・毎ニ　（斯道文庫本巻二の四三オの二〜三行目）

エ、単字片仮名と合字片仮名の違い(4)

諫《カム》議《キ》大夫《フ》トシテ　（「諫」に去声点、「議」に濁去声点あり、梵舜本巻一の二オの一〇行目）

諫議大夫トメ　（斯道文庫本巻一の二ウの六行目）

オ、仮名・漢字の字体の違い(5)

悪《アク》王・國ヲホロホシテ　（梵舜本巻一の五オの七行目）

悪王・国ヲホロ⿱口丅シテ　（斯道文庫本巻一の七オの二〜三行目）

のような場合は両写本とも同じものと判断した。

以上の判断基準によって調査した結果、両写本間で異なるとした箇所は合計五六〇箇所である。梵舜本の合計墨付丁数二一六丁で割ると、一丁平均二・六箇所の違いがあることになる。

これらの異なり箇所を本文の内容から見てどちらの写本の書写が正しいかという観点と、具体的な書写の違い方の観点、の二つによって分類すると次のようになる。ただし仮名貞観政要自体にはまだ確定した本文が存在しないので、あくまで私見による判断である。なお、判断に際しては原田種成氏の著『貞観政要上・下』（新釈漢文大系九五・九六、昭和五三〔一九七八〕〜五四〔一九七九〕年明治書院刊）の該当部分を参照した。記して感謝申し上げる。

A　梵舜本が正しく、斯道文庫本が誤りであると判断できる箇所…三五三

内　①斯道文庫本の脱字・脱文　一四〇

②斯道文庫本の衍字・衍文　五二

③斯道文庫本の文字転倒　三

④斯道文庫本の類似文字への誤写(6)　一三四

⑤斯道文庫本の非類似文字への誤写　一五

⑥斯道文庫本のその他の誤写　九
B　斯道文庫本が正しく、梵舜本が誤りであると判断できる箇所…一四七
内　①梵舜本の脱字・脱文　七五
②梵舜本の衍字・衍文　一八
③梵舜本の文字転倒　一
④梵舜本の類似文字への誤写　四〇
⑤梵舜本の非類似文字への誤写　八
⑥梵舜本のその他の誤写　一
⑦梵舜本の虫損による文字脱落　四
C　梵舜本・斯道文庫本のいずれが正しいとも判断できない箇所…五七
内　①動詞の活用の種類に関するゆれ　六
②動詞の音便に関するゆれ　一六
③バ行・マ行のゆれ　一
④助詞の有無のゆれ　二一
⑤助詞の種類のゆれ　一
⑥漢字部分の読み方不明　二
⑦その他判断不可能なもの　一〇
D　梵舜本・斯道文庫本のいずれも誤りであると判断できる箇所…三
内　①両写本の類似文字への誤写　二

②梵舜本脱字・斯道文庫本誤写　　　一

合計……………………………五六〇

なお、今回の比較で斯道文庫本の巻十末部に本文の錯簡が存在することがわかった。

①↑—↓②

時ハ・ホソキ・疵《キス》ヲ・ユルス事ナシ・陛下・サ　シキリニ　（斯道文庫本巻十の二三オの八行目）

〜〜〜〜〜〜〜〜〜〜〜〜〜（中略）〜〜〜〜〜〜〜〜〜〜〜〜〜〜〜〜〜〜〜〜

②↑—

ウ・太宗・疏《ソ》ヲミテ魏徴ニ・カタテノタマハク・臣　（同前二四ウの六行目）

—↓③

トキ・ハカリ事・アリトイヘトモ人ノ・忠ヲ・シラサル　（二四ウの七行目）

〜〜〜〜〜〜〜〜〜〜〜〜〜〜〜〜〜（中略）〜〜〜〜〜〜〜〜〜〜〜〜〜〜〜〜

③↑—

聖徳ヲ・稱スルユヘナリ・ソレ・貞観ノ・ハシメニハ・霜　（同前二六オの四行目）

—↓④

下ノ・君《キミ》ニ・ツカマツルコト・ムネニシタカウハハナハタ・ヤス　（二六オの五行目）

巻十の二三オ八行目の「陛下・サ」までを①、「シキリニ」以下二四ウ六行目の「ノタマハク・臣」までを②、二四ウ七行目の「トキ・ハカリ事」から二六オ四行目の「ハシメニハ・霜」までを③、二六オ五行目の「下ノ・君ニ・ツカウマツルコト」以下を④とすると、梵舜本と比較して斯道文庫本の本文は正しくは①③②④の順でなくてはならず、③と②の部分が入れ替わっている。

②の部分は梵舜本で巻十の三九オ四行目から四〇オ五行目まで、③の部分は四〇オ五行目から四一オ六行目までで、それぞれ約一丁分の分量に当たり、原本の一丁分が綴じ間違えられていたか、書写の際に誤って前後一丁分の順序を逆転して書写したものであろう。今回の調査では正しい位置にあるものとしたうえで異同を比較した。

四、梵舜本と斯道文庫本の関係

前節で両写本の異同を比較した結果、梵舜本の一丁分約六〇〇字当たり二・六箇所の異なり箇所が存在した。この数値は比較的低いものであるし、[7]異なり箇所も先に示したように、脱字・脱文、衍字・衍文、類似した文字への誤写等が大部分であり、両写本は同系統の本文を有する、言い換えれば、書写を遡れば同一の祖本にたどりつく写本同士といってよい。

さて、梵舜本はその奥書から禁裏御本を直接書写したものであるとわかるが、斯道文庫本はこれらとどのような書写の関係にあるのだろうか。

書写年代（斯道文庫本は推定であるが）から考えて、斯道文庫本が禁裏御本および梵舜本成立以前から存在していたことはあり得ないので、斯道文庫本は次の図のaのように梵舜本を祖とするか、bのように禁裏御本を祖とするか、またcのように禁裏御本をさらに遡る共通の祖本から別れたものか、いずれかとなろう。

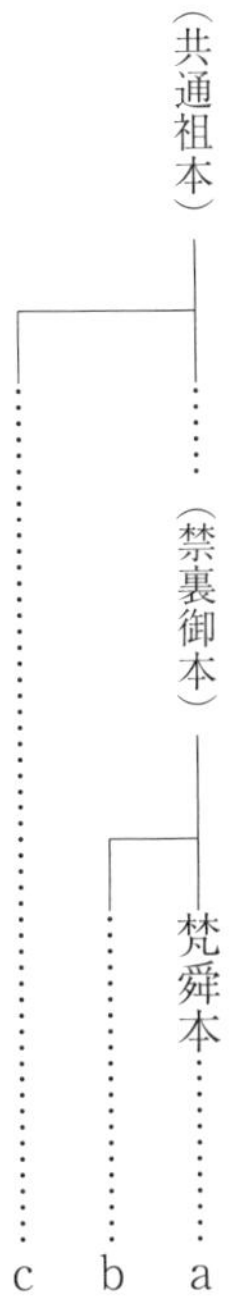

（図の注、（　）内は現存しない写本。——は直接書写した関係、……は直接または間接に書写した関係を示す）

斯道文庫本が梵舜本を祖とするaの場合である可能性は、前節の調査結果のB①の七五箇所の存在によって低くなる。特に、次の箇所の存在によってほぼ否定できるといってよい。前後の文脈等から一、二文字の脱字は正しく復元できたとしても、次のような長い脱文は他本を参照しない限り復元不可能だからである。

イマ・カサネテ・ツハヒラカニ・トラハレタル・カタチヲ・ミハ・カナラス・マサニ・セサ（「サ」に複平声点あり）ルトコロナリ

（梵舜本巻七の一六ウの一一行目〜一七オの一行目）

イマ・カサネテ・ツハヒラカニ・トラハレタル・カタチヲ・ミハ・カナラス・マサニ・シノヒカタキ・心ヲ・、コスヘシ・ワレ・コノユヘニ・ツフサニ・セサ（「サ」に複平声点あり）ルトコロナリ

（斯道文庫本巻七の二四オの四〜七行目、傍線加藤）

図のaの可能性は否定できるとして、斯道文庫本については、いくつかの漢字字体の類似箇所の存在から、図のb、しかも禁裏御本を直接見て書写したものである可能性が高い。ここではその中で典型的な二つの例を示す（以下用例中の傍線加藤）。

第一に、巻四の不明瞭漢字字形の類似である。

太宗ノタマハク・君カ固《カタク》・アヤマリノ・ヤマサルヲミテ・忘《如本》カツイヱヲ・コノコトニ・ウタカウ

（梵舜本巻四の二二オの一一行目〜二二ウの二行目、傍線部のみ右側に影印添付、以下同）

太宗ノタマハク・君カ固・アヤマリノ・ヤマサルヲミテ・忘カツイヱヲ・コノコトニ・ウタカウ

（斯道文庫本巻四の九オの四〜六行目、同前）

この傍線部分の漢字は内容上「君」が適当であるが、[8] 梵舜本も斯道文庫本も「忘」の行草体のような字形が書かれており、よく似ている。また梵舜本にはこの字の右傍に小さくて明瞭には読み取り難いが「如本」と読める注記があり、これが文脈上不適当な文字であることを知りつつ、原本である禁裏御本の字形をそのまま写したものであることを示している。斯道文庫本も文脈上は不適当である類似した字形を有することから、禁裏御本に存在したこの字形を直接書写したものではないかと考えられる。

第二に、同じく巻四の第十篇第四章における異体字漢字の出現順序である。

貞観五年権《ケン》萬紀《マンキ》并《ナラヒニ》二季《リ》仁發《シンハツ》人ヲ讒《サムシ》・ウタウルヲ

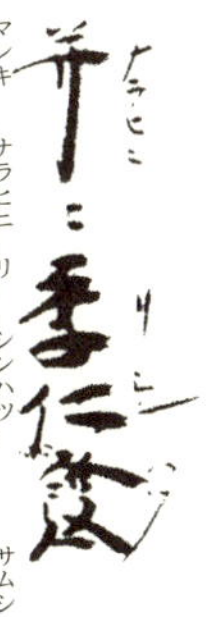

（「仁《シン》」に複平声点あり、梵舜本巻四の二三ウの八行目、同前）

以《モテ》・郡臣數《クンシンス》家《カ》ヲシヱタケタリ・外内《ホカウチ》ソノ不可《フカ》ヲシルトイヘト

（「外内」の左傍に「内《ウチ》外《ト》」とあり。九行目）

モ・ヲチテ・ヨクアラソフモノナシ・魏徴イロヲタ、シウシ・奏《シ》テ

（一〇行目）

申サク・権萬紀季仁發讒《サム》毀《キ》ヲ以《モ》テ・忠《チウ》トシ・ソシリ訴《ウタウ》

（一一行目、同前）

ルヲ以《モテ》・直《チョク》ナリトス・房玄齢ヲ・諡《シイ》・諧・張」亮《シコチヤウリヤウ》｜ヲ・ソシリ・シリ（「直《チョク》」の左傍に「スナヲ」とあり、一二行目）

〜〜〜〜〜〜〜〜〜〜〜〜（中略）〜〜〜〜〜〜〜〜〜〜〜〜〜〜〜〜〜〜〜〜

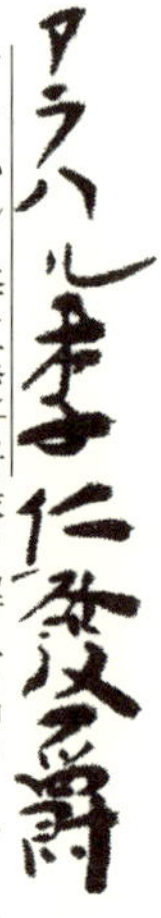

アラハル・李仁發｜爵禄ヲ解・宮中ヲ・シリソケラレヌ・権萬（巻四の二四オの一〇行目、同前）

紀｜司」馬《シイ ハ》ニ貶《ヲトシ》ウツサレヌ・朝《テウ》廷《テイ》・コト〳〵ク相《アヒ》ヨロコフ（「貶《ヲトシ》ウ」の左傍に「減也」とあり、一一行目）

梵舜本では、この章の登場人物「李仁發」の姓の漢字が、最初と二度目には「季」という字体で書かれているのに対し、三度目では「李」の字体で書かれている。この使用順序は斯道文庫本でも同様であり、最初と二番目では「季」の字体、三番目では「李」の字体で書かれている。

（「仁」に複平声点あり、斯道文庫本巻四の一一オの三行目、同前）

貞観五年権萬紀｜并ニ季仁發｜人ヲ讒《サムシ》・ウ

タウルヲ以・郡臣数家ヲシヱタケタリ・外内（四行目）

ソノ不可《フカ》ヲシルトイヘトモ・ヲチテ・ヨクアラソフ（五行目）

モノナシ・魏徴イロヲタ、シウシ・奏シテ申サク・権（六行目）

萬紀｜季仁發｜讒毀ヲ以テ・忠トシ・ソシリ訴《ウタウ》（七行目、同前）

ルヲ以・直ナリトス・房玄齢ヲ・諡《シイ》・諧・張 亮《シコチヤウリヤウ》｜ヲ・（八行目）

〜〜〜〜〜〜〜〜〜〜〜（中略）〜〜〜〜〜〜〜〜〜〜〜〜〜〜〜〜〜〜

百疋ヲタマフ・カレラカ・悪跡・カタ〳〵・アラハル李　（巻四の一一ウの一〇行目、同前）

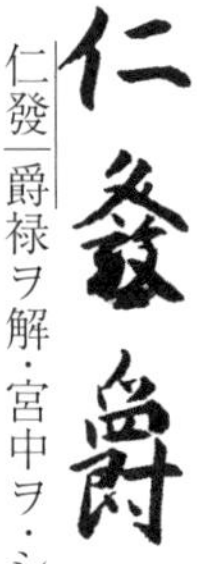

仁發爵禄ヲ解・宮中ヲ・シリソケラレヌ・権　（巻四の一二オの一行目、同前）

萬紀司馬ニ貶ウツサレヌ・朝廷・コト〳〵ク相ヨロ　（「貶ウ」の左傍に「減也」とあり、二行目）

コフ　（以下略、三行目）

「季仁發」と「李仁發」が同一人物を表わしていることは文脈上明瞭であり、両者をわざわざ別の字体（別の漢字とも?）で書き分けているのは、両写本がこのような書き分けを有する同一（系統）の原本の表記に従ったからだとしか考えられない。そして、このような恣意的な書き分けは偶然に複数の写本に並列的に発生するものではなく、また発生したとしても次に書写される度に同じ字体（同じ漢字?）に統一しようとする意志にさらされ、解消される可能性が高い[9]。よってこのような書き分けを共に有する梵舜本と斯道文庫本は、同じ原本（具体的には禁裏御本）を、またもし同一の原本でないにしても極めて近い書写関係にある二種の原本を見て書写されたものであると言える。

以上、本文の異なりが少ない点、および字形レベルで類似する箇所の存在を根拠として、斯道文庫本は梵舜本と同様に禁裏御本を直接に書写したものであるか、たとえそうでないにしても、禁裏御本に極めて近い書写関係にある写本を写したものであると考える。

五、本章のまとめ

本章では、片仮名系統の梵舜本と斯道文庫本の本文の異同を比較した結果、

①本文の異なり箇所が少なく、また単純な脱字・衍字・類似文字への誤写等が大部分であることから、両者同系統の本文を写したものであると推定できる。

②梵舜本の脱文箇所を斯道文庫本が正しく有していることから、斯道文庫本は梵舜本だけを祖本とするものではない。

③両写本に、直接見て写さないと生じないような字形レベルでの類似箇所も存在している。

といったことから、両写本について次のような書写の関係があることを推定した。

（禁裏御本）——梵舜本
　　　　　　……斯道文庫本

（図の注、（　）内は現存しない写本。——は直接書写した関係、……は直接または間接に書写した関係を示す）

禁裏御本と斯道文庫本については必ずしも直接の書写の関係があったとは限らないが、介在する写本が存在したとしても、それは禁裏御本を字形レベルでも忠実に書写した写本でなければならないはずである。

注

（1）前章第三節「仮名貞観政要の諸本について」を参照されたい。

（2）仮名遣い上の異なり箇所は二一九箇所あった。次に内訳を示す。前が梵舜本の用字で後が斯道文庫本の用字である。

ハ・ワ 二　ワ・ハ 八　ヒ・イ 三　イ・ヒ 九　ヰ・イ 一一　イ・ヰ 七　フ・ウ 一三　ウ・フ 七
ヘ・エ 七　エ・ヘ 七　ヘ・ヱ 六　ヱ・ヘ 四　ヱ・エ 三一　エ・ヱ 二三　ヲ・オ 一二　オ・ヲ 四八
ム・ン 七　ン・ム 一五

（3）片仮名と漢字の異なり箇所は二九〇箇所あった。順序は注（2）に同じ。
片仮名のみ・漢字二三　片仮名と漢字注・漢字二四六　漢字・片仮名二一

（4）単字片仮名と合字片仮名の異なり箇所は六箇所あった。順序は注（2）に同じ。
単字・合字四　合字・単字二

（5）梵舜本・斯道文庫本で見られた片仮名の異体字としてはつぎのような文字がある。
サの「七」　セの「せ」　テの「チ」　ホの「㐧」　マの「丁」

（6）類似文字への誤写例としては、漢字では「宮・官」「陸・階」「減・滅」「侫・倭」など、片仮名では「イ・ナ・テ・キ・チ・ケ」「コ・ユ・エ・ヱ」「ワ・ウ・ヲ・ラ」「ツ・ソ・メ・リ・ワ・ク・タ」「ニ・ミ・シ・ヒ・レ」「ヱ・ア・マ・カ・ワ」「ヌ・ス・ク」「サ・セ」など、漢字と片仮名では「ヌ・又」「セ・亡・世」「ヤ・也」、漢字と片仮名と合字では「メ・ヌ・メ」、特殊なものとしては「ミナ・三十」「卆・九十」「ニ・々（繰り返し符号）」などの組み合わせがあった。

（7）土佐日記の写本で、蓮花王院宝蔵本（貫之自筆本）をそれぞれ直接書写したと推定される定家本と為家本との間で、同様の条件による異なり箇所を求めた。川瀬一馬氏校注・現代語訳『土佐日記』（講談社文庫、平成元〔一九八九〕年刊）の両写本本文校異（同書七五～七八頁）に拠ると異なり箇所は八九箇所であるが、このうち17の「え」と85の「お」に関する異なり箇所は仮名遣いの違いであるし、66、67、69、70、の「子の日」に関する違いは同じ読みの可能性があるので除外され、残り八三箇所が同様の条件による異なり箇所になる。土佐日記写本の文字量を青谿書屋本によって求めると、一面八～一〇行書き（九行の面が大部分）で一行一三～一七字程度の字詰め、全部で四六丁（最後の一面は一行のみのため切り捨てる）なので、全体として約一万二千四～五百字、仮名貞観政要梵舜本の一丁分六〇〇字に換算すると約二〇・七～八丁になり、一丁分六〇〇字当たりの異なり箇所の出現数は約四・〇になる。一方は片仮名書き、他方は平仮名書きで単純に比較はできないし、また極めて概算の処置ではあるが、この程度の数値が原本を同じくする写本間の異なり箇所出現数の一例であるとして示す。なお、定家本を「定家臨模本」（定家自身による貫之自筆本の臨模本）と御子左家の「伝来の家本」との校訂本、為家本を「定家臨模本」からのさらなる転写本であるとする片桐洋一氏の新説（『土佐日記』定家筆本と為家筆本」関西大学国文学会『国文学』第七七号、平成一〇（一九九八）年三月）があるが、右筆の介在さえ仮定すれば特に「定家臨模本」の存在を仮定しなくても両写本に関する諸事象は説明できると考え、従来の説にのっとって例とした。

（8）原田種成氏著書の原典本文および前章第三節で紹介した諸本のうち四の正保版本を参照。

（9）片仮名書き系統の諸本のうち、注（8）でも参照した四の正保版本では三箇所すべて「季仁發（読み仮名もキジンハッ）」で統一されている。

補注 今回本書「翻刻編」の作成にあたり、本章第四節後半に示した巻第四第十篇第四章における「李仁發」の場合と同様の事象が同じ巻第四第十篇第八章における「李弘節」についても発見された。

梵舜本	二六ウの一一行目	二七オの七行目	二七オの一一行目
	李《リ》弘節《コウセツ》	季《リ》弘《コウ》節《セツ》	季弘節
斯道文庫本	一五ウの八行目	一六オの八行目	一六ウの三行目
	李《リ》弘《コウ》節	季《リ》弘《コウ》節	季弘節

「李→季→季」と順序が一致している。これに対し、注（9）で示した正保版本では三箇所全て「李弘節（読み仮名もリコウセツ）」で統一されている。結論の傍証として追加したい。

第三章　仮名貞観政要における増補部分

一、本章の目的

仮名貞観政要は鎌倉時代初期に菅原為長が北条政子の求めに応じて唐の政道書貞観政要を和訳したものと伝えられている。本章ではまず原典である貞観政要とその和訳書である仮名貞観政要の成立や諸本についてこれまでの研究成果を概説したうえで、原典には存在せず、和訳書である仮名貞観政要のみに存在する増補部分を紹介し、それらが本和訳書においてどのような役割を果たしているかを考察する。最後に、それらの大部分の出典が新唐書であることを、上記所伝の信頼性を高める一事実として報告する。

二、貞観政要（原典）概説

原典の貞観政要は、唐太宗（李世民、五九八～六四九）の政治に関する言行録を、太宗没後約半世紀を経た頃、呉兢（六六三頃～七四九）という史官が撰述し十巻四十篇に類編した書である。同書には中宗に上進した初進本と、玄宗に上進した再進本との二系統があり、巻四を構成する篇が全く異なるなど、本文に大きな差異のあったことが原田種成氏により明らかにされている(1)。

成立後は写本として伝えられたと考えられるが、宋代以降刊行もなされるようになった。特に元の至順四（一三三三）年に戈直が校訂・注釈を施し諸家の論説を加えた有注集論本は、従来の無注本に比べ読解の便に優れ好まれたらしく、明の成化元（一四六五）年や清の嘉慶三（一七九八）年にも刊刻されて普及し次第に中国本土における通行本の地位を得た。反面他の写本・刊本類は顧みられず亡失されるものが多かった。ただし戈直本は前述した再進本の諸篇に初進本の巻四に存する篇の章節を適当に配分挿入するといった処置を経た混成的なもので、かつ用いられた底本も善本とは認められず、本文にも誤りが多く認められるという。

さて、本書は寛平年間（八八九〜八九八）に編纂されたと推定される藤原佐世撰「日本国見在書目録」の「三十雑家」に「貞観政要十四」と見え、平安時代前期までには日本に伝来していたと考えられる。(2) 本書は帝王学の書として歴代の天皇に進講されるなど尊重され、菅原家・大江家・藤原南家など博士家において研究された。本邦に将来したのは唐代以降書写されて流布していた写本段階のもの（唐鈔本）であり、初進本系と再進本系の両方が伝えられていた。現存する初進本系の写本としては龍谷大学図書館蔵写字台本（巻一・二欠）と京都大学図書館蔵藤波本（巻一・二・七・八欠）が、再進本系の写本としては宮内庁書陵部に第一巻、穂久邇文庫に第二巻以降が蔵せられている建治本（南家本）と内藤湖南博士旧蔵内藤本（菅家本）が代表的なものである。しかし、日本でも慶長五（一六〇〇）年に徳川家康の命により戈直本が伏見版として刊行され通行本として普及するようになり、唐鈔本系の諸写本は博士家の秘庫に蔵されるのみとなっていた。明治以降諸学者の探求を経、最終的に原田種成氏の研究により貞観政要諸伝本の系統関係や成立時の経緯がこのように明らかになったのである。

三、仮名貞観政要概説

仮名貞観政要は、鎌倉時代初期、菅原為長が源頼朝の妻政子の求めにより和訳したものであるとする所伝がある。(3)

（寛正四〔一四六三〕年五月）七日　午後清三位来尋。（中略）又話数日前就管領宅。談貞元政要。先代時。頼朝夫人二位尼行天下政。為長卿為二位以倭字記貞元政要付之。以此為法式。故先代時。毎事公道也。

（瑞渓周鳳「臥雲日件録抜尤」続史籍集覧第三冊の四五五～四五六頁）(4)

一簾中より政務をこなはるる事。（中略）ちかくは鎌倉の右大将の北の方尼二位政子と申しは北條の四郎平の時政がむすめにて二代将軍の母なり。大将のあやまりあることをも此二位の教訓し侍し也。大将の後は一向に鎌倉を管領せられていみじき成敗ども有しかば。承久のみだれの時も二位殿の仰とて義時も諸大名共に廻文をまはし下知し侍りけり。貞観政要と云書十巻をば菅家の為長卿といひし人に和字にかかせて天下の政のたすけとし侍りしも此二位尼のしわざ也。

（一条兼良「樵談治要」群書類従巻第四百七十六の二〇二～二〇三頁）

一或抄物にかける女の身体の事。（中略）近くハ鎌倉右大将頼朝卿の北ノ方二位殿〔政子。〕と申せしハ。北條四郎時政の女にて二代の将軍の母也。大将薨去の後ハ一向鎌倉を管領し給ひ。いみじく成敗有し也。貞観政要といふ書十巻をば菅家の為長の卿といひし人に和字にかかせて天下の政のたすけとし給ひしとなり。承久の乱の時も此二位殿の仰とて義時朝臣も諸大名に下知し給へりとなり。

（伊勢貞頼「宗五大艸紙」群書類従巻第四百十三の六二二頁）

次従二位平ノ政子〔頼朝卿室時政ノ女頼家実朝母也〕自承久至嘉禄元七ヶ年尼后ノ成敗也。将軍タルヘキ人ナキニ依テ女房タリトイヘトモ政務ヲ知レル也。此時二位ノ尼所望ニテ為長卿〔聖廟廿五代孫〕貞観政要十巻ヲ和字ニ書セラレテ常ニ見玉ヘリ。

（「式目抄（貞永式目諺解）」続史籍集覧第二冊の二頁）

「樵談治要」は文明一二〔一四八〇〕年の成立、「宗五大艸紙」は大永八〔一五二八〕年の成立、「式目抄」の成立年時は不明である。しかしながら、室町時代中期の一五～六世紀には仮名貞観政要為長和訳の所伝が存在したといえる。

また、東坊城〔菅原〕秀長「迎陽記」の応永八〔一四〇一〕年条には、八月一日、［丁巳、］天晴、告朔之儀、毎年礼遣方々、四書進禁裏、仮名政要北山殿（［北］のルビに「義満」とあり）、御返御剣也（東大史料編纂所編『大日本史史料』第七編之五の八三頁）

と、為長から五代目の子孫に当たる秀長が仮名貞観政要を足利義満に贈っている記録[5]があり、同書が菅原家に伝えられていたことを窺わせる。これも為長和訳という所伝の信頼性を強める事実の一つである。

また乾克己氏も、鎌倉時代に盛行した宴曲のうち、正安三（一三〇一）年八月以前に成立したことが確実な「理世道」の歌詞に仮名貞観政要の文句がかなり正確に引用されている事実を具体的に指摘し、同書が「鎌倉時代を通じて宴曲を愛好する階級に広く享受されていたことが推測される」として、鎌倉時代初期為長和訳の可能性を認めている。[6]

さて、仮名貞観政要の現存諸本は次の如く二系統一〇本[7]である。既に第一章第三節にて詳説しているので、ここでは略称で示す。

片仮名書き系統

一、梵舜本

二、斯道文庫本

三、蘇峰旧蔵本

四、正保版本（民友社より翻刻本あり）

五、両足院本（巻五～八のみ）

六、広島大学蔵本（巻三のみ）

七、天海蔵本

平仮名書き系統

八、お茶の水大学図書館本

九、書陵部蔵平仮名本
一〇、筑波大学図書館本（巻一のみ）
このうち一と二とは同系統であることが推定できた。(8) また四の正保版本は架蔵本を確認したがやはり一、二とほぼ同系統の本文であると認められる。九の書陵部蔵平仮名本についても既に宮内庁書陵部より紙焼写真の頒布を受け、巻一、二のみの調査であるがほぼ同系統の本文であることを確認した。他の諸本については未調査であるが、本章でも、現存最古写本であり書写の経緯も明らかである一の梵舜本を調査対象として使用し、必要があれば同系統である二の斯道文庫本を参照することとする。(9)

現存諸本には和訳に関する序跋識語等が全くなく、書名も単に「貞観政要」とあるのみで、「和訳」や「仮名」といった文言は付されていない。本書での「仮名貞観政要」という呼称も原田種成氏の呼称に拠ったものである。

原田氏に拠れば、仮名貞観政要の原典は巻四の構成から見て初進本系の写字台本と同系統の本文であったと推定されている。ただしこれにはいくつか問題点も存在するという。

第一に、仮名貞観政要には写字台本等唐鈔本系諸本に存在する章のうち巻四以外に七章が不足している。原田氏はこの理由を、

その七章の内容を検討するに、次に述べるように鎌倉幕府の政策に反すると考えられるものや、頼朝の妻の政子にとっては諱むべきものと認められるものである。よって、その不足する七章は政子の命によって和訳した為長が、その内容が講ずべき人に対して不適当であるとして削去したのであろうということが考えられる。

（注（1）の原田氏著一九九頁）

と推定し、原典は写字台本系統のものと考えてよいとされる。なお原田氏が不足しているとした七章のうち一章（巻一政体篇第二第一三章）は前章に付属していたのを見逃したものと考えられ、後に同氏が注釈を施した『貞観政要上・下』

（新釈漢文大系九五・九六、昭和五三〔一九七八〕・五四〔一九七九〕年明治書院刊）では「仮名本は前章に属す」（同書上巻八七頁）と訂正している。

第二に、仮名貞観政要巻八の冒頭にある篇目の「農業ヲツトムル篇卅」の下に「未作ノ附ヲイマシム」という記入が存在することである。これは写字台本には存在せず、内藤本（菅家本）の巻八務農篇の下に存在する「禁未作附」の四字に該当するものの和訳かと考えられる。しかしこの四字は本来唐鈔本系の写本には存在するはずのないもので、初進本系と再進本系の混成が見られる宋版本以降にしか存在しない。内藤本（菅家本）についてはその巻九のみが宋版本系の本文であり、その末尾には為長死後五〇年の永仁四〔一二九六〕年に「宋人明道」が書写した旨の本奥書が記されているので、菅家には為長没後宋版本を書写・参照する機会があったらしい。そのため、仮名貞観政要は為長没後に後人が仮託して和訳したものとの疑念も生ずるのであるが、原田氏は仮名本各巻の冒頭にある篇目と本文中に示される篇題とに異なるものが多い（四〇例中一〇例）ことを根拠として、最終的には、

篇目は為長のときにはなくして、後世閲読の便宜のために増入したものとも考えられる。だから、未作云々もまた後人が増入したために生じた誤りと認められる。したがって仮名貞観政要は伝承に随って菅原為長が和訳した本であると認めてさしつかえないものである。（同書二〇四頁）

と判断している。これに従えば原典についても内藤本でなく写字台本系の伝本が使用されたと考えてよいであろう。

本章では、原典には見られず、仮名貞観政要にのみ存在する増補部分を認定するに当たり、写字台本系の伝本を原典と仮定する。ただし写字台本系の伝本には完本が存在しないため、原田氏が写字台本系を含む唐鈔本系諸本を中心に校訂した新釈漢文大系（前出）の原文を、同書の校異欄を参照しつつ、原典本文として比較することにする。

四、仮名貞観政要における増補部分

仮名貞観政要梵舜本を上記原典本文と比較した結果、現段階で仮名本の増補部分として次の箇所を認定した。(10) 以下、仮に付した「No.」、当該部分の属する「巻数・篇数・章数」、所在箇所としての梵舜本本文における「丁数・その表裏の別・行数」、当該部分を他の部分と区別する「改段・字下げの有無」、当該部分に関する「出典注記（無ければ「なし」とする）」、当該部分の「内容の概略」、および当該部分の本文を箇条書きにして示す。本文は読みやすいように私に句読点を加えたが、読仮名・朱引・声点等は省略した。繰り返し符号はそれが指す文字に改めた。また本文中の（　）内は斯道文庫本により補訂変更した部分である。なお梵舜本は五冊本であり、丁数は二冊ごとに改まる点に注意されたい。

No.	巻・篇・章	丁数・表裏・行	改段等	出典注記	内容概略
1	一・上表	一ウ一二～二ウ五	あり	なし	呉兢略歴

（改行して以下は本文）

此表ハ、呉兢、貞観政要ヲツクリテ、唐ノ中宗皇帝ニタテマツル時ノ表也。呉兢ハ汴州ノ浚義ノ人也。才学論談ニ堪タルニヨリテ、則天皇后ノ御時、帝道ヲタスケムタメニ、ツネニ諫ヲタテマツル。仍太宗ノ貞観廿三年ノ間ノ政ヲ記シテ、十巻ヲナセリ。コレヲ貞観政要トナツク。呉兢、神龍年中ニ右補ノ闕ニウツル時ニ、賊臣等、安国ノ相王ヲ讒シテ、極法ニアテムトス。呉兢、イサメヲイレテ申サク、秦ノ二世、兄弟ヲコロシテ、ソノ身ツイニホロヒタリ。相王ハ帝ノ骨肉也。極法ヲオコナフヘカラス、ト申ス。同シ御時、景龍年中ニ、史官ニ任ス。睿宗皇帝ノ御時、諫議大夫トシテ脩史ヲカネタリ。玄宗皇帝、開元十三年ニ太山ニ封禅ノマツリヲ遂ラル。道ノ中ニ馬ヲハセテ、弓ヲヒキ、獣ヲオウテ、タノシミヲナス。呉兢コレヲイサメタテマツル。同シ御時、天寶ノ初ニ、恒王ノ傅タリ。呉兢ハ四代ノ朝ニツカエタル人也。四代ト申ハ、則天皇后・中宗皇帝・睿宗皇帝・玄宗皇帝也。中宗ハ高宗ノ御子ナリ。高宗ハ太宗ノ御子也。

2

一・一・一　三ウ九～四オ七　なし　なし　本章解説

魏徴カ申サク、心ハ、上ノコノム所ニ、下カナラス従。帝王身ヲオサメハ、天下ノ人身ヲオサムヘシト申也。隋ノ煬帝舟ヲコノミシカハ、天下キソウテ舟ヲカサリ、唐ノ玄宗身ヲ愛セシカハ、九重ノ人、袖ヲヒルカヘシキ。呉王ツルキヲモチアソヒシカハ、國擧テツルキヲヨコタユ（ヱ、）。齊ノ景公馬ヲトトノヘシカハ、境ノ内ニ馬アツマリキ。シカレハスナハチ、帝王ノ身ヲオサメタマウト申ハ、帝王色ヲコノマス、コヱヲコノマサルトキハ、天下キヲイテコノマス。帝王宮ヲタカウセス、池ヲフカウセサルトキハ、天下費ヲコノマス。帝王身ヲオサメ給フトキハ、國カナラスヲサマルト申ハ、コノ心ナリ。詹何カ楚王ヲイサメタル心、コレ同シ。ヨリテカレヲヒキ申ナリ。

3

一・二・一　一〇オ五～一一オ四　なし　欧陽脩唐書　蕭瑀略歴

蕭瑀ト申人ハ、隋ノ煬帝ノ時ノ臣下ナリ。賢直ノ人タルニヨテ、唐ノ太宗ノ御時、ヌキイテテ太子ノ太傅ニ任セラレタリ。歐陽脩カ唐書ニイハク、隋ノ煬帝、驕リ矜テ、尭舜トイフトモ我ニヲヨフヘカラスト思テ、ヲシヘイサムル臣ヲホロホシキ。言ヲ出テイハク、我ヲイサメムモノヲ當時ハコロサシ。後ニカナラスコロサム、トイヒキ。コレニヨリテイサメヲイルル臣ナシ。ココニ大臣蘓威、諫ヲイレムト欲ルニ一言ヲヒラクタヨリナシ。五月五日ニ古文尚書ヲタテマツル。煬帝オモヘラク、尚書ニハ賢王聖主ノ政ヲトケリ。コレヲタテマツルコト、心ニワレヲソシルニアリ、ト思テ、ソノ身ヲシリソケ、官爵ヲノソキヲハリヌ。次ニ蕭瑀ハ遼ヲウタムコトヲイサメタリ。コレニヨリテミヤコヲイタサレテ河西郡ノ守ニウツサレタリ。蕭瑀、ソノノチ、太宗ノ御父、唐ノ高祖神尭皇帝ニツカエタリ。神尭皇帝、隋ノ代ヲウチ、唐ノ代ヲハシメ給フ時、太宗十八ニシテ、コトニ義兵ヲオコシテ、其ノ功高シ。シカルヲ、神尭帝、武德六年ノ後、太宗ヲハタタ秦國ノ王トシテ、建成太子ニ帝位ヲハユツリ

4

タマハムトスル心アリキ。ココニ蕭瑀、申テイハク、キミノ四海ヲサタメヲハシマス事、ヒトヘニ秦王世民ノチカラナリ。ソノ功ステカタカラム、ト申。コレニヨテ、神尭皇帝、帝位ヲ太宗ニユツリタマヘリ。世民ト申ハ太宗ノ御名ナリ。太宗ノ御時、蕭瑀ヲ太子ノ太保ニナサセタマフトキ、房玄齢ニカタテノタマハク、霜下テ勁草アラハレ、世ミタレテ賢人アラハル。我レ功高ウシテ兄弟ニイレラレス、タタ蕭瑀カ一言ニヨリテ東闈ニ入コトヲエタリ、トカタリ給ヘリ。

二・三・一　　二七オ三〜二九オ四　　なし　　唐宗室傳　　建成太子略歴

コノ房玄齢ノ段ノウチニ、隠太子建成ト申ハ、太宗ノコノカミニシテ、高祖神尭皇帝ノ御子也。高祖ノ王子廿二人アリ。建成太子ハ第一ノ子也。母ヲ竇太后トイウ。竇太后ノ一腹ノ御子、四人アリ。建成太子、太宗皇帝、衛王玄覇、斉王元吉也。高祖ノ天下ヲサタメテ帝位ニノホレリシハシメ、建成ヲ太子トシテ東宮ニイレ、太宗ヲ秦國一國ノ王トシテ秦王ト稱ス。時ニ建成太子、夜、秦王ヲヨムテアソフ。毒ノ酒ヲカマヱテ秦王ニススム。秦王、コレヲノムテニハカニヤマヒシテ、血ヲハクコト數升。淮安王神通、秦王ヲタスケテ宮ニカエル。高祖、キイテ建成ニ勅シテノ給ク、秦王ハ酒ニタヱス、夜アツマルコトナカレ。又秦王ニカタテノ給ク、ワレ晋陽ヨリ起テ天下ヲタイラケタリ。ミナナムチカ力也。ヨテ、ナムチヲモテ東宮ニサタメムトセシカトモ、ナムチ、スミヤカニコノカミニユツレリ。コトサラニナムチカ志ヲヨミスルトコロナリ。建成、太子トシテ多年也。コノコトニヨテ、コレヲコレ（衍？）ヲウハハハ、兄弟アヒミタレナム。シカシ、ナムチミヤコヲイテテ洛陽ノ行臺ニイテ、陝道ヨリヒカシヲハナムチコトコトクコレヲツカサトレ。ナムチ、天子ノハタヲタテムコト、梁孝王ノフルキアトノコトクセヨ。秦王、ナイテマウサク、キミノヒサノシタヲトヲクスヘカラス、ト。高祖ノタマハク、東西両宮ヲタテテ天下ヲワカタム事、ナムソナムチカ（カ）ナシムトコロナラムヤ、ト。ヨテ秦王、ステニユカムトス。建成太子、ヒソカニハカテイハク、秦王、國ヲヒロクタモタハ、ツハモノヲヲクツケテ、カナラスノチノウレヘヲナサム。コレヲミヤコニトトメハ、ヒトリノイヤシキ疋夫ナラム、トテ、建成、讒ヲカマエテ帝ニ奏シテ、秦王ヲヤラス。シハラクアテ、突厥ノエヒス、サカリニミタレリ。ココニ建成太子、ソノヲトト、斉王元吉トアヒハカテ、突厥ヲウタムトスルマネニシテ、ツハモノヲ挙シテ、秦王ヲウタムトハカル。コレヲキイテ、房玄齢、杜如晦、長孫無忌、尉遅敬徳、侯君集等、秦王ヲススメテ先ハカル。秦王、ヒソカニ帝ニ奏シテ申サク、臣、兄弟ニソムクコトナシトイヘトモ、太子、イマ臣ヲウタムトス、ト。帝、オホキニヲトロイテノタマハク、明旦キハメタタスヘシ。ナムチ、ハヤクマイレ、ト。コレヲキキテ、張婕妤イソイテ太子ニ告ク。太子、スナハチ斉王ト馬ニノテ玄武門ニイタル。秦王、サキタテ玄武門ニ入テ、勇士九人ヲヒキヰテミツカラマホル。帝又群臣等ヲメシテ宮中ニヲカシム。ココニ建成太子、斉王元吉、臨湖殿ニウチ入ヌ。斉王元吉、弓ヲヒイテ秦王ヲイル事三タヒ、ソノヤ、ミナアタル事アタハス。秦王マタ建成太子ヲイル矢ニツケテ、建成死ヌ。秦王又斉王ヲイル。斉王矢ニアタテナヒク。尉遅敬徳、ウテ斉王ヲコロシツ。シハラクアテ、太子ノ臣、馮立、斉王ノ臣、謝叔方等、ツハモノヲヒキイテ玄武門ヲセム。タタカウコトヒサシトイヘトモ、馮立等、イクサアラケテシリソキヌ。ソノノチ、秦王太子トナテ、東宮ニイリヌ。コレスナハチ武徳九年也。ソノ冬、高祖、位ヲ秦王ニユツリタマヘリ。イマ、唐ノ太宗ト稱スル、コレナリ。明年ニ元ヲアラタメテ貞観元年トス。馮立、謝叔方等、太宗ヲイタテマツルトイヘトモ、トモニメシチカツケテ、大官ヲタマエリ。主君ノアタヲ報セムタメニ、玄武門ヲセメタリシユエナリ。唐ノ宗室傳ニミエタリ。

二・三・三　三〇オ九～三一オ一　なし　史記　桓公管仲の故事

帯ノ鉤ヲ射ト申スハ、斉ノ公子糾ト小白トハ、アニヲトトナリ。斉ノ國ヲアラソウテタタカウ時、管仲ハ、公子糾カ客タリ。小白ヲ馬ヨリ射ヲトセリ。ソノ矢、帯ノ鉤ニアタリテフカクトヲラスシテ、小白、シナサルコトヲエタリ。小白、タタカイニカチテ、公子糾ヲコロシテクライニツケリ。コレヲ、斉ノ桓公ト申ナリ。ココニ濕朋、鮑叔牙等申テイハク、君、斉ノ國ハカリニ王タルヘクハ、臣等、タムヌヘシ。若、天下ノ覇王トナラムトヲモハハ、管仲カ鉤ヲイタルツミヲユルシテ、天下ノコトヲハカルヘシ、トイウ。コレニヨテ、ハカリコトヲ管仲ニマカセテ、桓公、天下ノ覇王タルコトヲヱタリ。イマ又、隠太子ト太宗トハアニヲトヽナリ。太宗ノ隠太子ヲ誅スル時、魏徵、隠太子ノ臣トシテハカリコトヲセリ。シカレトモ、ソノトカヲユルシテ、イマ、四海ノ成敗ヲマカセタリ。シカレハ、魏徵カツミハヲヒノ鉤ヲイタリシヨリモヲモケレトモ、ナムチヲ我任スルコト、桓公ノ管仲ヲタノミタリシヨリモナヲアツシ、トヲホセラレタルナリ。鉤ヲ射事、史記ニミヱタリ。

6　二・三・三　　三二オ九〜三二ウ四　　なし　　宋祁撰列傳　　長孫無忌略歴

コノ魏徵カ段ノ中ニ、長孫无忌ト申人ハ、河南洛陽人ナリ。太宗ノ后、文徳皇后ノ兄ナリ。文徳皇后ハ高宗皇帝ノ御母ナリ。太宗、クラヰニツクニヲヨムテ、長孫无忌、吏部尚書ニウツリ、シキリニ右僕射ニ拝ス。功第一タルニヨリテ、斉國公ニ封セラル。文徳皇后ノコノカミタルヲモテ、太宗、コトニ親礼スルコトハナハタ厚シ。郊内ニ出入シテ腹心ヲ得タルコト、コトナリシ人ナリ。宗祁カ撰スルトコロノ列傳ニ見タリ。

7　二・三・四　　三三ウ七〜三四ウ三　　なし　　宋祁撰列傳　　温彦博・戴冑略歴

コノ王珪カ段ノ中ニ、温彦博ト申人ハ、才人ナリ。大臨トイウ。貞観四年ニ中書令ニ歴ウツテ、シキリニ虞國公ニ封セラル。十年ニ右僕射ニ拝シテ、明年卒シヌ。年六十三。コノ人、ハシメニハ隋ノ文帝ニツカエテ、開皇ノ年スヱニ文林郎ニ拝ス。隋ノミタルル時、幽州ノ惣官羅藝カ、州ヲモテ太宗（ニ）シタカウ日、温彦博又幽州ノ司馬トシテ羅藝トトモニ太宗ニマミヱタテマツル。温彦博大才アルニヨテメシモチヰラレテ、ツイニ大官ニイタレリ。宗祁カ撰スルトコロノ列傳ニ見タリ。又戴冑ト申人ハ、相州ノ安陽人也。性タタシクカタクシテ、ソノ才秀テタリ。ソノカミ、蕭瑀左僕射ヲ辞シ、右僕射報徳彝卒タリシ時、太宗カタリテノタマハク、戴冑、朕カ身ニヲイテ、キモ心ノコトシ。ヲモムハカリヲオコシテワレヲタスケタルコトヲホシ。左右ノ僕射カケタリ。ナムチ、力ヲヲコシ、ワレヲタタセ。ヨテ、コトニマツシキ事ヲアハレムテ、銭十万貫ヲタマウ。貞観四年ニ吏部尚書ニヘウツリテ、朝ノマツリコトニマシハリアツカル。同キ七年ニイタテ、ハヤク卒シヌ。太宗タメニカナシミヲアケテ、右僕射ヲオクリ、道國公ニ封ス。コノ段ノウチニ、隠太子ノ事アリトイエトモ、サキノ段ニシルシ申セリ。李靖カ事アリトイエトモ、ツキノ段ニノセラレタルユエニ、シルシ申ニヲヨハス。

8　二・三・五　三六オ二～三六オ九　なし　なし　張公瑾略歴

コノ李靖カ段ノウチニ、将軍張公瑾ト申ハ、魏州ノ繁水人也。太子建成、斉王元吉死ヌル日、馮立、謝叔方等、ツハモノヲヒイテ玄武門ヲセムル時、太宗ノ御方トシテ、張公瑾勲功ハナハタ厚シ。ヨテ左武候ノ将軍ニ拝シテ、定遠郡ノ公ニ封セラル。ソノノチ、シキリニ鄒国公ニ封セラレテ、襄州ノ都督ヲカネタリ。コノ人、タタ武功ノスクレタルノミニアラス、仁ヒロク政タタシウシテ、ツカサトルトコロノクニクニ、ヲサマリユタカナリ。貞観七年ニ襄州ニシテ卒シヌ。

9　二・三・六　三七オ一二～三八オ四　あり　なし　魏王泰略歴

コノ虞世南カ段ノ中ニ、魏王泰ト申ハ、太宗第四ノ皇子也。ソノ母、文徳皇后也。太宗ノ皇子、スヘテ十四人也。ソノ中ニ、文徳皇后ノ一腹ノ皇子、三人也。太子承乾ハ太宗ノ第一ノ子也。魏王泰ハ第四ノ子也。晋王稚奴ハ第九ノ子也。コレミナ文徳皇后ノ一腹ノ皇子也。魏王泰才人ニシテ良臣ヲコノム。コノユヘニ、太子承乾カ俳兒ヲ愛シ、立部伎ヲコノムシユヱニ、太宗コレヲステタマイシ時、魏王泰ヲモテ太子ニタテラレキ。シカレトモ長孫无忌カハカラヒニヨテ、魏王泰ヲアラタメテ、晋王稚奴ヲモテ太子ニタテラレキ。長孫无忌ハ文徳皇后ノコノカミナリ。コノ三人ノ皇子ニヲイテ御ヲチタリ。ソノハカラヒニヨテ、晋王ヲ太子ニタテラレタリ。太子ツイニ位ニツキヌ。コレヲ唐ノ高宗皇帝ト申。イマコノ虞世南カ段ニ、虞世南カヒイテタルコトヲ、太宗ミツカラ詔シテ、魏王泰ニシメシオホセラレタル也。魏王泰、太子ヲヲロサレタリトイヘトモ、才藝優長ノユヱニ、太宗ノ寵愛ハ、ツイニアラタマラサリシ也。

10 二・三・七　三九ウ一〇~四〇オ九　あり　なし　李密略歴

コノ李勣カ段ノウチニ、魏公李密ト申ハ、代々魏ノクニノ英豪也。李密、字ヲ法主トイフ。ソノ父李寛ハ隋帝ニツカエテ上柱國タリ。蒲山郡ノ公ニ封セラル。李寛カチチ李曜ハ邢國公タリ。李曜カチチ李弼ハ後周ニツカヱテ魏國公ニ封セラル。イマノ魏公李密、隋ノスヱミタルル時、モロモロノ英雄ヲコリヲコルニヲヨムテ、王世充トタタカイヤフラレタリ。ヨテ、唐ノ高祖ニシタカテ全キコトヲエタリ。ノチニ謀反ヲコセルニヨテ、唐ノ高祖ニウタレタリ。コノ段ノ王世充、竇建徳等カ事、ホホナハカリヲツラネタリトイヘトモ、第七ノマキニソノコトツハヒラカナリ。ヨテココニシルシ申ニ《（ナシ）》アタハス。

11 二・四・八　四六ウ一一~四七オ九　あり　唐列傳　褚遂良略歴

褚遂良ト申ハ、才幹博達ノ人也。隋ノ散騎常侍褚亮カ子也。太宗ノタマハク、虞世南死テノチ、文道ヲ論談スルニ人ナシ。コレヲセムニイカム、ト。魏徴カ申サク、褚遂良奇才アリ。事ヲ談スルニタレリ、ト。ヨテ、万機ノヒマニツネニメシイレテ談話ス。諫議大夫ニウツテ起居郎ヲカネタリ。起居郎ノ事ハ第七巻ニ見ヘタリ。ヨテココニシルサス。諫議大夫ト申ハ、イサメコトヲイルル官也。カルカユヱニ、褚遂良、イサメヲイルルヲモテ忠トス。シキリニ中書令ニウツル。太宗コレヲヨミシ、礼シ給事ハナハタ厚シ。高宗ノ御時ニイタテ、右僕射ニ拝ス。唐ノ列傳ニミエタリ。

12 二・五・一　四八オ八~四九オ一二　あり　唐宗室傳　盧江王略歴

盧江王ト申ハ太宗ノ親類也。太宗ノ父ハ高祖也。高祖ノチチハ世祖也。世祖ノチチハ太祖也。太祖ノ子ニ蔡列王李蔚ト申人アリ。李蔚ノ子ニ済南王李哲ト申人アリ。盧江王李瑗ハカノ李哲ノ子也。盧江王、幽州ノ都督ヲカネタリ。タタシ、盧江王ソノ心ヲロカナルユヱニ、神尭帝ノ御ハカラヒトシテ、領軍将軍君郭ヲアヒソヘテ、盧江

13

王ノ政ヲタスケシム。盧江王コトニ建成太子ト中ヨカリキ。太宗、太子ヲウチテノチニ、崔敦礼御使トシテ盧江王ヲメス。君廓カイハク、太子ナラヒニ斉王、趙王、ミナホロホサレタリ。盧江王又全カラムヤ。イマ、盧江王、兵十万人ヲシタカエタリ。ナムソヒトリノ勅使ニシタカテクニヲサラムヤ、トイウ。盧江王、ヨテ勅使崔敦礼ヲトラヘテ、北燕州ノ刺史王詵ヲヨムテ、キタノカタ突厥ノエヒスヲカタラハシメテ、謀反ヲヲコサムトス。時ニ盧江王カ臣利渉ハカテイハク、盧江王ハ王詵ト君廓トヲタノメリ。シカルニ君廓ハ心變々也。王詵ハソノ性タタシ。ヒトスチニ王詵ヲタノムヘシ、トイフ。君廓、ヒソカニコノコトヲキイテ、ユイテ王詵カ首ヲキテ、数万ノイクサニツケヨハハテイハク、盧江王ト王詵ト、勅使ヲトラヱテ乱ヲオコサムトス。王詵ヲハ我ステニウテリ。イマ盧江王ハカリナリ。諸ノ君等ツフサニキケ。盧江王ニシタカハムモノハコトコトク三族セラルヘシ。ワレニシタカハムモノハ富貴ナルヘシ、トイウ時ニ、士卒等、コトコトク盧江王ヲソムイテ君廓ニツキヌ。ココニ盧江王カ禁獄スルトコロノ勅使崔敦礼ヲイタシ、盧江王ヲトラヱキリテ、首ヲミヤコヱツタウ。シカレハ、太宗ミツカラ盧江王ヲウチ給ヘルニアラストイヘトモ、カノ美人ノ宮中ニハムヘルコトヲ、王珪カイサメ申ニヨテ、スナハチ美人ヲ親族ニカエシタマウ。唐ノ宗室傳ニミヱタリ。

二・五・二　四九ウ七～五一オ四　あり　唐列傳　裴寂略歴

裴寂ト申人ハ蒲州ノ桑泉人也。唐ノ高祖幷ニ太宗ハ（ノ）御時、ヲモキ臣タリキ。コノ人、イトケナカリシ時ニ親ヲ喪セリ。ミナシ子トシテコノカミニヤシナハレタリ。隋ノ文帝ノ時ニ、年十四ニシテ、クニノ主簿ニナサル。長成シテ容皃（ノ）カタチウルハシク、モロモロノ書籍ニ通セリ。イエマツシクシテ、カチヨリミヤコニヲモムク。華山ノ祠ノカタハラニヤトリテ、夜夢ミラク、一ノ老人キタリテ、ナムチ四十ノノチ富貴ナルヘシ、トイウ、トミル。ソノ時、唐ノ太宗ノ御父、唐公李淵ハ、隋ノ文帝ノキサキ、獨孤皇后ノ甥也。唐公、ソノユヱヲモテ、隋帝ノ時ニヲモウセラル。裴寂、隋ノ宮（官）人トシテ唐公ニコヒテムツフ。唐公ノ御子、唐ノ太宗トコトニアヒヨシ。

14

隋ノ世ノ政アレテ、兆民コトコトクミタレタシナメルヲ、ミナ、唐ノ太宗、年十八ニシテ、天下ヲウチタイラケテクニヲシツメ、民ヲタスケムトヲモヱリ。タタシ、御父唐公ノユルサラムコトヲヲソレテ、コノ裴寂ヲシテ、ネムコロニソノヲモムキヲ唐公ニトカシム。唐公モヲナシク隋ノ代ノクツカヱラム事ヲサエキリミテ、ツイニユルシツ。ヨテ、太宗、義兵ヲオコシテ隋ノ逆臣等ヲウチテ、天下ヲサタメタマヘリ。唐公李淵、クラヒニツイテ神尭帝ト稱スルニヲヨムテ、裴寂ニカタテノタマハク、公カススメニヨテ天下ヲサタムル事ヲエタリ。シカシナカラ裴公カ功也、トイフテ、田千頃、幷ニ甲弟物四万段ヲタマウ。ススメテ魏國公ニ封シテ、右僕射ニ拝ス。武徳九年ニ司空ニノホル。貴キコト當世ニホトコシテ、時々帝座ヲヒトシウス。ソノノチ太宗ノ御世ニイタリテ、貴重アラタマラス。太宗、野ニイテテ郊ヲマツル時、祭ノ礼ニヨリ金輅ニノリ給時、長孫无忌、裴司空、コノ二人ヲ金輅ニノセラル。裴寂カタク辞ス。帝ノタマハク、長孫无忌ハチカラヲ王室ニツクセリ。裴公ハ義兵ヲヲコイシムカシ、命ヲタスケタル勲アリ。コノ二人ニアラスハタレヲカ金輅ノクルマニメシイルヘキヤ。ツイニヲナシクノリテカヘリ給ヘリ。裴寂ノチニ死罪セラルヘキ事四ケ條アリシカカ《（ナシ）》トモ、奉公ヲアハレムテ、太宗、ユルシ給ヘリ。唐ノ列傳ニ見タリ。

二・五・三　　五三オ六〜五四ウ七　あり　　宋祁撰列傳　　張玄素略歴

張玄素ハ蒲州ノ虞卿人也。ハシメハ隋帝ニツカヱタル事ヒサシ。太宗クラヰニツクニヲヨムテ、メシテ政ノ得失ヲトウ。コタフルニ隋ノホロヒタルヨシヲモラス。ソレ、隋帝、人ヲウタカフニヨテ、万機ヲミツカラス。万機、事シケシ。ヒトリ、イカテカコトコトクセムヤ。ヨテ、コトハリニモルルトモカラヲホウシテ、ウラミヲヲコス人、アヒツモル。コノユエニ、クニクニノ豪傑アヒミタレテ、天下タチマチニクツカヘレリ。尭ノ九男ニマカセ、舜ノ十六人ヲモチヰテアマネク四海ノ成敗ヲツツシミツトメシメシコトハ、コノユヱナリ、ト申リ。太宗ヲホキニヨミシテ、コレヲ侍御史ニ拝ス。長《（ママ）》玄素、シキリニ封事ヲタテマツリ、シハシハ帝ヲセメイサム。ソノ功績ノタタシキ事ヲタノムテ、承乾太子ノ右庶子ニ拝ス。承乾太子、アレアソヒ、カリスナトリヲ業トス。張玄素、上書シテイサムトイヘトモ、太子モチキス。上書ストイヘトモナヲイレラレス。太宗、シハシハ張玄素カ太子ヲイサムル功ヲ優シテ、ヌキムテテ銀青光禄大夫ニ拝ス。承乾太子、イヨイヨ美人、妓女等ニミタレシツミテ、重臣、親王等参ストイヱトモ、アヱテマミエス。宮中ニフカクタノシムテ、立部ノトモカラヲアツメテ、ツツミウチ、マイヲトラシム。ココニ張玄素、イサムトイヱトモモチヰラレス。ヨテ張玄素、ツツミヲキリヤフレリ。承乾太子、イカリテ人ヲシテヒソカニウカカハシメテ、張玄素ヲコロサムトス。コノ時、太子ノ積悪、コトコトクニキコヱタリ。ヨテ太宗、コノ承乾太子ヲ黔州ニナカシテ、魏王泰ヲ太子トシテ東宮ニイレタリ。シカルアヒタ、張玄素、コロサレサルコトヲエタリ。シカリトイヘトモ、承乾太子ノナカサルル時ニ、ソノツミニ連坐シテ、張玄素、官爵ヲノソカレ、ミヤコヲイタサレテ、民トナサル。ソノノチ、潮州ノカミニナサルトイヱトモ、ナヲ、ミヤコニイレラレサル事、年ヒサシ。太宗ノ御時ハツイニメシカヱサレス。太宗ノ御子、高宗ノ御時ニイタテメシカヱサレテ、老ヲトロフルマテニツカエタリ。ソレ、張玄素カ太子ノ右庶子ニ拝セラルル事、イタマシキカナ。太子ハイサメヲイレス、ツツミヲヤフリシユヱニコロサムトシキ。太宗ハ、太子ノ悪ヲイサメトトメサルコトヲイカリテ、ステテ民トセリ。クニノカミニナサルトイヘトモメシカヱサレス。自然ノ不幸ナルカナ。宋祁カヱラメル列傳ニ見エタリ。

二・五・四　　五五オ一〇～五六ウ一　　あり　　杜正倫列傳　　杜正倫略暦

コノ段ニ太宗ノ御時ノ臣下四人ノセラレタリ。韋挺、杜正倫、虞世南、姚思廉等也。虞世南カ事ハサキノ篇等ニ見ヘタリ。韋挺カ事ハ次ノ段ニアキラカナルヘシ。姚思廉カ事ハ第五ノ巻ニツハヒラカナルヘシ。杜正倫ハ杠州ノ洹水人也。コトナル才人也。隋ニツカエテ秀才タリ。ソノカミヨリ唐ノ太宗ニ名ヲシラレタリ。ヨテ、貞観元年ニ兵部員外郎ニ拝ス。魏徴挙シ申スニヨテ、中書侍郎ニ拝ス《（ナシ）》シテ、崇賢館ノ学士ヲカネタリ。太宗ノタマハク、ワレ、賢人ヲ挙スル事、朕ヒトリカタメニアラス、アマネク天下ノタミノタメナリ。親類貴戚ニヨラス、タタシキ人、コレヲエラフ。杜正倫ヲ挙シテソノ詮オホシ。又ノタマハク、我カ朝ニ坐テモノイウ事オホカラス。一言トイフトモ、民ノタメニワツラヒアラム事ヲハカルユヱナリ。杜正倫カ申サク、臣、史官トシテ、君ノ御詞コトコトクコレヲシルス。一言モアヤマル事アラハ、タタ百姓ノツイヱヲイタスノミニアラシ。千載ノノチマテモ、君ノ徳ノキスタルヘシ、ト。太宗、時ニ上ノ御心ヲハケマシ申事ヲヨロコムテ、綵絹三百段ヲタマウ。ノチニ承乾太子ノ左庶子ニ拝シテ、両宮ニ兼参シテ、政ニマシハル。時ニ承乾太子、法ソムキ、道ヲヤフル。杜正倫、シキリニ規諫ストイヘトモ、サラニモチヰス。ツイニ太子ノ黔州ニナカサルル時ニ、ソノツミニヒカレテ、杜正倫、又驩州ニナカサレタリ。ノチニ太宗、フルキ労ヲアハレムテ、郢州石州二ケ國ノカミニナサルトイヘトモ、ツイニメシカエサルルコトヲヱス。太宗ノ御ノチ、高宗ノ御時、メシカエサレテ、黄門侍郎ニ拝シテ中書令ニウツレリ。承乾太子ノユヱニ配流セラレタル事、杜正倫、又張玄素ニヲナシ。コレ、杜正倫カ列傳ニ見ヘタリ。

16　二・五・五　五七オ九~五七ウ四　あり　なし　韋挺略歴

韋挺ト申人ハ隋ノ民部尚書韋中カ子也。京兆万年人也。ハシメ隠太子ノ左衛驃騎ニ拝セリ。太子コトニコレヲモクス。隠太子ウタルル時ニヲヨヒテ、越嶲ニナカサレタリ。イクハクノホトナクシテ、メサレテ主爵郎中ニ拝ス。貞観ノハシメニ、黄門侍郎ニウツテ、御史大夫ニ拝ス。太宗ノタマハク、韋挺カ大夫タル事、ヒトリ朕カ心ニカナヘリ。左右ノ臣等、卿カ列ニヲヨヘルモノナシ。感悟フカウシテ、ミツカラ貂ノカハコロモヲトイテ、コレヲタマヒ、シキリニ御マヤノ御馬ヲタマウ。

17　二・五・六　五八オ八~五八ウ四　あり　なし　李大亮略歴

李大亮ト申人ハ京兆ノ涇陽人也。文武ノ藝カネテ、才略カタカタソナヘタリ。隋ノ代ノスヱニ、魏公李密、乱ヲヲコセリ。李大亮コレヲフセイテ、イクサヤフレテトラヱラレタリ。李密、人ヲトラヘテ百余人ヲキリヲハヌ。李大亮ヲキラムトスルトコロニ、魏公李密カ将、張弼、ツラツラ李大亮ヲミテ、タタ人ニアラサル事ヲシリテ、コウテイケタリ。李大亮、後ニツイニ唐ノ高祖ニツキヌ。太宗ノ御時ニ至テ、大府卿ニ拝シテ涼州ト《(ノ)》都督ヲカネタリ。

18　二・五・七　五八ウ八　なし　なし　熟語解説

激切ハセメハケマス心也。

19　二・五・九　六〇オ一〇～六一オ六　あり　なし　高季輔略歴

高季輔ハ徳州人也。母ヲ喪シテノチ、孝養ノ名ヲモテキコヱタリ。コノカミ、高元道、隋帝ニツカエテ仮縣ノ令タリ。隋ノスヱニ天下ミタルル時、仮縣ノ中ノ賊徒数千人、アヒアツマテ乱ヲヲコシテ、縣ノカミ、高元道ヲコロシツ。高季輔、コノカミヲコロサレテ、郎従ヲヒキイテ、賊徒等ニヲモムイテタタカウ。賊徒ヲウツコトニ首ヲキテコノカミニマツル。ココニ賊徒等コトコトク畏レフシテ、数千人アヒコソテ高季輔ニシタカフ時、唐ノ高祖、天下ヲイトムコロヲヒ、高季輔、コノ人徒ヲヒキイテ高祖ニ附ヌ。高祖業ヲ遂テココロサシヲオコナフ時、陟州ノ惣官參軍ヲサツケラル。太宗ノ御時ニイタテ、高季輔、監察御史ニ拝シテ、タタシオコナフ事、権貴ノ人ニハカラス。上書シテ五箇條ノ意見ヲタテマツル。太宗オホキニヨロコムテ、太子ノ右庶子ニ拝ス。シハラクアテ中書令ニウツテ吏部尚書ヲカネタリ。ツネニ意見ヲタテマツテ、シキリニ勅感ニアツカル。アルイハ金背ノ鏡ヲタマフテ、シメシテノタマハク、ナムチカ心キヨク、性アキラカナル事、シハシハカスアリ。高宗ノ御時ニイタテ、永徽年中ニ太子ノ小保ニイタル。年五十八ニシテ卒シヌ。又儀同三司ヲヲクラル。

20　二・五・一〇　六一ウ七～六二ウ一　あり　なし　高宗立太子経緯

コノ段ニ太宗ノ太子ナラヒニヲナシ御時ノ臣下、アマタヒキノセラレタリ。長孫无忌、魏徴、劉洎、岑文本、馬周、褚遂良、穆裕等也。長孫无忌、魏徵、馬周、褚遂良等カ事ハサキノ段々ニシルス。劉洎、岑文本等カコトハ、スヱノ巻ニツフサナルヘシ。イマ、太子トノセラレタルハ、高宗皇帝ノ、イマタ帝位ニノホラスシテ太子タリシ時ノ事也。ハシメハ晉ノ國ノ王ニ封セラレテ、晉王ト稱シキ。アサナヲ雉奴トイフ。母ハ文德皇后也。ココニ太宗ノ第一ノ皇子承乾太子、無道ナリシユエニ、東宮ヲイタサレテ黔州ニナカサレテノチ、劉洎、岑文本カススメ申ニヨテ、第四ノ皇子、魏王泰ヲシテ太子ニタテタマヘリ。魏王泰、才賢ノ器タリトイヘトモ、社稷ノ道ニカナハサル事アリ。ヨテ晉王雉奴ヲ太子ニタテラルヘキヨシ、長孫无忌、サタメ申。ソノウヱ、大原ニ石アリ。自然ニ、治万吉ナルヘシ、トイフ文字アリ。シカルニ晉王雉奴カ諱ヲ治トイフ。石ノ面ニ萬吉ノ瑞祥アリ。晉王雉奴ヲ立テ万吉ナルヘキカ、トイフテ、太宗、ツイニ晉王雉奴ヲタテテ太子トス。コレハ太子（宗）ノ第九ノ御子也。コノ太子ノクラヰニツキタマヘルヲ、高祖（ママ）皇帝ト申也。

21　三・八・一　一一ウ一　なし　なし　篇題中熟語解説

[封建トハ國々ニ諸王ヲタツルヲ申也。]

22　五・一七・三　二二ウ五〜二二ウ六　なし　なし　熟語解説

言ノマコトヲ誠トイフ。心ノマコトヲ信トイフ。

五、増補部分の役割

上記二二箇所の増補部分をその内容から分類すると次のようになる。

A　原典の登場人物についてその略歴や挿話を述べて解説としたもの

1・3・4・6・7・8・9・10・11・12・13・14・15・16・17・19・20

B　原典の寓話の寓意や故事成語の故事、熟語の意味について解説したもの

2・5・18・21・22

増補部分は仮名貞観政要の巻一から巻五にのみ出現し、特に巻二に一七箇所（4〜20）と集中している。そのうち5と18を除き一五箇所はA類である。

このように巻二に増補部分、特にA類のそれらが集中している理由としては次のようなことが考えられる。巻二は「賢人ヲモチキル篇第三」から始まる。そこでは房玄齢・杜如晦・魏徴・王珪・李靖・虞世南・李勣・馬周という八人の唐朝草創期の賢人たちの略歴がその挿話を交えて紹介されている。しかしながらこのように原典貞観政要の中で詳しく紹介される登場人物たちはこの篇の八人にほぼ限られ、その他の登場人物については、かなり重要な登場人物であっても、特に詳しい説明は行われていない。そのため、仮名貞観政要増補部分の製作者は、この「賢人ヲモチキル篇第三」の人物紹介に倣い、専門知識のない初学者のための理解の一助として、貞観政要に登場する他の重要な人物の略歴や挿話を、初めて登場する際に、必要に応じて増補挿入したのであろう。

なお、このように推定する根拠の一つとして、増補部分の所々に、以下のような言及が見られることを挙げておく。

コノ段ノウチニ、隠太子ノ事アリトイエトモ、サキノ段ニシルシ申セリ。李靖カ事アリトイエトモ、ツキノ段ニノセラレタルユエニ、シルシ申ニヲヨハス。（7の末尾部分、二・三・四、三四ウ一〜三）

コノ段ノ王世充、竇建徳等カ事、ホホナハカリヲツラネタリトイヘトモ、第七ノマキニソノコトツハヒラカナリ。ヨテココニシルシ申《（ナシ）》ニアタハス。（10の末尾部分、二・三・七、四〇オ六〜九）

虞世南カ事ハサキノ篇等ニ見ヘタリ。韋挺カ事ハ次ノ段ニアキラカナルヘシ。姚思廉カ事ハ第五ノ巻ニツハヒラカナルヘシ。（15の三つ目の文から、二・五・四、五五オ一一〜五五ウ二）

長孫无忌、魏徴、馬周、褚遂良等カ事ハサキノ段々ニシルス。劉洎、岑文本等カコトハ、スヱノ巻ニツフサナルヘ

（20の三つ目の文から、二・五・一〇、六一ゥ九〜一一）

シ。

いずれも他の部分（この場合は増補部分も含めてだと考えられる）に当該の登場人物に関する略歴や挿話が存在するため、改めて説明を加えないことを断ったものである。なお、巻一の段階で出現する二箇所については、1の原典貞観政要編者呉兢の略歴については、編者呉兢の名がこの上表の部分にしか出て来ないためここに説明を加える他なかったのであろう。3の蕭瑀については最初に登場する箇所で説明を加えたのであろうが、増補部分の成立時期について重要な示唆を与える用例でもあるため、次節で別に考察を加えたい。

さて、B類については巻一、二、三、五に計五箇所出現するが、巻六以降には現れなくなってしまう。B類の、原典の寓意の解説や故事成語・熟語の解説という役割から言えば、巻六以降の巻にも当然出現してもよいように考えられるのだが、何故出現しないのであろうか。これについて断定はできないものの、私見としては次のように推定している。

B類の増補部分を検討すると、長文に渡るものは2と5のみで、18・21・22はそれぞれ「激切」「封建」「誠信」という熟語について説明したごく短いものである。これらについては、仮名貞観政要の和訳者自身が、和訳する際、適当に訓訳するか、文選読みで対応する[11]か、前後も含めてうまく意訳するかなど、別の和訳方法も存在したであろうが、即座にはよい具体的方法が思い浮かばず、やむなく音読熟語のまま使用したものの、やはり初学者には難解だと考え、短い解説を加えたものであると考える。つまり、これらはどちらかと言えば増補部分ではなく、仮名貞観政要の本文の一部と見做すこともできるものであり、原典本文を和訳する際にはみ出てきた部分であると考えるのである。

そして、A類のように原典本文の和訳と直接の関係なく純粋に増補して解説を加えた部分は、B類では2と5のみであったと考える。おそらく増補者は、2と5のようなやり方で解説を増補していけば、初学者にとってあまりにも煩雑な書になってしまうことを予測し、B類のような本章の寓意や故事成語に関する増補解説は2と5のみで諦め、これ以降はA類の登場人物の伝記的事実の説明を加えるのみにとどめたのであろう。

結局、仮名貞観政要の増補部分は、原典の内容の理解に直接関係する寓意や故事成語の解説を巻一と巻二にそれぞれ一例ずつ含むものの、他は全て初めて登場する重要な人物についてその略歴と挿話を示して解説するものであった。いわゆる「抄物」における解説のように、原典の内容の理解を図るために語釈を加えたり、故事・類話を紹介したりすることは、わずかな試みとして初巻付近で挫折したようである。また、人物の略歴や挿話は「氏名」という固有名詞で表わされる存在としての一個人を説明するための言及であり、言語を跨ぐ翻訳、この場合は「漢文和訳」において、何らかの注記や解説を加えることなしでは十分に理解させることが困難な要素であると言える。仮名貞観政要において増補部分の大部分が登場人物についての説明であることから言えば、その機能は主に、単なる「和訳」では翻訳不可能な固有名詞（人名）に関する説明の補入であったと言える。

六、増補部分の成立時期

さて、これら増補部分が成立した時期はいつなのであろうか。本文の理解を助けるための増補・解説である以上、和訳本文と同時に成立したと考えるのが自然ではあるが、和訳本文の一部とも考えられる18・21・22は別として、他の部分は和訳本文とは独立しており、いったん和訳本文が成立した後に後人が増補したものと考えることも可能なのである。

しかしながら、これら増補部分には仮名貞観政要全体を熟知した者でなければ書けない記述（前述した、他巻に見える登場人物の挿話等により説明は避けるとの言）が存在し、増補者の本書に対する理解が全編に及んでいたことを推定させる。また、文章（文体）を見ても、あくまで主観的な感想に過ぎないが、和訳本文と別人のものとも感じられず、少なくとも和訳本文によく似せて書いているとは言える。つまり、やはり和訳者自身が増補部分をも執筆した可能性が最も高いと考えられるのである。

この可能性をより高めるのが増補部分3である。これは巻第一政体篇第二第一章の後に付けられたもので、原典で太宗の発言を聞く相手として初登場する蕭瑀の略歴と挿話を述べている。その末尾の挿話を次に再掲する。

太宗ノ御時、蕭瑀ヲ太子ノ太保ニナサセタマフトキ、房玄齢ニカタテノタマハク、霜下テ勁草アラハレ、世ミタレテ賢人アラハル。我レ功高ウシテ兄弟ニイレラレス、タタ蕭瑀カ一言ニヨリテ東闈ニ入コトヲエタリ、トカタリ給ヘリ。

（3の末尾部分、一・二・一、一〇ウ一二～一一オ四）

この挿話は次に示す原典の巻第五論忠義篇第十四第六章とその内容がほぼ重なる。

貞観中、特進蕭瑀、與房玄齢等、嘗因宴会、太宗謂房玄齢曰、武徳六年已後、太上皇有廃立之心。我當此日、不為兄弟所容。実有功高不賞之懼。蕭瑀不可以厚利誘之、不可以刑戮維之。真社稷臣也。乃賜（蕭）瑀詩曰、疾風知勁草、板蕩識誠臣。顧謂瑀曰、卿之守道耿介、古人無以過也。然則善悪太分明、亦有時而失。瑀再拝謝曰、特蒙誡訓、又許臣以忠諒。雖死之日、猶生之年。尋拝太子太保。

貞観中《ぢやうぐわんちゆう》、特進蕭瑀《とくしんせうう》、房玄齢等《ばうげんれいら》と、嘗《かつ》て宴会《えんくわい》に因《よ》りて、太宗《たいそう》、房玄齢《ばうげんれい》に謂《い》ひて曰《いは》く、武徳六年已後《ぶとくろくねんいご》、太上皇《たいじやうくわう》、廃《はい》立《りふ》の心《こころ》有《あ》り。我《われ》、此《こ》の日《ひ》に當《あた》りて、兄弟《けいてい》の容《い》るる所《ところ》と為《な》らず。実《じつ》に功高《こうたか》くして賞《しやう》せられざるの懼《おそれ》有《あ》りき。蕭瑀《せうう》は厚《こう》利《り》を以《もつ》て之《これ》を誘《いざな》ふ可《べ》からず、刑戮《けいりく》を以《もつ》て之《これ》を維《つな》ぐ可《べ》からず。真《しん》に社稷《しやしよく》の臣《しん》なり、と。乃《すなは》ち瑀《う》に詩《し》を賜《たま》ひて曰《いは》く、疾《しつ》風《ぷう》、勁草《けいさう》を知《し》り、板蕩《はんたう》、誠臣《せいしん》を識《し》る、と。顧《かえり》みて瑀《う》に謂《い》ひて曰《いは》く、卿《けい》の道《みち》を守《まも》ること耿介《かうかい》、古人《こじん》以《もつ》て過《す》ぐる無《な》きなり。然《しか》れば則《すなは》ち善悪《ぜんあく》太《はなは》だ分明《ふんめい》なるも、亦《また》、時《とき》にして失《しつ》有《あ》らん、と。瑀《う》再拝《さいはい》して謝《しや》して曰《いは》く、特《とく》に誡訓《かいくん》を蒙《かうむ》り、又《また》、臣《しん》に許《ゆる》すに忠諒《ちゆうりやう》を以《もつ》てす。死《し》するの日《ひ》と雖《いへど》も、猶《な》ほ生《い》ける年《とし》のごとし、と。尋《つ》いで太子《たいし》太保《たいほ》に拝《はい》せらる。

（新釈漢文大系本上冊三七五～三七六頁、（　）内は写字台本による補訂）

そしてこの巻五論忠義篇第十四第六章は、第三節で紹介した、原田種成氏が仮名貞観政要において原典と比べて七章不足しているとしたうちの一つなのである。原田氏はこの章が仮名本にない理由として、「武徳の廃立、兄弟相争うことを論じたもので、頼朝の妻には諱むべきもの」（注（1）の原田氏著書一九九頁）ということを挙げているが、この章の主旨は何よりも蕭瑀の何物にも曲がらぬ唐朝への忠義心の顕彰であり、「兄弟相争うこと」への言及はほんの一部で、枝葉末節に過ぎない。「武徳の廃立、兄弟相争うことを論じた」章であるとはとても言えず、原田氏の挙げる理由で本章を削ったとは考えにくい。また他にもこの章を削る積極的な理由は考えられない。

そこで新たに、仮名貞観政要が本章を欠くのは、巻第一政体篇第二第一章の増補部分において既にこの挿話を紹介してしまったため、巻第五に至って本章の和訳をもはや不要と認めた結果ではなかろうか、という考えが浮かぶ。断定はできないが、増補部分の成立が和訳本文の成立と同時であり、増補者と和訳者は同一であったという可能性はこの点からさらに高められると考える。

七、増補部分の出典

増補部分のうち、一〇箇所にはその出典が記されていた。それらを整理すると、

①「歐陽脩カ唐書」…3
②「唐ノ宗室傳」…4、12
③「史記」…5
④「宋祁カ撰スルトコロノ（宗祁カヱラメル）列傳」…6、7、14
⑤「唐ノ列傳」…11、13
⑥「杜正倫カ列傳」…15

となる。このうち③の「史記」を別にして、他は全て、欧陽脩・宋祁らが撰した新唐書を指しているものと考えられる。

上記①〜⑥に含まれる箇所も含め、登場人物の略歴や挿話をその内容とするA類一七箇所の増補部分の内容を、私に『新唐書（全二十冊）』（中華書局一九七五年刊）で確認したところ、確定できないものも含むが、ほぼ次のようにその出典箇所を推定できた。その箇所が属する部分の目録の篇目と所在箇所（冊数および頁数）により示す。

1　列伝第五十七「呉兢」、一五の四五二五〜四五二九頁。

3　1と同じ「呉兢」の上書の一部、一五の四五二六〜四五二七頁。また「貞観政要」巻第五論忠義篇第十四第六章にも拠る（前述）か。列伝第二十六「蕭瑀」（一三の三九四九〜三九五二頁）は見ていないと考えられる。

4　列伝第四「高祖諸子、隠太子建成」、一一の三五四三〜三五四四頁。また、「貞観政要」巻第五論忠義篇第十四第一章にも拠るか。

6　列伝第三十「長孫無忌」、一三の四〇一七〜四〇一八頁。また無忌の出身地は列伝第一「后妃上、文徳長孫皇后」（一一の三四七〇頁）の冒頭の記述に拠るか。

7　列伝第十六「温彦博」、一二の三七八二〜三七八三頁。および列伝第二十四「戴冑」、一三の三九一四〜三九一六頁。

8　列伝第十四「張公謹」、一二の三七五五〜三七五六頁。卒年は「貞観政要」巻第六論仁惻篇第二十第三章に拠るか。

9　列伝第五「太宗諸子」中の「常山王承乾」および「濮王泰」の記事に拠るか。一二の三五六二〜三五七二頁。

10　列伝第九「李密」、一二の三六七七〜三六八六頁。

11　列伝第三十「褚遂良」、一三の四〇二四〜四〇二八頁。

12　列伝第三「宋室、廬江王瑗」、一一の三五二五～三五二六頁。ただし父祖については同じ「宋室」の三五一三、三五二一、三五二五頁に拠る。
13　列伝第十三「裴寂」、一二の三七三六～三七三九頁。
14　列伝第二十八「張玄素」、一三の三九九八～四〇〇二頁。
15　列伝第三十一「杜正倫」、一三の四〇三七～四〇三八頁。
16　列伝第二十三「韋挺」、一三の三九〇二～三九〇三頁。
17　列伝第二十四「李大亮」、一三の三九一〇～三九一一頁。
19　列伝第二十九「高季輔」、一三の四〇一〇～四〇一二頁。
20　列伝第五「太宗諸子、濮王泰」、一二の三五七〇～三五七一頁に拠るか。

一部貞観政要自体の記事に拠る部分も見られるが、大部分は新唐書に該当する本文が存在するようである。そしてその出典箇所は新唐書の列伝の多数の諸巻に渡っている。これはこの増補部分の製作者が新唐書全巻を、少なくともその列伝の部分全巻を、広く参照できたことを示していると言えよう。

さて、この新唐書は、中国宋代の嘉祐五〔一〇六〇〕年に成立したものであるが、いつごろ本邦に舶来していたものであろうか。尾崎康氏の『正史宋元版の研究』〔昭和六四〔一九八九〕年汲古書院刊〕に拠ると、同じ唐代の歴史書でも、後晋の開運二〔九四五〕年に劉昫等が撰した旧唐書が、

北宋で一一世紀初頭にはじめて刊刻され、一世紀後の南宋初におそらく覆刻されたほかに、宋元代を通じてあらたに雕版されたことはなかったであろう。〔同書四九五頁〕

とされ、宋版で日本に現存する刊本はないのに対し、新唐書は、成立時期とほぼ同時の初版「北宋嘉祐刊本」を約八十年後に補刻したと考えられる「南宋紹興七〔一一三七〕年刊本」の残本が金沢文庫遺蹟図書館に、その零本が梅沢記念

館に蔵される他、それをさらに補刻した南宋前期刊本が静嘉堂文庫に蔵される（同書四九七～五一一頁）など、宋版も日本へ舶来されている。

また、編者や成立については明確でないものの、古来藤原通憲（信西、～一一五九）の蔵書目録として伝来する「通憲入道蔵書目録」にはその末尾近くに「唐書目録」と見え、[12]目録のみの抄本が当時既に伝来していたことが推定される。

さらに注目すべき事実として、菅原為長と同じく後鳥羽院時代の四儒の一人に数えられた藤原孝範（一一五八～一二三三）の撰とされる金言集「明文抄」に、新唐書からの引用文が多数認められることが挙げられる。その数は続群書類従本に拠る私の調査で二四箇所に上り、[13]またその引用箇所は新唐書の一部の巻、例えば本紀のみ、ではなく、ほぼ全体に及んでいるようであり、[14]孝範も新唐書全巻を広く参照する機会があったことが窺われる。

山崎誠氏および藪木英雄氏[15]に拠ると、為長が天福元（一二三三）年に書いた「逆修功徳願文[16]」には、その幼少期について、

九歳之夏。出慈父之膝下兮謁李部三品。是入学道之権輿。接文場之濫觴也。（三八一頁上段）

と回想されており、ここに見える為長の入門した「李部三品」とは、孝範の父であり正三位宮内卿式部大輔で没した藤原永範を指すという。山崎氏は、

一般に鎌倉初期に於ては、未だ家学が秘密主義排他主義でなく、菅家と南家の場合も、学理上・人事面の交流は活発であったようである。

と述べているが、このように、為長は幼少期藤原南家の永範に師事したのであり、当然永範の息孝範とも交流があったことが考えられる。その孝範が新唐書全巻を参照していた形跡が認められた。本土での成立から百数十年という当時の日本での宋版新唐書の普及状況を考えると、同様に新唐書列伝を広く参照できた仮名貞観政要増補部分の製作者は、孝範の交流圏内の人物であり、両者同じ新唐書を見ていた可能性が高い。結局この事実も増補部分の製作者が仮名貞観政

要の和訳者と伝えられる菅原為長自身であったことを推定させる有力な状況証拠であると言える。

八、本章のまとめ

本章では原典である貞観政要とその和訳書仮名貞観政要について概説したうえで、以下の事項を論じた。

一、仮名貞観政要には原典本文にない増補部分が二二箇所存在する。

二、増補部分は、①和訳の必要上加えられた熟語解説三箇所、②原典の寓話の寓意や故事成語の故事の解説各一箇所、を除き、その大部分に当たる一七箇所が③初めて登場する重要な人物についてその略歴や挿話を紹介して説明するものであった。この③は漢文和訳という翻訳作業において読者の理解を図るのが困難な固有名詞の解説という機能を果たすものである。増補者は②については煩瑣になるため初巻付近だけでこれを諦めたが、③についてはその後も必要を認めてこれを加えたと推定される。

三、僧補部分が原典の一章を削去する原因となったと推定できる例があり、和訳者自身が和訳時に増補部分をも制作した可能性が高い。

四、増補部分の出典の大部分は新唐書である。一方、仮名貞観政要和訳者と伝えられる菅原為長と同時代の儒者藤原孝範が撰した明文抄にも新唐書からの引用が数多く見られる。為長は幼少期孝範の父永範に師事しており、孝範とも交流があったことが推定できる。当時の宋版新唐書の普及状況を考慮すると、孝範と同じ交流圏にあった和訳者為長自身が同じ新唐書を参照して増補部分を制作した可能性が高いと考える。

注

（1）原田種成氏著『貞観政要の研究』（昭和四〇〔一九六五〕年吉川弘文館刊）第四章「貞観政要の成立についての考察」（同書三一二～三三二頁）および第六章「写字台本の巻四が諸本と異なる理由についての考察」（同書三四二～三五〇頁）参照。以下、原典である貞観政要に関する事項は全て同書を参照したものである。

（2）長澤規矩也氏・阿部隆一氏編『日本書目大成第一巻』（昭和五四〔一九七九〕年汲古書院刊）所収「日本国見在書目録」二六頁。なお、同書の「解題」をも参照した。

（3）以下、注（1）の原田氏著書第二章「本邦伝来の歴史」および第三章「伝来の諸本」中の仮名貞観政要に関する記述（同書二六・四二頁、一九三～二〇六頁）を参照。

（4）引用に当たり漢字を通行の字体に改めた。また、踊り字符号をそれが指す文字に改めた。句読点についても改めたものがある。漢文部分に返り点が付してあるものがあったが省略した。割注書きの部分は［　］内に入れて示す。

（5）斯文会編『日本漢学年表』（昭和五二〔一九七七〕年大修館書店刊）二六五～二六六頁をも参照。

（6）乾克己氏「宴曲における貞観政要の享受」（『和洋國文研究』第四号、昭和四一〔一九六六〕年一〇月）。

（7）注（3）に同じ。また柳田征司氏著『室町時代語資料としての抄物の研究』（平成一〇〔一九九八〕年武蔵野書院刊）の一八九～一九〇頁、川瀬一馬氏編著『お茶の水図書館蔵新修成簣堂文庫善本書目』（平成四〔一九九二〕年発行）、および橋村勝明氏「『仮名貞観政要』の和訳語について」（『文教國文学』第五六号、平成二四〔二〇一二〕年二月）を参照。

（8）前章を参照されたい。

（9）梵舜本については宮内庁書陵部より、斯道文庫本については同文庫より加藤に頒布された紙焼写真に拠った。なお、梵舜本本文の引用に際しては、漢字・片仮名を通行の字体に改め、踊り字符号をそれが指す文字に改めた。また原文に加えられた朱句点を参考に私に句読点を付した。

（10）本章で梵舜本によって認定した増補部分は、多少の字句の異同はあるものの、他の現存諸本のうち、二の斯道文庫本、四の正保版本、九の書陵部蔵平仮名本にも同様に存在することを確認している。他の諸本については未見のため未確認である。

（11）仮名貞観政要における文選読みの機能について、詳しくは次章を参照されたい。

（12）注（2）の編書所収の「通憲入道蔵書目録」五六頁、および同書の「解題」を参照。

（13）『続群書類従第三十輯下雑部』（続群書類従完成会、昭和三四〔一九五九〕年訂正三版発行）所収の「明文抄」本文を、遠藤光正氏著『類書の伝来と明文抄の研究』（昭和五九〔一九八四〕年あさま書房刊）の第四章「古鈔本明文抄と続群書類従本明文抄との校勘」（同書二二一～三六〇頁）を参照したうえで、「唐書」または「新唐書」の出典注記を持つ箇所を数えた。一箇所「唐暦」とする異本があるものを含む。

（14）二四箇所のうち、六箇所のみ確認できたが、その引用箇所は巻数で言えば一・五・二四・五七・一四二・二一九、種類別に言えば本紀の一と五、志の一四と四七、列伝の六八と一四四に渡る。なお新唐書は全二二五巻である。

（15）山崎誠氏「菅大府卿為長伝小考」（『國語國文』四八巻七号、昭和五四〔一九七九〕年七月）。後に同氏著『中世学問史の基底と展開』（平成五〔一九九三〕年和泉書院刊）に収められた。および蔭木英雄氏「中世初期縉紳漢文学概観―菅原為長を手がかりに―」（『相愛女子短期大学研究論集国文・家政学科編』第三一巻、昭和五九〔一九八四〕年二月）。

（16）黒板勝美氏編『新訂増補国史大系第三十巻　本朝文集』（昭和一三〔一九三八〕年初版、平成一二〔二〇〇〇〕年新装版、いずれも吉川弘文館刊）巻第六十六より引用。

第四章　仮名貞観政要梵舜本における文選読み

一、本章の目的

仮名貞観政要の和訳方法については、

その和訳を見ても、次にその一例を示すように、原文の煩雑な記述や本邦には理解しにくいと思われる箇所を、巧みにわかりやすく意訳している力量は相当の学者であると思われる。（例略）これは北條政子が、格別漢学の素養があるものでなかったから、かような平易な訳をしたということももちろんではあるが、平素の講義においても、天皇に御進講する場合においても、漢学の素養のない一般人にもよくわかるように、かみくだいて講ずるのが当時の講義の常であったからである。だから、前者においては堯舜のようによく知られている話はそのまま用いても、子文・欒黶のような説明を要する故事は削去し、後者では「務行讒毀、交亂君臣」を「忠アルモノヲ忠ナシト上書シ、スナヲナルモノヲマガレリト上書ス。」というように極めて具体的にわかりやすく訳しているのであり、

（下略、原田氏著書[1]一九五〜一九七頁）

和らげて訓み下しからは離れているもの（訓み下しを含むこともある）である

（柳田氏著書[2]一四〇頁）

などとされ、原文直訳式の訓み下しでないことはわかっているが、どの程度の意訳がなされているのか、またその訳語や訓読法はどのようなものか、についてはまだ充分に検討されていない状態[3]である。

本章では、仮名貞観政要の和訳方法に関する具体的考察の端緒として、いわゆる文選読みに着目し、本書におけるその用例を分類・検討することにより、本和訳書において文選読みが果たしている機能およびこの訳読法が採用された理由について考察したいと思う。

二、仮名貞観政要における文選読みの概観

仮名貞観政要（以下「仮名本」と略称）の本文には次の下線部（傍線加藤、以下同）のような訳読法がしばしばみられる。

カルカユヘニ、朕夙夜ニ、孜々トツツシムテ、傜役ノオホヤケコトヲ、ウスクシ、年穀ノタクハエヲ、ユタカニシテ、天下コトナク、百姓、安楽ナラムコトヲ、オモフ。（巻一の一六ウ）[4]

この部分は当時の原典に近いと推定される本文（以下「原文」と略称）[5]では次のようになっている。

故夙夜孜孜、惟欲清静使天下無事。得傜役不興、年穀豊稔、百姓安楽。（巻一政体第二、八一頁）

仮名本の訳「孜々トツツシムテ」「傜役ノオホヤケコト」「年穀ノタクハエ」はそれぞれ原文の「孜孜」「傜役」「年穀」を一度は字音語として音読し、連用修飾化する助詞トや連体修飾化する助詞ノを介してもう一度その意味に当たる和語で訓読するという訳読法である。これは漢文訓読における文選読みと呼ばれる訓読法[6]と同様の方法である。

また、このように原文の当該語の音読と訓読の両読という典型的な文選読みではないが、これに似た訳読法として次のようなものも見られる。

（仮名本）

人、①同爨ノ養ヲウケテモノクウトキ一ツノ火ヲクウニヨテ、ナヲ②緦麻ノ服ヲキル事アリ。（巻七の一三ウ～一四オ、①②は加藤の追加、以下同）

（原文）

①同爨尚有②緦麻之恩、而嫂叔無服。（巻七論礼楽第二十九、六〇四頁）

傍線部①は「同爨」という難解な熟語をノに数語を費やす和訳を続けることで詳しく説明しているものである。また傍線部②は「緦麻」という熟語にノと「服」という字音語を続けて「喪服」の意味を加えているものである。いずれも「字音語＋トやノなどの介在語＋和語」という典型的な文選読みに比べると厳密には異なるが、形式的にも機能的にもそれに近い用法である。

寿岳章子氏は、中世抄物に現われたこの種の用法をも含む文選読みの派生的な諸用法を「亜文選読み」と名づけてその機能を考察している（注（6）の同氏の著書参照）が、本章でもこれらの用法を広義の文選読みとして調査・考察の対象に含めることにしたい。

三、調査手順と用例一覧

本章における調査では以下の手順で文選読みの用例を抜き出し整理した。

①仮名本本文と原文を比較し、原文の語句が仮名本本文において一度はそのまま音読され、さらに助詞ノやト、およびトシテ、ニシテ、シテ等を介してもう一度訓読（数語による和訳や、日本語化した字音語による訳の場合も含む）されている場合、用例として抜き出す。

②該当する原文の語句がない場合でも、仮名本本文において字音語が①のような形式で再読されていると推定できる場合も用例として抜き出す。

③以上のように抜き出した用例を出現順に並べ、一「用例№」、二「仮名本における所在（巻・丁・行）」、三「用例

（前後の文脈付き）」、四「原典本文（白文）」、五「原典本文の所在（原田氏校訂本における頁）」、六「本章における分類コード（後述）」、七「備考（補訂に関する注）」を示し、付表（別添）とした。

④本章における分類コードを示す。まず整数部分は介在語の種類を左記のように表わす。

1ノ　2ト　3ニ　4トシテ　5ニシテ　6シテ　7その他の特殊例

次に小数点以下の部分は介在語の後の和語該当部分の種類を左記のように表わす。

.1訓のみ　.12訓＋音　.2音のみ　.3説明語句　.4その他の特殊例

⑤本章での調査は片仮名書き系統の現存最古写本である梵舜本（加藤による翻刻、ただし問題箇所については紙焼写真で確認）に拠り、これと同系統であると推定できる慶応大学斯道文庫蔵本の紙焼写真を参照し補訂することとした。また、比較する原典本文には（注（5））の手順に従い原田氏の校訂本文を使用した。

四、用例の分類結果

広義の文選読みも含め、二六八例の用例が得られた。それらを①介在語の種類②和語該当部分の種類の二点によって分類した結果、次の〈表四-一〉のようになった。

介在語の種類については自明であろうから、和語該当部分の種類の分類を中心に説明を加える。（なお、用例の詳細は付表参照のこと。）

「.1」の用例は№2「徭役ノオホヤケコト」№30「豁然トホカラカニシテ」等、「字音語＋介在語＋訓」となっている典型的な文選読みである。この場合、訓の多くは字音語の漢字全体に対応する訓であるが、字音語の一部のみに対応する訓（№22「西胡ノ戎（エヒス）」←ニシノエヒス?）も少なからずある。

〈表四－一〉（空白部分は用例なし）

①介在語↓ ②和語←	.1訓のみ	.12訓＋音	.2音のみ	.3説明語句	.4その他	計
1ノ	一九四	四	六	四一	二	二四七
2ト	一五					一五
3（二）				一		一
4トシテ	一			一		二
5ニシテ	一					一
6シテ				一		一
7その他					一	一
計	二一一	四	六	四四	三	二六八

「.12」の用例はNo.23「邪佞ノヘツラヘル臣（シン）」等、和語該当部分に「臣」「長」「膳」といった一字の字音語が含まれているものである。

「.2」の用例はNo.181「土木ノ造作（サウサク）」のように「字音語＋介在語＋字音語」という構成になっているもので、後ろの字音語には「服」「恩」「労」「臣」など一字語が多い。

「.3」の用例はNo.7「阿房ノ百丈ノミヤ」のように固有名詞をその属性から説明するものや、前述したNo.174「同爨ノ～」のように難解な熟語を数語を費やして説明するものである。また、字音語そのものの意味でなく、文脈に即した意味に従って訳語を当てているNo.63「騎士ノイヤシキ人」なども これに含めたが、中には「.1」との区別が微妙になる用例もある。

「.4」の用例はNo.31「親王三公貴妃公主ノ貴キ（家）」、No.32「大姓豪猾ノトメル（タクヒ）」、No.176「（居ヲナシウシ火ヲ一ツニシテ）同爨ノ養（ヤウ）」の三例である。No.31・32の原文は「王公妃主之家」「大姓豪猾之伍」であり、「貴キ」「トメル」を加えているのであるが、再読した訓とは言い難い。また№176は介在語の後に来る部分は「養（ヤウ）」だけで「.2」の用例であるかのように見えるが、直前に「同爨」の説明があり、全体として「同爨」という字音語を分かりやすく説明している例と判断し「.4」に分類した。

なお、介在語がニとなる「.3～」の用例は№34「野次ニヤトル」のみである。原文の「野次」は「野宿する」という動詞的な用法であるが、仮名本の和訳では「野次」を場所名詞として扱いニを付したに過ぎず、文選読みとすべきではないかもしれない。少なくとも「5.1」の用例である№179「簡静ニシテシツカナル」のような、形容動詞連用形活用語尾のニ（シテ）による文選読みではない。

この分類結果を見ると、介在語では「1」のノが二四七例（九二・二％）と大部分を占め、和語該当部分が名詞（または準体言）になる文選読みがほとんどである。柏谷氏が調査した醍醐寺本遊仙窟や足利本・慶安板本文選における文選読みの介在語は大部分トであり、用言が続くものが多かった（注（6）の柏谷氏の著書）のと比較すると、これは本和訳書の特徴と言える。

和語該当部分では、「.1」の単純な訓だけからなる典型的な文選読みが大部分である。「.12」や「.2」の用例も使用されている字音語のほとんどが日常語化したものらしい「臣」や「恩」等であることを考慮すると「.1」と同様に見なしてもよいだろう。三者合計すると二二一例（八二・五％）になる。また、固有名詞や難解な熟語などに対し数語を費やして説明する「.3」と「.4」は合計四七例（一七・五％）であり、本書では難解な熟語を和訳本文そのものの中で分かりやすく説明する訳読法の一つ[7]としてこのような広義の文選読みを少なからず利用していると言える。

五、和訳本である仮名貞観政要における文選読み採用の理由

これらの文選読みは、「.3」「.4」の用例からうかがわれるように、原文を和訳するに当たって「漢学の素養のない一般人にもよくわかるように」(前出、原田氏の著書一九六頁)、難解な字音語に和語該当部分を説明として加えたものだと考えられる。しかしながら、もし単に原文の「内容」を理解するためだけであれば、全体として仮名混じり文に翻訳するのであるから、わざわざ難解な字音語を残したまま文選読みで和訳を補うよりも、最初から字音語として残さずに訓訳してしまえばよいはずである。実際に原文の大部分は訓に置き換えられて訓み下されており、字音語として残されるものは限定されているのである。また、原田氏も言及するように、「説明を要する故事は削去し」たり、「巧みにわかりやすく意訳し」たりすることも可能だったはずである。それをわざわざこのような形式で和訳したのには、これらの字音語をそのまま和訳後の本文中に残さなければならないという何らかの理由が存在したからとしか考えられない。

そのような理由として考えられるのは、原田氏の言及するように、本和訳書が啓蒙的な性格を持つ書物だったことであろう。漢学の素養のない読者を想定していても、その読者が全く学習努力をしなくても理解できるような単なる娯楽書ではなく、自らその書物の内容や表現を理解できるレベルにまで達しようとする努力をある程度は要求する、いわば「教科書」的な性格を有する書であったからであろう。そのため繰り返し出現するような重要語やある程度基礎的な漢語、例えば「仁義」「謙譲」「徭役」などはそのまま使用し、むしろこれらの漢語を学習し理解することを求めたのであろう。その一方で文選読みを採用することによって初学者でも内容読解上の支障が少ないように工夫したのであろう。

また、本書に現われた文選読みの用例から次のような理由も考えられる。それは字音語とそれに当てられた訓との間にある意味のレベルの差である。最も典型的な例は字音語が固有名詞である場合である。固有名詞には該当する和訓がない。この場合は和訳でも字音語をそのまま残さざるを得ず、必要であれば文選読み形式にして故事や文脈を背景にその固有名詞が表わしている属性的な意味に相当する語句を加えて初学の読者に対する説明としたのであろう。

例　No.6鹿臺ノタカキ倉　No.7(前出、阿房ノ〜)　No.11胡越ノトヲキサカヒ　No.25西施毛嬙ノカホヨキタクヒ

また、一般名詞でも、字音語はより狭い種的概念まで区別して表わすが、訓はより広い類的概念しか表わさない場合（例、琴のこと・箏のこと）がある。その場合は字音語を残すことによってより細かい意味の差異を示唆し、かつ訓によって手っ取り早く大まかな理解を促せる。本書の文選読みで複数の字音語に対して用いられた同一訓の名詞を以下に示す。

アハレミ　イツハリ　イヤシキヒト　ウツハモノ　ヱヒス　オホヤケコト　カタチ　カリ　クラ（クラ）　クルマ　コトハ　コトハリ　ソナヘ　タカラ　タクハエ　タタカヒ　タマ　タマモノ　タミ　ツハモノ　ハクサ　フミ　マコト　マツリコト　ヤマヒ　ユツリ

例　ヱヒスに対する字音語　西胡　突厥　戎狄　西戎　北狄　胡落　可汗　夷狄

カタチに対する字音語　顔色　容皃　哀容　容色

用言に関しても同様であると思われるが、同一訓が複数の字音語に対応する例は№45「杭烈トスクヨカニシテ」と№99「壮健ノスクヨカナル」だけである。前述したように用言が続くト介在型の文選読みは本書には少なく、原典に直接訓点を施した訓点資料とは様相が異なっていた。啓蒙的な和訳書である本書には難解な字音語用言は訓で訓み下す方が妥当と判断されたのかもしれない。

六、仮名貞観政要における文選読みの機能

本和訳書における文選読みの機能は、初学者に学習させる契機として字音語自体を示すとともに、和語該当部分によって同時に意味の概略を示すことで支障なく内容を読解せしめるというものであったと考えられる。後者は従来の訓点資料における文選読みの機能として指摘されてきたものと同一であるが、前者は本和訳書における機能として新たに

推定したものである。

注

（1）原田種成氏著『貞観政要の研究』（昭和四〇〔一九六五〕年吉川弘文館刊）。
（2）柳田征司氏著『室町時代語資料としての抄物の研究』（平成一〇〔一九九八〕年武蔵野書院刊）。
（3）近年、橋村勝明氏「『仮名貞観政要』の和訳語について」（『文教國文学』第五六号、平成二四〔二〇一二〕年二月）が、広島大学蔵本を紹介しつつ、その「和訳語」が漢籍訓読語だけでなく仏典訓読語にも及ぶことを示し、本書における「和訳」方法の一端を明らかにしている。
（4）本章における仮名貞観政要の調査および引用に使用した本文は宮内庁書陵部より頒布された同部蔵文禄四〔一五九五〕年釈梵舜写五冊本（略称「梵舜本」）の紙焼写真から加藤が翻刻した資料に拠った。ただし引用に際しては同写本の朱句点を参考に私に句読点を加え読みやすいようにした。引用箇所の所在を「巻一の一六ウ（一六丁の裏）」等と示す。（ただし梵舜本は二巻ごとに一冊となっており、丁数も二巻ごとにしか改まらないため注意されたい。）
（5）注（1）の原田氏著書に拠れば、仮名貞観政要の原典は龍谷大学図書館蔵写字台文庫旧蔵本（略称「写字台本」）系統の本文であったと推定されている。同系統の本文は現存本では全て巻一・二を欠いている。本章では原田氏が「写字台本」を含む旧鈔本系諸本を主に校訂した同氏の『貞観政要上・下』（新釈漢文大系九五・九六、昭和五三〔一九七八〕・五四〔一九七九〕年明治書院刊）の原文を、校異を参照して「写字台本」の用字に従い変更したうえで、原典本文として比較・引用することにした。その所在は「巻一政体第二（巻一の第二編である政体編）、八一頁」等と示す。なお、同校訂本は上下二巻であるが頁数は通し頁となっている。
（6）「文選読み」については次の著書・論文を参照した。
中田祝夫氏著『改訂版古点本の国語学的研究』（昭和五四〔一九七九〕年勉誠社刊）三四〜四〇頁。
築島裕氏著『平安時代の漢文訓読語につきての研究』（昭和三八〔一九六三〕年東京大学出版会刊）二六一〜二九四頁。

小林芳規氏著『平安鎌倉時代に於ける漢籍訓読の国語史的研究』（昭和四二〔一九六七〕年東京大学出版会刊）四七六～四八七頁。

寿岳章子氏著『室町時代語の表現』（昭和五八〔一九八三〕年清文堂刊）一九～三六頁。

中村宗彦氏著「文選読み」（『漢字講座第3巻漢字と日本語』昭和六二〔一九八七〕年明治書院刊所収、二七二～二九四頁）。

柏谷嘉弘氏著『日本漢語の系譜―その摂取と表現―』昭和六二〔一九八七〕年東宛社刊）七八～八二頁および三四九～三九〇頁。

（7）　他に例は少ないが説明自体を本文中に挿入する方法もある。例「國ヲオサムルモトヰ、タタ、誠信ノマコトヲ存スルニアリ。言ノマコトヲ誠トイフ。心ノマコトヲ信トイフ。上ニ誠信アル時ハ、下、フタ心ナシ。」（巻五の二二ウ、傍線加藤）

補注一　今回本章の元となった論文（第一章注（2）参照）の付表について見直しを行なった結果、№194「尅薄ノウスキ風ステニヲコレリ」について、原典漢文に「刻薄之風已扇（傍線加藤）」と「風」に該当する漢字があることから、「尅薄」のみの文選読み訓対応部分としては「ウスキ風」ではなく「ウスキ」だけに限定すべきであることに気づき、分類番号を「1.12」から「1.1」に改めた。このため本文中の（表）の用例数もこれに関わる数値を修正した。またこの箇所とは別に引用時の誤りに気づき数箇所を訂正した。

補注二　本章の元となった論文の発表と前後してJIS漢字の第三、第四水準が普及した結果、より多くの漢字をコンピュータ上で扱えるようになった。その結果元論文発表当時は表示できなかった漢字の大部分が表示できるようになり、その関連の注（元論文の注（6））や付表の備考欄に記した注記のほとんどが不要になった。またより多くの漢字が使用できるようになったため付表中の漢字を一部差し替えた。本書収録の際の変更部分については多数にわたるため逐一示すことができないが、多くの方々の長年の努力による技術の進歩に感謝する。

〈表四-二〉仮名貞観政要梵舜本の文選読み用例一覧表（斯道文庫本により補訂）

№.	巻-丁-行	用例	原典本文	頁	分類	備考
1	1-4オ-12	詢ヲ**蒭蕘ノイヤシキ**ニモキクヘシ	詢于芻蕘	32	1.1	
2	1-5オ-3	**草創ノヨヲハシムル**ヲヤカタシトスル	草創與守文孰難	34	1.3	
3	1-5オ-11	**徭役ノヲホヤケコト**シケウシテ	而徭役不休	35	1.1	
4	1-6オ-7	**徭役ノヲホヤケコト**ヤムコトナク	徭役無時	39	1.1	
5	1-6オ-8	**干戈ノタタカヒ**シツマラス	干戈不戢	39	1.1	
6	1-6ウ-4	**鹿臺ノタカキ倉**ニ天下ノ寶ヲムサホリヲサメテ	焚鹿臺之寶衣	40	1.3	
7	1-6ウ-5	**阿房ノ百丈ノミヤ**ヲツクリシコトヲ	毀阿房之廣殿	40	1.3	
8	1-6ウ-9	**茅茨ノカヤ**ヲ桂ノ棟ニマシユ	雜茅茨於桂棟	40	1.1	
9	1-6ウ-12	**億兆ノ民**子ノコトクニ来リ	億兆悦以子來	40	1.1	
10	1-7オ-1	**群生ノトモカラ**ミナ生ヲ遂ヘシ	群生仰而遂生	40	1.1	
11	1-7ウ-8	**胡越ノトヲキサカイ**モ一ツ躰トナル	則胡越爲一體	46	1.3	
12	1-7ウ-9	**骨肉ノシタシキ人**モヨソノ人トナリヌ	則骨肉爲行路	46	1.3	
13	1-8オ-10	**忠款ノマコト**ヲシメリヌ(メ衍？)	誠竭忠款	49	1.1	
14	1-9オ-3	**几案ノフツクエ**ニヲキテ	當置之几案	50	1.1	
15	1-9オ-4	**桑楡ノモロキ身**ヲタスケ	収彼桑楡	50	1.3	
16	1-9ウ-9	**脉理ノ木メ**ミタレタリ	則脈理皆邪	55	1.1	
17	1-13ウ-2	朕**九重ノフカキ**ニ居テ	朕既在九重	67	1.3	
18	1-16ウ-6	朕夙夜ニ**孜々トツツシムテ**	故夙夜孜孜	81	2.1	
19	1-16ウ-6	**徭役ノオホヤケコト**ヲウスクシ	得徭役不興	81	1.1	
20	1-16ウ-7	**年穀ノタクハエ**ヲユタカニシテ	年穀豐稔	81	1.1	
21	1-17オ-5	**租税ノソナヘモノ**トシコトニマサレリ	而租税歳倍	83	1.1	
22	1-18オ-12	**西胡ノ戎**珠ヲ愛ス	西胡愛珠	87	1.1	
23	1-19オ-10	**邪佞ノヘツラヘル臣**	邪佞忠直亦在時君所好	89	1.12	
24	1-19オ-10	**忠直ノスナホナル臣**時ノ君ノコノム所ニシタカヒテ	同上	89	1.12	
25	1-19ウ-8	イニシヘノスクレタル色ハ**西施毛嬙ノカホヨキタクヒ**ナリ	古之美色有西施毛嬙	90	1.3	
26	1-21ウ-9	**昭然トテラシテ**下ノヒカコトヲミル	則昭然見下非	95	2.1	
27	1-22オ-8	**蒼生ノ民**ヲスクフトイヘトモ	救理蒼生	96	1.1	
28	1-22ウ-12	**突厥ノエヒス**サカヒヲオカシテ	突厥侵抄	99	1.1	
29	1-23オ-1	**飢饉ノウレヘ**モトモハナハタシ	饑饉尤甚	99	1.1	
30	1-23ウ-3	太宗ノ心術**豁然トホカラカニ**シテ	心術豁然	100	2.1	
31	1-23ウ-10	コレニヨテ**親王三公貴妃公主ノ貴キ**家	制馭王公妃主之家	101	1.4	
32	1-23ウ-11	**大姓豪猾ノトメルタクヒ**ミナ威ニヲチキ	大姓豪猾之伍皆畏威屏跡	101	1.4	
33	1-23ウ-12	**商旅ノアキ人**	商旅野次	101	1.1	
34	1-24オ-1	**野次ニヤトル**トイヘトモ	同上	101	3.3	
35	1-24オ-1	**囹圄ノヒトヤ**ツネニムナシウシテ	囹固常空	101	1.1	
36	1-24オ-2	**牛馬(ウシムマ)ノケモノ**野ニミテリ	馬牛布野	101	1.1	(　)内は振仮名
37	1-24オ-6	**行客ノタヒ人**粮ヲタクハエス	行客經過者必厚加供待	102	1.1	
38	2-25ウ-5	人々ミナ**金寳ノタカラ**ヲアナクリモトム	衆人競求金寶	105	1.1	
39	2-26ウ-3	**心寛平トヒロクタヒラカニ**シテ	意在寛平	108	2.1	
40	2-28オ-4	**突厥ノエヒス**サカリニミタレタリ	原文なし(仮名本の増補)		1.1	
41	2-31ウ-9	**素褥ノシトネ**ヲタマエリ	賜以布被素褥	118	1.1	
42	2-32オ-3	**得失ノコトハリ**ヲ知ヌヘシ	可以明得失	119	1.3	
43	2-33オ-10	君ニツカマツルコト**孜々トシテヲコタルコトナク**	孜孜奉國	122	4.3	
44	2-36オ-11	**經史ノフミ**ヲ談議ス	數引之談論共勸經史	130	1.1	
45	2-36ウ-1	志**杭烈トスクヨカニ**シテ	而志性抗烈	130	2.1	

No.	巻-丁-行	用例	原典本文	頁	分類	備考
46	2-36ウ-12	**帛ノキヌ**一百五十段タマウ	因賜帛一百五十段	131	1.1	
47	2-41-オ-2	性ハナハタ**貞正トタシカニ**シテ	性甚貞正	140	2.1	
48	2-41-ウ-8	公等カナラス**直言規諫シテイサメヲイル**ヘシ	必須極言規諫	142	6.3	
49	2-41ウ-12	**顔色ノカタチ**ヲナツカシクシ	必假借顔色	141	1.1	仮名本原文と前後す
50	2-41ウ-12	**厳旨ノコトハ**ヲヤハラケテ	該当する原文なし	(142)	1.1	
51	2-42ウ-3	**蒭蕘ノイヤシキコトハ**ヲイレタマウ	納蒭蕘	144	1.3	
52	2-42ウ-4	イカテカ**狂瞽ノヲロカナルイサメ**ヲイレサラムヤ	實願罄其狂瞽	144	1.3	
53	2-44ウ-12	**言語ノコトハ**次第ヲウシナウ	言語致失次第	153	1.1	
54	2-45ウ-4	**鼎鑊ノワケルカナヘ**ニヲモムカムカコトシ	與夫赴鼎鑊	155	1.3	
55	2-45ウ-5	**白刃ノトキヤキハ**ニ觸ムニニタリ	冒白刃亦何異哉	155	1.3	
56	2-46オ-12	**食器ノイササカナルウツハモノ**ナリ	食器之閒	157	1.3	
57	2-46ウ-1	**彫琢ノカサレルウツハモノ**ハ農業ヲヤフルモトヰナリ	彫琢害農事	157	1.3	
58	2-46ウ-2	**纂組ノイタツカハシキワサ**ハ女工ヲヤフル労也	纂組傷女工	157	1.3	
59	2-49ウ-11	長成シテ**容皃(ノ)カタチ**ウルハシク	原文なし(仮名本の増補)		1.1	(ノ)は斯道文庫本に拠る補訂
60	2-51オ-1	タレヲカ**金輅ノクルマ**ニメシイルヘキヤ	原文なし(仮名本の増補)		1.1	
61	2-59ウ-2	**鑾輿ノコシ**マヱニツラナリ	鸞輿在前	180	1.1	
62	2-59ウ-2	**屬車ノクルマ**シリヱニヲホシ	屬車在後	180	1.1	
63	2-59ウ-7	ツルキヲハ**騎士ノイヤシキ人**ニタマヘリ	劍以賜騎士	180	1.3	
64	2-60オ-6	**薬石ノクスリ**ノコトハヲタテマツル	進藥石之言	182	1.1	
65	3-2オ-6	ハカリコトヲ**蒭蕘ノイヤシキ物**マテニキイテ	採蒭蕘之議	188	1.1	
66	3-3オ-10	ヨク**戎狄ノヱヒス**ヲシタカヘタルハ	克除戎狄	192	1.1	
67	3-7オ-12	**省務ノマツリ事**イマヨリモシケカリキ	于時省務繁雜倍多於今	209	1.1	
68	3-8ウ-8	**美玉明珠ノタマ**	夫美玉明珠	216	1.1	
69	3-8ウ-8	**孔翠犀象ノヤカラ**	孔翠犀象	216	1.1	
70	3-10ウ-5	**権衡ノハカリノヲモシ**カカレリ	權衡誠懸	223	1.1	
71	3-10ウ-6	**縄墨ノスミナハ**アキラカナリ	縄墨誠陳	223	1.1	
72	3-10ウ-9	**公平ノマツリコト**ヲモテハカリノヲモシトシ	以公平爲規矩	224	1.3	
73	3-10ウ-10	**仁義ノコトハリ**ヲモテ	以仁義爲準縄	224	1.3	
74	3-10ウ-10	**縄墨ノスミナハ**トセハ	同上	224	1.1	
75	3-13オ-2	**宗祀ノマツリ**タユル事ナシ	宗祀不絶	233	1.1	
76	3-13オ-5	**子弟ノシタシキヤカラ**尺土ノ領ナク	子弟無尺土之邑	233	1.3	
77	3-13オ-5	**兆庶ノ民**ミナ安堵ノヲモヒナシ	兆庶罕共治之憂	233	1.1	
78	3-13ウ-2	**億兆ノ民**ノ	救億兆之焚溺	247	1.1	
79	3-13ウ-2	**焚溺トヲホレタル**ヲスクヒ	同上	247	2.1	
80	3-13ウ-2	**氛侵ノワサハヒ**ノ寰逾ニミテルヲハラフ	掃氛侵祲於寰區	247	1.1	
81	3-14オ-5	**至道ノイタリ**名ツクヘキカタナク	雖至道無名	248	1.1	
82	3-14オ-9	**憲司ノタタシキ人**ヲモテツミヲコトハリ	毎憲司讞罪	249	1.3	
83	3-14オ-10	**尚書ノツカサ人**ノウタヘヲ奏スルコトニ	毎～尚書奏獄	250	1.3	
84	3-14ウ-2	**蒭蕘ノイヤシキヲシヘ**トイヘトモ	無棄蒭蕘	250	1.3	
85	3-14ウ-3	**鄙訥ノトトコホレルコトハ**トイヘトモ	不簡鄙訥	250	1.3	
86	3-14ウ-6	フミニアキラカナル人ヲ**青紫ノクラヒ**ニヌキイテ	既擢明經於青紫	250	1.1	
87	4-17ウ-3	**晏駕ノヲモヒ**ニ依テ	及高祖晏駕	819	1.1	
88	4-17ウ-4	**哀容ノカタチ**	哀容毀顇	819	1.1	
89	4-17ウ-5	**顦顇トヤセカシケテ**	同上	819	2.1	
90	4-17ウ-5	ヒサシク**万機ノマツリコト**ヲワスル	久替萬機	819	1.1	
91	4-18ウ-9	**囹圄ノヒトヤ**ニ獄囚ナクシテ	遂得囹圄空虚	824	1.1	

No.	巻-丁-行	用例	原典本文	頁	分類	備考
92	4-18ウ-12	**容色ノカタチ**	該当する原文なし	(825)	1.1	
93	4-19オ-1	**殊麗トウルハシウシテ**當世ニスクレタリ	姝麗妙絶當時	825	2.1	
94	4-19オ-6	**臺榭ノヨキミヤ**ツクル時ハ	故君處臺榭	826	1.1	
95	4-19オ-7	タミミナ**棟宇ノイヱイヱ**ノヤスキコトアラン事ヲオモヒ	則欲民有棟宇之安	826	1.1	
96	4-19オ-8	**膏粱ノヨキアチハヒ**ヲクラウ時ハ	食膏粱	826	1.1	
97	4-19オ-9	君**嬪御ノ女ヲモトメイレムトキ**ハ	顧嬪御	826	1.3	
98	4-19オ-10	民ノ**妻室ノメニソナヘムコト**ヲオモウ	則欲民有室家之歡	826	1.3	
99	4-22オ-10	クハシク**壮健ノスクヨカナル**ヲエランテ	若精簡壯健	839	1.1	
100	4-23ウ-3	犬鷹ヲ好ムモノハ**田遊ノカリ**ヲススム	好鷹犬者卽欲勸令田遊	847	1.1	
101	4-24オ-9	太宗**欣然トヨロコムテ**	太宗欣然納之	856	2.1	
102	4-26オ-7	**堤防ノツツミ**ヲヤフルヘカラス	便欲自毀隄防	862	1.1	
103	4-27オ-8	**賞賚ノタマモノ**コレヲホシ	前後大蒙賞賚	868	1.1	
104	4-32オ-5	**西戎ノエヒス**キタリツケリ	又西戎卽敍	893	1.1	
105	4-33オ-4	**倉庫ノクラ**ミチミチテ	倉庫充實	896	1.1	
106	4-33オ-7	**老弱ノヨハキモノ**ハタカヒニタタカイノカテヲハコフニツカレ	老弱疲転輸(輪)	896	1.1	(輪)は写字台本
107	4-33オ-8	**丁壮ノサカリナルモノ**ハ	丁壯死軍旅	896	1.1	
108	4-33オ-8	**軍旅ノイクサ**ニ死ス	同上	896	1.1	
109	4-33オ-10	**倉廩ノクラ**ムナシクナリテ	府庫空虚	896	1.1	
110	5-1オ-10	**仁義ノアハレミ**ヲホトコス篇第十三	論仁義第十三	355	1.1	
111	5-1ウ-2	**仁義ノアハレミ**ヲホトコシ	今欲專以仁義誠信爲治	355	1.1	
112	5-1ウ-3	**誠信ノマコトアル**ヲヲコナテ	同上	355	1.1	
113	5-2ウ-10	コトコトク**廉譲ノユツリ**ヲシリ	漸知廉讓	359	1.1	
114	5-3オ-4	**武庫ノミクラ**ニ甲冑兵仗ノヲホカルコトヲ申ス	今閲武庫甲仗勝隋日遠矣	360	1.1	
115	5-4ウ-4	**突厥ノエヒス**數万騎ヲヒキイテ	突厥至便橋	365	1.1	
116	5-4ウ-5	**咸陽ノミヤコ**ニタタカフ	與虜戰於咸陽	365	1.3	
117	5-6オ-8	**追棠ノカウハシキエタ**ヲナツカシウシ	追懐棠棣	370	1.1	
118	5-8オ-12	**科喚ノヲホヤケコト**ヤマスハ	向使朕科喚不已	379	1.1	
119	5-8ウ-11	**鴻鵠ノカリ**河海ノウチニコモレリ	鴻鵠保河海之中	380	1.1	
120	5-9オ-1	**黿鼉ノカメ**ハフカキフチニコモレリ	黿鼉保深泉	380	1.1	
121	5-9ウ-9	**戎狄ノエヒス**衛國ノ君懿公ヲコロシテ	狄人殺衛懿公	384	1.1	
122	5-12オ-2	**緦麻ノコロモ**コトニヲロソカニ	該当する原文なし	(391)	1.1	
123	5-12ウ-10	**突厥ノエヒス**玄武門ニマイリ直ス	有突厥史行昌直玄武門	395	1.1	
124	5-14オ-11	**詐偽ノイツハリ**セルモノアリ	或有詐僞階資者	402	1.1	
125	5-15ウ-11	**資送ノヲクリモノ**ヲ長樂公主ニアツクセムトス	資送倍於長公主	408	1.1	
126	5-17オ-4	**誠信ノマコト**ヲ論スル篇第十七	論誠信第十七	412	1.1	
127	5-17ウ-8	**誠信ノマコト**ヲ天下ニシカシム	朕欲使大信於天下	413	1.1	
128	5-19ウ-9	**権衡ノハカリノヲモシ**ヲステテヲモクカロキヲサタメ	棄權衡而定輕重者也	438	1.1	
129	5-19ウ-10	**准縄ノナハ**ヲステテ曲直ヲタタスモノナリ	是則捨準繩以正曲直	438	1.1	
130	5-20オ-10	**姦邪ノカタマシキ**ミチヲヒラキ	實啓姦邪之路	440	1.1	
131	5-20オ-10	**惻隠ノイタミアハレム**心ナシ	既乖惻隱之情	440	1.1	
132	5-21オ-9	**天居ノスミカ**タカクシテ	又天居自高	445	1.1	
133	5-21ウ-11	朕ムカシ**衡門ノイヤシキカト**ニアテ	朕昔在衡門	448	1.1	
134	5-22オ-1	**黔黎ノタミ**身ヲカクスニトコロナシ	慄慄黔黎庇身無所	448	1.1	
135	5-22オ-2	**干戈ノタテホコ**ヲコトトス	便事干戈	448	1.1	
136	5-22オ-12	**竹素ノフミ**ニツタフヘシ	以傳於竹素	450	1.1	
137	5-22ウ-5	國ヲオサムルモトヰタタ**誠信ノマコト**ヲ存スルニアリ	爲國之基～惟在於誠信	452	1.1	

No.	巻-丁-行	用例	原典本文	頁	分類	備考
138	5-24オ-9	**咸陽ノミヤコ**ニ入テホシイママニ諸王ヲシタカヘ	昔項羽既入咸陽已制天下	459	1.3	
139	6-25オ-3	**謙譲ノユツリ**ヲ論スル篇第十九	論謙讓第十九	470	1.1	
140	6-25オ-4	**仁惻ノアハレミ**ヲホトコス篇第廾	論仁惻第二十	476	1.1	
141	6-25オ-6	**言語ノコトハ**ヲツツシム篇第廾二	愼言語第二十二	489	1.1	
142	6-25オ-9	**奢従ノヲコリ**ヲイマシムル篇第廾六(ママ)	論奢縱第二十五	522	1.1	
143	6-25ウ-12	**弟宅ノトコロ**	第宅車服	463	1.1	
144	6-25ウ-12	**車服ノ身ノカサリ**	同上	463	1.1	
145	6-26オ-3	コロモニ**錦繡ノヌモノ**ナクシテ	衣無錦繡	463	1.1	
146	6-26オ-7	請**一閣ノタカキ**ヲイトナムテイタマハムコトヲ	請營一閣以居之	464	1.3	
147	6-26オ-9	ヲノヲノ**來請ノムネ**ヲトケハ	若遂來請	464	1.1	
148	6-26ウ-7	帝王ノネカウトコロハ**放逸ノタノシミ**	帝王所欲者放逸	465	1.1	
149	6-27ウ-11	謙譲ノユツリヲ論スル篇第十九	論謙讓第十九	470	1.1	
150	6-29オ-3	コレタタ**匹夫庶人ノイヤシキ人**ノミニアラス	非惟匹夫庶人	473	1.3	
151	6-29ウ-7	**謙譲ノユツリ**ヲコノミ	孝恭性惟退讓	475	1.1	
152	6-29ウ-11	**礼譲ノユツリ**ヲコノム	動修禮讓	475	1.1	
153	6-30オ-2	**仁惻ノアハレミ**ヲ論スル篇第廾	論仁惻第二十	476	1.1	
154	6-30ウ-5	**男女ノコトモ**ヲ賈モノアリトキク	聞有鬻男女者	478	1.1	
155	6-31オ-7	**大牢ノソナヘ**ヲマウケテ	設大牢致祭	481	1.1	
156	6-31ウ-1	**流矢ノヤ**ノタメニアテラレタリ	爲流矢所中	481	1.1	
157	6-32オ-2	**狼狽トアハテテ**カチヨリハシリテ	狼狽歩走	484	2.1	
158	6-33オ-6	**言語ノコトハ**ヲツツシム篇第廾二	愼言語第二十二	489	1.1	
159	6-33ウ-4	トホソヲタテアクルニ**樞鍵ノクルルキ**アリ	言語者君子樞機	491	1.1	
160	6-36オ-4	**嶺外ノサカヒ**ニナカス	流師合嶺外	503	1.1	
161	6-40ウ-8	**倉庫ノクラクラ**ミチミチタレトモ	是時倉庫盈溢	522	1.1	
162	6-41ウ-2	**汁器ノウツハ物**ミナ金玉ヲカサリ	床榻汁器皆飾以金玉	526	1.1	
163	6-41ウ-10	**府庫ノクラクラ**アルトコロノタクハヘコトコトクツキヌ	所有府庫用之略盡	527	1.1	
164	6-43ウ-2	**貪鄙ノムサホレルコト**ヲイマシムル篇第廾六	論貪鄙第二十六	535	1.3	
165	7-1オ-3	**文史ノフミ**ヲアカムル篇第廾八	論文史第二十八	561	1.1	
166	7-1オ-9	日コトニ**五品珎膳ノソナヘ**ヲススメテ	給以五品珎膳	549	1.1	
167	7-4オ-1	**文史ノフミ**ヲタトムル篇第廾八	論文史第二十八	561	1.1	
168	7-4ウ-7	**須臾ノアヒタニ**クツカヱリホロヒタリ	宗社皆須臾覆滅	562	1.1	
169	7-4ウ-8	ナムソ**文藻ノカサレル詞**ヲコトトセムヤ	何必要事文章耶	532	1.3	
170	7-8ウ-5	**舅姑ノシウト**ヲ礼セス	行無禮於舅姑	580	1.1	
171	7-9オ-4	夜ハ**庭燎ノニハヒ**ヲマウク	夜設庭燎	583	1.1	
172	7-13ウ-4	**忠直ノマコト**ナキ時ハ	該当する原文なし	(599)	1.1	
173	7-13ウ-4	**譎詐ノイツハリ**キサシナル	大臣苟免則譎詐萌生	599	1.1	
174	7-13ウ-12	**同爨ノ養ヲウケテモノクウトキ一ツノ火ヲクウ**ニヨテ	同爨尚有緦麻之恩	604	1.3	
175	7-14オ-1	ナヲ**緦麻ノ服**ヲキル事アリ	同上	604	1.2	
176	7-14ウ-4	**居ヲナシウシ火ヲ一ツニシテ同爨ノ養ヲヱ**ツレハ	同爨緦麻	607	7.4	
177	7-14ウ-5	**緦麻ノ服**ヲキル礼アリ	同上	607	1.2	
178	8-18オ-10	**徭役ノオホヤケ事**ヲコルトキハ	該当する原文なし	(619)	1.1	
179	8-18オ-11	君**簡静ニシテシツカナル**トキハ	唯在人君簡靜	619	5.1	
180	8-18オ-12	モシ**兵戈ノツハモノ**シキリニウコキ	若兵戈屢動	619	1.1	
181	8-18ウ-1	**土木ノ造作**イトナム時ハ	土木不息	619	1.2	
182	8-18ウ-3	ウチニハスナハチ**宮室ノミヤ**ヲタカクナラヘ	内則崇侈宮室	620	1.1	
183	8-18ウ-4	ホカニハ又**兵戈ノタタカヒ**ヤム事ナシ	外則窮極兵戈	620	1.1	
184	8-19ウ-5	**稊莠ノハクサ**ヲスイテ	時自鋤其稊莠	623	1.1	

No.	巻-丁-行	用例	原典本文	頁	分類	備考
185	8-20ウ-5	朕**億兆ノタミ**ノチチハハトシテ	朕為億兆父母	626	1.1	
186	8-20ウ-8	今**徭役ノオホヤケ事**ヲヤメ	今省徭	627	1.1	
187	8-20ウ-8	**賦斂ノミツキモノ**ヲウスクシテ	薄賦	627	1.1	
188	8-20ウ-9	**耕作ノイトナミ**ヲホシイママニセシメン	使比屋之人恣其耕稼	627	1.1	
189	8-24オ-2	**九重ノミヤコ**ヲウチニサカリニストイヘトモ	壯九重於内	637	1.1	
190	8-24オ-4	**八珎ノソナヘ**ヲマエニツラヌトイヘトモ	羅八品於前	637	1.1	
191	8-26オ-5	ヨミスルモノニハ**毛羽ノヨソヲヒ**ヲナシ	所好則鑽皮生毛羽	650	1.1	
192	8-26オ-5	ニクムモノニハ**瘢痕ノキス**ヲモトム	所惡則洗垢求其瘢痕	650	1.1	
193	8-26オ-10	コノユヘニ**道徳ノウルハシキ**ムネイマタヒロマラサルニ	故道德之旨未弘	651	1.3	
194	8-26オ-10	**尅薄ノウスキ**風ステニヲコレリ	刻薄之風已扇	652	1.1	
195	8-26オ-12	ソレ**平易ノタイラカナル**ミチヲフム事スクナシ	然鮮蹈平易之途	655	1.1	
196	8-26ウ-11	**ヒレイノイロ**ヲノソキ	息靡麗之作	656	1.1	
197	8-27オ-7	ウコク事アラハ**庶類ノタミ**コトコトクニシタカヒ	有動則庶類以和	657	1.1	
198	8-28ウ-9	**稂莠ノハクサ**ヲウフルモノハ	凡養稂莠者	663	1.1	
199	8-31オ-4	ヲハリヲヲサムルニ**璠璵ノタマ**ヲモテシ	斂以璠璵	672	1.1	
200	8-31ウ-6	王公将相ヨリ**黎庶ノタミ**ニイタルマテ	其王公以下爰及黎庶	674	1.1	
201	8-32オ-7	**前典ノフミ**ニアキラカナリ	布在前典	677	1.1	
202	9-1オ-2	**征伐ノタタカヒニカツ事**ヲ議スル篇第卅四	議征伐第三十四	685	1.3	
203	9-1オ-7	**征伐ノタタカヒニカツ事**ヲ議スル篇第卅四	同上	685	1.3	
204	9-1オ-9	**二可汗ノエヒスノ長**等ツハモノ廿万騎ヲヒキイテ	二可汗以其衆二十萬	685	1.12	
205	9-1オ-12	サカリニ**形勢ノイキヲヒ**ヲ張テ	自張形勢云	685	1.1	
206	9-2オ-10	シハラクアテ**六軍ノツハモノ**シタカヒキタルヘシト	且輝軍容	687	1.1	
207	9-2ウ-2	**六軍ノツハモノ**クモカスミノコトクニムラカリタナヒイテ	俄而六軍繼至	687	1.1	
208	9-2ウ-8	**兵甲ノツルキヨロイ**ハワサワヒノウツハモノナリ	夫兵甲者國之凶器也	688	1.1	
209	9-5オ-10	ヤマカハサカシウシテ**瘴癘ノヤマヒ**ヲホシ	經歷山險土多瘴癘	695	1.1	
210	9-5オ-11	モシワカツハモノヲモムイテ**疾役ノヤマヒ**セハ	若我兵士疾役	695	1.1	
211	9-6ウ-2	**北狄ノヱヒス**世々ニミタレテアタヲナス	北狄代爲寇亂	698	1.1	
212	9-6ウ-6	コレト**姻媾ノヨシミ**ヲムスハム	與之姻媾	698	1.1	
213	9-9オ-10	スナハチ**驍勇ノツハモノ**数百騎ヲヒキイテ	乃率驍勇數百騎	706	1.1	
214	9-9ウ-5	タマウニ**御膳ノソナヘ**ヲモテセリ	賜以御膳	706	1.1	
215	9-10ウ-12	**三墳五典ノフミ**ニ達シ	加以留情墳典	710	1.1	
216	9-11オ-2	**秋毫ノスコシキナル**ヨキ事アレハ	褒秋毫之善	711	1.1	
217	9-11オ-6	**凫鶴ノトリ**ナヲイネアハノ穂ヲニナヒ	凫鶴荷稲粱之惠	711	1.1	
218	9-11オ-7	**犬馬ノケタモノ**惟蓋ノ恩ヲカウムル	犬馬蒙帷蓋之恩	711	1.1	
219	9-11オ-10	**六軍ノツハモノ**アハレミ感セストイフコトナシ	則哀慟六軍	711	1.1	
220	9-11ウ-12	イマ**六軍ノツハモノ**一罪ノユヘナウシテ	況今兵士之徒無一罪戾	715	1.1	
221	9-12オ-1	**肝脳ノナツキ**地ニマミレ	使肝腦塗地	715	1.1	
222	9-12オ-2	**魂魄ノタマシヰ**カヘラサルヘシ	魂魄無歸	715	1.1	
223	9-12ウ-9	軍旅ノイクサシハシハウコキ	軍旅亟動	719	1.1	
224	9-13オ-2	陛下徳百王ヲ**咀嚼トノミクラヒ**	此之功徳足以咀嚼百王	719	2.1	
225	9-13オ-3	功千代ヲ**網羅トコメツラネ**タリ	網羅千代者矣	719	2.1	
226	9-14オ-4	ソレ**珍玩伎功ノウツハモノ**ハ國ヲヤフル斧ナリ	夫珍翫伎功乃喪國之斧斤	724	1.3	
227	9-14ウ-7	**優賜ノタマモノ**ハナハタアツシ	優賜甚厚	726	1.1	
228	9-15ウ-7	**胡落ノエヒス**ワカレキタリ近縣ニヲリ	時胡落分居近郡	731	1.1	
229	9-16ウ-11	**倉庫ノタクハヱ**ヲツイヤシカタフケテ	費倉庫	734	1.1	
230	9-16ウ-12	**可汗ノヱヒス**ヲタテテソノ國ニカヘサシメタリ	樹立可汗令復其國	734	1.1	

No.	巻-丁-行	用例	原典本文	頁	分類	備考
231	9-17オ-5	**北狄ノヱヒス**人ノ面アテケモノノ心アリ	北狄人面獸心	735	1.1	
232	9-18ウ-1	ヤスクアヤウキ道**昭孫(然)トシテアキラカナリ**	動靜安危昭然備矣	739	4.1	(然)は傍書
233	9-19オ-12	イニシヘノ明王ハ**華夏ノミヤコ**ヲサキニシテ	明王創制必先華夏	744	1.1	
234	9-19オ-12	**夷狄ノヱヒス**ヲ後ニス	而後夷狄	744	1.1	
235	9-19ウ-7	高昌道**沙磧ノイサコ**千里	高昌途路沙磧千里	746	1.1	
236	10-22オ-5	**災異ノアヤシミ**カナラスシモヲソルヘカラサル篇第卅九	論災異第三十九	768	1.1	
237	10-24オ-3	ハヤフサヲ射鳥ヲヲウ事**前誥ノフミ**ニアリ	射隼從禽備于前誥	757	1.1	
238	10-24ウ-1	人ヲホウシテ**流矢ノヤ**チカシ	該当する原文なし	(758)	1.1	
239	10-24ウ-2	**蒭蕘ノイヤシキ**イサメヲフセカス	不拒蒭蕘之請	758	1.3	
240	10-25オ-5	**覇坂ノサカ**ニノホテ馬ヲハセテクタラムトス	臨覇坂欲馳下	761	1.1	
241	10-25オ--7	**徼道ノサカシキミチ**ニ幸セス	不徼幸	761	1.1	
242	10-25オ-8	イマ陛下**六飛ノアヤウキノリモノ**ニノテ	今陛下騁六飛	761	1.3	
243	10-25オ-9	**不測ノサカシキ**ヤマニハス	馳不測之山	761	1.3	
244	10-26ウ-6	太宗櫟陽ニ幸シテ**遊獵ノカリ**ヲセムトス	太宗將幸櫟陽遊獵	765	1.1	
245	10-26ウ-8	**遊獵ノカリ**ハ人君順動ノ事ニアラスト	以収穫未畢非人君順動之事	765	1.1	
246	10-27オ-5	モシ**兆庶ノタミ**マツシク	若百姓不足	766	1.1	
247	10-27オ-5	**夷狄ノヱヒス**ミ(タ脱?)レハ	夷狄内侵	766	1.1	
248	10-27ウ-10	**災異ノアヤシミ**カナラスシモヲソルヘカラサル篇第卅九	論災異第三十九	768	1.1	
249	10-28ウ-7	**倉庫ノクラ**ヲヒライテマツシキ民ニホトコシ	賑恤餓餒	770	1.1	
250	10-29オ-3	君**池沼ノイケ**ヲホル時ハフカカラサルコトヲナケキ	公穿池沼畏不深	772	1.1	
251	10-29オ-4	**臺樹(榭)ノヤ**ヲタツル時ハタカカラサルコトヲナケキ	起臺榭畏不高	772	1.1	(榭)は傍書
252	10-30ウ-7	肉ヲ断テ**蔬食ノヲロカナル膳**ヲススム	斷肉進蔬食	775	1.1	
253	10-31オ-4	ツネニ**含養ノ恩**ヲクハウル時ハ	常加含養	777	1.2	
254	10-31オ-4	**滋息トイコイ**	則就以滋息	777	2.1	
255	10-31オ-5	**征役ノ勞**ヲアツル時ハ	暫有征役	777	1.2	
256	10-31オ-5	凋耗(ト脱?)ヤフレヌ	則隨(日)而凋耗	777	2.1	(日)は写字台本
257	10-32オ-7	スナハチ**狂瞽ノ言(コトハ)**ヲノヘテ	輒陳狂瞽	780	1.1	(コトハ)は振仮名
258	10-32オ-8	フシテ**斧鉞ノツミ**ヲマツト	伏待斧鉞	780	1.1	
259	10-32ウ-3	イニシヘヨリコノカタ**元首ノキミ**	自古已來元首	782	1.1	
260	10-32ウ-4	**股肱ノ臣**トモニアヒアウ事カタシ	股肱不能備具	782	1.2	
261	10-34ウ-4	**理政ノ政(マツリコト)**ノミナモトヲサトレリ	見理政之源	787	1.1	(マツリコト)は振仮名
262	10-36オ-3	**珎奇ノタカラ**ヲ境ノホカニ買	市珍奇於域外	794	1.1	
263	10-36オ-4	アヤシムラクハ**夷狄ノヱヒス**ニカロウセラレタリ	取怪於道路見輕於戎(夷)狄	794	1.1	(夷)は写字台本
264	10-37ウ-9	**珎玩ノモテアソヒモノ**時トシテイタラストイウコトナシ	珍玩之作無時能止	799	1.1	
265	10-40オ-7	**徭役ノオホヤケ事**シキリニヲコリテ	疲於徭役	806	1.1	
266	10-40オ-9	**工匠ノタクミ**ヤワラケヤトウトイヘトモ勞ヒマナシ	工匠之徒下番悉留和雇	806	1.1	
267	10-40オ-9	**征兵ノツハモノ**義ヲモテヲコストイヘトモ駈役シツカナラス	正兵之輩上番多別驅使	806	1.1	
268	10-41オ-5	**鈇鉞ノツミ**ニシタカハムコトヲネカフ	甘從鈇鉞	810	1.1	

第五章　仮名貞観政要における再読文字の和訳状況
——他の仮名書き資料と比較して——

一、本章の目的

本章では次の点について調査・考察する。仮名貞観政要[1]において原典に再読文字（当・応・将・未・須・宜・猶・令・使等）が存在する場合、それをどのように和訳しているか。その結果を同時代の他の仮名書き資料と比較するとどのような共通点・相違点があるか。その共通点・相違点から見て、仮名貞観政要が仮名書き資料として、ひいては国語資料として、どのような性格・特徴を有していると考えられるか。以上である。

二、漢文訓読史上の再読文字の訓法の変遷について

漢文訓読史上の再読文字の訓法の変遷については、小林芳規氏が「漢文訓読史上の一問題—再読字の成立について—」（『国語学』第一六輯、昭和二九〔一九五四〕年三月）において次のように調査・考察している。以下、同論文の内容を一節ごとに分けて要約する。なお、要約中、平安初期は九世紀まで、中期は十世紀以降を指す。

一、平安初期における「当」字の訓法は、①直ちにベシと助動詞に訓むか、②副詞マサニ（稀にマサニハ）と訓んで、結びをム・ムトス・ベシ・命令の形または平叙とするか、であり、常に一度訓まれるのみで、後世のように固定

した二訓をもって訓まれることはないようである。平安時代中期以降になると、同時に副詞の訓マサニと辞の訓ベシとの二訓が表記される例が見え、その例は時代が下るとともに多くなる。院政期までは一度しか訓まれない訓法も見えるが、鎌倉時代以後には、一、二の例を除いて、そのほとんどが二訓表記となっている。

二、「将」字と「未」字の訓法も「当」字と同様の傾向を持つ。平安初期は直ちに辞の訓に訓むか、副詞の訓に訓んで補読語を持つかのどちらか。平安中期以後は再読の例が見え始め次第に多くなって来る。「須」字については用例が少ないが同様のようであり、初期は直ちに助動詞ベシに訓むか副詞スベカラクに訓ずるかどちらか。中期以後になると副詞スベカラクと訓み補読語ベシを取る例や再読する例が見える。「宜」字については院政期に再読例が見え、同傾向を持つものであったろうとは思われるが、それ以前の用例が十分でなく、特に平安初期の用例が見えないので論及できない。

三、「応」字は平安初期から室町期まで全く再読されず、直ちに辞の訓ベシに当てる例のみで副詞の訓を全く見ない。室町期までは再読文字ではなかったのである。「猶」字は単にゴトシと訓まれたり、ナホ（シ）～ノ（またはガ）ゴトシと再読されたり、「如」字の前に位置して副詞のナホ（シ）と訓じられたりと、訓法が一定しない。ただし副詞ナホシと訓じたうえでゴトシを補読する例は全く見られない。

四、再読文字として訓ぜられるようになるためには、平安初期の訓においてその字が辞の訓（助動詞訓）を持ち、かつ、同じ字が別に詞の訓（副詞訓）をも持ちそれに呼応する補読語が辞の訓と同一の語でなければならない、と言える。また、①漢字一字を二度に訓むことが行なわれるようになったのは平安時代中期以後、②再読は時代が下るほど多くなる、③再読が行なわれる頃より直ちに辞の訓（助動詞訓）に訓むことがほとんど見られなくなった、④平安初期の訓において、辞の訓のみで、他に副詞の訓を有しないものは後世再読されない、といったことが判明する。平安時代中期以後中国との交通が絶え漢文に対する実力が低下し音読が衰退したことに伴い、平安時代初期に見られた個々の文脈に応じた個性的訓読が亡びて同一文字に同一の訓を固定して訓じようとする形式的訓読が生じた。その結果、漢字の訓として不安定に感じられたのか、辞の訓は多く詞の訓へと訓み替えられるようになり、その傾向に応じて再読文字となる文字についても辞の訓から詞の訓への読み替えが生じた。しかしその時点では既に古い辞の訓が結びの補読語として詞の訓である副詞訓と呼応関係に立つようになっており、やがてその呼応関係に立つ補読語も当該漢字の訓の一部と考えられるようになり、当該漢字の訓として再読形式（「マサニ〜ベシ」等）が固定し再読文字化した、と推定できる。

五、使役の「令」字、「使」字などは平安初期には直ちに助動詞シムと訓むか、シテと訓じてシムを補読するかであり、下の体言にはヲ・ニ・シテなどの三様の補読語を付した。しかし後世になると下の体言は一様にヲシテの補読になる。平安中期以後室町期までの用法を見ると、概して仏家点ではヲシテを下の体言に補読してシムのみの訓を当てるのに対し、博士家点ではヲシテ〜シムと再読する。（他の特殊な再読文字については要約を省略、以下六節は先行の説との関係と再読訓の和文への影響、七節は過去の漢文資料の訓み下し方法への応用について述べているが、要約を省略）

この小林氏の論は前年秋の国語学会で発表されたものの活字化であるが、この発表に対し、鈴木一男氏は「返読字の成立について」（『奈良学芸大学紀要』三の三号、昭和二九〔一九五四〕年三月、後に同氏著『初期点本論攷』昭和五四〔一九七九〕年桜楓社刊に第九章として所収）において特に再読という現象の成立理由について考察し、次のように推定した。

以上考察した如く返読字（再読文字を指す、加藤補）の成立は虚字の連文（鈴木氏は「応当」「当宜」「当須」「宜応」「宜須」「応須」「宜可」「応可」「将欲」等およびその逆の文字連続のいくつかを示している、加藤補）を逐字的に訓じた結果、語としての呼応関係が成立したものをその虚字の単字に同じ訓み方をあてることによって返読字が成立したのであって、表記の面では最初は補読の形式をとったものが小林氏の言の如く虚字訓の実字訓への移向《ママ》傾向につれて同

一文字の二回読みという特殊様式を成立させたものであろう。（鈴木氏著書一七四頁）

これは小林氏の論でやや曖昧であった副詞訓と（辞の訓と同一の）補読語との呼応関係成立の要因をより具体的な形で推定したものと言えよう。

また鈴木氏は「当」字のマサニという副詞訓に比べて「須」字のスベカラク、「宜」字のヨロシクといった副詞訓が平安初期には見られず、その成立のやや遅れたであろうことをも推定している。大坪併治氏は『平安時代における訓点語の文法』（昭和五六〔一九八一〕年風間書房刊）の「第六章副詞第三節當然に用ゐられるもの」において、「小川本願経四分律初期点甲点」、「石山寺蔵大智度論天安点巻二」、「高山寺蔵弥勒上生経賛初期点朱点」および「石山寺蔵瑜伽師地論初期点巻二一」より「当」字の再読の用例を挙げ、章末の「（注3）」において、

いづれも初期の資料に属し、「當」を再読し、これを併記した例として注目すべきものである。もし、「成立」が「広く行はれるやうになつた状態」を意味するならば、再読字の成立は、確かに中期に入つてからのこととしなければならないが、そこに到る準備の段階は、すでに初期に始まつてゐたのであつて、散発的ながら、若干の用例は初期前半から見え始めるのである（同書二八九頁）

と指摘している。[2]「当」字の再読が既に平安初期から始まっていた可能性もあり、鈴木氏の指摘と合わせて「当」字の再読成立は他の文字よりやや早かったことも考えられる。

なお、村上雅孝氏は「平安時代の漢籍訓読語の一性格―再読字を中心として―」（『国語学』第六四輯、昭和四一〔一九六六〕年三月）において平安時代中期～院政期の漢籍訓点資料について調査し、再読例と、単に副詞に訓み種々の助動詞を補読する例、および単に助動詞に訓む例が混在する、という、小林氏前掲論文の指摘した平安中期～院政期の訓読状況とほぼ同様の結果を報告している。ただし「未」字については、

これも他の再読字と同じ傾向を持つが、中期以後は「イマダ」と訓じた例が少なく、「ズ」だけの表記が多いとい

うことである。

とし、小林氏が「実際にはイマダを訓んだが表記しなかった（前掲小林氏論文）」のであったろうとするのに対し、「イマダ」の訓が見られないこと、且つ又、例⑥⑦⑧のように、打消の助動詞だけを補読しているところから、これらの資料においては、再読はされなかったとも思われるのである。従って、少なくとも平安時代の漢籍資料においては、再読は一般的なものではなく、単に、「ズ（ジ）」と訓んだものではないかという推測も、あるいは、可能なのではあるまいか。

以上、小林氏の論を中心に諸家の論ずるところから、平安時代から室町時代までの再読文字の訓法については、

とし、平安中期〜院政期における「未」字の再読の成立（一般化）については保留している。

1「当」「将」「未」「須」

①「当」字の若干例を除けば、平安初期は再読せず、一度しか訓じない。

②疑問の残る「未」字を除けば、平安中期より再読する用例が多く見られるようになる。

③院政期までは一度しか訓じない用法も見られる。

④鎌倉時代以降はほとんどが再読となる。

2「宜」

平安初期の用例がなく不明な点もあるが、「当」字等と同傾向か。

3「応」

平安初期から室町期まで一切再読されず、助動詞ベシと訓ずる。

4「猶」

再読されることもあるが単に副詞ナホ（シ）または助動詞ゴトシと訓じられることもあり一定しない。

5「令」「使」「遣」

平安初期は助動詞シムと訓ずるか、シテと訓じてシムは補読する。平安中期以後は仏家点ではヲシテを補読するのに対して博士家点では～ヲシテ～シムと再読する。

というようにまとめることができよう。

三、調査・考察の対象資料と調査の手順

調査の対象とした資料と使用したテキストは次の通りである。

A「仮名貞観政要」……宮内庁書陵部蔵文禄四（一五九五）年釈梵舜写五冊本（以下略称「梵舜本」）の紙焼写真より加藤が作成した翻刻資料。疑問の生じた場合紙焼写真に戻って確認した。また必要に応じて慶応大学斯道文庫蔵江戸時代前期写十冊本（以下略称「斯道文庫本」）の紙焼写真を参照した。貴重な所蔵資料の紙焼写真を頒布いただいた宮内庁書陵部、慶応大学斯道文庫の関係各位に感謝申し上げげる。

B「妙一記念館本仮名書き法華経」……中田祝夫氏編『妙一記念館本仮名書き法華経　翻字篇』（平成元〔一九八九〕年）佛乃世界社刊）。

C「かながきろんご」……川瀬一馬氏編『かながきろんご』（安田文庫叢刊第一篇、昭和一〇〔一九三五〕年安田文庫内川瀬一馬氏発行）。

また、A～Cに対する原典としてはそれぞれ次の資料を用いた。

Aの原典……原田種成氏校注『貞観政要上・下』（新釈漢文大系九五・九六、昭和五三〔一九七八〕・五四〔一九七九〕年明治書院刊）の原文。ただし校異欄を参照して仮名貞観政要の原典とされる「写字台本」系の本文にない部分や

相違のある部分は「写字台本」系の本文に従う。

Bの原典……法華経普及会編『真訓両読妙法蓮華経並開結』（大正一三〔一九二四〕年平楽寺書店刊）の原漢文。

Cの原典……前掲川瀬氏編『かながきろんご』頭注欄に付載されている原文。

調査の手順は次の通りである。

①A～Cの原典より、現行の漢文訓読法では再読される用法に立っている再読文字を含む一文（または句）を抜き出す。そのため鈴木氏の言う「連文」の場合で「応当」など「当」字をマサニと訓じ「応」字をベシと訓ずるような例や、被使役者（～ヲシテの～に当たる名詞）が現われない使役の場合などは除外する。

②その部分に対応するA～Cの資料の仮名書きされた部分を抜き出し、どのように訓読しているか確認する。

③訓読法の差異によって用例を分類・集計する。

このうち①で「現行の漢文訓読法では再読される用法に立っている再読文字」としたのは、やや曖昧ではあるが、Bの原典『真訓両読妙法蓮華経並開結』の訓読文が現行の訓読法には従わず、伝統的な古くからの訓読法を残しており、AおよびCの原典が有する返り点や付載する訓読文とは条件が異なっているため、その条件差をなくすべく、AおよびCの原典にBの原典を合わせる必要があり、このようにしたものである。

四、妙一記念館本仮名書き法華経の調査結果

主たる考察対象である仮名貞観政要については最後に考察することとし、先に比較対象である妙一記念館本仮名書き法華経および「かながきろんご」の調査結果について順次考察したい。

妙一記念館本仮名書き法華経は中田祝夫氏により紹介され（前掲中田氏編『妙一記念館本仮名書き法華経　影印篇　上・

下』昭和六三（一九八八）年、『同翻字篇』平成元（一九八九）年）、その書写年代は鎌倉時代中期、成立は鎌倉時代初中期であろうと推定された。また野沢勝夫氏は「妙一記念館本仮名書き法華経小考―その成立時代を中心として―」（中田祝夫氏編『妙一記念館本仮名書き法華経　研究篇』平成五（一九九三）年佛乃世界社刊所収）において「聞きたまふ」と「聞きたまふる」など七つの項目について元徳二（一三三〇）年書写の識語を持つ「足利本仮名書き法華経」と比較し、妙一記念館本の成立が足利本に先立つであろうことを推定している。

仮名貞観政要は所伝では鎌倉時代初期に菅原為長が北条政子の求めに応じて和訳したものとされており、加藤も拙稿（注（1）に同じ）において仮名貞観政要の増補部分について考察し、その所伝の信憑性を強化する結論を得た。本章では仮名貞観政要と成立時期が近い仮名書き資料の一つとしてこの妙一記念館本仮名書き法華経を比較対象に採り上げることにした。

妙一記念館本仮名書き法華経の調査結果は次の〈表五―一〉の通りである。

〈表五―一〉

文字	用例の種類	用例数	小計
当	①マサニ〜ベシ（再読形式）	二九一	二九九
	②マサニ〜ム	四	
	③マサニ〜命令形	一	
	④音読（左傍訓意訳一例＊aを含む）	三	
宜	①ヨロシク〜ベシ（再読形式）	八	八
須	①スベカラク〜ベシ（再読形式）	一	六
	②「不須」でベカラ（ズ）	四	
	③ベシ	一	

〈表五―一〉の注記

＊a　本行「当来」に右傍音「たうらい」、左傍訓「のちのよ」。

＊b　本行「未曾有」に右傍音「みそうう」、左傍訓「いまたむかしも」とあり、「あらさる」を略したものと推定される。

＊c　本行「未来」に右傍音「みらい」、左傍訓「のちのよ」二例。本行「未来」に右傍音「みらい」、左傍訓「すへのよ」二例。本行「未来世」に右傍音「みらい

字	訓法	例数	計
応	①ベシ	一〇五	一〇五
将	①マサニ～ムトス（再読形式）	二	六
	②マサニ～ム	三	
	③マサニ～ベシ	一	
未	①イマダ～ズ（再読形式）	九三	一五五
	②音読（左傍訓イマダ～ズ、推定一例＊b含む）	二六	
	③音読（左傍訓意訳＊c）	六	
	④音読（左傍訓ズ）	四	
	⑤音読のみ	二六	
使	①ヲシテ～シム（再読形式）	六	七
	②ヲツカヒシテ～シム	一	
令	①ヲシテ～シム（再読形式、誤写推定一例＊d含む）	六九	七〇
	②ヲ～シム	一	
教	①ヲオシヘテ～シム	一〇	一〇
遣	①ヲシテ～シム（再読形式）	一	二
	②ヲツカハシテ～シム	一	
合計			六六八

せ」、左傍訓「のちのよ」二例。
＊d　本行「無量阿僧祇のひとをしは《（ママ）》（「て」の誤写と推定）、阿耨多羅三藐三菩提心をおこさしめ」

〈表五-一〉より、妙一記念館本仮名書き法華経において各再読文字がどれくらい再読形式によって訓み下されているかを百分比（小数点以下第二位四捨五入）で示すと次のようになる。

「当」……九七・三％（音読例を除くと九八・三％）

「宜」……一〇〇％
「須」……一六・七％（「不須」の例を除くと五〇・〇％）
「応」……〇・〇％
「将」……三三・三％
「未」……六〇・〇％（音読例を除くと一〇〇・〇％）
「使」……八五・七％（動詞訓を除くと一〇〇・〇％）
「令」……九八・六％
「教」……〇・〇％（ただし全用例とも動詞訓）
「遣」……五〇・〇％（動詞訓を除くと一〇〇・〇％）

この結果を見ると、音読されている例を除けば、「当」「宜」「未」についてはほとんどが再読形式に従って訓み下されている。逆に「応」字は全てが単に助動詞ベシと訓み下されている。これは小林氏のいう鎌倉時代以降の訓読状況であると言える。一見この推定に反すると思われる、再読形式が低い割合を示す「須」「将」についても、「須」は「不須」という否定形では全てベカラズと訓じられており、否定の場合は意味的に再読形式にはなりにくいと考えられるため、比率が下がったのではないかと考えられる。また、「将」は結びにム三例とベシ一例があるが、小林氏も前掲論文二節の「註2」で「平安中期以後にも非再読の例が見えている」として「1「将」(イ)副詞マサニと訓んで助動詞ムを補読する。(ロ)(ハ)より多い(〔ロ〕は「ムトス」を補読する)例、(ハ)は「打消しで結ぶ」例、加藤補)」と言及している。「将」字についてはこのように非再読の用例がやや後まで見られるということであろう。ただし補読語としてベシを採る用例は珍しいようであり、大坪氏前掲書が「石山寺蔵瑜伽師地論初期点巻二一」から一例を引いている（同書二八〇頁）[3]程度である。村上氏が保留した「未」字の再読についても、音読例以外は全て再読形式に従っており、少なくとも本資料成立時点までに、仏家点では、「未」字の再読が一般的になっていたことを推定させる。
また、使役形の再読文字「使」「令」「教」「遣」については、動詞として訓じている例を除けば、ほとんどが再読形式に従って訓み下されている。これは小林氏のいう平安中期以後の訓読法である。ただし訓み下してしまった形ではシムが再読部分であるのか補読語であるのかは不明であるため、仏家点形式由来なのか博士家点形式由来なのかを確定することはできない。
以上から、この妙一記念館本仮名書き法華経については、本資料成立時期と併行した、鎌倉時代の再読文字の訓読状況をほぼそのまま反映しているものと認めることができる。

五、「かながきろんご」の調査結果

「かながきろんご」は川瀬一馬氏により安田文庫叢刊第一篇として翻刻・紹介された。川瀬氏によれば、室町時代中期の書写（第三冊のみ江戸時代に入ってから原本を忠実に模写したもの）であり、

之を現存の論語古注本と對照すると、本書は、義疏を混入しない純粋の集解本に據つて、書き下しとしたものであつて、其の讀み方には、稍音讀を多く交じへてゐる傾向がある點から察して、五山僧か若しくは其の関係者の手になつたものではあるまいかと推察されるのである。他に類本がないから、本書のみに就いて室町時代一般の論語の發音通りの讀み方を論ずる事は、稍早計であらうが、多少個人的な讀みくせを含むものとしても、他に多く残存する同時代の訓點本を参照して之を見るに、大體に於いて其の當時の論語の讀み方が、本書に表記されてゐる様なものであつた事は十分に言へると思ふ。

（同書「假名書論語解題」六頁）

としている。

これに対し坂詰力治氏は、「『かながきろんご』について―室町時代語資料としての考察―」（近代語学会「近代語研究」編集委員会編『近代語研究』第五集、昭和五二〔一九七七〕年武蔵野書院刊所収）において本資料の訓法を大東急記念文庫蔵論語集解建武本の室町期増補の別訓と比較し、「撥音化による訓読表記」など五種類の「室町時代の特徴的な訓法表記に関しては、ほぼ一致を見ることができる（同書四五頁）」ものの、詳細に見ると相異もあり、その相異のうち建武本の清原家の訓法を伝える清原頼元・良兼訓と一致するもの（具体例別掲）が相当多くみられるところを考え合わせると、本書が「五山僧か若しくはその《ママ》関係者の手になった」ものとしても、本書の「論語」の訓法が表記面において、特に時代的な特徴を顕著に示してはいるものの、そこには、博士家で伝承せられた固定化した訓読法が、一方において相当踏襲せられていることを理解するのである。（同書五〇頁）

とし、室町時代の訓法と博士家の伝統的な訓法とが混在しているものとしている。

本章では、室町時代成立というやや時代の下る資料ではあるが、妙一記念館本仮名書き法華経が仏典の仮名書き資料であるのに対し、仮名貞観政要と同じ漢籍の仮名書き資料であることから、比較対照のための資料として調査の対象とした。

「かながきろんご」の調査結果は次の〈表五-二〉の通りである。

現存する「かながきろんご」は論語全体の約三分の二の分量の書き下しであり、妙一記念館本仮名書き法華経より元々の分量が少ない。かつ使用された再読文字の種類もわずか四種であり、使用頻度も低く、用例数はわずかであった。

さて、〈表五-二〉より、「かながきろんご」において各再読文字がどれくらい再読形式によって訓み下されているかを百分比（小数点以下第二位四捨五入）で示すと次のようになる。

「将」……九〇・九％

〈表五－二〉

文字	用例の種類	用例数	小計
将	①マサニ～セントス（再読形式）	一〇	一一
	②マサニ～（イヅレヲカ）～ン	一	
未	①イマダ～ズ（再読形式）	一九	二二
	②イマダ～ジ	一	
	③音読（「未可」を「びか」と音読）	二	
猶	①ナホ～ノゴトシ（再読形式①）	七	九
	②ナホ～ガゴトシ（再読形式②）	二	
使	①ヲシテ～シム（再読形式）	四	四
合計			四六

「未」……八六・四％（音読例を除くと九五・〇％）
「猶」……一〇〇・〇％
「使」……一〇〇・〇％

これより、「猶」「使」が全て再読形式になっていることと、「将」、および音読例を除けば「未」も、九〇％以上が再読形式になっていることがわかる。

「将」の②は「子将奚先（子路第十三の三）」を「しまさにいつれをかさきんせん。（巻七、二六オ）」と訓読しているもので、疑問詞疑問文という文型により「～ムトス」という結びにならなかったものと考えられる。また「未」の②は、「未有、小人而仁者也（憲問第十四の七）」を「いまたあらし、せう人にしてじんあるものは。（巻七、三二ウ）」と訓読しているもので、推量の意を残し断言形を避けるように「ジ」で訓じたものらしい。この辺り、必ずしも同一文字に同一訓を当てるような形式的訓読には成りきっていない感があり、坂詰氏のいう「博士家で伝承せられた固定化した訓読法が、一方において相当踏襲せられている」ことの一端を示すものと考えられる。

しかしながら、全体としては再読文字はほぼ再読形式によって訓み下されており、先の妙一記念館本仮名書き法華経と共通する「将」「未」「使」についても再読形式による訓読の比率が上昇している。よって少なくともこの二つの資料の調査結果からは、仮名書き資料においても再読文字の再読形式による訓み下しが時代が下るとともに確立し、より一般化していることが確認できる。

なお、かなり時代が下るので直接関係することではないが、村上氏の保留した平安時代初期から院政期までの「未」

字の再読に関して、本資料の状況から、遅くとも室町時代中期までには漢籍の訓読においても再読が一般化していたことが窺われる。

六、仮名貞観政要の調査結果

〈表五-三〉

文字	用例の種類	用例数	小計
当	①マサニ〜ベシ（再読形式）	八	五一
	②ベシ（助動詞訓のみ）	一五（四）＊	
	③ム（助動詞訓のみ）	一（一）	
	④その他（「当〜不」で「ジ」と訳す）	一	
	⑤意訳（直訳とは考えられないもの）	一〇	
	⑥和訳なし（当該部分の和訳が欠けているもの）	一六	
宜	①ヨロシク〜ベシ（再読形式）	一一	六一
	②スベカラク〜ベシ	一	
	③ベシ（助動詞訓のみ）	二一（七）	
	④命令形	一	
	⑤その他（副詞「スベカラク」のみ）	一	
	⑥意訳	一一	
	⑦和訳なし	一五	
須	①スベカラク〜ベシ（再読形式）	一一（一）	
	②ベシ（助動詞訓のみ）	二四（九）	
	③意訳	一一	

仮名貞観政要の調査結果は次の〈表五-三〉の通りである。

集計結果に関して、まず、先に見た妙一記念館本仮名書き法華経と「かながきろんご」には見られなかった「用例の種類」である「意訳」および「和訳なし」という項目について説明する必要がある。

妙一記念館本仮名書き法華経と「かながきろんご」は原則として原典漢文をそのまま逐字訳的に訓み下し、仮名書きにした資料である。表記上は「仮名書き」であっても、それを読み取る段階では、原漢文に訓点や送り仮名を施して訓み下し方を指定した訓点資料と大差がない。これらに対し、

	④和訳なし	一四	六〇
応	①意訳	四	八
	②和訳なし	四	
合	①ベシ（助動詞訓のみ）	三	九
	②意訳	六	
方	①和訳なし	一	一
且	①ム（助動詞のみ）	一	三
	②その他（「且不」で「ジ」と訳す）	一	
	③意訳	一	
正	①ムトス（結び部分の訓のみ）	一	一
将	①マサニ～ムトス（再読形式）	三	八一
	②マサニ～ム	一（一）	
	③マサニ～ベシ	一（一）	
	④ムトス（結び部分の訓のみ）	二八（三）	
	⑤ム（助動詞訓のみ）	四	
	⑥ベシ（助動詞訓のみ）	二（一）	
	⑦マサニ（副詞訓のみ）	二（一）	
	⑧意訳	二七	
	⑨和訳なし	一三	
未	①イマダ～ズ（再読形式）	三六（三）	
	②イマダ～ジ	二	
	③イマダ～ナシ	一	
	④サラニ～ナシ	一	
	⑤ズ（助動詞訓のみ）	三一（六）	

仮名貞観政要は原典漢文をそのまま逐字的に訓み下したものではない。そのような部分も含まれていないわけではないが、大部分は原典漢文の主旨を伝えれば良しとする意訳的な方法で和訳されている。また、不要と判断すれば原典漢文の一部を全く訳さないこともある。

以下、短章を一つ採りあげて具体的にその和訳方法の実際を示す。なお、引用文中の記号（a、①など）と傍線は加藤が加えたものである。

原典漢文（巻第六、論悔過篇第二十四、第一章）

貞観二年、太宗謂房玄齢曰、[a]為人大須學問。[b]朕往為群兇未定、東西征討、躬親戎事、不暇讀書。比來四海安静、身處殿堂、[c]不能自執書巻、[d]使人讀而聽之。君臣父子、政教仁義之道、竝在書内。[e]古人云、不學牆面。

	⑥ジ（助動詞訓のみ）	一	一七三
	⑦ナシ（形容詞訓のみ）	二（一）	
	⑧意訳	三五	
	⑨和訳なし	六三	
猶	①ナホ～ノゴトシ（再読形式）	一	二〇
	②ノゴトシ（結び部分の訓のみ）	七	
	③ガゴトシ（結び部分の訓のみ）	六（一）	
	④意訳	一	
	⑤和訳なし	五	
盍	①ナンゾ～ザル（再読形式）	一	一
使	①ヲシテ～シム（再読形式）	六	七六
	②ヲ以テ～シム	一	
	③ヲシテ～ス	一	
	④シム（助動詞訓のみ）	八（六）	
	⑤その他（「～ヲシテ」のみ）	一	
	⑥意訳	三四	
	⑦和訳なし	二五	
令	①ヲシテ～シム（再読形式）	一一	五四
	②ヲシテ～他動詞	一	
	③ニ命ジテ～シム	一	
	④シム（助動詞訓のみ）	三（一）	
	⑤その他（「ヲ以テ」一、「ヲシテ」一）	二	
	⑥意訳	二八	
	⑦和訳なし	八	
	①ヲシテ～シム（再読形式）	二	

莅事惟繁。不徒言也。f却省少小時行事、大覺其非。

（原田氏校注本下巻五一四頁）[4]

原典読み下し文

貞観《ぢやうぐわん》二年《ねん》、太宗《たいそう》、房玄齢《ばうげんれい》に謂《い》ひて曰《いは》く、a人《ひと》と為《な》りては大《おほ》いに須《すべから》く學問《がくもん》すべし。b朕《ちん》、往《さき》に群兇《ぐんきよう》未《いま》だ定《さだ》まらざるが為《た》めに、東西征討《とうざいせいたう》し、躬《み》、戎事《じうじ》を親《みづか》らし、書《しよ》を讀《よ》むに暇《いとま》あらず。此《この》來《ごろ》、四海安静《しかいあんせい》、身《み》、殿堂《でんだう》に處《を》るも、c自《みづか》ら書巻《しよくわん》を執《と》る能《あた》はず。d人《ひと》をして讀《よ》ましめて之《これ》を聴《き》く。君臣父子《くんしんふし》、政教仁義《せいけうじんぎ》の道《みち》、竝《なら》びに書内《しよない》に在《あ》り。e古人《こじんい》云ふ、學《まな》ばざれば牆面《しやうめん》す。事《こと》に莅《のぞ》みて惟《こ》れ繁《はん》なり、と。徒言《とげん》ならざるなり。f却《かへ》つて少小《せうせう》の時《とき》の行事《かうじ》を省《かへり》み、大《おほ》いに其《そ》の非《ひ》なるを覺《おぼ》ゆるなり、と。

（同前）

仮名貞観政要（巻六、アヤマチヲクユルコ

遺	②意訳	三	五
合　計			六〇四

〈表五-三〉の注記

＊用例数のうち、（　）内の数は、その用法の用例数の中で「意訳」とも考えられるものの数を示している。例えば「当」の②では一五例の中で四例は「意訳」の用例とも考えられるということを示す。以下同じ。

トヲ論スル篇第廿四、第一章）

貞観二年ニ、太宗、房玄齢ニカタテノタマハク、「①人タラム《為也》モノ、ヲホキニスヘカラク学問《カクモム》スヘシ。②朕《チム》、ムカシ、四方《ハウ》ヲ征《セイ》シ、群兇《クムケウ》ヲサタムルヲ事トシテ、書《ショ》ヲヨムニイトマアラス。コノコロ、一天シツカニシテ、身《ミ》、殿堂《テンタウ》ニヲリ。③ミツカラ書巻《ショケン》ヲヨマストイヘトモ、④人ヲシテヨマセテ、コレヲキク。君臣《クンシン》ノマツリコト、父子《フシ》ノ礼《レイ》、仁義《シムキ》ノミチ、⑤忠烈《チウレツ》ノ功《コウ》、シカシナカラシルシテ、書《ショ》ノウチニアリ。⑥ヨテ、ムカシノアヤマリヲシリソケアラタメテ、書籍《ショセキ》ノ道理《タウリ》ニシタカハントス。」

（第三冊、三八ウ）(5)

原典漢文の（およびその逐字訳の訓み下し文の、以下同じ）a部分は、仮名貞観政要の和訳では、①のように、「為人」の部分が現行の訓み下しと異なるものの、原文に従いほぼ逐字訳的に訓み下されている。原典のd部分も同様に④のようにほぼ逐字訳的に訓み下されていると言えよう。しかしながら、原典のb部分に該当する②の部分は、「躬親戎事」の部分を略して訳さず、また「未だ定まらざるが為めに」に該当する意味も捨象している。全体としてb部分の意味の主旨は伝えられているが、逐字訳ではなく、「意訳」とするしかない。これはf部分に該当する⑥の和訳部分でも同様である。さらに、原典のe部分は和訳では該当するものがなく、訳出されていない。こういう場合を「和訳なし」とした。逆に和訳の⑤の部分「忠烈の功」に該当する原典本文はなく、この⑤の部分は和訳者によって増補されたものとも言える。（ただし増補した部分は本章の調査対象としてはそもそも挙がって来ないので直接関係はない。）

このように仮名貞観政要では、逐字訳ではなく、意訳や抄訳、増補訳を交えた、極めて自由な和訳がなされているのである。そのため、再読文字訓読状況の調査結果についても、先に見た妙一記念館本仮名書き法華経や「かながきろんご」に比べ、より慎重で多角的な視点からの検討が必要とされる。以下、節を改めて、この調査結果について考察を試みたい。

七、仮名貞観政要における再読文字訓読状況についての考察

仮名貞観政要の全用例のうち、「意訳」の例は全部で一七一例（二八・三％）、「和訳なし」の用例は全部で一六四例（二七・二％）ある。この二つの用例を除いたうえで、先の二資料と同様に仮名貞観政要において各再読文字がどれくらい再読形式によって訓み下されているかを百分比（小数点以下第二位四捨五入）で示すと次のようになる。

「当」……三二・〇％
「宜」……三一・四％
「須」……三一・四％
「応」……「意訳」「和訳なし」のみで他の用例なし
「合」……〇・〇％
「方」……「和訳なし」のみで他の用例なし
「且」……〇・〇％
「正」……〇・〇％
「将」……七・三％
「未」……四八・〇％

「猶」……七・一％
「盍」……一〇〇・〇％
「使」……三五・三％
「令」……六一・一％
「遣」……一〇〇・〇％

「意訳」「和訳なし」を除くと用例がない「応」「方」、およびもともと用例が少なかったり、用例がわずかしか残らない「合」「且」「正」「盍」「遣」については、これらの比率から個々の文字の訓読状況に関して何かを推定するのは困難である。比較的用例数の多い「当」「宜」「須」「将」「未」「猶」「使」「令」について先の二資料と比較してみると次の〈表五－四〉のようになる（空白部分は用例なし）。

〈表五－四〉

文字	仮名貞観政要	妙一記念館本仮名書き法華経	かながきろんご
「当」	三二・〇％	九八・三％（除音読例）	
「宜」	三一・四％	一〇〇・〇％	
「須」	三一・四％	五〇・〇％（除「不須」）	
「将」	七・三％	三三・三％	九〇・九％
「未」	四八・〇％	一〇〇・〇％（除音読例）	九五・〇％（除音読例）
「猶」	七・一％		一〇〇・〇％
「使」	三五・三％	一〇〇・〇％（除動詞訓）	一〇〇・〇％
「令」	六一・一％	九八・六％	

他の二資料と比較して、仮名貞観政要における再読文字の再読形式による訓読の比率は低い。最も再読形式の比率が高い「令」でも六一・一％であり、全体としては再読形式でない場合の方が多い。再読形式でない場合を先の〈表五－三〉で検すると、単に助動詞（「将」の場合はムトス、「未」の場合はナシ、等も）のみに訓ずる場合がもっとも多く、次に（後に定式化した）再読形式ではない組み合わせによって訓ずる場

合が続く。単に副詞のみに訓ずる場合は少なく「宜」の一例と「将」の二例のみである。これは小林氏、村上氏の述べた平安時代中期から院政期の訓読状況に近いと言える。

仮名貞観政要の成立は所伝では鎌倉時代初期である。当時の再読文字の訓読法に従えば、少なくとも逐字的な部分についてはもっと再読形式による訓み下しが行なわれていてもよいはずである。しかるにこのようにそれよりも古い時代の状況に近いのはなぜだろうか。この理由としては二種類の仮説が考えられる。

一つは仮名貞観政要の和訳において、鎌倉時代初期の訓読法ではなく、もっと古い時代の訓読法によって和訳がなされたという仮説である。仮名貞観政要は博士家の一つ、菅原家の学儒菅原為長によって和訳されたと伝えられている。小林芳規氏は、仏典の訓読法と漢籍のそれには種々の相違点があることを報告し、その原因を、

佛書の訓法が一般に史的變遷に基く新しい訓法を反映し易いものであるのに對して、漢籍では、古い時代の訓法（平安初期か）を傳える面が強い為であろう（『平安鎌倉時代に於ける漢籍訓読の国語史的研究』、昭和四二（一九六七）年東京大学出版会刊、一三三九頁）

と推定した。菅原家等博士家で伝統的な訓法が尊重された可能性はあろう。

しかし、こと再読文字の訓読法に関しては、第二節で要約して紹介した小林氏の報告を繰り返すことになるが、「令」や「使」などの表記の方式（補読式か再読式か）を除いて、仏家点および博士家点において再読文字の訓法について相違があるとの言及はない。また小林氏は、前掲書『平安鎌倉時代に於ける漢籍訓読の国語史的研究』の「第一章漢籍訓読語の性格」において、鎌倉時代の漢籍「群書治要古点」の訓法を同時代の仏書「教行信証古点」および南北朝期の仏書「倭点法華経」の訓法と比較しているが、そこでも漢籍・仏書に共通する訓法として「未」「須」「当」「将」「宜」といった文字の再読が挙げられている（同書四六四頁）。やはり鎌倉時代以後は仏家・博士家ともに再読文字は原則として再読により訓読していたとするしかない。

よって仮名貞観政要において再読形式による和訳の比率が低くなっていることを、単に博士家で伝統的な訓法が尊重されたためであるとする仮説には従い難くなる。

もう一つは、仮名貞観政要が原典の直訳つまり逐字訳ではなく、啓蒙的観点から意訳・抄訳・増補訳などを用いて多様に和訳されたものであるため、再読形式という直訳的な訓読法が直訳の場合ほど十分には入り込むことができなかったという仮説である。

仮名貞観政要は北条政子の依頼により和訳されたと伝えられており、訳者菅原為長が北条政子のようなあまり漢学の素養のない女性にも理解しやすいように種々工夫を加えて和訳したことは、充分に考えられるところである。実際に再読文字が関係する部分の用例だけについても、「意訳」が二八・三%、抄訳に当たる「和訳なし」が二七・二%、それぞれ存在していたわけであり、仮名貞観政要の和訳文が単純な逐字訳による訓み下し文のみからなっているのではないことは具体的に前述した通りである。

仮名貞観政要が北条政子のような女性のために書かれたとすると、原典の漢文はどうであろうと、翻訳した仮名文としてだけ読んで理解しやすければよいため、原典漢文に再読文字が使用されていても、仮名文としてはどうしても再読形式に従って訳さなければならないということはなかったのではないか。例えば、「未」は比較的再読形式に従って和訳される比率が高い文字であるが、この「未」字の使用された部分を和訳する場合も、

原典漢文（巻第一君道篇第一、第一章。傍線は加藤、以下同）

　詹何曰、未聞身理而國亂者。　（原田氏校注本上巻三一頁）

原典訓み下し

　詹何《せんか》曰《いは》く、未《いま》だ身《み》理《をさ》まりて國《くに》亂《みだ》るる者《もの》を聞《き》かず、と。　（同前）

仮名貞観政要（巻一、君道篇第一、第一章）

詹何カイハク、イマタ身ヲサマリテ國ミタル事ヲキカス、トイウ。　（第一冊、三ウ）

のように、「まだ〜ない（〜たことがない）」といった意味の場合は副詞部分「イマダ」も加えて訳す必要があろうが、単に否定するだけの場合、例えば

原典漢文（巻第一政體篇第二、第五章）

若詔敕頒下、有未穏便者、必須執奏。　（原田氏校注本上巻六五頁）

原典訓み下し

若《も》し詔敕《せうちよく》頒下《はんか》し、未《いま》だ穏便《をんびん》ならざる者有《ものあ》らば、必《かなら》ず須《すべから》く執奏《しつそう》すべし。　（同前）

仮名貞観政要（巻一、政體篇第二、第四章）

勅宣ヲアカテ、クタサムニ、穏便《ヲムヒム》ナラサル事アラハ、ヲノヲノ、奏スヘシ。　（第一冊、一二ウ）

のような場合には、単に「ズ（ザル）」だけでよく、副詞部分「イマダ」を加える必要はないわけである。このような場合にまで「イマダ」を加えるのはむしろ原典漢文の意味を誤って伝えることになるとも言える。このように考えると、先の仮説よりこちらの仮説の方が可能性が高いと言えそうだ。

以下、仮名貞観政要で、原典漢文の再読文字を和訳するに当たり、女性にも理解しやすい仮名文を意図したことが窺われる用例を一、二示し、この推定を強化する根拠としておく。

原典漢文（巻第二納諫篇第五、第三章）

東都未有幸期、即令補葺。　（原田氏校注本上巻一六五頁）

原典訓み下し

東都《とうと》は未《いま》だ幸期《かうき》有《あ》らざるに、即《すなは》ち補《ほ》葺《しふ》せしむ。　（同前）

仮名貞観政要（巻二、イサメ事ヲモチキル篇第五、第三章）

今、陛下《ヘイカ》、東都《トウト》ニノソミ給事、サラニソノ期《コ》ナシ。シカルヲヒキツクロハシム。（第一冊、五一ウ）

これは「未」を「サラニ〜ナシ」という和文脈系の用語の組み合わせによって和訳している例である。

原典漢文（巻第三論択官篇第七、第七章）

欲令百姓安樂、惟在刺史・縣令。（原田氏校注本上巻二〇六頁）

原典訓み下し

百姓《ひやくせい》をして安樂《あんらく》ならしめんと欲《ほつ》せば、惟《た》だ刺史《しし》と縣令《けんれい》とのみに在《あ》り。（同前）

仮名貞観政要（巻三、官ヲエラフ事ヲ論スル篇第七、第七章）

民《タミ》ヲシテタノシメントヲモハハ、州守《シウシュ》・縣《ケン》ノ令《レイ》ヲエラフヘシ。（第二冊、六ウ）

これは「令」を「〜ヲシテタノシメ（「楽しむ」の下二段活用他動詞形）[6]」と訓じて、漢文訓読文専用の「シム」という助動詞を避けた例である。似た例に前節で引用した「巻第六論悔過篇第二十四、第一章」の中の「使人讀而」を「人ヲシテヨマセテ」と「シム」ではなく和文脈系の「ス」という使役の助動詞によって訓じた例もある。

なお、再読形式によって和訳されている箇所は、文字の種類によって異なるものの、逐次訳的な場合の七%から六〇%強の比率で存在した。これは仮名貞観政要成立時に、既にこれらの文字の再読による訓読法が存在し、しかもかなり一般化していたことを推定させる結果である。なぜなら、もし当時こうした再読形式による訓読法が一般的なものでなく特殊なものであったとしたら、「あまり漢学の素養のない女性にも理解しやすい」和訳の方法として、これらが採用される可能性は低いと考えられるからである。少なくとも上記のような比率で現われる以上、この形式が特殊なものであったとは考え難い。

八、本章のまとめ

仮名貞観政要は、再読文字の再読が一般化した鎌倉時代初期に成立したと伝えられている。鎌倉時代初中期成立とされる妙一記念館本仮名書き法華経と、室町時代中期成立とされる「かながきろんご」では、再読文字が高い比率で再読形式によって訓み下されており、これはそれぞれが成立した時代の訓読法の変遷の状況とほぼ同じであった。これに対し仮名貞観政要では、原典で再読文字の存在する箇所が「意訳」されたり「抄訳」されたりする場合がかなり多くあり、直訳（逐字訳）されていると考えられる場合に限っても再読形式によって訓み下される比率は低かった。

この結果は、仮名貞観政要が所伝よりも古い時代の訓読法によって訓読されたためだとは考えなかった。そうではなく、妙一記念館本仮名書き法華経と「かながきろんご」がほぼ原典漢文の通りに逐字的に訓み下されているのに対し、仮名貞観政要は啓蒙的に「意訳」「抄訳」され、直訳的に訓み下すにしても、原典漢文に関わらず仮名文として理解できればよしとする極めて自由な態度で和訳されていた。そのため、必ずしも原文直訳的に再読文字を再読形式に従って訓み下す必要がなく、再読形式による訓み下しの比率が先の二資料に比べて低率となっているのだ、と推定した。

以上、仮名貞観政要は、その和訳態度の独自性により、同時代の他の仮名書き資料とは異なる訓読状況を示していることが窺われた。以降の章でも別の観点から調査を行ない、本資料について、その特徴・性格をさらに解明したい。

注

（1）仮名貞観政要の詳細については第一章、および第三章第二、三節を参照されたい。

（2）大坪氏はこれ以前に「小川本願経四分律古点」（『訓点語と訓点資料』別刊第一、昭和三三〔一九五八〕年一月）で既にこの種の用例を報告している。これに対し小林氏は、「再読字の訓読史―『當』字を例として―」（『鎌田正博士八十寿記念漢文学論集』平成三〔一九九一〕年大修館書店刊所収）において再検討し、「二様の訓法が重なったと見る余地がなくもない（五五一頁）」「原本では『當』は69行目の行末にあり、この行末と70行目の行頭とが汚損しているので、『に』『し』のヲコト点の扱いは慎重にしなければならない（五五四頁）」「『當に布現《(ス)へし》』という2③の訓法と、『當《(へ)し》二布現《(ス)》一』という1の訓法とが重なったと見る余地もある（五五五頁）」などとし、「若しこの三例が再読されたものとすれば、平安初期の例となる。しかし、三例ともそれぞれの訓点資料における、『當』の諸訓法の中の孤例であり、平安初期の訓点資料における、多量な『當』の用例の中の少数例であるから、例外的なものであり、一回限りの用法と見られる（同前）」と述べて、「平安初期（九世紀）までは未だ再読よみが成立したと見られる確例はなくて、一訓か不読であった（五六五頁）」として最終的に結論は変更しなかった。

（3）なおこの「将」字を「マサニ～ベシ」と訓み下しているのは法華経巻一方便品第二の「増上慢比丘、将墜於大坑」という部分であるが、該当部分の「将」字は『真訓両読妙法蓮華経並開結』（大正一三〔一九二四〕年法華経普及会発行）の訓み下し文や坂本幸男氏の担当した岩波文庫本『法華経（上）』（昭和三七〔一九六二〕年岩波書店刊）の漢訳部分の訓み下し文でも「マサニ～ベシ」という再読形式になっており、法華経における伝統的訓法が現代にまで脈々と受け継がれていることを窺わせる。

（4）貞観政要原典本文・訓み下し文の引用に際して、漢字の字体を通用の字体に改めたものがある。また原文には返り点が書き入れられているが、訓み下し文を後掲することから、印刷の便宜を考慮してこれを省略した。

（5）仮名貞観政要本文の引用に際しては、漢字の字体を通用のものに改め、異体の片仮名を現行のものに改めた。また私に引用符および句読点を加えた。なお、引用箇所の所在を「第三冊、三八ウ」（「梵舜本」第三冊の三八丁の裏）などとして示す。

（6）下二段活用他動詞形の「楽しむ」については、中田祝夫氏が、本章の第四節で掲出した『妙一記念館本仮名書き法華経』影印篇下巻（昭和六三〔一九八八〕年佛乃世界社刊）の中の「妙一記念館本『仮名書き法華経』略解説」二七～二八頁で用例を紹介しその意味等について考察を加えている。

補注　野沢勝夫氏『「仮名書き法華経」研究序説』（平成一八〔二〇〇六〕年勉誠出版刊）「四、『法華経切れ』に見る仮名書き法華経―『翻訳法華経』の存在―」（同書六三～九一頁）は、現存する「仮名法華経切れ」八種のうち、「〔一〕伝西行筆仮名法華経切（一葉）」および「〔六〕伝藤原家隆筆仮名法華経切（二）（一葉）」の二種について、

原典の訓読の痕が全く認められない、完全な翻訳の和文である。訓経として訓読文を骨子とし読誦のためのテキストであった、いわゆる「仮名書き法華経」とは全く別個の異質な資料である。これらは、法華経の経意を伝え、経典の内容理解に導くことを意図して作成されたものである。絵巻の詞書（九三頁参照）と同様に、いわば〝解説《げせつ》〟の行として成ったものである。小松茂美博士によれば、漢字、漢文に縁遠い女性のために作成されたものというが、資料〔一〕の書写が女性の手になるというのも、資料〔二〕（ママ、六か？加藤注）の「れいの人にはあらすしてさまともことなる女――もろもろの竜・竜女・夜叉・夜叉女」などの訳語も、これに関係するかと思われる。これらの「法華経切れ」はいずれも初原は全八巻（開結を含んで十巻とも）とされるが、「訓経」とは別にこのような法華経翻訳の和文が存在したことを明記しておきたい。

と述べて、鎌倉時代前期の「仮名書き法華経」類の中にも仮名貞観政要のように訓読を離れて女性向けの和文に翻訳されたものが存在していたことを指摘しており、同時代の事象として注目される。

第六章　仮名貞観政要の和訳方法に見るコミュニケーション・サポート

一、本章の目的

国文学研究の一分野として、研究対象の文学作品に注釈を付ける研究や、原文を現代日本語に翻訳する研究がある。それは他のあらゆる研究の基礎となる研究でありながら、一方、研究の最終到達点でもある。なぜなら、それは研究者が研究対象となる作品をどう読みどう理解したかを如実に示すものであるからである(1)。

こういった研究の成果である注釈書や現代語訳は、専門書として公刊されることもあるが、より多くの場合、現代の数多くの一般読者のために企画され、公刊されるのが普通である。そのため研究者は自身の研究成果の全てを直接注釈や現代語訳に盛り込むわけにはいかず、煩瑣を避けて注釈の記述を必要最小限に絞ったり、一般読者にも理解できる平易な現代語訳を試みたりすることを余儀なくされている。

本章は、従来前者の目的でなされ、価値付けられることが多かった注釈や現代語訳を、後者の目的からも捉え、価値付けてみようとする試みである。つまり、注釈や翻訳を、言語コードや文化的コンテクストが異なる作者によって書かれた原典と現代の読者との間にあるギャップを埋め、コミュニケーションを成立させようとサポートする手段の一つと見て、そこに新しい方法意識や価値を見出そうとするものである(2)。

こういった考察のための具体的な材料として、本章では、中国唐代に成立した政治規範の書「貞観政要」を鎌倉時代初期に和訳したと伝えられる「仮名貞観政要」という資料を採り上げ、コミュニケーション・サポートとしてのその独特の注釈方法や和訳方法を分析する。

二、仮名貞観政要における和訳の態度

まず、本章で具体例として採り上げる仮名貞観政要という資料[3]の和訳方法の基本的態度について確認しておきたい。同書は、「貞観の治」と言われる理想的政治を行なった唐の第二代皇帝太宗と臣下たちとの治政に関する言行を記録した貞観政要という漢文の原典を、鎌倉時代初期、当時の代表的な儒学者であった菅原為長が、北条政子の求めに応じて和訳したものと伝えられている。その和訳方法の態度については、早く原田種成氏が、

原文の煩雑な記述や本邦には理解しにくいと思われる箇所を、巧みにわかりやすく意訳している（中略）これは北条政子が、格別漢学の素養があるものでなかったから、かような平易な訳をしたということももちろんではあるが、平素の講義においても、天皇に御進講する場合においても、漢学の素養のない一般人にもよくわかるように、かみくだいて講ずるのが当時の講義の常であったからである。[4]

とし、また柳田征司氏も「和らげて訓み下しからは離れているもの（訓み下しを含むこともある）である」[5]として、一般的な読者にも理解可能な形で平易に意訳・抄訳したもの、と位置付けている。本章ではこうした和訳態度に着目し、以下具体的に本資料においてどのような注釈方法および和訳方法が採られているかを分析することにする。

三、仮名貞観政要の注釈方法

仮名貞観政要は基本的には漢文原典を和訳しただけのものであって、注釈書ではない。しかしながら一部には注釈に類すると思われる手段が採られている。

第一に、本書には原典にはない増補部分が存在する[6]。増補部分には、本文中の寓話の寓意や故事、熟語の意味についての解説（例一の傍線部）も五箇所あるが、大部分の残り一七箇所は、登場人物についてその略歴や挿話を述べて解説としたもの（例二の全文）である。

（例一）　ムカシ、漢 文帝《カムノフムテイ》ノ時《トキ》、賈誼《カキ》、書《シヨ》ヲタテマツル。ソノ心、激切《ケキセツ》ヲホシ。激切《ケキセツ》ハセメハケマス心也。

（巻二第五篇七章、第一冊五八ウ七～八、傍線加藤。[7]）

（例二）　コノ李靖カ段《タム》ノウチニ、将軍張 公瑾《チヤウコウキム》ト申ハ、魏州《クキシウ》ノ繁水人《ハムスイヒト》也。太子《タイ》建成《ケムセイ》・斉王元吉《セイワウケムキツシ》死ヌル日、馮立《フリウ》・謝叔《シヤシク》方等《ハウラ》、ツハモノヲヒイテ玄武門《ケムフ》ヲセムル時、太宗ノ御方《ミカタ》トシテ、張 公瑾《チヤウコウキム》、勲功《クムコウ》ハナハタ厚《アツ》シ。ヨテ、左武《サフ》候 将 軍《コウノシヤウクン》ニ拝《ハイ》シテ定遠郡《テイエムキム》ノ公《コウ》ニ封《ホウ》セラル。ソノノチ、シキリニ鄒國公《スウコククコウ》ニ封セラレテ、襄 州《シヤウシウ》ノ都督《トトク》ヲカネタリ。コノ人、タタ武功《コウ》ノスクレタルノミニアラス、仁ヒロク政タタシウシテ、ツカサトルトコロノクニクニ、ヲサマリユタカナリ。貞観七年ニ襄 州《シヤウシウ》ニシテ卒《シユツ》シヌ。

（巻二第三篇第五章末、第一冊三六オ二～九）

通常注釈と言えば（例一）のような語釈が中心であるが、「仮名貞観政要」では基本的に平易な訳語を当てたり意訳したりすることによって語釈が必要になるような用語を避けているためか、語釈は少なく、増補してまで注釈するのは、大部分が（例二）のような登場人物の経歴・挿話の紹介である。そもそも固有名詞は他言語に翻訳することが不可能であり、かつ漢学の素養のない一般読者に内容を理解させるためには、最低でも重要な人物についてその経歴やエピソードを紹介することによって解説を加えるしか他に方法がない、ということをこれは示している。

一般の注釈書・翻訳書の場合でも、実在した歴史的人物などが登場した場合、その人物に関して現代の一般読者にどのように説明するかと言えば、やはりその人物の経歴や、人となりを示す典型的なエピソードを紹介する、といった方法しかないであろう。

興味深いのは、同じ固有名詞であっても地名に関する増補解説がないことである。おそらく和訳者為長は人物に関しては内容理解上上記のような解説を加えざるを得ないとしたが、中国の固有地名については解説を加えても内容理解に益する所なし、と判断したのであろう。作品の性格にもよるが、同じ固有名詞でも人名と地名で内容理解上の役割に差があり得ることは、注釈技法上も注意すべきであろう。

第二に、漢文訓読上の特殊技法の一つ、「文選読み」の使用である。これは難解な漢字熟語を一度目は音読し、引用のトや同格のノなどの助詞を介して、二度目は訓読するという訓じ方である。仮名貞観政要には、

カルカユヘニ、朕、夙夜《シュクヤ》ニ孜々《シシ》トツツシムテ、徭役《ヨウエキ》ノオホヤケコトヲウスクシ、年穀《ネムコク》ノタクハエヲユタカニシテ、天下コトナク、百姓安楽《アムラク》ナラムコトヲオモフ。（巻一第二編第九章、第一冊一六ウ五～八、傍線加藤）

など、二六八例の文選読みが存在する。[8] 原則的に和訳本文のみからなる仮名貞観政要にとって、この文選読みは、漢字熟語の音読形を示しつつ同時にその和訳語をも示すという機能によって、一種の語釈の役割を果たす要素だったと考えられる。

この文選読みについて、単に内容を理解させるだけであれば、わざわざ「孜々」「徭役」「年穀」等の音読熟語形を使用することを避け、訓の「ツツシム」「オホヤケコト」「タクハエ」だけを用いて和訳すればよいはずである。それをわざわざこうした特殊訓法により音読形を残したのは、一つにはこうした熟語形も理解できるべく学習させようという啓蒙的な意図と、もう一つには訓だけでは表現できない細かい意味の差、例えば「徭役ノオホヤケコト（上記の例）」と「科喚《クワクハン》ノヲホヤケコト（巻五第十四篇第九章、第三冊八オ一二）」の差まで示したいといった意図があったと考えられる。

コミュニケーション・サポートの手段として捉えれば、前者は、読者に対して単に内容理解を求めるだけでなく新たな言語コードの学習をも期待し、その学習を補助する手段と言えるし、後者は、前者に加え、言語コードの違いによる

原語と訳語との間の意味のずれを補正し、より正確な理解を行なってもらおうとする手段だと言える。

いずれにせよ、この文選読みには、単なる内容理解に留まらず、基礎的な漢学の素養習得を期待する態度が認められる。

四、仮名貞観政要の和訳方法

仮名貞観政要の和訳方法について、漢文訓読史上の特殊訓法の一つである「再読文字」の和訳状況を一つの手がかりとして探ってみた。(9)

本書には現行の漢文訓読法では再読されるべき再読文字が一五種類、六〇四箇所存在する。(10) その箇所に限っても、次のように意訳・抄訳の割合が現われている。

意訳されていて訓じ方が確定できないもの……一七一例（二八・三％、小数点以下第二位四捨五入、以下同じ）
抄訳されていて該当部分が和訳にないもの……一六四例（二七・二％）
計……三三五例（五五・五％）

半分以上が意訳・抄訳されており、本書和訳の基本的な態度が確認できる。

また、こと再読文字に関して、逐字的に和訳（直訳）していると推定できる箇所についても、現行の再読文字の訓じ方（以下「再読形式」と称する。例えば「当」を「まさに～べし」、「未」を「いまだ～ず」など）で和訳している割合は同時代および後代の他の逐字的（直訳的）な仮名書き資料と比較して低い。以下主要な再読文字について再読形式の比率（小数点以下第二位四捨五入）のみ示す。

〈表六－一〉

成立した時代	鎌倉初期（伝）	鎌倉初中期（推定）	室町中期（推定）
文字／資料名	仮名貞観政要	妙一記念館本仮名書き法華経	かながきろんご
「当」	三二・〇%	九八・三%（除音読例）	用例なし
「宜」	三一・四%	一〇〇・〇%	用例なし
「須」	三一・四%	五〇・〇%（除「不須」）	用例なし
「将」	七・三%	三三・三%	九〇・九%
「未」	四八・〇%	一〇〇・〇%（除音読例）	九五・〇%（除音読例）
「猶」	七・一%	用例なし	一〇〇・〇%
「使」	三五・三%	一〇〇・〇%（除動詞訓）	一〇〇・〇%
「令」	六一・一%	九八・六%	用例なし

これは、漢学の素養のない一般読者にも理解できるように、当時漢文訓読の世界では一般的になっていた再読形式による和訳を無条件に適用することを避け、和文の形として理解しやすいように和訳した結果だと思われる。例えば「未」を、「まだ～し（たことは）ない」という意味の場合には「いまだ～ず」と再読形式によって和訳するが、ただの否定だけの意味の場合には「いまだ」は加えず、単に「ず」のみで和訳する、といったやり方である。

また、漢文訓読特有の形式に執着せず、和文の形として理解しやすいように和訳しているという態度は、「未」を「さらに～なし」といった和文的な表現で訓じたり、「使」を漢文訓読専用の「しむ」という助動詞を避け、「～してよませて」のように「す」という和文的な助動詞によって訓じたりしているところにも現われている（注（9）に同じ）。

こうした和訳態度は抄訳や増補訳の方法からも窺うことができる。詳しくは本書第二部研究編第七章で考察するが、

例えば原田氏も採り上げた（注（4）に同じ）巻第三論封建篇第八第二章末部の、

何《なん》となれば則《すなは》ち堯舜《げうしゆん》の父《ちち》を以《もつ》て、猶《な》ほ朱均《しゆきん》の子有《こあ》り。況《いは》んや此《これ》より下《くだ》る以還《いくわん》にして、而《しか》も父《ちち》を以《もつ》て児《こ》を取《と》らんと欲《ほつ》せば、恐《おそ》らくは之《これ》を失《うしな》ふこと遠《とほ》からん。儻《も》し孩童《がいどう》の職《しよく》を嗣《つ》ぐ有《あ》りて、萬一驕恣《まんいつけうし》なれば、則《すなは》ち兆庶《てうしよ》、其《そ》の殃《わざはひ》を被《かうむ》りて、國家《こくか》、其《そ》の敗《はい》を受《う》けん。政《まさ》に之《これ》を絶《た》たんと欲《ほつ》するや、則《すなは》ち子文《しぶん》の治《ち》猶《な》ほ有《あ》り。政《まさ》に之《これ》を留《とど》めんと欲《ほつ》するや、而《すなは》ち欒黶《らんえん》の悪《あく》已《すで》に彰《あら》はる。其《そ》の見存《げんそん》の百 姓《ひやくせい》を毒害《どくがい》せんよりは、則《すなは》ち寧《むし》ろ恩《おん》を已亡《いぼう》の一臣《いつしん》に割《さ》かしめんこと明《あきら》かなり。

（原田種成氏著『貞観政要上』二五六頁訓み下し文、傍線加藤）

という部分について、仮名貞観政要は、堯の子丹朱、舜の子商均については和訳しているが、傍線部の楚の令尹子文や、晋の大夫欒黶の故事については削り、和訳していない。

ソレ、唐尭《タウキウ》・虞舜《クシユン》ハカシコキ父《チチ》タレトモ、丹朱《タンシユ》・商 均《シヤウキン》ハヲロカナル子《コ》タリ。モシ、アトヲツクコヲロカナラハ、民《タミ》、ワサハヒヲウケ、國《クニ》、ヤフレヲ致《イタ》サレナン。ソノヒトリノ臣《シン》下ノホロヒタルアトヲアハレンテ、現存《ケンソン》ノ民《タミ》ノカキリナクヲホカルヲホロホサンヤ。

（巻三第八篇第四章、第二冊一五ウ八～一一）

これも、想定した読者の漢学の素養を考慮して、一般教養的な故事と専門的知識としての故事との境界線を設定し、それによって削ったものであろう。

逆に増補訳している部分としては、巻第五論忠義篇第十四第十章にある中国春秋時代の晋の刺客豫譲の故事や、巻第六論貪鄙篇第二十六第二章にある魯の宰相公儀休の故事などが挙げられる。例えば後者は原典本文では、

昔《むかし》、公儀休《こうぎきう》、性《せい》、魚《うを》を嗜《たしな》めども、人《ひと》の魚《うを》を受《う》けず。其《そ》の魚長《うをなが》く存《そん》す。

（原田氏著『貞観政要下』五三六～五三七頁訓み下し文）

とあるだけで、その寓意はこの故事を知らない一般読者には難解であるが、仮名貞観政要では、

ムカシ、公儀休《コウギキウ》、ソノ性《セイ》モトヨリ魚《ウヲ》ヲタシナム。人、魚《ウヲ》ヲコノムコトヲシリテ魚《ウヲ》ヲヲクル。公儀休《コウギキウ》、コレヲカヘ

ス。ウヲヲオクル人ノイハク、「公《コウ》カウヲヲコノムコトヲシリテ、ウヲヲクル。ナムソ魚《ウヲ》ヲウケサルヤ。」公儀休《コウキキウ》カイハク、「ワレ、ウヲヲコノムユヘニウヲヲカヘス。ワレ、恩禄《ヲンロク》アツクシテ、オホクウヲヲマウク。イマノウヲヲヱハ、スナハチ、カノ恩禄《ヲンロク》、タチトコロニケツラルヘシ。コノユヘニカヘスナリ。」トイヘリ。

（巻六第二十六篇第二章、第三冊四四オ三〜八）

と実際に公儀休と魚を賂いした人とに問答させる形にして、具体的なわかりやすい挿話に増補訳し、寓意を把握しやすくしている。なおこの増補訳はおそらく「史記」を参照してなされたものと推定される。

このように、仮名貞観政要の和訳方法を探ってみると、当時既に確立していたと考えられる逐字的漢文訓読法による訓み下し、つまり原典を一字一句直訳してその内容を全て訳出する方法で理解させようとするのではなく、あまり漢学の素養のない女性などを想定した読者の理解力を優先して難解な記述や専門的な故事を省略したり、漢文訓読特有で和文としては正しく理解しがたくなるような語法を避けたりしつつも、一方では啓蒙的に基本的な漢学知識（故事等）の涵養は促す、といった、極めて現実的・教育的な配慮の見られる和訳方法であることが理解される。

五、仮名貞観政要の意図したコミュニケーション・サポート

三、四節で紹介したように、仮名貞観政要には、原典である貞観政要を漢学の素養のない読者にそれなりに理解させるために、和訳者によって様々な方法が採用されていた。これらを、原典作者の意図するメッセージを読者に正しく理解させる補助手段、という意味で、コミュニケーション・サポートの手段として捉え直してみたい。

まず、原典は中国唐代の中国語の漢文であり、読者は鎌倉時代初期の日本人であるから、そこには言語の違いがコミュニケーション成立の障碍として存在する。和訳者による翻訳自体がそれを取り除く手段であるが、その翻訳には専

門的な漢文訓読法による原典直訳の訓み下しではなく、啓蒙的な翻訳、つまり、原典を適当に意訳・抄訳しつつ和文的な表現も混じた文章に直していく方法、が用いられた。これは想定された読者の漢文読解力や漢語の理解力が低く、和文的な表現の方がむしろ理解しやすいという事情を勘案してなされた処置である。言語コードの違いを翻訳という手段で乗り越えるとしても、翻訳の結果である訳文の用語や語法が、日本語としてこなれていない翻訳専門の用語であったり、翻訳特有の語法で日本語には元々存在しない語法であったりすれば、原語に関する素養がある専門家仲間には通ずる訳文であっても、一般的な読者に理解しやすい訳文になるとは限らない。あくまでも日本語なら日本語として理解しやすい訳文になっていなければ、非専門家にまで正しい理解を期待することはできない。

一般的に言っても、他言語を翻訳する場合、それが読者へのコミュニケーション・サポートであるためには、翻訳者自身が多かれ少なかれ既に身に付けている原典の言語コードに関する知識を読者にも期待することなく、読者の有する言語コードだけで完全に理解可能となる翻訳文を作成することを心がけるべきであろう。

次に、原典は唐代の中国の文化や歴史を前提として書かれている。それを日本の鎌倉時代初期の教養ある女性（漢学に関しては初心者であろうが、そもそも和文とは言え文字を解すること自体教養ある女性の十分条件であろう）に理解させるためには、背景となる文化や歴史の知識をある程度は身に付けさせることが必要である。そのためには文化的なコンテクストが異なる事物に対して注釈を付けて説明したり、歴史的なコンテクスト（中国史上の共有コンテクストはいわゆる「故事」であるとしてよいであろう）について注釈・説明したりすることが通常は行なわれるが、本書ではそのような方法は限定的であった。すなわち文選読みにより原語と訳語をセットで示すことによる細かい意味の差異の示唆や、主に登場人物に対する増補部分による説明である。基本的な故事に対する増補訳による説明などが一部に認められるものの、一般的な語釈が極めて限定されたものであったことは、こうした文化的コンテクストの差異に関する説明を専門的に過ぎるとしてある程度は放棄したらしいことを感じさせる。原典の文章の主旨さえ理解できれば、些細な文化的コンテクストの差異は無視してもよいとする判断である。これも中国唐代の文化的・歴史的コンテクストと日本の鎌倉時代のそれとの差異の理解と、原典の文章の主旨の理解との、いずれに和訳者の第一の目的があったかを示していると言えよう。注釈はあくまでも主旨の理解のためであり、注釈それ自体を目的としていたわけではない。

一般的に言っても、原典の理解について大きな誤りがなければ、細かい点では文化的・歴史的コンテクストについて理解不能であっても構わないとし、語釈などの説明を必要最小限に絞り、煩瑣を避けることが、むしろ読者の速やかな理解を促す良策であるかもしれない。あまりに専門的、学術的なコンテクストの説明は、コミュニケーション・サポートとしてはかえってマイナスの役割を果たす可能性が高いのである。

六、コミュニケーション・サポートとしての注釈・翻訳

以上、仮名貞観政要の和訳方法にコミュニケーション・サポートとしての注釈・翻訳方法の一つの典型を指摘してみた。

原典作者の言語コードや文化的・歴史的コンテクストと読者のそれらとが大きく隔たる場合に、それを仲介し、作者のメッセージをいかに読者が理解できるようにするか。それが注釈者・翻訳者の役割であるとする観点から見ると、現今の注釈・翻訳のあり方にはむしろ問題点が多い。注釈・翻訳に当たる専門研究者は、原典の理解という研究に励めば励むほど、原典作者の言語コードや文化的・歴史的コンテクストを共有するようになっていく。そして多くの場合、それらの知識を注釈や翻訳に盛り込む。しかしながら、そういう作業の中で、自身の言語コードや文化的コンテクスト等が通常の読者の有するものとどんどん隔たって来ているということに気づいていない。その結果、研究者仲間にしか理解できないような注釈書、翻訳書が作り出されていないか。

正しい注釈や翻訳は専門の研究者にしかできないであろう。しかしその成果は現代の一般読者のためにも提供されるべきものだし、公刊される注釈書・翻訳書はむしろ一般読者のためであることがほとんどである。研究者といえども、注釈・翻訳に当たっては、現代の一般読者の言語コードや文化的コンテクスト等を十分考慮し、彼らの理解力に対応した注釈・翻訳を心がけるべきであろう。

私には、「古典」が読まれなくなりつつある現代においては、「漢文訓み下し」ではなくこのような「和訳」が、つまりコミュニケーション・サポートとしての注釈・翻訳が期待されていると思われるが、いかがであろうか。

注

（1）訳文は、この作品の読みの結果ともいうべきもので、作品そのものの理解のほどが表向きにはっきりあらわれているものである。（中略）注解は、訳文への経過的措置とも言うべきものであって、言わば私的な作業である。目につくように表に出さなくてもよいようにも考えられるけれども、訳文には盛りこむことができなかった補足的なこともここに示されているから、これを頼りにすれば、また別の訳文もできるかもしれないようなものでもある。（中略）訳注と評論という仕事は、作品を読むにあたっての最初の仕事であり、いちおうの総括の仕事でもあるが、完成という終結のないことであって、しかも常にくりかえされていなければならない宿命をもっている。（今井卓爾氏著『土佐日記譯注と評論』昭和六一（一九八六）年早稲田大学出版部刊、「はしがき」一～三頁より）

（2）コミュニケーションとは、通常「人間が互いに意思・感情・思考を伝達し合うこと。言語・文字その他視覚・聴覚に訴える身振り・表情・声などの手段によって行う」（松村明氏監修『辞林21』平成五（一九九三）年三省堂刊）などと理解されているが、近年体系化が進められている「コミュニケーション学」では、単なる「意思の疎通」ではなく、それが成立する背景となる「シンボルを創造しそのシンボルを介して意味を共有するプロセス」こそコミュニケーションであるとする定義が提出されている。これは「コミュニケーションの当事者間にある言葉や行為というシンボルが、どのように創造され、意味づけされ、共有されるかに焦点を当てたシンボリック相互作用論」的視点からの定義であり（末田清子氏・福田浩子氏共著『コミュニケーション学その展望と視点』（平成一五〔二〇〇三〕年松柏社刊）の「第1章コミュニケーションとは何か　その定義と特徴（末田氏執筆）」（同書一四〜一六頁）、本章でもこうした定義に従って新たな視点から現代読者に対する注釈や翻訳の意味を見直してみたい。

(3) 詳しくは第三章第二節「貞観政要（原典）概説」および第三節「仮名貞観政要概説」を参照されたい。

(4) 原田氏著『貞観政要の研究』（昭和四〇〔一九六五〕年吉川弘文館刊）一九五〜一九六頁。

(5) 柳田氏著『室町時代語資料としての抄物の研究』（平成一〇〔一九九八〕年武蔵野書院刊）一四〇頁。

(6) 詳しくは第三章第四節を参照されたい。

(7) 仮名貞観政要本文の引用は宮内庁書陵部より加藤に頒布された同部蔵文禄四〔一五九五〕年梵舜書写五冊本の紙焼写真より加藤が翻刻した。貴重な資料の紙焼写真を頒布いただいた宮内庁書陵部の関係各位に感謝申し上げる。なお、翻刻に当たり声点や傍注記等を省略し、私に句読点を加えた。以下同じ。

(8) 詳しくは第四章を参照されたい。

(9) 詳しくは第五章を参照されたい。

(10) 「現行の漢文訓読法で言えば再読されるべき再読文字」の認定は、原典貞観政要の注釈書である原田種成氏著『貞観政要上・下』（新釈漢文大系九五・九六、昭和五三〔一九七八〕〜五四〔一九七九〕年明治書院刊）の原文および訓み下し文に拠った。ただし「校異」欄を参照して仮名貞観政要の原典本文であったと推定される写字台本系の本文に訂したうえで認定した。他の資料については直接本章の主旨に関わらないので説明は略すが、第五章には詳述しており、参照されたい。

補注　本章の元になった拙稿「コミュニケーション・サポートとしての注釈・翻訳―『仮名貞観政要』の和訳方法に見る―」（『帝塚山学院大学日本文学研究』第三五号、平成一六〔二〇〇四〕年二月）は同大学文学部「日本文学科」が平成一五〔二〇〇三〕年四月に学部改組によって新たに「コミュニケーション学科」へと再編成されたことに伴い、旧「日本文学科」の学会誌である同誌の「コミュニケーション特集」論文の一つとして掲載されたものである。国語資料として仮名貞観政要自体を究明しようとしたものではないが、それまでの加藤の仮名貞観政要研究のダイジェストとも言えるものとなっているため、本書研究編の一章として収めることとした。

第七章　引用・故事・典拠句の取捨から見た仮名貞観政要の和訳態度

一、本章の目的

前章において、仮名貞観政要の和訳方法をコミュニケーション・サポートの手段として捉え直すに際し、いわゆる故事の抄訳・増補訳について一、二の例を採り上げ、その和訳態度の一端について紹介したが、それは必ずしも十分な考察を経たものではなかった。

例えば、前章第四節で採り上げた、巻第三論封建篇第八第二章末部の例で、仮名貞観政要が「堯の子丹朱、舜の子商均についてては和訳しているが」、「楚の令尹子文や晋の大夫欒黶の故事についてては削り、和訳していない」事実について、原田種成氏は、

これは北條政子が、格別漢学の素養があるものでなかったから、かような平易な訳をしたということももちろんではあるが、平素の講義においても、天皇に御進講する場合においても、漢学の素養のない一般人にもよくわかるように、かみくだいて講ずるのが当時の講義の常であったからである。だから、前者においては堯舜のようによく知られている話はそのまま用いても、子文・欒黶のような説明を要する故事は削去し、（一九六頁）[1]

とその理由を推定しており、私も前章では「想定した読者の漢学の素養を考慮して、一般教養的な故事と専門的知識としての故事との境界線を設定し、それによって削ったものであろう」と述べた。

しかしながら、これも前章第四節で紹介したのであるが、一方で仮名貞観政要は、巻第五論忠義篇第十四第十章の中国春秋時代の晋の刺客豫譲の故事や巻第六論貪鄙篇第二十六第二章の魯の宰相公儀休の故事については、原典本文にない詳細で具体的な状況描写を（おそらく「史記」を参照して）増補訳しているのである。これらの故事が原田氏のいう「よく知られている話」、私見の「一般教養的な故事」、に当たるとはし難いであろう。わざわざ増補訳している点から見ても、むしろ特殊な故事であり、原田氏の「説明を要する故事」、私見の「専門的知識としての故事」であるとも言える。

結局、仮名貞観政要において、こうした故事を和訳するか、訳さずに省略してしまうかについては、単にその故事の一般性専門性の差異という理由だけでは説明がつきにくいのである。

本章では、原典である貞観政要中に存在する故事に加え、他文献からの引用部分および他文献に典拠を有する語句をも広く調査対象とし、それらが仮名貞観政要においてどのように抄訳、または増補訳されているかを調査・検討することにより、この点に関する同書の和訳態度をより具体的かつ全般的に明らかにしたいと思う。ひいてはこれを、漢籍和訳における「和らげ」という行為をより具体的に分析する一つの試みとしたい。

なお、本章で扱う資料である仮名貞観政要およびその原典である貞観政要については、第一章ならびに第三章第二、三節を参照されたい。

二、調査の手順

本章で行なった調査の手順を説明する。

まず、原典である貞観政要の本文には、前章同様、原田種成氏校注『貞観政要上・下』（新釈漢文大系九五・九六、昭和五三（一九八八）・五四（一九八九）年明治書院刊）を使用した。ただし、同書の「校異」欄を参照し、原田氏により仮名貞観政要が和訳の際に底本としたと推定されている写字台本系の本文に拠り校訂して原典本文とした。そのため、巻全体が写字台本系本文とは異なる現通行本系本文の巻第四と、写字台本系本文には採用されていない「貞観政要序」の部分は、最初から本調査の対象としなかった。なお、写字台本系本文の巻第一、第二は現存しないため、この二巻については本邦伝来の唐鈔本系本文を底本とする原田氏校訂本文に拠っている。

次に、上記のように限定した原典本文の中から、それぞれ次のような基準により、「引用」「故事」および「典拠句」を抜き出した。

①「引用」

原典本文中で、「〜に曰（云）く、〜と。（訓み下し文、以下同）」、または「古人云ふ、〜と。」や「仲尼称す、〜と。」といった明確な引用形式で引用されている他の文献の一部を「引用」の例とした。ただし当該文献の原文のままの引用でなく、若干の文字の差異や部分的な省略などがあっても許容する。これは、諱字の関係で同意の文字に変更することや、使用者の若干の記憶違いなどもあるため、また、必要な語句のみを引用し途中の語句を省略することもしばしばあるためである。どのような文献からの引用であるかについては原田氏校注書の「語釈」欄を参照した。以下②、③の同様の分も含め、原田氏の学恩に対し記して謝意を表する。なお、この「引用」の用例の中には内容上次の「故事」に含まれるべきものが一三八例中一六例存在するが、今回は形式上の分類基準に従って「引用」の用例とし、「故事」の用例とはしなかった。

（例一）次の傍線部分を「引用」部分とする。この例では一〇字分。

易曰、聖人感人心、而天下和平。

易《えき》に曰《いは》く、聖人《せいじん》は人心《じんしん》を感《かん》ぜしめて、天下《てんか》和《わ》平《へい》なり、と。（上貞観政要表、二一頁）[2]

②「故事」

原典本文中で、ある特定の人物や出来事に関する挿話が含まれている場合、その挿話の最初から最後までの部分を「故事」の例とする。ただし、語り手である登場人物自身の体験であると考えられる挿話については採り上げない。どのような文献に基づいた故事であるかについては原田氏校注書の「通釈」「語釈」欄などを参照したが、それらに明確な言及のない場合も多く、その場合は調査者（加藤）自身がそれらの記述を頼りに当該文献を推定した。この「故事」の用例に関してはこうした加藤の推定によるものが全二八一例中一三三例含まれている。

（例二）次の傍線部分を「故事」部分とする。この例では一一字分。ただし典拠不明。

昔殷湯不如堯舜、伊尹恥之。

昔《むかし》、殷湯《いんたう》、堯舜《げうしゆん》に如《し》かざるは、伊尹《いいん》之《これ》を恥《は》づ。

（同前、二三一～二四頁）

（例三）次の傍線部七〇字分は「故事」部分とはしない。波線部分に語り手自身の体験であることが示されているため。

貞観初、太宗謂侍臣曰、隋煬帝広造宮室、以肆行幸。自西京至東京（都）、離宮別館、相望道次。乃至幷州涿郡、（士庶）無不悉然。馳道皆広数百歩、種樹以飾其傍。人力不堪、相聚為賊。逮至末年、尺土一人、非復己有。以此観之、広宮室、好行幸、竟有何益。此皆朕所耳聞目見。(3)

貞観《ちやうぐわん》の初《はじめ》、太宗《たいそう》、侍臣《じしん》に謂《い》ひて曰《いは》く、隋《ずゐ》の煬帝《やうだい》、広《ひろ》く宮室《きゆうしつ》を造《つく》り、以《もつ》て行幸《ぎやうかう》を肆《ほしいまま》にす。西京《せいけい》より東京《とうけい》に至《いた》るまで、離宮《りきゆう》別館《べつくわん》、道次《だうじ》に相望《あひのぞ》む。乃《すなは》ち幷州《へいしう》・涿郡《たくぐん》に至《いた》るまで、悉《ことごと》く然《しか》らざるは無《な》し。馳道《ちだう》は皆広《みなひろ》さ数百《すうひやっぽ》歩、樹《き》を種《う》ゑ以《もつ》て其《そ》の傍《かたは》らを飾《かざ》る。人力《じんりよく》、堪《た》へず、相聚《あひあつ》まりて賊《ぞく》を為《な》す。末年《まつねん》に至《いた》るに逮《およ》びて、尺土《せきど》一人《いちにん》も、復《ま》た己《おのれ》が有《いう》に非《あら》ず。此《これ》を以《もつ》て之《これ》を観《み》れば、宮室《きゆうしつ》を広《ひろ》くし、行幸《ぎやうかう》を好《この》むは、竟《つひ》に何《なん》の益《えき》か有《あ》らん。此《こ》れ皆朕《みなちん》が耳《みみ》に聞《き》き目《め》に見《み》る所《ところ》なり。

（巻第十論行幸第三十六第一章、七五一頁）

③「典拠句」

原典本文中で、ある語句の意味の完全な理解に過去に他の特定の文献でその語句が使用されたときの前後の文脈の記憶が読者に必要となるような語句、換言すれば、過去の特定文献での使用文脈を理解の前提として原典本文で使用されていると推定される語句を「典拠句」の例とする。「過去の特定文献での使用文脈」が即ちその語句の「典拠」ということになる。これらの認定に関しては原田氏校注書の「語釈」欄の言及にそのほとんどを依拠したが、若干の例については調査者加藤の私見によって「典拠句」に加えたり逆に外したりしたものもある。加藤の私見によって加えた用例は全四六〇例中一三例。なお、付言すれば、ある語句に「典拠」を知らねば十全な理解ができないような意味まで込めて使用されているのかどうかの判断自体かなり難しいし、さらには読解者の漢学の素養の多寡がその判断を大きく左右する。本章では碩学原田氏の判断にほとんどの部分を依拠した結果、調査者加藤の貧しい素養は一応糊塗されている。

（例四）次の傍線部分を「典拠句」部分とする。この例では八字分。

望紆天鑑、択善而行、引而申之、触類而長。

天鑑《てんかん》を紆《めぐ》らし、善《ぜん》を択《えら》んで行《おこな》ひ、引《ひ》きて之《これ》を申《の》べ、類《るゐ》に触《ふ》れて長《ちやう》ぜんことを望《のぞ》む。

（上貞観政要表、二二頁。『易経』繋辞上伝の語句を典拠とする。原田氏校注書二三頁参照）

（例五）次の「元首」は原田氏校注書「語釈」欄で『書経』益稷篇の語句を典拠とするが、加藤は仮名貞観政要和訳当時本邦ではこの文脈を前提としなくても「元首」＝「君主」という意味は理解可能であったと判断し、「典拠句」とはしなかった。

凡百元首、承天景命、莫不殷憂而道著、功成而徳衰。

凡百《ぼんぴやく》の元首《げんしゆ》、天《てん》の景命《けいめい》を承《う》けて、殷憂《いんいう》して道著《みちあらは》れ、功成《こうな》りて徳衰《とくおとろ》へざるは莫《な》し。

（巻第一君道第一第四章、四四～四五頁）

次に、これらの「引用」「故事」「典拠句」について、それらがそれぞれ仮名貞観政要本文においても省略されずに忠実に和訳されている（「取」）か、あるいは省略されて訳されていない（「捨」）か、を調査した。ただし、仮名貞観政要は和訳の際大まかに意訳する場合もあり、また漢語を単に音読している場合もあるため、これら該当部分をその意味を反映させた和訳として「取」ったのか「捨」てたのかが厳密には判定し難い場合もあった。その場合、全部分の忠実な和訳でなくともほぼ該当部分の意味を尽くしていると考えられる場合や、該当部分の一部は確実に和訳していると考えられる場合は「取」であると判断した。音読の場合も、前後の文脈と矛盾せずに読解できる場合は「取」とせざるを得なかった。しかし極端な意訳により「取」「捨」の判断が不可能な場合もあり、その場合はやむなく「不明（符号？・で示す）」として別に分類・集計することとした。

（例六）次の「君挙必書」は『春秋左氏伝』、「言存左史」は『漢書芸文志』に拠る「典拠句」である。仮名貞観政要は「道理ニソムク一言」のみ記録するかのように単純化して意訳している。史官が君主の行動や発言は全て記録するとする依拠文献でのこの句の趣旨に則って訳しているとはし難く、かと言って「捨」ともできず、やむなく「不明（？・）」の例とした。

（原典漢文）
君挙必書、言存左史。
君挙《きみきよ》すれば必《かなら》ず書《しよ》し、言《げん》、左史《さし》に存《そん》す。
（巻第六愼言語第二十二第一章、四九〇頁、傍線加藤）

（仮名貞観政要本文）
陛下《ヘイカ》、モシ道理《タウリ》ニソムク一言《ケム》アラハ、左史《サシ》、サタメテコレヲシルス。
（第三冊三三オ一〇～一一、傍線加藤）(4)

なお、写字台本系本文で脱落している長文部分が二、三存在するほか、仮名貞観政要が和訳時に原典には存在する章節を一節全て、あるいはある程度まとまった一小節全てを省略して和訳しない場合や、二箇所にほぼ同文の重複した章節が存在するため、その一方を和訳せず省略した、と推定される部分がある。これらを以下に示すが、これらの部分に存在する「引用」「故事」「典拠句」については、それら個々の部分が原因ではなく、原典本文の脱落、重出や章節全体（の内容）が原因となって存在しなかったり省略されたりしたのだと考えられるので、調査結果では「捨」とは区別し、「（その）他」として分類・集計した。

写字台本系本文で脱落している長文部分

・巻第四直言諫争第十第十三章の後半二八八字（八八二〜八八五頁、代わりに巻第四直言諫争第十第三章の後半一七〇字を重出）

・巻第五論誠信第十七第三章の魏徴の上疏文の途中一四六五字（四二三〜四三五頁）

・巻第十論行幸第三十六第二章の第三小節八一字（七五四頁）

仮名貞観政要で一（小）節ごと省略されている章節(5)

・巻第一政体第二第三章（五九〜六〇頁）

・巻第四直言諫争第十第二章（八四四頁）

・巻第四興廃第十一第一章の第一小節（八八六頁）

・巻第五論忠義第十四第六章（三七五〜三七六頁）

・巻第五論忠義第十四第十三章（三八九〜三九〇頁）

・巻第五論孝友第十五第三章（三九二〜三九三頁）

・巻第五論公平第十六第二章（三九八〜三九九頁）

・巻第五論誠信第十七第三章の第一小節（四一六頁）

・巻第六愼所好第二十一第四章（四八九頁）

重出しているため一方が和訳されなかったと考えられる部分
・巻第一政体第二第九章（七三〜七九頁）と巻第四直言諫争第十第四章（八四八〜八五二頁）……巻第一の方を和訳、巻第四の方は省略。
・巻第二任賢第三第三章の第四〜七小節部分（一一六〜一一九頁）と巻第四論興廃第十一第三章の後半魏徴の経歴部分（八九九〜九〇一頁）……巻第二の方を和訳、巻第四の方は省略。
・巻第四輔弼第九第一章の第三小節（八一八〜八一九頁）と巻第十論佃猟第三十七第一章（七五七〜七五八頁）……巻第十の方を和訳、巻第四の方は省略。

三、依拠文献別の和訳率と考察

本節ではまず依拠文献別の調査結果について検討・考察したい。まず次の〈表七－一〉として用例数の文献別一覧表を示す。

〈表七－一〉は用例数のみでわかりにくいため、各依拠文献ごとに、省略されず、きちんと和訳されている比率を

「取」の用例数 ÷（「取」の用例数 ＋「捨」の用例数）× 一〇〇

として百分比で求め、以下「和訳率」と称することにする。これを次の〈表七－二〉に示す。依拠文献が不明なものと、その「和訳率」に確実な意味があるとはし難いと考え、用例数が一〇例未満の依拠文献は省略した。ただし別に「経」「史」「子」「集」の各部と「不明」の合計の比率と全体の合計の比率を合わせて示すこととした。

まず、「引用」「故事」「典拠句」を合計した比率（表の最下段の「合計」）で見ると、各部別では、「史」→「子」→「経」→「集」の順に和訳率が低下している。そして和訳率の高い文献順に並べても

〈表七-一〉仮名貞観政要における「引用」「故事」「典拠句」の取捨　文献別用例数一覧

（空白部分は「用例なし」）

	引用					故事					典拠句					合計
依拠文献名	取	？	捨	他	小計	取	？	捨	他	小計	取	？	捨	他	小計	
易経	6		6		12			1		1	12		21	3	36	49
書経	14		8		22	7		1	1	9	35	1	32	1	69	100
尚書中候						1				1						1
書経孔伝													1		1	1
書経孔安国注	1				1											1
詩経	7		8		15			2		2	15	3	13	2	33	50
礼記	7		5	2	14	2				2	18	1	13	1	33	49
周礼													1		1	1
周礼注													1	1	2	2
儀礼	1				1											1
諡法													1		1	1
春秋左氏伝	3	1	2	1	7	5		12		17	23	1	15	2	41	65
春秋公羊伝			1		1						1		1		2	3
孝経											3		2		5	5
論語	16		5	1	22	3				3	28		15	3	46	71
孟子	1				1	1				1	4	2	6	1	13	15
経部計	56	1	35	4	96	19		16	1	36	139	8	122	14	283	415
史記			1		1	84		12	1	97	22	1	15	4	42	140
漢書	5	1	1	1	8	23		5	1	29	16	2	11		29	66
後漢書	1				1	14	1	6		21	5		5	1	11	33
三国志魏書						2		3		5	3				3	8
三国志呉書									1	1	2				2	3
三国志蜀書	1				1	2				2	1		2		3	6
蜀書後主伝注						1				1						1
晋書						8	1			9						9
梁書						4		1		5						5
陳書						1				1						1
後魏書						1				1						1
北斉書						8				8						8
北周書						1				1						1
隋書						28		2		30						30
竹書紀年													1		1	1
資治通鑑						3				3	1		1		2	5
戦国策						1				1				1	1	2
晏子春秋	1				1	1				1						2
越絶書											1				1	1
水経注						1				1						1
史部計	8	1	2	1	12	183	2	29	3	217	51	3	35	6	95	324
孔子家語						2				2			2		2	4
荀子	3		1		4	1				1	2				2	7
新語						1				1						1
新書														1	1	1
新序						3				3						3
説苑	1				1	4				4	5		2	1	8	13
潜夫論				1	1											1
体論	1				1											1

管子	2			1	3	1				1	2				2	6
韓非子						3				3	3	1		1	5	8
列子						2				2						2
文子	1		1		2						1				1	3
尸子	1				1						1				1	2
呂氏春秋	1				1	1				1	4		3		7	9
淮南子			1		1	1		1		2	7		2		9	12
老子	2		1		3						9		5		14	17
荘子		1			1	2		1		3	1		1		2	6
太平御覧			1		1						2				2	3
子部計	12	1	5	2	20	21		2		23	37	1	15	3	56	99
楚辞											1				1	1
文選			4		4						6		6	1	13	17
韓詩外伝											3		2		5	5
漢高祖秋風辞											1				1	1
魏明帝楽府													1		1	1
哀江南賦						1				1						1
陶淵明集序													1		1	1
集部計			4		4	1				1	11		10	1	22	27
不明陰陽書	1				1											1
文献不明	5				5	3		1		4	3		1		4	13
不明計	6				6	3		1		4	3		1		4	14
合計	82	3	46	7	138	227	2	48	4	281	241	12	183	24	460	879

隋書→説苑→史記→漢書→論語→淮南子→老子→後漢書→礼記→書経→左伝→孟子→詩経→易経→文選

となっており、傾向として史書の和訳率が高く、易経および詩文書の和訳率が低く、他の経書や諸子の思想書はその中間的な和訳率となっている。

また、「引用」「故事」「典拠句」それぞれの比率を見ると、用例数の少ない「不明」を別にして、「故事」の和訳率が最も高い。次に、「子部」ではわずかに「典拠句」の方が上回るものの、「経部」「史部」「不明」では「引用」の方が

〈表七-二〉 仮名貞観政要における「引用」「故事」「典拠句」の和訳率　文献別比率一覧（百分比、小数点以下第二位を四捨五入、空白部分は「用例なし」）

依拠文献名	引用	故事	典拠句	合計
易経	50.0	0.0	36.4	39.1
書経	63.6	87.5	52.2	57.7
詩経	46.7	0.0	53.6	48.9
礼記	58.3	100.0	58.1	60.0
春秋左氏伝	60.0	41.7	60.5	51.7
論語	76.2	100.0	65.1	70.1
孟子	100.0	100.0	40.0	50.0
経部計	61.5	54.3	53.3	55.3
史記	0.0	87.5	59.5	79.1
漢書	83.3	82.1	59.3	72.1
後漢書	100.0	70.0	50.0	64.5
隋書		93.3		93.3
史部計	80.0	86.3	59.3	78.6
説苑	100.0	100.0	71.4	83.3
淮南子	0.0	50.0	77.8	66.7
老子	66.7		64.3	64.7
子部計	70.6	91.3	71.2	76.1
文選	0.0		50.0	37.5
集部計	0.0	100.0	52.4	46.2
不明計	100.0	75.0	75.0	85.7
合計	64.1	82.5	56.8	66.5

「典拠句」よりも和訳率が高い。なお、「集部」は「引用」の和訳率が〇%であるが、用例数自体が少ないので明確な例外とはできない。

原典貞観政要は分類上は「史部」に属する。形式上太宗と臣下の治世に関する問答が大部分を占めるが、その問答の中には「故事」、つまり個別的・歴史的な出来事の記述が多数含まれており、それら過去の歴史上の出来事を鑑み、現在の治世のための教訓を得ようとするのが、同書の基本的な態度である。そしてこの基本的態度は、仮名貞観政要の和訳においても尊重され、踏襲されていると言える。

例えば巻第一政体第二第十六章には、

貞観《ぢやうぐわん》十六年《じふろくねん》、太宗《たいそう》、侍臣《じしん》に謂《い》ひて曰《いは》く、或《あるい》は君《きみ》、上《かみ》に乱《みだ》れ、臣《しん》、下《しも》に理《をさ》む。或《あるい》は臣《しん》、下《しも》に乱《みだ》れ、君《きみ》、上《かみ》に理《をさ》む。二者《にしや》苟《いやし》くも違《たが》はば、何者《なにもの》をか甚《はなは》だしと為《な》す、と。特進《とくしん》魏徴《ぎちよう》対《こた》へて曰《いは》く、君《きみ》、心《こころ》理《をさ》まれば則《すなは》ち昭然《せうぜん》として下《しも》の非《ひ》を見《み》る。一《いち》を誅《ちう》して百《ひやく》を勧《すす》めば、誰《たれ》か敢《あへ》て威《ゐ》を畏《おそ》れて力《ちから》を尽《つ》くさざらん。若《も》し上《かみ》に昏暴《こんばう》にして、忠諫《ちゆうかん》、従《したが》はずんば、百里奚《ひやくりけい》・伍子胥《ごししよ》の徒《と》、虞《ぐ》・呉《ご》に在《あ》りと雖《いへど》も、其《そ》の禍《わざはひ》を救《すく》はず、敗亡《はいばう》も亦《また》促《せま》らん、と。太宗《たいそう》曰《いは》く、必《かなら》ず此《かく》の如《ごと》くならば、斉《せい》の文宣《ぶんせん》は昏暴《こんばう》なるに、楊遵彦《やうじゆんげん》、正道《せいだう》を以《もつ》て之《これ》を扶《たす》けて理《り》を得《え》たるは、何《なん》ぞや、と。徴《ちよう》曰《いは》く、遵彦《じゆんげん》、暴《ばう》主《しゆ》を弥縫《びほう》し、蒼生《さうせい》を救理《きうり》し、纔《わづか》に乱《らん》を免《まぬか》るるを得《え》たるも、亦《また》甚《はなは》だ危苦《きく》せり。人主《じんしゆ》厳明《げんめい》にして、臣下《しんか》、法《はふ》を畏《おそ》れ、直言《ちよくげん》正諫《せいかん》して、皆《みな》、信用《しんよう》せらるるとは、年《とし》を同《おな》じくして語《かた》る可《べ》からざるなり、と。

（九五～九七頁、訓み下し文のみ引用、傍線加藤）

のように時代を異にする三つの「故事」が見られるが、仮名貞観政要ではこれらを、

貞観十六年、太宗、侍臣ニカタリテノタマハク、アルイハ、君、上《カミ》ニミタレタレトモ、臣、下《シモ》ニヲサム。アルイハ、臣、シモニミタレタレトモ、君、上《カミ》ニオサム。コノ二《フタツ》ノカタタカヒナルコト、イツレヲカハナハタシトスルヤ。魏徴、コタヘテ申サク、君、上《カミ》ニ賢《ケム》ナル時ハ、スナハチ、昭然《セウセム》トテラシテ下ノヒカコトヲミル。ヒトリヲホロ

ホシテ百《モモ》ヲススメムニ、威《ヰ》ニヲチテコトコトク忠ヲツクスヘシ。君、上《カミ》ニミタレテ、イサメニシタカハサル時ハ、賢正《ケムセイ》ノ臣アリトイフトモ、下ヨリヲサメカタシ。シカレハスナハチ、虞《ク》ノ君、上《カミ》ニミタレテ、百里奚《ハクリケイ》カイサメニシタカハサリシカハ、虞《ク》ノ国、ツイニ秦《シム》ノ国ニホロホサレタリ。呉王、奢《ヲコリ》テ伍子胥《コシショ》カイサメヲイレサシ《レイ》シカハ、呉《コ》ノクニ、又、越《エツ》ノ国ニウタレタリ。上ミタレテ、イサメニシタカハスハ、ソノワサハイヲヌク（ス？）イカタシ。太宗ノタマハク、魏徴カ申ムネ、ミナモテシカナリ。タタシ、斉《セイノ》文宣《セム》帝、暴乱《アレミタレ》タリ。楊遵彦《ヤウシユンケム》、タタシキ道《ミチ》ヲモテヲサムルコトヲエタルコト、イカムソ。魏徴、コタエテ申サク、楊遵彦《シユンケン》、ワツカニクラキ君ヲオキヌイ、蒼生《サウセイ》ノ民ヲスクフトイヘトモ、タタ、難《ナム》ヲマヌカレタルハカリナリ。クルシミアヤフメルコト、ハナハタシ。ナムソ、上アキラカニ、下恐《ヲソリ》テ、直言正諌《チョクケンセイカム》シテ世ヲオサメムニヲナシカラムヤ。

（第一冊、二一ウ六～二二オ一〇、傍線加藤）

の如く全てきちんと和訳している。特に前の二つは原典本文の短く混交した記述を別々にしてわかりやすくことばを補いながら和訳している。いずれの「故事」も、本章節の主旨である「治世にとって君主と臣下のどちらがより重要か」という問題に関わる具体的な事例として挙げられているため、和訳に当たっても、これらを省略することなく、逆にわかりやすくことばを補ってまでして、きちんと訳しているのであろう。

このように、原典貞観政要には「故事」をはじめ史書からの依拠部分が数多く現われ、しかもそれらの大部分は各章節の主旨と深く関わるものとして挙げられているため、仮名貞観政要の和訳に際しても省略されることなく、きちんと和訳される比率が高いのであろう、とまずは考えられる。それが依拠文献ごとの比率における史書系文献の和訳率の高さ、あるいは「引用」や「典拠句」に対する「故事」の相対的な和訳率の高さに反映しているのだと考えられるのである。

そもそも、「故事」、つまり特定の人物のエピソードや歴史的な出来事といっても、それらが適切な言語量を費やして表現されれば、読者にとって理解が難しいとか、翻訳する場合に的確に訳すことが難しいとかいうものではないと考える。具体的な人物が、具体的に行動し、具体的な結果が描かれる。そしてその人物や出来事から読者に対して一つの教訓（行動の指針）が示されるのである。それは、本文の主旨にとって的確な例であれば、むしろ長々とことばを尽くして描かれるほど、読者にとって内容の理解に資する素材となるように思われる。仮名貞観政要で「故事」の和訳率が相対的に高いのは、具体的なエピソードの叙述が言語の違いを越えて内容の理解に資することの一つの現われと言えよう。

しかしながら、「故事」であれば即和訳率が高いという説明方法で、〈表七-二〉、ひいては〈表七-一〉の結果を全て説明することはできない。なぜなら、「故事」の比率自体にも和訳率の高い文献（史書や書経など）と低い文献（春秋左氏伝など）があるし、「引用」および「典拠句」の比率についてもその和訳率は文献ごとにかなりの差があり、一律に「故事」の和訳率が高く、「引用」「典拠句」の和訳率が低いわけではないからである。そこには単に「故事」であるからというのではなく、やはり、原典本文の主旨との関わりという要因が関係しているのだと推定される。

そこで次に「引用」部分についても取捨の要因を検討することにしたい。例えば巻第六杜讒佞第二十三第一章は、

貞観《ぢやうぐわん》の初《はじめ》、太宗《たいそう》、侍臣《じしん》に謂《い》ひて曰《いは》く、朕《ちん》、前代《ぜんだい》の讒佞《ざんねい》の徒《と》を観《み》るに、皆《みな》、国《くに》の蟊賊《ばうぞく》なり。或《あるい》は言《げん》を巧《たく》みにし色《いろ》を令《よ》くして、朋党比周《ほうたうひしう》す。暗主庸君《あんしゆようくん》の若《ごと》きは、之《これ》を以《もつ》て迷惑《めいわく》せざるは莫《な》し。　（四九八頁、訓み下し文のみ引用）

と太宗が「讒佞の徒」が国家の治世にとっていかに害をなすものであるかを述べるものであるが、その章末部分で魏徴が太宗に答えて言う部分には、

魏《ぎ》徴《ちよう》曰《いは》く、礼《れい》に云《い》ふ、其《そ》の覩《み》ざる所《ところ》を誡慎《かいしん》し、其《そ》の聞《き》かざる所《ところ》を恐懼《きようく》す、と。詩《し》に云《い》ふ、愷悌《がいてい》の君子《くんし》、讒言《ざんげん》を信《しん》ずる無《なか》れ。讒言《ざんげん》は極《きはま》り罔《な》く、交々《こもごも》四国《しこく》を乱《みだ》る、と。又《また》、孔子《こうし》、利口《りこう》の邦家《はうか》を覆《くつがへ》すを悪《にく》む、と。蓋《けだ》し此《これ》が為《た》めなり。臣《しん》嘗《かつ》て古《いにしへ》より国《くに》を有《たも》ち家《いへ》を有《たも》つ者《もの》を観《み》るに、若《も》し曲《ま》げて讒譖《ざんしん》を受《う》け、妄《みだ》りに忠良《ちゆうりやう》を害《がい》すれば、必《かなら》ず宗廟丘墟《そうべうきうきよ》、市《し》朝霜露《てうさうろ》たらん。願《ねが》はくは陛下《へいか》深《ふか》く之《これ》を慎《つつし》まんことを、と。　（五〇二頁、同前、傍線加藤）

のように三箇所の「引用」部分がある。これを仮名貞観政要は、

魏徴《キテウ》、コタヱテ申サク、毛詩《モウシ》ニイハク、愷悌君子《カイテイクンシ》ハ、讒《サム》ヲ信《シム》スルコトナシ、信スル時《トキ》ハ四海《カイ》ヲミタル、ト。又《マタ》、孔《コウ》子《シ》ノノタマハク、ニクムラクハ、讒口《サンコウ》ノ邦《クニ》ト家《イエ》トヲクツカヘスコトヲ、ト。ネカハクハ、陛下《ヘイカ》、讒《サム》ヲウケテスナヲナルヲシリソクルコトナカレ。

（第三冊、三五オ一〇〜ウ二、傍線加藤）

とし、最初の「礼記」からの「引用」部分を省略して和訳せず、後の「詩経（毛詩）」と「論語（孔子）」の「引用」部分だけを和訳している。

これはおそらく、「礼記」からの「引用」部分が本章節の主旨である「讒佞の徒」を防ぐべきことと直接関係する教訓ではないのに対し、「詩経」と「論語」の「引用」部分はまさにそれに直接関係する教訓であるため、和訳に際してこのような処置を取ったものであろう。「引用」部分の取捨においても、やはりその部分が原典本文の主旨に直接関係するものは「取」り、関係の薄いものは「捨」てる方針があることが推定される。

このように考えると、依拠文献別に見た「引用」の和訳率の高低も多少理解できるように思われる。比率の低かった「文選」「詩経」「易経」など、詩や易占の詞は、風諭的・暗示的な傾向を有する。そのような傾向が、引用された際、原典本文の主旨との直接的関係の弱さとなって、和訳の際に省略の憂き目に遭ったことが考えられるのである。

続けて、原典本文の主旨との関係性という観点から、「典拠句」の取捨を左右する原因についても検討したいのであるが、「典拠句」の性質や原典本文中で果たしている機能は「引用」や「故事」に比べて多様であり、一律には扱いにくい。ここでは「典拠句」には「引用」や「故事」に比べその機能が部分的なものがより多く含まれ、原典本文の主旨にとって不可欠な用法であるものはより少ないのではないか、という見通しのみを述べておく。そして、〈表七‐一〉および〈表七‐二〉だけでなく、より詳細な観点から分類した調査結果を加え、節を改めて検討・考察することとする。

四、典拠句の機能別の和訳率と考察

「典拠句」の用例の中にはその性質や機能が異なるものが雑多に含まれている。第一に、「引用」に準ずるもので、

天子有諍臣、雖無道、不失其天下。

天子《てんし》に諍臣《さうしん》有《あ》れば、無道《むだう》なりと雖《いへど》も、其《そ》の天下《てんか》を失《うしな》はず。（一四七頁）

（仮名貞観政要は「捨」）

のように、一般的な教訓（見解）を述べたものである（この場合は「孝経諫争章」の詞句を典拠とする。原田氏校注書一四八頁参照）。明確な引用形式を採り、依拠文献の詞句にほぼ同じ文字列であれば、「引用」の用例とできるのであるが、その形式を採らず、文字列も原文とかけ離れている場合、「典拠句」の用例に含まれてくるわけである。

第二に、「故事」に準ずるもので、

當置之几案、事等弦韋。

當《まさ》に之《これ》を几案《きあん》に置《お》き、事《こと》、弦韋《げんゐ》に等《ひと》しくすべし。（五〇頁、傍線加藤）

（仮名貞観政要は「マサニ几案《キアム》ノフツクエニヲキテ弦《クエン》韋《ヰ》ニヒトシウスヘシ（第一冊九オ三〜四）と訳す。なお、梵舜本は「弦韋」の左に「書也」と傍書あり。）

のように、固有の人物や出来事に由来する語句を含むものである。これは「韓非子観行篇」にある、戦国時代初めの魏の西門豹が柔らかいなめし革の帯でせっかちな自分をのんびりとくつろげたという故事と、春秋時代末の晋の董安于が堅い弓の弦を帯にしてゆったりとした自分の心を引き締めたという故事[6]を踏まえた「典拠句」であり、背景としてこれらの故事を知らねばこの語句の正確な理解はできない。ちなみに梵舜本の「弦韋」の左傍に「書也」とあるのはこれら

の故事を知らなかった、または想起できなかった者の誤解による注記であろうか。

第三に、その語句自体の意味は典拠を知らなくとも理解できるものの、その語句が典拠のある、いわば「由緒ある」表現であり、一種の文飾的表現として使用されるものである。例えば、

若能鑑彼之所以亡、念我之所以得、日慎一日、雖休勿休、

若《も》し、能《よ》く彼《かれ》の亡《うしな》ふ所以《ゆゑん》を鑑《かんが》み、我《われ》の得《う》る所以《ゆゑん》を念《おも》はば、日《ひ》、一日《いちにち》を慎《つつし》み、休《よ》しと雖《いへど》も休《よ》しとする勿《な》く、

（四〇頁、傍線加藤）

（仮名貞観政要は「彼《カノ》隋ノホロヒタルユエヲカカミ、我エタルユヱヲオモフテ、ヤスシトイフトモヤスシトスルコトナカレ（第一冊六ウ二～四）」と訳す。）

の傍線部分、前者は「淮南子主術訓」の、後者は「書経呂刑篇」詞句を典拠とする（原田氏校注書四七二頁および四二頁参照）が、どちらも典拠を知らねば意味が理解できないほどではない。ただ、これらの語句が「淮南子」や「書経」にある「由緒ある」表現だと想起できる者だけが、その使用者の学識に感心したり、典拠である文献の世界にまで思いを巡らしたりできるのである。

以上の三種類が「典拠句」の大まかな分類である。この分類によって「典拠句」の用例を集計した結果が次の〈表七‐三〉であり、そこから「典拠句」の用例が一〇例以上ある依拠文献と経・史・子・集各部および合計の和訳率を求めたものが〈表七‐四〉である。

〈表七‐四〉を見ると、依拠文献によっていくつか例外はあるものの、全般的な傾向として、「固有事象」を「背景」とする「典拠句」の場合の和訳率が最も高く、「一般的教訓」の場合がそれに次ぎ、「文飾的使用」の場合の和訳率が最も低いことがわかる。これは前節の、原典である貞観政要という文献で本文の主旨と関わって引かれることが多い「故事」の和訳率が相対的に高かったという結果と並行した結果だと言える。単なる「文飾的使用」であれば、その「典拠

〈表七-三〉「典拠句」の用例　「一般的教訓」「固有事象背景」
「文飾的使用」別の依拠文献別分類集計結果

（「典拠句」の用例のある依拠文献のみ、空白部分は「用例なし」）

	一般的教訓					固有事象背景					文飾的使用					合計
依拠文献名	取	?	捨	他	小計	取	?	捨	他	小計	取	?	捨	他	小計	
易経	1		3		4						11		18	3	32	36
書経	2		2		4	5		4	1	10	28	1	26		55	69
書経孔伝			1		1											1
詩経						2		2	1	5	13	3	11	1	28	33
礼記	5	1	3		9	4		1		5	9		9	1	19	33
周礼													1		1	1
周礼注													1	1	2	2
諡法								1		1						1
春秋左氏伝	4		2	1	7	6		3		9	13	1	10	1	25	41
春秋公羊伝								1		1	1				1	2
孝経	2		1		3						1		1		2	5
論語	9		1	1	11	2				2	17		14	2	33	46
孟子	3				3						1	2	6	1	10	13
経部計	26	1	13	2	42	19		12	2	33	94	7	97	10	208	283
史記	2	1	1	2	6	9		2	1	12	11		12	1	24	42
漢書	2		2		4	6		4		10	8	2	5		15	29
後漢書			2		2	2				2	3		3	1	7	11
三国志魏書	1				1	1				1	1				1	3
三国志呉書						2				2						2
三国志蜀書						1				1			2		2	3
竹書紀年													1		1	1
資治通鑑						1				1			1		1	2
戦国策				1	1											1
越絶書						1				1						1
史部計	5	1	5	3	14	23		6	1	30	23	2	24	2	51	95
孔子家語													2		2	2
荀子	1				1						1				1	2
新書														1	1	1
説苑	1		1		2	3		1		4	1			1	2	8
管子						1				1	1				1	2
韓非子	1				1	2	1			3				1	1	5
文子											1				1	1
尸子											1				1	1
呂氏春秋			1		1	3				3	1		2		3	7
淮南子						3				3	4		2		6	9
老子	3				3	1				1	5		5		10	14
荘子											1		1		2	2
太平御覧						2				2						2
子部計	6		2		8	15	1	1		17	16		12	3	31	56
楚辞											1				1	1
文選	1		1		2	3				3	2		5	1	8	13
韓詩外伝	1				1						2		2		4	5
漢高祖秋風辞											1				1	1
魏明帝楽府													1		1	1
陶淵明集序													1		1	1
集部計	2		1		3	3				3	6		9	1	16	22
文献不明	1				1	1		1		2	1				1	4
合計	40	2	21	5	68	61	1	20	3	85	140	9	142	16	307	460

句」部分が原典本文の主旨との関係からどうしても省略できないような要素である可能性は低いはずだからである。

以上の「典拠句」の細分類による和訳率の高低の結果から言っても、仮名貞観政要においてある「引用」「故事」「典拠句」部分がきちんと和訳されるか否かは、まずはそれらと原典本文主旨との関わりの深さに比例していると言えそうである。

〈表七-四〉「典拠句」の用例「一般的教訓」「固有事象背景」「文飾的使用」別の和訳率

（「典拠句」の用例10例以上の依拠文献のみ。小数点以下第二位四捨五入。空白部分は「用例なし」）

依拠文献名	一般教訓	固有事象	文飾的	合計
易経	25.0		37.9	36.4
書経	50.0	55.6	51.9	52.2
詩経		50.0	54.2	53.6
礼記	62.5	80.0	50.0	58.1
春秋左氏伝	66.7	66.7	56.5	60.5
論語	90.0	100.0	54.8	65.1
孟子	100.0		14.3	40.0
経部計	66.7	61.3	49.2	53.3
史記	66.7	81.8	47.8	59.5
漢書	50.0	60.0	61.5	59.3
後漢書	0.0	100.0	50.0	50.0
史部計	50.0	79.3	48.9	59.3
老子	100.0	100.0	50.0	64.3
子部計	75.0	93.8	57.1	71.2
文選	50.0	100.0	28.6	50.0
集部計	66.7	100.0	40.0	52.4
合計	65.6	75.3	49.6	56.8

五、文書部分の和訳率と考察

「貞観政要」には、太宗と侍臣との治世に関する問答からなる章節が多いが、また、太宗の治世のあり方に対して臣下が奉った上書や上表文、それに答えた太宗の詔勅文等からなる章節も存在する。本節ではこれら文書部分の和訳率に焦点を当てて考察してみたい。

こうした上書等の文書は長文のものが多く、文書を含む章節は必然的に問答からなる章節よりも長大なものが多い。仮名貞観政要には、和訳に際し、こうした長文を含む長い章節を短縮しようとする傾向が見られる。これはおそらく、読者の実際的な負担（長文読解による緊張の持続）を緩和・軽減しようとする意図からであるとまずは考えられる。

ただし、こうした文書部分を含む章節の和訳における短縮には別の要因も考えられる。それは物理的な長さの軽減ではなく、内容的な難しさの軽減である。

太宗と臣下との問答は、口頭であるから、記憶に頼った形で「引用」や「故事」の紹介、「典拠句」の利用が行なわれるため、それらの「引用」「故事」「典拠句」は、人口に膾炙した、よく知られたものである可能性が高い。これに対して、文書を制作する場合には十分な準備の時間が許されているため、数多くの文献を参照して様々な「引用」や「故事」を自由に利用することができるし、また、文書の主旨とは無関係に、様々な典籍を参照し「由緒ある」表現を利用して文飾を試みる余地もある。必然的に、文書には、口頭の問答における発言部分に比べ、より多様な、一般にはそれほど知られていない、「引用」「故事」「典拠句」の類が使用される可能性が高くなると考えられるのである。

そしてそれらを和訳する場合、広く知られていない文献からの「引用」や「説明を要するような故事」、特殊な文献からの文飾的な「典拠句」は、ただでさえ「短縮化」の要求されるこうした長文を含む章節の場合においては、よりいっそう敬遠され、省略されることが予想されるのである。

このような見通しに基づき、こうした文書部分のみについて第三節と同様の分類で集計を行なった。次の〈表七-五〉は、こうした文書（上書・上表・詔勅等）部分に存在する「引用」「故事」「典拠句」の用例について、仮名貞観政要の和訳における取捨の状況を示したものであり、〈表七-六〉はそのうち用例数が一〇以上の依拠文献および経・史・子・集の各部および依拠文献不明の用例と全体の合計について和訳率を示したものである。

全部分に対する調査結果よりもいっそう用例数が限られてくるため、〈表七-六〉の個々の依拠文献ごとの和訳率には

〈表七-五〉仮名貞観政要の上書・上表・詔など文書における
「引用」「故事」「典拠句」の取捨　文献別用例一覧表

（空白部分は「用例なし」）

	引用					故事					典拠句					合計
依拠文献名	取	?	捨	他	小計	取	?	捨	他	小計	取	?	捨	他	小計	
易経	2		3		5			1		1	9		17	3	29	35
書経	6		4		10	1		1	1	3	17	1	26	1	45	58
書経孔伝													1		1	1
書経孔安国注	1				1											1
詩経	1		4		5			2		2	12	2	12	1	27	34
礼記	6		3	1	10	1				1	12		10	1	23	34
周礼													1		1	1
周礼注													1	1	2	2
儀礼	1				1											1
諡法													1		1	1
春秋左氏伝	2		1	1	4	2		12		14	14		10	1	25	43
春秋公羊伝											1		1		2	2
孝経											2		1		3	3
論語	2		1	1	4	1				1	13		10	2	25	30
孟子	1				1	1				1	1	1	6	1	9	11
経部計	22		16	3	41	6		16	1	23	81	4	97	11	193	257
史記						26		12	1	39	10		13	3	26	65
漢書	2	1	1		4	4		5		9	11	1	7		19	32
後漢書						4		5		9	4		4		8	17
三国志魏書						1		3		4	2				2	6
三国志呉書									1	1	1				1	2
三国志蜀書											1		1		2	2
晋書						3				3						3
梁書								1		1						1
隋書						3		1		4						4
竹書紀年													1		1	1
資治通鑑						1				1	1		1		2	3
戦国策														1	1	1
晏子春秋	1				1											1
越絶書											1				1	1
史部計	3	1	1		5	42		27	2	71	31	1	27	4	63	139
孔子家語						1				1			1		1	2
荀子	1		1		2	1				1	1				1	4
新書														1	1	1
新序						1				1						1
説苑	1				1	2				2	3		2	1	6	9
潜夫論				1	1											1
体論	1				1											1
管子	1			1	2	1				1	1				1	4
韓非子						3				3	1			1	2	5
文子	1		1		2											2
尸子	1				1											1
呂氏春秋											4		2		6	6
淮南子			1		1	1		1		2	5		2		7	10
老子	2				2						4		5		9	11
荘子		1			1	1		1		2	1		1		2	5
太平御覧			1		1											1
子部計	8	1	4	2	15	11		2		13	20		13	3	36	64
楚辞											1				1	1
文選			4		4						4		6	1	11	15
韓詩外伝											3		2		5	5
漢高祖秋風辞											1				1	1
陶淵明集序													1		1	1
集部計			4		4						9		9	1	19	23
文献不明	2				2						1				1	3
不明計	2				2						1				1	3
合計	35	2	25	5	67	59		45	3	107	142	5	146	19	312	486

〈表七-六〉仮名貞観政要の上書・上表・詔など文書における「引用」「故事」「典拠句」の和訳率　文献別比率一覧表

（百分比、小数点以下第二位を四捨五入、空白部分は「用例なし」）

依拠文献名	引用	故事	典拠句	合計
易経	40.0	0.0	34.6	34.4
書経	60.0	50.0	39.5	43.6
詩経	20.0	0.0	50.0	41.9
礼記	66.7	100.0	54.5	59.4
春秋左氏伝	66.7	14.3	58.3	43.9
論語	66.7	100.0	56.5	59.3
孟子	100.0	100.0	14.3	33.3
経部計	57.9	27.3	45.5	45.8
史記		68.4	43.5	59.0
漢書	66.7	44.4	61.1	56.7
後漢書		44.4	50.0	47.1
隋書		75.0		75.0
史部計	75.0	60.9	53.4	58.0
説苑	100.0	100.0	60.0	75.0
淮南子	0.0	50.0	71.4	60.0
老子	100.0		44.4	54.5
子部計	66.7	84.6	60.6	67.2
文選	0.0		40.0	28.6
集部計	0.0		50.0	40.9
不明計	100.0		100.0	100.0
合計	58.3	56.7	49.3	52.2

信頼できるものが少ない。よって主に各部や全体の合計の和訳率を検討する。

第一に、問答部分をも含めた全用例のときの和訳率〈表七-二〉と比べ、各部および全体のほぼ全ての項目（例外は用例数のわずかな「不明」の「典拠句」・「合計」のみ）の和訳率が低くなっている。やはり、問答部分・地の文など他の部分に比べ、文書部分では「引用」「故事」「典拠句」はいっそう省略されやすく、きちんと訳されないことが多いわけである。

第二に、文書中の「故事」の和訳率は全用例のときの和訳率と比べて二十五・八％低くなっており、「引用」（五・八％低下）、「典拠句」（七・五％低下）と比べて差が大きい。これは文書に引かれる「故事」が問答部分等に引かれる「故事」よりも和訳に際して敬遠され、省略されることが「引用」や「典拠句」に比べて特に多いことを示すもので、注意すべき結果であろう。この原因については次節で別の観点から推定したい。

第三に、個々の依拠文献ごとの比率の差が何を意味するのか、少しだけ考えてみたい。次の〈表七-七〉は〈表七-六〉にある依拠文献および各部ごとと、合計の場合の、全用例（問答部分・地の文等を含む）中文書内の用例が占める比率を求めたものである。

次に〈表七-二〉と〈表七-六〉のそれぞれで和訳率の高いものから低いものへと依拠文献名を並べてみる（前者については再掲）。

〈表七-二、全体〉隋書→説苑→史記→漢書→論語→淮南子→老子→後漢書→礼記→書経→左伝→孟子→詩経→易経→文選

〈表七-六、文書〉隋書＝説苑→淮南子→礼記→論語→史記→漢書→老子→後漢書→左伝→書経→詩経→易経→孟子→文選

これに対し、〈表七-七〉で文書中の用例の比率が低いものから高いものへと依拠文献を逆に並べると次のようになる。

隋書→論語→史記→漢書→後漢書→書経→老子→左伝→詩経→説苑→礼記→易経→孟子→淮南子→文選

三者を比較すると、文書中の用例において「説苑」「淮南子」「礼記」といった例外的なものがあるものの、和訳率の高い依拠文献は、ほぼ、文書に引かれることの少ない文献であることがわかると思う。

このことから、依拠文献ごとの和訳率の高低は、口頭で引かれることの多い人口に膾炙した教訓が多い文献か、文書中に引かれることが多い、筆者の学識や知識を示すための衒学的な要素の多い文献か、という性質の反映でもあることが推定できる。原田氏のいう、「よく知られている話」と「説明を要する故事」、私見の「一般教養的な故

〈表七-七〉
用例の中で「文書」内のものの占める比率
（用例数10以上の依拠文献と各部計・合計、小数点以下第二位四捨五入）

依拠文献名	比率
易経	71.4
書経	58.0
詩経	68.0
礼記	69.4
左伝	66.2
論語	42.3
孟子	73.3
経部計	61.9
史記	46.4
漢書	48.5
後漢書	51.5
隋書	13.3
史部計	42.9
説苑	69.2
淮南子	83.3
老子	64.7
子部計	64.6
文選	88.2
集部計	85.2
不明計	21.4
合計	55.3

事」と「専門的知識としての故事」という差異による理由づけは、それで全てが説明できるものではなかったが、仮名貞観政要の和訳における取捨の要因を、やはり幾分かは言い当てていたと言えるであろう。

六、当該部分の文字数別の和訳率と考察

最後に、「引用」「故事」「典拠句」部分の長さと和訳率との関係について検討したい。

次の〈表七-八〉は「引用」「故事」「典拠句」部分の字数を「二字以下」「三～四字」「五～八字」「九字以上」の四種類に分け、それぞれの仮名貞観政要における「取」「捨」の用例数を、経・史・子・集の各部と依拠文献不明、合計について示したものである。「①文書以外の部分の用例」と「②文書内の用例」とに分けて集計した。なお、「二字以下」は主に熟語的なもの、「三～四字」は主に四字の故事成語、「五～八字」は故事成語ほど熟していない故事や教訓、「九字以上」は全く熟していない説明的な故事・教訓等を想定したのである。〈表七-八〉からそれぞれの項目の和訳率を求め示したものが〈表七-九〉である。

〈表七-九〉を見ると、まず、前節で見たように、「①文書以外の部分の用例」の方が「②文書内の用例」よりも和訳率が高いことが確認できる。

注意されるのは「三～四字」の用例である。「①文書以外の部分の用例」「②文書内の用例」ともに「二字以下」「五～八字」「九字以上」と字数が増えるにつれて和訳率も高くなっている。これは、一般的に文字数が増えるほどそこに託されている意味も比例して増大すると考えられるところから、妥当な結果であると思われる。原典本文において何らかの文字数を費やして表現されている以上、文書ならその文書の、章節ならその章節の、発言ならその発言の内容に関して、何らかの情報的な寄与をしているはずである。それをきちんと訳すか、訳さずに省略してしまうかの判断が、内

〈表七−八〉「引用」「故事」「典拠句」部分の字数と「取」「捨」の用例数

①文書以外の部分の用例						
字数		～2	3～4	5～8	9～	小計
経部計	取	11	31	30	33	105
	捨	6	10	14	14	44
史部計	取	5	20	18	123	166
	捨	2	2	4	3	11
子部計	取	1	6	3	21	31
	捨	0	1	1	1	3
集部計	取	0	2	0	1	3
	捨	0	1	0	0	1
不明計	取	1	0	3	5	9
	捨	0	0	0	2	2
合計	取	18	59	54	183	314
	捨	8	14	19	20	61
②文書内の用例						
字数		～2	3～4	5～8	9～	小計
経部計	取	23	36	25	25	109
	捨	25	59	18	27	129
史部計	取	12	9	18	37	76
	捨	11	23	15	6	55
子部計	取	6	5	10	18	39
	捨	1	6	8	4	19
集部計	取	1	4	3	1	9
	捨	1	6	3	3	13
不明計	取	0	1	0	2	3
	捨	0	0	0	0	0
合計	取	42	55	56	83	236
	捨	38	94	44	40	216

〈表七−九〉「引用」「故事」「典拠句」部分の字数と和訳率

（百分比、小数点以下第二位を四捨五入、空白部分は「用例なし」）

①文書以外の部分の用例					
字数	～2	3～4	5～8	9～	小計
経部計	64.7	75.6	68.2	70.2	70.5
史部計	71.4	90.9	81.8	97.6	93.8
子部計	100.0	85.7	75.0	95.5	91.2
集部計		66.7		100.0	75.0
不明計	100.0		100.0	71.4	81.8
合計	69.2	80.8	74.0	90.1	83.7
②文書内の用例					
字数	～2	3～4	5～8	9～	小計
経部計	47.9	37.9	58.1	48.1	45.8
史部計	52.2	28.1	54.5	86.0	58.0
子部計	85.7	45.5	55.5	81.8	67.2
集部計	50.0	40.0	50.0	25.0	40.9
不明計		100.0		100.0	100.0
合計	52.5	36.9	56.0	67.5	52.2

容との関わり方によってなされるとすれば、文字数が多く情報量がふえるほど関わりの可能性が増大し、ひいては省略される可能性は低まることになるからである。

　ところが「三〜四字」の字数の用例だけは、「①文書以外の部分の用例」で「五〜八字」を越えて特に高くなっているのに対し、「②文書内の用例」では逆に「二字以下」よりも極端に低くなっている。これは「三〜四字」の用例に何か特殊な事情、文字の増加に比例して単純に情報量も比例する、というのではない何か別の性質、が存在することを示唆する。

　例えば、巻第一君道第一第四章（原田氏校注書三七〜四四頁）には貞観政要本編最初の文書である魏徴の上疏があるが、そこには以下のような四字の「故事」および「典拠句」が現われる。（出現順、仮名貞観政要の和訳における取捨を、「取」は○印、「捨」は×印で示し、依拠文献名を付記する。）

　本枝百世（○、詩経大雅文王篇）　殷鑑不遠（×、詩経大雅蕩篇）　日慎一日（×、淮南子主術訓）　雖休勿休（○、書経呂刑篇）　損之又損（×、老子第四十八章）　惟聖罔念（×、書経多方篇）　触類而長（×、易経繋辞上篇）　以暴易乱（×、史記伯夷列伝）　興乱同道（×、書経太甲下篇）　順天革命（×、易経革卦）　七百之祖（×、左伝宣公三年）　域中之大（×、老子第二十五章）　怨不在大（×、書経康誥篇）　可畏惟人（×、書経大禹謨篇）　載舟覆舟（○、荀子王制篇）　奔車朽索（×、書経五子之歌篇）　豫遊之楽（×、孟子梁恵王下篇）　松喬之寿（○、典拠不明）　退有後言（○、書経益稷篇）　康哉良哉（×、書経益稷篇）　若魚若水（○、三国志蜀志諸葛亮伝）　犯而無隠（○、礼記檀弓上篇）

「取」としたものでも、仮名貞観政要で典拠を踏まえてきちんと和訳していると思われるものは「本枝百世」の「民ヲ百世《セイ》ニツキ（第一冊五ウ一一）」、「雖休勿休」の「ヤスシトイフトモヤスシトスルコトナカレ（同前六ウ三〜四）」、「載舟覆舟」の「舟《フネ》ヲウカヘ、舟ヲクツカヘスハ水ナリ。君ヲ立《タテ》、君ヲホロホスハ臣ナリ（同前七ウ一一〜一二）」、「若魚若水」の「君ト臣ト魚《ウヲ》ノコトシ、水ノコトシ（同前九オ五）」の四つに過ぎない。他の「松喬之寿」は「松喬《セウケウ》カ寿《シュ》ヲタモツ

は「出《イタ》シテソシル後言《ウシロコト》アイ（リ?）ヘシ（同前八オ九）」とほぼ音読して直訳しただけであるし、「退有後言」と「犯而無隠」は「犯《ヲカ》シテ隠《カクス》コトナカレ（同前九オ六）」と字面をそのまま直訳しただけでもできる訳である。（同前八ウ一二）」および

それはともかくとして、ここでも二二例中一五例が省略され、和訳されていない。それらの用例を眺めると、次のような点に気づく。すなわち、和訳されない四字の語句は、単にその文字連続だけを直訳しても、背景となる故事や典拠によってその語句に込められた意味を十分に表わすことができない、ということである。例えば、「殷鑑不遠」は「殷の手本とすべきはすぐ前代の夏王朝（が桀王の暴虐により滅んだこと）であって、遠い昔のことではない」ということなのだが、単に「殷の鑑みは遠からず」だけでは意が尽くせない。「奔車朽索」にしても、「速く走る馬車の馬を朽ちかけた縄の手綱で御するように難しく危うい」という意味は直訳では絶対に表わせない。故事成語とは多くそのように、背景となる故事や典拠を踏まえ、文字面だけでは表わせない意味をも圧縮して凍結したような意味上の機能を果たしている。そうした語句はその背景となる故事や典拠を共有している同言語・同文化の（教養ある）読者には解凍して理解することができ、むしろ豊かに楽しめる表現なのであろうが、そうした背景を知識として持たない後代の異言語・異文化人である日本人のための和訳の際には、その解凍は大変厄介な処理であり、単なる文字面の直訳には最もなじまないものなのだと考えられる。

このような背景的な意味の圧縮の行われた語句は、特にこの「三～四字」の用例に多いのであろう。「二字以下」では、余りにも字数が少なくて背景となる意味を載せられず、故事成語的な造語は困難なのだと考えられる。逆に「五～八字」まで字数が増えると、文字自体で背景となる意味の大部分を表わせるため、意味の圧縮がなく、文字面の直訳でも不足なく意味が表わせるのであろう。さらに自由に文字を費やした「九字以上」のものにこうした意味の圧縮があるとは到底思えない。

さて、「三～四字」の場合、単なる直訳ですまないのであれば、ことばを補い、背景となる故事や典拠の説明を補っ

て、増補的な訳をしなければならない。ただでさえ和訳することは難しいのに、こうした背景にある故事や典拠についてもそれに気づき、それらをきちんと調べて的確に和訳することは、単純な直訳に比べていっそう難しい。その際に、全体の物理的な分量から「短縮化」の要求が強い長文の文書を含むような章節を訳す場合は、そのような「引用」「故事」「典拠句」を、原典本文の主旨の理解さえ可能であればむしろ無視し、省略する方向で対処しようとしたのではないか。文書内の用例が示す「三〜四字」の用例の極端に低い和訳率の原因はこのように考えられるのである。なお、この種の用例による省略が前節で〈表七-六〉に見られた第二の結果である文書部分における「故事」の和訳率の極端な低率の原因にもなっていることが考えられる。

七、本章における結論

以上、仮名貞観政要が原典本文の「引用」「故事」「典拠句」をきちんと和訳しているか、それとも省略して訳さないか、について調査検討した結果を、以下に箇条書きにまとめる。

一、仮名貞観政要では、原典における「故事」を比較的高い比率で和訳する。これは「故事」が原典本文の主旨を理解させるための具体的な素材として利用されていることが多く、内容理解上省略することが難しいためだと考えられる。

二、「故事」→「引用」→「典拠句」の順にきちんと和訳する比率は下がるが、これもそれぞれの原典本文の主旨との関わりの深さを反映していると考えられる。

三、特に「典拠句」について、「一般的教訓」、「固有事象」を背景とするもの、「文飾的使用」の三つに細分して調査したところ、「固有事象背景」→「一般的教訓」→「文飾的使用」の順で和訳率が低下していた。よって「典拠句」

内部でも二のように原典本文の主旨との関わりが和訳されるか省略されるかを左右していることが推定された。

四、原典貞観政要で文書内に用いられている用例のみについて調査した結果、文書内の用例の方がそれ以外よりも省略されやすいことがわかった。特に「故事」の用例は文書以外の用例の場合と比較して和訳される比率が極端に低下していた。これは、文書内であるため、口頭の発言などに比べ事前に「引用」「故事」「典拠句」について準備する時間があり、より専門的な「故事」「典拠句」の利用や技術的に複雑な利用（後の六で示す「圧縮」的な成語など）が行なわれたため、それらの和訳が困難となり、長文を物理的に短縮して訳したいという要求と相まってそれらの和訳が敬遠された結果ではないかと推定された。

五、四の文書内の用例と文書以外の（口頭等での）用例との多寡については依拠文献ごとに差があった。文書内の用例の多寡は仮名貞観政要での和訳率の高低とほぼ反比例していた。これは、口頭の場で引かれる人口に膾炙した故事や典拠を多く含む文献であるか、文書で引かれる「説明を要する」「専門的な」故事や文飾に用いられるような衒学的な典拠を多く含む文献であるか、の反映として説明できるように考えられた。

六、「引用」「故事」「典拠句」部分の文字数と和訳率について調査した結果、文字数が増加するに従い和訳率も増加していた。これは担う情報量が大きくなると翻訳上も捨てにくくなるということで当然であるが、文書内における「三〜四字」の用例だけがこれに反して極端に低い和訳率を示した。この原因として、四文字の故事成語に典型的に見られるように、「三〜四字」の用例には文字列を直訳しただけでは表わせない背景となる故事や典拠の知識による意味が過重に圧縮されて担わされているため、その和訳には、まず背景となる故事や典拠の知識による想起と、また増補訳によるそれらの追加説明が必要となる、という翻訳上の困難さが考えられた。一方、文書を含む章節の和訳においては物理的な長文を短縮しようとする要求があるため、こうした和訳困難な「三〜四字」の語句はむしろ敬遠され、原典本文の主旨と関わりが薄い場合、優先的に省略され無視された結果、極端に和訳率が低いのだと考えられた。

注

（1）原田種成氏著『貞観政要の研究』（昭和四〇〔一九六五〕年吉川弘文館刊）より引用。なお、引用に際して漢字を通行の字体に改めた。また、引用部分の所在を頁数にて示す。以下他文献からの引用についても同じ。

（2）原田氏校注書より原典「貞観政要」を引用する場合、できるだけ原漢文とその訓み下し文を併記した。ただし、訓み下し文を併記するため、原漢文の返り点は印刷の便宜のため省略することとした。なお、同書は上下巻通し頁となっており、四六〇頁までが上巻、四六一頁からが下巻であり、以下も頁数のみ示して巻の区別は示さない。

（3）引用した原典漢文に傍記した（　）内は写字台本系本文の文字を示す。なお、訓み下し文については原田氏校注書の訓み下し文のみを併記し、写字台本系本文に即したものは追加しない。

（4）仮名貞観政要からの引用は宮内庁書陵部蔵文禄五（一五九五）年釈梵舜写五冊本（以下「梵舜本」と称す）の紙焼写真より加藤が作成した翻刻本文により、所在を同写本の墨付丁数・表裏・行数によって示す。ただし、漢字・片仮名を通行の字体に改めたほか、引用に際して本文中の朱句点を参考に私に句読点を補った。踊り字については漢字の場合「々」としたが、片仮名についてはそれが指す文字に改めた。なお、梵舜本と同系統の本文と推定できる慶応大学斯道文庫蔵江戸時代前期写十冊本（以下「斯道文庫本」と称す）との校訂により、梵舜本の明確な誤りと推定される字句を補正した。梵舜本と斯道文庫本の系統関係の推定については第二章を参照されたい。

（5）原田氏は注（1）の著書の第三章第二節丁の「三、仮名貞観政要」において、既に「巻四以外において七章が不足している」（同書一九九頁）ことを指摘しているが、そのうち巻一政体第二第十三章については誤りであり、後に刊行した校注書『貞観政要上』（新釈漢文大系九五、昭和五八〔一九七三〕年明治書院刊）では「仮名本は前章に属す」（同書八七頁）と訂正している。

（6）原田氏校注書五二二頁参照。また金谷治氏訳注『韓非子第二冊』（岩波文庫、平成六〔一九九四〕年刊）一七八〜一七九頁参照。

あとがき

拙著『キ・ケリの研究』出版でお世話になった和泉書院廣橋研三社長から、数年前、「そろそろ次のご研究をおまとめになるころでは」とお誘いの手紙をいただいた。『キ・ケリ～』以後は研究テーマが一貫せず、単行本にまとめられるような成果がなかった私は、しばらくご返事ができないでいた。

その後、学界に紹介する意義を有する資料として、この仮名貞観政要梵舜本巻一の翻刻本文に、ずいぶん以前に発表していた六編の論文の抜き刷りを添えて送り、恐る恐る出版していただけるかお尋ねしてみた。数日のうちにご快諾のご返事をいただき、本書の企画が進行し始めた。

公刊する限りは出来るだけ間違いのないものにしたいと、特に翻刻編については原稿データの入力とプリントアウトのチェックに随分時間をかけたが、見本組の段階で数多くの問題が出、また誤入力も数多く発見されて、編集部に申し出て出版の時期を一年延期していただいた。その後紙焼写真で原稿データを再確認し、誤りを訂正してデータを再提出した。そのデータにも校正段階でチェックするたびに誤りが発見され、その都度訂正した。人間とは間違える動物であることを自ら痛感した。それでも気づいた限りの誤りは訂正したが、モノクロの紙焼写真に拠るため限界もある。あとは影印が公開されていることもあり、実際に本翻刻編を使用される方のご確認を期待することにしたい。

拙著『キ・ケリ～』でもその後の研究生活においても先行研究から数えきれないほど学恩を賜わってきた。また学会や研究会に参加する度に学問的刺激を与えられてきた。感謝はするものの、なかなかお返しする機会がなく、残念に思っていた。たまたま日本語学会機関誌『日本語の研究』編集委員を拝命し、査読や編集、校正を担当したり、時に学会の発表賞や論文賞の審査をしたりという形で少しはお返しができると思ったものの、実際は優秀な新進研究者のご論文・ご発表や他の編集委員の方々のご論評に逆に学問的刺激と有用な知識を与えられることの方が多かった。

本書の眼目は翻刻編で、かつて高羽五郎氏の『抄物小系』が「原本よりも正しい」と称されたことを理想として、出来るだけ原写本の情報を忠実に活字翻刻することに努めた。影印ではなく活字翻刻なので使用目的に限界はあるが、通常の語学研究用資料として使用することは十分に可能であろう。学部生、大学院生をはじめとした若き諸賢のお手伝いにはなるであろう。これまで賜わった学恩、学問的刺激へのせめてものお返しとしたい。

もはや恩師の方々のお名前をお挙げするにはふさわしくない年齢になってしまっているが、後藤重郎、山下宏明、田島毓堂、髙山倫明、釘貫亨、丹羽一彌、池田証壽の各先生には、学部、院、助手の時代に種々ご指導・ご援助を賜わり、感謝の思いは変わらない。切磋琢磨した同時期の先輩・同輩・後輩の方々、研究会「名古屋・ことばのつどい」でお世話になった方々、その後同僚として日々をともにし、教育と研究に協力し合った帝塚山学院大学の方々、また今現在協力し合っている都留文科大学の方々、今まで関わった数多くの学生さん、院生さん達にも感謝している。またいつも先回りして助けてくれる妻聡江、いまだに心配してくれる両親和夫春子、専門違いでどれほど優秀なのかわからないけれども仕事熱心過ぎて体が心配な反面教師兄茂弘にも感謝したい。

和泉書院の廣橋社長には出版をご快諾いただきその後も編集、組版や校正段階で直接お手を煩わせるなど大変お世話になった。心より感謝申し上げる。他にも本書の作成をお手伝いいただいた全ての方々に感謝申し上げるとともに至らなかった点をお詫びしたい。

なお、本書出版に際して都留文科大学より平成三十年度都留文科大学出版助成金の交付を賜わった。記して感謝申し上げる。

二〇一八年十二月吉日

富士北麓河口湖町にて　加藤浩司

研究編要語索引

凡例

1、本書「研究編」における重要な用語、事項を見出しとして五十音順に掲げ、最も関係が深い記述の出現する頁数を示す。なお重要項目については太字にて示す。

2、1の重要な用語、事項について、対立関係、ないし互いに関係があるものについては( )内に記号「⇔」に続けてそのような関係にある用語、事項を示す。

3、併せて本書「研究編」に出現する歴史的人名、研究者名、機関名、文献資料名を見出し語として五十音順に掲げ、適宜出現頁数を示す。

あ行

「足利本仮名書き法華経」…402
「足利本・慶安板本文選」…384
足利義満…326、352
阿部隆一…377
「亜文選読み」…381
「石山寺蔵大智度論天安点巻二」…398
「石山寺蔵瑜伽師地論初期点巻二一」…398、404
伊勢貞頼…351
異体字漢字の出現順序…343
一条兼良…351
一般教養的な故事(⇔専門的知識としての故事)…434
一般的(な)教訓…448
乾克己…326、352、377
今井卓爾…431
意味の圧縮…459
「意訳」…408
「引用」…436
「引用・故事・典拠句の取捨から見た仮名貞観政要の和訳態度」…333
打ち付け書き…330
梅沢記念館…374
「易経」…438、443、455、458
「淮南子」…443、455、458
宴曲…326
「宴曲における貞観政要の享受」…326、377
衍字・衍文…338
遠藤光正…378
大坪併治(大坪氏)…398、404、418
「小川本願経四分律古点」…418
「小川本願経四分律初期点甲点」…398
尾崎康…374
『お茶の水図書館蔵新修成簣堂文庫善本書目』…329、377
欧陽脩…373
親本…337

か行

(文選読みの)介在語の種類…382
『改訂版古点本の国語学的研究』…387
「臥雲日件録抜尤」…351
蔭木英雄…375、378
柏谷嘉弘(柏谷氏)…384、388
戈直…350

戈直本…350
片仮名の異体字…347
片仮名書き(⇔平仮名書き)系統…328
片桐洋一…348
仮名書き資料…326
『「仮名書き法華経」研究序説』…419
「かながきろんご」…400、401、405、406、408、412、418、426
『かながきろんご』(安田文庫叢刊第一篇)…400、401
「『かながきろんご』について―室町時代語資料としての考察―」…406
金沢文庫遺蹟図書館…374
仮名貞観政要…351～354
―(慶応大学)斯道文庫本…328、329、335～348、352、353、377、382、400、462
―正保版本…325、328、329、348、352、353、377
―書陵部蔵平仮名本…328、329、353、377
「仮名貞観政要における再読文字の和訳状況―他の仮名書き資料と比較して―」…333
「仮名貞観政要における増補部分」…333
仮名貞観政要の諸本…328、329
「『仮名貞観政要』の和訳語について」…327、377、387
(仮名貞観政要)広島大学蔵本…328、352、387
―梵舜本…325
―梵舜本と斯道文庫本の関係…346
「『カナ貞観政要』梵舜本と斯道文庫本の関係」…334
「仮名貞観政要梵舜本における文選読み」…333
仮名貞観政要梵舜本の書誌…330～333
「仮名法華経切れ」…420
『鎌田正博士八十寿記念漢文学論集』…419
金谷治…462
川瀬一馬…329、347、377、400、401、405
関西大学国文学会『国文学』…348
漢字音の四声および清濁…331
『漢字講座第3巻漢字と日本語』…388
漢字字体の類似箇所の存在…342
「漢書」…443、455
「漢書芸文史」…439
漢籍(⇔仏典)訓読語…327
「菅大府卿為長伝小考」…378
『韓非子第二冊』(岩波文庫)…462
「漢文訓読史上の一問題―再読字の成立について―」…395
「季仁發」…345、348
「逆修功徳願文」…375
「教科書」的な性格…385
「教行信証古点」…414
共通の祖本…341
虚字訓(⇔実字訓)…397
虚字の単字…397
虚字の連文…397
極めて自由な和訳(⇔逐字訳)…411
『近代語研究』…406
「禁未作附」…354
「禁裏御本」…332
釘貫亨…333
「旧唐書」…374
宮内省(図書寮)…330、331
宮内庁書陵部…325、330、335、350、353、377、387、400、432
黒板勝美…378
「群書治要古点」…414

『群書類聚』…351
『訓点語と訓点資料』別刊第一…418
慶応大学斯道文庫(同文庫)…335、377、400
形式的訓読(⇔個性的訓読)…397
系統関係の推定…335
「迎陽記」…326、351
外題…330
衒学的な要素の多い文献(⇔人口に膾炙した教訓が多い文献)…455
言語コード…429
建治本(南家本)…350
玄宗…349
原典の寓意の解説や故事成語・熟語の解説…369
原典本文の主旨…447
広義の文選読み…381
「高山寺蔵弥勒上生経賛初期点朱点」…398
合字片仮名…338
呼応する補読語…396
「後漢書」…443、455
呉兢…326、349
『国語学』…395、398
『國語國文』…378
国文学研究資料館「電子資料館」…329
「故事」…437
個性的訓読(⇔形式的訓読)…397
小林芳規(小林氏)…388、395、397、398、399、404、405、414、419
「小松茂美博士」…420
「コミュニケーション学」…431
『コミュニケーション学その展望と視点』…432
コミュニケーション・サポート…428〜431
「コミュニケーション・サポートとしての注釈・翻訳—『仮名貞観政要』の和訳方法に見る—」…333、432
「固有事象(を)背景(とする)」…449
固有名詞…423〜424

さ行

再進(⇔初進)本…349
再読形式…397
「再読字の訓読史—『當』字を例として—」…419
再読文字…395〜400
坂詰力治(坂詰氏)…406、407
坂本幸男…419
「三国志蜀志」…458
恣意的な書き分け…345
字音語…380
「史記」…373、428、443、455、458
「式目抄(貞永式目諺解)」…351
「詩経」…443、455、458
字形レベルで類似する箇所の存在…345
ＪＩＳ(じす)漢字…388
実字訓(⇔虚字訓)…397
詞の訓(副詞訓)(⇔辞の訓(助動詞訓))…396
辞の訓(助動詞訓)(⇔詞の訓(副詞訓))…396
「史部」…444
斯文会…377
「捨」(⇔「取」)…439
写字台本(龍谷大学図書館蔵)…350、354、387、400、401
写字台本系の伝本…354
「取」(⇔［捨］)…439

寿岳章子…381、388
熟合符…331
朱句点…331
種的(⇔類的)概念…386
朱引…331
「荀子」…458
「春秋左氏伝」(左伝)…439、443、455、458
貞観政要(原典)概説…349～350
『貞観政要上・下』(新釈漢文大系95・96)(原田氏校注本・書)…353、354、387、400、410、415、416、417、427、432、435、438、448、462
『貞観政要の研究』…326、377、387、432、462
貞観の治…326
「樵談治要」…351
『初期点本論攷』…397
「書経」…438、443、455、458
書写奥書…331
初進(⇔再進)本…349
女性にも理解しやすい仮名文…416
「書陵部所蔵資料目録・画像公開システム」…325
『辞林21』…431
『真訓両読妙法蓮華経並開結』…401、419
人口に膾炙した教訓が多い文献(⇔衒学的な要素の多い文献)…455
『新訂増補国史大系第三十巻 本朝文集』…378
「新唐書」…326、373、374、375、376、378
(新唐書)「北宋嘉祐刊本」…374
(新唐書)「南宋紹興七〔一一三七〕年刊本」…374
(新唐書)「南宋前期刊本」…375
『新唐書(全二十冊)』(中華書局)…373
「新日本古典籍総合データベース」…329
「シンボリック相互作用論」…432
人名符…331
「隋書」…443、455
末田清子…432
瑞渓周鳳…351
菅原為長(為長)…326、351、352、375、376、402、414、415、422、424
『図書寮叢刊書陵部蔵書印譜上・下』…330
『図書寮典籍解題漢籍篇』…325
鈴木一男(鈴木氏)…397、398、401
鈴木(中臣)隆啓…330
墨付丁数…332
「説苑」…443、455
静嘉堂文庫…375
『正史宋元版の研究』…374
専門的知識としての故事(⇔一般教養的な故事)…434
『相愛女子短期大学研究論集国文・家政学科編』…378
宋祁…373
「宗五大艸紙」…351
蔵書印…330
「宋人明道」…354
宋版本(⇔唐鈔本)系…354
(原典にない)増補部分…355～370
増補部分の出典…372～374
増補訳…411
『続群書類従(本)』…375、378
『続史籍集覧』…351

た行

「醍醐寺本遊仙窟」…384
太宗(唐一)…326、349、422
「大東急記念文庫蔵論語集解建武本」…406

田島毓堂…333
単声点(⇔複声点)…331
逐字訳(⇔極めて自由な和訳)…411
地名…424
『中世学問史の基底と展開』…378
中世抄物…381
「中世初期縉紳漢文学概観―菅原為長を手がかりに―」…378
中宗…349
築島裕…387
「定家臨模本」…348
『帝塚山学院大学研究論集』…333
『帝塚山学院大学研究論集〔文学部〕』…333
帝塚山学院大学『日本文学研究』…333、334
「典拠句」…438
「伝西行筆仮名法華経切(一葉)」…420
「伝藤原家隆筆仮名法華経切(二)(一葉)」…420
同一の祖本…341
同系統の本文…341
「唐書」…378
唐鈔本(⇔宋版本)系…350、354
「唐書目録」…375
「唐暦」…378
(徳川)家康…329、350
徳富蘇峰…325、328
「土佐日記」…347
(土佐日記の)青谿書屋本…347
―為家本…347、348
―定家本…347、348
『土佐日記』(講談社文庫)…347
「『土佐日記』定家筆本と為家筆本」…348
『土佐日記譯注と評論』…431
(豊臣)秀吉…329

な行

内藤本(内藤湖南博士旧蔵、菅家本)…350、354
内容的な難しさの軽減…452
長い脱文…342
長澤規矩也…377
中田祝夫(中田氏)…387、400、401、402、419
中村宗彦…388
『名古屋大学日本語学研究室過去・現在・未来』…333
『奈良学芸大学紀要』…397
『日本漢学年表』…377
『日本漢語の系譜―その摂取と表現―』…388
「日本国見在書目録」…350、377
『日本書目大成第一巻』…377
「日本古典籍総合目録データベース」…329
『日本古典文学大系85沙石集』…331
野沢勝夫…402、419

は行

博士家…350
博士家点(⇔仏家点)…397
橋村勝明…327、377、387
原田種成(原田氏)…325、326、327、329、348、349、350、353、354、371、372、377、382、387、400、422、432、434、435、436、438、455、462
貼題箋…330
東坊城(菅原)秀長…326、351、352
必須要素(⇔付加的(な)要素)…337

平仮名書き(⇔片仮名書き)系統…328
風諭的・暗示的な傾向…447
付加的(な)要素(⇔必須要素)…337
複声点(⇔単声点)…331
福田浩子…432
藤波本(京都大学図書館蔵)…350
伏見版…350
藤原貞幹…331
藤原佐世…350
藤原孝範(孝範)…326、375、376
藤原永範(永範)…326、375、376
藤原通憲…375
仏家点(⇔博士家点)…397
仏典(⇔漢籍)訓読語…327
物理的な長さの軽減…452
不明瞭漢字字形の類似…342
文化的(な)コンテクスト…429
『文教國文学』…327、377、387
「文飾的使用」…449
「文書部分の和訳率」…451
『平安鎌倉時代に於ける漢籍訓読の国語史的研究』…388、414
『平安時代における訓点語の文法』…398
「平安時代の漢籍訓読語の一性格—再読字を中心として—」…398
『平安時代の漢文訓読語につきての研究』…387
北条(條)政子…326、351、402、415、422
返読字…397
「返読字の成立について」…397
冒頭にある篇目(⇔本文中に示される篇題)…354
穂久邇文庫…350
『法華経(上)』(岩波文庫)…419
法華経普及会…401、419
梵舜…331
一の右筆…332
本文中に示される篇題(冒頭にある篇目)…354
本文の異同…337
本文の錯簡(斯道文庫本)…340

ま行

松村明…431
御子左家の「伝来の家本」…348
「未作ノ附ヲイマシム」…354
「通憲入道蔵書目録」…375、378
源頼朝…351
美濃判…330
「妙一記念館本(仮名書き法華経)」…400、401、402、403、405、406、407、408、412、418、426
「妙一記念館本仮名書き法華経小考—その成立時代を中心として—」…402
『妙一記念館本仮名書き法華経　影印篇上・下』…401、419
『妙一記念館本仮名書き法華経　研究篇』…402
『妙一記念館本仮名書き法華経　翻字篇』…400、402
「妙一記念館本『仮名書き法華経』略解説」…419
民友社…325、352
無注本(⇔有注集論本)…350
村上雅孝(村上氏)…398、404、407
『室町時代語資料としての抄物の研究』…326、377、387、432
『室町時代語の表現』…388
「明文抄」…326、375、376、378
「孟子」…443、455、458

「文選」…443、455
文選読み…380
「文選読み」…388

や行

柳田征司(柳田氏)…326、377、387、422、432
山崎誠…375、378
山田(藤原)以文…330
和らげ(て)(⇔(直訳的な)訓み下し)…327
有注集論本(⇔無注本)…350
ゆれ…339
吉田兼右…331
(京都)吉田神社…330、331
四字の故事成語…456
四つ目綴じ…330
(直訳的な)訓み下し(⇔和らげ(て))…328

ら行

「礼記」…443、455、458
「李弘節」…348
「李仁發」…344、345、348
「理世道」…326、352
「李部三品」…375
(登場人物の)略歴や挿話…367
劉昫…374
料紙…330
類似文字への誤写例…347
『類書の伝来と明文抄の研究』…378
類的(⇔種的)概念…386
歴史的(な)コンテクスト…429
蓮花王院宝蔵本(貫之自筆本)…347
「老子」…443、455、458
「論語」…443、455

わ行

(文選読みの)和語該当部分の種類…382
渡邊綱也…331
「倭点法華経」…414
和文脈系の用語…417
「和訳貞観政要」…326
「和訳なし」…408
(仮名貞観政要の)和訳方法…425～428
「和訳率」…441
『和洋国文研究』…326、377

■編著者紹介

加藤浩司（かとう こうじ）

一九六一年岐阜市出身。一九九四年名古屋大学大学院文学研究科博士後期課程満期退学、一九九七年課程博士（文学）取得。一九九四年信州大学人文学部助手、一九九七年帝塚山学院大学文学部専任講師、同助教授、同教授を経て、二〇一四年都留文科大学教授。二〇一八年学部改組により同文学部教授、現在に至る。著書に『キ・ケリの研究』（和泉書院一九九八）。

研究叢書507

仮名貞観政要梵舜本の翻刻と研究

二〇一九年二月二〇日初版第一刷発行

（検印省略）

編著者　加藤浩司

発行者　廣橋研三

印刷所　亜細亜印刷

製本所　渋谷文泉閣

発行所　有限会社 和泉書院

大阪市天王寺区上之宮町七―六

〒五四三―〇〇三七

電話　〇六―六七七一―一四六七

振替　〇〇九七〇―八―一五〇四三

ISBN978-4-7576-0898-6 C3395

研究叢書

栄花物語新攷 思想・時間・機構	渡瀬 茂著	471	一二〇〇〇円
鷹書の研究 宮内庁書陵部蔵本を中心に	三保忠夫著	472	二八〇〇〇円
伊勢物語校異集成	加藤洋介編	473	一八〇〇〇円
中世近世日本語の語彙と語法 キリシタン資料を中心として	濱千代いづみ著	474	九〇〇〇円
中古中世語論攷	岡崎正継著	475	八五〇〇円
紫式部日記と王朝貴族社会	山本淳子著	476	一二〇〇〇円
国語論考 語構成的意味論と発想論的解釈文法	若井勲夫著	477	九〇〇〇円
万葉集防人歌群の構造	東城敏毅著	478	一〇〇〇〇円
『保元物語』系統・伝本考	原水民樹著	479	一六〇〇〇円
近世寺社伝資料『和州寺社記』・『伽藍開基記』	神戸説話研究会編	480	一四〇〇〇円

（価格は税別）

研究叢書

堀景山伝考	高橋俊和著	481	一八〇〇〇円
中世楽書の基礎的研究	神田邦彦著	482	一〇〇〇〇円
テキストにおける語彙的結束性の計量的研究	山崎誠著	483	八五〇〇円
節用集と近世出版	佐藤貴裕著	484	八〇〇〇円
近世初期『万葉集』の研究 北村季吟と藤原惺窩の受容と継承	大石真由香著	485	一一〇〇〇円
小沢蘆庵自筆 六帖詠藻 本文と研究	蘆庵文庫研究会編	486	二六〇〇〇円
古代地名の国語学的研究	蜂矢真郷著	487	一〇五〇〇円
歌のおこない 萬葉集と古代の韻文	影山尚之著	488	九〇〇〇円
軍記物語の窓 第五集	関西軍記物語研究会編	489	一二〇〇〇円
平安朝漢文学鉤沈	三木雅博著	490	一二五〇〇円

（価格は税別）

——研究叢書——